LES
RANDS ÉCRIVAINS
DE LA FRANCE

NOUVELLES ÉDITIONS

PUBLIÉES SOUS LA DIRECTION

DE M. AD. REGNIER

Membre de l'Institut

LETTRES

DE

MADAME DE SÉVIGNÉ

DE SA FAMILLE ET DE SES AMIS

TOME III

PARIS. — IMPRIMERIE DE CH. LAHURE ET Cie
Rues de Fleurus, 9, et de l'Ouest, 21

LETTRES

DE

MADAME DE SÉVIGNÉ

DE SA FAMILLE ET DE SES AMIS

RECUEILLIES ET ANNOTÉES
PAR M. MONMERQUÉ
MEMBRE DE L'INSTITUT

NOUVELLE ÉDITION

REVUE SUR LES AUTOGRAPHES, LES COPIES LES PLUS AUTHENTIQUES
ET LES PLUS ANCIENNES IMPRESSIONS

ET AUGMENTÉE

de lettres inédites, d'une nouvelle notice, d'un lexique des mots
et locutions remarquables, de portraits, vues et fac-simile, etc.

TOME TROISIÈME

PARIS

LIBRAIRIE DE L. HACHETTE ET Cie
BOULEVARD SAINT-GERMAIN

1862

LETTRES

DE

MADAME DE SÉVIGNÉ,

DE SA FAMILLE ET DE SES AMIS.

---

261. — DE MADAME DE SÉVIGNÉ
A MADAME DE GRIGNAN.

1672

A Paris, vendredi 1er avril.

Vous avez écrit, ma chère fille, des choses à Guitaut, sur l'espérance que vous avez de me voir en Provence, qui me transportent de joie : vous pouvez penser quel plaisir c'est de les apprendre indirectement, quoiqu'on les sache déjà. Il est vrai néanmoins que cela ne peut augmenter l'extrême envie que j'ai de partir ; elle est au dernier degré. Ma tante[1] seule fait mon retardement ; elle est si mal, que je ne comprends pas qu'elle puisse être longtemps dans cet état. Je vous en dirai des nouvelles, comme de la seule grande affaire que j'aie présentement.

LETTRE 261 (revue en grande partie sur une ancienne copie). —
1 Mme de la Trousse.

1672

Je vis hier Mme de Verneuil, qui est revenue de Verneuil² et de la mort : le lait l'a rétablie, elle est belle ; elle est de belle taille, il n'y a plus de dispute entre son corps de jupe et le mien ; elle n'est plus rouge, ni crevée, comme elle étoit. Cet état la rend aimable ; elle aime, elle oblige, elle loue, elle me chargea de mille douceurs pour vous.

Le matin d'hier on fit un service au chancelier à Sainte-Élisabeth³. Je n'y fus point, parce qu'on oublia de m'apporter mon billet : tout le reste de la terre habitable y étoit. Mme Ficubet⁴ entendit ceci : la Choiseul⁵ passa

2. Terre et château sur les bords de l'Oise, à douze lieues et demie de Paris, dans l'élection de Senlis. Érigé par Henri IV en marquisat pour sa maîtresse Henriette de Balsac d'Entragues, et en duché-pairie par Louis XIV, Verneuil, après la mort du duc, passa dans la maison de Condé.

3. « Le 31 (*mars*) la chancelière de France fit faire un service très-solennel pour le chancelier son époux, en l'église des religieuses du monastère royal de Sainte-Élisabeth, du tiers ordre de Saint-François.... Les religieux du couvent de Nazareth (*fondé par le chancelier en 1630*) assistèrent au service au nombre de cinquante; puis le gardien, confesseur du défunt, porta le cœur en cérémonie en leur église (*où étaient les tombeaux de la famille et où un nouveau service fut célébré le lendemain*). » *Gazette* du 2 avril 1672. — Les filles de Sainte-Élisabeth avaient été établies par la reine Marie de Médicis, qui posa la première pierre de leur maison et de leur église, achevées en 1630; elles reconnaissaient sans doute le chancelier pour un de leurs fondateurs; c'est chez elles, en 1682, que se retira sa fille la duchesse de Verneuil (voyez tome II, p. 52, note 1). — Voyez la lettre du 6 mai 1672.

4. Sans doute la femme et cousine germaine du chancelier de la Reine, Gaspard de Ficubet : Marie Ardier, fille de Paul, seigneur de Beauregard, président à la chambre des comptes, morte sans enfants en janvier 1686. Voyez sur son mari la lettre du 31 mai 1675. — Dans le manuscrit il y a *Froubet*, au lieu de *Fieubet*.

5. Probablement Catherine-Alphonsine de Renti, femme, depuis mai 1658, de Claude comte de Choiseul, de la branche de Francières, maréchal de camp en 1669, maréchal de France en 1693. Elle

devant la Bonnelle⁶ : « Ah! dit la Bonnelle, voilà une mijaurée qui a eu plus de cent mille écus de nos hardes. » La Choiseul se retourne, et comme Arlequin : « Hi, hi, hi, hi, hi, lui fit-elle en lui riant au nez : voilà comme on répond aux folles; » et passe son chemin. Quand cela est aussi vrai qu'il l'est, cela fait extrêmement rire.

Mme de Coulanges et M. de Barillon⁷, jouèrent hier la scène de Vardes et de Mlle de Toiras⁸ ; nous avions tous envie de pleurer ; ils se surpassèrent eux-mêmes. Mais la Champmeslé est quelque chose de si extraordinaire, qu'en votre vie vous n'avez rien vu de pareil ; c'est la comédienne que l'on cherche et non pas la comédie ; j'ai vu *Ariane*⁹ pour elle seule : cette comédie est fade ; les comédiens sont maudits ; mais quand la Champmeslé arrive, on entend un murmure ; tout le monde est ravi ; et l'on pleure de son désespoir¹⁰.

M. le chevalier de Lorraine alla voir l'autre jour la

1672

mourut sans enfants, à soixante-quatorze ans, en 1710, séparée de son mari depuis un grand nombre d'années. Voyez Saint-Simon, tome IX, p. 83. — Celle à qui appartenait le titre de duchesse de Choiseul semble avoir toujours été appelée la maréchale du Plessis (du Plessis Praslin). Voyez tome II, p. 394, note 5.

6. Charlotte de Prie, sœur aînée de la maréchale de la Mothe Houdancourt, veuve depuis deux ans de Noël de Bullion, seigneur de Bonnelle, marquis de Gallardon, président, puis conseiller d'honneur au parlement de Paris, fils aîné du surintendant de Bullion. Elle mourut en 1700, âgée de soixante-dix-huit ans.

7. Voyez tome II, p. 119, note 23.

8. Voyez tome II, p. 257, note 3.

9. Tragédie de Thomas Corneille, représentée pour la première fois le 4 mars 1672, sur le théâtre de l'Hôtel de Bourgogne. « *Ariane* eut un succès prodigieux.... et balança beaucoup la réputation du *Bajazet* de Racine, qu'on jouait en même temps, quoique assurément *Ariane* n'approche pas de *Bajazet;* mais le sujet était heureux. » (*Préface de Voltaire.*)

10. « Enfin, dans cette pièce, il n'y a qu'*Ariane*, » dit Voltaire à la fin de son commentaire.

1672 — Fiennes[11]. Elle voulut jouer la délaissée, elle parut embarrassée. Le chevalier, avec cette belle physionomie ouverte que j'aime, et que vous n'aimez point, la voulut tirer de toutes sortes d'embarras, et lui dit : « Mademoiselle, qu'avez-vous? pourquoi êtes-vous triste? qu'y a-t-il d'extraordinaire à tout ce qui nous est arrivé? Nous nous sommes aimés, nous ne nous aimons plus; la fidélité n'est pas une vertu des gens de notre âge; il vaut bien mieux que nous oubliions le passé, et que nous reprenions le ton et les manières ordinaires. Voilà un joli petit chien; qui vous l'a donné? » Et voilà le dénouement de cette belle passion.

Que lisez-vous, ma bonne? Pour moi je lis la découverte des Indes par Christophe Colomb[12], qui me divertit au dernier point; mais votre fille me réjouit[13] encore plus : je l'aime, et je ne vois pas bien que je puisse m'en dédire[14]; elle caresse votre portrait, et le flatte d'une façon si plaisante, qu'il faut vitement la baiser. J'admire que vous vous coiffiez, dès ce temps-là, à la mode de celui-ci : vos doigts vouloient tout relever, tout boucler; enfin c'étoit une prophétie. Adieu, ma très-chère enfant, je ne croirai jamais qu'on puisse aimer plus passionnément que je vous aime.

11. Voyez la lettre précédente, tome II, p. 547.
12. Voyez dans la *Bibliothèque américaine* de M. H. Ternaux la liste des ouvrages relatifs à l'Amérique qui avaient paru depuis sa découverte jusqu'à la date de cette lettre. — Peut-être s'agit-il ici de l'*Histoire de l'amiral D. Christoval Colomb*, composée en espagnol par Ferdinand Colomb, fils du grand navigateur, et traduite en italien par Alfonse de Ulloa. Cette traduction fut imprimée deux fois à Venise, en 1571 et en 1674.
13. Dans l'édition de la Haye : « Me revient. »
14. C'est le texte de la Haye (1726). Dans la première des éditions de Perrin (1734), on lit : « m'en défaire; » dans la seconde (1754): « m'en défendre. »

262. — DE MADAME DE SÉVIGNÉ
A MADAME DE GRIGNAN.

A Paris, ce mercredi 6ᵉ avril.

Voilà le plus beau des éventails[1] que Bagnols destinoit à sa Chimène[2]; je l'ai gagné avec plaisir, et j'ai aimé la fortune de cette petite complaisance qu'elle a eue pour moi, à point nommé. Divertissez-vous à le regarder avec attention ; recevez la visite du Pont-Neuf, votre ancien ami ; puisque vous ne voulez pas le venir voir, il va vous rendre ses devoirs : enfin je n'ai jamais rien vu de si joli. Mais si je suis contente de cette petite faveur de la fortune, je la hais bien d'ailleurs de me brouiller et de me déranger tous mes desseins. Je ne sais où j'en suis, par la maladie de ma tante. L'abbé et moi nous pétillons ; et nous sommes résolus, si son mal se tourne en langueur, de nous en aller en Provence ; car enfin où sont les bornes du bon naturel ? Pour moi, je ne sais que vous, et j'ai une telle impatience de vous aller voir, que mes sentiments pour les autres n'en ont pas bien toute leur étendue. Vous pouvez toujours être certaine et compter que j'ai plus d'envie de partir que vous n'en avez que je parte : vous croyez que c'est beaucoup dire, et je le crois aussi, mais je ne puis exagérer sur les sentiments que j'ai pour vous. Je ne manque pas de dire à ma tante tous vos aimables souvenirs : elle croit mourir bientôt, et suivant son humeur complaisante, elle se contraint jusqu'à la mort, et fait semblant d'espérer à des remèdes qui ne font plus rien, afin de ne pas désespérer ma cousine[3] ;

Lettre 262 (revue sur une ancienne copie). — 1. Voyez la fin de la lettre.

2. A sa cousine, qu'il allait épouser à Pâques. Voyez l'apostille de Coulanges à la lettre du 17 février précédent, tome II, p. 507.

3. Mlle de la Trousse. Voyez tome II, p. 504, note 13.

mais quand elle peut dire un mot sans être entendue, on voit ce qu'elle pense, et c'est la mort qu'elle envisage à loisir, avec beaucoup de vertu et de fermeté.

Elle est par le visage, comme les enfants en chartre[4], et par le ventre comme une femme grosse de neuf mois; elle se lève encore, parce qu'elle étouffe au lit. Pour ma cousine, nous ne voyons rien à sa destinée; nous croyons nous donner à des vues que nous n'avons pas présentement. Nous entrevoyons un couvent à bon marché, une augmentation de pension que son frère[5] voudra peut-être bien donner, enfin nous sommes fort embarrassés.

Pour M. de la Mousse, je l'ai fort prévenu de l'envie que vous avez de le voir. Il ne craint que les incommodités du voyage. Écrivez-lui, comme vous en avez le dessein, et de notre côté nous serons fort aises d'ajouter cette compagnie à la nôtre, et nous lui donnerons du courage par la joie qu'il vous donnera. Je vous assure que je souhaite plus d'être dans ce cabinet frais que vous me faites bâtir que dans tous les lieux du monde, mais ensuite je souhaiterois fort de vous voir dans un appartement que je vais vous faire faire. J'attends les tubéreuses; c'est un présent délicieux; mon oncle de Sévigné nous en donnera.

M. de Grignan demande un très-beau justaucorps; c'est une affaire de sept ou huit cents francs; qu'est devenu un très-beau qu'il avoit? Souffrez, ma fille, que je vous avertisse que l'on ne donne guère de ces sortes de guenilles et que les morceaux en sont bons. Au nom de

---

4. « Venir à *tomber en chartre*, c'est se alangourir, flaistrir, seicher, emmaigrir jusques aux os. » (*Dictionnaire de Nicot.*) — Dans le manuscrit il y a *en châtre* : c'était sans doute ainsi qu'on prononçait.

5. Le marquis de la Trousse. Voyez tome I, p. 411, note 6.

Dieu, sauvez au moins quelque chose de l'excessive dépense ; sans savoir précisément ce que cela fera, ayez une vue générale de ne rien laisser périr et de ne vous relâcher sur rien. Ne jetez point ce qui s'appelle le manche après la cognée. Ayez une vue du Canada comme d'un bien qui n'est plus à portée ; M. de Frontenac en est le possesseur⁶. On n'a pas toujours de pareilles ressources ; mais quoi que votre philosophie vous fasse imaginer, c'est une triste chose que d'habiter un nouveau monde, et de quitter celui qu'on connoît et que l'on aime, pour aller vivre dans un autre climat, avec gens qu'on seroit fâché de connoître en celui-ci. « On est de tout pays⁷ : » ceci est de Montaigne ; mais en disant cela, il étoit bien à son aise dans sa maison. Je vous conjure de pardonner ces tirades de réflexions à l'extrême tendresse que j'ai pour vous ; il faut m'arracher le cœur qui vous aime, ou souffrir que je prenne un grand et présent intérêt à vous ; cela ne se peut séparer.

Je suis effrayée des maux de Provence. Voilà donc votre enfant sauvé de la petite vérole par la mort de l'autre ; mais la peste, qu'en dites-vous ? J'en suis très-effrayée : c'est un mal à nul autre semblable, dont votre soleil saura mal garantir ceux qu'il éclaire. Je prie Monsieur le gouverneur de donner sur cela tous les meilleurs ordres du monde.

6. Les *provisions de gouverneur et lieutenant général pour le Roi en Canada, pour M. le comte de Frontenac* (voyez tome II, p. 192, note 5), sont datées de Versailles, du 6 avril 1672. Il paraîtrait que M. ou Mme de Grignan avaient ambitionné ce gouvernement ou témoigné quelque regret en apprenant la nomination du comte de Frontenac.

7. Ce n'est pas une citation textuelle, mais peut-être une allusion à ce que Montaigne, au chapitre xxv du livre I de ses *Essais*, dit de Socrate, « qui embrassoit l'univers comme sa ville, » et qui, un jour qu'on lui demandait d'où il était, « ne répondit pas d'Athènes, mais du monde. »

1672

Je suis étonnée du mal de ce gentilhomme de M. de Grignan. Comment? rêver sans fièvre! cela fait peur. Mais j'ai été quasi aussi étonnée d'entendre dire *un gentilhomme de M. de Grignan* qui n'est point la Porte[8]. Eh! bon Dieu, qu'en voulez-vous faire? N'y a-t-il qu'à se jeter dans une maison? Faut-il avoir la foiblesse de recevoir ce qui veut être à nous par force? C'est à M. de Grignan à qui je parle; mais pour vous, soyez-en la maîtresse, et ne croyez pas que ces augmentations ne soient rien. Mettez votre esprit et votre grandeur même, Monsieur le Comte, à sauver votre maison, votre femme, vos enfants, et acquitter vos dettes (voilà les sentiments que vous devez avoir), et non pas à vous laisser sucer par des gens qui vous quitteront quand vous ne leur serez plus bon à rien. Je consens que M. de Grignan me boude, pourvu qu'enfin il entre dans mes sentiments, et qu'il trouve bon que vous aimant tous deux au point que je fais, je vous donne les conseils d'une vraie amie; et ceux qui vous parlent autrement n'en sont point. Mandez-moi pourtant si cela ne vous déplaît point à tous deux, car si cela vous déplaisoit, cela étant inutile, je ne serois pas fort pressée de vous dire des choses déplaisantes. Répondez-moi sincèrement là-dessus.

Je suis ravie que vous ne soyez point grosse : hélas! ma fille, ayez du moins le plaisir d'être en santé et de reposer votre vie. Eh mon Dieu, ne joignez point cet embarras à tant d'autres qu'on trouve en son chemin.

La vieille Madame[9] est morte d'une vieille apoplexie

---

8. Cet autre gentilhomme s'appelait Pommier : voyez la fin de la lettre du 27 avril suivant.

9. Marguerite de Lorraine, seconde femme de Gaston de France, duc d'Orléans. Elle était morte dans la nuit du 2 au 3 avril : voyez la *Correspondance de Bussy*, tome II, p. 86.

qui la tenoit depuis un an. Voilà Luxembourg[10] à Mademoiselle[11], et nous y entrerons. Elle avoit fait abattre tous les arbres du jardin de son côté, rien que par contradiction : ce beau jardin[12] étoit devenu ridicule; la Providence y a pourvu. Il faudra le faire raser des deux côtés, et y mettre le Nôtre[13] pour y faire comme aux Tuileries. Mademoiselle n'a point voulu voir sa belle-mère mourante; cela n'est ni chrétien, ni héroïque[14].

Le traité de M. de Lorraine est rompu, après avoir été assez avancé : voilà votre pauvre amie[15] assez reculée. M. de Bâville[16] se marie à une Mlle de Chalucet de Nantes;

10. Mme de Sévigné et Mademoiselle ne disent jamais autrement, et Molière (IIIe scène du IIIe acte des *Fâcheux*) :

Au Mail (*à l'Arsenal*), à Luxembourg, et dans les Tuileries,
Il fatigue le monde avec ses rêveries.

Voyez tome II, p. 180, note 6.

11. Voyez les *Mémoires de Mademoiselle*, tome IV, p. 372-375 et 530-535.

12. Les jardins du Luxembourg avaient été dessinés, et commencés en 1613, deux ans avant le palais, par l'architecte lui-même, Jacques de Brosse. Voyez le *Palais du Luxembourg*, par M. A. de Gisors, p. 41.

13. André le Nôtre, contrôleur des bâtiments et dessinateur des jardins du Roi. Son nom est resté en blanc dans le manuscrit. — Le chevalier de Perrin lui consacre la note suivante : « Homme célèbre pour les jardins. » — Le côté de la rue de Madame nous offre encore une partie des plantations de le Nôtre.

14. « Si elle m'eût demandée, je l'aurois été voir; mais comme je n'avois pas de pardon à lui demander et que c'étoit moi qui avois été maltraitée par elle, j'eus peur que si j'y allois, elle crût que c'étoit pour me réjouir de la voir en cet état; ce que je n'aurois pas fait, étant chrétienne et n'aimant pas à voir la mort par la peur que j'en ai. » (*Mémoires de Mademoiselle*, tome IV, p. 325.)

15. La princesse de Vaudemont. Voyez tome II, p. 509, note 8.

16. Le cinquième fils du premier président de Lamoignon, le fameux intendant de Languedoc et inventeur de la capitation; il était alors conseiller au parlement et allait être maître des requêtes. Il

1672 —— on lui donne quatre cent mille francs; M. d'Harouys y fait le principal personnage. J'ai fait vos compliments aux Duras et aux Charost. Le marquis de Villeroi ne partira pas de Lyon cette campagne : le maréchal s'est attiré cette assurance, en demandant la grâce de revenir à l'armée[17] : on ne comprend point ce qui cause son malheur.

Monsieur le Duc donna samedi [18] une chasse aux Anges [19] et un souper à Saint-Maur, des plus beaux poissons de la mer. Ils revinrent à une petite maison près

épousa, le 18 avril suivant, Anne-Louise Bonnin de Chalucet, qui mourut à quatre-vingt-sept ans, le 4 janvier 1732; elle était fille de Jean-François Bonnin, marquis de Chalucet Messignac, etc. (qui fut lieutenant pour le Roi au gouvernement des ville et château de Nantes), et d'Urbaine de Maillé Brezé. Voyez sur Bâville, durant trente-trois années (1685-1718) « roi et tyran, la terreur et l'horreur » de sa province, où il *culbuta* le cardinal Bonzi, la lettre du 28 février 1689, et Saint-Simon, particulièrement tomes IV, p. 112, et XV, p. 239.

17. Dans l'édition de 1754 : « En demandant pour son fils la grâce, etc. » — Voyez tome II, p. 496, 500 et 503.

18. Veille du dimanche de la Passion.

19. On appelait ainsi Élisabeth et Marie-Louise Rouxel, filles du maréchal de Grancey et de sa seconde femme, toutes deux remarquables par leur beauté. L'aînée, d'après Saint-Simon, était Élisabeth, appelée mademoiselle, et plus tard madame de Grancey, bien qu'elle n'ait jamais été mariée; elle mourut en 1711, à cinquante-huit ans. « Elle avoit été belle; et à son âge elle se la croyoit encore, moyennant force rouge et blanc et les parures de la jeunesse. (Voyez les *Lettres de Madame de Bavière*, tome II, p. 124.) Elle avoit été extrêmement du grand monde, fort galante, et avoit longtemps gouverné le Palais-Royal sous le stérile personnage de maîtresse de Monsieur, qui avoit d'autres goûts, qu'il crut un temps masquer par là, et en effet par le pouvoir entier qu'elle eut toujours sur le chevalier de Lorraine. Elle ne paroissoit guère à la cour, qui n'étoit pas son terrain. Monsieur, pour la faire appeler madame, l'avoit faite dame d'atour de la reine d'Espagne, sa fille aînée (*Marie-Louise, mariée à Charles II en* 1679), qu'elle accompagna en cette qualité jusqu'à la frontière. » (Saint-Simon, tome X, p. 17.) — L'autre sœur, dont on disait Monsieur le Duc amoureux (voyez la lettre du 21 octobre 1673), était veuve depuis 1668 de son cousin Joseph Rouxel,

de l'hôtel de Condé, où après minuit, plus scrupuleusement que nous ne faisons en Bretagne, on servit le plus grand médianoche du monde en viandes très-exquises : cette petite licence n'a pas été bien reçue, et a fait admirer la charmante bonté de la maréchale de Grancey. Il y avoit la comtesse de Soissons, la Coetquen et la Bourdeaux[20], plusieurs hommes, et le chevalier de Lorraine; des hautbois, des musettes, des violons; et de Madame la Duchesse[21], ni du carême, pas un mot; l'une étoit dans son appartement, et l'autre dans les cloîtres. Toutes ces dames sont brunes; mais nous trouvons qu'il falloit bien du jaune pour les parer.

M. de Coulanges est au désespoir de la mort du peintre[22]. Ne l'avois-je pas bien dit qu'il mourroit? Cela donne une grande beauté au commencement de l'histoire; mais ce dénouement est triste et fâcheux pour

1672

comte de Marei, qu'elle avait épousé en 1665 et qui fut tué en Candie. Elle fut « gouvernante des enfants de Monsieur en survivance de la maréchale de Grancey sa mère, puis en chef après elle, et l'étoit demeurée de ceux de M. le duc d'Orléans (*le Régent*) avec beaucoup de considération.... Elle se retira (*en* 1710) avec les regrets de tout le monde, les nôtres surtout. Elle étoit ma parente, et de tout temps intimement mon amie, et elle avoit beaucoup d'amis considérables, et plus de sens et de conduite encore que d'esprit. » (Saint-Simon, tome VIII, p. 337.) — Leur mère, Charlotte de Mornay, fille de Pierre, seigneur de Villarceaux (voyez la lettre du 23 décembre 1671, tome II, p. 439, note 5), avait épousé en 1648 Jacques Rouxel, comte de Grancey (maréchal en 1651), veuf d'une sœur du maréchal d'Hocquincourt. Elle mourut en 1694, quatorze ans après son mari.

20. Voyez tome II, p. 471, note 10.

21. Elle fut, dit Saint-Simon, la continuelle victime de son mari. Voyez, au tome VII, p. 142, de ses *Mémoires*, les détails qu'il donne sur cette pauvre princesse « également laide, vertueuse et sotte.... un peu bossue, *etc.*, » et p. 14 de notre tome II, la note 6.

22. Le peintre Fauchier, dont il est parlé dans la lettre du 23 mars précédent (tome II, p. 540).

moi, qui prétendois bien à cette belle *Madeleine si bien frisée naturellement*.

M. de Morangis[23] est mort; voilà les Barillons bien affligés et bien riches : cela fait taire les sentiments de la nature. L'aîné a demandé la place du conseil pour lui et sa charge pour son frère; écrivez-moi des compliments pour eux.

Je ne vous dirai plus rien de Monsieur de Marseille; je prends Monsieur d'Uzès pour témoin de tous mes sentiments, ni si je me suis séparée un seul moment de vos intérêts, ni s'il m'a imposé en la moindre chose, ni si ses manières et sa duplicité ne m'ont point toujours paru au travers de ses discours, ni si j'ai manqué de réponse aux endroits principaux, ni si tous mes amis n'ont point fait leur devoir, ni si je doute de la sincérité de votre conduite et de la ganelonnerie[24] de la sienne. Enfin j'ai déposé mon cœur à Monsieur d'Uzès et ne me suis démentie en rien. J'ai de bons témoins, et un certain ministre ne m'a pas trouvée corrompue contre vos intérêts. L'Évêque lui-même est assez embarrassé de moi, car vous savez qu'il aime à ménager la chèvre et les choux. Il a mal ménagé la chèvre, et ne mangera pas même les choux. Voilà tout ce que je vous en dirai, vous en croirez après cela tout ce que vous voudrez. Monsieur d'Uzès vous dira le reste, et je me reposerai sur ma conscience et sur mon cœur qui ne peut jamais me laisser faillir sur ce qui vous regarde. Cependant nous voyons un

23. Antoine de Barillon de Morangis, conseiller d'État, était mort à Paris, le 4 avril, à l'âge de soixante-treize ans. Voyez tome II, p. 119, note 23, et la note de la lettre du 26 mai 1673.

24. Terme dérivé du nom de *Ganelon,* traître fameux dans nos anciens romans, qui fut cause de la défaite des Français à Roncevaux. Ce mot est étrangement défiguré dans le manuscrit : le copiste en a fait : *galonetonnerie.*

gaillard qui a fait des visites avant que l'on soit éveillé à Paris[25], nous voyons un archevêque d'Aix, nous voyons un homme dont nous avons besoin pour l'abbé de Grignan, et nous concluons que si Monsieur d'Uzès peut dans le pays faire une bonne et solide paix, ce sera l'avantage de tous les deux partis. Il n'en est nulle question ici. Plût à Dieu que vous y fussiez pour voir les choses comme nous les voyons!

Vous me dépeignez fort bien ce bel esprit guindé : je ne l'aimerois pas mieux que vous, mais je ne serois point étonnée que le comte de Guiche s'en accommodât[26] ; vous avez tous deux raison.

A propos d'esprit désagréable, M. de la Rochefoucauld est retombé dans une si terrible goutte, dans une si terrible fièvre, que jamais vous ne l'avez vu si mal : il vous prie d'avoir pitié de lui : je vous défierois bien de le voir sans avoir envie de pleurer.

Ma très-chère enfant, je vous quitte, et après avoir souhaité un cœur *adamantino*[27], je m'en repens : je serois très-fâchée de ne vous pas aimer[28] autant que je vous aime, quelque douleur qu'il m'en puisse arriver : ne le souhaitez plus aussi ; gardons nos cœurs tels qu'ils sont ; vous savez bien ce qui seul peut toucher le mien. J'embrasse M. de Grignan, je le remercie de ses jolis remerciements et de ses exclamations.

Il peut s'assurer que je ne quitterai jamais le service de son royaume de Micomicona[29]. Je vous prie, ne me remerciez plus des bagatelles que je vous donne, plaignez-

---

25. Voyez les lettres du 27 novembre 1673 et du 24 juillet 1675.
26. Voyez tome II, p. 471, note 14.
27. Voyez tome II, p. 530 et 542.
28. Dans le manuscrit : « très-fâchée que vous ne m'aimassiez pas, etc. »
29. Voyez tome II, p. 135, note 4.

moi de ne vous donner pas plus, et venez que je vous embrasse : quelle joie quand ce sera tout de bon, ma mignonne ! Je ne vous envoie plus le Pont-Neuf, c'est à vous à le venir voir ; je vous envoie cent mille petits Amours [30] qui sont cent fois plus beaux. Vous y trouverez vos petits enfants ; je crois que vous les trouverez jolis.

Suscription : Pour la Belle.

---

263. — DE MADAME DE SÉVIGNÉ
A MADAME DE GRIGNAN.

A Paris, vendredi 8ᵉ avril.

La guerre est déclarée [1], ma bonne, on ne parle que de partir. Canaples [2] a demandé permission au Roi d'aller servir dans l'armée du roi d'Angleterre ; et en effet il est parti malcontent de n'avoir point eu de l'emploi en France. Le maréchal du Plessis ne quittera point Paris : il est bourgeois et chanoine ; il met à couvert tous ses lauriers, et jugera des coups : je ne trouve pas son personnage mauvais, ayant une si belle et si grande réputation. Il dit au Roi, qu'il portoit envie à ses enfants qui avoient l'honneur de servir Sa Majesté ; que pour lui il souhaitoit la mort, puisqu'il n'étoit plus bon à rien. Le Roi l'embrassa, et lui dit : « Monsieur le maréchal, on ne travaille que pour approcher de la réputation que vous avez acquise ; il est agréable de se reposer après

---

30. Une gravure représentant cet éventail des petits Amours, que Mme de Sévigné envoie à sa fille, a été jointe aux *Lettres inédites* publiées chez Blaise en 1827.

Lettre 263. — 1. Elle l'avait été la veille par une ordonnance du Roi. Voyez la *Gazette* du 9 avril.

2. Voyez tome II, p. 492, note 8.

tant de victoires³. » En effet, je le trouve heureux de ne point remettre au caprice de la fortune ce qu'il a acquis pendant toute sa vie.

Le maréchal de Bellefonds est à la Trappe pour la semaine sainte ; mais, avant que de partir, il parla fort fièrement à M. de Louvois, qui vouloit faire quelque retranchement sur sa charge de général sous Monsieur le Prince : il fit juger l'affaire par Sa Majesté, et l'emporta comme un galant homme.

M. et Mme de Chaulnes s'en vont en Bretagne : les gouverneurs n'ont point d'autre place présentement que leur gouvernement.

Nous allons voir une rude guerre ; j'en suis dans une inquiétude épouvantable. Votre frère me tient au cœur ; nous sommes très-bien ensemble ; il m'aime, et ne songe qu'à me plaire : je suis aussi une vraie marâtre pour lui, et ne suis occupée que de ses affaires. J'aurois grand tort si je me plaignois de vous deux : vous êtes en vérité trop jolis, chacun en votre espèce. Voilà, ma très-belle, tout ce que vous aurez de moi aujourd'hui. J'avois ce matin un Provençal, un Breton, un Bourguignon à ma toilette.

La Reine m'attaque toujours sur vos enfants, et sur mon voyage de Provence, et trouve mauvais que votre fils vous ressemble, et votre fille à son père ; je lui réponds toujours la même chose. Mme Colbert me parle souvent de votre beauté ; mais qui ne m'en parle point ? Ma fille, savez-vous bien qu'il faut un peu revenir voir tout ceci ? Je vous en faciliterai les moyens d'une ma-

---

3. Le maréchal du Plessis Praslin avait eu grande part à la prise de la Rochelle en 1628 ; il se distingua dans les guerres du Piémont et de la Catalogne, commanda l'armée du Roi pendant la guerre de la Fronde, et sauva la cour en battant, à Rhétel, Turenne qui marchait sur Paris pour délivrer les princes. Voyez tome II, p. 394, note 5.

nière qui vous ôtera de toutes sortes d'embarras. J'ai parlé d'un premier président à M. de Pompone; il n'y voit encore goutte; il croit pourtant que ce sera un étranger; j'y ai consenti [4].

Ma tante est si mal que je ne crois pas qu'elle retarde mon voyage. Elle étouffe, elle enfle, il n'y a pas moyen de la voir sans être fortement touchée : je le suis, et le serai beaucoup de la perdre. Vous savez comme je l'ai toujours aimée : ce m'eût été une grande joie de la laisser dans l'espérance d'une guérison qui nous l'auroit rendue encore pour quelque temps. Je vous manderai la suite de cette triste et douloureuse maladie.

264. — DE MADAME DE SÉVIGNÉ A MADAME DE GRIGNAN.

A Paris, mercredi 13ᵉ avril.

Je vous l'avoue, ma fille, je suis très-fâchée que mes lettres soient perdues; mais savez-vous de quoi je serois encore plus fâchée? ce seroit de perdre les vôtres : j'ai passé par là, c'est une des plus cruelles choses du monde. Mais, mon enfant, je vous admire : vous écrivez l'italien comme le cardinal Ottobon [1]; et même vous y mêlez de l'espagnol : *mancra* n'est pas des nôtres [2]; et pour vos

---

4. Voyez la lettre du 30 mars précédent (tome II, p. 545), et les lettres des 10 et 13 novembre 1673.

Lettre 264 (revue en partie sur une ancienne copie). — 1. Le cardinal Pierre Ottoboni, né à Venise en 1610, fut depuis pape sous le nom d'Alexandre VIII, de 1689 à 1691. Retz l'avait connu dans *l'Escadron volant* en 1655, et parle de sa profondeur (tome IV, p. 299, de ses *Mémoires*).

2. Au français *manière* répond en espagnol *manera*, en italien *maniera*.

phrases, il me seroit impossible d'en faire autant. Amusez-vous aussi à le parler, c'est une très-jolie chose; vous le prononcez bien; vous avez du loisir; continuez, je serai tout étonnée de vous trouver si habile.

Vous m'obéissez pour n'être point grosse; je vous en remercie de tout mon cœur. Ayez le même soin de me plaire pour éviter la petite vérole. Votre soleil me fait peur. Comment? les têtes tournent! on a des apoplexies, comme on a des vapeurs ici, et votre tête tourne comme les autres! Mme de Coulanges espère conserver la sienne à Lyon, et fait des préparatifs pour faire une belle défense contre le gouverneur³. Si elle va à Grignan, ce sera pour vous conter ses victoires, et non pas sa défaite. Je ne crois pas même que le marquis prenne le personnage d'amant; il est observé par gens qui ont bon nez, et qui n'entendroient pas raillerie. Il est désolé de ne point aller à la guerre; je suis très-désolée aussi de ne point partir avec M. et Mme de Coulanges : c'étoit une chose résolue, sans le pitoyable état où se trouve ma tante; mais il faut avoir encore patience; rien ne m'arrêtera, dès que je serai libre de partir. Je viens d'acheter un carrosse de campagne; je fais faire des habits : enfin je partirai du jour au lendemain; jamais je n'ai rien souhaité avec tant de passion; fiez-vous à moi pour n'y pas perdre un moment : c'est mon malheur qui me fait trouver des retardements où les autres n'en trouvent point.

Je voudrois bien vous pouvoir envoyer notre cardinal⁴; ce seroit un grand amusement de causer avec lui : je ne vous trouve rien qui puisse vous divertir; mais, au

---

3. Le marquis de Villeroi, qui était gouverneur en survivance de son père.
4. Le cardinal de Retz.

1672

lieu de prendre le chemin de Provence, il s'en va à Commerci[5].

On dit que le Roi a quelque regret du départ de Canaples : il avoit un régiment, il a été cassé; il a demandé dix abbayes, on les lui a toutes refusées; il a demandé cette campagne d'être aide de camp, on lui refuse. Sur cela il écrit à son frère aîné[6] une lettre pleine de désespoir et de respect tout ensemble pour Sa Majesté; il s'en va sur le vaisseau du duc d'York[7], qui l'aime et l'estime : voilà l'histoire un peu plus en détail.

L'abbé est très-content de votre lettre, et la Mousse aussi. On ne parle plus que de guerre et de partir : tout le monde est triste, tout le monde est ému. Je ne saurois que faire aux nouvelles que vous avez perdues, en perdant ma pauvre lettre.

Le maréchal de Gramont étoit l'autre jour si transporté de la beauté d'un sermon de Bourdaloue[8], qu'il s'écria tout haut en un endroit : « Mordieu, il a raison! » Madame s'éclata de rire, et le sermon en fut tellement interrompu, qu'on ne savoit ce qui en arriveroit. Je ne crois pas, de la façon dont vous me dépeignez vos prédicateurs, que si vous les interrompez, ce soit pour les admirations.

---

5. Voyez la note 1 de la p. 536 du tome I; mais une rectification y est nécessaire : ce fut d'un legs de son cousin germain et ami intime Charles d'Angennes comte de la Rochepot, que Retz tint la principauté de Commerci. Le comte était fils de Mme du Fargis; il fut tué aux lignes d'Arras le 2 août 1640. Voyez les *Mémoires de Retz* tome I, p. 35 et 41.

6. Le frère aîné du comte de Canaples était le duc de Créquy. Voyez tome II, p. 492, note 8.

7. Depuis Jacques II, roi d'Angleterre.

8. Le P. Bourdaloue avait prêché devant le Roi, dans la chapelle de Saint-Germain, le 10 avril, dimanche des Rameaux, et « selon sa coutume, dit la *Gazette* du 16, il s'étoit fait admirer de toute la cour. »

Adieu, ma très-chère et très-aimable; quand je pense au pays qui nous sépare, je perds la raison, et je n'ai plus de repos. Je blâme Adhémar d'avoir changé de nom⁹ : c'est le petit dénaturé.

1672

---

265. — DE MADAME DE SÉVIGNÉ
A MADAME DE GRIGNAN.

A Paris, vendredi saint, 15ᵉ avril.

Vous voyez ma vie ces jours-ci, ma chère fille. J'ai de plus la douleur de ne vous avoir point, et de ne pas partir tout à l'heure. L'envie que j'en ai me fait craindre que Dieu ne permette pas que j'aie jamais une si grande joie; cependant je me prépare toujours. Mais n'est-ce pas une chose cruelle et barbare que de regarder la mort d'une personne qu'on aime beaucoup, comme le commencement d'un voyage qu'on souhaite avec une véritable passion? Que dites-vous des arrangements des choses de ce monde? Pour moi, je les admire; il faut profiter de ceux qui nous déplaisent, pour en faire une pénitence. Celle que M. de Coulanges dit qu'on fait à Aix présentement me paroît bien folle : je ne saurois m'accoutumer à ce qu'il me conte là-dessus¹.

---

9. Après la mort du chevalier de Grignan, arrivée le 6 février précédent, M. d'Adhémar s'appela le *chevalier de Grignan*. Il reprit dans la suite le nom de *comte d'Adhémar*, lorsqu'à l'âge de cinquante-quatre ans il se maria, en 1704, avec (*Thérèse d'Oraison*) la fille puînée du marquis d'Oraison de la maison d'Aqua (*dont il n'eut pas d'enfants*). (*Note de Perrin*, 1754.) — Voyez ce que nous avons dit des variations du chevalier de Perrin sur le nom d'Adhémar, dans la note 1 de la lettre 214 (tome II, p. 397).

LETTRE 265. — 1. Les confréries de *Pénitents* faisoient à Aix des

Mme de Coulanges a été à Saint-Germain. Elle m'a dit mille bagatelles qui ne s'écrivent point, et qui me font bien entrer dans votre sentiment sur ce que vous me disiez l'autre jour de l'horreur de voir une infidélité : cet endroit me parut très-plaisant et de fort bon sens; vous voyez que l'on n'est pas partout de notre sentiment.

Ma fille, quand vous voulez rompre du fer, trouvant les porcelaines indignes de votre colère, il me semble que vous êtes bien fâchée. Quand je songe qu'il n'y a personne pour en rire et pour se moquer de vous, je vous plains; car cette humeur rentrée me paroît plus dangereuse que la petite vérole. Mais à propos, comment vous en accommodez-vous? Votre pauvre enfant s'en sauvera-t-il ? Il l'a eue si tôt qu'il devroit bien en être quitte[2].

Notre cardinal m'a dit ce soir mille tendresses pour vous : il s'en va à Saint-Denis[3] faire la cérémonie de Pâques. Il reviendra encore un moment, et puis adieu.

Mme de la Fayette s'en va demain à une petite maison auprès de Meudon[4], où elle a déjà été. Elle y passera quinze jours, pour être comme suspendue entre le ciel et la terre : elle ne veut pas penser, ni parler, ni répondre, ni écouter; elle est fatiguée de dire bonjour et bonsoir; elle a tous les jours la fièvre, et le repos la guérit; il lui faut donc du repos : je l'irai voir quelquefois.

M. de la Rochefoucauld est dans cette chaise que vous

---

processions la nuit du jeudi au vendredi saint, qui depuis ont été abrogées à cause des indécences qui s'y commettoient. (*Note de Perrin*, 1754.)

2. Le jeune marquis de Grignan mourut de la petite vérole en 1704. Voyez la *Notice*, p. 305.

3. Le cardinal de Retz étoit abbé de Saint-Denis. (*Note de Perrin*, 1754.)

4. A Fleury, au-dessous de Meudon. Voyez la lettre du 22 avril suivant.

connoissez : il est dans une tristesse incroyable, et l'on comprend bien aisément ce qu'il a.

Je ne sais aucune nouvelle aujourd'hui. La musique de Saint-Germain est divine ; le chant des Minimes[5] n'est pas divin ; ma petite-enfant y étoit tantôt[6] ; elle a trouvé beaucoup de gens de sa connoissance : je crains de l'aimer un peu trop, mais je ne saurois tant mesurer toutes choses.

J'étois bien serviteur de Monsieur votre père[7] : ne trouvez-vous point que j'ai des raisons de l'aimer à peu près de la même sorte ?

Je ne vous parle guère de Mme de la Troche : c'est que les flots de la mer ne sont pas plus agités que son procédé avec moi. Elle est contente et malcontente dix fois par semaine[8], et cette diversité compose un désagrément incroyable dans la société. Cette préférence du faubourg est un point à quoi il est difficile de remédier : on m'y aime autant qu'on y peut aimer ; la compagnie y est sûrement bonne ; je ne suis de contrebande à rien ; ce qu'on y est une fois, on l'est toujours ; de plus, notre cardinal m'y donne souvent des rendez-vous : que faire à tout cela ? En un mot, je renonce à plaire à Mme de la Troche,

---

5. Voyez tome II, p. 448, note 5.
6. Dans l'édition de 1754 : « Ma petite-enfant y étoit tantôt avec moi ; » et à la ligne suivante : « je l'aime un peu trop. »
7. M. Loyal dit à Orgon (IV⁰ scène du V⁰ acte de *Tartuffe*) :

Toute votre maison m'a toujours été chère,
Et j'étois serviteur de Monsieur votre père.

8. Mme de la Troche était jalouse de l'amitié que Mme de Sévigné avait pour Mme de la Fayette, dont la maison, et avec elle sans doute celle de la Rochefoucauld, est désignée ici par *le faubourg*. Voyez la *Notice*, p. 159, et tome II, p. 53. La Rochefoucauld demeurait à l'hôtel Liancourt. Voyez la note 3 de la lettre 272.

sans renoncer à l'aimer ; car elle me trouvera toujours quand elle voudra se faire justice : j'ai de bons témoins de ma conduite avec elle, qui sont persuadés que j'ai raison, et qui admirent quelquefois ma patience. Ne me répondez qu'un mot sur tout cela ; car si la fantaisie lui prenoit de voir une de vos lettres, tout seroit perdu d'y trouver votre improbation. Elle n'a point encore vu de vos lettres ; il faut bien des choses pour en être digne à mon égard. Mme de Villars est ma favorite là-dessus : si j'étois reine de France ou d'Espagne, je croirois qu'elle me veut faire sa cour ; mais ne l'étant pas, je vois que c'est de l'amitié pour vous et pour moi. Elle est ravie de votre souvenir. Elle ne partira point sitôt, par une petite raison que vous devinerez, quand je vous dirai qu'elle ne peut aller qu'aux dépens du Roi son maître, et que ses assignations sont retardées[9]. Cependant nous disons fort que nous n'avons rien contre l'Espagne ; ils sont dans les règles du traité. L'ambassadeur est ici, remplissant tous nos Minimes de sa belle livrée.

Ma chère enfant, je m'en vais prier Dieu, et me disposer à faire demain mes pâques : il faut au moins tâcher de sauver cette action de l'imperfection des autres. Je vous aime et vous embrasse, et voudrois bien que mon cœur fût pour Dieu comme il est pour vous.

9. Mme de Villars devoit aller en Espagne, où le marquis de Villars, son mari, venoit d'être nommé ambassadeur extraordinaire. (*Note de Perrin.*)

266. — DE MADAME DE SÉVIGNÉ
A MADAME DE GRIGNAN.

1672

A Paris, mercredi 20ᵉ avril.

Vous me promettez donc de m'envoyer les chansons que l'on fera en Barbarie; votre conscience sera bien moins chargée de me faire part des médisances de Tunis et d'Alger, que la mienne ne l'est de celles que je vous ai mandées. Ma fille, quand je songe que votre plus proche voisine est la mer Méditerranée, j'ai le cœur tout troublé et tout affligé : il y a de certaines choses qui font peur ; elles n'apprennent rien de nouveau ; mais c'est un point de vue qui surprend.

Je vis hier vos trois Provençaux : le Spinola en est un[1]. Il m'a donné votre lettre du 21ᵉ mars; si je le puis servir, je le ferai de mon mieux : j'honore son nom. Il y a un Spinola qui a perdu romanesquement une de ses mains ; c'est un Artaban[2]. Celui-ci m'a montré une lettre italienne qui n'est pleine que de vous ; je vous l'envoie : l'exclamation au roi de France me plaît fort. Il dit que vous parlez très-bien italien ; je vous en loue, rien n'est plus joli : si j'avois été en lieu de m'y pouvoir accoutumer, je l'aurois fait ; ne vous en lassez point.

Je crois que Monsieur d'Uzès vous aura conté sa conversation avec le Roi, à laquelle on ne peut rien ajouter :

LETTRE 266. — 1. Mme de Sévigné met au rang des trois Provençaux M. de Spinola, qui vraisemblablement étoit Génois, et par conséquent plus Italien que Provençal. (*Note de Perrin.*) — Il est parlé (ancien tome X, p. 251) d'un chevalier de Spinola qui en 1700 commandait un vaisseau de Malte coulé bas par les Turcs, et (tome V, p. 309, de la *Correspondance de Bussy*) d'un Spinola qui un jour baisant la main du Roi lui mordit le doigt : voyez la note à la lettre du 7 août 1682.

2. Voyez la lettre 75, note 2.

je lui trouve une justesse dans l'esprit, que j'aime à observer ; mais ce prélat s'en va bientôt, et vous perdez beaucoup de ne l'avoir plus ici.

Mme de Brissac voit très-facilement le comte de Guiche chez elle : il n'y a point d'autre façon ; on ne les voit guère ailleurs. Elle ne va point souvent chez M. de la Rochefoucauld ; Mme de la Fayette est à sa petite campagne : je ne vois aucune liaison entre eux et cette duchesse. Cette dernière contemple son essence comme un coq en pâte : vous souvient-il de cette folie ? On soupçonne la maréchale d'Estrées[3] des chansons, mais ce n'est qu'une vision.

Je vous ai parlé de Mme de la Troche dans le temps que vous m'en parlez ; vous en êtes instruite présentement ; mais comme il ne lui est pas facile de se passer de moi, insensiblement les glaces se fondent, sa belle humeur revient ; et moi, je le veux bien : je prends le temps tout comme il vient ; si j'avois un degré de chaleur davantage, je serois beaucoup plus offensée. C'est donc ainsi que vous voulez que l'on soit, c'est-à-dire dans une profonde tranquillité : ô l'heureux état ! mais que je suis loin d'en sentir les douceurs ! Vous me faites peur de le souhaiter : il me semble que vous faites tout ce que vous voulez ; et tout d'un coup, lorsque je vous aimerai le plus tendrement, je vous trouverai toute froide et toute reposée. Ah ! ne venez pas me donner de cette léthargie

---

3. Gabrielle de Longueval, fille d'Achille, seigneur de Manicamp, troisième femme, veuve depuis 1670, de François-Annibal, premier maréchal d'Estrées (voyez la note 3 de la lettre 251 : il y faut lire à la seconde ligne, au lieu de 5 *mai précédent*, 5 *mai* 1670). Son mari avait au moins quatre-vingt-dix ans quand elle l'épousa en 1663. Elle était sœur du marquis de Manicamp et de la chanoinesse de Longueval, et cousine de la seconde femme de Bussy (voyez plus bas, p. 32, note 6). Elle mourut le 11 février 1687.

à mon arrivée en Provence : j'aurois grand regret à mon voyage, si j'y trouvois de telles glaces.

Je touche enfin mon départ du bout du doigt; mais ce qui me donne congé me coûtera bien des larmes. C'est quelque chose de pitoyable que l'état de ma pauvre tante; son enflure augmente tous les jours; c'est un excès de douleur qui serre le cœur des plus indifférents. Mme de Coulanges pleura hier en lui disant adieu. Ce ne fut pourtant pas un adieu en forme; mais comme elle et son mari pensoient que c'étoit pour jamais, ils étoient très-affligés. Pour moi, qui passe une grande partie de mes jours à soupirer auprès d'elle, je suis accablée de tristesse. Elle me fait des caresses qui me tuent; elle parle de sa mort comme d'un voyage; elle a toujours eu un très-bon esprit; elle le conserve jusqu'au bout. Elle a reçu ce matin Notre-Seigneur en forme de viatique, et pour ses pâques; mais elle croit le recevoir encore une fois. Sa dévotion étoit admirable; nous fondions tous en larmes. Elle étoit assise; elle ne peut durer au lit; elle s'est mise à genoux : c'étoit un spectacle triste et dévot tout ensemble.

J'ai quitté M. et Mme de Coulanges avec déplaisir; ils ont beaucoup d'amitié pour moi; je compte les retrouver à Lyon. Je m'en vais m'établir et me ranger dans mon petit logis, en attendant le plaisir de vous y voir avec moi. On dit que la brune[4] a repris le fil de son discours

---

4. Grouvelle et les éditeurs qui l'ont suivi mettent entre parenthèses, à côté de ce nom : *Mme de Coetquen*. On se rappelle qu'elle avait été, avant la mort de Madame Henriette, maîtresse du chevalier de Lorraine, qui à son retour de Rome seulement (à en croire Madame de Bavière, tome II, p. 118) devint l'amant déclaré de Mlle de Grancey. Du reste « toutes ces dames étoient brunes, » mais plus que les autres peut-être la comtesse de Soissons, « la noire Olympe Mancini. » (Voyez plus haut, p. 11, le récit de la fête; M. Michelet,

1672 avec le chevalier de Lorraine, et qu'ils causèrent fort à cette fête que donna Monsieur le Duc, où pour manger de la viande, ils attendirent si scrupuleusement que minuit fût sonné le dimanche de la Passion. On passe sa vie à dire des adieux; tout le monde s'en va, tout le monde est ému. La comtesse du Lude[5] est venue en poste dire adieu à son mari; elle s'en retournera dans six jours, après lui avoir tenu l'étrier pour monter à cheval et s'en aller à l'armée comme les autres. Je vous assure que l'on tremble pour ses amis.

J'ai passé le dimanche des Rameaux à Sainte-Marie dans mes considérations ordinaires. Barillon a fait ici un grand séjour; il s'en va, puisque vous lui commandez d'être à son devoir : votre exemple le confond; son emploi est admirable cette année : il mangera cinquante mille francs; mais il sait bien où les prendre[6]. Mme de C*** est folle; on la trouve telle en ce pays : la belle pensée d'aller en Italie comme une princesse infortunée, au lieu de revenir paisiblement à Paris chez sa mère qui l'adore, et qui met au rang de tous les malheurs de sa maison l'extravagance de sa fille! Elle a raison; je n'en ai jamais vu une plus ridicule.

Nous ne savons si la Marans travaille sur terre ou sous terre : elle voit peu *son fils*[7] et Mme de la Fayette, et ce n'est que des moments; tout aussitôt Mme de Schomberg la vient reprendre : cela est bien incommode de n'être plus remenée par Mme de Sévigné; elle n'aime guère à me rencontrer.

tome XIII de son *Histoire de France*, p. 250 et 12; et les *Nièces de Mazarin*, par M. A. Renée, p. 45, 177.)

5. Voyez la note 2 de la lettre 150.
6. Il était ambassadeur en Angleterre.
7. La Rochefoucauld. Voyez la note 5 de la lettre 151. — Sur Mme de Schomberg, voyez la note 7 de la même lettre.

Mais comment votre fils est-il devenu brun? Je le croyois blondin, et vous me l'aviez vanté comme tel! Quoi? sérieusement il est brun! ne vous moquez-vous point? J'ai envie de vous mander que votre fille est devenue blonde. Quoi qu'il en soit, il y a toujours à tous vos enfants la marque de l'ouvrier. Je suis assurée que quand Mme de Senneterre[8] aura fait ses affaires et ses couches, elle ne fera point comme Mme de C***.

Le petit Dubois[9] est parti pour suivre M. de Louvois[10], et je m'aperçois déjà de son absence. Je passai hier à la poste pour tâcher d'y refaire des amis, et voir si Dubois ne m'avoit recommandée à personne. Je trouvai des visages nouveaux, qui ne furent pas fort touchés de mon mérite. Je les priai de mettre mes lettres à part, afin de les envoyer prendre ce matin, à quoi je n'ai pas manqué; ils m'ont mandé qu'assurément il n'y en avoit pas pour moi. Me voilà tombée des nues : je ne saurois vivre sans vos lettres; peut-être que vous les aurez adressées à quelqu'un, et qu'elles me viendront demain; je le souhaite fort, et de pouvoir remettre en train mon commerce de la poste.

---

267. — DE MADAME DE SÉVIGNÉ
A MADAME DE GRIGNAN.

A Paris, vendredi 22e avril.

Je reçus votre lettre du 13e justement quand on ne

---

8. Voyez la note 6 de la lettre 169.
9. C'est ce commis de la poste que Mme de Sévigné avoit mis dans ses intérêts pour la diligence et la sûreté de son commerce de lettres avec sa fille. (*Note de Perrin.*)
10. Surintendant général des postes et secrétaire d'État de la guerre. (*Note du même.*)

pouvoit plus y faire réponse : quelque soin que j'eusse pris à la poste, elle avoit été abandonnée à la paresse des facteurs ; et voilà précisément ce que je crains. Je ferai mon possible pour retrouver quelque nouvel ami¹, ou plutôt je vous avoue que je voudrois bien m'en aller, et que ma pauvre tante eût pris un parti : cela est barbare à dire ; mais il est bien barbare aussi de trouver ce devoir sur mon chemin, lorsque je suis prête à vous aller voir. L'état où je suis n'est pas aimable. Je vous envoie une petite cravate, tout comme on les porte ; vous verrez par là que depuis votre départ le monde ne s'est pas subtilisé : vous voyez comme nous sommes simples en ce pays-ci.

J'ai une grande impatience de savoir ce qui se sera passé à votre voyage de la Sainte-Baume². C'est donc votre Notre-Dame des Anges³. M. le marquis de Vence⁴, qui me rend des soins très-obligeants, m'a fait grand'-peur du chemin⁵. Il a perdu son fils aîné : il me fait

LETTRE 267. — 1. Comme Dubois, au bureau de la poste.
2. La Sainte-Baume est une grotte taillée dans le roc, où, selon la tradition du pays et sans aucun autre fondement raisonnable, on prétend que sainte Madeleine vint finir sa vie dans la pénitence. (*Note de Perrin*, 1754.) — Cette grotte est entre Aix et Marseille, à trois lieues environ de Saint-Maximin. Voyez les lettres 269 et 273.
3. L'église de l'abbaye de Livry paraît avoir été sous l'invocation de Notre-Dame des Anges. Voyez la lettre du 23 août 1675.
4. Voyez la note 5 de la lettre 248.
5. Perrin dans l'édition de 1734 renvoie au *Voyage de Chapelle et Bachaumont*. Dans celle de 1754, il cite les vers suivants de ce voyage :

    Mais si d'une adresse admirable
    L'ange a taillé ce roc divin,
    Le démon cauteleux et fin
    En a fait l'abord effroyable,
    Sachant bien que le pèlerin
    Se donneroit cent fois au diable,
    Et se damneroit en chemin.

pitié; il voudroit bien pleurer, et il se contraint : il me paroît extrêmement attaché à tous vos intérêts.

J'ai été voir Mme de la Fayette avec le Cardinal; nous la trouvâmes mieux qu'à Paris; nous parlâmes fort de vous. Il s'en va lundi; il vous dira adieu comme il vous a dit bonjour; il vous aime tendrement, et vous fera réponse sur la proposition d'être archevêque d'Aix. Nous composâmes la vie qu'il feroit, toujours déchiré entre l'envie de vous voir et la crainte d'être ridicule; nous réglâmes les heures, et nous inventâmes des supplices pour le premier qui mettroit le nez sur l'attachement qu'il auroit pour vous. Cette conversation nous eût menés plus loin que Fleury[6]. D'Hacqueville et l'abbé de Pontcarré étoient avec nous; j'étois insolemment avec ces trois hommes. Je m'en vais tout présentement me promener trois ou quatre heures à Livry. J'étouffe, je suis triste; il faut que le vert naissant et les rossignols me redonnent quelque douceur dans l'esprit. On ne voit ici que des adieux, des équipages qui nous empêchent de passer dans les rues. Je reviens demain matin pour faire partir celui de mon fils; mais il ne fera point d'embarras; ce sont des coffres qui vont par des messagers : il a acheté ses chevaux en Allemagne. J'ai donné de l'argent à Barillon pour lui donner pendant la campagne : je suis une marâtre. Je dis hier adieu au petit dénaturé[7]; je pensai pleurer. Cette campagne sera rude, et je ne me fie guère à lui pour se conserver. *Poco duri, pur che s' inalzi*[8]. Il en est revenu là : c'est sa vraie devise. Adieu, je ne vous en dirai pas davantage aujourd'hui. Je m'en vais à la Sainte-Baume; je m'en vais dans un lieu où je penserai à

6. Voyez la note 4 de la lettre du 15 avril précédent.
7. Le chevalier de Grignan, auparavant d'Adhémar. Voyez la fin de la lettre du 13 avril précédent.
8. Voyez la note 5 de la lettre 218.

vous sans cesse, et peut-être trop tendrement. Il est bien difficile que je revoie ce lieu, ce jardin, ces allées, ce petit pont, cette avenue, cette prairie, ce moulin, cette petite vue, cette forêt, sans penser à ma très-chère enfant.

Le petit Daquin est premier médecin [9] :

La faveur l'a pu faire autant que le mérite [10].

---

268. — DE MADAME DE SÉVIGNÉ
AU COMTE DE BUSSY RABUTIN [1].

Cinq semaines après que j'eus écrit cette lettre (voyez tome II, p. 539), j'en reçus cette réponse.

À Paris, ce 24ᵉ avril 1672.

Savez-vous bien que je reçus hier seulement votre lettre du 19ᵉ mars par cet honnête marchand qui fait crédit, et

---

9. Daquin, premier médecin de la Reine, fut nommé le 18 avril à la charge de premier médecin du Roi, vacante depuis la mort d'Antoine Vallot (voyez la note 12 de la lettre 139). Sa Majesté ne pouvait lui donner un successeur « dont la capacité, dit la *Gazette*, fût plus universellement reconnue. »

10. Corneille, *le Cid*, acte I, scène VII. — Voyez dans les lettres du 31 juillet et du 6 août 1675, un billet du comte de Gramont où le même vers est cité.

Lettre 268. — 1. Nous suivons pour cette lettre, selon notre coutume, le manuscrit autographe de Bussy. Une autre copie, assez ancienne, où elle n'est reproduite qu'en partie, et datée du 24 avril 1671, nous offre, avec quelques fautes assez grossières, un certain nombre de variantes dignes d'être relevées. Ainsi, à la première phrase : « Qui fait, dites-vous, crédit, et ne presse pas trop les gens; » à la suivante : « Qu'il s'en trouvât d'aussi honnête composition; » six lignes plus bas : « S'en va à l'armée avec de l'équipage; » au commencement du second alinéa : « Mais revenons à notre honnête marchand. » Mais ce qu'il y a de plus curieux dans cette ancienne copie, c'est un morceau inédit qui vient après les mots : « Vos

qui ne presse pas trop? Plût à Dieu qu'il s'en trouvât ici présentement d'aussi bonne composition! Ils sont devenus chagrins depuis quelque temps. Chacun sait si je ne dis pas vrai. On est au désespoir, on n'a pas un sou, on ne trouve rien à emprunter, les fermiers ne payent point, on n'ose faire de la fausse monnoie, on ne voudroit pas se donner au diable, et cependant tout le monde s'en va à l'armée avec un équipage. De vous dire comment cela se fait, il n'est pas aisé. Le miracle des cinq pains n'est pas plus incompréhensible.

Mais revenons à notre marchand (j'admire où m'a transportée la chaleur du discours) : je vous assure que je lui rendrai tout le service que je pourrai.

Vous avez dû croire que je ne faisois réponse qu'à Sainte-Marie[2], par la longueur du temps que vous avez été à recevoir celle-ci, mais ce n'est pas ma faute.

Je vous trouve fort heureux (dans votre malheur) de

---

bonnes intentions, » et termine la lettre : « M. l'évêque d'Autun ayant fait le panégyrique de M*** aux Jésuites, qui avoient toute la musique de l'Opéra, on dit à Paris que les jésuites avoient donné deux comédies en un jour : l'opéra et le Tartuffe. » — Gabriel de Roquette fut évêque d'Autun de 1667 à 1702, et mourut en 1707 aumônier de la princesse de Conti. « C'est sur lui que Molière prit son Tartuffe, et personne ne s'y méprit. » (Saint-Simon, tome V, p. 347.) Il prononça et fit imprimer cette année-là même (1672) l'oraison funèbre de la vertueuse princesse de Conti; Bussy dit à ce propos : « Monsieur d'Autun avoit une ample matière pour faire une belle oraison funèbre, et son grand talent est pour ces sortes de discours. Celle de M. de Candale étoit plus difficile. C'est la plus délicate et la plus parfaite chose que j'aie vue en ces sortes de sujets : il avoit à parler de l'homme du royaume le plus galant, et sans blesser la vérité ni la sainteté du lieu, il a fait de lui l'éloge d'un prédestiné. » (*Correspondance*, tome II, p. 69.) Bussy était fort lié avec l'évêque d'Autun, ce qui ne l'empêche pas d'en dire peu de bien à Mme de Sévigné (lettre du 13 mai 1689) : « Il est faux presque partout, » etc. — Voyez la lettre du 12 avril 1680.

2. Voyez la lettre du 24 janvier précédent, tome II, p. 477.

ne point aller à la guerre. Je serois fâchée que depuis longtemps vous n'eussiez obtenu d'autre grâce que celle d'y aller. C'est assez que le Roi sache vos bonnes intentions. Quand il aura besoin de vous, il saura bien où vous prendre ; et comme il n'oublie rien, il n'aura peut-être pas oublié ce que vous valez. En attendant, jouissez du plaisir d'être présentement le seul homme de votre volée qui puisse se vanter d'avoir du pain [3].

J'ai vu au collège de Clermont [4] un jeune gentilhomme [5] qui est fort digne d'en avoir. Je lui ai fait une petite visite, je l'enverrai quérir l'un de ces jours pour dîner avec moi. Je soupai l'autre jour avec Manicamp [6] et avec sa sœur la maréchale d'Estrées. Elle me dit qu'elle iroit

3. Ici Mme de Coligny a ajouté entre les lignes : « Je ne sais si je ne vous ai pas parlé de quelques-unes de vos lettres au Roi ; mais je les admire toujours. » — Deux lignes plus bas, aux mots *digne d'en avoir*, elle a substitué *digne d'être votre fils*.

4. Collége des jésuites dans la rue Saint-Jacques. C'est aujourd'hui le lycée Louis-le-Grand. Les jésuites donnèrent le nom de Louis le Grand à leur collége à la suite d'une visite du Roi en 1674. Huit ans plus tard (1682), Louis XIV, par lettres patentes du mois de novembre, se déclara le fondateur du collège des jésuites, et le décorant du titre de collége royal, lui accorda l'autorisation de porter ses armes. — Bussy avait suivi, très-jeune et comme externe, au collège de Clermont, les cours de seconde, de logique (après avoir sauté la rhétorique), et il y avait commencé la physique. Voyez ses *Mémoires*, tome I, p. 6.

5. Amé-Nicolas de Rabutin, marquis de Bussy, né en 1656, fils aîné du comte, mais du deuxième lit. Le Roi lui donna en 1677 une compagnie de cavalerie. Voyez sur lui la lettre du 25 février 1686 et celle (de Bussy) du 5 mars de la même année.

6. Bernard de Longueval, marquis de Manicamp, cousin de Mme de Bussy ; frère de la maréchale d'Estrées et de la chanoinesse de Longueval ; mort en 1684 (voyez plus haut, p. 24, note 3). « Il est souvent fait mention de lui dans *l'Histoire amoureuse*.... C'est Manicamp qui.... introduit, par les questions qu'il fait à Bussy, l'histoire de Mme de Sévigné. » (Walckenaer, tome IV, p. 346.) Voyez les *Mémoires de Bussy*, tome II, p. 337 et 424.

voir notre Rabutin au collége. Nous parlâmes fort de vous, elle et moi. Pour Manicamp et moi⁷, nous ne finissons pas en quelque endroit que nous soyons, mais d'un souvenir agréable, vous regrettant, ne trouvant rien qui vous vaille, chacun de nous redisant quelque morceau de votre esprit; enfin vous devez être fort content de nous.

Adieu, mon cher cousin, mille compliments, je vous prie, à Madame votre femme. Elle m'a écrit une très-honnête lettre, mais j'ai passé le temps de lui faire réponse. Me voilà dans l'impénitence finale; j'ai tort, je ne saurois plus y revenir; faites ma paix.

Je ne sais si vous savez que les maréchaux d'Humières et de Bellefonds sont exilés pour ne vouloir pas obéir à M. de Turenne, quand les armées seront jointes.

269. — DE MADAME DE SÉVIGNÉ A MADAME DE GRIGNAN.

A Paris, ce mercredi 27ᵉ avril.

JE m'en vais, ma bonne, faire réponse à vos deux lettres, et puis je vous parlerai de ce pays-ci. M. de Pompone a vu la première, et verra assurément une grande partie de la seconde. Il est parti; ce fut en lui disant adieu que je la lui montrai, ne pouvant jamais mieux dire que ce que vous écrivez sur vos affaires. Il vous trouve admirable; je n'ose vous dire à qui il compare votre style, ni les louanges qu'il lui donne. Enfin il m'a fort priée de vous assurer de son estime et du soin qu'il aura toujours de faire tout ce qui vous la pourra témoigner. Il a été ravi

---

7. Les mots *et moi* sont d'une autre main. Bussy a seulement écrit : « Pour Manicamp, nous ne finissons pas.... »

de votre description de la Sainte-Baume; il le sera encore de votre seconde lettre. On ne peut pas mieux écrire sur une affaire, ni plus nettement; je suis très-assurée que votre lettre obtiendra tout ce que vous souhaitez; vous en verrez la réponse; je n'écrirai qu'un mot, car en vérité, ma bonne, vous n'avez pas besoin d'être secourue dans cette occasion; je trouve toute la raison de votre côté; je n'ai jamais su cette affaire par vous; ce fut M. de Pompone qui me l'apprit comme on lui avoit apprise; mais il n'y a rien à répondre à ce que vous m'en écrivez, il aura le plaisir de le lire. L'Évêque témoigne en toute rencontre qu'il a fort envie de se raccommoder avec vous : il a trouvé ici toutes choses si bien disposées en votre faveur, que cela lui fait souhaiter une réconciliation, dont il se fait honneur, comme d'un sentiment convenable à sa profession. On croit que nous aurons, entre ci et demain, un premier président de Provence.

Je vous remercie de votre relation de la Sainte-Baume et de votre jolie bague; je vois bien que le sang n'a pas bien bouilli à votre gré [1]. Madame la Palatine eut une fois la même curiosité que vous; elle n'en fut pas plus satisfaite; vous ne m'ôterez pas l'envie de voir cette affreuse grotte; plus on y a de peine, et plus il y faut aller; et au bout du compte, je ne m'en soucie point du tout. Je ne cherche que vous en Provence; ma pauvre bonne, quand je vous aurai, j'aurai tout ce que je cherche.

Lettre 269 (revue sur une ancienne copie). — 1. D'après une antique tradition, sainte Madeleine avait apporté en Provence un vase plein du sang qu'elle avait recueilli sur le Calvaire pendant qu'il coulait des plaies de Jésus-Christ. Ce vase était gardé dans le couvent des dominicains de Saint-Maximin, et « jusqu'à présent, dit le P. Guesnay, au livre II de sa *Massilia gentilis et christiana* (1657), nous y voyons tous les ans, le jour du vendredi saint, après la lecture de la Passion, le sang se liquéfier et bouillonner comme s'il venoit seulement d'être versé. » — Voyez plus haut, p. 28, et plus bas, p. 62.

Je suis en peine de votre fils; je voudrois que vous eussiez une nourrice comme celle que j'ai; c'est une créature achevée : Rippert vous le dira. Il m'a parlé d'un justaucorps en broderie que veut M. de Grignan; c'est une affaire de mille francs qui ne me paroît pas bien nécessaire, devant venir ici cet hiver; mais je ne veux point le fâcher : après lui avoir dit ces raisons, je lui mets la bride sur le cou.

Ma tante est toujours très-mal. Laissez-nous le soin de partir, nous ne souhaitons autre chose; et même s'il y avoit quelque espérance de langueur, nous prendrions notre parti; je lui dis mille tendresses de votre part, qu'elle reçoit très-bien. M. de la Trousse[2] lui en écrit d'excessives : ce sont des amitiés de l'agonie, dont je ne fais pas grand cas; j'en quitte ceux qui ne commenceront que là à m'aimer. Ma bonne, il faut aimer pendant la vie, comme vous faites si bien, la rendre douce et agréable, ne point noyer d'amertume ni combler de douleur ceux qui nous aiment; c'est trop tard de changer quand on expire. Vous savez ce que j'ai toujours dit des bons fonds : je n'en connois que d'une sorte, et le vôtre doit contenter les plus difficiles. Je vois les choses comme elles sont; croyez-moi, je ne suis point folle; et pour vous le montrer, c'est qu'on ne peut être plus contente d'une personne que je la suis de vous. J'envoie à Mme de Coulanges ce qui lui appartient de ma lettre; elle sera mise en pièces : il m'en restera encore quelques centaines pour m'en consoler; tout aimables qu'elles sont, ma bonne, je souhaite extrêmement de n'en plus recevoir. Venons aux nouvelles.

Le Roi part demain[3]. Il y aura cent mille hommes hors

---

2. Le cousin germain de Mme de Sévigné. Voyez la note 6 de la lettre 39.

3. Le Roi, comme il est dit plus loin, partit dès le 27, à dix heures

de Paris ; on a fait ce calcul dans les quartiers à peu près. Il y a quatre jours que je ne dis que des adieux. Je fus hier à l'Arsenal ; je voulus dire adieu au grand maître [4] qui m'étoit venu chercher ; je ne le trouvai pas. Je trouvai la Troche [5], qui pleuroit son fils ; la Comtesse [6], qui pleuroit son mari. Elle avoit un chapeau gris, qu'elle enfonça, dans l'excès de ses déplaisirs ; c'étoit une chose plaisante ; je crois que jamais un chapeau ne s'est trouvé à une pareille fête : j'aurois voulu ce jour-là mettre une coiffe ou une cornette. Enfin ils sont partis tous deux ce matin, l'un pour Lude, et l'autre pour la guerre ; mais quelle guerre ! la plus cruelle, la plus périlleuse, depuis le passage de Charles VIII en Italie. On l'a dit au Roi. L'Yssel est défendu, et bordé de deux cents pièces de canon, de soixante mille hommes de pied, de trois grosses villes, d'une large rivière qui est encore au devant [7]. Le comte de

du matin, et alla coucher à Nanteuil, et le lendemain à Soissons, d'où il continua sa route vers les Pays-Bas.

4. Le comte du Lude, grand maître de l'artillerie depuis 1669.

5. Sur Mme de la Troche, voyez la note 4 de la lettre 41, et sur son fils, la lettre du 24 juin 1672.

6. Renée-Éléonore de Bouillé, première femme du comte du Lude, étoit grande chasseresse, et toujours vêtue en homme (*une chasseuse à outrance, et qui joue ici au mail publiquement en justeaucorps*, dit Tallemant des Réaux, tome V, p. 363). Elle passoit sa vie à la campagne. (*Note de Perrin.*) — C'est sans doute à cause de ses habitudes viriles que Mme de Sévigné dit un peu plus bas, en parlant d'elle, *l'un*, et non pas *l'une*. C'est le texte du manuscrit, aussi bien que de l'édition de la Haye (1726) et de la première de Perrin (1734). Dans la seconde (1754), le chevalier a remplacé *l'un.... et l'autre* par *la femme.... et le mari*.

7. Le Rhin, en Hollande, se partage, comme l'on sait, en trois bras : le Wahal au Sud, le Rhin ou Leck au milieu, et l'Yssel au Nord. On crut d'abord que c'était l'Yssel, le plus faible des trois bras, que le Roi voulait passer. Voyez le *Mémoire de Louis XIV sur la campagne de* 1672, cité par M. Rousset dans son *Histoire de Louvois*, tome I, p. 357 et suivantes.

Guiche, qui sait le pays, nous montra l'autre jour une carte chez Mme de Verneuil : c'est une chose étonnante. Monsieur le Prince est fort occupé de cette grande affaire. Il lui vint l'autre jour une manière de fou assez plaisant, qui lui dit qu'il savoit fort bien faire de la monnoie. « Mon ami, lui dit Monsieur le Prince, je te remercie; mais si tu savois une invention pour nous faire passer le Rhin sans être assommés, tu me ferois un grand plaisir, car je n'en sais point. » Il avoit pour lieutenants généraux MM. les maréchaux d'Humières et de Bellefonds. Voici un détail qu'on est bien aise de savoir. Les deux armées se doivent joindre : alors le Roi commandera à Monsieur; Monsieur, à Monsieur le Prince; Monsieur le Prince, à M. de Turenne; M. de Turenne, aux deux maréchaux, et même à l'armée du maréchal de Créquy. Le Roi en parla à M. de Bellefonds, et lui dit qu'il vouloit qu'il obéît à M. de Turenne, sans conséquence. Le maréchal, sans demander du temps (voilà sa faute), repartit qu'il ne seroit pas digne de l'honneur que Sa Majesté lui avoit fait, s'il se déshonoroit par une obéissance sans exemple. Le Roi le pressa fort bonnement de faire réflexion à ce qu'il lui répondoit, qu'il souhaitoit cette preuve de son amitié, qu'il y alloit de sa disgrâce. Le maréchal répondit au Roi qu'il voyoit bien à quoi il s'exposoit, qu'il perdroit les bonnes grâces de Sa Majesté, et sa fortune; mais qu'il y étoit résolu plutôt que de perdre son estime; et enfin qu'il ne pouvoit obéir à M. de Turenne, sans déshonorer la dignité où il l'avoit élevé. Le Roi lui dit : « Monsieur le maréchal, il nous faut donc séparer. » Le maréchal fit une profonde révérence, et partit. M. de Louvois, qui ne l'aime pas, lui eut bientôt expédié un ordre pour aller à Tours. Il a été rayé de dessus l'état de la maison du Roi; il a cinquante mille écus de dettes au delà de son bien : il est abîmé; mais il est content, et l'on ne doute pas qu'il

1672

n'aille à la Trappe. Il a offert son équipage, qui étoit fait aux dépens du Roi, à Sa Majesté, pour en faire ce qui lui plairoit ; on a pris cela comme s'il eût voulu braver le Roi ; jamais rien ne fut si innocent. Tous ses gens, ses parents, le petit Villars [8], et tout ce qui étoit attaché à lui est inconsolable. Mme de Villars l'est aussi ; ne manquez pas de lui écrire et au pauvre maréchal. Cependant le maréchal d'Humières, soutenu par M. de Louvois, n'avoit point paru, et attendoit que le maréchal de Créquy eût répondu. Celui-ci est venu de son armée en poste répondre lui-même. Il arriva avant-hier ; il a eu une conversation d'une heure avec le Roi. Le maréchal de Gramont fut appelé, qui soutint le droit des maréchaux de France, et fit le Roi juge de ceux qui faisoient le plus de cas de ses dignités, ou ceux qui, pour en soutenir la grandeur, s'exposoient au malheur d'être mal avec lui, ou celui [9] qui étoit honteux d'en porter le titre, qui l'avoit effacé de tous les endroits où il étoit, qui tenoit le nom de maréchal pour une injure, et qui vouloit commander en qualité de prince. Enfin la conclusion fut que le maréchal de Créquy est allé à la campagne, dans sa maison, planter des choux, aussi bien que le maréchal d'Humières. Voilà de quoi l'on parle uniquement : l'un dit qu'ils ont bien fait, d'autres qu'ils ont mal fait ; la Comtesse [10] s'égosille ; le comte de Guiche prend son fausset ; il les faut séparer, c'est une comédie. Ce qui est vrai, c'est que voilà trois hommes d'une grande importance pour la

---

8. Le petit Villars, depuis le célèbre maréchal de Villars, faisait alors ses premières armes : il était cousin germain et aide de camp du maréchal de Bellefonds.

9. Turenne. Voyez la note 6 de la lettre 271. Voyez aussi sur le conflit entre Turenne et les maréchaux, l'*Histoire de Louvois* par M. Rousset, tome I, p. 350 et suivantes.

10. La comtesse de Fiesque.

guerre, et qu'on aura bien de la peine à remplacer. Monsieur le Prince les regrette fort pour l'intérêt du Roi. M. de Schomberg ne veut pas obéir aussi à M. de Turenne, ayant commandé des armées en chef. Enfin la France, qui est pleine de grands capitaines, n'en trouvera pas assez par ce malheureux contre-temps.

M. d'Aligre [11] a les sceaux ; il a quatre-vingts ans : c'est un dépôt ; c'est un pape.

11. Étienne Haligre ou d'Aligre, né à Chartres le 13 juillet 1592, fils du premier chancelier de ce nom, et cousin germain de Michel le Tellier. Il « fut conseiller au grand conseil.... enfin conseiller d'État et doyen du conseil, et comme tel premier des commissaires nommés pour assister aux sceaux lorsque le Roi les voulut tenir lui-même.... et ne remplir point la charge de chancelier. Le Tellier.... avoit porté de tout son crédit son cousin Aligre aux emplois par où il avoit passé, quoique ce fût.... un très-pauvre homme. Le Tellier eut grande envie de succéder à Seguier.... Néanmoins, soit que le Roi ne voulût pas se priver (*de lui*) dans les importantes fonctions de sa charge à l'ouverture d'une si grande guerre, ou que, accoutumé à des chanceliers octogénaires, il trouvât le Tellier trop jeune qui n'avoit pas encore soixante et dix ans, ils (*le Tellier et Louvois*) ne purent l'emporter.... Ils firent en sorte que le Roi, deux jours avant son départ, donnât les sceaux à Aligre sans faire de chancelier.... Ainsi ils se réservèrent la vacance, et l'espérance de la remplir.... ou, s'ils n'y pouvoient atteindre,... avoir ainsi un chancelier de paille, qui par ce qu'il leur étoit et devoit, et par son imbécillité, ne les pourroit jamais embarrasser. Ils le tinrent ainsi au filet vingt mois durant.... A la fin.... Aligre fut fait chancelier en janvier 1674. Il le fut et toujours en place jusqu'au 25 octobre 1677 qu'il mourut.... à plus de quatre-vingt-cinq ans. Le Tellier eut alors sa revanche et lui succéda quatre jours après.... On ne fut pas longtemps à s'apercevoir de l'étrange incapacité (*d'Aligre*).... à qui ses secrétaires faisoient faire.... tant de choses.... que la famille en fut alarmée et vit la nécessité d'un tuteur. Un étranger étoit à craindre ; le fils aîné, plus imbécile que le père, ne put aller plus loin qu'être maître des requêtes et intendant de Caen ; il fallut avoir recours au second (*abbé des chanoines réguliers de Saint-Jacques, près Provins*).... Le Tellier le mit auprès du chancelier.... qui ne signa plus rien et ne décida plus qu'en sa présence.... C'étoit lui qui étoit chancelier et garde des sceaux d'effet, et qui le fut excellent.... Il ne mit pas le pied hors de chez le

1672

Je viens de faire un tour de ville : j'ai été chez M. de la Rochefoucauld. Il est comblé de douleur d'avoir dit adieu à tous ses enfants : au travers de tout cela, il m'a priée de vous dire mille tendresses de sa part; nous avons fort causé. Tout le monde pleure son fils, son frère, son mari, son amant : il faudroit être bien misérable pour ne se pas trouver intéressé au départ de la France tout entière. Dangeau et le comte de Sault [12] me sont venus dire adieu :

chancelier.... et le peu de temps qu'il pouvoit ménager, il le donnoit à Dieu. » (Saint-Simon, tome X, p. 71-74.)

12. François-Emmanuel, comte de Sault, arrière-petit-fils du connétable de Lesdiguières, dont il prit plus tard le nom, et petit-fils du maréchal Charles de Créquy (maréchal en 1622, tué devant Casal en 1638). — Ce premier maréchal, qui épousa successivement deux filles du connétable de Lesdiguières, était de son nom Blanchefort, et Créquy du nom de son aïeule; mais en outre, il avait tenu de sa mère (remariée à Louis d'Agoult comte de Sault, et héritière du fils qu'elle eut de ce second lit) le titre de comte de Sault, titre qu'il fit porter à son fils aîné François, avant que ce dernier héritât de celui de duc de Lesdiguières (tout à la fois comme petit-fils et comme gendre du connétable : voyez la note 2 de la lettre 271). — Le fils aîné de François et de sa seconde femme, marquise de Ragni, François-Emmanuel, dont parle ici Mme de Sévigné, fut d'abord aussi, et même fort longtemps, connu sous le nom de comte, puis duc de Sault; il ne devint sans doute qu'à la mort de son père, et que bien peu avant la sienne, duc de Lesdiguières; c'est par avance et pour la rime que Boileau l'appelle ainsi dans sa quatrième Épître (au Roi, sur le passage du Rhin) :

Mais déjà devant eux une chaleur guerrière
Emporte loin du bord le bouillant Lesdiguière.

Il était frère du marquis de Ragni (tome II, p. 141), et cousin germain du duc de Créquy, du comte de Canaples et du second maréchal de Créquy, issus du frère cadet de son père. Il épousa, le 12 mars 1675, Paule-Marguerite-Françoise de Gondi, duchesse de Retz, nièce du cardinal, qu'il laissa veuve dès 1681, et qui mourut, après leur fils unique, à soixante et un ans, le 21 janvier 1716. Il sera souvent question de sa femme; voyez en attendant, sur elle et sur sa liaison avec Harlai de Champvallon, les *Mémoires de Saint-Simon*, tomes I, p. 290, et XIII, p. 330 et suivante.

ils nous ont appris que le Roi, au lieu de partir demain, comme tout le monde le croyoit, afin d'éviter les larmes est parti à dix heures du matin, sans que personne l'ait su. Il est parti lui douzième; tout le reste courra après. Au lieu d'aller à Villers-Cotterets, il est allé à Nanteuil [13], où l'on croit que d'autres gens se trouveront, qui sont disparus aussi [14]. Demain il ira à Soissons, et tout de suite, comme il l'avoit résolu. Si vous ne trouvez cela galant, vous n'avez qu'à le dire. La tristesse où tout le monde se trouve est une chose qu'on ne sauroit imaginer au point qu'elle est. La Reine est demeurée régente : toutes les compagnies souveraines l'ont été reconnoître et saluer. Voici une étrange guerre, et qui commence bien tristement.

En revenant chez moi, j'ai trouvé notre pauvre cardinal de Retz qui me venoit dire adieu : nous avons causé une heure; il vous a écrit un petit mot, et part demain matin; Monsieur d'Uzès part aussi : qui est-ce qui ne part point? Hélas! c'est moi; mais j'aurai mon tour comme les autres. Il est vrai que c'est une chose cruelle que de faire deux cents lieues pour se retrouver à Aix. J'approuve fort votre promenade et le voyage de Monaco : il s'accordera fort bien avec mon retardement. Je crois que j'arriverai à Grignan un peu après vous. Je vous conjure, ma bonne, de m'écrire toujours soigneusement; je suis désolée quand je n'ai point de vos lettres. J'ai été chercher quatre fois le président de Gallifet, et même je l'avois prié une fois de m'attendre, ce n'est pas ma faute si je ne l'ai pas vu. Je suis ravie, ma bonne, que vous ne soyez point grosse; j'en aime M. de Grignan

13. Nanteuil-le-Haudouin, dans l'Oise, à douze lieues nord-est de Paris, au delà de Dammartin, sur la route de Soissons.

14. Il paraît qu'il s'agit ici de Mme de Montespan. Voyez la note 15 de la lettre suivante.

1672

de tout mon cœur. Mandez-moi si on doit ce bonheur à sa tempérance ou à sa véritable tendresse pour vous, et si vous n'êtes point ravie de pouvoir un peu trotter, et vous promener dans cette Provence, à travers des allées d'orangers, et de me recevoir sans crainte de tomber et d'accoucher. Adieu, ma très-aimable enfant, il me semble que vous savez assez combien je vous aime, sans qu'il soit besoin de vous le dire davantage. Si Pommier vous donne la main, la Porte n'est donc plus que pour la décoration [15].

270. — DE MADAME DE SÉVIGNÉ A MADAME DE GRIGNAN.

À Paris, vendredi 29e avril[1].

Vous êtes, ma bonne, dans votre grand voyage ; vous ne sauriez mieux faire présentement : on n'est pas toujours en état et en humeur de se promener. Si vous étiez moins hasardeuse, j'aurois plus de repos ; mais vous voudrez faire des chefs-d'œuvre, et passer où jamais carrosse n'a passé : cela me trouble. Ma bonne, croyez-moi, ne faites point le Pont-Neuf[2], ne forcez point la nature ; allez à cheval et en litière comme les autres ; songez ce que c'est que d'avoir des bras, des jambes et des têtes cassés.

15. La Porte avait été congédié : voyez la lettre 291 et celle du 11 juillet 1672. Voyez aussi plus haut la lettre 262, p. 8.

LETTRE 270. — 1. Pour la disposition des diverses parties de cette lettre, nous avons suivi l'ordre de la première édition de Perrin (1734).

2. C'est-à-dire ne faites pas de merveilles, ne vous lancez point dans les choses extraordinaires : expression proverbiale, conservée dans les éditions de 1726, mais retranchée par Perrin.

Écrivez-moi le plus que vous pourrez, et surtout de Monaco. Je suis fort bien avec le comte de Guiche; je l'ai vu plusieurs fois chez M. de la Rochefoucauld et à l'hôtel de Sully³; il m'attaque toujours; il s'imagine que j'ai de l'esprit; nous avons fort causé. Il m'a conté à quel point sa sœur⁴ est estropiée de cette saignée : cela fait peur et pitié. Je ne l'ai jamais vu avec sa Chimène⁵; ils sont tellement sophistiqués tous deux, qu'on ne croit rien de grossier à leur amour; et l'on croit qu'ils ont chacun leur raison d'être honnêtes.

Il y a deux mois que la Marans n'a vu son fils⁶; il n'a pas si bonne opinion d'elle; voici ce qu'elle disoit l'autre jour; vous savez que ses dits sont remarquables : « Que pour elle, elle aimeroit mieux mourir que de faire des faveurs à un homme qu'elle aimeroit; mais que si jamais elle en trouvoit un qui l'aimât et qui ne fût point haïssable, pourvu qu'elle ne l'aimât point, elle, elle se mettroit en œuvre. » Son fils a recueilli cet honnête discours, et en fait bien son profit pour juger de ses occupations. Il lui disoit : « Ma mère, je vous approuve d'autant plus que cette distinction est délicate et nouvelle. Jusques ici je n'avois trouvé que des âmes grossières, qui ne faisoient qu'une personne de ces deux, et qui confondoient l'aimé et le favorisé; mais, ma mère, il vous appartenoit de changer ces vieilles maximes, qui n'ont rien de précieux en comparaison de celles que vous allez introduire. » Il fait bon l'entendre là-dessus. Depuis ce jour-là il l'a perdue de vue, et tire ses conséquences sans aucune difficulté.

---

3. Voyez la lettre du 23 février 1680.
4. Mme de Monaco.
5. Mme de Brissac.
6. La Rochefoucauld. Voyez la note 5 de la lettre 151.

1672

J'ai vu Mme du Plessis Bellière⁷ depuis deux heures. Elle m'a conté la conversation du Roi et du maréchal de Créquy ; elle est longue, forte, raisonnable et touchante. Si on lui avoit parlé le premier, la chose auroit été accommodée. Il proposa cinq ou six tempéraments qui auroient été reçus, si le Roi ne s'étoit fait une loi de ne les point recevoir. Le maréchal de Bellefonds a gâté cette affaire. M. de la Rochefoucauld dit que c'est qu'il n'a point de jointures dans l'esprit. Le maréchal de Créquy parut désespéré, et dit au Roi : « Sire, ôtez-moi le bâton : n'êtes-vous pas le maître? Laissez-moi servir cette campagne comme le marquis de Créquy ; peut-être que je mériterai que Votre Majesté me le rende à la fin de la guerre. » Le Roi fut touché de l'état où il le voyoit ; et comme il sortit du cabinet tout transporté, ne connoissant personne, le Roi dit au maréchal de Villeroi : « Suivez le maréchal de Créquy ; il est hors de lui. » Il⁸ en a parlé avec estime et sans aigreur, et fait servir dans l'armée la compagnie de ses gardes. Il est allé à Marines⁹ chez lui près Pontoise, avec sa femme et ses enfants. Le maréchal d'Humières est allé à Angers. Voilà, ma bonne, de quoi il a

---

7. Suzanne de Bruc, sœur du poëte Montplaisir, déjà veuve en 1658 de Jacques de Rougé, seigneur du Plessis Bellière, morte en 1705, âgée de près de cent ans. Elle était parente de Foucquet et fut son amie la plus dévouée. Sa fille, Catherine, avait épousé le maréchal François de Créquy. Voyez la note de la lettre (de Coulanges) du 19 mars 1696, les *Mémoires de Bussy*, tome II, p. 84, et la note de M. P. Paris, tome IV, p. 243, de Tallemant des Réaux.

8. Pour éclaircir cet endroit, Perrin a remplacé *il* dans cette phrase par *le Roi*, et en tête de la suivante par *le maréchal de Créquy*.

9. Marines est un bourg (chef-lieu de canton de Seine-et-Oise), à onze lieues et demie de Paris, au delà de Pontoise, sur la route de Dieppe.

été question depuis quatre jours. Il n'y a plus personne à Paris.

>Voici votre tour,
>Venez, Messieurs de la ville,
>Parlez-nous d'amour,
>Mais jusqu'à leur retour.

Ma tante n'est plus si excessivement mal; nous sommes résolus de partir dans le mois de mai. Je vous écrirai soigneusement. Je déménage présentement; ma petite maison[10] est bien jolie : vous y trouverez votre logement bien à souhait, pourvu que vous m'aimiez toujours; car nous ne serons pas à cent lieues l'une de l'autre. Je prends plaisir de m'y ranger dans l'espérance de vous y voir. Adieu, ma très-aimable bonne, je suis à vous sans aucune distinction ni restriction.

Vendredi au soir.

Enfin Monsieur d'Uzès est parti ce matin : je lui dis hier adieu, avec douleur de perdre ici pour vous le plus habile et le meilleur ami du monde. Je suis fort touchée de son mérite; je l'aime et l'honore beaucoup; j'espère le revoir en Provence, où vous devez suivre tous ses conseils aveuglément. Il sait l'air de ce pays-ci, et n'oubliera pas de soutenir dans l'occasion l'honneur des Grignans. J'ai écrit à M. de Pompone, et n'ai pas manqué de lui envoyer deux feuilles de votre lettre : on ne sauroit mieux dire que vous; si je l'avois copié, cela auroit été réchauffé, ou pour mieux dire, refroidi, et auroit perdu la moitié de sa force. J'ai soutenu votre lettre d'une des miennes, où je le prie de remarquer le tour qu'on avoit donné à cette affaire, et que voilà comme on cache, sous des manières douces et adroites, un desir perpétuel de

10. De la rue Sainte-Anastase. Voyez la note 11 de la lettre 173.

choquer [11]. Je suis assurée que cela touchera M. de Pompone ; car c'est ce qui est directement opposé aux gens sincères et honnêtes. Quand je tiens une chose, comme celle-là par exemple, je sais assez bien la mettre en son jour, et la faire valoir. J'attends sa réponse avec impatience.

Notre cardinal partit hier. Il n'y a pas un homme de qualité à Paris : tout est avec le Roi, ou dans ses gouvernements, ou chez soi ; mais il y en a peu de ces derniers. Je trouve que M. de S*** [12] a plus de courage que ceux qui passeront l'Yssel. Il a soutenu ici de voir partir tout le monde, lui jeune, riche, en santé, sans avoir été non plus ébranlé de suivre les autres, que s'il avoit vu faire une partie d'aller ramasser des coquilles, je n'ai pas dit une partie de chasse, car il y seroit allé. Il s'en va paisiblement à S*** [13] : taïaut ! le voilà pour son été ; il est plus sage que les autres qui sont soumis à *l'opinione regina del mondo* [14]. Il vaut bien mieux être philosophe. Tout le monde est triste et affligé : on voit partir tous ses proches, tous ses amis, pour s'exposer à de grands périls ; cela presse le cœur. Le Roi même ne fut pas exempt de tendresse dans son départ précipité : on tient toujours pour assuré qu'il y eut des gens qui le reçurent à Nanteuil ; ces gens-là ne retourneront pas sitôt à Saint-Germain, parce qu'ils ont une affaire entre ci et trois mois,

---

11. Dans l'édition de 1754 : « De choquer M. de Grignan en toutes choses. »

12. Le duc de Sully : voyez la lettre du 16 mai suivant, où il est dit : « Mme de Sully s'en va à Sully avec son *brave* époux. » — Voyez aussi la note 2 de la lettre 152.

13. A Sully-sur-Loire, en Sologne, à cinq lieues nord-ouest de Gien (Loiret).

14. *A l'opinion, reine du monde.* Voyez les *Pensées* de Pascal (édition de M. Havet, p. 36), où il est parlé d'un livre italien ayant pour titre *Della opinione regina del mondo.*

qu'ils feront à quelque maison de campagne[15]. Il y a moins d'aigreur contre le maréchal de Créquy que contre les deux autres : c'est qu'il a parfaitement bien dit ses raisons. Le maréchal de Bellefonds a été trop sec et trop d'une pièce. N'oubliez point de faire ce qui convient sur tout cela.

271. — DU COMTE DE BUSSY RABUTIN A MADAME DE SÉVIGNÉ.

Deux jours après que j'eus reçu cette lettre (du 24 avril, voyez plus haut, p. 30), j'y fis cette réponse.

A Chaseu, ce 1ᵉʳ mai 1672.

Vous me remettez en goût de vos lettres, Madame. Je n'ai pas encore bien démêlé si c'est parce que vous ne m'offensez plus, ou parce que vous me flattez, ou parce qu'il y a toujours un petit air naturel et brillant qui me réjouit. En attendant cette décision, je crois pouvoir vous dire qu'il y entre un peu de tout cela.

Pour vous parler des pas que je fais pour me relever de ma chute, je vous dirai qu'on demande quelquefois des choses qu'on est bien aise de ne pas obtenir. Je suis aujourd'hui en cet état sur la permission que j'ai demandée au Roi d'aller à l'armée. Mais voici des maréchaux exilés qui en augmentent la bonne compagnie. Ce sont ces gens-là qui sont heureux d'être exilés quand leur fortune est faite; car enfin ils ont des établissements[1] que

---

15. Comparez la lettre précédente, p. 41. Mme de Montespan accoucha, le 20 juin 1672, du comte de Vexin, au château du Genitoi, en Brie; c'est à ce château même, et non à Nanteuil, qu'elle reçut le Roi. Voyez la lettre 272 et la note 9 de cette lettre.

LETTRE 271. — 1. Dans la copie de Bussy : « Car enfin ils ont établissements. »

vraisemblablement on ne leur ôtera pas, et au pis aller des titres et des honneurs qu'on ne leur sauroit ôter. Le Roi a grand'raison d'être mal satisfait d'eux, et ils reconnoissent bien mal l'obligation infinie qu'ils lui ont de les avoir faits ce qu'ils eussent eu peine à mériter d'être après dix ans encore de grands services à la guerre de plus qu'ils n'avoient rendus. Ce seroit une question de savoir si étant aussi redevables au Roi qu'ils l'étoient, ils eussent été excusables de refuser de lui obéir aux choses qui eussent effectivement intéressé l'honneur de leurs charges; mais désobéir à leur bon maître en chose où ils ont tout à fait tort, c'est une tache dont leur ignorance ne sauroit se laver. Je leur apprends que les maréchaux de camp généraux ont été faits pour faire la fonction de connétable. Lesdiguières², n'étant encore que maréchal de camp général, commanda le maréchal de Saint-Géran³ au siége de Clérac, qui venoit d'être son camarade. A plus forte raison M. de Turenne, qui commandoit des

2. François de Bonne de Lesdiguières, maréchal en 1608, puis duc, mort à quatre-vingt-quatre ans, le 28 septembre 1626. Il eut deux fois pour gendre (en 1595 et en 1623) Charles de Blanchefort sire de Créquy (maréchal en 1622), et maria sa troisième fille (en 1619) à son propre petit-fils, François, fils aîné de Charles de Blanchefort Créquy et de Madeleine de Bonne. François n'eut point d'enfants de sa tante, morte dès 1621; mais c'est à lui que passa le duché de Lesdiguières. Voyez la note 12 de la lettre 269. — Sur ce titre de maréchal général, créé en faveur de Lesdiguières au commencement de la campagne de 1621, voyez p. 49, note 6, et M. Bazin, *Histoire de Louis XIII*, tome I, p. 382. — Le siége de Clairac, sur le Lot, fut fait avant celui de Montauban; la ville se rendit après douze jours, le 5 août 1621. L'année suivante, le 24 juillet, Lesdiguières reçut, au sortir de la cérémonie de son abjuration, les lettres de connétable. (M. Bazin, p. 395, 417.)

3. Jean-François de la Guiche, seigneur de Saint-Géran, maréchal de France, grand-père du comte de Saint-Géran d'alors; il mourut à soixante-trois ans, le 2 décembre 1632.

armées quand ces Messieurs étoient au collége, et qui leur a appris ce peu qu'ils savent.

Il faut qu'on me croie quand je parle ainsi; du moins ne sauroit-on penser que ce soit une amitié aveugle qui me fasse parler en faveur du parti que je tiens⁴ : c'est la seule vérité qui m'y oblige; et il y a dix ans que j'ai appris ce que je viens de vous dire, Madame, au maréchal de Clérembaut⁵, qui me disoit déjà que la charge de maréchal de camp général de M. de Turenne⁶ n'avoit que des prétentions chimériques.

4. Voyez la note 6 de la lettre 43.

5. Philippe de Clérembault, « fort à la mode sous le nom de comte de Palluau, avant qu'il prît son nom lorsqu'il devint maréchal de France (en 1653). » C'était du comte de Palluau que Bussy avait acheté sa charge de mestre de camp général de la cavalerie. Il était mort en 1665, à l'âge de cinquante-neuf ans. Voyez sur lui Saint-Simon, tome XIX, p. 426.

6. Après avoir énuméré tous les services rendus par Turenne à la cour jusqu'à la bataille des Dunes, Saint-Simon ajoute, tome V, p. 316 : « Il fallut une nouvelle récompense à de nouveaux services et si importants. L'épée de connétable étoit bien le but du modeste héros; mais la timidité du cardinal Mazarin ne put se résoudre à la mettre entre des mains si puissantes et si habiles. Le souvenir de ce qu'avoient pu les derniers connétables de Montmorency et leurs prédécesseurs, le souvenir même de M. de Lesdiguières faisoient encore peur à la cour. Elle en sortit par renouveler en faveur de M. de Turenne la charge de maréchal général des camps et armées de France, imaginée et créée pour M. de Lesdiguières, lorsque le duc de Luynes, abusant de la jeunesse de Louis XIII.... se fit connétable. Ce fut à Montpellier, le 7 avril 1660, que M. de Turenne reçut cette charge de la main du Roi, qui y étoit avec la Reine sa mère, le Cardinal et toute sa cour, allant à Bordeaux pour son mariage.

« Alors M. de Turenne, supérieur aux maréchaux de France qu'il commandoit tous, cessant de l'être lui-même, mais n'étant pas connétable, et ne pouvant en porter les marques, ne voulut plus de celles de maréchal de France, dont il quitta les bâtons à ses armes et le titre de maréchal, qu'il avoit toujours porté depuis plus de dix-sept ans qu'il l'étoit, pour reprendre celui de vicomte de Turenne, qu'il avoit porté avant d'être maréchal de France. »

Ce qu'il y a de plus surprenant en cette rencontre, c'est qu'il y a un de ces Messieurs qui doit son bâton aux seuls bons offices de M. de Turenne[7]. Le voilà bien payé.

J'ai cru que vous ne seriez pas fâchée de savoir ceci, Madame, tant parce que vous aimez de savoir la vérité, que parce que celle-ci, à mon avis, ne vous sera pas désagréable[8].

Je vous sais bon gré des amitiés que vous faites à notre petit Rabutin. Je souhaite qu'il soit heureux, mais je souhaite qu'il soit honnête homme, préférablement à toutes choses; car je fais bien plus de cas d'un particulier de mérite (quand il seroit exilé) que d'un indigne maréchal de France à la tête d'une armée[9].

Je viens d'écrire à Humières et à sa femme sur leur disgrâce; ils sont mes parents et mes amis[10].

Vous avez raison, vous et Manicamp, de m'aimer. Je vous aime, et je vous estime fort tous deux; tout ce que je vois de gens vous répondroient bien pour moi de ma tendresse pour vous. J'en parle avec Jeannin[11], avec votre tante de Toulongeon, avec sa belle-fille[12], qui a de l'esprit,

---

7. Voyez au tome I, p. 517 et suivantes, l'opinion de Bussy sur les maréchaux de Bellefonds et d'Humières.

8. Ici Mme de Coligny a ajouté entre les lignes ce qui suit : « Voici encore une lettre au Roi. La grâce qu'il me fait de les lire et les louanges que vous leur donnez m'enhardissent à lui écrire souvent. » Cette lettre au Roi, qui est datée du 8 décembre 1671, se trouve dans le tome I de la première édition des *Lettres de Bussy*, p. 74 et suivante, et dans l'Appendice du tome II de l'édition de M. Lalanne, p. 436.

9. C'est là le texte de Bussy. Une autre main a réduit ce dernier membre de phrase à ce peu de mots : « Car je fais bien plus de cas du mérite que de la fortune. »

10. Voyez la note 7 de la lettre 34. — Bussy leur avait écrit le 26 avril (voyez tome II de sa *Correspondance*, p. 99).

11. Voyez les notes 1 et 8 de la lettre du 22 juillet suivant.

12. Voyez sur ces deux dames la *Généalogie* (tome I, p. 343), la note 1 de la lettre 297, et la note 5 de la lettre 299.

et que j'aime parce qu'elle vous admire, avec mes filles. Enfin je suis si empressé d'en parler que j'en parlerois volontiers *aux rochers* (je vous prie de remarquer ma turlupinade).

Je passai dernièrement une après-dînée avec la marquise de Saint-Martin [13]. Nous passâmes légèrement sur le chapitre de toute la cour; mais nous nous arrêtâmes sur le vôtre, que nous rebattîmes à plusieurs reprises. Vous savez quel torrent d'éloquence c'est que le sien. Je vous assure que ce qu'elle dit de vous, en y ajoutant quelques passages de l'Écriture sainte et des Pères, on en feroit bien un jour votre oraison funèbre. Pour moi, qui ne lui cédois en rien quant à l'intention, je prenois mon temps entre deux périodes pour y fourrer un trait de ma façon; car, il faut dire la vérité, elle avoit tellement pris le dessus sur moi, que j'étois comme Scaramouche quand Trivelin ne le vouloit pas laisser parler. Conclusion, Madame : nous fîmes bien notre devoir de vous louer, et cependant nous ne pûmes jamais aller jusqu'à la flatterie [14].

13. Voyez la note de la lettre du 31 mai 1675.
14. Au lieu d'*aller jusqu'à la flatterie*, Bussy avait d'abord écrit : *vous flatter.* — A la suite de ces mots, Mme de Coligny a ajouté : « Je me suis amusé à traduire des épîtres d'Ovide. Je vous envoie celle de Pâris à Hélène et la réponse. Qu'en dites-vous? » Voyez la note 8 de la lettre 78. — Ces deux épîtres d'Ovide traduites en vers sont au tome I de la première édition des *Lettres de Bussy*, p. 77-106, et dans l'Appendice du tome II de l'édition de M. Lalanne, p. 447 et suivantes.

272. — DE MADAME DE SÉVIGNÉ A MADAME DE GRIGNAN.

Achevée à Paris, ce mercredi 4° mai.

Je commence un peu plus tôt que de raison, afin de causer un peu avec vous. Je ne vous puis dire combien je vous plains, ma fille, combien je vous loue, combien je vous admire : voilà mon discours divisé en trois points. *Je vous plains* d'être sujette à des humeurs noires qui vous font assurément beaucoup de mal ; *je vous loue* d'en être la maîtresse quand il le faut, et principalement pour M. de Grignan, qui en seroit pénétré : c'est une marque de l'amitié et de la complaisance que vous avez pour lui ; *et je vous admire* de vous contraindre pour paroître ce que vous n'êtes pas : voilà qui est héroïque et le fruit de votre philosophie[1] ; vous avez en vous de quoi l'exercer. Nous trouvions l'autre jour qu'il n'y avoit de véritable mal dans la vie que les grandes douleurs : tout le reste est dans l'imagination, et dépend de la manière dont on conçoit les choses. Tous les autres maux trouvent leur remède, ou dans le temps, ou dans la modération, ou dans la force de l'esprit ; les réflexions les peuvent adoucir, la dévotion, la philosophie. Pour les douleurs, elles tiennent l'âme et le corps ; la vue de Dieu les fait souffrir avec patience, elle fait qu'on en profite ; mais elle ne les adoucit pas.

Voilà un discours qui auroit tout l'air d'avoir été rapporté tout entier du faubourg Saint-Germain[2] ; cependant il est de chez ma pauvre tante, où j'étois l'aigle de la

---

Lettre 272 (revue en grande partie sur une ancienne copie). —
1. Dans le manuscrit : « Notre philosophie. »
2. C'est-à-dire de chez Mme de la Fayette, où se rendoit tous les jours M. de la Rochefoucauld, et en même temps la compagnie la plus choisie. (*Note de Perrin.*)

conversation : elle nous en donnoit le sujet par ses extrêmes souffrances, qu'elle ne souffre pas qu'on mette en comparaison avec nul autre mal de la vie. M. de la Rochefoucauld est bien de cet avis : il est toujours accablé de goutte; il a perdu sa vraie mère³, dont il est véritablement affligé ; je l'en ai vu pleurer avec une tendresse qui me le faisoit adorer. C'étoit une femme d'un extrême mérite; et enfin, dit-il, c'étoit la seule qui n'a jamais cessé de m'aimer. Ne manquez pas de lui écrire, et M. de Grignan aussi. Le cœur de M. de la Rochefoucauld pour sa famille est une chose incomparable; il dit que c'est une des chaînes qui nous attachent l'un à l'autre⁴. Nous avons bien découvert, et rapporté et rajusté des choses de sa folle de *mère*⁵, qui nous font bien entendre ce que vous disiez quelquefois, que ce n'étoit point ce qu'on pensoit, que c'étoit autre chose. Vraiment oui, c'étoit autre chose, ou pour mieux dire, c'étoit tout ensemble ; l'un étoit sans préjudice de l'autre ; elle marioit le luth avec la voix, et le spirituel avec les grossièretés qui font

1672

3. Gabrielle du Plessis de Liancourt, sœur du duc de Liancourt (qui mourut six semaines après sa femme, le 1ᵉʳ août 1674). Le prince de Marsillac était veuf, depuis 1669, de la petite-fille de ce duc. Saint-Simon, parlant du fils et de la belle-fille de la Rochefoucauld, dit, tome XI, p. 31 : « M. et Mme de Marsillac étoient issus de germains.... Le grand-père et la grand'mère des mariés étoient frère et sœur. L'union étoit parfaite entre les deux familles, et ils logeoient tous ensemble, à Paris, rue de Seine, dans ce bel hôtel de Liancourt, qui est devenu l'hôtel de la Rochefoucauld. » L'abbé Arnauld nous dit aussi (tome XXXIV, p. 344) que c'est à l'hôtel de Liancourt qu'il alla voir la Rochefoucauld sur la fin de l'été de 1672. Bâti par les comtes de Montpensier, il avait appartenu au père de Turenne. « Il était rue de Seine où nous l'avons vu encore avec sa façade, sa belle cour et ses jardins, à l'endroit qu'occupe la rue toute nouvelle des Beaux-Arts. » (M. Cousin, *Madame de Sablé*, p. 101.)
4. Dans le manuscrit : « Qui nous attachent l'un l'autre. »
5. Mme de Marans.

horreur. Ma fille, nous avons trouvé une bonne veine, et qui nous explique bien une querelle que vous eûtes une fois dans la grand'chambre de Mme de la Fayette : je vous dirai le reste en Provence.

Ma tante est dans un état qui tirera dans une grande longueur. Votre voyage est parfaitement bien placé ; peut-être que le nôtre s'y rapportera. Nous mourons d'envie de passer la Pentecôte en chemin, ou à Moulins, ou à Lyon ; l'abbé le souhaite comme moi.

Il n'y a pas un homme de qualité, d'épée s'entend, à Paris. Je fus dimanche à la messe aux Minimes ; je dis à Mlle de la Trousse : « Nous allons trouver nos pauvres Minimes bien déserts, il n'y doit avoir que le marquis d'Alluye[6]. » Nous entrons dans l'église, le premier homme que je trouve, et l'unique, c'est le marquis d'Alluye. Mon enfant, cette sottise me fit rire aux larmes : enfin il est demeuré, et s'en va à son gouvernement d'Orléans, sur le bord de la mer ; il faut garder les côtes, comme vous savez. L'amant de celle que vous avez nommée l'incomparable ne la trouva point à la première couchée, mais sur le chemin, dans une maison de Sanguin, au delà de celle que vous connoissez[7]. Il y fut deux heures : on croit qu'il y vit ses enfants pour la première fois[8]. La belle y est demeurée avec des gardes et une de ses amies ; elle y sera trois ou quatre mois sans en partir. Mme de la Val-

6. Paul d'Escoubleau, marquis d'Alluye et de Sourdis, gouverneur de la ville d'Orléans, Orléanois et pays chartrain. (*Perrin*.)

7. Sans doute la maison que Sanguin avait à Livry, dont il était seigneur et qui n'est pas loin du Génitoy, mais de l'autre côté de la Marne. Voyez la note 9 de la lettre 318. — Sur Sanguin, qui acheta en 1676 la charge de premier maître d'hôtel du Roi, voyez la lettre du 15 avril 1676.

8. Mme Scarron, gouvernante des enfants, dut être présente à l'entrevue, et c'est elle, dit Walckenaer (tome IV, p. 144), que Mme de Sévigné désigne à la ligne suivante par les mots : *une de ses amies.*

lière est à Saint-Germain; Mme de Thianges ici chez son père : je vis l'autre jour sa fille, elle est au-dessus de tout ce qu'on peut imaginer de plus beau. Il y a des gens qui disent que le Roi fut droit à Nanteuil; mais ce qui est de fait, c'est que la belle est à cette maison qui s'appelle le Genitoy [9]. Je ne vous mande rien que de vrai : je hais et méprise les fausses nouvelles. C'est pour Mme de Renti [10].

1672

Vous voilà donc partie, ma fille; j'espère bien que vous m'écrirez de partout; je vous écris toujours. J'ai si bien fait que j'ai retrouvé un petit ami à la poste, qui prend soin de nos lettres. J'ai été ces jours-ci fort occupée à parer ma petite maison; Saint-Aubin [11] y a fait des merveilles; j'y coucherai demain. Je vous jure que je ne l'aime que parce qu'elle est faite pour vous; vous serez très-bien logée dans mon appartement, et moi très-bien aussi. Je vous conterai comme tout cela est tourné joliment. J'ai des inquiétudes extrêmes de votre pauvre frère : on croit cette guerre si terrible, qu'on ne peut assez craindre pour ceux que l'on aime; et puis tout d'un coup j'espère que ce ne sera point tout ce que l'on pense, parce que je n'ai jamais vu arriver les choses comme on les imagine.

9. Terre et château isolé dans la Brie, entre Bussy-Saint-Georges et Jossigny, au sud et tout près de Lagny. On a voulu en rattacher le nom à la naissance du comte de Vexin; mais cette terre le portait dès le seizième siècle, comme le prouvent des titres de propriété remontant au 25 juillet 1528. C'était une seigneurie dont l'abbé le Beuf donne l'histoire sans interruption depuis le treizième siècle; à l'époque où il écrivait (en 1754), les Sanguin de Livry la possédaient encore; d'après lui, le premier et vrai nom était Genestay. Voyez Walckenaer, tome IV, p. 343.

10. Saint-Simon, tome VIII, p. 355, parle d'un marquis de Renti, frère de la comtesse de Choiseul (voyez plus haut, p. 2, note 5); est-ce de sa femme qu'il est ici question? Saint-Simon dit qu'il laissa un fils.

11. L'oncle de Mme de Sévigné : voyez la note 16 de la lettre 195.

1672 Mandez-moi, je vous prie, ce qu'il y a entre la princesse d'Harcourt [12] et vous ; Brancas est désespéré de penser que vous n'aimez point sa fille : Monsieur d'Uzès a promis de remettre la paix partout ; je serai bien aise de savoir de vous ce qui vous a mises en froideur.

J'ai été chez M. de Bertillac [12] pour votre pension. Il faudra que je parle à M. Colbert : c'est une affaire présentement : on détourne tous les fonds ; il faut solliciter ce qui n'étoit pas une affaire autrefois. Voici un brave homme.

Vous me dites que la beauté de votre fils diminue, et que son mérite augmente. J'ai regret à sa beauté, et me réjouis qu'il aime le vin : voilà un petit brin de Bretagne et de Bourgogne, qui fera un fort bel effet, avec la sagesse des Grignans. Votre fille est tout au contraire : sa beauté augmente, et son mérite diminue. Je vous assure qu'elle est fort jolie, et qu'elle est opiniâtre comme un petit démon ; elle a ses petites volontés et ses petits desseins ; elle me divertit extrêmement ; son teint est admirable, son corps est comme celui du petit Jésus de ma chambre, ses yeux sont jolis et bleus, ses cheveux noirs, son nez ni beau ni laid ; son menton, ses joues, son tour de visage, très-parfaits ; je ne dis rien de sa bouche, elle s'accommodera ; elle a un joli ton de voix. Mme de Coulanges trouvoit qu'il pouvoit fort bien passer par sa bouche.

Je pense, ma fille, qu'à la fin je serai de votre avis ; je trouve des chagrins dans la vie qui sont insupportables ;

---

12. Françoise de Brancas : voyez la note 6 de la lettre 72.
13. Ou de Bartillat. C'était un ancien trésorier général de la Reine mère, et un vieil ami d'Arnauld d'Andilly, qui contribua en 1665 au rappel de Pompone (voyez le volume des *Mémoires de Coulanges*, p. 383). Il avait sans doute quelque emploi à l'Épargne. C'est sa belle-fille dont Mme de Sévigné raconte la triste fin dans la lettre du 24 janvier 1680.

et malgré le beau raisonnement du commencement de ma lettre, il y a bien d'autres maux que les douleurs, qui pour être moindres, n'en sont pas plus supportables. Pour moi, je suis toujours traversée dans ce que je souhaite le plus : la vie assurément est fort désobligeante.

Quand le chevalier de Lorraine partit, il faisoit l'amoureux de l'*Ange*[14], et Monsieur le vouloit bien. La Coetquen n'a osé, dit-on, reprendre le fil de son discours. Mme de Rohan a quitté la Place[15]; elle est logée à l'hôtel de Vitry, et toute sa famille. J'attends des réponses de M. de Pompone. Nous n'avons point encore de premier président[16].

273. — DE MADAME DE SÉVIGNÉ A MADAME DE GRIGNAN.

A Paris, vendredi 6e mai.

MA bonne, il faut que je vous conte une radoterie que je ne puis éviter. Je fus hier à un service de Monsieur le chancelier à l'Oratoire. Ce sont les peintres, les sculpteurs, les musiciens et les orateurs qui en ont fait la dépense : en un mot, les quatre arts libéraux[1]. C'étoit la plus belle

---

14. (Louise-)Élisabeth Rouxel, fille du maréchal de Grancey. (*Note de Perrin.*) — Voyez la note 19 de la lettre 262.
15. C'est-à-dire qu'elle a quitté la place Royale et qu'elle a loué l'hôtel de Vitry, qui occupait tout l'espace entre la rue Saint-Louis et les Minimes. Il ne reste plus rien de cet hôtel.
16. Il s'agissoit de la place de premier président du parlement de Provence, vacante par la mort de M. d'Oppède. (*Note de Perrin.*)
LETTRE 273. — 1. « Ceux qui composent l'Académie de la peinture et de la sculpture firent faire (*le 5 mai*), en l'église des prêtres de l'Oratoire de la rue Saint-Honoré, un service pour le chancelier de France, avec une pompe toute singulière. » (*Gazette* du 7 mai 1672.) — Plus loin (14 mai), la *Gazette* donne la description de cette pompe.

décoration qu'on puisse imaginer : le Brun avoit fait le dessin². Le mausolée touchoit à la voûte, orné de mille lumières et de plusieurs figures convenables à celui qu'on vouloit louer. Quatre squelettes en bas étoient chargés des marques de sa dignité, comme lui ôtant les honneurs avec la vie. L'un³ portoit son mortier, l'autre sa couronne de duc⁴, l'autre son ordre, l'autre ses masses de chancelier. Les quatre Arts étoient éplorés et désolés d'avoir perdu leur protecteur : la Peinture, la Musique, l'Éloquence et la Sculpture. Quatre Vertus soutenoient la première représentation : la Force, la Justice, la Tempérance et la Religion. Quatre anges ou quatre génies recevoient au-dessus cette belle âme. Le mausolée étoit encore orné de plusieurs anges qui soutenoient une chapelle ardente, qui tenoit à la voûte. Jamais il ne s'est rien vu de si magnifique, ni de si bien imaginé : c'est le chef-d'œuvre de le Brun. Toute l'église étoit parée de tableaux, de devises, d'emblèmes qui avoient rapport à la vie ou aux armes du chancelier. Plusieurs actions principales y étoient peintes. Mme de Verneuil⁵ vouloit acheter toute cette décoration un prix excessif. Ils ont tous, en corps, résolu d'en parer une galerie⁶, et de laisser

---

2. Cette décoration, dessinée par le Brun, chancelier et recteur de l'Académie (ce sont les titres que lui donne la *Gazette*), a été gravée par le Clerc.

3. Dans l'édition de 1725, *l'une*. Au figuré, quelques personnes faisaient le mot *squelette* féminin, « abusivement, » dit Furetière.

4. En 1650, les terres de Saint-Liébaut et de Villemor en Champagne avaient été érigées pour le chancelier en duché-pairie.

5. Charlotte Seguier, fille du chancelier : voyez la note 1 de la lettre 132.

6. Une galerie de l'hôtel Seguier sans doute. Il était rue de Grenelle, non loin de l'Oratoire ; il avait successivement appartenu au président Baillet, à la veuve du premier prince de Condé (1573) et à son fils Charles comte de Soissons, au duc de Montpensier (1605), au duc

cette marque de leur reconnoissance et de leur magnificence à l'éternité. L'assemblée étoit grande et belle, mais sans confusion. J'étois auprès de Monsieur de Tulle[7], de M. Colbert, de M. de Monmouth[8], beau comme du temps du Palais-Royal, qui, par parenthèse, s'en va à l'armée trouver le Roi. Il est venu un jeune Père de l'Oratoire pour faire l'oraison funèbre. J'ai dit à Monsieur de Tulle de le faire descendre, et de monter à sa place, et que rien ne pouvoit soutenir la beauté du spectacle et la perfection de la musique, que la force de son éloquence. Ma bonne, ce jeune homme a commencé en tremblant; tout le monde trembloit aussi. Il a débuté par un accent provençal; il est de Marseille; il s'appelle Laisné[9]; mais en sortant de son trouble, il est entré dans un chemin lumineux. Il a si bien établi son discours; il a donné au défunt des louanges si mesurées; il a passé par tous les endroits délicats avec tant d'adresse;

1672

de Bellegarde (1612), qui l'avait fait reconstruire par du Cerceau. Le chancelier l'acheta en 1632, l'agrandit, et en fit décorer les galeries par Simon Vouet; l'Académie y tint ses séances de 1643 à 1673, entre autres celle où assista Christine (1656). Il devint au siècle dernier l'hôtel des Fermes. Voyez une note de M. Chéruel dans le *Journal d'Olivier d'Ormesson*, tome I, p. cxiii.

7. Jules Mascaron, nommé à cet évêché en 1671.

8. Jacques, fils naturel de Charles II, roi d'Angleterre (et de Lucy Waters), et le même qui fut décapité le 15 juillet 1685. Il était né à Rotterdam, le 9 avril 1649, et porta jusqu'à la Restauration le nom de Jacques Crofts. Il avait été amoureux de Madame Henriette, sœur de son père, et avait si peu contenu le sentiment qu'il éprouvait pour elle, qu'on l'obligea de retourner en Angleterre.

9. Il naquit à Lucques (*en 1633*), et fut élevé à Marseille; il se nommoit Vincent Léna. (*En 1648 il entra, à Aix, dans la congrégation de l'Oratoire et prit le nom de Laisné.*) Comme il seroit difficile de rien ajouter à l'éloge que fait ici Mme de Sévigné de ce jeune orateur, il suffira de dire qu'il mourut à l'âge de quarante-quatre ans (*en 1677*), et que la délicatesse de sa santé ne lui ayant point permis de continuer les fonctions pénibles de la chaire, il s'étoit borné à

1672 il a si bien mis dans son jour tout ce qui pouvoit être admiré; il a fait des traits d'éloquence et des coups de maître si à propos et de si bonne grâce, que tout le monde, je dis tout le monde, sans exception, s'en est écrié, et chacun étoit charmé d'une action si parfaite et si achevée. C'est un homme de vingt-huit ans, intime ami de Monsieur de Tulle, qui s'en va avec lui [10]. Nous le voulions nommer le chevalier Mascaron; mais je crois qu'il surpassera son aîné.

Pour la musique, c'est une chose qu'on ne peut expliquer. Baptiste[11] avoit fait un dernier effort de toute la musique du Roi. Ce beau *Miserere* y étoit encore augmenté; il y a eu un *Libera* où tous les yeux étoient pleins de larmes. Je ne crois point qu'il y ait une autre musique dans le ciel.

Il y avoit beaucoup de prélats; j'ai dit à Guitaut: « Cherchons un peu notre ami Marseille; » nous ne l'avons point vu. Je lui ai dit tout bas: « Si c'étoit l'oraison

faire des conférences sur l'Écriture sainte, ce qui ne laissa pas de lui faire une grande réputation dans tous les lieux où il fut envoyé par ses supérieurs. Les oraisons funèbres du chancelier Séguier et du maréchal du Plessis Praslin sont les seuls ouvrages imprimés (Paris, 1672 et 1677) qui restent d'un si excellent homme. (*Perrin*, 1754.)

10. Perrin, dans l'édition de 1754, a remplacé les mots *qui s'en va avec lui* par *qui l'emmène avec lui dans son diocèse*.

11. Jean-Baptiste Lulli, né à Florence en 1633, et venu dès l'âge de treize ans à Paris, où il épousa en 1662 la fille unique de Lambert, et mourut en mars 1687. Il avait d'abord été à Mademoiselle (voyez ses *Mémoires*, t. III, p. 348), et était depuis 1661 surintendant de la musique du Roi; il venait d'obtenir, au mois de mars précédent, par cession de Perrin et du marquis de Sourdéac, le privilège de l'Académie royale de Musique; cette année même une nouvelle salle d'Opéra (l'ancienne était au jeu de paume de la rue Mazarine) fut construite par lui au jeu de paume du Bel-Air, à l'un des bouts de la rue de Vaugirard, non loin du Luxembourg, et inaugurée le 15 novembre; l'année suivante, après la mort de Molière, il obtint le théâtre du Palais-Royal, où il s'établit définitivement.

funèbre de quelqu'un qui fût vivant, il n'y manqueroit pas. » Cette folie l'a fait rire, sans aucun respect de la pompe funèbre.

1672

Ma bonne, quelle espèce de lettre est-ce ici? Je pense que je suis folle. A quoi peut servir une si grande narration?. Vraiment, j'ai bien contenté le desir que j'avois de conter.

Le Roi est à Charleroi[12], et y fera un assez long séjour. Il n'y a point encore de fourrages, les équipages portent la famine avec eux. on est assez embarrassé dès le premier pas de cette campagne.

Guitaut m'a montré votre lettre, et à l'abbé : *Envoyez-moi ma mère*. Ma bonne, que vous êtes aimable, et que vous justifiez agréablement l'excessive tendresse qu'on voit que j'ai pour vous! Hélas! je ne songe qu'à partir, laissez-m'en le soin; je conduis des yeux toutes choses; et si ma tante prenoit le chemin de traîner, en vérité je partirois. Vous seule au monde me pouvez faire résoudre à la quitter dans un si pitoyable état; nous verrons : je vis au jour la journée, et n'ai pas le courage de rien décider. Un jour je pars, le lendemain je n'ose; enfin, ma bonne, vous dites vrai, il y a des choses bien désobligeantes dans la vie.

Vous me priez de ne point songer à vous en changeant de maison ; et moi, je vous prie de croire que je ne songe qu'à vous, et que vous m'êtes si extrêmement chère, que vous faites toute l'occupation de mon cœur. J'irai demain coucher dans ce joli appartement où vous serez placée sans me déplacer. Demandez au marquis d'Oppède[13], il l'a vu; il dit qu'il s'en va vous trouver. Hélas! qu'il est heureux! J'attends des lettres de Pompone. Nous n'avons

12. Il y arriva le 5, et en repartit le 11.
13. Voyez la note 1 de la lettre 251.

point de premier président. Adieu, ma belle petite; vous êtes par le monde; vous voyagez; je crains votre humeur hasardeuse : je ne me fie ni à vous, ni à M. de Grignan. Il est vrai que c'est une chose étrange, comme vous le dites, de se trouver à Aix après avoir fait cent lieues[14], et au Saint-Pilon[15] après avoir grimpé si haut. Il y a quelquefois des endroits dans vos lettres qui sont fort plaisants, mais il vous échappe des périodes comme à Tacite; j'ai trouvé cette comparaison : il n'y a rien de plus vrai. J'embrasse Grignan et le baise à la joue droite, au-dessous de sa *touffe ébouriffée*[16].

274. — DE MADAME DE SÉVIGNÉ
A MADAME DE GRIGNAN.

A Paris, vendredi 13ᵉ mai.

Il est vrai, ma fille, que l'extrême beauté de Livry seroit bien capable de donner de la joie à mon pauvre esprit, si je n'étois accablée de la triste vue de ma tante, de la véritable envie que j'ai de partir, et de la langueur de Mme de la Fayette. Après avoir été un mois à la campagne à se reposer, à se purger, à se rafraîchir, elle

---

14. Dans les éditions de 1726 : « Deux cents lieues. » Mme de Sévigné a sans doute écrit en chiffres, et son 1 se rapproche beaucoup de la forme de nos 2, bien que ces deux chiffres se distinguent fort bien dans son écriture quand on les compare l'un à l'autre.

15. Le Saint-Pilon est une chapelle en forme de dôme, bâtie sur la pointe du rocher de la Sainte-Baume. On n'y arrive qu'avec des peines infinies, et par un chemin pratiqué dans la montagne. (*Note de Perrin*, 1754.) — Le P. Lacordaire, dans sa *Sainte Marie-Madeleine*, chapitre vii, dit que le Saint-Pilon est un pilier célèbre au sommet duquel on voit la sainte soutenue par des anges.

16. Allusion à des bouts-rimés faits à Livry par Mme de Grignan. Voyez tome II, p. 332.

revient comme un gardon[1] : la première chose qui lui arrive, c'est la fièvre tierce avec des accès qui la font rêver, qui la dévorent, et qui ne peuvent faire autre chose que la consumer ; car elle est extrêmement maigre, et n'a rien dans le corps ; mais quoique je sois touchée de cette maladie, elle ne m'effraye point ; celle de ma tante est ce qui m'embarrasse. Cependant fiez-vous à nous, laissez-nous faire : nous n'irions de longtemps en Provence, si nous n'y allions cette année. Quoique vous soyez en état de revenir avec moi, laissez-nous partir ; et si la présence de l'abbé vous paroît nécessaire à donner quelque ordre dans vos affaires, profitez de sa bonne intention : on fait bien des affaires en peu de temps. Ayez pitié de notre impatience, aidez-nous à la soutenir, et ne croyez pas que nous perdions un moment à partir, quand même il en devroit coûter quelque petite chose à la bienséance. Parmi tant de devoirs, vous jugez bien que je péris ; ce que je fais m'accable, et ce que je ne fais pas m'inquiète. Ainsi le printemps qui me redonneroit la vie n'est pas pour moi :

Ah! ce n'est pas pour moi que sont faits les beaux jours!

Voilà ma chanson. Je fais pourtant de petites équipées de temps en temps, qui me soutiennent l'âme dans le corps.

Je comprends fort bien l'envie que vous avez quelquefois de voir Livry ; j'espère, ma chère fille, que vous en jouirez à votre tour. Ce n'est pas que Monsieur d'Uzès ne vous dise comme le Roi s'est fait une loi de n'accorder aucune grâce là-dessus ; il vous dira ce qu'il lui dit ; vous

---

LETTRE 274. — 1. Petit poisson blanc d'eau douce. « On dit proverbialement : *sain comme un gardon.* » (*Dictionnaire de l'Académie de* 1694.)

entendez bien ce que je veux dire; mais vous en jouirez, s'il plaît à Dieu, pendant la vie de notre abbé². Je me faisois conter l'autre jour ce que c'est que votre printemps, et où se mettent vos rossignols pour chanter. Je ne vois que des pierres, des rochers affreux, ou des orangers et des oliviers dont l'amertume ne leur plaît pas. Remettez-moi votre pays en honneur. J'approuve fort le voyage que vous faites; je le crois divertissant; le bruit du canon me paroît d'une dignité de convenance; il y a quelque chose de romanesque à recevoir partout sa princesse avec cette sorte de magnificence. Pour des étrangers et des princes Thrasybules³ qui arrivent à point nommé, je ne crois pas que vous en ayez beaucoup: voilà ce qui manque à votre roman; cette petite circonstance n'est pas considérable. Vous deviez bien me mander qui vous accompagne dans cette promenade. M. de Martel⁴ a mandé ici qu'il vous recevroit comme la reine de France. Je trouve fort plaisante la belle passion du général des galères⁵. Quand il voudra jouer l'homme saisi et suffoqué, il n'aura guère de peine: de la façon dont vous le représentez, il crèvera aux pieds de sa maîtresse. Il me semble que vous êtes mieux ensemble que vous n'étiez: je comprends qu'à Marseille il m'aime fort tendrement.

Vos lettres sont envoyées fidèlement: vous pourriez m'en adresser davantage, sans crainte de m'incommoder. Mais pourquoi ne m'avez-vous point mandé le sujet de votre chagrin de l'autre jour? J'ai pensé à tout ce qui

---

2. Voyez la lettre du 22 janvier précédent, tome II, p. 475.
3. Voyez l'*Histoire de Thrasibule et d'Alcionide* au livre III de la troisième partie du *Grand Cyrus*.
4. Commandant la marine à Toulon. (*Note de Perrin.*) — Voyez la note 1 de la lettre du 16 mai suivant à Mme de Grignan.
5. M. de Vivonne, qui étoit excessivement gros. (*Note de Perrin, 1734.*) — Voyez la note 5 de la lettre 148.

peut en donner dans la vie. Depuis votre dernière lettre, je me renferme à comprendre qu'on vous fait des méchancetés ; je ne puis les deviner, et ne vois point d'où elles peuvent venir. La Marans a d'autres affaires ; vous êtes loin, vous ne l'incommodez sur rien ; sa sorte de malice ne va point à ces choses-là, où il faut du soin et de l'application. Vous devriez bien m'éclaircir là-dessus. Mais, bon Dieu ! que peut-on dire de vous ? Je ne puis en être en peine, étant persuadée, comme je le suis, que ce qui est faux ne dure point. Quand vous voudrez, ma chère enfant, vous m'instruirez mieux que vous n'avez fait.

M. de Turenne est parti de Charleroi avec vingt mille hommes : on ne sait encore quel dessein il a [6]. Mon fils est toujours en Allemagne ; il est vrai que désormais on sera bien triste en apprenant des nouvelles de la guerre. On craint que Ruyter [7], qui, comme vous savez, est le plus grand capitaine de la mer, n'ait combattu et battu le comte d'Estrées dans la Manche [8]. On sait très-peu de nouvelles ici ; on dit que le Roi ne veut pas qu'on en écrive. Il faut espérer au moins qu'il ne nous cachera pas ses victoires.

Je donnai hier à dîner à la Troche, à l'abbé Arnauld [9],

---

6. Voyez la fin de la lettre. — La *Gazette*, sous la rubrique de Charleroi, 9 mai, annonce que le Roi « vient de faire partir l'avant-garde, sous le vicomte de Turenne, au nombre de plus de vingt mille hommes.... mais on ne sait point encore à quel dessein, si ce n'est, comme le croient quelques-uns, pour aller couper les passages aux secours de Maestricht. »

7. Michel-Adriensz de Ruyter, né en 1607 à Flessingue, mortellement blessé devant Catane le 22 avril 1676.

8. C'était un faux bruit. Un combat avait eu lieu entre une frégate française et un petit bâtiment hollandais, dont la frégate s'était emparée. Les deux flottes anglaise et française firent leur jonction le 16 mai à Portsmouth. — Sur le comte d'Estrées, voyez la note 4 de la lettre 147.

9. Voyez la note 4 de la lettre 51, et plus loin la lettre 279, note 7.

à M. de Varennes[10], dans ma petite maison, que je n'aime que parce qu'il semble qu'elle n'ait été faite que pour me donner la joie de vous y recevoir tous deux.

Depuis que j'ai commencé cette lettre, j'ai vu le Marseille. Il m'a paru doux comme un mouton ; nous ne sommes entrés dans aucune controverse ; nous avons parlé des merveilles que nous ferons, Monsieur d'Uzès et moi, pour cimenter une bonne paix. Je ne souffrirois pas aisément le retour de Mme de Monaco, sans l'espérance de vous ramener aussi : mon bon naturel n'est point changé. Je sais, à n'en pouvoir douter, que la Marans craint votre retour au delà de tout ce qu'on craint le plus. Soyez persuadée qu'elle l'empêcheroit, si elle pouvoit ; elle ne sauroit soutenir votre présence. Si vous vouliez me dire un petit mot de plus sur les méchancetés qu'on vous a faites, peut-être vous pourrois-je donner de grandes lumières pour découvrir d'où elles viennent. Vous avez de l'obligation à Langlade ; ce n'est point un *écriveux;* mais il paroît votre ami en toute occasion. Il a dit des merveilles à Monsieur de Marseille, et l'a plus embarrassé que tous les autres. M. d'Irval[11] est parti pour Lyon, et puis à Venise : l'équipage de Jean de Paris[12] n'étoit qu'un peigne dans un chausson au prix du sien[13]. Il dit de vous : *Tanto*

10. Sans doute l'oncle de Mme de la Troche ; Mme de Sévigné annonce sa mort dans la lettre du 28 juillet 1680.
11. Voyez la note 19 de la lettre 132, tome II, p. 56.
12. Voyez la note 9 de la lettre 186, tome II, p. 290.
13. Saint-Amant, dans le poëme intitulé *la Chambre du débauché*, parle du

.... Déshabiller d'un page,
Où le luxe mis hors d'arçon
Ne montre pour tout équipage
Qu'un peigne dedans un chausson.

t'odierò quanto t'amai[14] il prétend que vous l'avez méprisé. M. de Marsillac mande qu'ils sont partis le 10 pour une grande expédition : M. de Turenne a marché le premier avec vingt mille hommes.

---

275. — DE MADAME DE SÉVIGNÉ ET DE CORBINELLI AU COMTE DE BUSSY RABUTIN.

Quinze jours après que j'eus écrit cette lettre (du 1er mai, voyez p. 47), je reçus celle-ci de Mme de Sévigné.

A Paris, ce 16e mai 1672.

DE MADAME DE SÉVIGNÉ.

Il faudroit que je fusse bien changée pour ne pas entendre vos turlupinades, et tous les bons endroits de vos lettres. Vous savez bien, Monsieur le Comte, qu'autrefois nous avions le don de nous entendre avant que d'avoir parlé. L'un de nous répondoit fort bien à ce que l'autre avoit envie de dire ; et si nous n'eussions point voulu nous donner le plaisir de prononcer assez facilement des paroles, notre intelligence auroit quasi fait tous les frais de la conversation. Quand on s'est si bien entendu, on ne peut jamais devenir pesants. C'est une jolie chose à mon gré que d'entendre vite : cela fait voir une vivacité qui plaît, et dont l'amour-propre sait un gré nompareil. M. de la Rochefoucauld dit vrai dans ses *Maximes :*

---

14. *Je te haïrai autant que je t'aimai.* C'est avec le changement d'*agiterò* en *odierò*, ce vers des imprécations d'Armide contre Renaud, au XVIe chant (stance 58) de la *Jérusalem délivrée :*

Tanto t'agiterò, quanto t'amai.

Il est revenu, tel que nous le citons, sous la plume de Mme de Sévigné, dans sa lettre au comte de Guitaut du 23 janvier 1682.

1672 Nous aimons mieux ceux qui nous entendent bien, que ceux qui se font écouter ¹.

Nous devons nous aimer à la pareille, pour nous être toujours si bien entendus.

Vous dites des merveilles sur l'affaire des maréchaux de France; je ne saurois entrer dans ce procès : je suis toujours de l'avis de celui que j'entends le dernier. Les uns disent oui, les autres disent non, et moi je dis oui et non : vous souvenez-vous que cela nous a fait rire à une comédie italienne ?

Je vous prie de parler toujours de moi à tous venants, et de ne pas perdre le temps de donner quelques petits traits de votre façon au panégyrique que fait de moi la marquise de Saint-Martin ². Soyez alerte, et vous placez entre deux périodes avec autant d'habileté, qu'elle a de facilité à parler.

Nous ne savons ici aucunes nouvelles. Le Roi marche on ne sait où. Les desseins de Sa Majesté sont cachés, comme il le souhaite. Un officier d'armée mandoit l'autre jour à un de ses amis qui est ici : « Je vous prie de me mander si nous allons assiéger Maestricht, ou si nous allons passer l'Yssel. »

Je vous assure que cette campagne me fait peur. Ceux qui ne sont point à la guerre, par leur malheur plutôt que par leur volonté, ne me paroissent point malheureux ³.

LETTRE 275. — 1. Voyez la *Maxime* 139, et dans les *Réflexions diverses* le morceau intitulé *de la Conversation*. Mme de Sévigné cite de mémoire et ne donne pas les termes, mais seulement le sens de la Rochefoucauld.

2. Voyez ci-dessus, p. 51, et plus loin la note de la lettre du 31 mai 1675.

3. Mme de Coligny a ajouté entre les lignes : « Une marque que le Roi n'est pas fatigué de vos lettres, c'est qu'il les lit; il ne s'en contraindra pas; » et à la fin de sa lettre : « (Avec notre ami) qui n'a pas mieux senti que moi tous les charmes de vos deux épîtres, mais qui vous en parlera plus dignement. »

Adieu, Comte, je suis fort aise que vous aimiez mes lettres : c'est signe que vous ne me haïssez pas. Je vous laisse avec notre ami.

1672

DE CORBINELLI.

J'ai bien dans la tête de refaire encore un voyage en Bourgogne, Monsieur. Je meurs d'envie de discourir de toutes sortes de choses avec vous ; car ce que j'ai fait en passant a été trop précipité. Je n'ai pas laissé de bien profiter de la lecture de ces endroits que vous m'avez montrés. J'en ai l'esprit rempli ; car personne à mon gré ne dit de si bonnes choses, ni si bien que vous. Vous savez que je ne suis point flatteur. Gardez toujours bien cette divine manière que vous avez au suprême degré, qui est celle d'un homme de qualité, et qui plaît au dernier point : je veux dire, d'avoir toujours plus de choses que de paroles, et de ne pas dire un mot superflu. Ce n'est pas pour faire tomber à propos le précepte d'Horace que je vous dis cela ; car je suis homme à dire un précepte hors de propos, et seulement pour montrer que je le sais, si la fantaisie m'en prenoit : il y a longtemps que vous me connoissez sur ce pied-là. Voici donc le précepte que vous suivez mieux que personne, à mon gré. Horace parle du genre d'écrire appelé *satire*, sous lequel il entend un certain discours agréable, et des réflexions utiles et douces sur les mœurs, tant bonnes que mauvaises : et voici comment il dit qu'il les faut faire.

Ce n'est pas assez, dit-il, de faire rire, quoique ce soit un très-grand talent :

> *Ergo non satis est risu diducere rictum*
> *Auditoris; et est quædam hæc quoque virtus* [4].

4. Ces deux vers latins et les six suivants sont tirés de la x⁰ satire

Il faut encore, dit-il, écrire ou parler bref, et ne pas dire plus de paroles que de choses, afin que nos pensées se voient tout d'un coup, et qu'elles ne soient point enveloppées dans un tas de paroles qui les offusquent :

> *Est brevitate opus, ut currat sententia, nec se*
> *Impediat verbis lassas onerantibus aures.*

De plus, il ne faut pas être ni toujours grave et sévère, ni toujours plaisant dans nos discours :

> *Et sermone opus est modo tristi, sæpe jocoso.*

Il ne faut pas même ni toujours argumenter les preuves en main, comme un orateur, ni aussi n'être que dans les agréments de l'éloquence des poëtes, qui ne songent qu'à divertir et à plaire, et non pas à profiter :

> *Defendente vicem modo rhetoris atque poetæ.*

De plus, il faut quelquefois n'être rien de tout cela, mais simplement un galant homme, qui parle sans trop d'ordre ni de règle, et qui ne laisse pas de charmer par sa négligence, qui ne pousse jamais trop avant tout son esprit, qui supprime souvent mille belles choses qui lui viennent en foule sur son sujet, parce qu'il ne veut point paroître bel esprit :

> *Interdum.... parcentis viribus, atque*
> *Extenuantis eas consulto* [5].

du livre I d'Horace. Le second est inexactement cité ; il y a dans Horace :

> *Auditoris ; et est quædam tamen hic quoque virtus.*

Dans le suivant, la leçon généralement adoptée est *neu se*, au lieu de *nec se*.

5. Bussy, dans sa copie, a laissé une place blanche après *interdum*, comme s'il n'avait pas pu lire dans la lettre de son ami le second mot, qui est *urbani*, et que Corbinelli a traduit par « galant homme. » — Au vers suivant Bussy a écrit *extenuatis* pour *extenuantis*.

Voilà, Monsieur, sur mon Dieu et sur mon honneur, ce qu'il me paroît que vous observez mieux que personne que je connoisse. Je le dis incessamment parmi nos savants. Si je vais à Bussy, je veux lire avec vous les satires et les épîtres d'Horace, et vous demeurerez d'accord qu'il n'y a que lui dans l'antiquité, et qu'il n'y aura que lui dans les siècles à venir qui soit incomparable. Voici le caractère qu'en fait Perse[6] :

Omne vafer vitium ridenti Flaccus amico
Tangit, et admissus circum præcordia ludit.

---

276. — DE MADAME DE SÉVIGNÉ
A MADAME DE GRIGNAN.

A Paris, ce lundi 16ᵉ mai.

Votre relation est admirable, ma très-chère bonne : je crois lire un joli roman, dont l'héroïne m'est extrêmement chère. Je prends intérêt à toutes ces aventures ; je ne puis croire que cette promenade dans les plus beaux lieux du monde, dans les délices de tous vos admirables parfums, reçue partout comme la Reine.... ce morceau de votre vie est si extraordinaire et si nouveau, et si loin de pouvoir être ennuyeux, que je ne puis croire que vous n'y trouviez du plaisir ; et quoique votre cœur me souhaite quelquefois, je suis assurée, ma bonne, que vous vous êtes laissé divertir, et j'en ai une véritable joie. Si vous

---

6. Dans sa première satire, vers 116 et 117 : « Flaccus effleure adroitement tous les vices de son ami, qu'il fait rire, et s'insinuant il se joue autour du cœur. » — A la suite de ces vers, Mme de Coligny a ajouté ces mots, qui répondent à une addition à la lettre du 1ᵉʳ mai précédent : « Mme de Sévigné me charge de l'éloge de vos épîtres. En vérité, Monsieur, elles mériteroient qu'Ovide le fît lui-même, par reconnoissance de se voir si fort embelli. »

avez eu cette année le même dessein que l'autre, de vous éloigner de moi, vous avez encore mieux réussi. Pour moi je n'ai pas fait de mon côté les mêmes pas, et j'ai dessein d'en faire de bien opposés à ceux que je fis; soyez sûre, ma bonne, que vous me verrez à Grignan; laissez-moi conduire cette résolution. Il y a bien de la témérité à répondre ainsi de ses actions; mais comme il est toujours sous-entendu que la Providence est la maîtresse, en attendant qu'elle se déclare, on peut prendre la liberté de dire au moins ses volontés.

J'ai lu votre lettre à ceux qui l'ont demandée. Il y a des choses qui ne sont point bonnes à écrire plusieurs fois. Je vous remercie de m'instruire si bien de votre marche. Quand vous voudrez m'instruire sur d'autres choses[1], vous ne vous en repentirez pas.

Je verrai Mme de Martel : la réception que son mari[2] vous a faite mérite bien cette civilité. J'en ai reçu beaucoup de votre prévôt de Laurens. Il m'assura par deux fois qu'il seroit toujours dans les intérêts de Grignan *de cul et de tête*[3] : cela me persuade. Je reçois avec plaisir

---

LETTRE 276 (revue sur une ancienne copie). — 1. Voyez la lettre 274, p. 64, 65.

2. Commandant la marine à Toulon : voyez plus haut, p. 64. — Mme de Martel était sœur du chevalier de Cissé. — Son mari « étoit, dit Bussy (dans le manuscrit de l'Institut), un vieil officier de mer qui, pour devenir lieutenant général, avoit passé par tous les degrés. Il étoit brave, et il savoit la marine, de sorte qu'il lui fut fort fâcheux d'être obligé d'obéir au comte d'Estrées, quand le Roi le fit vice-amiral. » Aussi n'obéit-il pas, et il fut mis à la Bastille le dernier d'octobre 1673. Voyez la *Correspondance de Bussy*, tome II, p. 306. « Martel, capitaine en 1635, lieutenant général de 1656-1679, n'est plus porté sur les états de la marine en 1682. » (Walckenaer, tome V, p. 66, note ; voyez encore même tome, p. 403 et suivante.) — Voyez aussi la lettre suivante, et celle des 6 et 7 août 1680, où Mme de Sévigné revient, vers la fin, sur la visite de sa fille à Toulon.

3. « On dit proverbialement d'un homme qui se tourmente extrê-

toutes vos petites lettres; il y a toujours la marque de l'ouvrière, qui ne peut jamais ne me pas plaire. Ce prêtre de M. de Roque Martine[4] est bien content de moi; il a eu une audience à souhait de M. le Camus. Vous verrez par la lettre de M. de Pompone que l'affaire de Marseille prendra le tour que vous lui donnerez. Il est bien persuadé que je ne me soucie guère de vous. Je puis bien vous répondre que vous serez toujours contente de lui. Je le sais d'ailleurs que de ses lettres.

Je reçois des nouvelles de mon fils : j'ai le cœur affligé de la guerre, ils vont joindre l'armée du Roi. On croit que l'on va assiéger Maestricht; cela est un peu moins épouvantable que le passage de l'Yssel. En vérité, on tremble en recevant des lettres; et ce sera bien pis dans quinze jours. M. de la Rochefoucauld et moi nous nous consolons et nous affligeons ensemble. Il a trois ou quatre fils[5] où son cœur s'intéresse bien tendrement. Mme de Marans vint hier chez Mme de la Fayette. Elle nous parut d'une noirceur, comme quand on a fait un pacte avec le diable, et que le jour approche de se livrer : il y a bien quelque douleur profonde pour un guerrier[6] qui ne la regrette pas. Je ne finirois pas de vous dire les amitiés de M. de la Rochefoucauld, combien il aime à parler de vous, à me faire lire quelquefois des endroits de

mement pour venir à bout de quelque chose qu'*il y va de cul et de tête comme une corneille qui abat des noix.* » (*Dictionnaire de l'Académie de* 1694.)

4. De quelque famille parlementaire de Provence. La plus jeune des filles d'Henri de Brancas, baron de Villeneuve (mort en 1716), épousa Pierre de Bunaud de Lubières, seigneur de Roquemartine, d'Aureuil et du Breuil, conseiller au parlement de Provence.

5. Voyez les lettres du 20 et du 24 juin suivant.

6. Monsieur le Duc, depuis Monsieur le Prince. (*Note de Perrin.*) — Elle en avait un enfant : voyez la note 4 de la lettre 151, mais aussi les lettres des 2 juin, 6 juin et 8 juillet 1672.

1672

vos lettres : c'est l'homme le plus aimable que j'aie jamais vu. Mme de la Fayette me prie fort aussi de vous parler d'elle ; sa santé n'est jamais bonne, et cependant elle vous mande qu'elle n'en aime pas mieux la mort, au contraire. Pour moi, j'avoue qu'il y a des choses désagréables dans la vie ; mais je n'en suis encore si dégoûtée que votre philosophie pourroit le souhaiter ; vous aurez bien de la peine[7] à m'ôter cette fantaisie de la tête.

Hélas ! ma petite, je ne vous ai point envoyé de jupe ; je voulois avoir d'une certaine étoffe ; je n'en trouve plus, et je me contenterai de vous en porter une autre avec une indienne, des petites étoffes de cette année, qui ne sont point du tout chères, et qui sont extrêmement jolies. Voilà, par exemple, de ces petites choses que vous ne m'empêcherez de faire et sur quoi vous me donneriez beaucoup de chagrin si vous les refusiez durement. Proposez-vous à ne me point fâcher.

Vous aurez su des nouvelles de M. de Coulanges par lui-même, et comme ils ont vu M. de Vivonne en passant, et passent doucement leur vie avec le marquis de Villeroi.

Mandez-moi si vous avez une gouvernante pour votre fils, et si vous voudriez que je vous en cherchasse une ; si vous ne la trouviez à votre fantaisie, nous serions quittes pour la ramener. J'ai cru d'abord qu'il eût été meilleur d'en avoir une du pays, mais si vous n'en avez point trouvé qui vous plaise, il faut bien en avoir une qui veille sur tout.

Ma pauvre tante est toujours très-mal ; c'est un objet de tristesse qui fait fendre le cœur. Notre abbé vous

---

7. Dans le manuscrit : « que vous le pourriez souhaiter : vous avez bien de la peine. » Dans l'édition de la Haye (1726), on lit aussi *vous avez* pour *vous aurez*.

embrasse, et la Mousse vous honore; ils prétendent bien voir votre Provence. Pour moi, je ne demande qu'à vous voir; et quoi encore? à vous voir, et toujours à vous voir. Valcroissant⁸ a mandé ici qu'il avoit eu cet honneur à Marseille, et que vous y étiez beaucoup plus belle qu'un ange : gardez-moi bien toute cette beauté. Votre fille est aimable, je crois que je vous la mènerai ; mais j'observerai tout ce qui sera nécessaire pour ne la point hasarder : on ne me fera jamais croire qu'on n'aime point sa fille, quand elle est jolie.

Je ne sais point de nouvelles, ma bonne; mes lettres sont bien ennuyeuses auprès des vôtres. Je ne pouvois jamais mieux faire que d'envoyer à M. de Pompone ce que vous m'écrivez de si bon sens sur l'affaire de Marseille. Votre président de Bouc⁹ me voit quelquefois ; mais je ne crois pas que ce soit lui qui ait inventé la poudre à canon et l'imprimerie. Je ne sais quand vous aurez un premier président; hors les Provençaux, on trouve peu de gens qui desirent cette place.

Si nous avions tenu nos premières résolutions contre la Provence, le pauvre Grignan n'auroit pas une si aimable femme¹⁰. Je le prie de ne pas douter de mon amitié et de me continuer la sienne. Vous ne voudriez pas me dire un mot sur son justaucorps? au moins je saurai si vous le trouvez beau.

Mme de Coetquen a eu la rougeole; Mme de Sully s'en va à Sully avec son brave époux¹¹; Mme de Rosny Verneuil¹²

8. Voyez la note 6 de la lettre 109.
9. Voyez tome II, p. 504, note 1.
10. Voyez la *Notice*, p. 102 et suivante; et tome II, p. 314.
11. Voyez la lettre 270, p. 46.
12. Mme de Verneuil était-elle à Rosny chez elle ou chez son fils le duc de Sully? Elle pouvait avoir gardé de son premier mari le marquisat ou le château. Mais c'est d'elle certainement que parle Mme de Sévigné. — Rosny est à deux lieues ouest de Mantes.

est à Rosny avec le sien; la Castelnau[13] est chez la Louvigny; la maréchale[14] est seule, comme une tourterelle. D'Hacqueville s'en va en Bretagne. Si vous avez envie de savoir autre chose, mandez-lui; car pour nous, notre vie est très-triste et très-languissante. On croit que Maestricht est investi; rien n'est encore assuré. Adieu, mon ange, je vous baise, et vous embrasse d'une tendresse qui ne peut recevoir de comparaison.

J'ai vu Gautier[15] : il est un peu malcontent que vous ne lui faites pas seulement un mot de réponse. Plût à Dieu qu'il eût une partie de ce que vous avez perdu au jeu!

Croyez que vous ne sauriez être aimée de personne, tout aimable que vous êtes, si véritablement que vous l'êtes de moi

---

13. Louise-Marie Foucault, fille du comte de Daugnon, maréchal de France, et femme de Michel marquis de Castelnau, fils du maréchal; elle perdit son mari le 2 décembre suivant. Elle mourut en 1709. — Sa belle-mère, la maréchale, était « Marie de Girard, qui avait épousé, en 1642, Jacques marquis de Castelnau, officier du plus grand mérite qui s'était signalé tout jeune à Fribourg et à Nortlingen, lieutenant général en 1655, puis maréchal en 1658, après la bataille des Dunes, où il commandait une aile de l'armée française, mort peu après de ses blessures à trente-huit ans. Mme de Castelnau est très-maltraitée par Tallemant (tome VI, p. 27 et suivantes). » (M. Cousin, *Madame de Sablé*, p. 485, note 2.) Elle mourut à plus de quatre-vingts ans, en 1696. Voyez sur elle la lettre du 15 octobre 1677, et dans le même tome de Tallemant des Réaux, p. 36, une note de M. Paulin Paris.

14. Perrin (1734) a ajouté entre parenthèses : *de Castelnau*.

15. Gautier ou Gaultier était un marchand d'étoffes de soie, d'or et d'argent de la rue des Bourdonnais. La Bruyère l'a nommé dans ses *Caractères* (chapitre de la ville, n° 18) : « L'utile et la louable pratique de perdre en frais de noces le tiers de la dot qu'une femme apporte! de commencer par s'appauvrir de concert par l'amas et l'entassement de choses superflues, et de prendre déjà sur son fonds de quoi payer *Gaultier*, les meubles et la toilette! »

277. — DE MADAME DE SÉVIGNÉ
A MADAME DE GRIGNAN.

1672

A Paris, vendredi 20ᵉ mai.

Je comprends fort bien, ma fille, et l'agrément, et la magnificence, et la dépense de votre voyage : je l'avois dit à notre abbé comme une chose pesante pour vous; mais ce sont des nécessités. Il faut cependant examiner si l'on veut bien courir le hasard de l'abîme où conduit la grande dépense; nous en parlerons. Il n'importe guère, ma chère fille, d'avoir du repos pour soi-même, quand on aime, et qu'on entre dans les intérêts de ceux qui nous sont chers; c'est le moyen[1] de n'avoir guère de plaisirs dans la vie, et il faut être bien enragée pour l'aimer autant qu'on fait. Je dis la même chose de la santé; j'en ai beaucoup; mais à quoi me sert-elle? à garder ceux qui n'en ont point. La fièvre a repris traîtreusement à Mme de la Fayette. Ma tante est bien plus mal que jamais; elle s'en va tous les jours. Que fais-je? Je sors de chez ma tante, et je vais chez cette pauvre Fayette; et puis je sors de chez la Fayette pour revenir chez ma tante. Ni Livry, ni promenades, ni ma jolie maison : tout cela ne m'est de rien; il faut pourtant que je coure à Livry un moment, car je n'en puis plus. Voilà comme la Providence partage les chagrins et les maux. Après tout, les miens ne sont rien en comparaison de l'état où est ma pauvre tante. Ah! noble indifférence, où êtes-vous? Il ne faut que vous pour être heureux, et sans vous tout est inutile; mais puisqu'il faut souffrir de quelque façon que ce soit,

---

Lettre 277. — 1. Dans l'édition de 1754 : « Quand on entre véritablement dans les intérêts des personnes qui nous sont chères, et qu'on sent tous leurs chagrins peut-être plus qu'elles-mêmes, c'est le moyen, etc. »

il vaut encore mieux souffrir par là que par les autres endroits.

J'ai vu Mme de Martel chez elle, et je lui ai dit tout ce que vous pouvez penser. Son mari lui a écrit des ravissements de votre beauté; il est comblé de vos politesses; il vous loue et vous admire. Sa femme m'étoit venue chercher pour me montrer cette lettre; je la trouvai enfin, et je vous acquittai de tout. Rien n'est plus romanesque que vos fêtes sur la mer, et vos festins dans le *Royal-Louis*, ce vaisseau d'une si grande réputation.

Le véritable Louis[2] est en chemin avec toute son armée; les lettres ne disent rien de positif, parce qu'on ne sait rien. Il n'est plus question de Maestricht; on dit qu'on va prendre trois places, l'une sur le Rhin, l'autre sur l'Yssel, et la troisième tout auprès : je vous manderai leurs noms, quand je les saurai. Rien n'est plus confus que toutes les nouvelles de l'armée : ce n'est pas faire sa cour que d'en mander, ni de se mêler de deviner et de raisonner. Les lettres sont plaisantes à voir. Vous jugez bien que je passe ma vie avec des gens qui ont des fils assez bien instruits; mais il est vrai que le secret est grand sur les intentions de Sa Majesté. L'autre jour un homme de très-bonne maison[3] écrivoit à un de ses amis ici : « Je vous prie, mandez-moi où nous allons, si nous passerons l'Yssel, ou si nous assiégerons Maestricht. » Vous pouvez juger par là des lumières que nous avons ici. Je vous assure que le cœur est en presse. Vous êtes heureuse d'avoir votre cher mari[4] en sûreté, qui n'a d'autre fatigue que de voir toujours votre chien de visage

---

2. Dans l'édition de 1734, où le paragraphe précédent manque, il y a ici simplement : *le Roi*.

3. Monsieur le Duc. (*Note de Perrin.*) — L'édition de 1734 ajoute, entre parenthèses : « Vous comprenez bien qui c'est. »

4. « Votre cher époux. » (*Édition de 1734.*)

dans une litière vis-à-vis de lui : *le pauvre homme !* Il avoit raison de monter à cheval pour l'éviter : le moyen de le regarder si longtemps ? Hélas ! il me souvient qu'une fois, en revenant de Bretagne, vous étiez vis-à-vis de moi. Quel plaisir ne sentois-je point de voir toujours cet aimable visage ? Il est vrai que c'étoit dans un carrosse : il faut donc qu'il y ait quelque malédiction sur la litière[5].

Mme du Puy-du-Fou ne veut pas que je mène la petite enfant. Elle dit que c'est la hasarder, et là-dessus je rends les armes : je ne voudrois pas mettre en péril sa petite personne ; je l'aime tout à fait. Je lui ai fait couper les cheveux ; elle est coiffée hurlubrelu[6] : cette coiffure est faite pour elle. Son teint, sa gorge, tout son petit corps est admirable ; elle fait cent petites choses, elle parle, elle caresse, elle bat, elle fait le signe de la croix, elle demande pardon, elle fait la révérence, elle baise la main, elle hausse les épaules, elle danse, elle flatte, elle prend le menton[7] : enfin elle est jolie de tout point. Je m'y amuse les heures entières. Je ne veux point que cela meure. Je vous le disois l'autre jour, je ne sais point comme l'on fait pour ne pas aimer sa fille.

---

5. Perrin a cru devoir faire à ce propos la remarque que voici : « On assure que deux personnes qui, en s'aimant beaucoup, entreprendroient un voyage un peu long dans la même litière, finiroient par se haïr le plus franchement du monde. » Voyageant de cette manière avec la comtesse de Maure, Mme Cornuel disoit qu'elle étoit si lasse d'avoir toujours la même figure devant les yeux, qu'elle eut deux ou trois fois l'envie de l'étrangler. (*Tallemant des Réaux*, tome III, p. 161.)

6. Voyez tome II, p. 136, et 143 et suivantes.

7. Dans l'édition de 1734 : « Elle lève le menton. »

278. — DU COMTE DE BUSSY RABUTIN A MADAME DE SÉVIGNÉ ET A CORBINELLI.

Quatre jours après que j'eus reçu cette lettre (du 16 mai, voyez p. 67), je répondis celle-ci à Mme de Sévigné.

A Chaseu, ce 23ᵉ mai 1672[1].

A MADAME DE SÉVIGNÉ.

Je vois bien, ma belle cousine, que vous avez cela de commun avec les honnêtes gens, qu'il vous faut louer pour avoir du plaisir de vous. Parce que je vous assurai, il y a quelque temps, de l'agrément que j'avois trouvé dans une de vos lettres, vous venez d'en remplir toute celle-ci.

Je sais bien qu'il faut avoir de l'esprit pour bien écrire, qu'il faut être en bonne humeur, et que les matières soient heureuses; mais il faut surtout que l'on croie que les agréments qu'on aura ne seront pas perdus; et sans cela, l'on se néglige.

En vérité, rien n'est plus beau ni plus joli que votre lettre; car il y a bien des choses du meilleur sens du monde, écrites le plus agréablement. Je demeure d'accord avec vous que nous nous devons aimer. Personne ne sait si bien que moi ce que vous valez; ni ce que je vaux, que vous. Nous nous aimons aussi, à ce qu'il me semble, et cela durera toujours, pourvu que nous n'ayons pas plus de confiance en autrui qu'en nous-mêmes. Pour moi, je vous réponds de résister aux tentations de vos ennemis plus qu'à celles du diable.

Nous ne savons aucunes nouvelles, parce que non-seu-

LETTRE 278. — 1. Cette lettre est datée du 25 dans l'édition de 1818; mais dans le manuscrit de Bussy elle l'est du 23, aussi bien que dans la première édition (1697).

lement les desseins sont fort cachés, mais après même qu'ils sont découverts, on ne veut pas qu'on les mande. Passe pour le premier, il est juste, les secrets éventés réussissent rarement; pour le second, il est inutile et malin².

Vous avez raison de dire que cette campagne fait peur. Elle sera terrible³; et voilà comme je les aime; si j'y étois, j'y prétendrois acquérir de la gloire ou mourir; n'y étant pas, la fortune me détrapera⁴ de bien des gens que je n'aime point.

Vous savez que les spectateurs sont cruels; et je vous apprends que les spectateurs malheureux sont mille fois plus cruels que les autres. Je ne demande à Dieu que la conservation du Roi, de Monsieur, de Monsieur le Prince, de Monsieur le Duc, et d'un petit nombre d'amis⁵. Après cela, je ne trouverai pas mauvais que les Hollandois se défendent en gens d'honneur; mais je veux à la fin que le Roi prenne leurs places; car j'ai soin de la réputation de mon maître aussi bien que de sa vie.

Adieu, ma belle cousine, je vous assure que je vous trouve fort aimable, et que je vous aime fort aussi.

A CORBINELLI.

Vous me réjouissez fort, Monsieur, de me dire que j'ai de l'air d'Horace. Si cela est, c'est à la nature à qui

---

2. Cette phrase est biffée dans le manuscrit. Pour la remplacer, une autre main, qui n'est pas celle de Mme de Coligny, a ajouté à la phrase précédente : « et l'on a raison. »

3. Mme de Coligny a ajouté dans l'interligne : « Je crois comme vous qu'(elle sera terrible). »

4. *Détraper* est un vieux mot qui signifie *débarrasser, délivrer.* — Dans l'édition de 1818, la première où se lise cette fin de phrase, biffée dans le manuscrit, on avait imprimé par erreur *détrompera*.

5. Mme de Coligny a ainsi corrigé cette phrase : « du Roi et de la maison royale et de mes amis »

j'en ai l'obligation, car je ne l'ai jamais lu⁶. Je ne sais pas si c'est à cause de la ressemblance, que ce qu'il dit me touche extrêmement ; mais rien ne me touche davantage. Ma modestie m'empêchera pourtant désormais de lui donner beaucoup de louanges, de peur que vous ne croyiez que je me loue sous son nom, comme on fait quelquefois quand on estime un homme contre qui l'on s'est battu. Cependant il faut encore que je vous dise, pour la dernière fois, qu'Horace me charme ; mais que s'il voyoit le commentaire que vous faites de lui, il en seroit charmé. Mon Dieu, que vous l'entendez bien, et que vous l'expliquez agréablement ! Si le Roi pensoit sur cela ce que je pense de vous, je suis assuré qu'il vous feroit lire Horace à Monsieur le Dauphin, et peut-être à lui-même⁷.

---

279. — DE MADAME DE SÉVIGNÉ
A MADAME DE GRIGNAN.

A Paris, ce lundi 23ᵉ mai.

Mon petit ami de la poste ne se trouva point hier à l'arrivée du courrier, de sorte que mon laquais ne rapporta point mes lettres ; elles sont par la ville ; je les attends à tous les moments, et j'espère que je les aurai avant que de faire mon paquet. Ce retardement me déplaît beaucoup : mon petit ami m'en demande excuse, mais je

---

6. C'est difficile à croire, même malgré les fautes que nous avons signalées dans la copie de la lettre de Corbinelli (p. 70, note 5). Voyez la *Notice sur Mme de Sévigné* qui est placée en tête de l'édition de 1818, tome I, p. 127.

7. Mme de Coligny a ajouté ces mots : « J'ai peur qu'à la fin vous ne me gâtiez, tous tant que vous êtes, à force de louanges. »

ne lui donne point; en attendant, ma bonne, je m'en vais causer avec vous.

J'ai vu ce matin M. de Marignanes [1]; je l'ai pris pour M. de Maillanes [2] : je me suis embarrassée; enfin, pour avoir plus tôt fait, je l'ai prié de me démêler ces deux noms. Il l'a fait en galant homme; il a compris qu'il étoit très-possible que je les confondisse; il m'a remise; il est fort content de moi, et moi fort contente de lui. Il a vu et baisé votre fille; il dit que son frère est beau comme un ange, et vous comme deux. Il admire votre esprit, votre personne, il adore M. de Grignan. Voilà qui est fait.

Je dînai hier chez la Troche avec l'abbé Arnauld et Mme de Valentiné [3]. Après dîner nous eûmes le Camus, son fils et Ytier [4] : cela fit une petite symphonie très-parfaite.

Après cela Mlle de Grignan arrive avec son écuyer, c'étoit Beaulieu; sa gouvernante, c'étoit Hélène; sa femme de chambre, c'étoit Marie; son petit laquais, c'étoit Jacquot, fils de la nourrice; et sa nourrice, c'étoit mère Jeanne avec ses habits des dimanches : c'est la plus aimable femme de village que j'aie jamais vue. Tout cela parut beaucoup. On les envoya au jardin, on les regarda fort : j'aime trop tout ce petit ménage-là. Mme du Puy-du-Fou

---

Lettre 279 (revue sur une ancienne copie). — 1. Joseph Gaspard Couet, marquis de Marignanes, mort en 1692. Il fut premier consul d'Aix.

2. Voyez la note 6 de la lettre 144.

3. Nous ne trouvons sur elle que ce passage des *Mémoires* de l'abbé Arnauld (tome XXXIV, p. 354) : « J'en partis le lendemain (*de Tours, en octobre* 1672), avec M. le marquis de Vassé, et M. de Valentiné qui nous mena en sa belle maison d'Ussé, où je passai deux jours avec la bonne compagnie qu'on y trouve d'ordinaire, mais dont Mme de Valentiné fait toujours la meilleure partie. »

4. Voyez tome II, p. 95 et 165.

m'a brouillé la tête, en ne voulant pas que je mène ma petite-enfant; car, après tout, les enfants de la nourrice ne me plaisent point auprès d'elle dans son village, et jamais cette femme n'aura le courage de passer ici l'été sans y mourir d'ennui⁵. Mais ma bonne, il est question de partir. Un jour nous disons, l'abbé et moi : « Allons-nous-en, ma tante ira jusqu'à l'automne; » voilà qui est résolu. Le jour d'après nous la trouvons si extrêmement bas, que nous disons : « Il ne faut pas songer à partir, ce seroit une barbarie, la lune de mai l'emportera; » et ainsi nous passons d'un jour à l'autre, avec le désespoir dans le cœur. Vous comprenez bien cet état, il est cruel; et ce qui me fait souhaiter d'être en Provence, ce seroit afin d'être sincèrement affligée de la perte d'une personne qui m'a toujours été si chère; et je sens que si je suis ici, la liberté que sa mort me donnera m'ôtera une partie de ma tendresse et de mon bon naturel. N'admirez-vous point la bizarre disposition des choses de ce monde, et de quelle manière elles viennent croiser notre chemin? Ce qu'il y a de certain, c'est que, de quelque manière que ce puisse être, nous irons cette année à Grignan. Laissez-nous démêler toute cette triste aventure, et soyez assurée que l'abbé et moi nous sommes plus près d'offenser la bienséance, en partant trop tôt, que l'amitié que nous avons pour vous, en demeurant sans nécessité.

Voilà un billet de l'abbé Arnauld, qui vous apprendra les nouvelles. Son frère⁶, en partant, le pria de me faire part de celles qu'il manderoit. La première page est un ravaudage de rien pour choisir un jour, afin de dîner chez

---

5. Dans l'édition de 1734 : « Les enfants de la nourrice ne me plaisent point auprès d'elle, et je connois dans son visage que jamais elle ne passera l'été ici, sans en mourir d'ennui. » — Le texte de 1754 est conforme, à peu de chose près, à celui de notre manuscrit.

6. Pompone. Le Roi l'avait emmené ainsi que Louvois.

M. d'Harouys. On fait du mieux qu'on peut à cet abbé [7] ; il n'est pas souvent à Paris, et l'on est bien aise d'obliger les gens de ce nom-là. Il me pria l'autre jour de lui montrer un morceau de votre style : son frère lui en dit du bien. En lui montrant, je fus surprise moi-même de la justesse de vos périodes, elles sont quelquefois harmonieuses ; votre style est devenu comme on le peut souhaiter, il est fait et parfait, vous n'avez qu'à continuer, et vous bien garder de vouloir le rendre meilleur.

Voilà dix heures, il faut faire mon paquet. Je n'ai point reçu votre lettre : j'ai passé à la poste, mon petit homme m'a renouvelé ses excuses ; mais je n'en suis pas mieux. Ma lettre est entre les mains de ces maudits facteurs, c'est-à-dire la mer à boire. Je la recevrai demain, et n'y ferai réponse que vendredi. Adieu, ma chère bonne ; vous dirai-je que je vous aime ? Il me semble que c'est une chose inutile : vous le croyez assurément. Croyez-le donc, ma chère enfant, et ne craignez point d'en croire trop.

Si je n'avois point le cœur triste, je vous enverrois de jolies chansons. M. de Grignan les chanteroit comme un ange. Je l'embrasse très-tendrement, et vous encore plus mille fois.

---

280. — DE MADAME DE SÉVIGNÉ
A MADAME DE GRIGNAN.

A Paris, ce vendredi 27e mai.

Vous ne devez souhaiter personne pour faire des relations : on ne peut les faire plus agréablement que

---

7. Dans toutes les éditions : « A cet abbé Arnauld. » — L'abbé Arnauld demeurait à Angers, auprès de son oncle Henri Arnauld, qui en était évêque ; il était lié avec Mme de Sévigné depuis l'année 1657. Voyez la note 4 de la lettre 51.

vous. Je crois de votre Provence toutes les merveilles que vous m'en dites; mais vous savez très-bien les mettre dans leur jour; et si le beau pays que vous aurez vu pouvoit vous témoigner les obligations qu'il vous a, je suis assurée qu'il n'y manqueroit pas. Je crois qu'il vous diroit aussi l'étonnement où il doit être de votre dégoût pour ses divines senteurs : jamais il n'a vu personne s'en restaurer sur un panier de fumier. Rien n'est plus extraordinaire que l'état où vous avez été; et cependant, ma bonne, je le comprends, la chose du monde la plus malsaine, c'est de dormir parmi les odeurs. Enfin trop est trop; les meilleures choses sont dégoûtantes quand elles sont jetées à la tête. Ah! le beau sujet de faire des réflexions! Votre oncle de Sévigné[1] craindra bien pour votre salut, jusqu'à ce qu'il ait compris cette vérité. Vous me disiez l'autre jour un mot admirable là-dessus, qu'il n'y avoit point de délices qui ne perdent ce nom, quand l'abondance et la facilité les accompagnent. Je vous avoue que j'ai une extrême envie de faire cette épreuve; comment ferez-vous pour me faire voir un petit morceau de vos pays enchantés?

Je comprends la joie que vous aurez eue de voir Mme de Monaco[2], et la sienne aussi. Hélas! vous aurez bien causé; elle ouvre assez son cœur sur les chapitres même les plus délicats. Je serois fort aise si vous me mandiez quelque chose des sujets de votre conversation. Notre d'Hacqueville est ravi que vous ayez fait cette jolie course. Il s'en va en Bretagne; il a vu votre lettre, et Guitaut[3], et M. de la Rochefoucauld. Ils sont tous très-

---

LETTRE 280 (revue sur une ancienne copie). — 1. Renaud de Sévigné. Voyez la note 10 de la lettre 255.

2. Voyez la note 15 de la lettre 153.

3. Dans le manuscrit : « Votre lettre à Guitaut. »

contents de votre relation, mais surtout de l'histoire tragique. Elle est contée en perfection : nous avons peur que vous n'ayez tué cette pauvre Diane pour faire un beau dénouement. Nous voulons pourtant vous en croire, et vous remercier d'avoir fait chasser l'amant de votre chambre; si vous l'eussiez fait jeter dans la mer, vous auriez encore mieux fait : sa barbarie est fort haïssable, et le mauvais goût de Diane nous console quasi de sa mort; son âme devroit bien revenir à l'exemple de celle de M. de Bourdeville⁴. Je vous ai mandé sa mort : il ne voulut point se confesser, et envoya tout au diable, et lui après : son corps est en dépôt à Saint-Nicolas ; le peuple s'est mis dans la tête que son âme revient la nuit tout en feu dans l'église; qu'il crie, qu'il jure, qu'il menace; et là-dessus ils veulent jeter le corps à la voirie, et assassiner le curé qui l'a reçu. Cette folie est venue à tel point, qu'il a fallu ôter le corps habilement de la chapelle, et faire venir la justice pour défendre de faire insulte au curé. Voilà qui est tout neuf d'hier au matin, mais cela n'est point digne de déchausser votre histoire amoureuse.

Nous attendons demain notre petit Coulanges. Je fus hier lever pour bien de l'argent d'étoffes chez Gautier⁵, pour me faire belle en Provence. Je ne vous ferai nulle honte : vous verrez un peu quels habits je porterai Je

---

4. On lit *Bourdeville* dans le manuscrit; mais il s'agit très-probablement ici du vieux Bourdeille, mort à Paris le 8 mai 1672, et dont Mme de Sévigné parle le 13 juin suivant : voyez sa lettre et les notes. On était esprit fort dans cette famille de Brantôme; le comte de Matha avait poussé loin l'irréligion, et, à en juger par un mot qu'on lui prête au lit de mort, ne dut pas faire une fin plus édifiante que celle de son cousin Bourdeille. Voyez les *Mémoires de Retz*, tome II, p. 124, et M. Paulin Paris, tome VI, p. 78, de *Tallemant des Réaux*.

5. Voyez la note 15 de la lettre 276.

1672 trouvai la plus jolie jupe du monde, à la mode, avec un petit joli manteau; tout l'univers ne m'empêcheroit pas de vous faire ce petit présent; et si vous ne voulez point me déplaire au dernier excès, vous me direz que vous en êtes fort aise, et que je suis une bonne femme : voilà le ton qui m'est uniquement agréable.

Je suis très-ennuyée de n'avoir point de lettres de mon fils; il y a un tel dérangement au commerce de l'armée, qu'on n'en reçoit quasi que par des courriers extraordinaires. Je ne sais nulle nouvelle aujourd'hui; je hais tant de dire des faussetés, que j'aime mieux ne vous rien dire. Ce que je vous mande est toujours vrai, et vient de bon lieu. Je m'en vais présentement à Livry; j'y mène ma petite-enfant, et sa nourrice, et tout le petit ménage. Je veux qu'ils respirent cet air de printemps. Je reviens demain, ne pouvant quitter ma tante plus longtemps; et pour la petite, je l'y laisserai pour quatre ou cinq jours; je ne puis m'en passer ici : elle me réjouit tous les matins. Il y a si longtemps que je n'ai respiré et marché, qu'il faut que j'aie pitié de moi un moment aussi bien que des autres. Je me prépare tous les jours; mes habits se font; mon carrosse est prêt il y a huit jours; enfin, ma bonne, j'ai un pied en l'air; et si Dieu nous conserve notre pauvre tante plus longtemps qu'on ne croit, je ferai ce que vous m'avez conseillé, c'est-à-dire, je partirai dans l'espérance de la revoir. La Troche et la d'Escars m'ont aidé à tout choisir, et Gautier sur le tout, qui étoit en ses bonnes humeurs. Faites-lui écrire quelque honnêteté; il ne faut pas joindre le silence avec le long retardement. Si nous pouvons lui donner quelque chose sur votre pension, nous le ferons; mais vous devez beaucoup, sans rien compter, parce que je compte moi-même; c'est pour vous dire que nous aurons peine d'aller jusqu'à lui. Nous verrons; ne vous mettez en peine de rien.

Écrivez seulement à Monsieur de Laon⁶, qui enfin est cardinal; vous pouvez comprendre sa joie, n'ayant jamais souhaité que cette dignité. Je viens de lui écrire. Je lui mande que vous lui témoignerez votre joie, et que je crois que vous et moi nous l'irons voir à Rome, ou que nous le recevrons en Provence, quand il reviendra, ou que, pour mieux dire, nous nous reverrons tous ici. Adieu, n'espérez pas que je puisse jamais vous aimer plus parfaitement que je fais. Je crains bien qu'étant hors de la portée de toutes les postes, je ne reçoive point de vos lettres dimanche. Ce n'est pas un léger chagrin pour moi.

M. d'Harouys s'en va en Bretagne; il emmène d'Hacqueville et votre ami Chésières.⁷, qui désormais sera plus Breton que Parisien. M. de Coulanges revient demain. Le comte des Chapelles⁸ m'a écrit de l'armée: il me prie de vous faire cinq cent mille compliments; il dit qu'hier, je ne sais quel jour c'étoit que son hier, il s'étoit trouvé dans une compagnie de grande conséquence, où votre mérite, votre sagesse, votre beauté, avoient été élevés jusqu'au-dessus des nues, et que même on y avoit compris le goût et l'amitié que vous avez pour moi. Si cette fin est une flatterie, elle m'est si agréable que je la reçois à bras ouverts.

6. César d'Estrées, qui étoit cardinal *in petto* de la promotion du mois d'août de l'année 1671, ne fut déclaré qu'en ce temps-là. (*Note de Perrin.*) — Voyez la note 7 de la lettre 253.
7. Voyez la note 1 de la lettre 175 et la note 9 de la lettre 191.
8. Voyez la note 7 de la lettre 193.

1672

281. — DE MADAME DE SÉVIGNÉ
A MADAME DE GRIGNAN.

A Paris, lundi 30e mai.

Je ne reçus point hier de vos lettres, ma pauvre enfant. Votre voyage de Monaco vous avoit mise hors de toute mesure : je me doutois que ce petit malheur m'arriveroit. Je vous envoie les nouvelles de M. de Pomponé. Voilà déjà la mode d'être blessé qui commence ; j'ai le cœur fort triste dans la crainte de cette campagne. Mon fils m'écrit fort souvent ; il se porte bien jusqu'à présent. Ma tante est toujours dans un état déplorable ; et cependant, ma chère bonne, nous avons le courage d'envisager un jour pour partir, en jouant une espérance que de bonne foi nous n'avons point. Je suis toujours à trouver certaines choses fort mal arrangées parmi les événements de notre vie : ce sont de grosses pierres dans le chemin, trop lourdes pour les déranger ; je crois que nous passerons par-dessus ; ce n'est pas sans peine : la comparaison est juste.

Je ne mènerai point ma petite-enfant ; elle se porte très-bien à Livry ; elle y passera tout l'été. La beauté de Livry est au-dessus de tout ce que vous avez vu : les arbres sont plus beaux et plus verts, tout est plein de ces aimables chèvrefeuilles : cette odeur ne m'a point encore dégoûtée ; mais vous méprisez bien nos petits buissons, auprès de vos forêts d'orangers. Voici une histoire très-tragique de Livry. Vous vous souvenez bien de ce prétendu très-dévot, qui n'osoit tourner la tête ; je disois qu'il sembloit qu'il y portât un verre d'eau[1]. La dévotion l'a rendu fou : une belle nuit il s'est donné cinq ou six coups de couteau ; et tout nu, et tout en sang, il

---

Lettre 281. — 1. Voyez tome II, p. 132.

se mit à genoux au milieu de la chambre. On entre, on le trouve en cet état : « Eh mon Dieu ! mon frère, que faites-vous ? et qui vous a accommodé ainsi ? — Mon père, dit-il froidement, c'est que je fais pénitence. » Il tombe évanoui, on le couche, on le panse, on le trouve très-blessé ; on le guérit après trois mois de soins², et puis ils l'ont renvoyé à Lyon à ses parents. Si vous ne trouvez pas cette tête-là assez renversée, vous n'avez qu'à le dire, et je vous donnerai celle de Mme Paul³, qui est devenue éperdue, et s'est amourachée d'un grand benêt de vingt-cinq ou vingt-six ans⁴, qu'elle avoit pris pour faire le jardin. Vraiment il a fait un beau ménage. Cette femme l'épouse. Ce garçon est brutal, il est fou ; il la battra bientôt⁵ ; il l'a déjà menacée. N'importe, elle en veut passer par là ; je n'ai jamais vu tant de passion : ce sont tous les plus beaux violents sentiments qu'on puisse imaginer ; mais ils sont croqués comme les grosses peintures⁶ ; toutes les couleurs y sont, il n'y aura qu'à les étaler. Je me suis extrêmement divertie⁷ sur ces caprices de l'amour ; je me suis effrayée moi-même voyant de tels attentats. Quelle insolence ! s'attaquer à Mme Paul, c'est-à-dire à l'austère⁸, l'antique et grossière vertu ! Où trouvera-t-on quelque

---

2. Dans les éditions de 1726 et de 1734 : « Après bien des soins. »
— Les mots à Lyon sont omis dans ces mêmes éditions.
3. Veuve de maître Paul, jardinier de Livry. (*Note de Perrin.*) — Voyez la lettre suivante.
4. « De vingt-cinq ans ou vingt-six ans. » (*Édition de 1734.*) — Ces mots manquent dans les éditions de 1726.
5. Dans l'édition de 1754 : « Il la battra comme plâtre ; » et plus loin : « Elle en veut par là (*sic*) ; » dans l'édition de Rouen (1726) : « Elle en veut. »
6. Dans les éditions de 1726 : « Comme les peintures grossières. »
7. Dans les deux éditions de Perrin : « Divertie à méditer sur, etc. »
8. L'édition de la Haye (1726) ajoute : « La farouche. »

sûreté ? Voilà de belles nouvelles, ma pauvre bonne, au lieu de vos aimables relations.

Mme de la Fayette est toujours languissante; M. de la Rochefoucauld toujours éclopé; nous faisons quelquefois des conversations d'une tristesse qu'il semble qu'il n'y ait plus qu'à nous enterrer. Le jardin de Mme de la Fayette est la plus jolie chose du monde : tout est fleuri, tout est parfumé; nous y passons bien des soirées, car la pauvre femme n'ose pas aller en carrosse. Nous vous souhaiterions bien quelquefois derrière une palissade pour entendre certains discours de certaines terres inconnues [9] que nous croyons avoir découvertes. Enfin, ma fille, en attendant ce jour heureux de mon départ, je passe du faubourg au coin du feu de ma tante, et du coin du feu de ma tante à ce pauvre faubourg.

Je vous prie, ma chère, n'oubliez pas tout à fait M. d'Harouys, dont le cœur est un chef-d'œuvre de perfection, et qui vous adore.

Adieu, ma très-aimable enfant; j'ai bien envie de savoir de vos nouvelles, et de votre fils. Il fait bien chaud chez vous autres; je crains cette saison pour lui, et pour vous beaucoup plus, car je n'ai pas encore pensé qu'on pût aimer quelque chose plus que vous.

J'embrasse mon cher Grignan. Vous aime-t-il toujours bien ? Je le prie de m'aimer aussi.

---

9. Allusion aux *Terres inconnues*, indiquées sur la carte de *Tendre*, dans la *Clélie* de Mlle de Scudéry. Voyez la lettre suivante, troisième alinéa.

282. — DE MADAME DE SÉVIGNÉ A MADAME ET A MONSIEUR DE GRIGNAN.

A Livry, jeudi 2ᵉ juin.

Je l'ai reçu cet aimable volume : jamais je n'en ai vu un si divertissant, ni si bien écrit, ni où je prisse tant d'intérêt. Je ne puis assez vous dire l'obligation que je vous en ai, aussi bien que de l'application que vous avez aux dates : c'est une marque assurée du plaisir et de l'intérêt qu'on prend à un commerce. Au contraire, quand les commerces pèsent, nous nous moquons bien de tant compter, nous voudrions que tout se perdît; mais vous êtes bien sur ce point comme je le puis souhaiter; et ce ne m'est pas une médiocre joie, à moi qui mets au premier rang le commerce que j'ai avec vous.

Il est donc vrai, ma fille, qu'il y a eu une de mes lettres de perdue; mais je ne jette les yeux sur personne. Celui seul qui pourroit s'en soucier n'a pas détourné celles qui lui devoient donner le plus de curiosité; elles ont toujours été jusqu'à vous; des autres, il ne s'en soucie guère. Vous êtes contente de ce ministre; et vous le serez toujours très-assurément; vous entendez bien que c'est du grand Pompone dont je parle, et c'est de lui que je croyois qu'on voudroit voir ce que j'en disois. Je ne sais donc qui peut faire ce misérable larcin; il n'y a pas un grand goût à prendre des lettres, au degré de parenté où nous sommes : si elles sont agréables, c'est un miracle; ordinairement elles ne le sont pas. Enfin, voilà qui est fait, sans que je puisse imaginer à qui je m'en dois prendre. Dieu vous garde d'une plus grande perte!

Nous ne savons point la vie cachée de la Marans; mais Mme de la Fayette doit vous écrire ses visions passées, dès qu'elle aura une tête pour cela. Nous croyons avoir entrevu un épisode d'un jeune prince[1], au milieu de l'enivrement qui la rendoit si troublée; et toutes ses paroles ramassées nous confirmoient cette vision. Je vous fais entendre notre folie : elle vous sera expliquée plus nettement.

Vous ne m'expliquez que trop bien les périls de votre voyage. Je ne les comprends pas, c'est-à-dire je ne comprends pas comment on s'y peut exposer. J'aimerois mieux aller à l'occasion[2] : j'affronterois plus aisément la mort dans la chaleur du combat, avec l'émulation des autres, et le bruit des trompettes, que de voir de grosses vagues me marchander, et me mettre à loisir à deux doigts de ma perte; et d'un autre côté, vos Alpes, dont les chemins sont plus étroits que vos litières, en sorte que votre vie dépend de la fermeté du pied de vos mulets. Ma fille, cette pensée me fait transir depuis les pieds jusqu'à la tête. Je suis servante de ces pays-là, je n'irai de ma vie; et je tremble quand je songe que vous en venez. Jamais les amants de Mme de Monaco n'en ont tant fait pour elle. Ce que vous dites du premier et du dernier[3] est admirable : c'est cela qui est une épigramme. Ne parlâtes-vous point un peu de Madame[4] ? En est-elle consolée ? Est-elle bien estropiée[5] ? Est-elle bien déses-

---

LETTRE 282 (revue en partie sur une ancienne copie). — 1. Le duc de Longueville. Mme de Marans mettait au nombre de ses prétentions de paraître bien avec lui. Voyez la lettre suivante p. 101, et celle du 8 juillet 1672.

2. « *Occasion* se prend pour combat et rencontre de guerre : *Une occasion bien chaude; aller à l'occasion.* » (*Dictionnaire de l'Académie de* 1694.)

3. Le duc de Lauzun et le chevalier de Lorraine?

4. Mme de Monaco avoit été la principale favorite de Madame (Henriette-Anne d'Angleterre), morte le 29 juin 1670. (*Note de Perrin.*)

5. D'une saignée mal faite. (*Note du même.*)

pérée de se voir au delà des Alpes ? Est-elle dans l'attente de venir à Paris ? Je comprends la grande joie qu'elle a eue de vous voir. Vos conversations doivent avoir été infinies, et l'obligation d'une telle visite ne se doit jamais oublier. Elle vous l'a rendue promptement ; mais ce n'est pas avec les mêmes circonstances.

Vous me parlez très-plaisamment de la princesse d'Harcourt[6]. Brancas s'est inquiété, je ne sais pourquoi ; il est à l'armée, volontaire, désespéré de mille choses, qui n'évitera pas trop de rêver ou de s'endormir vis-à-vis d'un canon : il ne voit guère d'autre porte pour sortir de tous ses embarras. Il écrivoit l'autre jour à Mme de Villars et à moi, et le dessus de la lettre étoit : *A Monsieur de Villars, à Madrid*. Mme de Villars le connoît, elle devina la vérité ; elle ouvre la lettre, et y trouve d'abord : *Mes très-chères*. Nous n'avons point encore fait réponse.

Vous dites que je ne vous dis rien de votre frère. Je ne sais pourquoi ; j'y pense à tout moment, et j'en suis dans des inquiétudes extrêmes[7]. Je l'aime fort, et il vit avec moi d'une manière charmante. Ses lettres sont aussi d'une manière, que si on les trouve jamais dans ma cassette, on croira qu'elles sont du plus honnête homme de mon temps : je ne crois pas qu'il y ait un air de politesse et d'agrément pareil à celui qu'il a pour moi. Cette guerre me touche donc au dernier point ; il est présentement dans l'armée du Roi, c'est-à-dire, à la gueule au loup, comme les autres.

On ne sera pas longtemps sans apprendre de grandes

---

6. Françoise de Brancas. — Le comte de Brancas, son père, craignait que Mme de Grignan ne se fût refroidie pour elle. Voyez la lettre du 4 mai précédent, p. 56.

7. Ces mots : « Et j'en suis, etc., » manquent dans le manuscrit.

nouvelles : le cœur bat en attendant. Le marquis de Castelnau a la petite vérole. On disoit hier que des Marests [8], le fils du grand fauconnier, et Bouligneux [9], étoient morts de maladie : si je ne vous mande point le contraire avant que de fermer demain ma lettre à Paris, c'est signe que cela est vrai. Je suis venue ici ce matin toute seule dans une calèche, afin de remener ma petite ; il faut qu'elle essaye un bonnet et une robe ; je m'en jouerai [10] jusqu'à ce que je parte, et je ne la ramènerai ici que trois jours devant. Elle se porte très-bien ; elle est aimable sans être belle ; elle fait cent petites sottises qui plaisent.

Mais la veuve de maître Paul est outrée : il s'est trouvé une anicroche [11] à son mariage. Son grand benêt d'amant ne l'aime guère ; il trouve Marie [12] bien jolie, bien douce. Ma fille, cela ne vaut rien, je vous le dis franchement : je vous aurois fait cacher, si j'avois voulu être aimée. Ce

---

8. Alexis-François Dauvet, comte des Marests. Il succéda à Nicolas, son père, en octobre 1678, et mourut le 25 avril 1688.

9. Il s'agit probablement de Jacques-Claude de la Pallu, comte de Bouligneux, qui avait épousé Marie-Henriette le Hardi de la Trousse, tante de Bussy, morte en 1677. Voyez la *Correspondance de Bussy*, tome III, p. 387, note 2, et les lettres du 15 septembre 1677 (de Bussy), du 13 octobre 1677 (de Mme de Sévigné). Louis de la Pallu, comte de Bouligneux, lieutenant général, tué en 1704, et un autre Bouligneux qui avait été élevé auprès du Dauphin et dont Mme de Coligny apprend la mort à Bussy, dans une lettre du 28 août 1685, étaient sans doute fils de celui dont nous croyons que Mme de Sévigné parle ici.

10. Dans l'édition de 1734 les mots : « Il faut qu'elle essaye, etc., » manquent, et on y lit : « Je veux m'en réjouir, » au lieu de : « Je m'en jouerai. »

11. Dans les éditions de Perrin *hanicroche*. C'est encore l'orthographe de l'Académie en 1718.

12. Fille de Mme Paul. (*Note de Perrin.*) — Voyez la lettre précédente.

qui se passe ici est ce qui fait tous les romans, toutes les comédies, toutes les tragédies,

> *In rozzi petti*
> *Tutte le fiamme, le furie d' amor* [13].

Il me semble que je vois un de ces petits Amours, qui sont si bien dépeints dans le prologue de l'*Aminte* [14], qui se cachent et qui demeurent dans les forêts. Je crois, pour son honneur, que celui-là visoit à Marie; mais le plus juste s'abuse : il a tiré sur la jardinière, et le mal est incurable. Si vous étiez ici, cet original grossier vous divertiroit extrêmement. Pour moi, j'en suis occupée, et j'emmène Marie, pour l'empêcher de couper l'herbe sous le pied de sa mère. Ces pauvres mères !

Je ne laisse pas de me promener avec plaisir; les chèvrefeuilles ne m'entêtent point. M. de Coulanges a une belle passion pour le marquis de Villeroi. Il arriva hier au soir. Sa femme, comme vous dites, a donné tout au travers des louanges et des approbations [15]. Cela est naturel; il faut avoir trop d'application pour ne le pas faire :

---

13. *Dans des cœurs grossiers toutes les flammes et les fureurs de l'amour.* — Dans l'édition de 1734 il y a *grossi*, mais dans celle de 1754 *rozzi*, qui accompagne plusieurs fois *petti*, dans le Prologue de l'*Aminte :* voyez la note suivante.

14. Dans le prologue de l'*Aminte* (vers 20-23), l'Amour dit en parlant de sa mère :

> *E solo al volgo de' ministri miei,*
> *Miei minori fratelli, ella* (Venere) *consente*
> *L'albergar tra le selve, ed oprar l'armi*
> *Ne' rozzi petti.*

Vers la fin du même prologue on lit encore :

> *Spirerò nobil sensi a rozzi petti.*

15. « *Des approbations de ce marquis.* » (*Édition de 1734.*)

je me suis mirée dans sa lettre, mais je l'excuse mieux qu'on ne m'excusoit [16].

Ne croyez point, ma fille, que la maladie de Mme de la Fayette puisse m'arrêter : elle n'est pas en état de faire peur; et puisque j'envisage bien de partir dans l'état où est ma tante, il faut croire que rien ne peut m'en empêcher. M. de Coulanges ne croyoit plus la revoir : il l'a trouvée méconnoissable. Elle ne prend plus de plaisir à rien ; elle est à demi dans le ciel : c'est une véritable sainte; elle ne songe plus qu'à son grand voyage, et comprend fort bien celui que je vais faire : elle me donne congé d'un cœur déjà tout détaché de la terre, entrant dans mes raisons. Cela touche sensiblement; et j'admire le contre-poids que Dieu veut mettre à la joie sensible que j'aurai de vous aller voir. Je laisserai ma tante à demi morte : cette idée blesse le cœur; et j'emporterai une inquiétude continuelle de mon fils. Ah! que voilà bien le monde! Vous dites qu'il faut se désaccoutumer de souhaiter quelque chose; ajoutez-y, et de croire être parfaitement contente [17]. Cet état n'est pas réservé pour les mortels.

Vous êtes donc à Grignan ? Eh bien, ma chère enfant, tenez-vous-y jusqu'à ce que je vous en ôte. Notre cher abbé pense comme moi, et la Mousse : vous ne vîtes jamais une petite troupe aller de si bon cœur à vous. Adieu, ma très-aimable, jusqu'à demain à Paris. Je m'en vais me promener et penser à vous très-assurément dans toutes ces belles allées, où je vous ai vue mille fois.

Vous me flattez trop, mon cher Comte : je ne prends

16. Voyez sur ce passage Walckenaer, tome IV, p. 206, 207.
17. « Et d'être parfaitement contente. » (*Édition de* 1754.)

qu'une partie de vos douceurs, qui est le remerciement que vous me faites de vous avoir donné une femme qui fait tout l'agrément de votre vie. Pour celui-là, je crois que j'y ai un peu contribué. Pour votre autorité dans la province, vous l'avez par vous-même, par votre mérite, votre naissance, votre conduite : tout cela ne vient pas de moi. Ah! que vous perdez que je n'aie pas le cœur content! Le Camus m'a prise en amitié; il dit que je chante bien ses airs : il en a fait de divins; mais je suis triste, et je n'apprends rien; vous les chanteriez comme un ange; le Camus estime fort votre voix et votre science. J'ai regret à ces sortes de petits agréments que nous négligeons; pourquoi les perdre? Je dis toujours qu'il ne faut point s'en défaire, et que ce n'est pas trop de tout. Mais que faire quand on a un nœud à la gorge[18]? Vous avez fait faire à ma fille le plus beau voyage du monde : elle en est ravie; mais vous l'avez bien menée par monts et par vaux, et bien exposée sur vos Alpes, et aux flots de votre Méditerranée. J'ai quasi envie de vous gronder, après vous avoir embrassé tendrement.

Vendredi 3e juin.

Me voici à Paris, où je trouve que ces deux Messieurs[19] ne sont pas si morts qu'ils l'étoient hier. La maréchale[20] de Villeroi est à l'extrémité. Je ne sais rien de l'armée. Adieu.

18. Il n'est pas probable qu'il y ait là une transposition, comme le suppose Walckenaer (tome IV, p. 342 et 130), et que ce morceau, depuis : « Ah! que vous perdez, etc., » s'adresse à Mme de Grignan, et non au Comte. C'est plus ordinairement à son gendre que Mme de Sévigné envoie des motets, des airs nouveaux; c'est à lui (à la fin de la lettre du 16 mai) qu'elle a déjà dit qu'il chantait *comme un ange*.
19. Des Marests et Bouligneux.
20. Madeleine de Créquy, petite-fille du connétable de Lesdi-

283. — DE MADAME DE SÉVIGNÉ
A MADAME DE GRIGNAN.

A Paris, lundi 6ᵉ juin.

Ma bonne, je ne reçus point hier de vos lettres : c'est un grand chagrin pour moi. Je me suis imaginé que vous aviez été occupée à recevoir Mme de Monaco. Ce qui me console, c'est que vous êtes en lieu de planter choux [1], et que vos Alpes, ni votre mer Méditerranée ne sauroient plus vous faire périr. J'ai bien sué en pensant aux périls de votre voyage.

Ma tante a reçu encore aujourd'hui le viatique dans la pensée de faire le sien [2], où elle est appliquée avec une dévotion angélique. Sa préparation, sa patience, sa résignation, sont des choses si peu naturelles, qu'il faut les considérer comme autant de miracles qui persuadent la religion. Elle est entièrement détachée de la terre; son état, quoique infiniment douloureux, est la chose du monde la plus souhaitable à ceux qui sont véritablement chrétiens. Elle nous chasse tous, comme je vous ai déjà dit; et quoique nous ayons dessein de lui obéir, nous croyons quelquefois qu'elle s'en ira plus tôt encore que nous. Enfin nous voyons un jour; et si je n'étois accoutumée depuis quelque temps à ne point faire ce que je desire, je vous manderois dès aujourd'hui de ne me plus

---

guières, seconde fille du maréchal Charles de Créquy et tante du comte de Sault (voyez les notes 12 de la lettre 269, et 2 de la lettre 271). Elle avait épousé en 1617 Nicolas de Neuville, plus tard (1646) maréchal de Villeroi. Elle ne mourut qu'en janvier 1675.

Lettre 283. — 1. C'est le texte de toutes les anciennes éditions, si l'on en excepte celle de la Haye, qui donne « planter des choux. » Voyez la note 8 de la lettre 217. — La fin de la phrase : « et que vos Alpes, etc., » manque dans les éditions de 1726.

2. « Dans la vue de faire le sien. » (*Édition de 1754.*)

écrire. Mais non, j'aime mieux recevoir quelqu'une de vos lettres à Grignan, que d'en manquer ici.

Voilà les nouvelles de M. de Pompone³ : voilà déjà un nom de connoissance qui afflige⁴. Dieu nous fasse la grâce de n'en voir point d'autres ! M. de la Rochefoucauld ne sait encore rien : il sera sensiblement touché ; car il est patriarche, et connoît quasi aussi bien que moi la tendresse maternelle ; il me pria fort hier de vous faire mille amitiés pour lui. Mme de la Fayette me pria fort aussi de vous dire l'état où elle est, afin que vous ne soyez point surprise de ne point voir de ses lettres : la fièvre tierce l'a reprise. Elle vous prie de croire que ce n'est ni un prêtre ni un conseiller qui cause l'ennui de la Marans : c'est un des mieux chaussés, dont nous ne savons pas le nom ni la devise, ni les couleurs, mais que nous jugeons bien qui est à la guerre, à voir les sombres horreurs dont elle est accablée⁵. Si elle aimoit un conseiller, elle seroit gaillarde.

Dans ma lettre qui a été perdue, je crois que je répondois à quelque chagrin que vous aviez d'une méchanceté qu'on vous avoit faite : je vous mandois que si peut-être vous en aviez dit davantage, on auroit bien pu deviner d'où cette malice pouvoit venir⁶. J'ai appris quelque chose depuis de ce qui vous fâchoit : il y a des gens fort alertes pour s'éclaircir des soupçons qu'ils ont sur certaines gens. J'ai fait tous vos compliments à Langlade ; il vous y répondra. Nous sommes en peine aussi pour un premier président⁷, que nous croyons que Monsieur de

3. Voyez la lettre 279, p. 84.
4. Pour éviter la répétition, Perrin, dans sa seconde édition, a remplacé ces mots par : « Il est déjà question d'un nom, etc. »
5. Voyez la note 1 de la lettre précédente.
6. Voyez la lettre 274, p. 64, 65.
7. Du parlement d'Aix.

Marseille fera faire à Saint-Germain, au conseil de la Reine[8], en l'absence du Roi et de M. de Pompone, avec M. Colbert et M. le Tellier. Je mis hier Langlade en campagne pour parler à des gens qui nous doivent instruire, et que nous voulons instruire à notre tour : il trouve que l'amitié me donne de l'esprit et des vues ; je n'exécute rien qu'avec de bons conseils. J'ai vu une lettre de vous à Sainte-Marie, dont je vous loue fort et vous remercie mille fois ; je n'ai jamais rien vu de si honnête et de si politique : vous faites mieux que moi. M. de Coulanges, M. de Guitaut m'en ont montré d'autres, dont vous êtes louable d'une autre façon.

Vous savez bien que le marquis de Villeroi a quitté Lyon et Mme de Coulanges, pour s'en aller, comme le chevalier des armes noires, dans l'armée de l'électeur de Cologne, voulant servir le Roi au moins dans l'armée de ses alliés. Il y a plusieurs avis pour savoir s'il a bien ou mal fait. Le Roi n'aime pas qu'on lui désobéisse ; peut-être aussi qu'il aimera cette ardeur martiale : le succès fera voir ce que l'on en doit juger[9]. Voilà, ma bonne, tout ce que je vous puis dire, et que je suis plus à vous qu'à moi.

Je reçois tout présentement, ma bonne, votre lettre du 27ᵉ, d'Aix et de Lambesc. Mon petit ami me fait quelquefois de ces traits-là : je passe moi-même à la poste ; il me dit qu'il n'y a rien pour moi ; c'est qu'il n'y a pas bien pris garde. N'importe, puisqu'enfin les voilà. Ma bonne, vous aurez vu comme je croyois même que vous ne m'é-

---

8. La Reine était régente. Voyez plus haut, p. 41.
9. L'électeur de Cologne fut, de 1650 à 1688, Maximilien-Henri de Bavière Leuchtenberg, cousin germain du duc régnant d'alors. — Le marquis eut ordre de retourner à Lyon : voyez la lettre du 24 juin.

cririez point du tout, à cause de votre princesse [10]. C'est 1672
la plus raisonnable excuse que vous me puissiez donner;
je la comprends très-bien. Hélas! vous n'avez pas tous
les jours de telles compagnies; il faut bien profiter de ces
occasions que le bonheur et le hasard vous envoient.
Parlez-moi des déplaisirs qu'elle a eus de la mort de
Madame, et des espérances qu'elle a pour Paris.

Vous avez donc eu des comédiens. Je vous réponds que
de quelque façon que votre théâtre fût garni, il l'étoit
toujours mieux que celui de Paris. J'en parlois l'autre
jour en m'amusant avec Beaulieu [11]. Il me disoit: « Madame, il n'y a plus que des garçons de boutique à la comédie; il n'y a pas seulement des filous, ni des pages, ni
de grands laquais: tout est à l'armée. » Quand on voit
un homme dans les rues avec une épée, les petits enfants
crient sur lui. Voilà quel est Paris présentement, mais il
changera de face dans quelques mois.

Vous faites bien, ma bonne, de me demander pardon
de dire que vous me laissez reposer de vos grandes lettres;
vous avez réparé cette faute très-promptement. Hélas! ma
bonne, c'est des petites dont il faut que je me repose.
Vous êtes d'un très-bon commerce. Je n'eusse jamais cru
que les miennes vous eussent été si agréables: je m'en
estime bien plus que je ne faisois.

Vous me dites plaisamment [12] que vous croiriez m'ôter
quelque chose, en polissant vos lettres: gardez-vous bien
d'y toucher, vous en feriez des pièces d'éloquence. Cette
pure nature dont vous parlez est précisément ce qui est
bon, ce qui plaît uniquement. Gardez bien votre aimable

---

10. De Monaco.
11. Maître d'hôtel de Mme de Sévigné: voyez tome II, p. 14, note 7.
12. « Paisiblement. » (*Édition de la Haye*, 1726.)

esprit : il a les yeux plus grands que ceux de votre tête, qui sont pourtant fort jolis, pour ce qu'ils contiennent !

Votre comparaison est plaisante, d'une femme grosse de neuf, dix, onze ou douze mois ; non, ma bonne, vous accoucherez heureusement ; votre enfant ne sera point pétrifié [13].

Ne m'envoyez point vos eaux ni vos gants [14], vous me les donnerez à Grignan ; je ne ferai point d'autre provision que celle-là. Je vous manderai que je pars à l'heure que vous y penserez le moins. La maréchale de Villeroi [15] se porte mieux. Il n'y a point de meilleures nouvelles que celles que je vous envoie ; j'en demande toujours, et l'on prend plaisir à m'en dire, parce qu'on sait bien que ce n'est pas pour moi. Ma bonne, je suis en peine de vos jambes : pourquoi sont-elles enflées ? pourquoi la fièvre n'aura-t-elle pas de suite ? Il m'est impossible de ne pas souhaiter au moins d'être à demain, afin d'avoir encore de vos nouvelles, et de cette fièvre que vous dites qui n'aura point de suite. Je vous embrasse avec une tendresse extrême.

13. Mme de Grignan, dans la lettre à laquelle répond ici sa mère, avait sans doute fait allusion à un conte absurde rapporté dans le *Trésor d'histoires admirables et mémorables* de Simon Goulart. Elle avait pu lire dans ce livre étrange (Genève, 1620, in-8°, Ire partie, p. 223) qu'une femme de la ville de Sens ayant dépassé son terme sans accoucher, avait porté durant plus de vingt ans le corps de son enfant, qui s'était à la longue pétrifié.

14. Tel est le texte des deux éditions de Perrin (1734 et 1754). Dans l'édition de la Haye, la seule des impressions de 1726 qui donne cette phrase, au lieu de « eaux et gants », on lit : « chevaux et gens. » Cette leçon ne s'accorde guère avec le mot *provision* qui vient après. Puis Mme de Grignan savait que sa mère voyageait avec ses propres chevaux et ses gens, et n'a jamais pu songer à lui en envoyer de Grignan.

15. Madeleine de Créquy. Voyez plus haut, p. 99.

284. — DE MADAME DE SÉVIGNÉ
A MADAME DE GRIGNAN.

A Paris, lundi 13ᵉ juin.

Ma petite, hélas ! vous avez été bien malade ; je comprends ce mal, et le crains comme un de ceux qui donnent le plus de frayeur. Sans la bonté qu'a eue M. de Grignan de m'écrire, je vous avoue que j'aurois été dans une inquiétude mortelle ; mais il vous aime si passionnément, que je le tiendrois peu en état de songer à soulager mes inquiétudes, si vous aviez été un moment en péril. J'attends demain avec impatience ; j'espère que vous me direz vous-même comme vous vous portez, et pourquoi vous vous êtes mise en colère ; j'y suis beaucoup contre ceux qui vous en ont donné sujet.

Voilà une lettre de mon fils qui vous divertira : ce sont des détails qui font plaisir. Vous verrez que le Roi est si parfaitement heureux [1], que désormais il n'aura qu'à dire ce qu'il desire dans l'Europe, sans prendre la peine d'aller lui-même à la tête de son armée : on se trouvera heureux de lui donner. Je suis assurée qu'il passera l'Yssel comme la Seine. La terreur prépare partout une victoire aisée : la joie de tous les courtisans est un bon augure. Brancas me mande qu'on ne cesse de rire depuis le matin jusqu'au soir ; il m'écrit aussi une petite histoire qu'il faut que je vous fasse savoir.

Dès que le vieux Bourdeille [2] fut mort, M. de Montausier écrivit au Roi pour lui demander la charge de sénéchal

---

Lettre 284. — 1. L'armée venait de prendre en cinq jours, du 3 au 7 juin, les places d'Orsoy, Rhinberg, Burick et Wesel. Ces succès furent suivis, le 12 juin, du passage du Rhin.

2. François-Sicaire, marquis de Bourdeille et d'Archiac, sénéchal et gouverneur de Périgord, conseiller d'État, mort le 8 mai 1672 ; il était petit-neveu de Brantôme et frère aîné de Claude comte de

de Poitou pour M. de Laurière [3] son beau-frère. Le Roi lui accorda. Un peu après le jeune Matha [4] la demanda, et dit au Roi qu'il y avoit très-longtemps que cette charge étoit dans leur maison. Le Roi écrivit à M. de Montausier,

Montrésor (l'auteur des *Mémoires*, mort en 1663). Voyez la lettre 280, p. 87 et note 4.

3. Philibert-Hélie de Pompadour, marquis de Laurière, qui avait épousé en 1645 Catherine de Sainte-Maure, sœur du duc de Montausier, et veuve d'Antoine de Lenoncourt, marquis de Blainville. Dans l'édition de Rouen (1726), il y a ici et un peu plus bas *Rosières*, et dans celle de la Haye *Rossière*, au lieu de *Laurière*. — La *Gazette* annonce à la date du 26 mai que le marquis de Laurière a été pourvu de la charge de sénéchal de Périgord, et que toute la province en a témoigné beaucoup de satisfaction.

4. André de Bourdeille, sénéchal de Périgord, etc., frère aîné de Brantôme, épousa Jacquette de Montberon, comtesse de Matha (ou Mastas, en Saintonge) et marquise d'Archiac, dont il eut deux fils, Henri et Claude. Les enfants d'Henri furent Montrésor, et le vieux Bourdeille, avec qui finit cette branche. — Charles, comte de Matha, le Matha des *Mémoires de Gramont*, était le quatrième et dernier fils de Claude, et par conséquent petit-neveu de Brantôme; il fut fait en 1640 capitaine d'une compagnie aux gardes, à la tête de laquelle, dit Monglas (tome XLIX, p. 290), ses trois autres frères étaient morts pour le service du Roi. Sur sa conduite pendant la Fronde, et son *libertinage*, voyez les *Mémoires de Retz*, tome II, p. 124, et à l'appendice, p. 365, 366; une note de M. Chéruel, au tome II des *Mémoires de Mademoiselle*, p. 514; et M. Paulin Paris, tomes V, p. 303, et VI, p. 78, de *Tallemant des Réaux*. Pendant les années d'exil de Mademoiselle, Matha fut fort assidu à sa cour; il était à Saint-Fargeau quand Mme de Sévigné y vint (en 1655 : voyez tome I, p. 397). « Rentré en grâce, dit M. Chéruel, il obtint à la cour une réputation d'esprit qu'attestent les *Souvenirs de Mme de Caylus* (tome LXVI, p. 368).... Enfin Mme de Maintenon.... nous apprend qu'il mourut en 1674. » Mme de Sévigné parle sans doute ici d'un de ses fils, probablement de l'aîné, qui dut reprendre le titre de comte de Bourdeille, car il était porté au siècle dernier par le chef de la famille. C'est peut-être aussi un fils, et le même fils, de Matha, que Moréri nomme Claude, marquis de Bourdeille d'Archiac, comte de Matha, et à qui fut mariée l'avant-dernière des filles de Colbert du Terron, morte en mai 1675.

et le pria de la lui rendre, qu'il donneroit autre chose à
M. de Laurière. M. de Montausier écrivit que pour lui il
seroit ravi de le pouvoir faire; mais que son beau-frère
en ayant reçu les compliments dans la province, il étoit
impossible, et qu'il⁵ pouvoit faire d'autres biens au petit
Matha. Le Roi fut piqué, et se mordant les lèvres : « Eh
bien ! dit-il, je la lui laisse pour trois ans ; mais je la
donne ensuite pour toujours au petit Matha. » Ce contre-
temps a été fâcheux pour M. de Montausier. C'étoit à
M. de Grignan que je devois mander ceci⁶ ; il n'importe :
ces deux lettres⁷ sont à tous deux, et n'en valent pas une
bonne.

Vous n'aurez point de Provençal pour premier président, on m'en a fort assurée. Monsieur de Marseille me
vint voir hier avec le marquis de Vence et deux députés ;
je crus que c'étoit une harangue.

J'ai vu aussi M. de Tourette, et j'ai dit adieu à M. de
Laurens, qui vous va bien aimer à ce qu'il dit.

Adieu, ma très-chère bonne : je vous prie, soyez aise
de me voir en quelque temps que ce soit. Songez à bannir
les chiennes de punaises de ma chambre ; la pensée m'en
fait mourir : j'en suis accablée ici ; je ne sais où me mettre ; ce doit être bien pis en Provence⁸. Ma bonne, voilà
une petite sotte bête de lettre, je ferois bien de dormir.

---

5. Perrin a remplacé le pronom par *Sa Majesté*.
6. Angélique-Clarice d'Angennes, première femme du comte de Grignan, était sœur de la duchesse de Montausier.
7. Celle-ci, et la réponse à la lettre du comte de Grignan dont elle parle plus haut.
8. Dans les éditions de Perrin il n'est pas question des punaises. Le chevalier, dans l'édition de 1754, y a substitué l'amabilité que voici : « Je vous prie d'être bien aise de me voir en quelque temps que ce soit, et *de songer au plaisir que j'en recevrai.* »

285. — DE MADAME DE SÉVIGNÉ
A MADAME DE GRIGNAN.

A Paris, vendredi 17ᵉ juin, à 11 heures du soir.

Aussitôt que j'ai eu envoyé mon paquet, j'ai appris, ma bonne, une triste nouvelle, dont je ne vous dirai pas le détail, parce que je ne le sais pas ; mais je sais qu'au passage de l'Yssel[1], sous les ordres de Monsieur le Prince, M. de Longueville[2] a été tué : cette nouvelle accable. Nous étions chez Mme de la Fayette avec M. de la Rochefoucauld, quand on nous l'a apprise, et en même temps la blessure de M. de Marsillac[3] et la mort du chevalier de Marsillac[4] qui est mort de sa blessure. Enfin

---

Lettre 285. — 1. C'est-à-dire, au passage du Rhin, dont un bras, comme l'on sait, se nomme l'Yssel (voyez p. 36, note 7). Le passage du fleuve fut opéré un peu au-dessous du point où le Wahal s'en détache, en face du village de Tolhuys, situé sur la rive gauche du bras nommé Rhin ou Leck. « Il y avait là un gué praticable à la cavalerie, si ce n'est qu'au milieu du fleuve, où le courant était plus rapide, il fallait nager l'espace de trente ou quarante pas. » (M. Rousset, *Histoire de Louvois*, tome I, p. 359.) — L'Yssel fut franchi peu de temps après par ceux des corps français qui n'avaient pas été concentrés sur le Leck.

2. Voyez la note 7 de la lettre 84.

3. Le prince de Marsillac, fils aîné de l'auteur des *Maximes*. Voyez la note 3 de la lettre 109.

4. Jean-Baptiste de la Rochefoucauld, chevalier de Malte, dit le chevalier de la Rochefoucauld ; il était le quatrième fils du duc. — Dans l'édition de la Haye, il n'est parlé que d'un Marsillac : « Et en même temps la blessure de M. de Marsillac, qui en est mort. » Notre texte est celui de 1725, et de Rouen 1726. Dans les deux éditions de Perrin la phrase est ainsi construite : « J'étois chez Mme de la Fayette quand on vint l'apprendre à M. de la Rochefoucauld, avec la blessure de M. de Marsillac et la mort du chevalier de Marsillac. Cette grêle est, etc. » — Dans la suite de cette lettre il y a de très-grandes différences entre les diverses éditions. Celles de 1725 et de 1726 ont des lacunes assez considérables, qui s'expliquent par l'intention d'abréger en supprimant les répétitions.

cette grêle est tombée sur lui en ma présence. Il a été très-vivement affligé. Ses larmes ont coulé du fond du cœur, et sa fermeté l'a empêché d'éclater.

Après ces nouvelles, je ne me suis pas donné la patience de rien demander. J'ai couru chez Mme de Pompone, qui m'a fait souvenir que mon fils est dans l'armée du Roi, laquelle n'a eu nulle part à l'action. Elle étoit réservée à Monsieur le Prince : on dit qu'il est blessé; on dit qu'il a passé la rivière dans un petit bateau; on dit que Nogent a été noyé; on dit que Guitry est tué; on dit que M. de Roquelaure[5] et M. de la Feuillade sont blessés, qu'il y en a une infinité qui ont péri en cette rude occasion. Quand je saurai le détail de cette nouvelle, je vous le manderai.

Voilà Guitaut qui m'envoie un gentilhomme qui vient de l'hôtel de Condé : il me dit que Monsieur le Prince a été blessé à la main. M. de Longueville avoit forcé la barrière, où il s'étoit présenté le premier; il a été aussi le premier tué sur-le-champ[6]; tout le reste est assez pareil : M. de Guitry noyé, et M. de Nogent aussi[7];

5. Gaston de Roquelaure, fait duc à brevet en 1652, chevalier de l'ordre en 1661, et gouverneur de Guienne en 1676; mort en mars 1683, à soixante-huit ans. Sur sa femme, voyez tome I, p. 384, note 7. Sur son caractère et la réputation qu'on lui fit, voyez M. P. Paris, tome V, p. 368 de *Tallemant des Réaux*. Son fils, plus tard aussi duc à brevet et comme lui « plaisant de profession » (Saint-Simon, tomes I, p. 239, et V, p. 77), s'appelait alors le marquis de Biran.

6. Voyez les lettres du 20 juin et du 3 juillet suivants. « Tous ces volontaires, dit Louis XIV, ... donnèrent d'abord beaucoup d'occupation au prince de Condé pour les retenir; mais enfin le duc d'Enghien et le duc de Longueville lui échappèrent, et voulurent forcer une barrière pour joindre les ennemis. Le pays n'est que prairies assez basses, fermées de *watergans*, c'est-à-dire fossés, ou de haies vives, et chaque particulier a sa barrière pour entrer dans son héritage. » Voyez l'*Histoire de Louvois* par M. Rousset, tome I, p. 527.

7. Armand de Bautru, comte de Nogent, maréchal de camp et

M. de Marsillac blessé, comme j'ai dit, et une grande quantité d'autres qu'on ne sait pas encore. Mais enfin l'Yssel est passé. Monsieur le Prince l'a passé trois ou quatre fois en bateau, tout paisiblement, donnant ses ordres partout avec ce sang-froid et cette valeur divine que vous connoissez. On assure qu'après cette première difficulté on ne trouve plus d'ennemis : ils sont retirés dans leurs places. La blessure de M. de Marsillac est un coup de mousquet dans l'épaule, et dans la mâchoire, qui n'offense pas l'os. Adieu, ma chère enfant : j'ai l'esprit un peu hors de sa place, quoique mon fils soit dans l'armée du Roi; il y aura tant d'occasions que cela fait mourir.

286. — DE MADAME DE SÉVIGNÉ AU COMTE DE BUSSY RABUTIN.

Un mois après que j'eus écrit ces lettres (du 23 mai, voyez plus haut, p. 80), je reçus celle-ci de Mme de Sévigné.

A Paris, ce 19ᵉ juin 1672.

J'AI présentement dans ma chambre votre grand garçon[1]. Je l'ai envoyé querir dans mon carrosse pour venir dîner avec moi. Mon oncle l'abbé, qui y étoit aussi, a présenté d'abord à mon neveu un grand papier plié, et l'ayant ouvert, il a trouvé que c'étoit une généalogie de Rabutin. Il en a été tout réjoui; et il s'amuse présentement à regarder d'où il vient. Si tout d'un train il

---

maître de la garde-robe, dont il a été parlé dans la lettre 34 (tome I, p. 403). — Guy de Chaumont de Guitry, pour qui le Roi avait créé la charge de grand maître de la garde-robe. (Saint-Simon, tome VII, p. 190.)

LETTRE 286. — 1. Voyez la note 5 de la lettre 268.

s'amuse à méditer où il va, nous ne dînerons pas sitôt; mais je lui épargnerai la peine de faire cette méditation, en l'assurant qu'il va droit à la mort, et à une mort assez prompte, s'il fait votre métier (comme il y a beaucoup d'apparence). Je suis certaine que cette pensée ne l'empêchera pas de dîner : il est d'une trop bonne race pour être surpris d'une si triste nouvelle. Mais enfin je ne comprends pas qu'on puisse s'exposer mille fois (comme vous avez fait), et qu'on ne soit pas tué mille fois aussi. Je suis aujourd'hui bien remplie de cette réflexion. La mort de M. de Longueville, celle de Guitry, de Nogent, et de plusieurs autres; les blessures de Monsieur le Prince, de Marsillac, de Vivonne, de Montrevel[2], de Revel[3], du comte de Sault, de Termes[4], et de mille gens inconnus, me donnent une idée bien funeste de la guerre. Je ne comprends point le passage du Rhin à nage. Se jeter dedans à cheval, comme des chiens après un cerf, et n'être ni noyé, ni assommé en abordant, tout cela passe tellement mon imagination que la tête m'en tourne. Dieu a conservé mon fils jusques ici ; mais peut-on compter sur ceux qui sont à la guerre ?

Adieu, mon cher cousin, je m'en vais dîner. Je trouve

---

2. Nicolas-Auguste de la Baume, marquis de Montrevel, maréchal en 1703, dernier fils du vieux comte de Montrevel, dont il est parlé dans la lettre du 31 mai 1675. Voyez cette lettre et celle du 4 septembre de la même année.

3. Charles-Amédée de Broglio, comte de Revel, frère du premier maréchal de Broglie. Il était alors colonel des cuirassiers. Voyez sur lui la lettre du 24 août 1689.

4. Voyez la note 3 de la lettre 199. — « Je ne sais par quel accident, dit Saint-Simon (tome IV, p. 243), il avoit un palais d'argent, qui lui rendoit la parole fort étrange ; mais ce qui surprenoit, c'est qu'il n'y paroissoit plus dès qu'il chantoit, avec la plus belle voix du monde.... Il avoit peu servi et avoit bonne réputation pour le courage. »

votre fils bien fait et aimable. Je suis fort aise que vous aimiez mes lettres. On ne peut être à votre goût sans beaucoup de vanité.

---

287. — DE MADAME DE SÉVIGNÉ
A MADAME DE GRIGNAN.

A Paris, 20° juin [1].

Il m'est impossible de me représenter l'état où vous avez été, ma bonne, sans une extrême émotion, et quoique je sache que vous en êtes quitte, Dieu merci, je ne puis tourner les yeux sur le passé sans une horreur qui me trouble. Hélas! que j'étois mal instruite d'une santé qui m'est si chère! Qui m'eût dit en ce temps-là : « Votre fille est plus en danger que si elle étoit à l'armée? » Hélas! j'étois bien loin de le croire, ma pauvre bonne. Faut-il donc que je trouve cette tristesse avec tant d'autres qui se trouvent présentement dans mon cœur? Le péril extrême où se trouve mon fils, la guerre qui s'échauffe tous les jours, les courriers qui n'apportent plus que la mort de quelqu'un de nos amis ou de nos connoissances et qui peuvent apporter pis, la crainte qu'on a des mauvaises nouvelles et la curiosité qu'on a de les apprendre, la désolation de ceux qui sont outrés de douleur, avec qui je passe une partie de ma vie; l'inconcevable état de ma tante, et l'envie que j'ai de vous voir : tout cela me déchire et me tue, et me fait mener une vie si contraire à mon humeur et à mon tempérament, qu'en vérité il faut que j'aie une bonne santé pour y résister.

LETTRE 287. — 1. Dans les éditions de 1725 et de 1726, cette lettre est datée du 29 juin.

Vous n'avez jamais vu Paris comme il est. Tout le monde pleure, ou craint de pleurer. L'esprit tourne à la pauvre Mme de Nogent[2]. Mme de Longueville fait fendre le cœur, à ce qu'on dit : je ne l'ai point vue, mais voici ce que je sais. Mlle de Vertus[3] étoit retournée depuis deux jours au Port-Royal, où elle est presque toujours. On est allé la querir, avec M. Arnauld, pour dire cette terrible nouvelle. Mlle de Vertus n'avoit qu'à se montrer : ce retour si précipité marquoit bien quelque chose de funeste. En effet, dès qu'elle parut : « Ah, Mademoiselle ! comme se porte Monsieur mon frère[4] ? » Sa pensée

2. Diane-Charlotte de Caumont, sœur du duc de Lauzun. « Mme de Nogent n'avoit ni moins d'esprit, ni guère moins d'intrigue que son frère, mais bien plus suivie et bien moins d'extraordinaire que lui, quoiqu'elle en eût aussi sa part. Mais elle fut fort arrêtée par l'extrême douleur de la perte de son mari, dont elle porta tout le reste de sa vie le premier grand deuil de veuve, et en garda toutes les contraignantes bienséances. Ce fut la première qui s'en avisa. Mme de Vaubrun, sa belle-sœur, suivit son exemple. » (Saint-Simon, tome XX, p. 50.) Elle mourut en 1720 à quatre-vingt-huit ans. — Voyez sur Mme de Nogent deux passages bien contraires dans les *Mémoires de Mademoiselle*, tome IV, p. 327 et 328, et même tome, p. 384 et suivantes.

3. « De l'illustre maison de Bretagne, cette fille aimable et sage de la belle et extravagante comtesse de Vertus, la sœur vertueuse de la déréglée duchesse de Montbason, moins belle que celle-ci, selon Tallemant (tome IV, p. 454), mais plus belle que toutes ses autres sœurs, la digne tante d'Éléonore de Rohan, abbesse de Caen, puis de Malnoue, la fidèle compagne de Mme de Longueville, qui, avec Mme de Sablé, l'entraîna vers Port-Royal, et seule osa se charger de lui apprendre la mort de son fils. » (M. Cousin, *la Société française*, tome I, p. 247.) Catherine-Françoise de Bretagne de Vertus mourut à Port-Royal, où elle avait demeuré vingt et un ans, le 21 novembre 1692. Voyez le *Port-Royal* de M. Sainte-Beuve, tome IV, p. 493 et suivantes, et la lettre du 26 janvier 1674.

4. C'est le texte de 1725, de l'édition de la Haye (1726), et de la première de Perrin (1734). Dans celle de 1754 il y a *comment* au lieu de *comme*; dans celle de Rouen (1726) : « Comment se porte mon frère ? » — Nous n'avons pas besoin de rappeler que le frère de Mme de Longueville est le grand Condé.

n'osa aller plus loin. « Madame, il se porte bien de sa blessure. — Il y a eu un combat. Et mon fils? » On ne lui répondit rien. « Ah! Mademoiselle, mon fils, mon cher enfant, répondez-moi, est-il mort? — Madame, je n'ai point de paroles pour vous répondre. — Ah! mon cher fils! est-il mort sur-le-champ? N'a-t-il pas eu un seul moment? Ah mon Dieu! quel sacrifice! » Et là-dessus elle tombe sur son lit, et tout ce que la plus vive douleur put faire, et par des convulsions, et par des évanouissements, et par un silence mortel, et par des cris étouffés, et par des larmes amères, et par des élans vers le ciel, et par des plaintes tendres et pitoyables, elle a tout éprouvé. Elle voit certaines gens[5]. Elle prend des bouillons, parce que Dieu le veut. Elle n'a aucun repos. Sa santé, déjà très-mauvaise, est visiblement altérée. Pour moi, je lui souhaite la mort, ne comprenant pas qu'elle puisse vivre après une telle perte.

Il y a un homme[6] dans le monde qui n'est guère moins touché; j'ai dans la tête que s'ils s'étoient rencontrés tous deux dans ces premiers moments, et qu'il n'y eût eu que le chat avec eux, je crois que tous les autres sentiments[7] auroient fait place à des cris et à des larmes,

---

5. « MM. Arnauld et Nicole, » dit une note des éditions de 1726.
6. Cet homme étoit M. le duc de la Rochefoucauld, qui avoit aimé longtemps Mme de Longueville, et à qui le jeune Longueville ressembloit infiniment. (*Note de l'édition de 1725.*) — Voyez la lettre suivante, p. 121.
7. C'est là le texte de l'édition de 1725 et de celle de Rouen (1726). Dans celle de la Haye (1726) et dans la première de Perrin (1734) on lit : *qu'il n'y eût eu personne*, au lieu de : *qu'il n'y eût eu que le chat;* dans la seconde de Perrin (1754) le membre de phrase où se trouvent ces mots est omis. Pour rendre la construction grammaticalement plus régulière, le chevalier a supprimé *je crois*, dans ses deux éditions. En outre, en 1734, il a effacé les mots : *c'est une vision*, qui manquent également dans l'édition de la Haye, et il les a rétablis en 1754.

qu'on auroit redoublés de bon cœur : c'est une vision. Mais enfin quelle affliction ne montre point notre grosse marquise d'Uxelles⁸ sur le pied de la bonne amitié! Ses maîtresses ne s'en contraignent pas. Toute sa pauvre maison revient⁹; et son écuyer, qui vint hier, ne paroît pas un homme raisonnable. Cette mort efface les autres.

Un courrier d'hier au soir apporte la mort du comte du Plessis¹⁰, qui faisoit faire un pont. Un coup de canon l'a emporté. On assiége Arnheim¹¹ : on n'a pas attaqué le fort de Schenk¹², parce qu'il y a huit mille hommes dedans. Ah! que ces beaux commencements seront suivis d'une fin tragique pour bien des gens! Dieu conserve mon pauvre fils! Il n'a pas été de ce passage. S'il y avoit quelque chose de bon à un tel métier, ce seroit d'être attaché à une charge, comme il est¹³. Mais la campagne n'est point finie¹⁴.

Au milieu de nos chagrins, la description que vous me

8. Voyez la note 1 de la lettre 22.
9. Le mot *revient* n'est ni dans l'édition de 1725 ni dans celle de Rouen, 1726. Il serait possible que ce membre de phrase fût une exclamation de pitié : « Toute sa pauvre maison! » Ce passage manque dans l'édition de la Haye.
10. Alexandre de Choiseul, comte du Plessis Praslin, fils de César, duc de Choiseul, maréchal de France (appelé le maréchal du Plessis). Il fut tué devant Arnheim.
11. Dans les deux éditions de Perrin : « M. de Turenne assiége Arnheim. »
12. Il était situé au-dessus du Tolhuys, au point de séparation des deux bras du fleuve, « dans la fourche, dit le Roi, du Wahal et du Rhin, qui en baignent la pointe et les deux flancs, et ne laissent que la tête du côté de terre ferme attaquable. » Attaqué après la capitulation d'Arnheim, il fut pris en quatre ou cinq jours de tranchée ouverte. Voyez le *Mémoire de Louis XIV*, p. 530.
13. Voyez le quatrième alinéa de la lettre 299, p. 152.
14. Cette petite phrase manque dans les éditions de 1725 et de 1726.

1672 faites de Mme Colonne et de sa sœur [15] est une chose divine; elle réveille malgré qu'on en ait; c'est une peinture admirable [16]. La comtesse de Soissons et Mme de Bouillon [17] sont en furie contre ces folles, et disent qu'il les faut enfermer; elles se déclarent fort contre cette extravagante folie. On ne croit pas aussi que le Roi veuille fâcher M. le connétable [18], qui est assurément le plus grand seigneur de Rome. En attendant, nous les verrons arriver comme Mlle de l'Étoile [19] : la comparaison est admirable.

15. Sur la connétable Colonne (Marie Mancini), « que le Roi avoit eu en sa jeunesse tant d'envie d'épouser.... la plus folle, et toutefois la meilleure de ces Mazarines, » voyez Saint-Simon, tome V, p. 45, et sur la maison de Colonne, tome XVIII, p. 415. Voyez aussi Walckenaer, tome II, p. 108, 151-159, 484. — Sur Hortense Mancini, duchesse de Mazarin, voyez la note 2 de la lettre 140.

16. Une lettre du 26 juin 1672, de Mme de Scudéry au comte de Bussy Rabutin (tome II de la *Correspondance*, p. 127 et 128), donne d'autres détails : « Mme Colonne et Mme Mazarin sont entrées à Aix; l'histoire dit qu'on les y a trouvées déguisées en hommes, qui venoient voir les deux frères, le chevalier de Lorraine et le comte de Marsan. Le Roi, dit-on, est fâché qu'on les ait arrêtées, car comme il aime Mme Colonne, il ne lui voudroit pas nuire. Le pape et les cardinaux ont envoyé prier Sa Majesté de la renvoyer. Pour vous dire la vérité, je conçois bien qu'on peut aimer, mais je ne comprends pas qu'une femme de qualité se puisse résoudre à renoncer à toute sorte d'honneur, de bienséance et de réputation; je tiens qu'il y devroit avoir une punition corporelle pour les dames si fort emportées. » Bussy répond le 16 juillet : « Quand je fais réflexion sur la postérité de ces grands cardinaux de Richelieu et de Mazarin, je trouve qu'il semble que Dieu ait pris un soin particulier de rendre leur mémoire ridicule par toutes les sottises qu'il fait faire à ses héritiers. » (*Même tome*, p. 133.)

17. Sœurs de Mmes Colonne et Mazarin.

18. Laurent-Onufre Colonne de Gioeni, duc de Taliacoti, etc., grand connétable du royaume de Naples, grand d'Espagne, mort le 15 avril 1689. Il avait épousé en 1661 Marie Mancini, qui mourut en 1715.

19. Personnage du *Roman comique* de Scarron. — On lit à la fin

Voilà des relations; il n'y en a pas de meilleures[20]. Vous verrez dans toutes que M. de Longueville est cause de sa mort et de celle des autres, et que Monsieur le Prince a été père uniquement dans cette occasion, et point du tout général d'armée[21]. Je disois hier, et l'on m'approuva, que si la guerre continue, Monsieur le Duc[22] sera la cause de la mort de Monsieur le Prince; son amour pour lui passe toutes ses autres passions. La Marans est abîmée; elle dit qu'elle voit bien qu'on lui cache les nouvelles, et qu'avec M. de Longueville, Monsieur le Prince et Monsieur le Duc sont morts aussi; et qu'on lui dise, et qu'au nom de Dieu on ne l'épargne point; qu'aussi bien elle est dans un état qu'il est inutile de ménager. Si on pouvoit rire, on riroit. Hélas! si elle savoit combien on songe peu à lui cacher quelque chose, et combien chacun est occupé de ses douleurs et de ses craintes, elle ne croiroit pas qu'on eût tant d'application à la tromper.

Mon Dieu, ma bonne, j'ai oublié de vous dire que votre M. de Laurens vous porte un petit paquet que je vous donne; mais c'est de si bon cœur, et il me semble qu'il est si bien choisi, que si vous pensez me venir faire

---

de la phrase: *aimable*, au lieu d'*admirable*, dans l'édition de la Haye; et *tout à fait plaisante* dans la seconde de Perrin.

20. M. Rousset vient de publier celle du Roi. Voyez à la fin du tome I de son *Histoire de Louvois*.

21. « A peine, dit Louis XIV (p. 527), le prince de Condé se fut aperçu de l'absence de son fils et de celle du duc de Longueville, qu'oubliant pour ainsi dire, si l'on ose parler ainsi du plus grand homme du monde, son caractère de général, et s'abandonnant tout entier aux mouvements du sang, et de l'amitié tendre qu'il portoit à son fils et à son neveu, il accourut, ou pour les empêcher de s'engager légèrement, ou pour les retirer du mauvais pas où leur courage et leur peu d'expérience auroit pu les embarquer. »

22. Henri-Jules de Bourbon, fils de Monsieur le Prince.

1672

des prônes et des discours et des refus, vous me fâcherez et vous me décontenancerez au dernier point.

Les nouvelles que je vous mande sont d'original : c'est de Gourville[23] qui étoit avec Mme de Longueville, quand elle a reçu la nouvelle. Tous les courriers viennent droit à lui. M. de Longueville avoit fait son testament avant que de partir. Il laisse une grande partie de son bien à un fils qu'il a, qui, à mon avis, paroîtra sous le nom de chevalier d'Orléans[24], sans rien coûter à ses parents, quoiqu'ils ne soient pas gueux. Savez-vous où l'on mit le corps de M. de Longueville? Dans le même bateau où il avoit passé tout vivant. Deux heures après, Monsieur le Prince le fit mettre près de lui, couvert d'un manteau, dans une douleur sensible. Il étoit blessé aussi, et plusieurs autres, de sorte que ce retour est la plus triste chose du monde. Ils sont dans une ville au deçà du Rhin, qu'ils ont passé pour se faire panser. On dit que le chevalier de Montchevreuil[25], qui étoit à M. de Longueville, ne veut pas qu'on le panse d'une blessure qu'il a eue auprès de lui.

J'ai reçu une lettre de mon fils. Il n'étoit pas à cette première expédition; mais il sera d'une autre : peut-on trouver quelque sûreté dans un tel métier? Il est sensiblement touché de M. de Longueville. Je vous conseille d'écrire à M. de la Rochefoucauld sur la mort de son

23. Voyez la note 3 de la lettre 158.
24. Il parut sous le nom de chevalier de Longueville, et fut tué à Philisbourg (*en* 1688) par un soldat qui tiroit une bécassine. (*Note des éditions de* 1726.) — Il était fils de la maréchale de la Ferté. Le duc de Longueville lui laissa par testament 500 000 livres à prendre sur ses meubles; et, de peur que le legs ne fût attaqué, le duc avait pris la précaution de faire signer son testament par la duchesse sa mère. Voyez la lettre du 8 juillet suivant.
25. Ce nom désigne Philippe de Mornay, chevalier de Malte. Il mourut de la blessure dont il est ici parlé.

chevalier et sur la blessure de M. de Marsillac. J'ai vu son cœur à découvert dans cette cruelle aventure; il est au premier rang de ce que j'ai jamais vu de courage, de mérite, de tendresse et de raison. Je compte pour rien son esprit et son agrément. Je ne m'amuserai point aujourd'hui à vous dire combien je vous aime. J'embrasse M. de Grignan et le Coadjuteur [26].

1672

A dix heures du soir.

Il y a deux heures que j'ai fait mon paquet, et en revenant de la ville je trouve la paix faite, selon une lettre qu'on m'a envoyée. Il est aisé de croire que toute la Hollande est en alarme et soumise : le bonheur du Roi est au-dessus de tout ce qu'on a jamais vu. On va commencer à respirer; mais quel redoublement de douleur à Mme de Longueville, et à ceux qui ont perdu leurs chers enfants! J'ai vu le maréchal du Plessis, il est très-affligé, mais en grand capitaine. La maréchale [27] pleure amèrement, et la Comtesse [28] est fâchée de n'être point duchesse; et puis c'est tout. Ah! ma fille, sans l'emportement de M. de Longueville, songez que nous aurions la Hollande, sans qu'il nous en eût rien coûté.

26. Dans l'édition de 1725, la lettre finit ainsi : « J'embrasse M. de Grignan et le Coadjuteur, et je suis (*sic*). » Dans l'édition de la Haye, les derniers mots sont : « et je suis, etc. »

27. Colombe le Charron, morte en 1681.

28. Marie-Louise le Loup de Bellenave, remariée en 1673 au marquis de Clérembault, morte en 1724.

288. — DE MADAME DE SÉVIGNÉ
A MADAME DE GRIGNAN.

A Paris, vendredi 24ᵉ juin.

Je suis présentement dans la chambre de ma tante. Si vous la pouviez voir en l'état où elle est, vous ne douteriez pas que je ne partisse demain matin. Elle a reçu tantôt le viatique pour la dernière fois; mais comme son mal est d'être entièrement consumée, cette dernière goutte d'huile ne se trouve pas sitôt. Elle est debout, c'est-à-dire dans sa chaise, avec sa robe de chambre, sa cornette, une coiffe noire par-dessus, et ses gants. Nulle senteur, nulle malpropreté dans sa chambre; mais son visage est plus changé que si elle étoit morte depuis huit jours. Les os lui percent la peau; elle est entièrement étique et desséchée; elle n'avale qu'avec des difficultés extrêmes; elle a perdu la parole. Vesou lui a signifié son arrêt : elle ne prend plus de remèdes; la nature ne retient plus rien; elle n'est quasi plus enflée, parce que l'hydropisie a causé le dessèchement; elle n'a plus de douleurs, parce qu'il n'y a plus rien à consumer. Elle est fort assoupie, mais elle respire encore; et voilà à quoi elle tient. Elle a eu des froids et des foiblesses qui nous ont fait croire qu'elle étoit passée; on a voulu une fois lui donner l'extrême-onction. Je ne quitte plus ce quartier, de peur d'accident. Je vous assure que, quoi que je voie au delà, cette dernière scène me coûtera bien des larmes. C'est un spectacle difficile à soutenir, quand on est tendre comme moi. Voilà, ma chère fille, où nous en sommes. Il y a trois semaines qu'elle nous donna à tous congé, parce qu'elle avoit encore un reste de cérémonie; mais présentement que le masque est ôté, elle nous a fait entendre, à l'abbé et à moi, en nous tendant la main, qu'elle recevoit une extrême consolation de nous avoir tous deux dans ces derniers moments. Cela nous creva le cœur, et nous fit voir qu'on joue longtemps la comédie, et qu'à la mort on dit la vérité. Je ne vous dis plus, ma fille, le jour de mon départ :

> Comment vous le pourrois-je dire ?
> Rien n'est plus incertain que l'heure de la mort[1].

Mais enfin, pourvu que vous vouliez bien ne nous point mander de ne pas partir, il est très-certain que nous partirons. Laissez-nous donc faire. Vous savez comme je hais les remords : ce m'eût été un dragon perpétuel que de n'avoir pas rendu les derniers devoirs à ma pauvre tante. Je n'oublie rien de ce que je crois lui devoir dans cette triste occasion.

Je n'ai point vu Mme de Longueville : on ne la voit point ; elle est malade. Il y a eu des personnes distinguées, mais je n'en ai pas été, et n'ai point de titre pour cela. Il ne paroît pas que la paix soit si proche comme je vous l'avois mandé ; mais il paroît un air d'intelligence partout, et une si grande promptitude à se rendre, qu'il semble que le Roi n'ait qu'à s'approcher d'une ville pour qu'on se rende à lui. Sans l'excès de bravoure de M. de Longueville, qui lui a causé la mort et à beaucoup d'autres, tout auroit été à souhait ; mais en vérité, toute la Hollande ne vaut pas un tel prince. N'oubliez pas d'écrire à M. de la Rochefoucauld sur la mort de son chevalier, et la blessure de M. de Marsillac ; n'allez pas vous fourvoyer : voilà ce qui l'afflige. Hélas ! je mens : entre nous, ma fille, il n'a pas senti la perte du chevalier, et il est inconsolable de celui que tout le monde regrette. Il faut écrire aussi au maréchal du Plessis. Tous

---

LETTRE 288. — 1. Voyez la lettre 149, tome II, p. 133.

1672

nos pauvres amis sont encore en santé. Le petit la Troche² a passé des premiers à la nage; on l'a distingué. Dites-en un mot à sa mère, si je suis encore ici : cela lui fera plaisir.

Ma pauvre tante me pria l'autre jour par signes de vous faire mille amitiés, et de vous dire adieu; elle nous fit pleurer. Elle a été en peine de la pensée de votre maladie. Notre abbé vous en fait mille compliments; il ne vous a point écrit : il faut que vous lui disiez toujours quelque petite douceur, pour lui soutenir l'extrême envie qu'il a de vous aller voir. Vous êtes présentement à Grignan ; j'espère que j'y serai à mon tour aussi bien que les autres : hélas ! je suis toute prête. Admirez mon malheur ; c'est assez que je desire quelque chose, pour y trouver de l'embarras. Je suis très-contente des soins et de l'amitié du Coadjuteur. Je ne lui écrirai point, il m'en aimera mieux : je serai ravie de le voir et de causer avec lui.

Le marquis de Villeroi est renvoyé à Lyon; le Roi n'a pas voulu qu'il soit demeuré³. Jarzé étoit avec Monsieur de Munster⁴ ; il a eu permission de se faire assommer, et il y a bien réussi. Vous savez que Jarzé étoit aussi exilé⁵.

2. François-Martin de Savonnières de la Troche, âgé de seize ans. Il fut tué au combat de Leuse, en 1691.

3. Voyez la lettre 283, p. 102.

4. Christophe-Bernard van Galen, d'abord commandant d'un régiment au service de l'électeur de Cologne, élu en 1650 évêque et prince de Munster, mort à soixante-quatorze ans, le 19 septembre 1678. Ses sujets de Munster s'étant révoltés contre lui, il les avait réduits par la force, après un long siége, en 1661. Il était alors allié de la France et joignit ses troupes à celles du Roi. Voyez la note 8 de la lettre 69, et l'*Histoire de Louvois* de M. Rousset, tome I, p. 83, 343, 345.

5. René du Plessis de la Roche Pichemer, comte de Jarzé. « Gerzé, dit M. Cousin, était un officier d'une grande bravoure et

289. — DU COMTE DE BUSSY RABUTIN
A MADAME DE SÉVIGNÉ.

1672

Le lendemain du jour que je reçus cette lettre (du 19 juin, voyez plus haut, p. 110), j'y fis cette réponse.

A Chaseu, ce 26° juin.

NE diroit-on pas, comme vous en parlez, Madame, qu'il n'y a que les gens de guerre qui meurent? Cependant la vérité est que la guerre ne fait que hâter la mort de quelques-uns qui auroient vécu davantage s'ils n'y étoient point allés. Pour moi, je me suis trouvé en plusieurs occasions assez périlleuses sans avoir seulement été blessé. Mon malheur a roulé sur d'autres choses; et pour parler franchement, j'aime mieux vivre[1] moins heureux

entièrement dévoué à Condé. C'était un des beaux à la mode, et qui, pour parler le langage du temps, se faisait le mourant de toutes les beautés célèbres. Un jour, en 1649, nouveau capitaine des gardes, il s'avisa de se mettre en tête de supplanter Mazarin et de faire le galant auprès de la reine Anne, qui d'abord s'en moqua, puis le chassa en lui faisant affront. » Revenu à la cour, il commit d'autres imprudences, et fut disgracié une seconde fois, au mois d'août 1658, à cause des cabales qui eurent lieu pendant la maladie du Roi à Calais. Voyez les *Mémoires de Bussy*, tome II, p. 81. Il obtint la permission de servir comme volontaire en 1672, et fut blessé à mort par une sentinelle française qui n'entendit pas sa réponse au *qui vive*. Voyez la lettre de Pellisson du 19 juin 1672 (*Lettres historiques*, tome I, p. 160). — Voyez, en outre, sur Jarzé, Mme de Motteville, tomes II, p. 142, 436 et suivantes; III, p. 87 et suivantes; une note de M. Chéruel à l'appendice du tome VI de Saint-Simon, p. 458-461; et *Madame de Longueville*, par M. Cousin, tome II, p. 303 et suivantes. Bensserade, dans sa *Lettre au comte d'Armagnac*, tome I des OEuvres, p. 273, parle ainsi de Jarzé (*Jarzay*) :

Jarzay, qui de la cour composa les délices,
A qui les Dieux étoient autrefois si propices,
Brilloit parmi des gens si pompeux et si beaux,
Comme un grand chêne brille entre les arbrisseaux.

LETTRE 289. — 1. Bussy avait d'abord écrit *avoir été*. Il a lui-même biffé ces mots, pour les remplacer par *vivre*.

que d'être mort jeune. Il y a cent mille gens qui ont été tués à la première occasion où ils se sont trouvés, et cent mille autres à la seconde : *Così l'a voluto il fato*².

Cependant je vous vois dans de grandes alarmes; mais il faut que je vous rassure, Madame, en vous apprenant qu'on fait quelquefois dix campagnes sans tirer une fois l'épée, et qu'on se trouve souvent en des batailles sans voir l'ennemi : par exemple, quand on est à la seconde ligne, ou à l'arrière-garde, et que la première ligne a décidé du combat, comme il arriva à la bataille des Dunes en 1658³.

Dans une guerre de campagne, les officiers de cavalerie courent plus de hasard que les autres. Dans une guerre de siéges, les officiers d'infanterie sont mille fois plus exposés. Et sur cela, Madame, il faut que je vous dise ce que M. de Turenne m'a conté avoir ouï dire au feu prince d'Orange Guillaume⁴ : que les jeunes filles croyoient que les hommes étoient toujours en état; et que les moines croyoient que les gens de guerre avoient toujours, à l'armée, l'épée à la main.

L'intérêt que vous avez à cette campagne, vous fait faire des réflexions que vous n'aviez jamais faites. Si Monsieur votre fils n'étoit pas là, vous regarderiez cette action comme cent autres dont vous avez ouï parler sans être émue, et vous trouveriez seulement de la hardiesse au passage du Rhin, où vous trouvez aujourd'hui de la témérité. Croyez-moi, ma chère cousine, la plupart des choses ne sont grandes ou petites, qu'autant que notre esprit les fait ainsi.

Le passage du Rhin à nage est une belle action, mais

---

2. *Ainsi l'a voulu le destin.*
3. Turenne gagna cette bataille sur les Espagnols le 14 juin 1658.
4. Guillaume II, mort à vingt-quatre ans, le 9 novembre 1650.

elle n'est pas si téméraire que vous pensez. Deux mille chevaux passent pour en aller attaquer quatre ou cinq cents. Les deux mille sont soutenus d'une grande armée, où le Roi est en personne, et les quatre ou cinq cents sont des troupes épouvantées par la manière brusque et vigoureuse dont on a commencé la campagne. Quand les Hollandois auroient eu plus de fermeté en cette rencontre, ils n'auroient tué qu'un peu plus de gens, et enfin ils auroient été accablés par le nombre. Si le prince d'Orange avoit été à l'autre bord du Rhin avec son armée, je ne pense pas que l'on eût essayé de passer à nage devant lui, et c'est ce qui auroit été téméraire, si l'on l'avoit hasardé[5]. Cependant c'est ce que fit Alexandre au passage du Granique. Il passa avec quarante mille hommes cette rivière à nage, malgré cent mille qui s'y opposoient. Il est vrai que s'il eût été battu, on auroit dit que c'eût été un fou; et ce ne fut que parce qu'il réussit, que l'on dit qu'il avoit fait la plus belle action du monde.

Je suis fort aise, ma chère cousine, que votre déchaînement contre la guerre n'ait d'autre raison que la crainte de l'avenir, et que M. de Sévigné se soit tiré heureusement d'affaires. Il faut espérer qu'il sera toujours aussi heureux. Ce n'est pas que le maréchal de la Ferté ne dise que la guerre dit : *Attends-moi, je t'aurai.* Mandez-moi si Monsieur votre fils étoit commandé de passer. Si mon fils vous plaît, Madame, il peut bien plaire à d'autres : vous avez le goût bon.

---

5. On croit que cette lettre, dans laquelle Bussy parle du passage du Rhin comme l'ont fait depuis les historiens, n'a pas été entièrement ignorée du Roi, et qu'elle a pu contribuer à prolonger la disgrâce du Comte.

290. — DE MADAME DE SÉVIGNÉ
A MADAME DE GRIGNAN.

A Paris, lundi 27° juin.

Ma pauvre tante reçut hier l'extrême-onction. Vous ne vîtes jamais un spectacle plus triste. Elle respire encore, voilà tout ce que je vous puis dire; vous saurez le reste dans son temps; mais enfin il est impossible de n'être pas sensiblement touchée de voir finir si cruellement une personne qu'on a toujours aimée et fort honorée. Vous dites là-dessus tout ce qui se peut dire de plus honnête et de plus raisonnable. J'en userai selon vos avis, et après avoir décidé, je vous ferai part de la victoire, et partirai sans avoir les remords et les inquiétudes que je prévoyois : tant il est impossible de ne se pas tromper dans tout ce que l'on pense! J'avois imaginé que je serois déchirée entre le déplaisir de quitter ma tante et les craintes de la guerre pour mon fils. Dieu a mis ordre à l'un, je rendrai tous mes derniers devoirs; et le bonheur du Roi a pourvu à l'autre, puisque toute la Hollande se rend sans résistance, et que les députés sont à la cour, comme je vous l'avois mandé l'autre jour[1]. Ainsi, ma fille, défaisons-nous de croire que nous puissions rien penser de juste sur l'avenir; et considérons seulement le malheur de Mme de Longueville, puisque c'est une chose passée : voilà sur quoi nous pouvons parler. Enfin la guerre n'a été faite que pour tuer son pauvre enfant. Le moment d'après tout se tourne à la paix; et enfin le Roi n'est plus occupé qu'à recevoir les députés

---

Lettre 290. — 1. « Ensuite on s'alla camper près d'Utrecht, qui ouvrit ses portes. Pierre Grotius s'y rendit de la part des états (*le 22 juin*), avec des propositions raisonnables qu'on ne voulut point écouter. » (*Mémoires de la Fare*, tome LXV, p 171.)

des villes qui se rendent. Il reviendra comte de Hollande[2]. Cette victoire est admirable, et fait voir que rien ne peut résister aux forces et à la conduite de Sa Majesté. Le plus sûr, c'est de l'honorer et de le craindre, et de n'en parler qu'avec admiration.

1672

J'ai vu enfin Mme de Longueville. Le hasard me plaça près de son lit : elle m'en fit approcher encore davantage, et me parla la première; car pour moi, je ne sais point de paroles dans une telle occasion. Elle me dit qu'elle ne doutoit pas qu'elle ne m'eût fait pitié, que rien ne manquoit à son malheur. Elle me parla de Mme de la Fayette, de M. d'Hacqueville, comme de ceux qui la plaindroient le plus. Elle me parla de mon fils, et de l'amitié que son fils avoit pour lui[3]. Je ne vous dis point mes réponses : elles furent comme elles devoient être; et, de bonne foi, j'étois si touchée que je ne pouvois pas mal dire; la foule me chassa. Mais enfin la circonstance de la paix est une sorte d'amertume qui me blesse jusqu'au cœur quand je me mets à sa place. Quand je me tiens à la mienne, j'en loue Dieu, puisqu'elle conserve mon pauvre Sévigné et tous nos amis.

Vous êtes présentement à Grignan. Vous me voulez effrayer de la pensée de ne me point promener, et de n'avoir ni poires, ni pêches; mais, ma très-aimable, vous y serez peut-être. Et quand je serai lasse de compter vos solives, ne pourrai-je point aller sur vos belles terrasses? et ne me voulez-vous point donner des figues et des

---

2. Le dernier prince qui eût porté ce titre était Philippe II, roi d'Espagne, qui, comme comte de Hollande, était Philippe III. La Hollande avait été érigée en comté par Charles le Chauve, au neuvième siècle.

3. Ils étaient à peu près de même âge, et c'était sous le duc de Longueville que Sévigné avait fait ses premières armes (en Candie : voyez tome I, p. 525, et la *Notice*, p. 116).

muscats? Vous avez beau dire que je m'exposerai à la sécheresse du pays; espérant bien de n'en trouver que là, je prévois seulement une brouillerie entre nous : c'est que vous voudrez que j'aime votre fils plus que votre fille, et je ne crois pas que cela puisse être ; je me suis tellement engagée d'amitié avec cette petite, que je sens un véritable chagrin de ne la pouvoir mener.

M. de la Rochefoucauld est fort en peine de la blessure de M. de Marsillac : il craint que son malheur ne lui donne la gangrène. Je ne sais si vous devez écrire à Mme de Longueville ; je crois qu'oui.

On a fait une assez plaisante folie de la Hollande : c'est une comtesse âgée d'environ cent ans ; elle est bien malade ; elle a autour d'elle quatre médecins : ce sont les rois d'Angleterre, d'Espagne, de France et de Suède. Le roi d'Angleterre lui dit : « Montrez la langue : ah ! la mauvaise langue ! » Le roi de France tient le pouls et dit : « Il faut une grande saignée. » Je ne sais ce que disent les deux autres, car je suis abîmée dans la mort; mais enfin cela est assez juste et assez plaisant.

Je suis fort aise que vous ne soyez point grosse. Vous serez bientôt remise de tous vos autres maux. Je n'ai pas de foi à votre laideur. J'ai vu deux ou trois Provençaux : j'ai oublié leurs noms ; mais enfin la Provence m'est devenue fort chère ; elle m'a effacé la Bretagne et la Bourgogne : je les méprise.

*291. — DE MADAME DE SÉVIGNÉ
A MADAME DE GRIGNAN [1].

1672

.... La proposition de m'envoyer un billet de votre main[2] est une belle chose : il ne tiendroit qu'à moi, ma bonne, de m'en offenser. Vous le feriez bien, si vous étiez en ma place. Je vous prie aussi de ne point monter aux nues ni me contraindre sur certaines choses. Laissez-moi la liberté de faire quelquefois ce que je veux ; je souffre assez toute ma vie en ne vous donnant pas ce que je voudrois. Quand j'ai rangé de certaines choses, c'est me blesser le cœur que de s'y opposer si vivement ; il y a sur cela une hauteur qui déplaît et qui n'est point tendre. Je ne vous donne pas souvent sujet de vous fâcher ; mais laissez-moi du moins la liberté de croire que je pourrois contenter mes desirs là-dessus, si j'étois assez heureuse pour le pouvoir faire.

Vous ne me faites point connoître si les avis que je vous donne quelquefois sur votre dépense vous déplaisent ou non ; vous deviez m'en dire un mot. En attendant je vous dirai, ma bonne, que j'admire que, M. de Grignan et vous n'aimant point la Porte, lui vous servant très-mal, il ait reçu une fois cinquante louis, qu'il ait

Lettre 291 (revue sur l'autographe). — 1. En rapprochant cette lettre ou plutôt cette fin de lettre des passages auxquels nous renvoyons, on ne peut guère douter qu'elle ne soit de 1672, qu'elle n'ait été écrite après les lettres du 6 et du 27 avril, et avant celle du 11 juillet. — Voyez sur la Porte les lettres du 6 et du 27 avril précédents, p. 8 et 42, et du 11 juillet suivant, p. 147 ; sur l'envoi d'un présent (du collier de perles? de l'éventail?), tome II, p. 523 et 528, lettre du 9 mars, et plus haut, p. 5, 14 et 117, lettres du 6 avril et du 20 juin 1672 ; sur le désir qu'exprime Mme de Sévigné d'apprendre comment sont reçus à Grignan les avis qu'elle donne quelquefois, la lettre du 6 avril, p. 8.

2. Peut-être est-ce encore de ce même prêt d'argent fait par la mère à la fille, qu'il est question dans la lettre du 7 août 1675.

1672 été sur le point de s'en aller et que vous n'ayez pas été ravie de vous en défaire. Quel bizarre raccommodement ! A quoi vous sert-il ? Quelle foiblesse ! Vous avez Pommier qui vous donne la main, et l'autre vous morgue et gagne votre argent au jeu³ : où aviez-vous mis votre bon esprit ?

Je crois, ma bonne, que l'amitié que j'ai pour vous et l'intérêt que je prends à tout ce qui vous touche, vous doit faire recevoir agréablement ce que je vous dis. Mandez-moi si je me trompe.

---

292. — DE MADAME DE SÉVIGNÉ A MADAME DE GRIGNAN.

A Paris, vendredi 1ᵉʳ juillet.

Enfin, ma fille, notre chère tante a fini sa malheureuse vie. La pauvre femme nous a bien fait pleurer dans cette triste occasion ; et pour moi, qui suis tendre aux larmes, j'en ai beaucoup répandu. Elle mourut hier matin à quatre heures, sans que personne s'en aperçût : on la trouva morte dans son lit. La veille, elle étoit extraordinairement mal, et par inquiétude elle voulut se lever ; elle étoit si foible, qu'elle ne pouvoit se tenir dans sa chaise, et s'affaissoit et couloit jusqu'à terre ; on la relevoit. Mlle de la Trousse se flattoit, et trouvoit que c'étoit qu'elle avoit besoin de nourriture. Elle avoit des convulsions à la bouche : elle disoit¹ que c'étoit un embarras que le lait avoit fait dans sa bouche et dans ses

---

3. On ne peut s'expliquer que par une faute de copiste pourquoi ces deux mots « au jeu », assez lisiblement écrits par Mme de Sévigné, ont été remplacés dans les éditions par « assez mal ».

Lettre 292. — 1. « Ma cousine disoit. » (*Édition de 1754.*)

dents. Pour moi, je la trouvois très-mal. A onze heures, elle me fit signe de m'en aller : je lui baisai la main, elle me donna sa bénédiction, et je partis. Ensuite elle prit son lait par complaisance pour Mlle de la Trousse; mais en vérité, elle ne put rien avaler, et lui dit qu'elle n'en pouvoit plus. On la recoucha, elle chassa tout le monde, et dit qu'elle s'en alloit dormir. A trois heures, elle eut besoin de quelque chose, et fit encore signe qu'on la laissât en repos. A quatre heures, on dit à Mlle de la Trousse que sa mère dormoit; elle² dit qu'il ne falloit pas l'éveiller pour prendre son lait. A cinq heures, elle dit qu'il falloit voir si elle dormoit. On approche de son lit, on la trouve morte. On crie, on ouvre les rideaux; ma cousine se jette sur cette pauvre femme, elle la veut réchauffer, ressusciter : elle l'appelle, elle crie, elle se désespère; enfin on l'arrache, et on la met par force dans une autre chambre. On me vient avertir; je cours tout émue; je trouve cette pauvre tante toute froide, et couchée si à son aise, que je ne crois pas que depuis six mois elle ait eu un moment si doux que celui de sa mort. Elle n'étoit quasi point changée, à force de l'avoir été auparavant. Je me mis à genoux, et vous pouvez penser si je pleurai abondamment en voyant ce triste spectacle. J'allai ensuite voir Mlle de la Trousse, dont la douleur fend les pierres; je les amenai toutes deux ici³ : le soir, Mme de la Trousse⁴ vint prendre ma cousine pour la

---

2. Comme plus haut, « ma cousine, » au lieu d'*elle*, dans l'édition de 1754.

3. Mlle de la Trousse (morte en décembre 1685) et Mlle de Méri, les deux filles de Mme de la Trousse. Voyez, sur Mlle de Méri, la *Notice*, p. 159 et 160.

4. Marguerite de la Fond, marquise de la Trousse, belle-sœur de Mlles de la Trousse et de Méri. Elle n'eut qu'une fille, qui épousa le prince de la Cisterne.

mener chez elle, et à la Trousse⁵ dans trois jours, en attendant le retour de M. de la Trousse. Mlle de Méri a couché ici : nous avons été ce matin au service ; elle retourne ce soir chez elle, parce qu'elle le veut ; et me voilà prête à partir⁶. Ne m'écrivez donc plus, ma belle. Pour moi, je vous écrirai encore ; car quelque diligence que je puisse faire, je ne puis quitter encore de quelques jours, mais je ne puis plus recevoir de vos lettres ici.

Vous ne m'avez point écrit le dernier ordinaire ; vous deviez m'en avertir pour m'y préparer. Je ne vous puis dire quel chagrin cet oubli m'a donné, et de quelle longueur m'a paru cette semaine : c'est la première fois que cela vous est arrivé. J'aime encore mieux en avoir été plus touchée par n'y être pas accoutumée. J'en espère dimanche. Adieu donc, ma chère enfant.

On m'a promis une relation, je l'attends. Il me semble que le Roi continue toujours ses conquêtes. Vous ne m'avez pas dit un mot sur la mort de M. de Longueville, ni sur tout le soin que j'ai eu de vous instruire, ni sur toutes mes lettres : je parle à une sourde ou à une muette. Je vois bien qu'il faut que j'aille à Grignan : vos soins sont usés, on voit la corde. Adieu donc jusqu'au revoir. Notre abbé vous fait mille amitiés ; il est adorable du bon courage qu'il a de vouloir venir en Provence.

5. Nous avons déjà dit que la terre de la Trousse était près de Lizy-sur-Ourcq, à trois lieues de Meaux et à quatorze de Paris.

6. Tout ce passage, depuis : « je les amenai toutes deux ici, » est fort abrégé dans l'édition de 1734. On y lit seulement : « J'allai ensuite voir Mlle de la Trousse, dont la douleur fend les pierres ; elle est venue coucher ici. Nous avons été ce matin au service, et me voilà prête à partir. » — La suite, jusqu'à : « je ne puis plus recevoir » exclusivement, manque dans l'édition de 1754.

293. — DE MADAME DE SÉVIGNÉ
A MADAME DE GRIGNAN.

1672

A Paris, dimanche 3ᵉ juillet.

Je m'en vais à Livry mener ma petite-enfant[1]. Ne vous mettez nullement en peine d'elle : j'en ai des soins extrêmes, et je l'aime assurément beaucoup plus que vous ne l'aimez. J'irai demain dire adieu à M. d'Andilly, et reviendrai mardi, pour achever quelques bagatelles, et partir ce qui s'appelle incessamment. Je laisse cette lettre à ma belle Troche, qui se charge de vous mander toutes les nouvelles. Elle s'en acquittera mieux que moi : l'intérêt qu'elle a dans l'armée[2] la rend mieux instruite qu'une autre, et principalement qu'une autre qui depuis quatre jours n'a vu que des larmes, du deuil, des services, des enterrements, et la mort enfin.

Je vous avoue que j'ai été fort accablée de chagrin, quand mon laquais est venu me dire qu'il n'y avoit point de lettres pour moi à la poste. Voici la deuxième fois que je n'ai pas un mot de vous. Je crois que ce pourroit être la faute de la poste, ou de votre voyage; mais cela ne laisse pas de déplaire beaucoup. Comme je ne suis point accoutumée à la peine que je souffre dans cette occasion, je la soutiens d'assez mauvaise grâce. Vous avez été si malade, qu'il me semble toujours qu'il vous arrivera quelque malheur; et vous en avez été si entourée depuis que vous n'êtes plus avec moi, que j'ai raison de les craindre tous, puisque vous n'en craignez pas un. Adieu, ma très-chère, je vous en dirois davantage si j'avois reçu de vos nouvelles.

Lettre 293. — 1. Elle fut ramenée à Paris. Voyez la fin de la lettre suivante et la lettre du 8 juillet.

2. Voyez la lettre 288, p. 122, et la lettre 294, p. 137.

1672

294. — DE MADAME DE SÉVIGNÉ
A MADAME DE GRIGNAN.

A Livry, ce dimanche au soir 3ᵉ juillet.

HÉLAS! ma bonne, j'ai bien des excuses à vous faire de la lettre que je vous ai écrite tantôt en partant pour venir ici. Je n'avois point reçu votre lettre; mon ami de la poste m'avoit mandé que je n'en avois point; j'étois au désespoir. J'ai laissé le soin à Mme de la Troche de vous mander toutes les nouvelles, et je suis partie là-dessus.

Il est dix heures du soir; et M. de Coulanges que j'aime comme ma vie, et qui est le plus joli homme du monde, m'envoie votre lettre qu'il a reçue dans son paquet; et pour me donner cette joie, il ne craint point d'envoyer son laquais au clair de la lune : il est vrai, ma bonne, qu'il ne s'est pas trompé dans l'opinion de m'avoir fait un grand plaisir; il est très-sensible, je vous l'avoue; et je crois même que vous n'en doutez pas.

Je suis fâchée que vous ayez perdu un de mes paquets; comme ils sont pleins de nouvelles, cela vous dérange, et vous ôte du train de ce qui se passe.

Vous devez avoir reçu des relations fort exactes, qui vous auront fait voir que le Rhin[1] étoit mal défendu; le grand miracle, c'est de l'avoir passé à la nage. Monsieur

LETTRE 294 (revue sur une ancienne copie). — 1. C'est le texte de l'édition de la Haye (1726), et de celles de Perrin. Dans le manuscrit et dans l'édition de Rouen (1726), au lieu du *Rhin* il y a l'*Yssel*. — « On doit reconnaître, dit M. Rousset, que Montbas (*gentilhomme français au service des états généraux*) ne faisait pas bonne garde, et que les Hollandais ont eu de justes motifs de l'accuser de négligence, sinon de trahison : à peine y avait-il à Tolhuys onze à douze cents hommes, infanterie et cavalerie. Ils n'eurent même pas le temps de se reconnaître. » (*Histoire de Louvois*, tome I, p. 359.)

le Prince et ses Argonautes étoient dans un bateau, et l'escadron qu'ils attaquèrent demandoit quartier, lorsque le malheur voulut que M. de Longueville, qui sans doute ne l'entendit pas, poussé d'une bouillante ardeur, monté sur son cheval qu'il avoit traîné après lui, et voulant être le premier, ouvre la barricade derrière quoi ils étoient retranchés, et tue le premier qui se trouve sous sa main : en même temps on le perce de cinq ou six coups. Monsieur le Duc le suit, Monsieur le Prince suit son fils, et tous les autres suivent Monsieur le Prince : voilà où se fit la tuerie, qu'on auroit, comme vous voyez, très-bien évitée, si l'on eût su l'envie que ces gens-là avoient de se rendre ; mais tout est marqué dans l'ordre de la Providence.

M. le comte de Guiche a fait une action dont le succès le couvre de gloire ; car, si elle eût tourné autrement, il eût été criminel. On l'envoie reconnoître si la rivière est guéable ; il dit qu'oui : elle ne l'est pas ; des escadrons entiers passent à la nage sans se déranger ; il est vrai qu'il est le premier : cela ne s'est jamais hasardé ; cela réussit, il enveloppe des escadrons, et les force à se rendre : vous voyez bien que son bonheur et sa valeur ne se sont point séparés ; mais vous devez avoir de grandes relations de tout cela[2].

Un chevalier de Nantouillet[3] étoit tombé de cheval : il va au fond de l'eau, il revient, il retourne, il revient

---

2. Le comte de Guiche a écrit une relation du passage du Rhin ; on la trouve au tome LVII (p. 105-118) de la 2ᵉ série des *Mémoires* de la collection Petitot.

3. François du Prat, descendant du chancelier ; il était fils cadet du marquis de Nantouillet, et fut substitué par son grand-oncle maternel aux nom et titre de comte de Barbançon. Il eut une compagnie de cavalerie au régiment de la Reine, et (en 1685) la charge de premier maître d'hôtel du duc d'Orléans. Il épousa Anne-Marie, fille de

encore ; enfin il trouve la queue d'un cheval, s'y attache ; ce cheval le mène à bord, il monte sur le cheval, se trouve à la mêlée, reçoit deux coups dans son chapeau, et revient gaillard : voilà qui est d'un sang-froid qui me fait souvenir d'Oronte, prince des Massagètes.

Au reste, il n'est rien de plus vrai que M. de Longueville avoit été à confesse avant que de partir. Comme il ne se vantoit jamais de rien, il n'en avoit pas même fait sa cour à Madame sa mère ; mais ce fut une confession conduite par nos amis [4], dont l'absolution fut différée plus de deux mois. Cela s'est trouvé si vrai, que Mme de Longueville n'en peut pas douter : vous pouvez penser quelle consolation. Il faisoit une infinité de libéralités et de charités que personne ne savoit, et qu'il ne faisoit qu'à condition qu'on n'en parlât point. Jamais un homme n'a eu tant de solides vertus ; il ne lui manquoit que des vices, c'est-à-dire un peu d'orgueil, de vanité, de hauteur ; mais du reste, jamais on n'est approché si près de la perfection : *Pago lui, pago il mondo*[5] ; il étoit au-dessus des louanges ; pourvu qu'il fût content de lui, c'étoit assez. Je vois souvent des gens qui sont encore fort éloignés de se consoler de cette perte ; mais pour tout le

Colbert du Terron. « Barbançon, premier maître d'hôtel de Monsieur, mourut aussi (*en juin* 1695), si goûté du monde par le sel de ses chansons, et l'agrément et le naturel de son esprit. » (*Mémoires de Saint-Simon*, tome I, p. 257.)

4. Messieurs de Port-Royal. (*Note des éditions de* 1726.)

5. *Lui content, (il fallait que) le monde fût content*. Dans le *Pastor fido* du Guarini, acte II, scène v, Amaryllis dit, parlant de la plus humble des bergères, dont elle envie le sort :

Paga lei, pago 'l mondo.
Per lei di nembi il ciel s'oscura indarno....

Elle contente, content (soit) le monde. Pour elle c'est en vain que le ciel s'obscurcit de nuages, etc. Le premier vers est sans doute un ancien proverbe ; Mme de Sévigné cite ailleurs le second.

gros du monde, ma pauvre bonne, cela est passé ; cette triste nouvelle n'a assommé que trois ou quatre jours ; la mort de Madame⁶ dura bien plus longtemps. Les intérêts particuliers de chacun pour ce qui se passe à l'armée empêchent la grande application pour les malheurs d'autrui. Depuis ce premier combat, il n'a été question que de villes rendues et de députés qui viennent demander la grâce d'être reçus au nombre des sujets nouvellement conquis de Sa Majesté.

N'oubliez pas d'écrire un petit mot à la Troche, sur ce que son fils s'est distingué et a passé à la nage : on l'a loué devant le Roi, comme un des plus hardis. Il n'y a nulle apparence qu'on se défende contre une armée si victorieuse. Les François sont jolis assurément : il faut que tout leur cède pour les actions d'éclat et de témérité ; enfin il n'y a plus de rivière présentement qui serve de défense contre leur excessive valeur.

Si mes lettres sont perdues présentement, vous y perdez plus qu'en un autre temps.

Pourquoi croyez-vous que je ne parte que cet hiver ? Je prétends revenir en ce temps-là avec vous et M. de Grignan. Notre abbé a le courage de vouloir bien affronter les chaleurs ; je ne crains que pour lui. Ne nous empêchez point de partir par dire que vous ne nous attendez plus. Hélas ! il n'est plus question de ma pauvre tante ; nous lui avons rendu les derniers devoirs avec bien des larmes : dispensez-moi de lui faire tous vos compliments.

Je crois que nous mettrons la pauvre Mlle de la Trousse aux filles de la Croix qui sont au faubourg Saint-Antoine, et qui ne sont pas si suffisantes que nos sœurs⁷. La pauvre

6. Henriette-Anne d'Angleterre.
7. Les filles de la Visitation. — Sur les filles de la Croix, voyez tome I, p. 153, note 13.

fille ne cherche plus que la mort et le paradis. Elle a raison.

Au reste, voici bien des nouvelles : j'avois amené ici mon petit chat[8] pour y passer l'été; j'ai trouvé qu'il y fait sec, il n'y a point d'eau; la nourrice craint de s'y ennuyer : que fais-je à votre avis? Je la ramènerai après-demain chez moi tout paisiblement[9]. Elle sera avec la mère Jeanne qui fera leur petit ménage. Mme de Sanzei[10] sera à Paris; elle ira se promener dans son jardin; elle aura mille visites; j'en saurai des nouvelles très-souvent. Voilà qui est fait : je change d'avis; ma maison est jolie; elle ne manquera de rien. Il ne faut pas croire que Livry soit charmant pour une nourrice comme pour moi. Adieu, ma divine enfant; pardonnez le chagrin que j'avois d'avoir été deux ordinaires sans recevoir de vos lettres. Je n'en ai eu qu'une, c'est bien assez pour moi. Je vous embrasse très-tendrement. Vos lettres me sont si agréables, qu'il n'y a que vous qui me puissiez consoler de n'en avoir plus.

295. — DE MADAME DE SÉVIGNÉ A MADAME LA COMTESSE DE BUSSY RABUTIN.

A Paris, ce 7ᵉ juillet.

J'avois résolu, je ne sais pourquoi, de pousser mon impertinence jusqu'au bout, et puisque j'avois manqué une fois à vous faire réponse[1], je croyois bien n'en pas

---

8. C'est le texte du manuscrit. Dans l'édition de la Haye (1726) : « Mon petit cœur; » dans celle de Perrin : « Ma petite-enfant. »
9. Voyez la lettre du 11 juillet suivant, p. 147.
10. Voyez la note 10 de la lettre 166.
Lettre 295. — 1. Voyez la lettre de Mme de Sévigné au comte de Bussy, du 24 avril précédent, p. 33.

demeurer là, et continuer, tant que vous me feriez l'honneur de m'écrire ; mais malgré cette belle résolution, je me sens forcée de le faire. Votre lettre me désarme, je ne sais plus où trouver de la brutalité, je n'eusse jamais cru voir en moi une telle foiblesse. J'ai trouvé très-plaisant tout ce que vous m'avez mandé, et j'ai plutôt manqué de vous faire réponse par la crainte de ne rien dire qui vaille, que par l'envie de vous faire un affront, comme j'ai déjà fait. Est-ce ainsi que vous écrivez, Madame la Comtesse? Il y a du Rouville[2] et du Rabutin dans votre style, la province ne l'a point gâté ; et bien loin de vous apostropher dans la lettre de mon cousin, je lui écrirai dans celle-ci, si je m'en avise. Voilà un changement qui vous doit surprendre.

Vous me donnez une nouvelle envie d'avoir soin de mon petit rejeton[3], et je la passerois sans doute cette envie, si je ne m'en allois point en Provence. Mais je m'en vais voir cette pauvre Grignan. Je ne sais si je passerai en Bourgogne : quoi qu'il en soit, si je ne vous en donne avis, c'est que je passerai trop loin de vous, et que je ne veux point m'arrêter. Voilà un assez long temps que j'abandonnerai notre écolier. Je ne me dédis point de tout le bien que j'ai dit de lui : son esprit paroît doux et aimable.

J'ai perdu depuis huit jours ma pauvre tante de la Trousse, après une maladie de sept mois. Cette longue souffrance, et cette mort ensuite, m'a bien fait répandre des larmes. Je l'aimois et honorois parfaitement. Je ne

2. La comtesse de Bussy était, comme nous l'avons dit, fille de Jacques de Rouville.
3. Le fils aîné de Bussy était destiné à devenir l'aîné de tous les Rabutins, à monter au rang que Mme de Sévigné tenait dans la famille (voyez tome I, p. 357). On a vu plus haut (lettres 268 et 286) qu'il était à Paris pour y faire ses études.

1672 lui ferai donc point vos compliments, mais bien à mon oncle l'abbé, qui vous honore toujours, et qui vous est trop obligé de votre souvenir.

---

296. — DE MADAME DE SÉVIGNÉ A MADAME DE GRIGNAN.

A Paris, vendredi 8ᵉ juillet.

Enfin, ma bonne, vous êtes à Grignan, et vous m'attendez sur votre lit. Pour moi, je suis dans l'agitation du départ, et si je voulois être tout le jour à rêver, je ne vous verrois pas sitôt; mais je pars, et si je vous écris encore lundi, c'est le bout du monde. Soyez bien paresseuse avant que j'arrive, afin que vous n'ayez plus aucune paresse dans le corps quand j'arriverai. Il est vrai que nos humeurs sont un peu opposées; mais il y a bien autre chose sur quoi nous sommes de même avis; et puis, comme vous dites, nos cœurs nous répondent quasi de notre degré de parenté, et vous doivent assurer de n'avoir jamais été prise sous un chou.

J'ai été à Saint-Maur[1] faire mes adieux, sans les faire pourtant; car sans vanité, la délicatesse de Mme de la Fayette ne peut souffrir sans émotion la perte d'une amie comme moi : je vous dis ce qu'elle dit. J'y fus avec M. de la Rochefoucauld, qui me montra la lettre que vous lui écrivez, qui est très-bien faite : il ne trouve personne qui écrive mieux que vous; il a raison. Nous causâmes fort en chemin; nous trouvâmes là Mme du Plessis[2], deux

---

Lettre 296. — 1. Voyez la lettre (de Mme de la Fayette) du 30 juin 1673.

2. Peut-être Mme du Plessis Guénégaud (veuve le 16 mars 1676, morte à soixante-sept ans, le 10 août 1677); mais peut-être aussi celle

demoiselles de la Rochefoucauld³, et Gourville, qui avec un coup de baguette nous fit sortir de terre un souper admirable. Mme de la Fayette me retint à coucher. Le lendemain, la Troche et l'abbé Arnauld me vinrent querir ; et me voilà faisant mes paquets.

Je suis ravie d'avoir ramené la petite de Grignan. Elle sera cent fois mieux à Paris, au milieu de toute sorte de secours, près de Mme de Coulanges ; enfin je n'en aurai aucune inquiétude, et j'en saurai deux fois la semaine des nouvelles. Soyez en repos sur ma parole. La nourrice, après l'avoir sevrée, ne la quittera point que je ne sois revenue.

J'ai dit adieu à M. d'Andilly. Je m'en vais courir encore pour mille affaires. Il y a bien longtemps que je n'ai eu le cœur si content.

Mon fils m'a écrit, et me parle comme un homme qui croit avoir fini sa campagne, et attrapé M. de Grignan⁴. Il dit que tout est soumis au Roi, que Grotius⁵ est venu pour achever de conclure la paix, et que la seule chose qui soit impossible à Sa Majesté est de trouver des ennemis qui lui résistent ; que s'il revient d'aussi bonne heure qu'on le croit, il viendra nous trouver à Grignan.

---

dont Mme de la Fayette parle dans ses lettres du 30 décembre (voyez la note 2) et du 19 mai suivants.

3. Il restait à la Rochefoucauld plusieurs sœurs, mais toutes religieuses, et trois filles, qui moururent dans les premières années du dix-huitième siècle.

4. En échappant aux dangers de la guerre : par sa mort, Mme de Grignan aurait été seule héritière de sa mère.

5. Ambassadeur de la république de Hollande en France, et conseiller pensionnaire d'Amsterdam. Voyez les notes 1 de la lettre 234 et de la lettre 290. Son nom hollandais est *de Groot;* la *Gazette* l'appelle « M. Groot. » Est-ce Mme de Sévigné ou Perrin qui a ici préféré à la forme hollandaise la forme latine *Grotius,* sous laquelle, il est vrai, son père et lui sont plus connus?

Il me parle fort de vous; quand vous lui écrirez, parlez-lui de faire cette jolie équipée. Il a vu le chevalier de Grignan, qui se porte bien, et qui lui a dit qu'il ne m'écrivoit pas souvent; mais il ne s'est pas vanté qu'il ne m'a pas seulement fait de réponse à un billet que je lui avois écrit. C'est un petit glorieux : on lui pardonne, pourvu qu'il ne soit pas tué.

Il y a un nombre infini de pleureuses de la mort de M. de Longueville, qui rend ridicule le métier. Elles vouloient toutes avoir des conversations avec M. de la Rochefoucauld; mais lui, qui craint d'être ridicule plus que toutes les choses du monde, il les a fort bien envoyées se consoler ailleurs.

La Marans est abîmée. Il y a dix mois qu'elle n'a vu sa sœur[6]; elles sont mal ensemble. Elle y fut, il y a trois jours, toute masquée; et sans aucun préambule, ni se démasquer, quoique sa sœur la reconnût d'abord, elle lui dit en pleurant : « Ma sœur, je viens ici pour vous prier de me dire comme vous étiez quand votre amant mourut. Pleurâtes-vous longtemps? Ne dormiez-vous point? Quelque chose vous pesoit-il sur le cœur? Mon Dieu! comment faisiez-vous? Cela est bien cruel! Parliez-vous à quelqu'un? Étiez-vous en état de lire? Sortiez-vous? Mon Dieu, que cela est triste! Que fait-on à cela? » Enfin, ma bonne, vous l'entendez d'ici. Sa sœur lui dit ce qu'elle voulut, et courut conter cette scène à M. de la Rochefoucauld, qui en riroit, s'il pouvoit rire. Pour nous, il est vrai que nous avons trouvé cette folie digne d'elle, et pareille à la belle équipée qu'elle fit, quand elle alla trouver le bonhomme d'Andilly, le croyant le druide Adamas[7], à qui toutes les bergères du Lignon alloient conter

---

6. Mlle de Montalais.
7. Personnage de *l'Astrée*, « prince des Druides de la contrée,

leurs histoires et leurs infortunes, et en recevoient une grande consolation. J'ai cru que cette histoire vous divertiroit aussi bien que nous.

Mme de la Fayette vous dit mille tendresses et mille douceurs, que je ne m'amuserai point à vous dire.

Dampierre est très-affligée; mais elle cède à Théobon, qui pour la mort de son frère [8] s'est enfermée à nos Sœurs de Sainte-Marie de la rue Saint-Antoine. La Castelnau est consolée; on lui a dit que M. de Longueville disoit à Ninon : « Mademoiselle, délivrez-moi donc de cette grosse marquise de Castelnau. » Là-dessus elle danse. Pour la marquise d'Uxelles, elle est affligée, comme une honnête et véritable amie. Le petit enfant de M. de Longueville est ce même petit apôtre dont vous avez tant ouï parler; c'est une des belles histoires de nos jours [9]. Je crois que vous n'oublierez pas d'écrire à ma cousine de la Trousse, dont la douleur et le mérite, à l'égard des soins qu'elle a eus de sa mère, sont au-dessus de toute louange.

homme plein de discrétion et de jugement, à qui nul des secrets de nature ni des vertus des herbes ne peut être caché. » Voyez le tome I de l'*Astrée*, livre IV, p. 178.

8. Le comte de Rochefort Théobon. Il avait, en 1652, défendu Villeneuve d'Agen contre l'armée royale. « C'était un gentilhomme protestant qui déjà avait été, en 1650, un des généraux de l'armée bordelaise. Il rentra plus tard au service du Roi.... et fut tué, en 1672, au passage du Rhin. » (M. Cousin, *Madame de Longueville*, tome II, p. 259.) — Sur Mlles de Théobon et de Dampierre, filles d'honneur, voyez la lettre du 27 novembre 1673.

9. Voyez la lettre du 20 juin précédent. La légitimation du chevalier de Longueville, bâtard adultérin, fut un acte de courtisan d'Achille de Harlay, procureur général au parlement de Paris. Ce magistrat imagina de faire nommer le père dans les lettres de légitimation, en taisant le nom de la mère. Cette forme passa au parlement sans qu'on en vît d'abord les conséquences, et une fois consacrée par ce précédent, on obtint facilement des lettres semblables pour les six enfants de Mme de Montespan.

1672

Je vous prie, ma bonne, quoi qu'on dise, de faire de l'huile de scorpion [10], afin que nous trouvions en même temps les maux et les médecines. Pour vos cousins, j'en parlois l'autre jour à un Provençal, qui m'assura que ce n'étoient pas les plus importuns [11] que vous eussiez à Grignan, et qu'il y en avoit d'une autre espèce, qui sans vous blesser en trahison, vous faisoient bien plus de mal. Je comprends assez que vous avez présentement un peu de l'air de Mme de Sotenville [12]; mais bientôt vous aurez à recevoir une compagnie qui vous fera mettre en œuvre le colombier et la garenne, et même la basse-cour. Hélas! c'est bien pour dire des fadaises [13] que je dis tout cela; car si vous en mettez un pigeon davantage, nous ne le souffrirons pas : c'est le moyen de faire mourir notre abbé que de le tenter de mangeaille; votre ordinaire n'est que trop bon. La Mousse [14] a été un peu ébranlé des puces, des punaises, des scorpions, des chemins, et du bruit qu'il trouvera peut-être : tout cela étoit un monstre [15] dont je me suis bien moquée; et puis dire : « Quelle figure! hélas! je ne suis rien; il y aura tant de monde; nous, nous ne parlerons point. » Ce sont là des humilités glorieuses.

10. Les scorpions sont assez communs en Provence, surtout dans les lieux bas et humides; et l'huile de scorpion est souveraine, à ce qu'on dit, contre la piqûre de ces insectes. (*Note de Perrin.*) — Voyez la note 3 de la lettre 210.

11. Dans l'édition de la Haye (1726) : « Les seuls animaux dangereux. »

12. Du *George Dandin* de Molière.

13. Dans l'édition de la Haye (1726) : « Des sottises. »

14. Il devait, comme nous l'avons déjà vu, faire le voyage de Grignan avec Mme de Sévigné et l'abbé de Coulanges.

15. C'est le texte de 1734. Dans l'édition de la Haye : « Tout cela étoit une façon; » dans celle de 1754 : « Tout cela lui faisoit un monstre. »

D'Hacqueville reviendra bientôt; mais il ne me trouvera plus.

J'ai fait faire vos compliments à Mme de Termes[16]; et pourquoi non? M. de Vivonne[17] est fort mal de sa blessure, M. de Marsillac pas trop bien de la sienne, et Monsieur le Prince est quasi guéri. Je ne sais point de nouvelles particulières. On assure toujours la paix et la conquête entière de la Hollande. Nimègue fait mine de se défendre, mais on s'en moque. Je vous envoie un joli madrigal et la gazette de Hollande; j'y trouve l'article des deux sœurs[18] et celui d'Amsterdam fort plaisants. Adieu, ma très-chère enfant; pensez-vous que je vous aime?

Eh bien! ma bonne, n'avois-je pas bien fait de ne pas vous croire la sorte de douleur de la Marans[19]? Je m'y fusse méprise d'une bonne dizaine[20] dans cette histoire; mais aussi je n'y voulus pas toucher.

Je vous dirai toujours et à tout moment que je vous adore.

16. Son mari avait été blessé. Voyez la lettre du 19 juin précédent (à Bussy), p. 11*, et la note 3 de la lettre 199. — Saint-Simon, parlant de la mort du marquis de Termes en 1704, dit (tome IV, p. 244) : « Il étoit vieux, brouillé avec sa femme, qui étoit fort peu de chose, et ne laissa qu'une fille religieuse, et un frère obscur, connu de personne et qui ne se maria point. »

17. Dans l'édition de la Haye : « M. de Biron, » au lieu de « M. de Vivonne. »

18. Mmes Colonne et Mazarin. Voyez la lettre du 20 juin précédent.

19. Voyez la note 1 de la lettre 282, et la *Notice*, p. 116, note 1.

20. Si j'avais voulu vous défiler tout le chapelet des pleureuses? Voyez plus haut, p. 142, et les *Mémoires de l'abbé Arnauld*, tome XXXIV, p. 343 et suivantes. « Jamais mort, dit-il, n'a peut-être tant fait verser de larmes, et de belles larmes, que celle-là. » — La fin de la lettre, depuis *Eh bien!* n'est que dans l'édition de la Haye; le texte pourrait bien être altéré.

297. — DE MADAME DE SÉVIGNÉ ET D'EMMANUEL DE COULANGES A MADAME DE GRIGNAN.

A Paris, lundi 11e juillet.

DE MADAME DE SÉVIGNÉ.

Ne parlons plus de mon voyage, ma bonne; il y a si longtemps que nous ne faisons autre chose, qu'enfin cela fatigue. C'est comme les longues maladies qui usent la douleur : les longues espérances usent toute la joie. Vous aurez dépensé tout le plaisir de me voir en attendant ; quand j'arriverai, vous serez tout accoutumée à moi.

J'ai été obligée de rendre les derniers devoirs à ma tante; il a fallu encore quelques jours au delà : enfin voilà qui est fait, je pars mercredi, et vais coucher à Essonne ou à Melun. Je vais par la Bourgogne; je ne m'arrêterai point à Dijon : je ne pourrai pas refuser quelques jours en passant à quelque vieille tante[1] que je n'aime guère. Je vous écrirai d'où je pourrai; je ne puis marquer aucun jour. Le temps est divin, il a plu comme pour le Roi; notre abbé est gai et content, la Mousse est un peu effrayé de la grandeur du voyage, mais je lui donnerai du courage. Pour moi, je suis ravie; et si vous en doutez, mandez-le-moi à Lyon[2], afin que je m'en retourne sur mes pas. Voilà, ma bonne, tout ce que je vous manderai.

Lettre 297 (revue sur une ancienne copie). — 1. Françoise de Rabutin, veuve d'Antoine de Toulongeon, seigneur d'Alonne, capitaine aux gardes et gouverneur de Pignerol, mort en 1633; elle était fille de sainte Chantal; sœur du baron de Chantal, père de Mme de Sévigné; et mère de la première femme de Bussy. Elle mourut à quatre-vingt-six ans en 1684. Voyez la *Notice*, p. 14, et la *Généalogie*, p. 343.

2. Dans le manuscrit : « à Dijon; » mais voyez p. 150.

Votre lettre du 3⁰ est un peu séchette, mais je ne m'en soucie guère. Vous me dites que je vous demande pourquoi vous avez ôté la Porte³? Si je l'ai fait, j'ai tort, car je le savois fort bien; mais j'ai cru vous avoir demandé pourquoi vous ne m'en aviez point avertie, car je fus tout étonnée de le voir. Je suis fort aise que vous ne l'ayez plus, vous savez ce que je vous en avois mandé.

M. de Coulanges vous parlera de votre lit d'ange⁴; pour moi, je veux vous louer de n'être point grosse, et vous conjurer de ne la point devenir. Si ce malheur vous arrivoit dans l'état où vous êtes de votre maladie, vous seriez maigre et laide pour jamais. Donnez-moi le plaisir de vous retrouver aussi bien que je vous ai donnée, et de pouvoir un peu trotter avec moi, où la fantaisie nous prendra d'aller. M. de Grignan vous doit donner, et à moi, cette marque de sa complaisance. Ne croyez donc pas que vos belles actions ne soient pas remarquées : les beaux procédés méritent toujours des louanges; continuez, voilà tout.

Vous me parlez de votre dauphin : je vous plains de l'aimer si tendrement, vous aurez beaucoup de douleurs et de chagrins à essuyer. Je n'aime que trop la petite de Grignan. Contre toutes mes résolutions je l'ai donc ôtée de Livry; elle est cent fois mieux ici. Elle a commencé à me faire trouver que j'avois bien fait : elle a eu depuis son retour une très-jolie petite vérole volante, dont elle n'a point été du tout malade : ce que le petit Pecquet a traité en deux visites auroit fait un grand embarras, si elle avoit été à Livry. Vous me demanderez si je l'ai toujours vue : je vous dirai qu'oui; je ne l'ai point abandon-

---

3. Voyez la fin des lettres 269, p. 42, et 291, p. 129.
4. On appelait *lit d'ange* ou *à la duchesse*, un lit qui était sans quenouilles ou piliers, et dont on retroussait les rideaux.

née; je suis pour le mauvais air, comme vous êtes pour les précipices; il y a des gens avec qui je ne le crains pas. Enfin je la laisse en parfaite santé au milieu de toutes sortes de secours. Mme du Puy-du-Fou et Pecquet la sèvreront à la fin d'août; et comme la nourrice est une femme attachée à son ménage, à son mari, à ses enfants, à ses vendanges et à tout, Mme du Puy-du-Fou m'a promis de me donner une femme pour en avoir soin, afin de donner la liberté à la nourrice de pouvoir s'en aller; et la petite demeurera ici avec cette femme qui aura l'œil à tout, Marie que ma petite aime et connoît fort, la bonne mère Jeanne qui fera toujours leur petit ménage, M. de Coulanges et Mme de Sanzei, qui en auront un soin extrême; et de cette sorte nous en aurons l'esprit en repos. J'ai été fort approuvée de l'avoir ramenée ici; Livry n'est pas trop bon sans moi pour ces sortes de gens-là. Voilà qui est donc réglé[5].

* D'EMMANUEL DE COULANGES.

Dans quelque lieu que vous soyez couchée, vous pouvez vous vanter que vous êtes couchée dans un lit d'ange : c'est votre lit, Madame; votre lit c'est un lit d'ange, de quelque manière qu'il soit retroussé. Mais je ne crois pas qu'il n'y ait que votre lit qui soit un lit d'ange : c'est un lit d'ange que celui de mon charmant marquis.

* DE MADAME DE SÉVIGNÉ.

Voilà un homme bien raisonnable et une pauvre femme bien contente ! Celui de M. de Coulanges n'est pas tendu

5. Voyez la lettre du 3 juillet précédent, p. 138.

par les pieds; il a cinq fers en cinq⁵ sur le bois de lit, d'où pendent cinq rubans qui soutiennent en l'air les trois grands rideaux et les deux cantonniers⁷; les bonnes grâces⁸ sont retirées par le chevet avec un ruban. Adieu, ma bonne. M. de Grignan veut-il bien que je lui rende une visite dans son beau château?

Suscription : Pour une créature que j'aime passionnément.

298. — DE MADAME DE SÉVIGNÉ A MADAME DE GRIGNAN.

A Auxerre¹, samedi 16ᵉ juillet.

Enfin, ma fille, nous voilà. Je suis encore bien loin de vous, et je sens pourtant déjà le plaisir d'en être plus près. Je partis mercredi de Paris, avec le chagrin de n'avoir pas reçu de vos lettres le mardi. L'espérance de vous trouver au bout d'une si longue carrière me console. Tout

---

6. N'y aurait-il pas ici un mot sauté ou quelque autre altération? Nous avons suivi le texte de l'édition de la Haye, la seule qui donne ce morceau, depuis *Voilà* jusqu'à *avec un ruban*.

7. On appelait *cantonniers* ou *cantonnières* deux pièces d'étoffe qui couvraient les colonnes du pied du lit et passaient par-dessus les rideaux.

8. Les *bonnes grâces* étaient d'autres pièces d'étoffe qui accompagnaient les grands rideaux.

Lettre 298. — 1. A quarante-deux lieues de Paris, et à trente-deux de Montjeu, d'où est datée la lettre suivante. Comme dans son voyage de Bretagne, Mme de Sévigné faisait dix à douze lieues par jour; par eau, sur le Rhône du moins, elle alla plus vite (voyez la note de la lettre du 27 juillet suivant). Elle se reposa à Montjeu et à Lyon : en tout elle mit dix-sept jours à franchir la distance de cent cinquante-six lieues et demie, qui sépare Paris de Grignan. Voyez Walckenaer, tome IV, p. 200.

le monde nous assuroit agréablement que je voulois faire mourir notre cher abbé, de l'exposer dans un voyage de Provence au milieu de l'été. Il a eu le courage de se moquer de tous ces discours, et Dieu l'en a récompensé par un temps à souhait. Il n'y a point de poussière, il fait frais, et les jours sont d'une longueur infinie. Voilà tout ce qu'on peut souhaiter. Notre Mousse prend courage. Nous voyageons un peu gravement. M. de Coulanges nous eût été bon pour nous réjouir. Nous n'avons point trouvé de lecture qui fût digne de nous que Virgile, non pas travesti[2], mais dans toute la majesté du latin et de l'italien[3]. Pour avoir de la joie, il faut être avec des gens réjouis; vous savez que je suis comme on veut, mais je n'invente rien.

Je suis un peu triste de ne plus savoir ce qui se passe en Hollande. Quand je suis partie, on étoit entre la paix et la guerre. C'étoit le pas le plus important où la France se soit trouvée depuis très-longtemps. Les intérêts particuliers s'y rencontrent avec ceux de l'État.

Adieu donc, ma chère enfant; j'espère que je trouverai de vos nouvelles à Lyon. Vous êtes très-obligée à notre cher abbé et à la Mousse; à moi point du tout.

2. Le Virgile travesti de Scarron avait paru en 1653. En 1668 on en publia une édition qui se joint à la collection des Elzévirs (deux parties en un volume petit in-12).
3. Dans la fidèle et poétique traduction d'Annibal Caro : *Eneide di Virgilio, tradotta in versi sciolti*, Venise, Juntes, 1581, in-4°. Une des plus belles réimpressions est celle de Trévise, 1603.

299. — DE MADAME DE SÉVIGNÉ AU COMTE
DE BUSSY RABUTIN.

Un mois après (voyez la lettre du 26 juin, p. 123), je reçus cette réponse de Mme de Sévigné, à Bussy, où je ne faisois que d'arriver.

A Montjeu[1], ce 22ᵉ juillet 1672.

Vous dites toujours des merveilles, Monsieur le Comte; tous vos raisonnements sont justes; et il est fort vrai que souvent à la guerre l'événement fait un héros ou un étourdi. Si le comte de Guiche avoit été battu en passant le Rhin, il auroit eu le plus grand tort du monde, puisqu'on lui avoit commandé de savoir seulement si la rivière étoit guéable; qu'il avoit mandé qu'oui, quoiqu'elle ne le fût pas; et c'est parce que ce passage a bien réussi qu'il est couronné de gloire.

Le conte du prince d'Orange m'a réjoui. Je crois, ma foi, qu'il disoit vrai, et que la plupart des filles se flattent. Pour les moines, je ne pensois pas tout à fait comme eux; mais il ne s'en falloit guère. Vous m'avez fait plaisir de me désabuser.

LETTRE 299. — 1. « La terre et la seigneurie de Montjeu (*à une lieue et demie d'Autun*) est une ancienne baronnie (*que le célèbre président Pierre Jeannin avait acquise en 1596, et*) que Charlotte Jeannin, sa fille, apporta en mariage à Pierre de Castille, contrôleur et intendant des finances, ambassadeur en Suisse, décédé en 1629. Le fils de ce dernier, Nicolas (*l'hôte de Mme de Sévigné*), joignit à son nom le nom plus illustre de sa mère, et se nomma Nicolas Jeannin de Castille, et le plus souvent Jeannin. » (Walckenaer, tome IV, p. 351.) Mais il avait en 1656 obtenu l'érection de la terre de Montjeu en marquisat, et il en fit porter le titre à son fils unique, Gaspard. — Nicolas Jeannin qui était allié à Foucquet, avait été exilé au temps de la disgrâce du surintendant; il fut rappelé en 1687, et mourut trois ans après son fils, le marquis de Montjeu, en juillet 1691. Voyez les notes 10 de la lettre 36, et 9 de la lettre 63.

1672

Je commence un peu à respirer. Le Roi ne fait plus que voyager, et prendre la Hollande en chemin faisant. Je n'avois jamais tant pris d'intérêt à la guerre, je l'avoue; mais la raison n'en est pas difficile à trouver.

Mon fils n'étoit pas commandé pour cette occasion. Il est guidon des gendarmes de Monsieur le Dauphin, sous M. de la Trousse : je l'aime mieux là que volontaire.

J'ai été chez M. Bailly[2] pour votre procès; je ne l'ai pas trouvé, mais je lui ai écrit un billet fort amiable. Pour M. le président Briçonnet[3], je ne lui saurois pardonner les fautes que j'ai faites depuis trois ou quatre ans à son égard. Il a été malade, je l'ai abandonné. C'est un abîme, je suis toute pleine de torts; je me trouve encore le bienfait après tout cela de ne lui pas souhaiter la mort. N'en parlons plus.

J'ai vu un petit mot d'italien dans votre lettre; il me sembloit que c'étoit d'un homme qui l'apprenoit, et plût à Dieu! Vous savez que j'ai toujours trouvé que cela manquoit à vos perfections. Apprenez-le, mon cousin, je vous en prie; vous y trouverez du plaisir. Puisque vous trouvez que j'ai le goût bon, fiez-vous-en à moi.

Si vous n'aviez point été à Dijon occupé à voir perdre le procès du pauvre comte de Limoges[4], vous auriez été

2. Avocat général au grand conseil.
3. Guillaume Briçonnet, président au grand conseil, mort en 1674.
4. Charles-François de Rochechouart, né en 1649, marquis de Bellenave (par sa mère), et appelé le comte de Limoges. Il était fils unique du marquis de Chandenier. Il servit en 1673, sous le comte d'Estrées, et écrivit à cette époque au comte de Bussy des lettres pleines d'intérêt. Il avait demandé en mariage Mlle de Bussy (celle qui devint Mme de Coligny). « Je la lui avois promise, dit Bussy dans une note (tome II, p. 248 de sa *Correspondance*), en cas qu'il gagnât son procès contre les créanciers de son père, qui prétendoient que le bien de sa mère étoit obligé aux dettes. Cependant ne jouissant d'aucun bien alors, et ne subsistant que par le moyen de son oncle,

en ce pays quand j'y suis passée, et suivant l'avis que je vous aurois donné, vous auriez su de mes nouvelles chez mon cousin de Toulongeon[5] ; mais mon malheur a dérangé tout ce qui vous pouvoit faire trouver à ce rendez-vous[6] qui s'est trouvé comme une petite maison de Polémon[7]. Mme de Toulongeon ma tante y vint le lundi me voir, et M. Jeannin[8] m'a priée si instamment de venir ici, que je n'ai pu lui refuser. Il me fait regagner le jour que je lui donne par un relais qui me mènera demain coucher à Chalon[9], comme je l'avois résolu.

J'ai trouvé cette maison embellie de la moitié, depuis seize ans que j'y étois ; mais je ne suis pas de même ; et le temps, qui a donné de grandes beautés à ses jardins,

l'abbé de Moutier-Saint-Jean, il ne pouvoit avoir d'équipage pour servir ; je m'avisai donc de lui conseiller d'aller sur mer, auprès du comte d'Estrées, vice-amiral de France. » Mlle de Bussy ne se soucia point d'épouser le pauvre comte de Limoges (voyez les lettres du 24 janvier et du 20 mars 1675). Il mourut d'une blessure reçue devant Ypres en avril 1678.

5. François de Toulongeon, fils d'Antoine de Toulongeon et de Françoise de Rabutin (voyez la note 1 de la lettre du 11 juillet précédent). Il fut marié à Bernarde de Pernes, sœur de Louis de Pernes, comte d'Épinac. « Il possédait la terre d'Alonne ; il la fit par la suite ériger en comté de son nom. » (Walckenaer, tome IV, p. 195.)

6. Dans la copie autographe de Bussy, on lit *ce rendez*, au lieu de *ce rendez-vous*.

7. C'est très-vraisemblablement une allusion à ce que Diogène Laerce, comme on l'appelait au dix-septième siècle, rapporte du philosophe Polémon, qui vivait entouré de ses disciples. Ceux-ci, est-il dit dans la traduction de Gilles Boileau, publiée peu d'années avant la date de cette lettre (Paris, 1668), « demeuroient proche son école, où ils se faisoient de *petites maisons* : » voyez le tome I de cette traduction, p. 289.

8. Il avait été brouillé avec Bussy ; peut-être y avait-il encore du froid entre eux (voyez cependant plus haut, p. 50, avant-dernière ligne ; ils se réconcilièrent en tout cas l'année suivante) : voyez la fin de la lettre du 21 octobre 1673, et Walckenaer, tome IV, p. 197.

9. Chalon est à douze lieues d'Autun, à trente-deux de Lyon.

1672

m'a ôté un air de jeunesse que je ne pense pas que je recouvre jamais[10]. Vous m'en eussiez rendu plus que personne par la joie que j'aurois eue de vous voir, et par les épanouissements de rate à quoi nous sommes fort sujets quand nous sommes ensemble. Mais enfin Dieu ne l'a pas voulu, ni le grand Jupiter, qui s'est contenté de me mettre sur sa montagne[11], sans vouloir me faire voir ma famille entière. Je trouve Mme de Toulongeon, ma cousine, fort jolie et fort aimable. Je ne la croyois pas si bien faite, ni qu'elle entendît si bien les choses. Elle m'a dit mille biens de vos filles ; je n'ai pas eu de peine à le croire.

Adieu, mon cher cousin, je m'en vais en Provence voir cette pauvre Grignan. Voilà ce qui s'appelle aimer. Je vous souhaite tout le bonheur que vous méritez.

300. — DE MADAME DE SÉVIGNÉ A MADAME DE GRIGNAN.

A Lyon, mercredi 27° juillet.

Si cette date ne vous plaît pas, ma bonne, je ne sais que vous faire. Je reçus hier deux de vos lettres, par Mme de Rochebonne[1], dont la ressemblance me surprit

---

10. Mme de Sévigné avait alors quarante-six ans et demi.
11. Montjeu, en latin *Mons Jovis*, « montagne de Jupiter. »
Lettre 300. — 1. Thérèse Adhémar de Monteil, sœur du comte de Grignan. Elle avait épousé Charles de Châteauneuf, comte de Rochebonne, qui fut mestre de camp du régiment de la Reine, puis commandant pour le Roi dans les provinces de Lyon, Forez et Beaujolais. Elle mourut le 21 mai 1719 et son mari au mois de mars 1725. Ils semblent avoir eu une très-nombreuse famille (voyez la lettre du 20 juillet 1689), et cependant cette maison finit avec leurs enfants. Le fils aîné fut tué à Malplaquet (1709) où il commandait le régiment de

au delà de ce que j'ai jamais vu; enfin c'est M. de Grignan, qui compose une très-aimable femme. Elle vous adore. Je ne vous dirai pas combien je l'aime, et combien je comprends que vous devez l'aimer. Pour Monsieur son beau-frère[2], c'est un homme qui emporte le cœur : une facilité, une liberté dans l'esprit qui me convient et qui me charme. Je suis logée chez lui. Monsieur l'intendant[3] me vint prendre au sortir du bateau, lundi, avec Madame sa femme et Mme de Coulanges; je soupai chez eux; hier j'y dînai; on me promène, on me montre; je reçois mille amitiés; j'en suis honteuse; je ne sais ce qu'on a à me tant estimer. Je voulois partir demain; Mme de Coulanges a voulu encore un jour, et a mis à ce prix son voyage de Grignan; j'ai cru vous faire plaisir de conclure le marché. Je ne partirai donc que vendredi matin; nous irons coucher à Valence[4]. J'ai de bons patrons[5]; surtout j'ai prié qu'on ne me donnât pas les vôtres, qui sont de francs coquins[6] : on me recommande comme une princesse. Je serai samedi à une heure après midi à Robinet[7],

Villeroi cavalerie. Un de leurs fils fut évêque de Noyon (1708-1731), puis archevêque de Lyon (1731-1740), et un autre successeur du bel abbé sur le siége de Carcassone (1722-1730). Un troisième, chevalier de Malte, périt avec son vaisseau coulé bas par les Turcs (lettre du 19 avril 1707). — Voyez les lettres des 10 et 11 octobre 1673.

2. Charles de Châteauneuf, chanoine-comte et chamarier de l'église de Saint-Jean de Lyon, frère du comte de Rochebonne. Dans l'édition de la Haye (1726), et dans celle de 1734, on lit « Monsieur son oncle, » au lieu de « Monsieur son beau-frère, » qui est dans l'édition de 1754.

3. Du Gué Bagnols, père de Mme de Coulanges.

4. A vingt-cinq lieues de Lyon et à onze de Montélimar.

5. Dans l'édition de la Haye on a omis le mot *patrons*, et altéré d'une façon bizarre le reste de la phrase : « J'ai de bons surtouts. J'ai prié qu'on me recommandât comme une princesse. »

6. Voyez la lettre du 4 mars 1671, tome II, p. 91 et suivantes.

7. « Le port où l'on débarque pour aller à Grignan. » (*Note de*

1672 dit Monsieur le chamarier. Si vous m'y laissez, j'y demeurerai. Je ne vous parlerai point du tout de ma joie. Notre cher abbé se porte bien : c'est à lui que vous devez adresser tous vos compliments; la Mousse est encore en vie. Nous vous souhaitons, et le cœur me bat quand j'y pense. Mon équipage est venu jusqu'ici sans aucun malheur, ni sans aucune incommodité : hier au soir[8], en menant abreuver mes chevaux, il s'en noya un, de sorte que je n'en ai plus que cinq; je vous ferai honte, mais ce n'est pas ma faute. On me fait compliment sur cette perte; je la soutiens en grande âme. Je n'aurai point mon carrosse à ce Robinet ; nous sommes cinq, comptez là-dessus : notre abbé, la Mousse, deux femmes de chambre, et moi. J'ai fait la paix avec M. de Rochebonne; j'ai reçu Mme de Sennetere[9]; j'ai été à Pierre-Encise[10] voir F*** prisonnier; je vais aujourd'hui voir le cabinet de monsieur.... et ses antiquailles[11]. Mme de Coulanges me veut persuader de passer ici cet été, qu'il est ridicule d'aller plus loin, et que je vous envoie seulement un compliment : je voudrois que

Coulanges, dans le manuscrit autographe de ses chansons.) — Robinet est à une lieue de Montélimar, et à cinq grandes lieues de Grignan. Une note de Perrin dit à deux lieues.

8. Les mots *ni sans aucune incommodité* et *hier au soir* manquent dans l'édition de la Haye, la seule de 1726 qui donne cette lettre.

9. Voyez la note 6 de la lettre 169.

10. Voyez la note 2 de la lettre 230.

11. « Il est difficile de deviner le nom de ce prisonnier, » dit Walckenaer, tome IV, p. 198. « Il n'en est pas de même d'un monsieur [M...]. Nul doute qu'il ne soit ici question de M. Mey, riche amateur des beaux-arts, Italien d'origine, dont les étrangers qui passaient à Lyon allaient visiter la maison, située à la montée des Capucins, célèbre par sa belle vue, la magnifique collection de tableaux et les beaux objets d'antiquité qu'elle renfermait. On y admirait surtout alors ce beau disque antique en argent connu sous le nom de *bouclier de Scipion*, qui fut acheté par Louis XIV après la mort de M. Mey, et qui est aujourd'hui un des ornements du cabinet des médailles de la Bibliothèque nationale. » (*Même tome*, p. 199.)

vous lui entendissiez dire ces folies. Elle vous viendra voir, et vous réjouira. Bagnols [12] s'en va à Paris ; vous vous passerez très-bien de sa femme. Je ne laisse pas de faire valoir vos honnêtetés, et je redouble les miennes, quand je vois qu'elle n'a point dessein de venir.[13]

Adieu, ma très-chère bonne : je vous ai écrit d'Auxerre. Votre enfant se porte bien, elle est à Paris au milieu de toutes sortes de secours, et plus à son aise que moi ; j'ai eu bon esprit de la laisser là ; je l'aime, cette petite [14]. Voilà Mme de Rochebonne, je la baise, et je crois baiser son frère, c'est ce qui fait que je ne lui ferai aucune autre amitié. Quelle joie, ma belle Comtesse [15] !

---

*301. — DU COMTE DE BUSSY RABUTIN
A MADAME DE SÉVIGNÉ.

Le lendemain du jour que j'eus reçu cette lettre (du 22 juillet, voyez p. 151), j'y fis cette réponse.

A Bussy, ce 29ᵉ juillet 1672.

CETTE lettre-ci sera un peu hors de saison quand vous la recevrez, Madame ; car il faut qu'elle aille à Paris, et de là en Provence. La date sera vieille, mais acte de mes diligences : j'aurai toujours fait mon devoir.

Voilà, dit-on, la paix faite avec les Hollandois, et le

---

12. Le nouveau beau-frère de Mme de Coulanges. Voyez la note 3 de la lettre 114.
13. Dans les éditions de Perrin : « Qu'elle n'a nul dessein de venir à Grignan. »
14. Les mots : « je l'aime, cette petite, » manquent dans l'édition de la Haye (1726).
15. Dans les éditions de Perrin : « Quelle joie (1734), ah! quelle joie (1754), d'aller à vous, ma belle Comtesse ! »

1672 Roi de retour¹. S'il n'étoit content de sa gloire, il seroit insatiable; il en a pour le moins pour faire quatre héros.

On me mande que l'Angleterre déclare la guerre à l'Espagne, et que le Roi assiste ses amis les Anglois d'un petit secours qui pourra être d'environ cent mille hommes, commandés par le vicomte, maréchal, prince ².

Mlles de Bussy apprennent l'italien, et j'en ramasse les miettes.

Quand je n'aurois pas été à Dijon pour le procès du comte de Limoges, je n'aurois pas été à votre passage en l'Autunois; car je n'en ai rien su que lorsque vous n'y étiez plus. Ceux que vous aviez chargés de me le faire savoir, ne l'ont pas fait. J'en suis bien fâché, car j'y aurois couru, et le procès de ce pauvre garçon n'auroit pas été plus perdu. Si vous voulez tenir la même route en revenant, et que ce soit depuis la Saint-Martin ³ jusqu'au mois de mai, j'aurai la joie de vous voir à Chaseu, quand Jupiter ne le voudroit pas. Vous n'y mangerez pas de si bons morceaux que sur sa montagne; mais en récompense vous y aurez plus de plaisir. Quand je vous parle ainsi, je vous traite comme moi-même. Vous savez le peu de cas que je fais de la bonne chère.

Vous avez raison de dire que les dehors de Montjeu sont fort embellis depuis seize ans, et que ce temps-là n'a pas fait le même effet en vous. Je n'en sais pourtant rien, mais je m'en doute. Cependant j'ai ouï dire à des

---

LETTRE 301. — 1. Le Roi rentra à Saint-Germain le 1ᵉʳ août; mais la paix n'était point faite.

2. Dans la copie autographe de Bussy on a biffé les quatre derniers mots de cette phrase. Une autre main a écrit au-dessus, dans l'interligne : « M. de Turenne. » Voyez plus haut, p. 49, note 6.

3. Le 11 novembre.

gens qui vous ont vue depuis peu, que, comme disoit Bensserade de la lune :

> Et toujours fraîche et toujours blonde,
> Vous vous maintenez par le monde [4].

Ce qui vous tient en cet état, c'est à mon avis le contraire de ce qui embellit les jardins. Il y faut travailler, et si l'on vous cultivoit, vous ne seriez pas si belle que vous êtes; mais vous avez mis bon ordre à réparer les dommages que les années feront un jour à vos attraits. Vous avez fait une certaine provision d'esprit, outre celui que Dieu vous a donné, que vous n'useriez pas en un siècle. Si nous nous voyions souvent vous et moi, nous nous en porterions mieux; car rien ne contribue tant à la santé que la joie. Ce sera quand il plaira à Jupiter, puisque Jupiter y a.

Je suis bien aise que vous ayez trouvé la petite Toulongeon à votre gré. C'est un ouvrage de mes mains, aussi bien que Mlles de Bussy; cela soit dit sans offenser l'honneur de feu Mme d'Épinac [5].

Mes filles sont vos servantes. Elles vous aimeroient fort quand vous ne seriez pas leur tante et leur marraine; cela ne gâte rien.

---

4. Ces vers, dont Bussy renverse l'ordre, sont tirés de la IIIᵉ partie (2ᵉ entrée) du *Balet royal de la Nuit*, dansé par le Roi en 1653 :

> O Lune, sans faire du bruit,
> Vous avez bien rôdé la nuit;
> Vous vous maintenez par le monde,
> Et toujours fraîche, et toujours blonde :
> Mais comment vos attraits ne sont-ils point usés?
> Ce n'est pas d'aujourd'hui, Lune, que vous luisez.

(*OEuvres de M. de Bensserade*, 1697, tome II, p. 45 et 46.)

5. Mère de la jeune comtesse de Toulongeon. Voyez la note 5 de la lettre 299, à laquelle celle-ci répond.

1672

Il faut dire le vrai, vous êtes bien tendre de faire plus de trois cents lieues pour voir les gens que vous aimez. Ce ne seroit rien à nous autres galants pour une dame comme Mme de Grignan, qui seroit fort aise de nous voir; mais pour une mère qui n'a que de la tendresse, c'est quelque chose que cette peine. Ramenez la belle, j'en serai fort aise; car j'aime à voir finir les exils.

302. — DE MADAME DE COULANGES
A MADAME DE SÉVIGNÉ ET A MADAME DE GRIGNAN.

Lyon, le 1ᵉʳ août.

J'AI reçu vos deux lettres, ma belle, et je vous rends mille grâces d'avoir songé à moi dans le lieu où vous êtes. Il fait un chaud mortel; je n'ai d'espérance qu'en sa violence[1]. Je meurs d'envie d'aller à Grignan; ce mois-ci passé, il n'y faudra pas songer; ainsi je vous irai voir assurément, s'il est possible que je puisse arriver en vie; au retour, vous croyez bien que je ne serai pas dans cet embarras. Le marquis de Villeroi passe sa vie à regretter le malheur qui l'a empêché de vous voir. Les violons sont tous les soirs en Bellecour[2]. Je m'y trouve peu, par la raison que je quitte peu ma mère : dans l'espérance d'aller à Grignan, je fais mon devoir à merveilles; cela m'adoucit l'esprit. Mais quel changement! vous souvient-il de la figure que Mme Solus[3] faisoit dans le temps que vous étiez ici? Elle a fait imprudemment ses délices de

---

LETTRE 302. — 1. Selon le proverbe, *que ce qui est violent ne dure pas.* (*Note de l'édition de 1751.*)

2. Place publique de la ville de Lyon. (*Note de la même édition.*)

3. On voit par les chansons du temps que son mari était un homme de finance.

Mme Carle ; celle-ci avoit, dit-on, ses desseins ; pour moi, je n'en crois rien ; cependant c'est le bruit de Lyon ; en un mot, c'est de Mme Carle que Monsieur le Marquis[4] paroît amoureux. Mme Solus se désespère ; mais elle aime mieux voir Monsieur le Marquis infidèle que de ne le point voir. Cela fait croire qu'elle ne prendra jamais le parti de se jeter dans un couvent. Cette histoire vous paroît-elle avoir la grâce de la nouveauté ? Continuez à m'écrire, ma très-belle : vos lettres me touchent le cœur. Mme de Rochebonne est toujours dans le dessein de vous aller voir. Je ne savois point que Mme de Grignan eût été malade ; si c'est une maladie sans suite, sa beauté n'en souffrira pas longtemps. Vous savez l'intérêt que je prends à tout ce qui pourroit cet hiver vous empêcher l'une et l'autre de revenir de bonne heure.

Adieu, ma très-chère amie ; j'oubliois de vous dire que le marquis de Villeroi se propose d'aller à Grignan avec votre ami le comte de Rochebonne. Je vous suis très-obligée de vouloir bien de moi. Il y a peu de choses que je souhaite davantage que de me rendre au plus vite dans votre château. Mon impatience, quoique violente, dure toujours. Cela me fait craindre pour le chaud : il doit être insupportable, puisque je ne m'y expose pas. La rapidité du Rhône convient à l'envie que j'ai de vous embrasser.

Ainsi, Madame[5], je ne désespère point du tout de vous aller conter les plaisirs de Bellecour. Vous me promettez de ne me point dire : « Allez, allez, vous êtes une laide ; » cela me suffit. J'ai peur que vous ne traitiez mal notre

---

4. Le marquis de Villeroi.
5. La fin de la lettre s'adresse à Mme de Grignan : voyez les lettres suivantes de Mme de Coulanges.

1672

gouverneur⁶. Vos manières m'ont toujours paru différentes de celles de Mme de Solus. Vous savez bien que l'on dit à Paris que Vardes et lui se sont rencontrés, devinez où ?

303. — DE MADAME DE COULANGES
A MESDAMES DE SÉVIGNÉ ET DE GRIGNAN.

Lyon, le 11ᵉ septembre.

Je suis ravie de pouvoir croire que vous m'avez un peu regrettée. Ce qui me persuade que je le mérite, c'est le chagrin que j'ai eu de ne vous plus voir. J'ai fait vos compliments au Charmant¹ : il les a reçus comme il le devoit, j'en suis contente. Si je prenois autant d'intérêt en lui que M. de Coulanges, je serois plus aise de ce qu'il dit de vous pour lui que pour vous. Mme d'Assigni a gagné son procès tout d'une voix. Envoyez-moi M. de Corbinelli, son appartement est tout prêt; je l'attends avec une impatience qui mérite qu'il fasse ce petit voyage. Toutes nos beautés attendent, et ne veulent point partir pour la campagne qu'il ne soit arrivé. S'il abuse de ma simplicité, et que tout ceci se tourne en projets, je romps pour toujours avec lui. Adieu, ma vraie amie. C'est à Madame la comtesse de Grignan que j'en veux.

Je n'ai plus de goût pour l'ouvrage, Madame; on ne sait travailler qu'à Grignan. Le Charmant et moi, nous en commençâmes un il y a deux jours; vous y aviez beau-

---

6. C'est le duc de Villeroi qui était gouverneur de Lyon; mais, comme nous l'avons dit, son fils le marquis l'était en survivance. Voyez tome II, p. 471, note 13, et Walckenaer, tome IV, p. 224, 225.
Lettre 303. — 1. Le marquis de Villeroi.

coup de part; vous me trouveriez une grande ouvrière à l'heure qu'il est. Il me paroît que le Charmant vous voudroit bien envoyer des patrons; mais le bruit court que vous ne travaillez point à patrons, et que ceux que vous donnez sont inimitables.

Adieu, ma chère Madame, je trouve une grande facilité à me défaire de ma sécheresse, quand je songe que c'est à vous que j'écris.

304. — DE CORBINELLI ET DE MADAME DE SÉVIGNÉ AU COMTE DE BUSSY RABUTIN.

Deux mois après avoir écrit cette lettre (du 29 juillet, voyez p. 157), je reçus celle-ci de Corbinelli, au bout de laquelle étoit celle de Mme de Sévigné.

A Grignan en Provence, ce 18e septembre 1672.

DE CORBINELLI.

J'AI reçu ici votre lettre, Monsieur, avec d'autant plus de joie que je l'ai pu montrer à Mme de Sévigné, et parler de vous avec elle, comme vous pouvez juger qu'on doit faire. J'ai eu un plaisir extrême d'apprendre d'elle que vous étiez mieux ensemble que jamais; je ne doute pas que vous ne la revoyiez en repassant.

Le marquis d'Oraison[1] m'a dit vous avoir vu à Dijon, et qu'il étoit fort de vos amis.

Au reste, Monsieur, il me semble que nous devrions nous adresser nos lettres à droiture; Mme de Sévigné est de mon avis.

LETTRE 304. — 1. Probablement, dit M. Lalanne dans une note, André, marquis d'Oraison, dont la seconde fille épousa le chevalier de Grignan (Adhémar).

1672

Je vous prie de me dire comment vous avez digéré le déplaisir de n'être pas témoin des grandes victoires du Roi, et de la ruine de toute une république en une demi-campagne. Comment persuaderiez-vous ce prodige à la postérité, si vous étiez son historien?

Hoc opus, hic. labor est[2].

Je sais que votre éloquence égale ses hauts faits; mais égalera-t-elle le peu de disposition que cette postérité aura de croire des choses si peu vraisemblables? Mais que dira-t-elle cette postérité pour justifier le Roi de vous avoir traité comme il a fait, après tant de services considérables? et que direz-vous vous-même pour le mettre à couvert du blâme qu'il en pourroit recevoir?

Comment se portent Mesdemoiselles de Bussy? On m'a dit qu'elles apprenoient l'italien : c'est très-bien fait à elles. Je meurs d'envie de voir ce qu'elles savent dans le *Pastor fide*[3] et dans l'*Aminte*, car je ne les crois pas encore assez habiles pour entendre le Tasse.

DE MADAME DE SÉVIGNÉ.

Les oreilles ne vous ont-elles point corné depuis que j'ai ici notre cher Corbinelli, et surtout l'oreille droite? car c'est l'oreille droite qui corne quand on dit du bien. Quand nous avons fini de vous louer par tout ce que vous avez de louable, nous pleurons sur votre malheur et sur l'abîme où votre étoile vous a jeté. Mais finissons ce triste chapitre, en attendant que la mort finisse tout.

2. Virgile, *Énéide*, livre VI, v. 129.
3. Le *Pastor fido* de Guarini. Ce titre est ainsi francisé dans la copie de Bussy. — Nous n'avons pas besoin de dire que par *le Tasse* Corbinelli entend la *Jérusalem délivrée*. L'*Aminta* du même auteur offre moins de difficultés.

Je vous conseille de vous mettre dans l'italien : c'est une nouveauté qui vous réjouira. Mes nièces vos filles sont aimables; elles ont bien de l'esprit; mais le moyen d'être auprès de vous sans en avoir?

M. et Mme de Grignan vous font mille compliments. Si Bussy étoit en Provence, ou Grignan en Bourgogne, vous vous en trouveriez tous très-bien.

---

305. — DU COMTE DE BUSSY RABUTIN A CORBINELLI ET A MADAME DE SÉVIGNÉ.

Deux jours après que j'eus reçu ces lettres, j'y fis réponse, et premièrement à Corbinelli.

A Bussy, ce 24ᵉ octobre[1] 1672.

A CORBINELLI.

Je ne doute pas que nous ne fassions mieux de nous écrire tout droit que par Paris. Je viens de recevoir votre lettre du 18ᵉ de septembre; ce sont pourtant cinq semaines qu'elle a été par les chemins.

J'ai eu bien de la joie, Monsieur, de la recevoir avec celle de ma cousine, c'est-à-dire des deux personnes du monde que j'aime et que j'estime le plus.

J'ai été quinze jours à Dijon, où j'ai vu le marquis d'Oraison quatre ou cinq fois à la comédie, et une ou deux à une symphonie qui se fait chez un conseiller du parlement tous les dimanches, et nous nous sommes parlé deux ou trois fois. S'il ne faut que cela en Provence pour

---

LETTRE 305. — 1. Le commencement de la lettre de Bussy prouve que la date est bien le 24. Dans la première édition on a omis le 2, et imprimé 4 octobre.

1672 faire une grande amitié, on y va bien vite, et je vois bien par là qu'il y fait fort chaud.

Vous voulez savoir comment j'ai supporté le chagrin de n'avoir pas été auprès du Roi pendant cette campagne. Avec toutes les peines du monde. Ma philosophie, qui me sert fort bien sur l'état de ma fortune, est une bête quand il est question de me consoler de n'avoir pas passé le Rhin à la vue du Roi.

Vous me demandez comment je ferois, si j'étois son historien, pour persuader à la postérité les merveilles de sa campagne. Je dirois la chose uniment, et sans faire tant de façons, qui d'ordinaire sont suspectes de fausseté, ou au moins d'exagération; et je ne ferois pas comme Despréaux, qui dans une épître qu'il adresse au Roi, fait une fable des actions de sa campagne, parce, dit-il, qu'elles sont si extraordinaires, qu'elles ont déjà un grand air de fable[2].

Vous me demandez ce que je crois que dira la postérité sur l'état de ma fortune, après les services que j'ai

2. Voici les vers de Boileau :

Il faut au moins du Rhin tenter l'heureux passage.
. . . .
Muses, pour le tracer, cherchez tous vos crayons;
Car puisqu'en cet exploit tout paroît incroyable,
Que la vérité pure y ressemble à la fable,
De tous vos ornements vous pouvez l'égayer.

Les critiques que fit Bussy de l'*Épître au Roi* furent rapportées à l'auteur, et il paraît que d'abord Boileau promit de s'en venger; mais Bussy sollicita les bons offices du P. Rapin, provoqua une démarche du comte de Limoges, et la querelle fut prévenue. Voyez au tome II de sa *Correspondance* la lettre insolente, pleine de menace, que Bussy écrivit le 10 avril 1673 au P. Rapin, et que celui-ci sans doute n'eut garde de montrer; la lettre du comte de Limoges (du 26 avril), rendant compte de son entrevue avec le poëte; et les deux lettres courtoises (du 25 et du 30 mai) qu'échangèrent Boileau et le comte de Bussy.

rendus. Elle dira que j'étois bien malheureux; et sachant, comme elle saura, la droiture du cœur du Roi, elle le plaindra de n'avoir pu me connoître, et de ne m'avoir vu que par les yeux de gens qui ne m'aimoient pas. Elle dira encore que j'étois sage de parler comme je fais, et que qui se plaint de ses disgrâces avec autant de discrétion, est une grande marque qu'il ne les mérite pas.

Mlles de Bussy savent assez l'italien en prose, mais non pas encore en vers.

A MADAME DE SÉVIGNÉ.

Vous pensez peut-être vous moquer, Madame, quand vous me demandez si les oreilles ne m'ont point corné depuis que notre ami Corbinelli est avec vous. Il y a environ un mois que je crus avoir un rhumatisme dans la tête, tant elles me cornoient; mais je vois bien que c'est dans le temps que vous parliez de moi tous deux.

Vous me faites grand plaisir de me louer; j'aime extrêmement votre estime. Pour vos plaintes, je vous en rends grâce : je n'aime pas à faire pitié; et puis il y a longtemps que les regrets des maux qu'on m'a faits sont passés; je songe à m'en tirer sans impatience, et le grand fondement que je fais de mes espérances, c'est sur le soin que j'ai de vivre. Pourvu que je vive, je sortirai d'ici, et j'en sortirai agréablement. Cependant je suis mieux que les gens de la cour les mieux établis, en ce que j'espère, et que je ne crains rien. Je me divertis, je goûte la vie, j'ai l'esprit net, une raison assez droite, et je suis content de ce que j'ai :

J'en connois de plus misérables[3].

3. C'est le dernier vers du fameux sonnet de Job, de Benserade. Voyez ses *OEuvres*, 1697, tome I, p. 174.

J'ai passé le temps d'apprendre l'italien; j'en laisse la curiosité à mes filles, je me dresse en les dressant. Je serai bien aise qu'elles aient l'esprit agréable, mais ce que je veux qu'elles aient préférablement, c'est de la raison, car c'est de quoi l'on a le plus affaire dans la vie.

J'oubliois de vous dire que M. et Mme de Toulongeon étant ici il y a six semaines, leur postillon mit le feu dans mes écuries, ce qui m'en brûla deux[4]. Si la fortune ne m'avoit dressé aux malheurs, je romprois la tête à tout le monde sur cela de mes lamentations; mais je n'ai non plus songé à cette perte que si c'étoient les écuries d'un autre.

Vous voulez bien que j'assure ici Monsieur et Madame de Grignan de mes très-humbles services. Je viens de vous dire que je passois assez bien mon temps pour un exilé; mais je le passerois encore bien mieux si j'étois leur voisin; et j'aurois plus d'indifférence pour mon rappel à la cour que je n'en ai.

---

306. — DE MADAME DE COULANGES A MESDAMES DE SÉVIGNÉ ET DE GRIGNAN ET A CORBINELLI.

Lyon, le 30ᵉ octobre.

JE suis très en peine de vous, ma belle; aurez-vous toujours la fantaisie de faire le bon corps[1]? Falloit-il vous mettre sur ce pied-là après avoir été saignée? Je meurs d'impatience d'avoir de vos nouvelles, et il se passera des

---

4. Mme de Coligny a effacé ces mots, depuis « M. et Mme de Toulongeon, » et y a substitué ceux-ci : « Mes écuries furent brûlées il y a un mois, »

LETTRE 306. — 1. Comparez pour cette expression la lettre du 26 décembre suivant, p. 176.

temps infinis avant que j'en puisse recevoir. Hélas! voici un adieu, ma délicieuse amie : je m'en vais faire cent lieues pour m'éloigner de vous! Quelle extravagance! Depuis que le jour est pris pour m'en aller à Paris, je suis enragée de penser à tout ce que je quitte. Je laisse ma famille, une pauvre famille désolée; et cependant je pars le jour même de la Toussaint pour Bagnols², de Bagnols à Roanne, et puis vogue la galère!

N'êtes-vous pas ravie du présent que le Roi a fait à M. de Marsillac³? N'êtes-vous pas charmée de la lettre que le Roi lui a écrite? Je suis au vingtième livre de l'Arioste : j'en suis ravie. Je vous dirai, sans prétendre abuser de votre crédulité, que si j'étois reçue dans votre troupe à Grignan, je me passerois bien mieux de Paris, que je ne me passerai de vous à Paris. Mais, adieu, ma vraie amie, je garde le Charmant pour la belle Comtesse.

Écoutez, Madame, le procédé du Charmant : il y a un

2. Bagnols est un petit village, à trois lieues au sud de Villefranche, à deux lieues ouest d'Anse (voyez la note 1 de la lettre du 11 octobre 1673). « Il est situé à la droite de la route (*de Villefranche à Tarare*), sur un plateau d'où l'on découvre au loin de riches campagnes couvertes de vignes et de prairies. Le château.... reconstruit par le maréchal de Saint-André, et visité par Mme de Sévigné en 1673(?), est assez bien conservé et possède plusieurs tableaux remarquables. » (M. Joanne, *Itinéraire général de la France*, I, Ire partie, p. 268.) Ce château appartenait sans doute alors au père de Mme de Coulanges.

3. De la charge de grand maître de la garde-robe. (*Note de l'édition de 1751.*) — « Il (*le Roi*) écrivit à M. de la Rochefoucauld (*au prince de Marsillac*), après l'avoir fait grand maître de la garde-robe : « Je me réjouis comme votre ami du présent que je vous ai fait comme votre maître. » (*Mémoires de l'abbé de Choisy*, tome LXIII, p. 160.) Saint-Simon, tome VII, p. 190, rapporte le billet au don qui fut fait plus tard à Marsillac de la charge de grand veneur; mais il paraît bien par la lettre de Mme de Coulanges qu'il se trompe.

mois que je ne l'ai vu. Il est à Neufville[4], outré de tristesse, et quand on prend la liberté de lui en parler, il dit que son exil est long; et voilà les seules paroles qu'il a proférées depuis l'infidélité de son *Alcine*[5]. Il hait mortellement la chasse, et il ne fait que chasser; il ne lit plus, ou du moins il ne sait ce qu'il lit; plus de Solus[6], plus d'amusement : il a un mépris pour les femmes qui empêche de croire qu'il méprise celle qui outrage son amour et sa gloire. Le bruit court qu'il viendra me dire adieu le jour que je partirai. Je vous manderai le changement qui est arrivé en sa personne. Je suis de votre avis, Madame : je ne comprends point qu'un amant ait tort parce qu'il est absent; mais qu'il ait tort étant présent, je le comprends mieux. Il me paroît plus aisé de conserver son idée sans défauts pendant l'absence. *Alcine* n'est pas de ce goût : le Charmant l'aime de bien bonne foi; c'est la seule personne qui m'ait fait croire à l'inclination naturelle; j'ai été surprise de ce que je lui ai entendu dire là-dessus; mais que deviendra-t-elle, comme vous dites, cette inclination? Peut-être arrivera-t-il un jour que le Charmant croira s'être mépris, et qu'il contera les appas trompeurs d'*Alcine*[7]. Le bruit de la reconnoissance que

4. Château de la maison de Villeroi, à quatre lieues de Lyon. (*Note de l'édition de* 1751.)

5. C'est, je crois, Mme la comtesse de Soissons qui est désignée ici comme l'enchanteresse qui captivait le marquis de Villeroi. Voyez la note 6 de la lettre du 12 février 1672 (*tome* II, p. 501). (*Note de l'édition de* 1818.) — M. Walckenaer croit avec plus de vraisemblance, ce semble, qu'*Alcine* était la duchesse d'Aumont, et que le gros cousin dont Mme de Coulanges parle un peu plus loin était, non Louvois, mais son frère l'archevêque de Reims. Voyez le chapitre VIII du tome IV des *Mémoires sur Mme de Sévigné*.

6. Voyez la lettre du 1er août précédent, p. 160, 161.

7. Allusion à la surprise de Roger, lorsqu'à l'aide de l'anneau enchanté il ne vit plus dans *Alcine* qu'une petite vieille, difforme et rebutante. Voyez l'*Orlando furioso*, chant VII, stance 72.

l'on a pour l'amour de mon gros cousin [8] se confirme. Je ne crois que médiocrement aux méchantes langues; mais mon cousin, tout gros qu'il est, a été préféré à des tailles plus fines; et puis, après un petit [9], un grand : pourquoi ne voulez-vous pas qu'un gros trouve sa place? Adieu, Madame, que je hais de m'éloigner de vous!

Venez, mon cher confident [10], que je vous dise adieu. Je ne puis me consoler de ne vous avoir point vu. J'ai beau songer au chagrin que j'aurois eu de vous quitter, il n'importe; je préférerois ce chagrin à celui de ne vous avoir point fait connoître les sentiments que j'ai pour vous. Je suis ravie du talent qu'a M. de Grignan pour la friponnerie; ce talent est nécessaire pour représenter le vraisemblable. Adieu, mon cher Monsieur; quand vous me promettez d'être mon confident, je me repens de n'être pas digne d'accepter une pareille offre; mais venez vous faire refuser à Paris.

Adieu, mon amie; adieu, Madame la Comtesse; adieu, Monsieur de Corbinelli : je sens le plaisir de ne vous point quitter en m'éloignant; mais je sens bien vivement le chagrin d'être assurée de ne trouver aucun de vous où je vais.

Je ne veux point oublier de vous dire que je suis si aise de l'abbaye que le Roi a donnée à M. le Coadjuteur, qu'il

---

8. M. de Louvois, ministre. (*Note de l'édition de* 1751.) — Mais voyez la note 5.

9. On appela longtemps à la cour le marquis de Villeroi le *petit marquis*. Voyez les *Mémoires de Brienne*, Paris, 1828, tome II, p. 311.

10. Corbinelli.

1672 me semble qu'il y a de l'incivilité à ne m'en point faire de compliment[11].

307. — DE MADAME DE SÉVIGNÉ A ARNAULD D'ANDILLY.

A Aix, 11° décembre.

Au lieu d'aller à Pompone vous faire une visite, vous voulez bien que je vous écrive. Je sens la différence de l'un à l'autre; mais il faut que je me console au moins de ce qui est en mon pouvoir. Vous seriez bien étonné si j'allois devenir bonne à Aix. Je m'y sens quelquefois portée par un esprit de contradiction, et voyant combien Dieu y est peu aimé, je me trouve chargée d'en faire mon devoir. Sérieusement les provinces sont peu instruites des devoirs du christianisme. Je suis plus coupable que les autres, car j'en sais beaucoup. Je suis assurée que vous ne m'oubliez jamais dans vos prières, et je crois en sentir des effets toutes les fois que je sens une bonne pensée.

J'espère que j'aurai l'honneur de vous revoir ce printemps, et qu'étant mieux instruite, je serai plus en état de vous persuader tout ce que vous m'assuriez que je ne vous persuadois point. Tout ce que vous saurez entre ci et là, c'est que si le prélat[1], qui a le don de gouverner les provinces[2], avoit la conscience aussi délicate

---

11. Voyez plus loin, p. 183 (note 1 de la lettre 311), pour quelle raison nous avons placé ailleurs les trois lettres qui dans les éditions antérieures suivent notre lettre 306.

LETTRE 307 (revue sur l'autographe). — 1. Voyez la *Notice*, p. 125 et suivantes, et particulièrement p. 127 et 128.

2. On lit dans l'autographe : « le dom de gouverner les provinces. »

que M. de Grignan, il seroit un très-bon évêque³; *ma basta*⁴.

Faites-moi la grâce de me mander de vos nouvelles : parlez-moi de votre santé, parlez-moi de l'amitié que vous avez pour moi; donnez-moi la joie de voir que vous êtes persuadé que vous êtes au premier rang de tout ce qui m'est le plus cher au monde : voilà ce qui m'est nécessaire pour me consoler de votre absence, dont je sens l'amertume au travers de toute l'amour maternelle.

M. de Rabutin Chantal.

Suscription : Pour Monsieur d'Andilly, à Pompone.

---

308. — DE MADAME DE SÉVIGNÉ A MADAME DE GRIGNAN.

A Lambesc, mardi 20ᵉ décembre,
à dix heures du matin.

Quand on compte sans la Providence, ma chère fille, on court risque souvent de se mécompter¹. J'étois toute habillée à huit heures, j'avois pris mon café, entendu la messe, tous les adieux faits, le bardot² chargé; les sonnettes des mulets me faisoient souvenir qu'il falloit monter en litière; ma chambre étoit pleine de monde, qui me prioit de ne point partir, parce que depuis plusieurs jours il pleut beaucoup, et depuis hier continuellement, et

---

3. Mme de Sévigné avait d'abord répété le mot *prélat;* puis elle l'a effacé, pour écrire *évêque* au-dessus.

4. *Mais suffit.*

Lettre 308. — 1. Dans son édition de 1754, Perrin a ainsi corrigé la fin de cette phrase : « il faut très-souvent compter deux fois. »

2. Petit mulet.

même dans le moment. Je résistois hardiment à tous ces discours, faisant honneur à la résolution que j'avois prise et à tout ce que je vous mandai hier par la poste, en assurant que j'arriverois jeudi, lorsque tout d'un coup M. de Grignan, en robe de chambre d'omelette, m'a parlé si sérieusement de la témérité de mon entreprise, que mon muletier ne suivroit pas ma litière, que mes mulets tomberoient dans les fossés, que mes gens seroient mouillés et hors d'état de me secourir, qu'en un moment j'ai changé d'avis, et j'ai cédé entièrement à ses sages remontrances. Ainsi coffres qu'on rapporte, mulets qu'on détèle, filles et laquais qui se sèchent pour avoir seulement traversé la cour, et messager que l'on vous envoie, connoissant vos bontés et vos inquiétudes, et voulant aussi apaiser les miennes, parce que je suis en peine de votre santé, et que cet homme ou reviendra nous en apporter des nouvelles, ou me trouvera par les chemins. En un mot, ma chère enfant, il arrivera³ jeudi au lieu de moi, et moi, je partirai bien véritablement quand il plaira au ciel et à M. de Grignan, qui me gouverne de bonne foi, et qui comprend toutes les raisons qui me font souhaiter passionnément d'être à Grignan. Si M. de la Garde⁴ pouvoit ignorer tout ceci, j'en serois fort aise ; car il va triompher du plaisir de m'avoir prédit tout l'embarras où je me trouve ; mais qu'il prenne garde à la vaine gloire qui pourroit accompagner le don de prophétie dont il pourroit se flatter. Enfin, ma fille, me voilà, ne m'attendez plus. Je vous surprendrai, et ne me hasarderai point, de peur de vous donner de la peine, et à moi aussi. Adieu, ma très-chère et très-aimable ; je vous assure que je suis

---

3. Dans l'édition de 1754 : « Il arrivera à Grignan. »
4. Le comte de la Garde, cousin germain maternel du comte de Grignan. Voyez la lettre du 2 novembre 1673.

fort affligée d'être prisonnière à Lambesc; mais le moyen de deviner des pluies qu'on n'a point vues dans ce pays depuis un siècle⁵?

---

309. — DE MADAME DE COULANGES A MADAME DE SÉVIGNÉ.

A Paris, le 26ᵉ décembre.

LE siége de Charleroi est enfin levé¹. Je ne vous mande aucun détail de ce qui s'y est passé, sachant que Mlle de Méri en envoie une relation à Mme de Grignan. On ignore jusqu'à présent quelle route le Roi prendra : les uns disent qu'il retournera tout droit à Saint-Germain; les autres, qu'il ira en Flandre : nous serons bientôt éclaircis de sa marche. Sans vanité, je sais des nouvelles à l'arrivée des courriers; c'est chez M. le Tellier² qu'ils descendent, et j'y passe mes journées; il est malade, et il paroît que je l'amuse; cela me suffit pour m'obliger à une grande

---

5. Dans la seconde édition de Perrin, cette lettre est suivie de la remarque que voici : « Mme de Sévigné qui étoit arrivée à Grignan vers les derniers jours de juillet 1672, fut obligée de s'en retourner à Paris vers les premiers jours d'octobre 1673; et c'est de ce temps-là que recommence son commerce de lettres avec Mme de Grignan. » Voyez p. 231.

LETTRE 309. — 1. Le prince d'Orange fut obligé de lever le siége de Charleroi, le 22 décembre 1672. (*Note de l'édition de 1751.*) — Charles de Montsaulnin, comte de Montal, s'était jeté fort à propos dans Charleroi, et le Roi s'en étant approché avec son armée, le siége fut levé. Le Roi lui donna le bailliage de Binche. Bussy, qui était parent de Montal, dont la mère s'appelait Gabrielle de Rabutin, dame de Montal, lui écrivit à l'occasion de son succès le 6 janvier 1673. Sa lettre, dans le manuscrit de l'Institut, est suivie de réflexions chagrines sur l'heureuse chance de Montal.

2. Mme de Coulanges étoit nièce de M. le Tellier, depuis chancelier de France. (*Note de l'édition de 1751.*)

assiduité. Je ne comprends point par quelle aventure vous n'avez pas reçu la lettre de M. de Coulanges, dans laquelle je vous écrivois. C'est une médiocre perte pour vous; j'ai cependant la confiance de croire que vous regrettez cette lettre, parce que je vous aime, ma très-belle, et que vous m'avez toujours paru reconnoissante.

J'ai été à la messe de minuit; j'ai mangé du petit salé au retour; en un mot, j'ai un assez bon corps cette année pour être digne du vôtre. J'ai fait des visites avec Mme de la Fayette; et je me trouve si bien d'elle, que je crois qu'elle s'accommode de moi. Nous avons encore ici Mme de Richelieu; j'y soupe ce soir avec Mme du Fresnoi. Il y a grande presse de cette dernière à la cour : il ne se fait rien de considérable dans l'État, où elle n'ait part³. Pour Mme Scarron, c'est une chose étonnante que sa vie⁴ : aucun mortel, sans exception, n'a commerce avec elle. J'ai reçu une de ses lettres; mais je me garde bien de m'en vanter, de peur des questions infinies que cela attire. Le rendez-vous du beau monde est les soirs chez la maréchale d'Estrées⁵; Manicamp et ses deux sœurs⁶

---

3. Elle était maîtresse de Louvois. Voyez la note 2 de la lettre 218, la *Correspondance de Bussy*, tome II, p. 237, et Saint-Simon, tome I, p. 60. « Ce qu'il y avoit de plus grand de l'un et de l'autre sexe étoit appliqué à faire sa cour à cette femme, qui de son côté y répondoit avec toute l'insolence que donnent la beauté et la prospérité, jointes à une basse naissance et à fort peu d'esprit. » (*Mémoires de la Fare*, tome LXV, p. 224.)

4. Elle habitait « au faubourg Saint-Germain, par delà les Carmes, » dit Mademoiselle (tome IV, p. 394), une maison isolée où, dans un profond secret, elle élevait le duc du Maine et le comte de Vexin, enfants de Mme de Montespan. Voyez la lettre du 4 décembre 1673.

5. Gabrielle de Longueval, veuve sans enfants de François-Annibal duc et maréchal d'Estrées, frère de la belle Gabrielle. Voyez plus haut, p. 24, note 3.

6. Bernard de Longueval, marquis de Manicamp (mort en 1684); Gabrielle, veuve du vieux maréchal d'Estrées (voyez la note pré-

sont assurément bonne compagnie; Mme de Senneterre s'y trouve quelquefois, mais toujours sous la figure d'Andromaque; on est ennuyé de sa douleur. Pour elle, je comprends qu'elle s'en accommode mieux que de son mari. Cette raison devroit pourtant lui faire oublier qu'elle est affligée. Je la crois de bonne foi, ainsi je la plains.

Les gendarmes-Dauphin[7] sont dans l'armée de Monsieur le Prince; il faut espérer qu'on les mettra bientôt en quartier d'hiver, et qu'ils auront un moment pour donner ordre à leurs affaires : je connois des gens qui en sont accablés[8].

Adieu, ma très-aimable, je vais me préparer pour la grande occasion de ce soir; il faut être bien modeste pour se coiffer, quand on soupe avec Mme du Fresnoi. Permettez-moi de faire mille compliments à Mme de Grignan; je voudrois bien que ce fût des amitiés, mais vous ne voulez pas.

La princesse d'Harcourt a paru à la cour sans rouge, par pure dévotion : voilà une nouvelle qui efface toutes les autres; on peut dire aussi que c'est un grand sacrifice : Brancas en est ravi. Il vous adore, mon amie : ne le désapprouvez donc pas lorsqu'il censure les plaisirs que vous avez sans lui; c'est la jalousie qui l'y oblige; mais vous ne voudriez de la jalousie que de

cédente); et Françoise, chanoinesse de Remiremont (morte en 1688). La comtesse de Bussy était leur cousine par sa mère. (Voyez la lettre du 6 juillet 1680.) — Mme de Senneterre (dont Mme de Coulanges va parler) était aussi une Longueval; on a vu plus haut (tome II, p. 400, 401) que son mari avait été assassiné au mois d'octobre.

7. Le marquis de la Trousse, qui passait pour être très-bien avec Mme de Coulanges, était capitaine-lieutenant de cette compagnie; Charles de Sévigné en était guidon. Voyez la lettre du 24 février suivant.

8. Voyez la lettre du 20 mars suivant, p. 197.

ceux dont vous pourriez être jalouse; il faut plaindre Brancas.

310. — DE MADAME DE LA FAYETTE
A MADAME DE SÉVIGNÉ.

A Paris, ce 30° décembre.

J'ai vu votre grande lettre à d'Hacqueville : je comprends fort bien tout ce que vous lui mandez sur l'Évêque[1]. Il faut que le prélat ait tort, puisque vous vous en plaignez. Je montrerai votre lettre à Langlade, et j'ai bien envie encore de la faire voir à Mme du Plessis[2], car elle est très-prévenue en faveur de l'Évêque. Les Provençaux sont des gens d'un caractère tout particulier.

Voilà un paquet que je vous envoie pour Mme de Northumberland[3]. Vous ne comprendrez pas aisément pour-

LETTRE 310. — 1. L'évêque de Marseille.
2. Il s'agit ici, à la fin de cette lettre, et dans la lettre du 19 mai suivant, de la mère de Mlle du Plessis d'Argentré; elle avait un fils établi en Provence : voyez tome II, p. 229, note 3; p. 259, note 8; et Walckenaer, tome V, p. 338. — « Je crois, dit Walckenaer (tome IV, p. 363), que Mme du Plessis était pour Mme de la Fayette une connaissance de sa jeunesse, lorsque.... elle passait une partie de la belle saison à Champiré, dans la terre de son beau-père Renaud de Sévigné. Mme du Plessis d'Argentré mourut en avril ou mai 1680. » Voyez la lettre du 6 mai 1680.
3. « Élisabeth Wriothesley. Elle était la plus jeune des filles du lord trésorier Southampton, et sœur de l'héroïque épouse de ce Russell dont la mort fut un des crimes.... du règne de Charles II.... Par les Russell lady Northumberland se trouvait alliée au marquis de Ruvigny, calviniste et mandataire des Églises réformées.... Élisabeth Wriothesley avait hérité des grands biens de son aïeul maternel; elle fut mariée très-jeune à Josselyn Percy, onzième comte de Northumberland. Les deux époux se rendirent à Paris pour raison de santé, accompagnés de Locke leur médecin, devenu depuis si célèbre.... Le comte continua son voyage jusqu'en Italie, et mourut à Turin.... en 1670. Sa femme, restée à Paris, avait été confiée par lui aux soins

quoi je suis chargée de ce paquet. Il vient du comte de Sunderland[4], qui est présentement ici ambassadeur; il est fort de ses amis; il lui a écrit plusieurs fois; mais n'ayant point de réponse, il croit qu'on arrête ses lettres; et M. de la Rochefoucauld, qu'il voit très-souvent, s'est chargé de faire tenir le paquet dont il s'agit. Je vous supplie donc, comme vous n'êtes plus à Aix, de l'envoyer par quelqu'un de confiance, et d'écrire un mot à Mme de Northumberland, afin qu'elle vous fasse réponse, et qu'elle vous mande qu'elle l'a reçu : vous m'enverrez sa réponse. On dit ici que si M. de Montaigu[5] n'a pas un

de Locke et à Montaigu, alors ambassadeur d'Angleterre. Celui-ci parvint.... à se faire agréer d'elle comme époux (*voyez la lettre de Mme de la Fayette du 26 mai suivant*). Elle mourut à quarante-quatre ans, en 1690. Montaigu fit un second mariage plus riche encore, et surtout plus extraordinaire. Il épousa la folle duchesse d'Albermale, dont il ne put obtenir le consentement qu'en lui faisant croire qu'il était l'empereur de la Chine. Il lui fit rendre tous les honneurs comme à une véritable impératrice de la Chine, et la retint enfermée dans ce même hôtel Montaigu, si célèbre depuis qu'il est devenu le Musée britannique. » (Walckenaer, tome IV, p. 285 et suivante.) Voyez encore les lettres de Mme de la Fayette du 15 avril et du 19 mai suivants.

4. « Robert Spencer, second comte de Sunderland, qui fut deux fois ambassadeur en France et deux fois premier ministre d'Angleterre. Il avait épousé.... Anne Digby, fille du fameux lord Digby, comte de Bristol.... Lord Digby avait été fort lié au temps de la Fronde avec le duc de la Rochefoucauld, et il ne manqua pas de lui recommander son gendre et sa fille. » (Walckenaer, tome IV, p. 283 et suivante.)

5. Ralph Montagu, second fils d'Édouard, lord Montagu. Il fut ambassadeur en France en 1669, admis au conseil privé en 1672; joua un rôle dans la révolution; fut en 1705 élevé au rang de marquis de Monthermer et de duc de Montagu. Il mourut le 7 mars 1708, âgé de soixante-treize ans. (Note des *Mémoires de Gramont*, p. 136, édition Pourrat.) Son frère aîné, Edouard, avait été tué devant Bergues en 1665. Voyez les lettres du 15 avril et 26 mai suivants. Sur ses deux mariages, voyez plus haut la note 3.

heureux succès de son voyage, il passera en Italie, pour faire voir que ce n'est pas pour les beaux yeux de Mme de Northumberland qu'il court le pays. Mandez-nous un peu ce que vous verrez de cette affaire, et comme quoi il sera traité.

La Marans est dans une dévotion et dans un esprit de douceur et de pénitence qui ne se peut comprendre : sa sœur[6], qui ne l'aime pas, en est surprise et charmée; sa personne est changée à n'être pas connoissable : elle paroît soixante ans. Elle trouva mauvais que sa sœur m'eût conté ce qu'elle lui avoit dit sur cet enfant de M. de Longueville[7], et elle se plaignit aussi de moi de ce que je l'avois redonné au public; mais des plaintes si douces, que Montalais en étoit confondue pour elle et pour moi, en sorte que pour m'excuser elle lui dit que j'étois informée de la belle opinion qu'elle avoit que j'aimois M. de Longueville. La Marans, avec une justice admirable, répondit que puisque je savois cela, elle s'étonnoit que je n'en eusse pas dit davantage, et que j'avois raison de me plaindre d'elle. On parla de Mme de Grignan; elle en dit beaucoup de bien, mais sans aucune affectation. Elle ne voit plus qui que ce soit au monde, sans exception. Si Dieu fixe cette bonne tête là, c'est un des grands miracles que j'aie jamais vus[8].

J'allai hier au Palais-Royal avec Mme de Monaco; je m'y enrhumai à mourir; j'y pleurai Madame[9] de tout mon cœur. Je fus surprise de l'esprit de celle-ci[10], non pas

---

6. Mlle de Montalais. Voyez la note 3 de la lettre 159.

7. Voyez sur cet enfant les lettres du 20 juin et du 8 juillet précédents, p. 118 et 143.

8. Voyez la lettre du 25 août (de Mme de Villars).

9. Madame Henriette d'Angleterre.

10. Élisabeth-Charlotte, fille de l'électeur palatin, seconde femme de Monsieur.

de son esprit agréable, mais de son esprit de bon sens. Elle se mit sur le ridicule de M. de Meckelbourg[11] d'être à Paris présentement, et je vous assure que l'on ne peut mieux dire. C'est une personne très-opiniâtre et très-résolue, et assurément de bon goût; car elle hait Mme de Gourdon[12] à ne la pouvoir souffrir. Monsieur me fit toutes les caresses du monde au nez de la maréchale de Clérembaut[13]; j'étois soutenue de la Fiennes, qui la hait

1672

11. Christian, duc régnant (depuis 1658) de Mecklenbourg-Schwérin, qui après avoir divorcé d'avec sa première femme, s'était rendu à Paris, y avait embrassé (1663) la religion catholique, et avait joint à son nom celui de Louis pour plaire à Louis XIV. Il avait épousé en 1664 (voyez la note 2 de la lettre 36) la duchesse de Châtillon, qu'il ne put décider à vivre dans le Mecklenbourg et avec laquelle il séjourna presque constamment à Paris. Il mourut en 1692 à la Haye, où il s'était retiré en 1689. Madame disait au duc de Mecklenbourg lui-même, vers le temps de cette lettre, qu'elle trouvait toute sa conduite pitoyable. « C'était un singulier personnage que ce prince : il était bien élevé, il savait parler le mieux du monde, on ne pouvait lui donner tort quand on l'entendait; mais en tout ce qu'il faisait il était pire qu'un enfant de six ans. Un jour qu'il me faisait ses plaintes, je ne lui répondis mot; il me demanda pourquoi je ne répondais point; je lui dis tout crûment : « Que voulez-vous que je dise à « Votre Dilection? Vous parlez le mieux du monde, mais vos actions « ne répondent pas à vos discours, et toute votre conduite est pi-« toyable et vous fait moquer dans toute la France. » Il en prit de l'humeur et s'en alla. » (*Correspondance de Madame*, tome II, p. 266.) Ailleurs (p. 50 de l'édition allemande de 1789) Madame l'appelle un « fou in-folio. »

12. Henriette de Gourdon de Hontely fut longtemps dame d'atour de Madame de Bavière (voyez la lettre du 21 octobre suivant). Sur ses distractions, voyez la *Correspondance de Madame*, tome I, p. 217. Il paraît qu'elle avait aussi été de la maison de la première Madame, de l'amie de Mme de la Fayette : « On voit, écrit Madame de Bavière (même tome, p. 252), que cette méchante Gourdon n'a eu aucune part à cette affaire (*à l'empoisonnement*); mais elle a accusé Madame auprès de Monsieur; elle en a dit beaucoup de mal à tout le monde, et lui a rendu tous les mauvais offices qu'elle a pu. »

13. Louise-Françoise Bouthillier, fille aînée du secrétaire d'État

1672 mortellement, et à qui j'avois donné à dîner il n'y a que deux jours. Tout le monde croit que la comtesse du Plessis [14] va épouser Clérembault.

M. de la Rochefoucauld vous fait cent mille compliments. Il y a quatre ou cinq jours qu'il ne sort point ; il a la goutte en miniature. J'ai mandé à Mme du Plessis que vous m'aviez écrit des merveilles de son fils. Adieu, ma belle ; vous savez combien je vous aime.

de Chavigny, et veuve depuis 1665 de Philippe de Clérembaut, comte de Palluau, maréchal en 1653. Elle était gouvernante des enfants de Monsieur, haïe du duc, mais fort aimée de la nouvelle duchesse. Voyez la lettre du 6 décembre 1679 et la note, et Saint-Simon, tomes III, p. 383 et suivantes, XIX, p. 425 et suivantes.

14. Marie-Louise le Loup de Bellenave, cousine de Bussy, nièce par sa mère d'Henri du Plessis Guénégaud, veuve d'Alexandre de Choiseul, comte du Plessis Praslin (premier gentilhomme de la chambre de Monsieur en survivance du maréchal du Plessis son père), tué devant Arnheim le 14 juin précédent. Elle se remaria en effet vers le mois d'août 1673 (voyez la *Correspondance de Bussy*, tome II, p. 250, 252, 258, et surtout 281) avec René Gillier, marquis de Clérembault, de Puygarreau, etc. : elle avait alors trente ans, et son mari cinquante. Elle était dame d'honneur de Madame, en survivance de la maréchale du Plessis, sa belle-mère, tandis que le marquis de Clérembault, dont la naissance était légère, dit Saint-Simon, n'était encore chez Monsieur que « dans les basses charges. Amoureuse de Clérembault, elle l'épousa, et pour l'approcher un peu d'elle, eut le crédit de le faire premier écuyer de Madame. L'un et l'autre la quittèrent et vécurent dans une grande avarice et fort dans le néant. » (Saint-Simon, tome I, p. 302, 303.) Elle mourut à quatre-vingt-quatre ans en 1724, ayant eu de son premier mari un fils qui devint duc de Choiseul, et du second une fille unique, mariée au fils aîné du maréchal de Luxembourg.

311. — DE MADAME DE SÉVIGNÉ
A MADAME DE GRIGNAN.

1673

A Marseille, mercredi¹.

Je vous écris entre la visite de Madame l'intendante et une harangue très-belle. J'attends un présent et le présent attend ma pistole. Je suis charmée de la beauté singulière de cette ville. Hier le temps fut divin, et l'endroit d'où je découvris la mer, les bastides, les montagnes et la ville, est une chose étonnante² ; mais surtout je suis ravie de Mme de Montfuron³ : elle est aimable, et on l'aime sans

LETTRE 311 (revue en partie sur une ancienne copie). — 1. Mme de Sévigné, dans les lettres à sa fille, omet en général la date de l'année ; cette lettre de Marseille et les deux suivantes n'ont pas non plus la date du mois. Le chevalier de Perrin, dans ses deux éditions, les a placées entre la lettre du 30 octobre et celle du 20 décembre 1672. Dans l'édition de 1818, on avait suivi le même ordre, et précisé les dates encore davantage en faisant suivre ces trois lettres (n°s 311, 312, 313) de la lettre à Arnauld d'Andilly du 11 décembre, qui n'avait pas été connue de Perrin. Walckenaer (voyez tome IV, p. 362) ne propose pas d'autre changement que de faire précéder les trois lettres de Marseille de celles d'Aix (du 11 décembre) et de Lambesc (du 20 décembre), et de les mettre immédiatement après cette dernière. Nous pensons que cela ne suffit pas, et il nous paraît probable, pour diverses raisons tirées de ces lettres mêmes, qu'elles ont été écrites plus tard. Un passage de la troisième (n° 313) semble indiquer qu'elles sont au moins postérieures à la clôture de l'assemblée des communautés, clôture qui eut lieu à la fin de janvier. Dans une des lettres suivantes (29 janvier 1674) Mme de Sévigné parle d'un voyage de M. de Grignan à Marseille et à Toulon, et ajoute : « Il y a un an, comme à cette heure, que nous y étions ensemble. » Il est possible que ces mots se rapportent au voyage pendant lequel elle écrivit les trois lettres sans date, mais rien ne permet de l'affirmer.

2. Ce lieu s'appelle, en langage du pays, *la visto*. On s'y arrête ordinairement pour admirer la beauté de ce point de vue. (*Note de Perrin*, 1754.)

3. Marie de Pontevez de Buous, femme de Léon de Valbelle, marquis de Montfuron, et cousine germaine du comte de Grignan. (*Note du même.*)

balancer. La foule des chevaliers qui vinrent hier voir M. de Grignan à son arrivée; des noms connus, des Saint-Hérem, etc.; des aventuriers, des épées, des chapeaux du bel air, des gens faits à peindre une idée de guerre, de roman, d'embarquement, d'aventures, de chaînes, de fers, d'esclaves, de servitude, de captivité : moi, qui aime les romans, tout cela me ravit et j'en suis transportée. Monsieur de Marseille vint hier au soir; nous dînons chez lui; c'est l'affaire des deux doigts de la main[4]. Dites-le à Volonne[5]. Il fait aujourd'hui un temps de diantre[6], j'en suis triste; nous ne verrons ni mer, ni galères, ni port. Je demande pardon à Aix, mais Marseille est bien plus joli, et est plus peuplé que Paris à proportion : il y a cent mille âmes. De vous dire combien il y en a de belles, c'est ce que je n'ai pas le loisir de compter. L'air en gros y est un peu scélérat, et parmi tout cela je voudrois être avec vous. Je n'aime aucun lieu sans vous, et moins la Provence qu'un autre : c'est un vol que je regretterai. Remerciez Dieu d'avoir[7] plus de courage que moi, mais ne vous moquez pas de mes foiblesses ni de mes chaînes.

4. Dans le manuscrit : « C'est l'affaire de deux doigts de la main. »

5. Y aurait-il quelque allusion à sa réputation d'empoisonneur? Voyez la lettre du 1er décembre 1673.

6. C'est le texte du manuscrit. Dans l'édition de la Haye (1726) : « un temps du diable; » dans celles de Perrin : « un temps abominable. »

7. « Priez Dieu pour avoir. » (*Édition de la Haye*, 1726.)

312. — DE MADAME DE SÉVIGNÉ
A MADAME DE GRIGNAN.

1673

A Marseille, jeudi à midi....

Le diable est déchaîné en cette ville : de mémoire d'homme, on n'a point vu de temps si vilain. J'admire plus que jamais de donner avec tant d'ostentation les choses du dehors, de refuser en particulier ce qui tient au cœur; poignarder et embrasser, ce sont des manières : on voudroit m'avoir ôté l'esprit; car au milieu de mes honnêtetés, on voit que je vois; et je crois qu'on riroit avec moi, si on l'osoit; tout est de carême-prenant[1].

Hier nous dînâmes chez Monsieur de Marseille : ce fut un très-bon repas. Il me mena l'après-dînée faire des visites nécessaires, et me laissa le soir ici. Le gouverneur me donna les violons, que je trouvai très-bons. Il vint des masques plaisants : il y avoit une petite Grecque fort jolie; votre mari tournoit tout autour : ma fille, c'est un fripon; si vous étiez bien glorieuse, vous ne le regarderiez pas[2]. Il y a un chevalier de Saint-Mesmes qui danse bien à mon gré; il étoit en Turc; il ne haït pas la Grecque, à ce qu'on dit. Je trouve, comme vous, que Bétomas ressemble à Lauzun, et Mme de Montfuron à Mme d'Armagnac, et Mlle des Pennes[3] à feu Mlle de Cossé. Nous ne

LETTRE 312. — 1. Tout ceci a rapport à l'évêque de Marseille : voyez la lettre suivante. — Nous avons adopté le texte de la seconde édition de Perrin. Il y a d'assez notables différences dans sa première et dans celle de la Haye (1726), dans lesquelles on lit ainsi ce commencement : « Le diable est déchaîné, etc. J'admire plus que jamais qu'on donne avec tant d'action dans les choses du dehors, et qu'on se refuse en particulier ce qui tient au cœur. Je me vois poignarder et embrasser de toutes manières : on voudroit m'avoir ôté l'esprit. Au milieu de tant d'honnêtetés, tout est de carême-prenant. »

2. « Vous ne le garderiez pas. » (*Édition de la Haye.*)

3. Mme des Pennes était très-liée avec Mlle de Scudéry. Voyez la note 3 de la lettre 166.

1673 parlons que de Mlle de Scudéry et de la Troche avec la Brétèche, et de toutes choses avec plusieurs qui connoissent Paris. Si tantôt il fait un moment de soleil, Monsieur de Marseille me mènera bayer[4]. En un mot, j'ai déjà de Marseille et de votre absence jusque-là[5]. La *Santa-Crux*[6] est belle, fraîche, gaie et naturelle; rien n'est faux ni emprunté chez elle. Je vous prie de songer déjà à des remerciements pour elle, et à la louer du rigodon où elle triomphe[7].

Adieu, ma très-aimable enfant : hélas! je ne vous ai point vue ici; cette pensée gâte ce qu'on voit. Adhémar, qui, par parenthèse, a pris le nom de chevalier de Grignan[8], a fait le petit démon quand je lui ai dit que vous m'aviez envoyé de l'argent pour lui. Il n'en a que faire, il a dix mille écus; il les jettera par la place; vous êtes folle, il ne vous le pardonnera jamais; mais là-dessus je me sers de ce pouvoir souverain que j'ai sur lui, et j'ai obtenu qu'il recevra seulement un sac de mille francs. Cela est fait, et quoi qu'il dise, je crois qu'il sera dépensé

---

4. Dans l'édition de la Haye (1726) et dans celle de 1734 : « Il fait un moment de soleil. Tantôt Monsieur de Marseille me mènera baisailler. »

5. Pour expliquer *jusque-là*, l'édition de 1754 ajoute : « et en même temps je porte ma main un peu au-dessus de mes yeux. »

6. Marguerite de Galéans des Issarts, femme de Henri de Forbin de Sainte-Croix.

7. Au lieu de ces derniers mots : « et à la louer, etc. » on lit dans l'édition de la Haye (1726) les mots inintelligibles que voici : « à la louer d'un V** dont elle triomphe. » Ce membre de phrase manque dans l'édition de 1734.

8. Depuis la mort du chevalier de Grignan son frère. (*Note de Perrin*, 1734.) — Ces mots : *qui, par parenthèse*, etc., ne seraient-ils pas une addition des éditeurs? Il est étonnant que Mme de Sévigné apprenne à sa fille ce que celle-ci doit savoir pour le moins tout aussi bien qu'elle. — Toute la fin de la lettre, depuis *Adhémar*, manque dans l'édition de 1754

avant que vous receviez cette lettre; le reste viendra en peu de temps; n'en soyez point en peine, ma bonne, ôtez cette bagatelle de votre esprit.

313. — DE MADAME DE SÉVIGNÉ
A MADAME DE GRIGNAN.

A Marseille, jeudi à minuit....

Je vous ai écrit ce matin, ma bonne. Voici ce que j'ai fait depuis : j'ai été à la messe à Saint-Victor[1] avec l'Évêque; de là par mer voir la Réale[2] et l'exercice, et toutes les banderoles, et des coups de canon, et des sauts périlleux d'un Turc; enfin on dîne, et après dîné me revoilà sur le poing de Monsieur de Marseille, à voir la citadelle et la vue[3]; et puis à l'arsenal voir tous les magasins et l'hôpital, et puis sur le port, et puis souper chez ce prélat, où il y avoit toutes sortes de musiques.

Nous avons eu une conversation où j'ai bien dit, ce me semble, et où, sans aucune rudesse, ni brutalité, ni colère, mais raisonnablement et de sang-froid, je lui ai fait voir l'horreur de son procédé pour moi, et combien il m'eût été plus cher de témoigner une véritable amitié à Lambesc, que de m'accabler de cérémonies et de festins à Marseille, et que mon cœur étant blessé, tout cela n'étoit que pour le public. Il m'a paru un peu embarrassé; et en effet, plus la chose s'éloigne, plus il la voit comme elle

---

Lettre 313. — 1. L'abbaye de Saint-Victor, de l'ordre de Saint-Benoît, était près du port.

2. On appelle ainsi la principale des galères du Roi, qui est ordinairement montée par le général des galères. (*Dictionnaire de l'Académie de* 1694.)

3. « La vue qu'on y découvre. » (*Édition de* 1754.)

est. Il n'y a point de réponse à ne me vouloir pas obliger dans une bagatelle où lui-même, s'il m'avoit véritablement aimée[4], il auroit trouvé vingt expédients au lieu d'un. J'ai repassé sur la manière dont sa haine a paru dans cette occasion : j'ai dit que le prétexte étant si petit et si mince, on voyoit la corde et le fond. Enfin nous nous sommes séparés ; mais soyez certaine que quand je serois en faveur, il ne m'auroit pas mieux reçue ici. Nous partons à cinq heures du matin. Je vous quitte, ma petite. J'ai reçu et baisé votre lettre, et lu vos tendresses avec des sentiments qui ne s'expliquent point.

314. — DE LA ROCHEFOUCAULD ET DE MADAME DE LA FAYETTE A MADAME DE SÉVIGNÉ.

A Paris, le 9e février 1673.

DE LA ROCHEFOUCAULD.

Vous ne sauriez croire le plaisir que vous m'avez fait de m'envoyer la plus agréable lettre qui ait jamais été écrite ; elle a été lue et admirée comme vous le pouvez souhaiter. Il me seroit difficile de vous rien envoyer de ce prix-là ; mais je chercherai à m'acquitter, sans espérer néanmoins d'en trouver les moyens, dans le soin de votre santé, car vous vous portez si bien, que vous n'avez pas besoin de mes remèdes.

Madame la Comtesse[1] est allée ce matin à Saint-Germain remercier le Roi d'une pension de cinq cents écus qu'on lui a donnée sur une abbaye ; cela lui en vaudra mille

---

4. Dans les deux éditions de Perrin : « estimée. »
LETTRE 314. — 1. Mme de la Fayette.

avec le temps, parce que c'est sur un homme qui a la même pension sur l'abbé de la Fayette² ; ainsi ils sont quittes présentement ; et quand ce premier mourra, la pension demeurera toujours sur son abbaye. Le Roi a même accompagné ce présent de tant de paroles agréables, qu'il y a lieu d'attendre de plus grandes grâces. Si je suis le premier à vous apprendre ceci, voilà déjà la lettre de M. de Coulanges à demi payée ; mais qui nous payera le temps que nous passons ici sans vous ? Cette perte est si grande pour moi, que vous seule pouvez m'en récompenser ; mais vous ne payez point ces sortes de dettes-là ; j'en ai bien perdu d'autres, et pour être ancien créancier, je n'en suis que plus exposé à de telles banqueroutes.

L'affaire de M. le chevalier de Lorraine et de M. de Rohan³ est heureusement terminée ; le Roi a jugé de leurs intentions, et personne n'a eu dessein de s'offenser.

Monsieur le Duc est revenu, Monsieur le Prince arrive

---

2. Louis, fils aîné de Mme de la Fayette. Il eut les abbayes de la Grènetière, de Valmon, de Dalon, etc. : son grand-oncle paternel, l'évêque de Limoges, se démit de celle de Dalon en sa faveur. Voyez la lettre du 15 décembre 1675.

3. Sur le chevalier de Rohan, qui fut décapité l'année suivante, et dont il est ici question, voyez la lettre du 15 octobre 1674. « C'étoit l'homme de son temps le mieux fait, de la plus grande mine, et qui avoit les plus belles jambes.... Au reste, c'étoit un composé de qualités contraires : il avoit quelquefois beaucoup d'esprit, et souvent peu ; sa bile échauffée lui fournissoit ce qu'on appelle de bons mots. Il étoit capable de hauteur, de fierté, et d'une action de courage ; il l'étoit aussi de foiblesse et de mauvais procédé, comme il le fit voir dans une affaire qu'il eut avec M. le chevalier de Lorraine, qui valoit mieux que lui ; car il osa avancer qu'un jour étant à cheval il l'avoit frappé de sa canne, chose dont il s'est dédit après beaucoup de menteries avérées. Ce même chevalier de Rohan avoit eu autrefois un procédé avec le Roi, encore jeune.... qui lui avoit donné.... du relief dans le public, et au Roi, malgré son orgueil et son amour-propre, une idée de ce chevalier, dont il auroit pu profiter, s'il

dans deux jours : on espère la paix; mais vous ne revenez pas, et c'est assez pour ne rien espérer.

Quoi que vous me disiez de Mme de Grignan, je pense qu'elle ne se souvient guère de moi; je lui rends cependant mille très-humbles grâces, ou à vous, de ce que vous me dites de sa part. Ma *mère*⁴ est un miroir de dévotion : elle a fait un cantique pour ses ennemis, où la reine de Provence⁵ n'est pas oubliée. Embrassez Monsieur l'abbé⁶ à mon intention, et dites-lui qu'après le marquis de Villeroi, je suis mieux que personne auprès de M. de Coulanges.

Si vous avez des nouvelles de notre pauvre Corbinelli, je vous supplie de m'en donner : j'ai pensé effacer l'épithète, mais j'apprends toujours à la honte de nos amis qu'elle ne lui convient que trop.

DE MADAME DE LA FAYETTE.

Voilà une lettre qui vous dit, ma belle, tout ce que j'aurois à vous dire. Je me porte bien de mon voyage de

---

l'avoit su faire. Une marque que ce que je dis est vrai, c'est qu'après un grand déréglement, beaucoup d'extravagances, et un mépris de la cour marqué en plusieurs occasions, le Roi l'avoit encore agréé pour la charge de colonel des gardes, lorsqu'elle sortit de la maison de Gramont (*à la fin de* 1671; *voyez tome II, p.* 409) : grâce dont il ne sut pas profiter, et qui l'auroit garanti d'une mort tragique. » (*Mémoires de la Fare*, tome LXV, p. 212 et suivante. Voyez encore la *Correspondance de Bussy*, tome II, p. 196 et 197, lettres des 9 et 11 janvier 1673.) — Nous avons trouvé dans les papiers de M. Monmerqué la copie d'une longue lettre écrite par le chevalier de Rohan à Pompone, pour lui demander, au sujet de sa querelle avec le chevalier de Lorraine, ses bons offices auprès du Roi.

4. Mme de Marans.

5. Mme de Grignan. Voyez tome II, p. 46, note 4; p. 140 et 141, notes 4 et 5.

6. L'abbé de Coulanges.

Saint-Germain. J'y vis votre fils[7], j'en fis comme du mien; il est très-joli. Adieu.

1673

---

315. — DE MADAME DE COULANGES A MADAME DE SÉVIGNÉ.

A Paris, le 24ᵉ février.

Si vous étiez en lieu où je vous pusse conter mes chagrins, ma très-belle, je suis persuadée que je n'en aurois plus. Quand je songe que le retour de Mme de Grignan dépend de la paix, et le vôtre du sien, en faut-il davantage pour me la faire souhaiter bien vivement?

Le comte Tott[1] a passé l'après-dînée ici : nous avons fort parlé de vous; il se souvient de tout ce qu'il vous a entendu dire; jugez si sa mémoire ne le rend pas de très-bonne compagnie.

Au reste, ma belle, je ne pars plus de Saint-Germain; j'y trouve une dame d'honneur[2] que j'aime, et qui a de la bonté pour moi; j'y vois peu la Reine; je couche chez Mme du Fresnoi dans une chambre char-

---

7. Charles de Sévigné ne put revenir qu'un moment à Paris pendant les quartiers d'hiver, en février 1673. Voyez la lettre de Mme de la Fayette du 27 février, et la *Notice*, p. 201.

LETTRE 315. — 1. Grand écuyer du roi de Suède et son ambassadeur en France. Il eut son audience de congé le 13 avril suivant. Il revint à Paris en 1674 et y mourut le dernier de sa maison. Voyez la lettre du 15 avril 1673, et Walckenaer, tome IV, p. 272 et 365. « Il étoit ami intime de ma mère, et soupoit souvent chez elle.... C'étoit un homme bien fait, jeune, de beaucoup d'esprit, magnifique, galant, grand joueur, donnant dans toutes les dépenses, l'air noble, et parlant mieux françois que pas un courtisan. » (*Mémoires de l'abbé de Choisy*, tome LXIII, p. 266 et 268.)

2. Mme de Richelieu. (*Note de l'édition de* 1751.)

mante : tout cela me fait résoudre à y faire de fréquents voyages.

Nos pauvres amis sont repartis, c'est-à-dire M. de la Trousse, sur la nouvelle qu'a eue le Roi d'une révolte en Franche-Comté. Comme il n'aimeroit point que les Espagnols envoyassent des troupes qui passeroient sur ses terres, il a nommé Vaubrun[3] et la Trousse pour aller commander en ce pays-là. La Trousse a beaucoup de peine à se réjouir de cette distinction : cependant c'en est une, qui pourroit ne pas déplaire à un homme moins fatigué de voyages ; celui-ci joindra la campagne ; cela est fort triste pour ses amis. Le guidon[4] nous demeure ; mais ce n'étoit point trop de tout. Je menai ce guidon avant-hier à Saint-Germain ; nous dînâmes chez Mme de Richelieu ; il est aimé de tout le monde presque autant que de moi. *Mithridate* est une pièce charmante ; on y pleure ; on y est dans une continuelle admiration ; on la voit trente fois, on la trouve plus belle la trentième que la première. *Pulchérie*[5] n'a point réussi. Notre ami Brancas a la fièvre et une fluxion sur la poitrine ; je l'irai voir demain. Je n'ai point vu votre cardinal[6] ; j'en ai toujours eu envie, mais il s'est toujours trouvé quelque chose qui m'en a empêchée. La belle Ludres[7] est la meil-

3. Nicolas de Bautru, marquis de Vaubrun, frère puîné du comte de Nogent. C'est lui qui, comme le plus ancien lieutenant général, commanda, avec de Lorges, l'armée de Turenne au combat d'Altenheim, et y fut tué le 2 août 1675.
4. Charles de Sévigné.
5. La tragédie de Racine fut représentée pour la première fois au mois de janvier 1673 ; celle de Corneille l'avait été en novembre 1672. « Les deux pièces parurent imprimées presque en même temps. » (Walckenaer, tome IV, p. 291.) L'achevé d'imprimer de *Mithridate* est du 16 mars. Sur *Pulchérie*, voyez tome II, p. 470, note 8.
6. Le cardinal de Retz.
7. Voyez tome II, p. 135, note 5, et p. 106, note 10. Nous avions

leure de mes amies; elle me veut toujours mener chez Mme *t'Alpon*[8] quand les *pougies* sont allumées. Le marquis de Villeroi est si amoureux, qu'on lui fait voir ce que l'on veut : jamais aveuglement n'a été pareil au sien ; tout le monde le trouve digne de pitié, et il me paroît digne d'envie; il est plus charmé qu'il n'est *charmant;* il ne compte pour rien sa fortune, mais la belle compte Caderousse[9] pour quelque chose, et puis un autre pour quelque chose encore : un, deux, trois, c'est la pure vérité[10]; fi! je hais les médisances.

J'embrasse Mme la comtesse de Grignan; je voudrois bien qu'elle fût heureusement accouchée, qu'elle ne fût plus grosse, et qu'elle vînt ici désabuser de tout ce qu'on y admire.

Adieu, ma véritable amie, vos *petites entrailles*[11] se portent bien; elles sont farouches, elles ont les cheveux coupés, elles sont très-bien vêtues. Mme Scarron ne paroît point; j'en suis très-fâchée; je n'ai rien cette année de tout ce que j'aime; l'abbé Têtu et moi, nous sommes contraints de nous aimer. Mademoiselle a songé que vous étiez très-malade; elle s'éveilla en pleurant : elle m'a ordonné de vous le mander.

tiré cette dernière note d'une traduction française des lettres de Madame, où le texte est paraphrasé, mais sans que la pensée soit altérée. L'original allemand que nous nous sommes procuré depuis, dit que « son parler est affreux, » et ajoute, sans donner d'exemple : « Elle gazouille horriblement. » Voyez p. 78 de l'édition allemande de 1789.

8. Mme d'Albon, sœur de l'abbé de la Trappe. Voyez la lettre du 5 janvier 1674.

9. Voyez la *Notice*, p. 102, et Walckenaer, tome IV, p. 219.

10. Voyez la note 5 de la lettre du 30 octobre précédent et la lettre du 20 mars suivant.

11. Marie-Blanche de Grignan, que Mme de Sévigné avait laissée à Paris.

316. — DE MADAME DE LA FAYETTE
A MADAME DE SÉVIGNÉ.

A Paris, le 27ᵉ février.

Monsieur de Bayard[1] et M. de la Fayette[2] arrivent dans ce moment. Cela fait, ma belle, que je ne vous puis dire que deux mots de votre fils : il sort d'ici, et m'est venu dire adieu, et me prier de vous écrire ses raisons sur l'argent. Elles sont si bonnes que je n'ai pas besoin de vous les expliquer fort au long ; car vous voyez d'où vous êtes la dépense d'une campagne qui ne finit point. Tout le monde est au désespoir et se ruine ; il est impossible que votre fils ne fasse pas un peu comme les autres ; et de plus, la grande amitié que vous avez pour Mme de Grignan fait qu'il en faut témoigner à son frère[3]. Je laisse au grand d'Hacqueville à vous en dire davantage. Adieu, ma très-chère.

Lettre 316. — 1. Sur l'abbé Bayard, qui faisait les affaires de Mme de la Fayette, cet autre d'Hacqueville, le druide Adamas de la contrée ; sur sa jolie maison de Langlar (voisine de Vichy), et sa mort subite (en octobre 1677), voyez les lettres du 30 juin suivant, du 19-21 mai, du 15 juin 1676, et des 24 septembre et 4 octobre 1677.

2. Nous avons vu un peu plus haut que l'aîné des fils de Mme de la Fayette était entré dans les ordres. Son second fils était René-Armand, marquis de la Fayette, né en 1659, qui fut brigadier d'infanterie. Il épousa en décembre 1689 Jeanne (ou Marie)-Madeleine de Marillac, fille du doyen des conseillers d'État, et mourut à Landau, un an après sa mère, le 12 août 1694. Voyez les lettres des 25 septembre et 28 décembre 1689, et celle (de Coulanges) du 27 août 1694.

3. Voyez la *Notice*, p. 201.

317. — DE MADAME DE COULANGES
A MADAME DE SÉVIGNÉ.

1673

A Paris, le 20e mars.

Je souhaite trop vos reproches pour les mériter. Non, ma belle, la période ne m'emporte point; je vous dis que je vous aime par la raison que je le sens véritablement; et même je suis plus vive pour vous que je ne vous le dis encore.

Nous avons enfin retrouvé Mme Scarron, c'est-à-dire que nous savons où elle est; car pour avoir commerce avec elle, cela n'est pas aisé. Il y a chez une de ses amies un certain homme[1] qui la trouve si aimable et de si bonne compagnie, qu'il souffre impatiemment son absence. Elle est cependant plus occupée de ses anciens amis qu'elle ne l'a jamais été; elle leur donne le peu de temps qu'elle a avec un plaisir qui fait regretter qu'elle n'en ait pas davantage. Je suis assurée que vous trouvez que deux mille écus de pension sont médiocres; j'en conviens, mais cela s'est fait d'une manière qui peut laisser espérer d'autres

---

Lettre 317. — 1. Ce *certain homme* ne peut être le Roi, comme quelques personnes l'ont pensé. Mme Scarron n'était pas encore fixée à la cour, elle ne le fut qu'en 1674, quand il fut permis aux enfants de Mme de Montespan d'y paraître; d'ailleurs le Roi n'éprouva d'abord que de l'éloignement pour leur gouvernante; et il ne fut ramené que par la correspondance qu'elle entretint directement avec lui, pendant les voyages d'Anvers et de Baréges, et par quelques mots du petit duc du Maine. Il s'agit peut-être ici du président de Barillon. (*Note, abrégée, de l'édition de* 1818.) — Malgré cette note et celle de Walckenaer, tome V, p. 410, nous ne trouvons pas si impossible que Mme de Coulanges ait voulu désigner Mme de Montespan et le Roi : voyez la lettre du 7 août 1675. S'il fallait chercher d'autres noms, nous ne penserions peut-être pas à Barillon, mais nous croirions plutôt que Mme de Coulanges veut parler ici du maréchal et de la maréchale d'Albret (voyez Mme de Caylus, tome LXVI, p. 366 et suivantes; et Saint-Simon, tome I, p. 367 et suivante).

grâces. Le Roi vit l'état des pensions : il trouva deux mille francs pour Mme Scarron, il les raya, et mit deux mille écus².

Tout le monde croit la paix ; mais tout le monde est triste d'une parole que le Roi a dite, qui est que, paix ou guerre, il n'arriveroit à Paris qu'au mois d'octobre.

Je viens de recevoir une lettre du jeune guidon. Il s'adresse à moi pour demander son congé ; et ses raisons sont si bonnes, que je ne doute pas que je ne l'obtienne³.

J'ai vu une lettre admirable que vous avez écrite à M. de Coulanges; elle est si pleine de bon sens et de raison, que je suis persuadée que ce seroit méchant signe pour quelqu'un qui trouveroit à y répondre. Je promis hier à Mme de la Fayette qu'elle la verroit ; je la trouvai tête à tête avec *un appelé* Monsieur le Duc. On regretta le temps que vous étiez à Paris ; on vous y souhaita ; mais, hélas ! qu'ils sont inutiles, les souhaits ! et cependant on ne sauroit se corriger d'en faire.

M. de Grignan ne s'est point du tout rouillé en province; il a un très-bon air à la cour, mais il trouve qu'il lui manque quelque chose ; nous sommes de son avis, nous trouvons qu'il lui manque quelque chose⁴. J'ai mandé à M. de la Trousse ce que vous m'écrivez de lui. Si ma lettre va jusqu'à lui, je ne doute pas qu'il ne

---

2. Mme de Coulanges félicita Mme Scarron, en son nom et au nom de Mme de Sévigné. Mme Scarron répondit par un joli billet : « Je remercie, dit-elle, Mme de Sévigné ; dites-lui combien je mérite qu'elle m'aime toujours.... Le *mignon* a fort bien retenu les vers de M. de Coulanges ; il les a récités avec grâce. On a demandé l'auteur : je l'ai nommé ; on a souri ; dans ce pays-ci rien ne se perd. » (*Lettres de Madame de Maintenon*, Amsterdam, 1756, in-12, tome I, p. 56.)

3. Mme de Coulanges était, comme nous l'avons dit, cousine germaine de Louvois. — Voyez la *Notice*, p. 202.

4. Il désirait le cordon de l'Ordre.

vous en remercie. Je crois que le secret miraculeux qu'il avoit de faire comme les gens les plus riches lui manque dans cette occasion; il me paroît accablé sans ressource.

Mme du Fresnoi fait une figure si considérable, que vous en seriez surprise; elle a effacé Mlle de S*** sans miséricorde⁵. On avoit tant vanté la beauté de cette dernière qu'elle n'a plus paru belle. Elle a les plus beaux traits du monde; elle a le teint admirable; mais elle est décontenancée, et elle ne le veut pas paroître; elle rit toujours, elle a méchante grâce. Madame fera souvent voir de nouvelles beautés; l'ombre d'une galanterie l'oblige à se défaire de ses filles : ainsi je crois que celles qui lui demeureront se trouveront plus à plaindre que les autres. Mlle de L***⁶ la quitte. Mme de Richelieu m'a priée de vous faire mille compliments de sa part.

Adieu, ma très-aimable belle; j'embrasse, avec votre permission et la sienne, Madame la comtesse de Grignan : n'est-elle point encore accouchée? M. de Coulanges m'a assurée qu'il vous enverroit *Mithridate*. On me peint aujourd'hui pour M. de Grignan; je croyois avoir renoncé à la peinture. L'histoire du Charmant est pitoyable ; je la sais.... *Orondate*⁷ étoit peu amoureux auprès de lui; il n'y a que lui au monde qui sache aimer :

---

5. « L'initiale S désigne peut-être Mlle d'Usa de Salusse, inscrite la première dans la liste des filles d'honneur de la Reine. » (Walckenaer, tome IV, p. 210.)

6. L'édition originale de 1651 ne donne que la lettre initiale. Grouvelle a imprimé Mlle de Laval.

7. Sur ce nom d'un héros de roman qu'on « donnoit toujours » au marquis de Villars, « et qui ne lui déplaisoit pas, » voyez Saint-Simon, tome II, p. 104. Le marquis, dit-il, avait été « fort amoureux » de Mlle de Bellefonds, « qui n'avoit rien et qu'il épousa » en 1651. Voyez au tome II, p. 52, la note 3 de la lettre 132.

c'est le plus joli homme, et son *Alcine*³, la plus indigne femme.

318. — DE MADAME DE COULANGES
A MADAME DE SÉVIGNÉ.

A Paris, le 10ᵉ avril.

Il est minuit, c'est une raison pour ne vous point écrire; j'en suis enragée; j'avois résolu de répondre à votre aimable lettre; mais voici, ma chère amie, ce qui m'en a empêchée : M. de la Rochefoucauld a passé le jour avec moi, je lui ai fait voir Mme du Fresnoi, il en est tout éperdu.

Je suis ravie que Mme de Grignan ne soit plus qu'accablée de lassitude; la surprise et l'inquiétude que j'ai eues de son mal¹ me devoient faire attendre à toute la joie que j'ai du retour de sa santé : c'est une barbarie que de souhaiter des enfants.

Je ne veux pas oublier ce qui m'est arrivé ce matin. On m'a dit : « Madame, voilà un laquais de Mme de Thianges. » J'ai ordonné qu'on le fît entrer. Voici ce qu'il avoit à me dire : « Madame, c'est de la part de Mme de Thianges², qui vous prie de lui envoyer la lettre du Cheval de Mme de Sévigné, et celle de la Prairie³. » J'ai dit au laquais que je les porterois à sa maîtresse, et je m'en suis défaite. Vos lettres font tout le bruit qu'elles méritent, comme vous voyez. Il est cer-

---

8. Voyez les lettres du 30 octobre et du 24 février précédents.
Lettre 318. — 1. D'une couche fâcheuse. Voyez la lettre de Mme de Sévigné au comte de Bussy, du 15 juillet suivant.
2. La sœur aînée de Mme de Montespan. Voyez la note 5 de la lettre 119.
3. La lettre du Cheval n'a pas été conservée. — Celle de la Prairie, datée du 22 juillet 1671, est au tome II, p. 291.

tain qu'elles sont délicieuses, et vous êtes comme vos lettres.

Adieu, ma très-aimable belle. J'embrasse bien doucement cette belle Comtesse, de peur de lui faire mal : j'ai bien senti, je vous jure, sa fâcheuse aventure ; je souhaite plus que je ne l'espère qu'elle ne soit jamais exposée à de pareils accidents.

Le Roi dit hier qu'il partiroit le 25^{e 4} sans aucune remise.

---

319. — DE MADAME DE LA FAYETTE A MADAME DE SÉVIGNÉ.

A Paris, le 15e avril.

Madame de Northumberland me vint voir hier ; j'avois été la chercher avec Mme de Coulanges. Elle me parut une femme qui a été fort belle, mais qui n'a plus un seul trait de visage qui se soutienne, ni où il soit resté le moindre air de jeunesse ; j'en fus surprise. Elle est avec cela mal habillée, point de grâce : enfin je n'en fus point du tout éblouie. Elle me parut entendre fort bien tout ce qu'on dit, ou pour mieux dire, ce que je dis, car j'étois seule. M. de la Rochefoucauld et Mme de Thianges, qui avoient envie de la voir, ne vinrent que comme elle sortoit. Montaigu m'avoit mandé qu'elle viendroit me voir ; je lui ai fort parlé d'elle ; il ne fait aucune façon d'être embarqué à son service, et paroît très-rempli d'espérance.

M. de Chaulnes partit hier, et le comte Tott[1] aussi :

---

4. Le Roi partit avec la Reine le 1er mai, « pour se rendre en son armée. » (*Gazette du 6 mai 1673.*)

Lettre 319. — 1. Voyez la note 1 de la lettre du 24 février précédent. — La *Gazette* du 15 juillet 1673 nous apprend que le comte

1673 ce dernier est très-affligé de quitter la France. Je l'ai vu quasi tous les jours pendant qu'il a été ici ; nous avons traité votre chapitre plusieurs fois.

La maréchale de Gramont² s'est trouvée mal ; d'Hacqueville y a été, toujours courant, lui mener un médecin ; il est en vérité un peu étendu dans ses soins.

Adieu, mon amie ; j'ai le sang si échauffé, et j'ai tant eu de tracas ces jours passés, que je n'en puis plus : je voudrois bien vous voir, pour me rafraîchir le sang.

---

320. — DE MADAME DE LA FAYETTE A MADAME DE SÉVIGNÉ.

A Paris, le 19ᵉ mai.

Je vais demain à Chantilly¹ : c'est ce même voyage que j'avois commencé l'année passée, jusque sur le Pont-Neuf,

---

Tott n'eut son audience de congé du Roi que le 4 juillet, « au camp proche Viset. »

2. Françoise-Marguerite de Chivré, femme du maréchal depuis 1634. Voyez la note 14 de la lettre 354.

LETTRE 320. — 1. « Il faut voir dans du Cerceau et dans Perelle ce qu'était Chantilly au commencement et à la fin du dix-septième siècle. Ce vaste et beau domaine était depuis longtemps aux Montmorency, et il vint aux Condé par Madame la Princesse, grâce surtout aux victoires du duc d'Enghien (*confisqué après la condamnation d'Henri de Montmorency, frère de la princesse, il ne fut rendu qu'en* 1643 *aux Condé*). Il rassemble donc les souvenirs des deux plus grandes familles militaires de l'ancienne France.... Les Montmorency ont transmis aux Condé le charmant château, un peu antérieur à la Renaissance.... C'est le grand Condé, dans les dernières années de sa vie, qui trouvant alentour les plus beaux bois, une vraie forêt, avec un grand canal semblable à une rivière, des eaux abondantes et de vastes jardins, en a tiré les merveilles que.... Bossuet n'a pu s'empêcher

où la fièvre me prit. Je ne sais pas s'il arrivera quelque chose d'aussi bizarre, qui m'empêche encore de l'exécuter. Nous y allons la même compagnie, et rien de plus.

Mme du Plessis[2] étoit si charmée de votre lettre qu'elle me l'a envoyée ; elle est enfin partie pour sa Bretagne. J'ai donné vos lettres à Langlade[3], qui m'en a paru très-content : il honore toujours beaucoup Mme de Grignan.

Montaigu s'en va ; on dit que ses espérances sont renversées ; je crois qu'il y a quelque chose de travers dans l'esprit de la nymphe[4].

Votre fils est amoureux comme un perdu de Mlle de Poussai[5] ; il n'aspire qu'à être aussi transi que la Fare[6].

---

de louer.... Le mauvais goût du dix-huitième siècle et les révolutions ont dégradé Chantilly. » (Voyez *Madame de Longueville*, par M. Cousin, tome I, p. 152 et suivantes.) — C'est Monsieur le Duc qui ordonnait les embellissements et les fêtes de Chantilly. « Personne, dit Saint-Simon (tome VII, p. 139), n'a jamais porté si loin l'invention, l'exécution, l'industrie, les agréments ni la magnificence des fêtes, dont il savoit surprendre et enchanter, et dans toutes les espèces imaginables. »

2. Mme du Plessis d'Argentré, de Bretagne. Voyez la note 2 de la lettre du 30 décembre précédent.

3. Voyez la note 7 de la lettre 134.

4. Mme de Northumberland. (*Note de l'édition de 1751.*)

5. Nous avons suivi le texte de la première édition (1751); mais ne faut-il pas plutôt lire *Mme de Poussai*? Ce serait (par plaisanterie, car dans l'usage d'alors le nom de l'abbaye ne se donnait qu'à l'abbé ou à l'abbesse) le titre de chanoinesse de Mme de Ludres (voyez tome II, p. 135, note 5). Il est très-possible aussi qu'il s'agisse d'une tout autre personne, d'une autre chanoinesse de Poussai, par exemple de la princesse de Tingri qui fut quelque temps coadjutrice (voyez la lettre du 10 juillet 1675). — Dans les *Mémoires de Mademoiselle*, il est parlé d'une *Mme de Poussé* qui fut dame d'atour de Marguerite de Lorraine, puis de Madame la Duchesse : avait-elle une fille ?

6. Charles-Auguste marquis de la Fare, l'auteur des *Mémoires* et l'aimable poëte, né en 1644, se trouva à vingt ans au combat de Saint-Gothard, fut guidon des gendarmes-Dauphin dès la formation

M. de la Rochefoucauld dit que l'ambition de Sévigné est de mourir d'un amour qu'il n'a pas; car nous ne le tenons pas du bois dont on fait les fortes passions. Je suis dégoûtée de celle de la Fare : elle est trop grande et trop esclave ; sa maîtresse ne répond pas au plus petit de ses sentiments : elle soupa chez Longueil[7] à une musique[8] le

de cette compagnie, qu'il commanda avec grand honneur à Senef comme sous-lieutenant, vendit sa charge en 1677 à Charles de Sévigné, et fut de 1684 à sa mort (1712) capitaine des gardes de Monsieur et du duc d'Orléans son fils. Il épousa en novembre 1684 Louise-Jeanne de Lux de Ventelet, morte en 1691, et en eut deux fils qui devinrent, l'un maréchal de France (1746), l'autre très-indigne évêque-duc de Laon. — Est-ce de l'amour de la Fare pour la marquise de Rochefort que veut parler Mme de la Fayette? On l'a supposé d'après ce passage des *Mémoires de la Fare*, tome LXV, p. 223 : « L'on ne sait si de son vivant (*du vivant du marquis de Rochefort, maréchal en* 1675, *mort en* 1676) Louvois n'était pas amoureux de sa femme; mais il est certain qu'il le fut après sa mort, et que cette passion dura autant que la vie de Louvois. On prétend que le vieux le Tellier avait aussi été amoureux d'elle.... et bien des gens ont attribué l'aversion du père et du fils pour moi à cette passion; car ils s'imaginèrent tous deux que j'en étois amoureux, et mieux traité que je ne l'étois effectivement. Il y avoit plus de coquetterie de ma part et de la sienne que de véritable attachement. Quoi qu'il en soit, ç'a été là l'écueil de ma fortune, et ce qui m'attira la persécution de Louvois, qui me contraignit enfin de quitter le service. » Voyez encore la p. 231 de ces mêmes *Mémoires;* la lettre du 19 mai 1677; et sur la grande passion de la Fare, sur « sa religieuse adoration » pour Mme de la Sablière (1676-1680), plusieurs lettres, entre autres celles du 19 août 1676, du 4 août 1677, du 8 novembre 1679, du 24 janvier et surtout du 14 juillet 1680. Saint-Simon, tome X, p. 203, parle de la gourmandise de la Fare dans les dernières années de sa vie, de sa somnolence, de sa grosseur démesurée.

7. Vraisemblablement Jean de Longueil, maître en la chambre des comptes, puis conseiller d'État et directeur général des finances, mort en juin 1687, frère de René, marquis de Maisons, second président au parlement, mort en septembre 1677.

8. Tel est le texte de la première édition (1751). Dans celles de 1804 et de 1805, on a ajouté pour éclaircir la phrase : « et assista (à une musique). »

soir même qu'il partit. Souper en compagnie, quand son amant part, et qu'il part pour l'armée, me paroît un crime capital; je ne sais pas si je m'y connois. Adieu, ma belle.

321. — DE MADAME DE LA FAYETTE A MADAME DE SÉVIGNÉ.

A Paris, le 26ᵉ mai.

Si je n'avois la migraine, je vous rendrois compte de mon voyage de Chantilly, et je vous dirois que de tous les lieux que le soleil éclaire, il n'y en a point un pareil à celui-là. Nous n'y avons pas eu un trop beau temps; mais la beauté de la chasse dans des carrosses vitrés[1] a suppléé à ce qui nous manquoit. Nous y avons été cinq ou six jours; nous vous y avons extrêmement souhaitée, non-seulement par amitié, mais parce que vous êtes plus digne que personne du monde d'admirer ces beautés-là.

J'ai trouvé ici à mon retour deux de vos lettres. Je ne pus faire achever celle-ci vendredi, et je ne puis l'achever moi-même aujourd'hui, dont je suis bien fâchée; car il me semble qu'il y a longtemps que je n'ai causé avec vous. Pour répondre à vos questions, je vous dirai que Mme de Brissac[2] est toujours à l'hôtel de Conti[3], envi-

---

LETTRE 321. — 1. Les carrosses sous Henri IV, et même sous Louis XIII, n'étaient fermés que par des rideaux et des mantelets. L'usage des glaces aux portières vint d'Italie; Bassompierre l'apporta en France. Voyez Bullet, *Dissertations*, Paris, Moutard, 1771, in-12, p. 336 et 337.

2. Gabrielle-Louise de Saint-Simon, duchesse de Brissac. Voyez tome II, p. 23, note 9, et la lettre (de Mme de Villars) du 25 août 1673. — Au sujet de sa désolation depuis la mort du duc de Longueville (il en est parlé un peu plus bas), on peut voir une curieuse anecdote dans les *Mémoires de l'abbé Arnauld*, tome XXXIV, p. 344-346.

3. L'ancien hôtel de Nevers, acheté en 1670 par le prince de

ronnée de peu d'amants, et d'amants peu propres à faire du bruit, de sorte qu'elle n'a pas grand besoin du manteau de sainte Ursule [4]. Le premier président de Bourdeaux est amoureux d'elle comme un fou ; il est vrai que ce n'est pas d'ailleurs une tête bien timbrée. Monsieur le Premier [5] et ses enfants sont aussi fort assidus auprès d'elle. M. de Montaigu ne l'a, je crois, point vue de ce voyage-ci, de peur de déplaire à Mme de Northumberland, qui part aujourd'hui ; Montaigu l'a devancée de deux jours : tout cela ne laisse pas douter qu'il ne l'épouse. Mme de Brissac joue toujours la désolée, et

Conti. Voyez tome I, p. 455, et la note de Walckenaer, tome II, p. 498.

4. Pour les cacher. — On représente souvent sainte Ursule couvrant de son manteau plusieurs personnes, qui figurent ou de pieux chrétiens ou peut-être les compagnes de son martyre. Voyez le *Dictionnaire iconographique des figures, légendes et actes des saints*, par M. Guénebault, et comparez la lettre du 19 novembre suivant. — Le premier président de Bordeaux était Arnauld de Pontac, qui avait épousé une sœur du malheureux de Thou. En 1673, il était âgé de plus de soixante ans. Il se démit volontairement de sa charge et eut pour successeur, au mois d'août de cette année, son gendre, le sieur d'Aulède. Il mourut en 1681, à l'âge de quatre-vingt-un ans.

5. Henri de Beringhen, premier écuyer du Roi. Voyez la note 3 de la lettre 160, tome II, p. 185. Il avait, outre deux filles qui furent religieuses, deux fils : Henri, l'aîné, marquis de Beringhen, tué l'année suivante devant Besançon, et Jacques-Louis, né en 1651, mort en 1723, alors chevalier de Malte, qui épousa (1677) une fille du duc d'Aumont, succéda à la charge de son père (1692) et fut sous la Régence du conseil des affaires du dedans. Sur l'honorable caractère de Jacques-Louis, sa faveur auprès du Roi et du Dauphin, son enlèvement sur le pont de Sèvres par un parti ennemi en 1707, voyez Saint-Simon, tomes IX, p. 352, XIII, p. 155, XIX, p. 449, V, p. 373 et suivantes. Il fut membre honoraire de l'Académie des inscriptions et belles-lettres, et laissa une très-belle collection d'estampes dont s'augmenta le cabinet du Roi : « elle en est encore aujourd'hui, dit M. P. Paris (tome III, p. 384 de *Tallemant des Réaux*), l'un des principaux ornements. »

affecte une très-grande négligence. La comtesse du Plessis⁶ a servi de dame d'honneur deux jours avant que Monsieur soit parti⁷; sa belle-mère n'y avoit pas voulu consentir auparavant. Elle n'égratigne point Mme de Monaco⁸; je crois qu'elle se fait justice, et qu'elle trouve que la seconde place de chez Madame est assez bonne pour la femme de Clérembault : elle le sera assurément dans un mois, si elle ne l'est déjà.

Nous allons dîner à Livry⁹, M. de la Rochefoucauld,

6. Colombe le Charron, femme de César, duc de Choiseul, maréchal du Plessis, première dame d'honneur de Madame. Sa belle-fille, la comtesse du Plessis (voyez la note 14 de la lettre 310), avait la survivance de cette charge.

7. Monsieur partit de Saint-Cloud, le 18 mai, à cinq heures du matin, pour aller retrouver le Roi. Voyez la *Gazette* du 20 mai.

8. « Mme de Monaco est surintendante de la maison de Madame, écrit la comtesse de la Roche à Bussy, le 8 avril 1673. Cela ne fera pas plaisir à votre cousine, car la dame d'honneur marche après la surintendante. » Cette cousine est la comtesse du Plessis, peu après *femme de Clérembault.*

9. « Sanguin, seigneur de Livry, dont la terre fut par la suite érigée en marquisat, possédait au milieu de la forêt un très-beau château.... Ce fut à n'en pas douter chez ce personnage que.... se rendirent tous ces amis de Mme de Sévigné. Ils durent penser au temps où, jeunes, ils l'avaient vue dans ce même château, sous ces mêmes ombrages, avec son poëte Sanguin de Saint-Pavin. Cette même année (1673) la fête de Livry fut célébrée; on rendit le pain bénit (*Mme de Coulanges donna le pain bénit à Notre-Dame des Anges dans la forêt*), et sur ce sujet l'intarissable Coulanges chanta pendant le repas une longue chanson, intitulée *le Pain bénit de Livry*, qu'il avait composée sur l'air populaire *Allons-nous à quatre (lisez, conformément à la copie autographe de Coulanges :* « *Buvons à nous quatre* »). Il y parle de Mme de Sévigné, de son absence. » (Walckenaer, tome IV, p. 276.) La fête patronale de Livry était le 15 août, jour de l'Assomption; cette date est clairement indiquée dans un couplet où Coulanges parle de Mme de Sévigné (partie le 13 juillet de l'année précédente) :

Certaine marquise,
. . . .
Qu'on voyoit tant autrefois,

Morangis[10], Coulanges et moi. C'est une chose qui me paroît bien étrange d'aller dîner à Livry, et que ce ne soit pas avec vous. L'abbé Têtu est allé à Fontevrault ; je suis trompée, s'il n'eût mieux fait de n'y pas aller, et si ce voyage-là ne déplaît à des gens à qui il est bon de ne pas déplaire[11].

L'on dit que Mme de Montespan est demeurée à Courtray[12].

Je reçois une petite lettre de vous ; si vous n'avez pas reçu des miennes, c'est que j'ai bien eu des tracas : je vous conterai mes raisons quand vous serez ici. Monsieur le Duc s'ennuie beaucoup à Utrecht ; les femmes y

> Où s'est-elle mise
> Depuis treize mois ?

— Sur les Sanguin de Livry, voyez la *Notice*, p. 27 et 272, et les lettres du 4 mai précédent et du 15 avril 1676.

10. Antoine de Barillon de Morangis, frère de Barillon l'ambassadeur, du « saint et savant évêque » de Luçon, et de Mme de Chastellux (voyez les notes 23, p. 119 du tome II, et 2 de la lettre 338). Il porta d'abord le nom de Barillon Châtillon, puis celui de son oncle Barillon de Morangis, conseiller d'État, dont il fut l'héritier (1672). Il avait été reçu en 1652 conseiller au parlement, et était maître des requêtes depuis 1672. « Barillon Châtillon ne manque pas d'esprit. Peu appliqué au Palais, sans intérêts, donnant tout à la cour. Précieux ami des comtesses (*de Fiesque et de Frontenac ?*), ne visitant que les grands et son frère maître des requêtes (*l'ambassadeur*), M. de Morangis son oncle, dont il dépend comme son héritier. A médiocre crédit dans sa chambre, pour un peu de vanité et de fumée qu'il a. » (*Note secrète de 1661*, citée par M. P. Paris, tome V, p. 245 de *Tallemant des Réaux*.)

11. Voyez la note 13 de la p. 215 du tome II.

12. Le Roi y était arrivé avec la Reine le 15 mai. Mais, dit Mademoiselle (tome IV, p. 335, 336), « la Reine alla (*le 23 mai, de Courtray*) à Tournay, où on demeura durant le siége de Maestricht.... Mme de Montespan étoit à Tournay ; elle logeoit à la citadelle (*elle y accoucha le 1er juin de Mademoiselle de Nantes*), et ne vit la Reine que deux jours avant que de partir. La duchesse [de la Vallière] logeoit chez la Reine à son appartement ordinaire. »

sont horribles. Voici un petit conte sur son sujet : il se familiarisoit avec une jeune femme de ce pays-là, pour se désennuyer apparemment; et comme les familiarités étoient sans doute un peu grandes, elle lui dit : « Pour Dieu, Monseigneur, Votre Altesse a la bonté d'être trop insolente. » C'est Briolle [13] qui m'a écrit cela; j'ai jugé que vous en seriez charmée comme moi. Adieu, ma belle; je suis toute à vous assurément.

322. — DU COMTE DE BUSSY RABUTIN A MADAME DE SÉVIGNÉ.

Je fus huit mois sans ouïr parler de Mme de Sévigné (voyez la lettre 305, p. 165), après lesquels je lui écrivis celle-ci.

A Bussy, ce 26e juin 1673.

Il m'ennuie fort, Madame, de n'avoir aucune nouvelle de vous depuis que vous arrivâtes en Provence : quand vous seriez en l'autre monde je n'en aurois pas moins. Est-ce qu'on ne songe plus qu'à ce qu'on voit, quand on est en Provence ? Mandez-le-moi, je vous prie, parce qu'en ce cas-là je vous irois trouver, et j'aimerois mieux me mettre au hasard de me brouiller à la cour, où je n'ai plus rien à ménager, que de n'entendre jamais parler de vous. Raillerie à part, Madame, mandez-moi de vos nouvelles.

---

13. Le comte de Briord, vulgairement appelé Briolle (comme dit une note du *Recueil Maurepas*, tome III, p. 342; voyez aussi la *Table de la Gazette*), fut premier écuyer de Monsieur le Duc, ambassadeur à Turin en 1697, à la Haye en 1699, et conseiller d'État d'épée en 1701. Il mourut en 1703. « C'étoit un très-homme d'honneur et de valeur, qui avoit du sens, quelque esprit, et beaucoup d'amis. » (Saint-Simon, tome IV, p. 217.)

— Je suis en peine aussi de n'en avoir aucune de notre ami[1]. Quelqu'un m'a dit qu'il étoit dans une dévotion extrême. Si c'étoit cela qui l'empêchât d'avoir commerce avec moi, j'aimerois autant qu'il fût déjà en paradis. Mandez-moi ce que vous en savez[2].

323. — DE MADAME DE LA FAYETTE
A MADAME DE SÉVIGNÉ.

A Paris, le 30e juin.

Eh bien, eh bien, ma belle, qu'avez-vous à crier comme un aigle? Je vous mande que vous attendiez à juger de

LETTRE 322. — 1. De Corbinelli.

2. Pour les lettres échangées entre Bussy et sa cousine depuis la fin de juin 1673 jusqu'au 7 octobre 1676, nous avons collationné deux copies qui sont toutes deux de la main de Bussy : celle qui appartient à M. le marquis de Laguiche et que nous continuons à suivre, et celle que contient un manuscrit de la bibliothèque de l'Institut. Ce manuscrit, évidemment moins fidèle et où Bussy a retouché et retravaillé, non pas seulement ses lettres, mais encore celles de Mme de Sévigné et de ses autres correspondants, nous offre pour la lettre 322 de nombreuses et considérables variantes. — A la date, 30e *juin* pour 26e *juin*; à la première ligne, *aucunes nouvelles* au pluriel; à la deuxième ligne, *êtes* pour *arrivâtes*. A partir de la seconde phrase, jusqu'à l'avant-dernière de la lettre, et surtout jusqu'à la fin du premier alinéa, le texte est tout différent : « Est-ce qu'on ne revient plus de Provence quand on y est? Mandez-le-moi, je vous prie, parce qu'en ce cas-là je vous irois trouver. Le Roi, qui ne m'a défendu que la cour et Paris, trouveroit aussi bon que je fusse en Provence qu'en Bourgogne. Raillerie à part, mandez-moi de vos nouvelles, et où je pourrai vous envoyer quelque projet de généalogie de notre maison, que je serai bien aise de vous faire voir, et à l'abbé de Coulanges, pour en avoir vos avis. Je suis bien en peine de n'avoir aucunes nouvelles de notre ami Corbinelli. On m'a dit qu'il étoit dans une dévotion extraordinaire. » En outre, la dernière phrase : « Mandez-moi ce que vous en savez, » manque dans le manuscrit de l'Institut.

moi quand vous serez ici. Qu'y a-t-il de si terrible à ces paroles : *Mes journées sont remplies?* Il est vrai que Bayard¹ est ici, et qu'il fait mes affaires; mais quand il a couru tout le jour pour mon service, écrirai-je? Encore faut-il lui parler. Quand j'ai couru, moi, et que je reviens, je trouve M. de la Rochefoucauld, que je n'ai point vu de tout le jour : écrirai-je? M. de la Rochefoucauld et Gourville sont ici : écrirai-je? — Mais quand ils sont sortis? — Ah! quand ils sont sortis, il est onze heures, et je sors, moi; je couche chez nos voisins, à cause qu'on bâtit devant mes fenêtres. — Mais l'après-dînée? — J'ai mal à la tête.—Mais le matin?—J'y ai mal encore, et je prends des bouillons d'herbes qui m'enivrent. Vous êtes en Provence, ma belle : vos heures sont libres, et votre tête encore plus; le goût d'écrire vous dure encore pour tout le monde; il m'est passé pour tout le monde; et si j'avois un amant qui voulût de mes lettres tous les matins, je romprois avec lui. Ne mesurez donc point notre amitié sur l'écriture; je vous aimerai autant en ne vous écrivant qu'une page en un mois, que vous en m'en écrivant dix en huit jours. Quand je suis à Saint-Maur², je puis écrire, parce que j'ai plus de tête et plus de loisir; mais je n'ai pas

1673

LETTRE 323. — 1. Voyez la note 1 de la lettre 316.

2. Le prince de Condé prêtait à Gourville la capitainerie de Saint-Maur; Mme de la Fayette témoigna le désir d'y passer quelques jours. Le château n'avait qu'un appartement, qu'elle occupa; elle donna une chambre à la Rochefoucauld, de sorte qu'il n'en resta qu'une petite pour Gourville. Mme de la Fayette continua d'aller à Saint-Maur pendant plusieurs années. Gourville se plaignit d'être expulsé de chez lui; Mme de la Fayette soutenoit qu'il étoit très-heureux de trouver bonne compagnie à Saint-Maur; enfin il fut obligé de faire avec Monsieur le Prince un traité par écrit; et Mme de la Fayette en prit pour lui de la froideur, qu'elle fit partager au duc de la Rochefoucauld. Voyez les *Mémoires de Gourville*, tome LII, p. 454 et suivantes.

celui d'y être, je n'y ai passé que huit jours de cette année ; Paris me tue. Si vous saviez comme je ferois ma cour à des gens à qui il est très-bon de la faire, d'écrire souvent toutes sortes de folies, et combien je leur en écris peu, vous jugeriez aisément que je ne fais pas ce que je veux là-dessus.

Il y a aujourd'hui trois ans que je vis mourir Madame[3] ; je relus hier plusieurs de ses lettres, je suis toute pleine d'elle. Adieu, ma très-chère, vos défiances seules composent votre unique défaut, et la seule chose qui peut me déplaire en vous. M. de la Rochefoucauld vous écrira.

324. — DE MADAME DE LA FAYETTE A MADAME DE SÉVIGNÉ.

A Paris, le 14ᵉ juillet.

Voici ce que j'ai fait depuis que je ne vous ai écrit : j'ai eu deux accès de fièvre. Il y a six mois que je n'ai été purgée : on me purge une fois, on me purge deux ; le lendemain de la deuxième je me mets à table : ah, ah ! j'ai mal au cœur, je ne veux point de potage. — Mangez donc un peu de viande. — Non, je n'en veux point. — Mais vous mangerez du fruit ? — Je crois qu'oui. — Eh bien, mangez-en donc. — Je ne saurois, je mangerai tantôt ; que l'on m'ait ce soir un potage et un poulet. Voici le soir, voilà un potage et un poulet ; je n'en veux point ; je suis dégoûtée, je m'en vais me coucher, j'aime mieux dormir que de manger. Je me couche, je me tourne,

---

3. Le lundi 30 juin 1670. «Elle expira à deux heures et demie du matin, et neuf heures après avoir commencé à se trouver mal.» (*Histoire de Madame Henriette*, par Mme de la Fayette, tome LXIV, p. 461.)

je me retourne, je n'ai point de mal, mais je n'ai point de sommeil aussi; j'appelle, je prends un livre, je le referme; le jour vient, je me lève, je vais à la fenêtre : quatre heures sonnent, cinq heures, six heures; je me recouche, je m'endors jusqu'à sept, je me lève à huit; je me mets à table à douze inutilement, comme la veille; je me remets dans mon lit le soir, inutilement comme l'autre nuit. — Êtes-vous malade? — Nenni[1]. — Êtes-vous plus foible? — Nenni. Je suis dans cet état trois jours et trois nuits; je redors présentement; mais je ne mange encore que par machine, comme les chevaux, en me frottant la bouche de vinaigre. Du reste, je me porte bien, et je n'ai pas même si mal à la tête.

Je viens d'écrire des folies à Monsieur le Duc. Si je puis, j'irai dimanche à Livry pour un jour ou deux. Je suis très-aise d'aimer Mme de Coulanges à cause de vous. Résolvez-vous, ma belle, de me voir soutenir toute ma vie, à la pointe de mon éloquence, que je vous aime plus encore que vous ne m'aimez : j'en ferois convenir Corbinelli en un demi-quart d'heure. Au reste, mandez-moi bien de ses nouvelles : tant de bonnes volontés seront-elles toujours inutiles à ce pauvre homme? Pour moi, je crois que c'est son mérite qui leur porte malheur. Segrais[2] porte aussi guignon. Mme de Thianges est des amies de Corbinelli, Mme Scarron, mille personnes, et je ne lui vois plus aucune espérance de quoi que ce puisse être. On donne des pensions aux beaux esprits : c'est un fonds abandonné à cela; il en mérite mieux que tous ceux qui en ont : point de nouvelles, on ne peut rien obtenir pour lui.

Lettre 324. — 1. Dans l'édition de 1751 : *nani*, au lieu de *nenni*.
2. Segrais en sortant de chez Mademoiselle fut accueilli par Mme de la Fayette. Voyez tome II, p. 123, note 9.

1673

Je dois voir demain Mme de V***³ ; c'est une certaine ridicule à qui M. d'Ambres⁴ a fait un enfant ; elle l'a plaidé, et a perdu son procès ; elle conte toutes les circonstances de son aventure ; il n'y a rien au monde de pareil ; elle prétend avoir été forcée : vous jugez bien que cela conduit à de beaux détails.

La Marans est une sainte ; il n'y a point de raillerie : cela me paroît un miracle. La Bonnetot est dévote aussi ; elle a ôté son œil de verre ; elle ne met plus de rouge ni de boucles. Mme de Monaco ne fait pas de même ; elle me vint voir l'autre jour bien blanche. Elle est favorite et engouée de cette Madame-ci, tout comme de l'autre ; cela est bizarre. Langlade s'en va demain en Poitou pour deux ou trois mois. M. de Marsillac est ici ; il part lundi pour aller à Baréges, il ne s'aide pas de son bras⁵. Mme la comtesse du Plessis⁶ va se marier ; elle a pensé acheter Fresnes⁷. M. de la Rochefoucauld se porte très-bien ; il vous fait mille et mille compliments, et à Corbinelli. Voici une question entre deux maximes :

« On pardonne les infidélités, mais on ne les oublie point. »

« On oublie les infidélités, mais on ne les pardonne point⁸. »

3. Dans la première édition il n'y a que la première lettre du nom ; dans Grouvelle et dans la plupart des éditions suivantes : *Mme de Vill....*
4. Voyez la note 4 de la lettre 144.
5. Voyez la lettre du 17 juin et la lettre du 27 juin 1672, p. 108 et 128.
6. Voyez la note 14 de la lettre du 30 décembre 1672.
7. Voyez tome I, p. 439, note 3.
8. « La Rochefoucauld avait déjà inséré dans la troisième édition (1671, n° 330) cette maxime : *On pardonne tant que l'on aime.* Il ne parlait nulle part, dans cette édition, de l'infidélité entre amants. Dans la quatrième, il n'inséra aucune des deux maximes que rap-

« Aimez-vous mieux avoir fait une infidélité à votre amant, que vous aimez pourtant toujours, ou qu'il vous en ait fait une, et qu'il vous aime aussi toujours? » On n'entend pas par infidélité avoir quitté pour un autre, mais avoir fait une faute considérable.

Adieu, je suis bien en train de jaser; voilà ce que c'est que de ne point manger et ne point dormir. J'embrasse Mme de Grignan et toutes ses perfections.

---

325. — DE MADAME DE SÉVIGNÉ ET DE CORBINELLI AU COMTE DE BUSSY RABUTIN.

Un mois après que j'eus écrit cette lettre (n° 322, p. 207), j'en reçus cette réponse :

A Grignan, ce 15ᵉ juillet 1673.

DE MADAME DE SÉVIGNÉ.

Vous voyez bien, mon cousin, que me voilà à Grignan. Il y a justement un an que j'y vins, je vous écrivis avec notre ami Corbinelli[1], qui passa deux mois avec nous. Depuis cela j'ai été dans la Provence me promener[2]. J'ai passé l'hiver à Aix avec ma fille. Elle a pensé mourir en accouchant, et moi de la voir accoucher si malheureusement.

---

porte ici Mme de la Fayette; mais il en ajouta quatre nouvelles qui concernent cette *faute considérable en amour.* » Walckenaer, à qui nous empruntons cette note (voyez le tome IV des *Mémoires*, p. 290), renvoie aux numéros 359, 360, 381 de l'édition de 1675, auxquels on peut joindre encore les numéros 336, 348, 351, 353 : voyez l'édition de M. Duplessis, Janet, 1853.

LETTRE 325. — 1. Voyez la lettre du 18 septembre 1672.

2. Les mots : « J'ai été dans la Provence me promener, » manquent dans le manuscrit de l'Institut.

1673

Nous sommes revenues ici depuis quinze jours, et j'y serai jusqu'au mois de septembre, que j'irai à Bourbilly, où je prétends bien de vous voir. Prenez dès à présent des mesures, afin que vous ne soyez pas à Dijon. J'y veux voir aussi notre grand cousin de Toulongeon; mandez-lui. Je vous mènerai peut-être notre cher Corbinelli : il m'est venu trouver ici, et nous avons résolu de vous écrire, quand j'ai reçu votre lettre. Vous le trouverez pour les mœurs aussi peu réglé que vous l'avez vu[3]; mais il sait bien mieux sa religion qu'il ne savoit; et il en sera bien plus damné, s'il ne profite de ses lumières. Je l'aime toujours, et son esprit est fait pour me plaire[4].

Que dites-vous de la conquête de Maestricht? Le Roi seul en a toute la gloire[5]. Vos malheurs me font une tristesse au cœur qui me fait bien sentir que je vous aime. Je laisse la plume à notre ami. Nous serions trop heureux si nous le pouvions avoir dans notre délicieux château de

---

3. Ce morceau est fort abrégé dans le manuscrit de l'Institut : « Je prétends que vous m'y viendrez trouver. Je vous mènerai notre cher Corbinelli : il est revenu ici depuis huit jours. Vous le trouverez pour les mœurs aussi peu dévot que vous l'avez vu. »

4. Cette phrase n'est pas dans le manuscrit de l'Institut.

5. Le Roi avait pris le commandement à ce siége. « La place était très-forte et avait huit mille hommes de garnison; mais Vauban fit des prodiges de science; le Roi déploya cette vigilance, ce soin des détails, cette persévérance, qui étaient le fond de son talent, et Maestricht capitula au bout de treize jours (le 30 juin). » (M. Lavallée, *Histoire des Français*, tome III, p. 260.) — Dans la *Gazette* du 10 août on lit l'article suivant : « A Grignan, en Provence, le comte de ce nom, lieutenant général pour le Roi en cette province, fit (*pour célébrer le succès des armes françaises*) chanter le *Te Deum*, le 23 juillet, par deux chœurs de musique, dans l'église collégiale, où il se trouva avec plusieurs personnes de qualité; et sur le soir il alluma dans la place publique un grand feu qu'il avoit fait préparer, et qui fut exécuté aux fanfares des trompettes, avec les décharges du canon. »

Bourbilly⁶. Ma fille vous fait une amitié, quoique vous ne songiez pas à elle.

DE CORBINELLI.

J'aurois un fort grand besoin, Monsieur, que le bruit de ma dévotion continuât. Il y a si longtemps que le contraire dure, que ce changement en feroit peut-être un à ma fortune. Ce n'est pas que je ne sois pleinement convaincu que le bonheur et le malheur de ce monde ne soit le pur et unique effet de la Providence, où la fortune ni le caprice des rois⁷ n'ont aucune part. Je parle si souvent sur ce ton-là, qu'on l'a pris pour le sentiment d'un bon chrétien, quoiqu'il ne soit que celui d'un bon philosophe. Mais quand le bruit qui a couru eût été véritable, ma dévotion n'eût pas été incompatible avec ma persévérance à vous honorer, et à vous reconfirmer souvent les mêmes sentiments que j'ai eus pour vous toute ma vie. Vous savez quel honneur je me suis toujours fait de votre amitié, et si la grâce efficace auroit pu détruire une pensée si raisonnable.

Nous vous écrivîmes une grande lettre à notre autre voyage ici, et nous avons vingt fois raisonné sur votre indolence. Mais va-t-elle jusqu'à ne point regretter de n'être point à Maestricht à tuer des Hollandois et des Espagnols à la vue du Roi? Qu'en dites-vous? Les poëtes vont dire des merveilles⁸ : le sujet est ample et beau. Ils diront que leur grand monarque a vaincu la Hollande

6. Cette phrase et la précédente manquent dans le manuscrit de l'Institut.

7. Dans le manuscrit de l'Institut, Bussy a omis les mots : « ni le caprice des rois. »

8. « Les orateurs aussi bien que les poëtes en diront des merveilles à qui mieux mieux. » (*Manuscrit de l'Institut.*)

et l'Espagne en douze jours, en prenant Maestricht, et qu'il ne manque à sa gloire que la vraisemblance[9]. Ils diront qu'il en est lui-même le destructeur, à force de la rendre incroyable ; et mille belles pensées dont je ne m'avise pas, tant parce que j'ai l'esprit peu fleuri, que parce que je l'ai sec depuis un an, à cause que je me suis adonné à la philosophie de Descartes. Elle me paroît d'autant plus belle qu'elle est facile, et qu'elle n'admet dans le monde que des corps et du mouvement, ne pouvant souffrir tout ce dont on ne peut avoir une idée claire et nette. Sa métaphysique me plaît aussi ; ses principes sont aisés et les inductions naturelles. Que ne l'étudiez-vous ? elle vous divertiroit avec Mlles de Bussy. Mme de Grignan la sait à miracle, et en parle divinement. Elle me soutenoit l'autre jour que plus il y a d'indifférence dans l'âme, et moins il y a de liberté. C'est une proposition que soutient agréablement M. de la Forge, dans un *Traité de l'esprit de l'homme*, qu'il a fait en françois, et qui m'a paru admirable[10].

9. Corbinelli se souvient de la IVe *Épître au Roi*, publiée par Boileau au mois d'août de l'année précédente :

    Car puisqu'en cet exploit tout paroît incroyable,
    Que la vérité pure y ressemble à la fable, etc.

Dans le manuscrit de l'Institut, Bussy a modifié et surtout resserré cette partie de la lettre : « Le sujet est ample et beau. J'ai de bonnes intentions sur cela, mais j'ai l'esprit naturellement peu fleuri, et d'ailleurs je me suis adonné à la philosophie de Descartes depuis un an, ce qui me rend plus sec que je n'ai jamais été. » De toute la suite de la lettre, il n'a gardé que la dernière phrase : « Adieu, Monsieur, donnez-nous de vos nouvelles de temps en temps, s'il vous plaît, etc.... pas moins votre serviteur que je le suis. »

10. « Descartes entendait par indifférence cet état neutre de l'âme dans lequel elle se trouve quand elle ne sait à quoi se déterminer; « de « sorte, disait-il, que cette indifférence que je sens lorsque je ne suis « point emporté vers un côté plutôt que vers un autre par le poids

Voilà de quoi combattre les ennuis de la province. Nous lisons à Montpellier tout l'hiver Tacite, et nous le traduisons, je vous assure, très-bien. J'ai fait un gros traité de rhétorique en françois, et un autre de l'art historique, comme aussi un gros commentaire sur l'Art poétique d'Horace [11]. Plût à Dieu que vous fussiez avec nous! car l'esprit des provinciaux n'est pas assez beau pour nous contenter dans nos réflexions. Donnez-nous de vos nouvelles quelquefois, s'il vous plaît, et soyez persuadé que quand je serois en paradis, je n'en serois pas moins votre serviteur.

« d'aucune raison, est le plus bas degré de la liberté, et fait plutôt « un défaut ou un manquement dans la connoissance qu'une perfec- « tion dans la volonté; car si je voyois toujours clairement ce qui est « vrai, ce qui est bon, je ne serois jamais en peine de délibérer quel « jugement et quel choix je devrois faire; et ainsi je serois entière- « ment libre sans jamais être indifférent. » Et à l'aide du copieux commentaire de Louis de la Forge sur ce texte de Descartes, Mme de Grignan prouvait victorieusement la vérité de son prétendu paradoxe. » Walckenaer, à la suite de ce morceau que nous lui empruntons (voyez le tome IV des *Mémoires*, p. 316, 317), renvoie en note au *Traité de l'esprit de l'homme, de ses facultés et fonctions et de son union avec le corps, suivant les principes de René Descartes*, par Louis de la Forge, docteur en médecine, demeurant à Saumur. Paris, in-4°, 1666 : chap. xi, *de la Volonté*, p. 145-156.

11. C'est sans doute dans ce commentaire qu'il donnait au sujet des vers 47, 48 :

Dixeris egregie, notum si callida verbum
Reddiderit junctura novum,

l'explication nouvelle qui lui attira la mauvaise humeur de Boileau.

326. — DU COMTE DE BUSSY RABUTIN
A MADAME DE SÉVIGNÉ ET A CORBINELLI.

Le lendemain du jour que j'eus reçu cette lettre, j'y fis cette réponse.

A Bussy, ce 27ᵉ juillet 1673.

A MADAME DE SÉVIGNÉ.

Je reçus la lettre que vous m'écrivîtes de Grignan l'année passée, Madame, dans laquelle notre ami m'écrivoit aussi, comme il fait aujourd'hui. J'y fis réponse, et vous n'en devez pas douter [1], car vous savez que je suis homme à représailles en toutes choses : je ne sais donc qu'est devenue ma lettre. Je crois que je l'avois adressée par la poste de Lyon en Provence, sur ce que M. de Corbinelli me manda que cette voie étoit plus sûre. Cependant elle n'étoit pas si bonne que celle de Paris.

C'eût été grand dommage si Mme de Grignan fût morte en couches. Quel que soit un jour le mérite de son enfant, il ne vaudra jamais mieux que sa mère; et pour vous, Madame, aimez-la fort pendant sa vie; mais laissez-la mourir si elle ne s'en pouvoit pas empêcher une autre fois, et vivez, car il n'est rien tel [2] que de vivre.

Vous ne me verrez point à Bourbilly; je vous envoie la *Gazette de Hollande*, qui vous en dira la raison [3] : voyez

---

Lettre 326. — 1. Voyez les lettres des 18 septembre et 24 octobre 1672. — Dans le manuscrit de l'Institut, le premier alinéa est réduit à ces deux petites phrases : « Je reçus la lettre que vous m'écrivîtes de Grignan l'année passée, Madame, avec celle de votre ami. J'y fis réponse, vous n'en devez pas douter; je ne sais ce qu'elle est devenue. »

2. Dans le manuscrit de l'Institut : « Il n'y a rien tel. » A la ligne suivante, après Bourbilly, on y lit cette addition : « Au rendez-vous que vous m'y donnez. »

3. La *Gazette d'Amsterdam* du mardi 25 juillet contient, sous la rubrique de Paris (18 juillet), la nouvelle suivante : « M. le comte

l'article de Paris; cela n'est pas tout à fait comme elle le dit; mais elle a su que le Roi m'avoit fait quelque grâce, et elle a cru que ce ne pouvoit être moins que ce qu'elle dit. Cependant elle se trompe : le Roi ne m'a permis [4] que d'aller à Paris pour mettre ordre à mes affaires. Vous connoissez la manière sèche de la cour pour les gens qui ne sont pas heureux; mais enfin j'ai autant de patience qu'elle a de dureté, et je suis en meilleurs termes que je n'étois il y a deux ans.

Je pars donc dans huit ou dix jours pour la bonne ville, avec ma famille; je ne sais si j'y passerai l'hiver, ce sera suivant les nouvelles que j'aurai de la cour; mais toujours me trouverez-vous à Paris, si les délices de Bourbilly ne vous y arrêtent point. Je voudrois bien que vous amenassiez notre ami, et que nous pussions un peu moraliser tous trois sur les sottises du monde, dont nous devons être désabusés. Pour moi, je le suis à un point que, sans l'intérêt de mes enfants, je me contenterois d'admirer le

---

de Bussy Rabutin a eu permission du Roi de revenir à la cour, et on croit qu'il ira à l'armée. » Mais comment, dès le 27 juillet, Bussy pouvait-il envoyer à sa cousine la Gazette du 25 ? Il serait bien possible que la lettre fût mal datée : il y a dans les manuscrits de Bussy bien des incertitudes et des fautes de dates.

4. Dans le manuscrit de l'Institut, à partir de cet endroit, le reste de la lettre à Mme de Sévigné est réduit à ce qui suit : « Sa Majesté ne m'a permis que d'aller à Paris pour trois semaines mettre quelque ordre à mes affaires. Il faut espérer que ce temps se pourra prolonger. Je pars donc dans huit jours pour la bonne ville; vous m'y trouverez encore si les délices de Bourbilly ne vous arrêtent point. Au reste, Madame, aimez-moi sans me plaindre. Je ne veux faire pitié qu'au Roi : à lui seul appartient de ne me pas faire maréchal de France. Tout le reste du monde me doit regarder comme si je l'étois. Je songe à Mme de Grignan, etc. » — Deux lignes plus loin : « d'une aussi belle dame qu'elle est. » — Nous négligeons les différences qui ne nous paraissent intéressantes ni pour la langue ni pour aucune autre raison.

Roi dans mon cœur, sans me mettre en peine de le lui faire connoître. Je ne trouve pas que ce soit un si grand malheur pour moi qu'on le croit, que je ne sois pas maréchal de France, pourvu qu'on sache que je le mérite, et je ne pense pas que personne me doive traiter sur le pied de ne l'être pas, mais sur celui que je le devrois être, car il n'appartient qu'au Roi de me faire une injustice. Ainsi, Madame, voyez les conquêtes du Roi sans me plaindre, puisque aussi bien cela ne sert de rien, et m'aimez toujours puisque je vous aime de tout mon cœur.

Je songe à Mme de Grignan plus que vous ne pensez; mais je suis discret, et je ne dis pas toujours, sur le chapitre d'une aussi belle dame qu'elle, tout ce que je pense.

A CORBINELLI.

JE crois, Monsieur[5], que votre dévotion ne feroit point de changement à votre mauvaise fortune, et qu'elle ne vous serviroit qu'à vous la faire prendre en gré; mais la philosophie peut faire la même chose : ainsi la dévotion ne vous peut servir que pour l'autre monde, et j'en suis persuadé, non pas encore assez pour la prendre fort à cœur, mais assez pour ne faire à autrui que ce que je voudrois qui me fût fait. Il y a mille petits collets qui ne sont pas si justes.

Pour vous répondre maintenant à ce que vous me demandez, si je ne suis pas fâché de n'être point à Maestricht, je vous dirai qu'il y a si longtemps que j'ai été bien

---

5. Dans le manuscrit de l'Institut : « Je crois comme vous, Monsieur. » — Plus loin, ligne 4 : « La dévotion ne peut servir; » ligne 13 : « où je devrois être; » ligne 17 : « quand je serois un bourgmestre d'Amsterdam; » ligne 20 : « de le trouver un prince incomparable. Je ne pourrois pas l'estimer davantage s'il m'avoit fait du bien. Adieu. » La lettre finit à ces mots.

fâché de n'être pas où je devois être, que je ne reprends pas de nouveaux chagrins toutes les fois qu'il se présente de nouvelles occasions de m'en donner. A quoi me serviroit ma raison?

Pour le Roi, je l'admirerois quand je serois bourgmestre d'Amsterdam; et pour dire la vérité, il m'a un peu traité à la hollandoise. Cependant je ne laisse pas de le trouver un prince merveilleux. Jugez ce que j'en penserois s'il m'avoit fait du bien, car vous savez que quelque juste qu'on soit, on pense toujours plus favorablement de son bienfaiteur que du contraire.

Si nous avions quelqu'un pour nous mettre en train sur la philosophie de Descartes, nous l'apprendrions; mais nous ne savons comment enfourner.

Puisque Mme de Grignan vous soutient que plus il y a d'indifférence dans une âme, moins il y a de liberté, je crois qu'elle vous peut soutenir qu'on est extrêmement libre quand on est passionnément amoureux. Mais, à propos de Descartes, je vous envoie des vers qu'une fille de mes amies [6] a faits en faveur de son ombre; vous les trouverez de bon sens, à mon avis.

6. Marie du Pré, nièce de Roland des Marets et de des Marets de Saint-Sorlin. Elle était liée avec Conrart, Mlle de Scudéry et d'autres beaux esprits. On a imprimé plusieurs de ses lettres écrites au comte de Bussy Rabutin. La pièce de vers dont il est ici question est adressée à Mlle de la Vigne; elle a été insérée par le P. Bouhours dans son *Recueil de vers choisis*, Paris, 1693, p. 25. Voyez Walckenaer, tomes III, p. 56-58, et IV, p. 319.

327. — DE MADAME DE SÉVIGNÉ ET DE CORBINELLI
AU COMTE DE BUSSY RABUTIN.

Un mois après avoir écrit cette lettre, je reçus celle-ci de Mme de Sévigné.

A Grignan, ce 23ᵉ août 1673[1].

DE MADAME DE SÉVIGNÉ.

En vérité, mon cousin, je suis fort aise que vous soyez à Paris[2]. Il me semble que c'est là le chemin d'aller plus loin, et je n'ai jamais tant souhaité de voir aller quelqu'un à de grands honneurs, que je l'ai souhaité pour vous, quand vous étiez dans le chemin de la fortune. Elle est si extravagante, qu'il n'y a rien qu'on ne puisse attendre de son caprice; ainsi j'ai toujours un peu d'espérance.

Vous avez tant de philosophie, que l'un de ces jours je vous prierai de m'en faire part, pour m'aider à soutenir vos malheurs et mes chagrins[3].

Je me console de ne vous point voir à Bourbilly, puisque je vous verrai à Paris. Je voudrois bien que ma fille vous

---

Lettre 327. — 1. Dans le manuscrit de l'Institut, cette réponse à la lettre du 27 juillet est datée du 27 août, et précédée de l'introduction suivante, qui ne s'accorde point avec la nôtre : « Mes affaires ne m'ayant pas permis de partir de Bussy aussitôt que je l'aurois voulu, j'y reçus encore cette lettre de Mme de Sévigné le 10ᵉ de septembre. »

2. Mme de Sévigné l'y croyait déjà. Il n'y arriva, avec sa famille, que le 16 septembre. Pour corriger cette inexactitude, il a ainsi modifié la fin de la phrase dans la copie de l'Institut : « que vous ayez permission d'aller à Paris. »

3. Cette phrase est un peu différente dans le manuscrit de l'Institut : « Je vous prierai de m'envoyer un peu de votre courage pour soutenir vos malheurs et mes chagrins, car tout le monde en a, ce me semble. » La lettre de Mme de Sévigné s'y termine par ces mots : « Elle vous le fait ici, elle et M. de Grignan *aussi*. »

y pût faire son compliment elle-même; mais dans l'incertitude elle vous le fait ici, elle et M. de Grignan.

DE CORBINELLI.

Vous croyez bien, Monsieur, que je ne suis pas le dernier de vos serviteurs à prendre une bonne part à la petite douceur que le Roi vous a faite. M. de Vardes ne l'a jamais pu obtenir pour deux mois seulement à la mort de son oncle[4], ce qui me fait juger que son affaire tient plus au cœur du Roi que la vôtre[5]. Pendant votre séjour de Paris, je vous conseille de vous faire instruire de la philosophie de Descartes : Mlles de Bussy l'apprendront plus vite qu'aucun jeu. Pour moi, je la trouve délicieuse, non-seulement parce qu'elle détrompe d'un million d'erreurs où est tout le monde, mais encore parce qu'elle apprend à raisonner juste. Sans elle nous serions morts d'ennui dans cette province.

Les vers que vous me faites l'honneur de m'envoyer[6] sont très-bons et très-justes. Je vous montrerai aussi mes traités de rhétorique, de poétique et de l'art historique; je les ai faits sur les préceptes des meilleurs maîtres, mais je crois, plus intelligiblement et plus succinctement qu'eux. Je ne douterai point de leur bonté s'ils parviennent à vous plaire.

J'estime fort votre résignation : on est bien heureux, quand on a autant de mérite que vous en avez, de se passer des récompenses des rois courageusement et sans

---

4. Claude, marquis de la Bosse, frère puîné du père de Vardes, était mort sans postérité en 1671.
5. Voyez tome II, p. 98, note 3.
6. Les vers de Mlle du Pré. Voyez la fin de la lettre précédente de Bussy.

chagrin. Je m'imagine que vous dites assez souvent comme Horace :

Et mea me virtute involvo[7],

Je m'enveloppe de ma vertu.

---

328. — DE LA MARQUISE DE VILLARS[1]
A MADAME DE SÉVIGNÉ.

De Paris, le 25° août 1673.

J'AI reçu votre lettre du 16° de ce mois; je vois que les miennes ne vous sont pas trop régulièrement rendues. Je me méfie de ces jeunes abbés; si je le rencontre sur mon chemin, je prendrai la liberté de lui demander ce que l'on en fait chez lui. Il y a un homme à qui mes gens parlent, qui les assure qu'on ne manque point de les bailler le soir à son maître[2]; mais venons aux nouvelles.

Qui ne croiroit que dans cette grande conjoncture d'affaires, l'on en auroit mille à écrire ? Cependant il faudroit avoir perdu le sens pour s'imaginer en savoir aucune vraie, et il y a un an que j'entends toujours dire ce que l'on dit à présent, qui est qu'avant qu'il soit trois semaines l'on saura précisément à quoi l'on s'en doit tenir de la paix ou de la guerre. A l'heure qu'il est, l'on n'est pas reçu à douter que dans quinze jours tout sera éclairci.

Leurs Majestés partent demain pour Brisac[3]; elles

7. . . . . *Et mea*
Virtute me involvo. . . .
(Ode XXIX du livre III, v. 54 et 55.)
— La citation n'est pas traduite dans le manuscrit de l'Institut.
LETTRE 328. — 1. Voyez la note 3 de la lettre 132.
2. Mme de Villars remettait sans doute ses lettres chez l'abbé de Grignan, qui les faisait passer en Provence.
3. Voyez la relation de tout le voyage dans les *Mémoires de Made-*

marcheront sept jours. Le temps du séjour est incertain ; on dit pourtant quinze jours. Nos enfants⁴ cependant sont vers Andernach⁵, dans des pays affreux. Notre honnête homme écrit qu'il y a des endroits fort propres à rêver : je pense qu'il y trouvera des pensées bien amoureuses et d'une grande constance. Il mande à Mlle de Lestrange⁶ que si elle et la Comtesse⁷ ne lui écrivent, il s'en plaindra aux arbres et aux rochers. S'il se plaint à Écho, je crains bien que, pour prête qu'elle puisse être à lui répondre, il n'ait oublié ce qu'il lui aura dit, et ne traite de galimatias ce que la pauvre nymphe lui aura répondu, car c'est un petit fripon. Mais pour la Fare, c'est la merveille de nos jours : il est encore venu faire un voyage ici pour admirer la laideur de sa dame⁸.

Parlons des louanges du Roi : les miennes sont plai-

---

moiselle, tome IV, p. 338 et suivantes. La cour, après un long séjour à Nancy, en partit le 24 août pour l'Alsace; elle se dirigea par Saint-Dié, Sainte-Marie aux Mines, Colmar, dont le Roi fit raser les fortifications et désarmer les bourgeois, vers Brisach en Brisgau, où elle arriva le 31 août et resta jusqu'au 2 septembre.

4. Louis-Hector de Villars, maréchal en 1702, qu'elle appelle deux lignes plus bas : « notre honnête homme; » et Charles de Sévigné.

5. Un des plus beaux sites du Rhin, sur la rive gauche, à trois lieues au-dessous de Coblentz. — « Maestricht pris, la campagne fut finie pour le Roi : il sépara ses troupes en plusieurs corps; il en envoya dans le pays de Trèves pour joindre M. de Turenne. » (La Fare, tome LXV, p. 189.) — Trèves fut occupé par le marquis de Rochefort le 2 septembre, après huit jours de tranchée ouverte. Voyez l'*Histoire de Louvois* de M. Rousset, tome I, p. 471 et suivante, et la note 7 de la lettre 348.

6. Henriette-Bibiane de Senneterre, appelée Mlle de Lestrange, sœur du marquis de Senneterre, assassiné en 1671 (voyez tome II, p. 400, note 3). C'était une amie de Mme de Coulanges et de Mme de Noailles, chez qui elle mourut, à Châlons, en 1694 : voyez la lettre de Mme de Coulanges du 10 décembre 1694.

7. La comtesse de Fiesque.
8. Voyez la note 6 de la lettre 320.

santes au prix de celles de Brancas. Il a écrit une relation, en forme de lettre, à M. de Villars[9], du siége de Maestricht et de tout ce qu'a fait le Roi notre maître. Il n'y a rien de mieux écrit. Le Roi l'a lue et en a été très-content : il a raison, cela est très-beau. Il décrit les belles et grandes qualités du Roi d'une manière galante et solide. C'est pour faire mourir les Espagnols d'envie ou d'amour pour un tel prince. M. de Villars la fera traduire en leur langue. Je lui manderai qu'il nous la renvoie[10].

Que ce que vous me mandez de Brancas est aimable et spirituellement dit! je le lui enverrai; il en rira de bon cœur; et le pauvre homme a besoin de quelque chose qui le réjouisse, car il me mande qu'il est bien chagrin. Il m'a écrit en m'envoyant cette lettre, qui est comme un livre. Sa fille, la princesse[11], s'est jetée dans la dévotion, je dis jetée tête première. Il faut dire la vérité : elle fait de très-belles et bonnes choses; il n'est pas le moins question du monde, de beauté et d'ajustement. Elle prie, elle jeûne, elle va à l'Hôtel-Dieu, aux prisons, et paroît véritablement touchée.

Pour Mme de Marans[12], j'ai voulu voir cette grande vision : je ne juge point des dévotions de personne, mais

9. Le mari de l'auteur de la lettre. Le marquis de Villars, *Orondate* (voyez la lettre du 20 mars 1673), était ambassadeur en Espagne depuis 1671 (voyez tome II, p. 191 et 544).

10. Cette relation ne paraît pas avoir été imprimée. Au moins, n'en est-il fait aucune mention dans la *Bibliothèque historique* du P. le Long, ni dans le recueil des lettres pour servir à l'histoire militaire de Louis XIV.

11. Voyez la lettre de Mme de Coulanges du 26 décembre 1672.

12. Voyez la lettre de Mme de la Fayette du 30 décembre précédent, les notes 4 de la lettre 131 et de la lettre 151, et sur le *vilain quartier*, dont il est question un peu plus bas, la note 7 de cette dernière lettre. — Malgré ses anciens griefs, Mme de Sévigné la vit à son retour et l'embrassa *tendrement :* voyez la lettre du 15 janvier 1674.

l'absorbée retraite de cette créature me convainc beaucoup. Je l'ai vue et entretenue longtemps : toutes les bagatelles et les incertitudes de son esprit en sont entièrement bannies; il ne lui reste donc que de l'esprit, qui ne la fait parler ni trop, ni trop peu, lui fait juger du passé, du présent et de l'avenir, avec raison et tranquillité; ne souhaitant chose au monde; se trouvant à merveille dans le plus vilain et le plus éloigné quartier de Paris (sa chambre lui plaît); s'occupant avec joie de la lecture de quelque ouvrage; allant à pied à la paroisse, où elle borne toutes ses dévotions, sans chercher ici et là les directeurs et prédicateurs de réputation. Si cela ne vous plaît et ne vous touche, je ne sais ce qu'il vous faut.

Pour Mme de Meckelbourg, il est bien vrai qu'elle loge dans la vraie petite chambre de Mme de Longueville [13]. Mme de Brissac couche bien aussi dans celle où est morte Mme la princesse de Conti [14]. Je crois que leur intérieur est saint.

Mme de Longueville est à la campagne il y a un mois ou six semaines. J'ai beau voir de bonnes gens, vous ne me perdrez point de vue; peut-être vous faudroit-il baisser pour me donner la main; jamais je n'ai vu si peu avancer que je fais en dévotion.

J'ai fait vos compliments à Mme de Noailles [15]; son

13. Le 10 juillet précédent Mme de Scudéry écrit à Bussy : « Je vis hier Mme de Meckelbourg à l'hôtel de Longueville.... Il y avoit nombreuse compagnie d'hommes et de femmes, et pour elle, elle étoit sur un lit de gaze bleue et blanche, en vérité plus charmante que tout ce qu'il y a de plus jeune à la cour. »

14. Il semble qu'elle avait été attachée à la maison de la *sainte* princesse de Conti (voyez les lettres du 5 février 1672, et du 26 mai 1673). Sur sa coquetterie voyez les lettres du 26 mai et du 11 juin 1676.

15. La femme du premier duc de Noailles (voyez tome I, p. 491, note 4) : Louise Boyer, fille d'Antoine seigneur de Sainte-Geneviève

voyage d'Auvergne, depuis deux jours, est devenu incertain. Mille amitiés à M. et à Mme de Grignan. Venez tous à Paris. J'oublie à vous dire que Mme de Noailles m'a chargée de mille choses pour vous trois. Bonsoir, ma chère Madame.

Monsieur et Madame partent lundi pour Villers-Cotterets [16]; ils seroient partis il y a cinq ou six jours, sans que Mme de Monaco a été malade [17]. M. de Vivonne l'est considérablement à Nancy [18]. Il lui a fallu faire une incision depuis l'épaule jusqu'au coude.

J'ai eu des lettres de Madrid, du 9ᵉ de ce mois, où malgré la haine que l'on a pour notre nation, l'on y conserve beaucoup d'amitié et de considération pour M. de Villars. On lui a donné, au lieu du marquis de las Fuentes, qui est mort, et qui étoit le ministre avec lequel il traitoit

des Bois, de Villemoisson, etc., conseiller du Roi; ancienne dame d'atour de la reine Anne; morte à soixante-six ans le 22 mai 1697, vingt ans après son mari, qu'elle avait épousé le 1ᵉʳ janvier 1646. « C'étoit une femme d'esprit, extrêmement bien avec le Roi et la Reine, d'une vertu aimable, et toute sa vie dans la piété, quoique enfoncée dans la cour et dans le plus grand monde. Elle s'appeloit Boyer et n'étoit rien. Sa mère étoit Wignacourt, nièce et petite-nièce des deux grands maîtres de Malte de ce nom.... Dès qu'elle fut veuve (1678), elle se retira peu à peu du monde, et bientôt après à Châlons auprès de son fils (*l'évêque; archevêque de Paris en* 1695, *cardinal en* 1700), dont elle fit son directeur, et à qui tous les soirs de sa vie elle se confessoit avant de s'aller coucher. Elle l'avoit suivi à Paris et elle y mourut dans l'archevêché, très-saintement, comme elle avoit vécu. » (Saint-Simon, tome I, p. 438, 439.) — Le duc de Noailles était lieutenant général en Auvergne.

16. Villers-Cotterets, bourg du Valois dans la forêt de Retz (Aisne). Le duc d'Orléans, duc de Valois, y avait un château.
17. Elle était surintendante de la maison de Madame.
18. Où il avait suivi la cour. Voyez la note 3.

les affaires, le duc d'Albuquerque[19]. Il s'ennuie autant qu'un honnête homme se peut ennuyer dans un tel pays, surtout depuis toutes les incertitudes de paix et de guerre.

Suscription : Pour Madame la marquise de Sévigné[20].

329. — DE MADAME DE LA FAYETTE A MADAME DE SÉVIGNÉ.

Ce 4ᵉ septembre.

Je suis à Saint-Maur; j'ai quitté toutes mes affaires et tous mes amis; j'ai mes enfants[1] et le beau temps, cela me suffit; je prends des eaux de Forges[2]; je songe à ma santé; je ne vois personne; je ne m'en soucie point du tout : tout le monde me paroît si attaché à ses plaisirs, et à des plaisirs qui dépendent entièrement des autres, que je me trouve avoir un don des fées d'être de l'humeur dont je suis.

Je ne sais si Mme de Coulanges ne vous aura point mandé une conversation d'une après-dînée de chez Gourville, où étoient Mme Scarron et l'abbé Têtu, sur les personnes *qui ont le goût au-dessus ou au-dessous de leur esprit.* Nous nous jetâmes dans des subtilités où nous n'entendions plus rien. Si l'air de Provence, qui subtilise

---

19. Le VIIIᵉ duc d'Albuquerque fut François-Fernandez de la Cueva, mort en août 1676. Voyez sur cette maison Saint-Simon, tome XVIII, p. 367 et suivantes.
20. La lettre porte deux cachets noirs, aux armes de Villars et de Bellefonds, sur lacs de soie de couleur cerise.

Lettre 329. — 1. Voyez les notes des lettres du 9 et du 27 février précédents. — Dans l'édition de 1751 il y a *maris*, au lieu d'*amis*.
2. Voyez tome II, p. 317, note 5.

encore toutes choses, vous augmente nos visions là-dessus, vous serez dans les nues. « Vous avez le goût au-dessous de votre esprit, et M. de la Rochefoucauld aussi, et moi encore, mais pas tant que vous deux. » Voilà des exemples qui vous guideront.

M. de Coulanges m'a dit que votre voyage étoit encore retardé. Pourvu que vous rameniez Mme de Grignan, je n'en murmure pas ; si vous ne la ramenez point, c'est une trop longue absence.

Mon goût augmente à vue d'œil pour la supérieure du Calvaire [3] ; j'espère qu'elle me rendra bonne. Le cardinal de Retz est brouillé pour jamais avec moi, de m'avoir refusé la permission d'entrer chez elle. Je la vois quasi tous les jours ; j'ai vu enfin son visage [4] ; il est agréable, et l'on s'aperçoit bien qu'il a été beau. Elle n'a que quarante ans ; mais l'austérité de sa règle l'a fort changée.

Mme de Grignan a fait des merveilles d'avoir écrit à la Marans : je n'ai pas été si sage ; car je fus l'autre jour chercher Mme de Schomberg [5], et je ne la demandai point. Adieu, ma belle, je souhaite votre retour avec une impatience digne de notre amitié.

J'ai reçu les cinq cents livres il y a longtemps. Il me semble que l'argent est si rare qu'on n'en devroit point

---

3. Mme de la Fayette demeurait rue de Vaugirard, en face du couvent du Calvaire. Ce couvent de bénédictines fut établi dans l'enceinte du Luxembourg par la reine Marie de Médicis et le P. Joseph, fondateur de la congrégation de Notre-Dame du Calvaire ; les religieuses y entrèrent en mars 1622 ; l'église fut bénite en 1631. Il y avait au Marais un autre couvent de filles du Calvaire, dont la duchesse d'Aiguillon posa la première pierre en 1635.

4. Les religieuses du Calvaire ont leur voile baissé au parloir, excepté pour leurs proches parents, ou dans des cas particuliers. (*Note de l'édition de* 1751.)

5. Mme de Schomberg et Mme de Marans étaient logées dans la même maison. (*Ibidem.*) — Voyez la note 7 de la lettre 151.

prendre de ses amis. Faites mes excuses à M. l'abbé[6] de ce que je l'ai reçu.

---

330. — DE MADAME DE SÉVIGNÉ
A MADAME DE GRIGNAN.

A Montélimar, jeudi 5e octobre.

Voici un terrible jour[1], ma chère fille; je vous avoue que je n'en puis plus. Je vous ai quittée dans un état qui augmente ma douleur. Je songe à tous les pas que vous faites et à tous ceux que je fais, et combien il s'en faut qu'en marchant toujours de cette sorte, nous puissions jamais nous rencontrer. Mon cœur est en repos quand il est auprès de vous : c'est son état naturel, et le seul qui peut lui plaire. Ce qui s'est passé ce matin me donne une douleur sensible, et me fait un déchirement dont votre philosophie sait les raisons : je les ai senties et les sentirai longtemps. J'ai le cœur et l'imagination tout remplis de vous; je n'y puis penser sans pleurer, et j'y pense toujours : de sorte que l'état où je suis n'est pas une chose soutenable; comme il est extrême, j'espère qu'il ne durera pas dans cette violence. Je vous cherche toujours, et je trouve que tout me manque, parce que vous me

---

6. L'abbé de Coulanges.

LETTRE 330. — 1. C'étoit le jour même de son départ de Grignan pour Paris, et de celui de Mme de Grignan pour Salon (*voyez la note 7 de la lettre du 6 novembre 1673*) et pour Aix. Montélimar n'est qu'à trois ou quatre lieues du château de Grignan. (*Note de Perrin, 1754.*) — Dans l'édition de 1754, la lettre est précédée de l'observation suivante : « Mme de Sévigné, qui étoit arrivée à Grignan vers les derniers jours de juillet 1672, fut obligée de s'en retourner à Paris vers les premiers jours d'octobre 1673; et c'est de ce temps-là que recommence son commerce de lettres avec Mme de Grignan. »

manquez. Mes yeux qui vous ont tant rencontrée depuis quatorze mois ne vous trouvent plus. Le temps agréable qui est passé rend celui-ci douloureux, jusqu'à ce que j'y sois un peu accoutumée; mais ce ne sera jamais assez pour ne pas souhaiter ardemment de vous revoir et de vous embrasser. Je ne dois pas espérer mieux de l'avenir que du passé. Je sais ce que votre absence m'a fait souffrir; je serai encore plus à plaindre, parce que je me suis fait imprudemment une habitude nécessaire de vous voir. Il me semble que je ne vous ai point assez embrassée en partant : qu'avois-je à ménager? Je ne vous ai point assez dit combien je suis contente de votre tendresse; je ne vous ai point assez recommandée à M. de Grignan; je ne l'ai point assez remercié de toutes ses politesses et de toute l'amitié qu'il a pour moi; j'en attendrai les effets sur tous les chapitres : il y en a où il a plus d'intérêt que moi, quoique j'en sois plus touchée que lui. Je suis déjà dévorée de curiosité; je n'espère de consolation que de vos lettres, qui me feront encore bien soupirer. En un mot, ma fille, je ne vis que pour vous. Dieu me fasse la grâce de l'aimer quelque jour comme je vous aime. Je songe aux *pichons*[2]; je suis toute pétrie de Grignans; je tiens partout. Jamais un voyage n'a été si triste que le nôtre; nous ne disons pas un mot.

Adieu, ma chère enfant, aimez-moi toujours : hélas! nous revoilà dans les lettres. Assurez Monsieur l'Archevêque de mon respect très-tendre, et embrassez le Coadjuteur; je vous recommande à lui. Nous avons encore dîné à vos dépens. Voilà M. de Saint-Geniez[3] qui

---

2. *Aux pichons*, aux enfants. *Pichoun, ouna, Pitchoun, ounc, Pichot, ota*, termes provençaux, signifiant « petit, petite. » Voyez le *Dictionnaire provençal* ou *Dictionnaire de la langue d'oc ancienne et moderne* par Honnorat, Digne, 1847.

3. Peut-être Henri, seigneur d'Audanne, marquis de Saint-Geniez,

vient me consoler. Ma fille, plaignez-moi de vous avoir quittée.

331. — DE MADAME DE SÉVIGNÉ
A MADAME DE GRIGNAN.

A Valence, ce vendredi 6e octobre.

C'est mon unique plaisir que de vous écrire : la paresse du Coadjuteur est bien étonnée de cette sorte de divertissement. Vous êtes à Salon, ma pauvre petite; vous avez passé la Durance[1]; et moi je suis arrivée ici. Je regarde tous les chemins comme devant avoir l'honneur de vous voir passer cet hiver, et je fais des remarques sur les méchants endroits. Il y en a où je descends mal à propos; il y en a aussi que vous devez craindre. Le plus sûr en hiver, c'est une litière; il y a des pas où il faut descendre de carrosse, ou s'exposer à périr. Monsieur de Valence[2] m'a envoyé son carrosse avec Montreuil[3] et le Clair, pour me laisser plus de liberté. J'ai été droit chez lui[4]. Il

---

un des frères du duc de Navailles. Il fut gouverneur de Saint-Omer (1677), lieutenant général des armées, et mourut le 31 mars 1685, sans postérité. — Il y avait aussi un poëte latin d'Avignon, nommé de Saint-Geniez, qui mourut en 1663. Il avait un jeune frère.

Lettre 331 (revue sur une ancienne copie). — 1. Sur la route de Montélimar à Aix, au-dessus d'Avignon; Salon est à droite de la route un peu au delà du canal de Craponne.

2. Daniel de Cosnac, évêque de Valence de 1655 à 1687, puis archevêque d'Aix jusqu'à sa mort en janvier 1708. L'abbé de Choisy, dans le huitième livre de ses *Mémoires* (tome LXIII, p. 369 et suivantes), a donné des détails fort étendus sur ce prélat, dont les *Mémoires* ont été publiés par la *Société de l'Histoire de France*, en 1852.

3. Le poëte, celui que Mme de Sévigné trouvait jadis « douze fois plus étourdi qu'un hanneton » (tome I, p. 409). Il était secrétaire de l'évêque de Valence. Voyez tome I, p. 355, note 1.

4. Dans l'édition de 1754, la première où cette lettre ait été imprimée : « chez le prélat. »

a bien de l'esprit. Nous avons causé une heure; ses malheurs et votre mérite ont fait les deux principaux points de la conversation. Il a deux dames avec lui, ses parentes, fort parées[5]. J'ai vu un moment les filles de Sainte-Marie, et Madame votre belle-sœur[6] : sa belle abbesse se meurt; on court pour l'abbaye; une grosse fièvre continue au milieu de la plus brillante santé : voilà qui est expédié. J'ai soupé chez le Clair avec Montreuil; jamais il ne s'est vu un pareil festin; j'y suis logée. Monsieur de Valence et ses nièces[7] me sont venus voir.

On dit ici que le Roi est allé joindre Monsieur le Prince. On ne parle point de la paix. Tout le cœur me bat quand j'ose douter de votre voyage[8]. Je cuis incessamment, et me passe fort bien de parler. Pour notre abbé, vous le connoissez, il ne lui faut que *les beaux yeux de sa cassette*[9]. J'ai une extrême envie de savoir de vos nouvelles; il me semble qu'il y a déjà bien longtemps que je ne vous ai vue. Je suis à plaindre de vous aimer autant que je fais. Mille respects à Monsieur l'Archevêque; embrassez le Comte et le Coadjuteur.

5. Perrin a changé la construction : « Il a deux dames de ses parentes avec lui, » et renvoyé l'épithète « fort parées » après le mot « nièces, » qui se trouve six lignes plus bas.
6. Marie Adhémar de Monteil, religieuse à Aubenas, sœur de M. de Grignan. (*Note de Perrin.*)
7. Les deux nièces de Cosnac devaient être Suzanne de Cosnac, morte abbesse de Vernaison, et la marquise de Cosnac, fille du comte d'Aubeterre, mère de la comtesse d'Egmont. Voyez la *Notice sur Daniel de Cosnac*, placée en tête de ses *Mémoires*, par le comte Jules de Cosnac, son arrière-petit-neveu.
8. Dans l'édition de Perrin : « quand je puis douter de votre voyage de Paris. »
9. Voyez *l'Avare* de Molière, acte V, scène III.

332. — DE MADAME DE SÉVIGNÉ A MADAME DE GRIGNAN.

1673

A Lyon, mardi 10e octobre.

Me voilà déjà loin de vous, ma fille ; mais comprenez-vous avec quelle douleur j'y pense? Je fus reçue chez Monsieur le Chamarier[1] par lui et par M. et Mme de Rochebonne. J'eus le cœur extrêmement serré en embrassant cette jolie femme ; elle l'eut aussi : nous nous entendîmes fort bien, nous causâmes beaucoup. J'ai commencé dès ici à défendre le procédé de M. de Grignan[2] : le Chamarier ne le savoit pas tout à fait comme il est. C'est la meilleure cause du monde à soutenir ; elle ne sauroit périr que par n'être pas bien expliquée ou bien entendue.

Je veux vous dire encore une fois que si vous aviez quelque envie d'éviter les dangers en venant cet hiver, il faudroit descendre de carrosse quasi aussi souvent que j'ai fait ; mais une litière seroit admirable ; ou bien monter à cheval, comme font Mmes de Verneuil ou d'Arpajon. Le carrosse de M. de Virville[3] tomba l'année dernière. Il y a aussi un chemin qu'on nous fit prendre par dans le Rhône. Je descendis, mes chevaux nagèrent, et l'eau entra jusqu'au fond du carrosse : c'est à deux lieues de Montélimar. Quand vous viendrez, les eaux seront grandes,

---

LETTRE 332. — 1. Frère du comte de Rochebonne. Voyez plus haut, p. 154 et 155, notes 1 et 2 ; et sur ce titre de *chamarier*, tome II, p. 325, note 14.

2. Sans doute à l'égard de ses adversaires en Provence. — Voyez les lettres suivantes de novembre et de décembre.

3. Apparemment Charles de Grolée, comte de Vireville (ou Virivile), gouverneur de la ville et citadelle de Montélimar, dont un fils sans doute dut acheter, en 1676, le guidon de Charles de Sévigné, et dont la fille, Mlle de la Tivolière, épousa en décembre 1677 le maréchal de Tallard. Voyez les lettres des 18 et 28 mars 1676.

et la place ne sera pas tenable. Il faudra faire un chemin dans les terres, et ne vous point hasarder; le danger n'est pas dans l'imagination. Voilà ce que mon amitié et ma prévoyance me forcent de vous dire; vous vous en moquerez, si vous voulez; mais je crois que M. de Grignan ne s'en moquera pas. Vous me direz après cela : « Voilà qui est bien; il n'est plus question que de faire la paix, et que nous allions à Paris. » Il est vrai; mais si la guerre se déclare contre l'Espagne, comme c'est une affaire qui traînera, et qui ne donnera pas sitôt des affaires aux gouverneurs, je crois qu'en bonne politique M. de Grignan prendra le parti de venir à la cour plus tôt que plus tard. J'attends ce soir de vos nouvelles; j'achèverai cette lettre après les avoir reçues.

Mardi au soir.

Je n'ai pas eu la force de recevoir votre lettre sans pleurer de tout mon cœur. Je vous vois dans Aix, accablée de tristesse, vous achevant de consumer le corps et l'esprit. Cette pensée me tue : il me semble que vous m'échappez, que vous me disparoissez, et que je vous perds pour toujours. Je comprends l'ennui que vous donne mon départ : vous étiez accoutumée à me voir tourner autour de vous. Il est fâcheux de revoir les mêmes lieux : il est vrai que je ne vous ai point vue sur tous ces chemins-ci; mais quand j'y ai passé, j'étois comblée de joie, dans l'espérance de vous voir et de vous embrasser, et en retournant sur mes pas, j'ai une tristesse mortelle dans le cœur, et je regarde avec envie les sentiments que j'avois en ce temps-là : ceux qui les suivent sont bien différents. J'avois toujours espéré de vous ramener; vous savez par quelles raisons et par quels tons vous m'avez coupé court là-dessus. Il a fallu que tout ait cédé à la force de votre raisonnement, et prendre le parti de vous admirer; mais croyez que la chose du monde qui paroît la moins naturelle, c'est de me voir retourner toute seule à Paris. Si vous y pouvez venir cet hiver, j'en aurai une joie et une consolation entière : en ce cas je ne m'affligerai que pour trois mois, ainsi que vous m'en priez; mais je vous quitte, je m'éloigne : voilà ce que je vois, et je ne sais point l'avenir. J'ai une envie continuelle de recevoir de vos lettres : c'est un plaisir bien douloureux; mais je m'intéresse si fort à tout ce que vous faites, que je ne puis vivre sans le savoir. N'oubliez point de solliciter le petit procès⁴, et de bien compter sur vos doigts les moutons de votre troupeau. Ne mettez point votre pot-au-feu si matin, craignez d'en faire un consommé. La pensée d'une oille⁵ me plaît bien, elle vaut mieux qu'une viande seule. Pour moi, je n'y mets, comme vous, qu'une seule chose, avec de la chicorée amère; mais il faut qu'elle soit bonne pour la santé, car hormis que je suis laide, et que personne ne me reconnoît ici, du reste je ne me portai jamais mieux.

J'ai été fort aise d'embrasser la pauvre Rochebonne : je ne puis souffrir que ce qui est Grignan. Je ferai réponse à notre Mère de Sainte-Marie; j'ai passé la journée avec celles⁶ qui sont ici. Je pars demain pour la Bourgogne. Voici encore un grand agrément pour moi, c'est que je ne recevrai plus de vos lettres que par Paris; adressez-les à M. de Coulanges, il me les fera tenir à Bourbilly. La Rochebonne, que voilà auprès de moi, vous adore : nous nous interrompons toutes deux pour parler de vous avec la dernière tendresse. Adieu, ma très-

---

4. Voyez les lettres du 23 et du 27 novembre suivants.

5. De l'espagnol *olla*, qui signifie proprement « marmite. » — Espèce de potage ou de ragoût qui nous est venu d'Espagne, et dans lequel il entre plusieurs sortes d'herbes et de viandes. (*Note de 1754.*)

6. Les filles de Sainte-Marie.

aimable. Vous voulez que je juge de votre cœur par le mien : je le fais, et c'est pour cela que je vous aime et je vous plains.

*333. — DU COMTE DE BUSSY RABUTIN A MADAME DE SÉVIGNÉ.

Trois jours après que j'eus reçu ces lettres (n° 327, p. 222), j'y fis réponse et premièrement[1] à Mme de Sévigné.

A Paris, ce 10ᵉ octobre 1673.

Je viens de demander au Roi plus de temps qu'il ne m'en avoit accordé pour faire ici mes affaires[2]. Je ne sais s'il me l'accordera[3], quand ce n'est pas une conséquence que cela soit parce qu'il doit être. Je fais tous les pas du côté de la cour avec bien plus de défiance des bons succès qu'autrement ; et de la manière dont j'ai réduit mon esprit, ce ne seront que les grâces qui me surprendront. Je suis d'accord avec vous, Madame, que la fortune est bien folle, et une des choses qui me le persuade le plus, c'est que je suis malheureux ; et j'ai pris mon parti sur ce

---

Lettre 333. — 1. La réponse à Corbinelli que cet adverbe annonce n'est ni dans l'une ni dans l'autre de nos deux copies. — La lettre est datée du 10 octobre dans le manuscrit de l'Institut, du 3 septembre dans celui qui appartient à M. le marquis de Laguiche. C'est la première date qui est la vraie, et *trois jours*, qui est dans l'introduction, n'est point exact : voyez la note suivante.

2. La permission de Bussy expirait le 8 octobre. On ne lui avait accordé que trois semaines. Dans le manuscrit de l'Institut on lit une lettre écrite par Bussy à Pompone le 8 octobre, pour le prier de lui obtenir une prolongation de séjour, et la réponse de Pompone (15 octobre) qui apprend à Bussy que Sa Majesté « a bien voulu ajouter encore deux mois au terme qu'elle lui avoit donné. »

3. Dans le manuscrit de l'Institut : « Je crois qu'il m'en accordera. » Ce qui suit est omis, jusqu'à : « Je suis d'accord, etc. »

que cela⁴ durera toute ma vie. Les grands chagrins même en sont passés, et comme je vous ai déjà mandé, ma raison m'a rendu fort tranquille. Faites comme moi, Madame ; il vous est bien plus aisé, car le sujet de vos peines est fort au-dessous du mien. Si le Roi ne me continue ses grâces, ou que vous ne veniez bientôt ici, vous ne m'y trouverez plus. J'en serois bien fâché. Adieu.

334. — DE MADAME DE SÉVIGNÉ
A MADAME DE GRIGNAN.

D'un petit chien de village, à six lieues de Lyon¹, mercredi au soir, 11ᵉ octobre.

ME voici arrivée, ma fille, dans un lieu qui me feroit triste quand je ne le serois pas : il n'y a rien, c'est un désert. Je me suis égarée dans les champs pour chercher l'église ; j'ai trouvé un curé un peu sauvage, et un commis qui connoît Monsieur l'abbé, et qui m'a promis de vous faire tenir cette lettre. Quand je ne suis pas avec vous, mon unique divertissement est de vous écrire ; contez un peu cela au Coadjuteur pour lui faire venir des cornes à la tête.

Chamarande² est à une lieue d'ici ; il est seigneur de

---

4. *Sur ce que sa persécution.* (*Manuscrit de l'Institut.*) — La lettre finit dans ce manuscrit à « au-dessous du mien. »

LETTRE 334. — 1. « Ce village, d'après la distance qu'elle indique, doit être la petite ville d'Anse (*dans le département du Rhône, à la hauteur de Trévoux, sur la rive droite de la Saône*), fort ancienne et assez célèbre par les conciles qui s'y sont tenus. » (Walckenaer, tome V, p. 7.) — A deux lieues environ et à l'ouest, se trouve Bagnols, dont le château appartenait probablement au père de Mme de Coulanges. Mme de Sévigné l'avait-elle visité ? Voyez plus haut, p. 169, la note 2 de la lettre 306.

2. Clair Gilbert d'Ornayson, seigneur de Chamarande, mort en

cinq ou six paroisses; il attend le retour du Roi. Je sais bien d'autres nouvelles du pays, mais je ne veux pas vous les confier. Je suis partie à huit heures de Lyon, entourée de tous les Rochebonnes, que j'aime et que j'estime fort. M. de Rochebonne s'en va dans ses terres pour donner ordre à ses affaires : il veut être tout prêt pour la guerre, en cas d'alarme.

On ne peut pas voyager plus tristement que je fais. Voici la quatrième fois que je vous écris; sans cela que serois-je devenue? Voici ce qui me tue un peu : c'est qu'après mon premier sommeil j'entends sonner deux heures, et qu'au lieu de me rendormir, je mets le pot-au-feu avec de la chicorée amère; cela bout jusqu'au point du jour qu'il faut monter en carrosse. Je suis assurée, ma chère enfant, que pour me tirer de peine, vous me manderez que l'air d'Aix vous a toute raccommodée, que vous n'êtes plus si maigre qu'à Grignan. Je n'en croirai rien du tout. Je joins à mon inquiétude le bruit de la rue, dont vous êtes désaccoutumée, et qui vous empêche de dormir. Je vous vois, ma fille, et je vous suis pas à pas³ : je vois entrer, je vois sortir, je vois quelques-unes de vos

1699, « universellement estimé, considéré et regretté. » Il était l'un des quatre premiers valets de chambre du Roi, ayant acheté cette charge de Beringhen; il la vendit plus tard. Le Roi, « qui l'aimoit et le considéroit fort au-dessus de son état, » le fit premier maître d'hôtel de la Dauphine. Ayant perdu cette dernière charge avec sa maîtresse, « il demeura à la cour et y eut toujours chez lui la plus illustre compagnie, quoiqu'il n'eût plus de table, qu'il fût perclus de goutte, et qu'on ne vît jamais de vivres chez lui. Le Roi envoyoit quelquefois savoir de ses nouvelles (car il ne pouvoit plus marcher), et lui faire des amitiés; et je me souviens qu'il étoit en telle estime, que lorsque mon père me présenta au Roi et ensuite à ce qu'il y avoit de plus principal à la cour, il me mena voir Chamarande. » (Saint-Simon, tome I, p. 223, et tome II, p. 248.)

3. « ....Dont vous êtes désaccoutumée, et tout ce manége que je vois; je vous suis pas à pas, etc. » (*Édition de 1754.*)

pensées; enfin je serai morte quand je ne penserai plus à vous[4].

Nous avons vu des tableaux admirables a Lyon. Je blâme M. de Grignan de n'avoir pas accepté celui que l'archevêque de Vienne[5] lui voulut donner : il ne lui sert de rien, et c'est le plus joli tableau et le plus décevant qu'on puisse voir. Pour moi, je ne manquai point tout bonnement de vouloir remettre la toile que je croyois déclouée. A propos, cet archevêque est beau-frère de Mme de Villars; il m'attendoit, et me fit des visites et des civilités infinies.

Adieu, ma très-chère; vous me mandez les choses du monde les plus tendres : cela perce le cœur, et l'on en est ravi. Vous me parlez de votre amitié; je crois qu'elle est très-forte, et je vous aime sur ce pied-là, et je ne crois pas me tromper; mais gardez-vous bien, dans les moments où vous la sentez le plus, de penser ni de dire jamais qu'elle puisse égaler celle que j'ai pour vous.

---

335. — DE MADAME DE SÉVIGNÉ
A MADAME DE GRIGNAN.

A Châlon, vendredi soir, 13ᵉ octobre.

Quel ennui de ne plus espérer de vos nouvelles! cette circonstance augmente ma tristesse. Ma fille, je ne vous dirai point toutes mes misères sur ce chapitre : tout au

---

4. « Je serai morte quand je ne serai plus occupée de ce qui vous regarde. » (*Édition de* 1754.)
5. Henri de Villars, frère puîné du marquis Pierre de Villars, avait été nommé en 1652 coadjuteur de son oncle, l'archevêque de Vienne, auquel il succéda en 1662; il était le cinquième de sa famille sur ce siége; il mourut en 1693, à soixante-douze ans.

moins vous vous moqueriez de moi, et vous savez combien j'estime votre estime. Ainsi donc j'honore votre force et votre philosophie, et je ne ferai confidence de mes foiblesses qu'à ceux qui n'ont pas plus de courage que moi. Je m'en vais hors du grand chemin, je ne vous écrirai plus si réglément : voilà encore un de mes chagrins. Quand vous ne recevrez point de mes lettres, croyez bien fermement qu'il m'aura été impossible de vous écrire ; mais pour penser à vous, ah ! je ne fais nulle autre chose : je cuis toujours, et comme vous savez, je m'amuse à éplucher la racine de ma chicorée, de sorte que mon bouillon est amer, comme ceux que nous prenions à Grignan.

Les *Déclamations* de Quintilien m'ont amusée[1] : il y en a de belles, et d'autres qui m'ont ennuyée. Je m'en vais dans le *Socrate chrétien*[2]. Je vis à Mâcon le fils de M. de Paule : je le trouvai joli ; il ressemble au Charmant[3]. Je ne sais point de nouvelles, sinon que Mme de Mazarin est avec son mari jusqu'à la première frénésie. On attendoit à Lyon cette duchesse d'York[4]. Quel plaisir que vous ne l'ayez point eue sur le corps ! Nous avons trouvé en chemin M. de Sainte-Marthe ; il m'a promis de vous

LETTRE 335. — 1. Mme de Sévigné les lisait sans doute ou dans la traduction de Jean Nicole, père du théologien, ou dans celle de l'avocat du Teil, publiées à Paris, la première en 1642, la seconde en 1659.

2. « Cet ouvrage célèbre, dit M. Cousin, avait paru à Paris en janvier 1652. » Voyez l'appendice du tome II de la *Société française*, p. 396 et suivantes ; et, au tome II, p. 75 et suivantes de *Port-Royal*, le jugement que M. Sainte-Beuve a porté sur le *Socrate chrétien* de Balzac.

3. Au marquis de Villeroi. Voyez tome II, p. 471, note 13.

4. Marie-Béatrix-Éléonore, sœur du duc de Modène, François d'Este II, née en 1658, seconde femme le 30 septembre 1673 de Jacques II d'Angleterre, alors duc d'York ; morte le 7 mai 1718. Elle était fille d'Alphonse d'Este IV, duc de Modène (mort en 1662), et de Laure Martinozzi, nièce de Mazarin.

envoyer ce *Pain bénit* et cet *Enterrement* de Marigny⁵, dont je vous ai tant parlé. *L'Enterrement* me ravit toujours; le *Pain bénit* est sujet à trop de commentaires. Si vous avez l'esprit libre quand vous recevrez ce petit ouvrage, et qu'on vous le lise d'un bon ton, vous l'aimerez fort; mais si vous n'êtes pas bien disposée, voilà qui est jeté et

---

5. Ce chansonnier de la Fronde « presque aussi spirituel et plus méchant que Sarasin. » (M. Cousin, *Madame de Longueville*, tome II, p. 299.) Il s'appelait Jacques Carpentier, et prit d'une seigneurie de son père, au reste « d'assez médiocre famille de Nevers, » le nom de Marigny. « Connoissant la princesse Marie, il s'en alla à Mantoue, où il ne trouva rien à faire; de là il passa à Rome, où je l'ai vu misérable. De retour ici, il trouva moyen d'être secrétaire de M. Servien, qui s'en alloit à Munster; mais il le quitta en Hollande, à cause de quelque démêlé, et s'en alla en Suède. Il est bien fait, il parle facilement, sait fort bien l'espagnol et l'italien, fait des vers passablement, et n'ignore pas un des bons contes qui se font en toutes ces trois langues : pour du jugement il n'en a point; mais la reine à qui il avoit à faire (*Christine*) a bien fait voir qu'on n'avoit pas besoin de jugement pour réussir auprès d'elle. » (Tallemant des Réaux, tome V, p. 438, 439 : voyez la note de M. P. Paris, p. 447, 448.) Forcé de quitter la Suède en 1646, il se donna au Coadjuteur dès le commencement de la Fronde, et paraît à cette époque avoir été fort lié avec le marquis et la marquise de Sévigné (*Mémoires de Retz*, tome I, p. 224; *Journal* d'Olivier le Fèvre d'Ormesson, p. 603, et le *Supplément*, p. 756). Il fut quelque temps à Bordeaux au service du prince de Conti; s'y étant brouillé avec Sarasin et la duchesse de Longueville, il vint rejoindre à Paris le prince de Condé, dont il resta l'agent même après la rentrée du Roi; mais bientôt poursuivi, il dut s'enfuir à Bruxelles. Quand il put rentrer en France « il se retira auprès de M. le cardinal de Retz. Son occupation étoit de le divertir.... Il avoit embrassé l'état ecclésiastique. » (Moréri. Voyez aussi un passage des *Mémoires de Retz*, tome IV, p. 71, 72.) Il vivait encore en mars 1672 : voyez la *Correspondance de Bussy*, tome II, p. 75 et 78, lettres du 4 et du 18 mars 1672. — Le petit poëme du *Pain bénit*, qui a un second titre, *les Marguilliers*, parut en 1673; c'est une satire dirigée contre les marguilliers de la paroisse Saint-Paul, qui voulaient obliger Marigny à rendre le pain bénit. Le poëme contient, vers la fin, une critique très-violente de la manière dont se faisaient alors les enterrements.

1673

méprisé. Je trouve que le prix de la plupart des choses dépend de l'état où nous sommes quand nous les recevons. J'embrasse tendrement M. de Grignan ; il doit être bien persuadé de mon amitié, de lui avoir donné et laissé ma fille : tout ce que je lui demande, c'est de conserver votre cœur et le mien ; il en sait les moyens. Songez que je recevrai comme une grâce s'il m'oblige à l'aimer toujours. Le hasard me fit hier parler de lui, et de ses manières nobles et polies, et de ses grandeurs. Je voudrois bien qu'il eût été derrière moi, et vous aussi : vous le croyez bien, ma chère Comtesse.

336. — DE MADAME DE SÉVIGNÉ A MADAME DE GRIGNAN.

Bourbilly[1], lundi 16e octobre.

Enfin, ma bonne, j'arrive présentement dans le vieux château de mes pères. Voici où ils ont triomphé suivant la mode de ce temps-là. Je trouve mes belles prairies, ma petite rivière, mes magnifiques bois et mon beau moulin[2],

Lettre 336. — 1. Bourbilly, à deux lieues environ d'Époisse et de Semur en Auxois (voyez la note 5 de la lettre 338), est un hameau annexé à la petite paroisse de Vic-de-Chassenay. L'endroit même est sur une hauteur. Le château en est assez loin, au bas de coteaux boisés, dans le vallon du Serain et presque au bord de l'eau; ce n'est plus qu'une grosse ferme entourée de bonnes terres et de beaux prés; les tours ont été démolies, et les escaliers qu'elles renfermaient remplacés dans l'intérieur du bâtiment par des montées de bois; quelques chambres ont conservé leurs anciennes cheminées, et la chapelle qui sert d'écurie une très-belle fenêtre ogivale. Bourbilly relevait du vaste marquisat d'Epoisse; sur l'origine de cette servitude, voyez la lettre au comte de Guitaut du 26 janvier 1683.

2. *Ma petite rivière*, le Serain, qui traverse le bailliage de Semur

à la même place où je les avois laissés. Il y a eu ici de plus honnêtes gens que moi ; et cependant, au sortir de Grignan, après vous avoir quittée, je me meurs de tristesse. Je pleurerois de tout mon cœur présentement, si je m'en voulois croire ; mais je me détourne, suivant vos conseils. Je vous ai vue ici ; Bussy y étoit³, qui nous empêchoit fort de nous y ennuyer. Voilà où vous m'appelâtes marâtre d'un si bon ton. Dubut⁴ est ici qui a élagué des arbres devant cette porte, qui font en vérité une allée superbe. Tout crève ici de blé, et *de Caron pas un mot*⁵, c'est-à-dire pas un sol. Je suis désaccoutumée de ces continuels orages : il pleut sans cesse ; j'en suis en colère. M. de Guitaut est à Époisse : il envoie tous les jours ici pour savoir quand j'arriverai, et pour m'emmener chez lui ; mais ce n'est pas ainsi qu'on fait ses affaires. J'irai pourtant le voir : vous pouvez bien penser que nous parlerons bien de vous : je vous prie d'avoir l'esprit en repos sur tout ce que je dirai ; je ne suis pas assurément fort imprudente. Nous vous écrirons, lui et moi. Je ne puis m'accoutumer à ne vous voir plus, et si vous m'aimez, vous m'en donnerez une marque cette année.

Adieu, mon enfant ; j'arrive, je suis un peu fatiguée ; quand j'aurai les pieds chauds, je vous en dirai davantage.

---

en Auxois, et se jette dans l'Yonne à trois lieues au-dessus d'Auxerre. Il forme près du château une jolie cascade (appelée le *Peucrot* dans le pays), et plus bas, sur la rive droite comme le château, il y a aujourd'hui encore un grand moulin. — Les mots suivants : « et mon beau moulin, » manquent dans l'édition de la Haye (1726), et dans la première édition de Perrin ; ils ne se trouvent que dans celle de 1754.

3. En 1664 : voyez tome I, p. 487, et Walckenaer, tome V, p. 9 et 10. Plus anciennement encore Mme de Sévigné y était venue avec son mari : voyez la lettre de Bussy du 19 octobre 1675.

4. Ce nom revient dans la lettre du 20 novembre 1675.

5. Voyez tome II, p. 349, note 7.

337. — DE MADAME DE SÉVIGNÉ
A MADAME DE GRIGNAN.

A Bourbilly, samedi 21° octobre.

J'ARRIVAI ici lundi au soir, comme je vous l'écrivis dès le même soir. Je trouvai des lettres de Guitaut qui m'attendoient. Le lendemain, dès neuf heures, il vint ici au galop, mouillé comme un canard, car il pleut tous les jours. Nous causâmes extrêmement; il me parla fort de vous, et m'entretint ensuite de ses affaires et de ses dégoûts. Il me dit que le Roi est revenu à Versailles [1]; il me montra les nouvelles de la guerre [2]; il trouva que la politique obligeroit sans doute M. de Grignan à venir expliquer sa conduite à Sa Majesté, et même à venir prendre les ordres de sa propre bouche pour la guerre, si elle se déclare. Voilà ce qu'il me dit sans vouloir me plaire, et même sans intérêt; car il me paroît peu disposé à retourner cet hiver à Paris. Après que nous eûmes dîné très-bien, malgré la rusticité de mon château, voilà un carrosse à six chevaux qui entre dans ma cour, et Guitaut à pâmer de rire. Je vois en même temps la comtesse de Fiesque, et Mme de Guitaut qui m'embrassent. Je ne puis vous représenter mon étonnement, et le plaisir qu'avoit

LETTRE 337. — 1. Le Roi était reparti de Nancy le 30 septembre, et s'était dirigé vers Laon, où il s'arrêta le 8 octobre; le 9 au matin, il déclara « le dessein de s'en retourner à Saint-Germain ou à Versailles en quatre jours. » (Lettre de Pellisson.) Voyez les *Mémoires de Mademoiselle*, tome IV, p. 346 et la note.

2. « Le comte de Monterei (*voyez la note 1 de la lettre du 29 décembre suivant*) avait publié à Bruxelles, le 15 octobre, la rupture de la paix entre la France et l'Espagne » (Walckenaer, tome V, p. 12); et « le 20 octobre au matin, le lieutenant de police, M. de la Reynie, faisait publier à son de trompe et afficher dans Paris l'ordonnance pour la déclaration de la guerre contre les Espagnols. » (*Histoire de Louvois* par M. Rousset, tome I, p. 490.)

pris Guitaut à me surprendre. Enfin voilà donc la Comtesse à Bourbilly, comprenez-vous bien cela? plus belle, plus fraîche, plus magnifique, et plus gaie que vous ne l'avez jamais vue. Après les acclamations³ de part et d'autre que vous pouvez penser, on s'assied, on se chauffe, on parle de vous; vous comprenez bien encore ce qu'on en dit, et combien la Comtesse comprend peu que vous ne soyez pas venue avec moi. Cette compagnie me parut toute pleine d'estime pour vous.

On parla de nouvelles. Guitaut me conta comme Monsieur veut faire Mlle de Grancey dame d'atour de Madame, à la place de la Gourdon⁴, à qui il faut donner cinquante mille écus : voilà ce qui est un peu difficile; car le maréchal de Grancey ne veut donner cette somme que pour marier sa fille; et comme il craindroit qu'il n'en fallût donner encore autant pour la marier, il veut que Monsieur fasse tout. Mme de Monaco mène cette affaire; elle est très-bien chez Monsieur et chez Madame, dont elle est également aimée. On est seulement un peu fâché de lui voir faire quelquefois à cette Madame-ci les mêmes petites mines et les mêmes petites façons qu'elle faisoit à l'autre. Il y a encore eu quelque petite chose⁵; mais cela ne s'écrit point. Pour Mme de Marey, elle quitta Paris par pure sagesse, quand on commença toutes ces collations de cet été, et s'en vint en Bourgogne. Elle vint à Dijon, où elle fut reçue au bruit du canon. Vous pouvez penser comme cela faisoit dire de belles choses, et comme

---

3. Dans l'édition de 1754 il y a *exclamations*, au lieu d'*acclamations*, qu'on lit dans celle de 1734.

4. Voyez la note 12 de la lettre 310. — On voit par l'*État de la France* que Mme de Gourdon garda sa charge : elle lui valait six mille livres par an.

5. Perrin, dans l'édition de 1754, a remplacé *petite chose* par *bagatelles*.

ce voyage paroissoit au public. La vérité, c'est qu'elle avoit un procès à Dijon, qu'elle vouloit faire juger ; mais cette rencontre est toujours plaisante[6]. La Comtesse est bonne là-dessus. Il y a quinze jours qu'elle est à Époisse : elle vient de Guerchi[7]. Il y a un petit homme obscur qui dit que l'abbé Têtu serviroit fort bien d'âme à un gros corps[8] : cela m'a paru plaisant. Enfin le soir vint : après avoir admiré les antiquités judaïques[9] de ce château, elles s'en retournèrent ; elles voulurent m'emmener ; mais j'ai mille affaires ici assez importantes, de sorte que je n'irai que demain pour revenir après-demain. Nous vous écrirons tous ensemble d'Époisse. Si je vous avois amenée, vous auriez trouvé cette compagnie, qui vous auroit fort empêchée de vous ennuyer. Pour l'air d'ici, il n'y a qu'à respirer pour être grasse ; il est humide et épais ; il est admirable pour rétablir ce que l'air de Provence a desséché.

Je[10] conclus aujourd'hui toutes mes affaires. Si vous

---

6. Nous n'avons pas besoin de dire que tout ce passage est ironique. Mme de Sévigné, dans sa lettre du 6 avril 1672, a parlé d'un grand souper donné à Saint-Maur aux *Anges* (Mmes de Marey et de Grancey) par Monsieur le Duc. Le prince était gouverneur de Bourgogne (en survivance de son père), et résidait à Dijon pendant la tenue des états.

7. Terre de son gendre (entre Joigny et Auxerre), où probablement sa fille était morte l'année précédente. Voyez la note 4 de la lettre du 27 janvier 1672, tome II, p. 480.

8. L'abbé était fort maigre ; on lui fit une épitaphe qui commençait ainsi :

Ci-gît un abbé froid et sec, *etc.*

9. L'expression : *antiquités judaïques*, figure sur le titre de la traduction de Josèphe par Arnauld d'Andilly (1666). L'alliance de ces deux mots n'est pas autre chose qu'un plaisant souvenir : on était habitué à les prononcer ensemble ; le premier a naturellement amené le second au bout de la plume.

10. Ce morceau, jusqu'à « l'abbé ne trouvoit pas, » manque dans

n'aviez du blé, je vous offrirois du mien : j'en ai vingt mille boisseaux à vendre; je crie famine sur un tas de blé. J'ai pourtant assuré quatorze mille francs, et fait un nouveau bail sans rabaisser. Voilà tout ce que j'avois à faire, et j'ai l'honneur d'avoir trouvé des expédients, que le bon esprit de l'abbé ne trouvoit pas. Je me meurs ici de n'avoir point de vos lettres, et de ne pouvoir faire un pas qui puisse vous être bon à quelque chose : cet état m'ennuie et me fait haïr mes affaires.

Bussy est encore à Paris, faisant tous les jours des réconciliations; il a commencé par Mme de la Baume[11]. Ce brouillon de temps, qui change tout, changera peut-être sa fortune. Vous serez bien aise de savoir qu'avant son départ il se fit habiller à Semur, lui et sa famille : jugez comme il sera d'un bon air. Il s'est raccommodé en ce pays avec Jeannin et avec l'abbé Foucquet[12].

Je reçois un paquet de Guitaut : il m'envoie les nouvelles que vous aurez de votre côté. Il me viendra prendre demain ou lundi. Adieu, ma chère enfant; puis-je vous trop aimer? J'embrasse M. de Grignan, et je l'assure qu'il auroit pitié de moi, s'il savoit ce que je souffre de

---

l'édition de 1734. Ce qui vient après se lit ainsi dans celle de 1754 : « Je suis triste à mourir de n'avoir point.... Cet état n'est point supportable; j'espère qu'il en viendra un autre. »

11. C'est elle que Bussy accusait d'avoir laissé prendre copie de l'*Histoire amoureuse*. Voyez la note 7 de la p. 509 du tome I, la *Notice*, p. 79 et suivantes, et les lettres de 1668. — « Elle m'avoit fait faire des honnêtetés auxquelles j'avois répondu. » *Correspondance de Bussy*, tome II, p. 303; mais voyez aussi la p. 315, où il la met au nombre des gens qu'il aimait peu et dont il ne pouvait soutenir la présence; et Walckenaer, tome V, p. 63-65.

12. Sur Jeannin de Castille, voyez la note 10 de la p. 407 du tome I, et ci-dessus, p. 151, la note 1 de la lettre du 22 juillet 1672; sur l'abbé Foucquet, frère du surintendant, les notes 3 et 4 de la p. 406 du tome I. L'un et l'autre ont leur portrait dans l'*Histoire amoureuse*.

votre absence. Il n'appartient pas à tout le monde de le concevoir [13].

338. — DE MADAME DE SÉVIGNÉ A MADAME DE GRIGNAN.

A Époisse, mercredi 25º octobre.

Je n'achevai qu'avant-hier toutes mes affaires à Bourbilly, et le même jour je vins ici, où l'on m'attendoit avec quelque impatience. J'ai trouvé le maître et la maîtresse du logis avec tout le mérite que vous leur connoissez, et la Comtesse [1] qui pare, et qui donne de la joie à tout un pays. J'ai mené avec moi M. et Mme de Toulongeon, qui ne sont pas étrangers dans cette maison. Il est survenu encore Mme de Chatelus [2] et M. le marquis de Bonneval [3], de sorte que la compagnie est complète. Cette

---

13. Il y a quelques mots de plus dans l'édition de 1754 : « Et vous, ma fille, je vous embrasse avec une tendresse qu'il n'appartient pas à tout le monde de concevoir. »
Lettre 338. — 1. La comtesse de Fiesque.
2. Judith, fille de Jean-Jacques de Barillon, président aux enquêtes du parlement de Paris, et de Bonne Fayet (fille du président Fayet). Elle était sœur de Barillon l'ambassadeur, de M. de Morangis et de l'évêque de Luçon (voyez tome II, p. 119, note 23, et ci-dessus la note 10 de la lettre 321). Elle avait épousé en 1658 César-Philippe, comte de Chastellux, vicomte d'Avallon, déjà veuf de Madeleine le Sueur d'Osni. Son mari, qui fut lieutenant de la compagnie des gendarmes-Condé et maréchal de camp, mourut le 8 juillet 1695. Elle lui survécut, et à son fils aîné, tué en 1701 (voyez la lettre du 12 septembre de cette dernière année).
3. Jean-François de Bonneval, connu sous le nom de marquis de Bonneval, marié le 14 janvier 1670 à Claude Monceaux, mort le 19 juin 1682. Son second fils a été le comte de Bonneval, qui servit le Roi, l'Empereur et le Grand Turc, et mourut à Constantinople le 22 mars 1747.

maison est d'une grandeur et d'une beauté surprenante⁴ ; M. de Guitaut se divertit fort à la faire ajuster, et y dépense bien de l'argent. Il se trouve heureux de n'avoir point d'autre dépense à faire. Je plains ceux qui ne peuvent pas se donner ce plaisir. Nous avons causé à l'infini, le maître du logis et moi, c'est-à-dire j'ai eu le mérite de savoir bien écouter. On passeroit bien des jours dans cette maison sans s'ennuyer : vous y avez été extrêmement célébrée. Je ne crois pas que j'en pusse sortir, si on y recevoit de vos nouvelles ; mais, ma chère fille, sans vous faire valoir ce que vous occupez dans mon cœur et dans mon souvenir, cet état d'ignorance m'est insupportable. Je me creuse la tête à deviner ce que vous m'avez écrit, et ce qui vous est arrivé depuis trois semaines, et cette application inutile trouble fort mon repos. Je trouverai cinq ou six de vos lettres à Paris ; je ne comprends pas pourquoi M. de Coulanges ne me les a point envoyées : je l'en avois prié.

Enfin je pars demain pour prendre le chemin de Paris ; car vous vous souvenez bien que de Bourbilly on passe devant cette porte⁵ où M. de Guitaut nous vint faire un

4. « Ce château subsiste toujours en entier et dans toute sa splendeur, avec ses belles fortifications, ses vieux tilleuls, ses beaux ombrages, ses archives, ses portraits, ses nobles souvenirs ; il a été la propriété des comtes de Montbard et des princes de Montagu, première race des ducs de Bourgogne. Un descendant direct du comte de Guitaut le possède, bonheur rare dans les temps où nous vivons. — C'est à la plume du comte Athanase de Guitaut qu'est due la notice qui accompagne la planche gravée de la vue d'Époisse qui se trouve dans le *Voyage pittoresque en Bourgogne*, publié à Dijon en 1683 (tome I, feuille 9, p. 33). » (Walckenaer, tome V, p. 398.)

5. Il y avait sans doute alors comme à présent un chemin qui partant de Semur, et se détournant à gauche devant le château d'Époisse pour en longer ensuite un des côtés, aboutissait, vers Avallon, à la grand'route de Lyon à Auxerre et Paris. Époisse se trouve à trois lieues de Semur, et à cinq d'Avallon ; Bourbilly à égale distance

jour des civilités. Je ne serai à Paris que la veille de la Toussaint. On dit que les chemins sont déjà épouvantables dans cette province. Je ne vous parle point de la guerre : on mande qu'elle est déclarée⁶ ; et d'autres, qui sont des manières de ministres, disent que c'est le chemin de la paix : voilà ce qu'un peu de temps nous apprendra.

Monsieur d'Autun⁷ est en ce pays ; ce n'est pas ici où je l'ai vu, mais il en est près, et l'on voit des gens qui ont eu le bonheur de recevoir sa bénédiction.

Adieu, ma très-chère et très-aimable enfant ; les gens que je trouve s'imaginent que vous avez raison de m'aimer, en voyant de quelle façon je vous aime⁸.

---

339. — DE MADAME DE SÉVIGNÉ
A MADAME DE GRIGNAN.

A Auxerre, le vendredi 27ᵉ octobre.

Voici la dixième lettre que je vous ai écrite depuis le jour que je vous ai quittée. C'est un jour que je n'oublierai jamais que ce jeudi 5ᵉ de ce mois : je n'ai qu'à y penser pour n'être plus raisonnable ; je ne cherche pas loin dans mon souvenir pour avoir le cœur serré à n'en pouvoir

---

d'Époisse et de Semur, mais à l'écart, à environ une lieue au sud de ce chemin. — La porte dont parle Mme de Sévigné existe encore; elle est ouverte dans la première enceinte de murailles qui borde le chemin et qui enferme avec la jolie église d'Époisse l'esplanade du château. Au bout de l'esplanade une seconde porte fortifiée donne accès dans la cour intérieure.

6. Voyez la note 2 de la lettre précédente.

7. Gabriel de Roquette, évêque d'Autun. Voyez plus haut, p. 31, la fin de la note 1.

8. « Je ne trouve personne qui ne s'imagine que vous avez raison de m'aimer, en voyant de quelle façon je vous aime. » (*Édition de* 1754.)

plus; mais parlons d'autre chose; je vous ennuierois si je vous disois tout ce que je sens.

Je quittai hier Époisse et toute la compagnie que je vous ai dite, car je vous écrivis avec Guitaut une assez grande lettre. J'ai été neuf jours entiers en Bourgogne, et je puis dire que ma présence et celle de notre abbé étoient très-nécessaires à Bourbilly. J'ai extrêmement causé avec Guitaut; il m'a divertie par ses détails, dont je ne savois que l'autre côté; il est bon d'entendre les deux parties. Il m'a flattée d'avoir pris plaisir à me redonner pour lui toute l'estime qu'on auroit pu m'ôter, si je ne m'étois miraculeusement fiée à sa bonne mine; il m'a paru sincère et fort honnête homme; et je trouve que l'on l'a voulu chasser de l'hôtel de Condé [1], seulement parce qu'il faisoit ombrage aux autres : un tel favori n'est pas agréable dans une petite cour. Il y a des endroits bien extraordinaires dans son roman; la conclusion est la retraite dans son château : c'est pourtant ce que je ne voudrois pas assurer.

La Comtesse [2] m'a conté des choses admirables de l'hôtel de Grancey [3] : le plan de cette maison est une chose curieuse. Mais il faut que toutes les jalousies du monde se taisent devant celle de l'homme [4] qui est acteur dans cette scène : c'est la quintessence de jalousie, c'est la jalousie même; j'admire qu'il en soit resté dans le monde, après qu'il a été partagé. Je prendrois plaisir de causer de tout cela tête à tête avec vous; ces sortes de choses qui se passent dans le commerce du monde sont curieuses à savoir.

LETTRE 339 (revue sur une ancienne copie). — 1. Le comte de Guitaut y était premier gentilhomme de la chambre de Monsieur le Prince.

2. La comtesse de Fiesque.

3. Voyez plus haut, p. 10, la note 19 de la lettre du 6 avril 1672, et la lettre 337, p. 247.

4. Monsieur le Duc. (*Note de Perrin.*)

1673 Tout le monde dit la guerre ; cependant d'Hacqueville mande qu'il y a encore des parieurs [5] pour la paix. Dieu le veuille. Cependant il m'ennuie plus que je ne puis vous le dire d'être trois semaines sans avoir de vos nouvelles ; cela m'accable de chagrin : je trouverai cinq ou six de vos lettres à Paris. Guitaut n'a pas voulu vous conseiller de faire valoir dans la Provence à quel point Monsieur de Marseille a bien voulu vous donner un dégoût : il trouve que c'est une chose très-capable de le faire haïr dans son pays.

Je voudrois bien savoir, ma très-chère enfant, comment vous vous portez ; je crains ce pot-au-feu que vous faites bouillir jour et nuit ; il me semble que je vous vois vous creuser les yeux et la tête ; je vous souhaite une oille plutôt qu'un consommé ; un consommé est une chose étrange. Je vous aime avec une tendresse si sensible que je n'ose y penser ; c'est un endroit si vif et si délicat dans mon cœur que tout est loin en comparaison.

Notre cher abbé se porte bien, Dieu merci : j'en suis toute glorieuse ; il vous salue tendrement, il voudroit bien savoir quelques petites choses de vos affaires, et si vous vous souvenez de ses avis ; vous savez la part qu'il prend à tous vos intérêts, aux dépens d'être haï ; mais il ne s'en soucie guère. J'embrasse M. de Grignan ; est-il bien sage ? Faites bien mes compliments à Monsieur l'Archevêque, s'il est à Salon. Assurez Monsieur le Coadjuteur qu'en attendant le temps que je dois tant l'aimer, je l'aime beaucoup.

5. Dans le manuscrit : « Des parleurs.

* 340. — DE MADAME DE SÉVIGNÉ AU COMTE ET A LA COMTESSE DE GUITAUT.

1673

A Auxerre, vendredi[1] (27ᵉ octobre).

Je serois fort indigne de l'honneur que j'ai reçu de mon seigneur et de ma dame[2], si je ne leur disois un mot de ma reconnoissance, puisque j'en trouve l'occasion. Outre tout ce que j'ai à dire de la manière dont vous m'avez reçue, j'ai à vous remercier de tout ce que je ne dirai point. Vous m'avez donné un sensible plaisir par votre confiance et par vos détails ; mais surtout je n'oublierai jamais la conclusion du roman et le mérite exquis du héros et de l'héroïne. Ces pensées qui m'ont occupée m'ont éloigné et délayé[3] celles que j'avois apportées de Provence, dont j'étois dévorée. Je vous remercie donc, Monsieur, de cette diversion. Je supplie Madame la Comtesse de trouver bon que je baise tendrement ses belles joues, et que je la questionne quelquefois à Paris. Je vous demande quelque part en l'honneur de votre amitié, puisque vous en avez tant dans la mienne. Je supplie Madame de Guitaut de me faire la même grâce. Vous m'avez acquise pour jamais. Notre abbé vous assure de son très-humble service ; votre bon vin lui a soutenu le cœur contre les détestables chemins. Je vous écrirai quel-

---

LETTRE 340 (revue sur l'autographe). — 1. L'autographe ne porte que ces mots : « à Auxerre, vendredi. » Nous ajoutons sans hésiter 27ᵉ octobre. La lettre est évidemment du même jour que la précédente à Mme de Grignan. Nous ne savons sur quoi s'est fondé l'éditeur qui le premier l'a datée de *Paris, 6 novembre,* erreur reproduite par ceux qui l'ont suivi.

2. Voyez la *Notice,* p. 150, et la lettre du 26 janvier 1683.

3. *Délayer,* différer, remettre à un autre temps. C'est là l'orthographe du mot dans le *Dictionnaire de Nicot;* plus tard on a écrit *dilayer.*

quefois de Paris. Si vous voulez écrire à ma fille, adressez votre lettre à M. Aubarède, marchand, à Lyon.

M. Rabutin Chantal.

341. — DE MADAME DE SÉVIGNÉ
A MADAME DE GRIGNAN.

A Moret, lundi au soir, 30° octobre.

Me voici bien près de Paris; mais sans l'espérance d'y trouver toutes vos lettres, je n'aurois aucune joie d'y arriver. Je me représente l'occupation que je pourrai avoir pour vous : tout ce que j'aurai à dire à MM. de Brancas, la Garde, l'abbé de Grignan, d'Hacqueville, à M. de Pompone, à M. le Camus. Hors cela où je vous trouve, je ne prévois aucun plaisir; je mériterois que mes amies me battissent et me renvoyassent sur mes pas : plût à Dieu ! Peut-être que cette humeur me passera, et que mon cœur, qui est toujours pressé, se mettra un peu plus au large; mais il ne peut jamais arriver que je ne souhaite uniquement et passionnément de vous revoir. Parler de vous, en attendant, sera mon sensible plaisir; mais je choisirai mes gens et mes discours : je sais un peu vivre; je sais que ce qui est bon aux uns est mauvais aux autres; je n'ai pas tout à fait oublié le monde, j'en connois les tendresses et les bontés, pour entrer dans les sentiments des autres : je vous demande la grâce de vous fier à moi, et de ne rien craindre de l'excès de ma tendresse. Si mes délicatesses, et les mesures injustes que je prends sur moi, ont donné quelquefois du désagrément à mon amitié, je vous conjure de tout mon cœur, ma fille, de les excuser en faveur de leur cause. Je la conserverai toute ma vie, cette cause, très-précieusement; et j'espère que sans lui faire aucun tort, je pourrai me rendre moins imparfaite que je ne suis. Je tâche tous les jours à profiter de mes réflexions; et si je pouvois, comme je vous ai dit quelquefois, vivre seulement deux cents ans, il me semble que je serois une personne bien admirable.

Si Monsieur de Sens [1] avoit été à Sens, je l'aurois vu : il me semble que je dois cette civilité à la manière dont il pense pour vous. Je regarde tous les lieux où je passai il y a quinze mois avec un fonds de joie si véritable, et je considère avec quels sentiments j'y repasse maintenant, et j'admire ce que c'est que d'aimer comme je vous aime.

J'ai reçu des nouvelles de mon fils; c'est de la veille d'un jour qu'ils croyoient donner bataille : il me paroît aise de voir des ennemis; il n'en croyoit non plus que des sorciers. Il avoit une grande envie de mettre un peu flamberge au vent, par curiosité seulement. Cette lettre m'auroit bien effrayée, si je ne savois très-bien la marche des Impériaux, et le respect qu'ils ont eu pour l'*armée de votre frère*.

Mon Dieu! ma fille, j'abuse de vous : voyez quels fagots je vous conte; peut-être que de Paris je vous manderai des bagatelles qui pourront vous divertir. Soyez bien persuadée que mes véritables affaires viendront du côté de Provence; mais votre santé, voilà ce qui me tue : je crains que vous ne dormiez point, et qu'enfin vous ne tombiez malade; vous ne m'en direz rien, mais je n'en aurai pas moins d'inquiétude.

LETTRE 341. — 1. Louis-Henri de Gondrin, sacré coadjuteur en 1645, archevêque de Sens du 16 août 1646 au 19 septembre 1674. Il était oncle du marquis de Montespan et grand janséniste.

342. — DE MADAME DE SÉVIGNÉ
A MADAME DE GRIGNAN.

A Paris, jeudi 2ᵉ novembre.

Enfin, ma chère fille, me voilà arrivée après quatre semaines de voyage, ce qui m'a pourtant moins fatiguée que la nuit que j'ai passée dans le meilleur lit du monde : je n'ai pas fermé les yeux ; j'ai compté toutes les heures de ma montre ; et enfin, à la petite pointe du jour, je me suis levée :

Car que faire en un lit, à moins que l'on ne dorme[1] ?

J'avois le pot-au-feu, c'étoit une oille et un consommé, qui cuisoient séparément. Nous arrivâmes hier, jour de la Toussaint : bon jour, bonne œuvre. Nous descendîmes chez M. de Coulanges. Je ne vous dirai point mes foiblesses ni mes sottises en rentrant dans Paris ; enfin je vis l'heure et le moment que je n'étois pas visible ; mais je détournai mes pensées, et je dis que le vent m'avoit rougi le nez. Je trouve M. de Coulanges qui m'embrasse ; M. de Rarai[2] un moment après ; Mme de Coulanges, Mlle de

---

Lettre 342. — 1. Allusion à ce vers de la fable du Lièvre et des Grenouilles :

Car que faire en un gîte, à moins que l'on ne songe ?

(*La Fontaine*, livre II, fable xiv.)

2. Messires Henri et Gaston-Jean-Baptiste de Lancy Raray, tous deux « marquis dudit lieu, » cousins maternels de Mlle de Sévigné, sont dénommés au contrat du 27 janvier 1669 (voyez la *Notice*, p. 330), ainsi que Charles de Lancy, seigneur de Ribecourt et Pimpré, conseiller d'État, également cousin maternel. — Sur un chevalier Henri de Rarai, amant de Ninon, tué en 1655, voyez Walckenaer, tome I, p. 250, 251, et des Réaux, tome VI, p. 2 et 14. Il était, d'après M. P. Paris, fils de Nicolas de Lancy, baron de Rarai, chambellan de Gaston. — Mademoiselle, tome II, p. 274, 275, parle de Mme de Raré, gouvernante de ses sœurs en 1653. — Jean-Baptiste-Gaston, marquis de

Méri; un moment après, Mme de Sanzei, Mme de Bagnols; un autre moment, l'archevêque de Reims³, tout transporté d'amour pour le Coadjuteur; ensuite Mme de la Fayette, M. de la Rochefoucauld, Mme Scarron, d'Hacqueville, la Garde⁴, l'abbé de Grignan, l'abbé Têtu. Vous voyez d'où vous êtes tout ce qui se dit, et la joie qu'on témoigne : *et Madame de Grignan, et votre voyage?* et tout ce qui n'a point de liaison ni de suite. Enfin on soupe, on se sépare, et je passe cette belle nuit. A neuf heures, la Garde, l'abbé de Grignan, Brancas, d'Hacqueville, sont entrés dans ma chambre pour ce qui s'appelle raisonner pantoufle. Premièrement, je vous dirai que vous ne sauriez trop aimer Brancas, la Garde et d'Hacqueville; pour l'abbé de Grignan, cela s'en va sans dire. J'oubliois de vous dire qu'hier au soir, devant toutes choses, je lus quatre de vos lettres du 15, 18, 22 et 25ᵉ octobre. Je sentis tout ce que vous expliquez si bien; mais puis-je assez vous remercier ni de votre bonne et tendre amitié, dont je suis très-convaincue, ni du soin que vous prenez de me parler de toutes vos affaires? Ah! ma fille, c'est une grande justice; car rien au monde ne me tient tant au cœur que tous vos intérêts, quels qu'ils puissent être : vos lettres sont ma vie, en attendant mieux.

Rarai, épousa Marie-Louise, fille du président Aubry, sœur de la comtesse de Vauvineux (voyez, tome II, la note 2 de la p. 73; et la note de M. P. Paris, tome VI, p. 90, de des Réaux). Est-ce lui dont Mme de Sévigné parle ici? Était-il l'un des deux marquis du contrat, et fils, avec le chevalier, du chambellan et de la gouvernante? Est-ce sa femme enfin dont Mme de Sévigné parle un peu plus bas, et dont elle annonce la mort en 1680 ? « Mme de Rarai est morte; c'étoit une bonne femme que j'aimois; j'en fais mes compliments à Mlles de Grignan, pourvu qu'elles m'en fassent aussi : voilà un petit deuil qui nous est commun. » (*Lettre du 31 juillet.*)

3. Le Tellier.
4. Voyez la *Notice*, p. 328, note 2; p. 127, 156.

J'admire que le petit mal de M. de Grignan ait prospéré au point que vous le mandez, c'est-à-dire qu'il faut prendre garde en Provence au pli de sa chaussette. Je souhaite qu'il se porte bien, et que la fièvre le quitte, car il faut mettre flamberge au vent : je hais fort cette petite guerre [5].

Je reviens à vos trois hommes que vous devez aimer très-solidement : ils n'ont tous que vos affaires dans la tête, ils ont trouvé à qui parler, et notre conférence a duré jusqu'à midi. La Garde m'assure fort de l'amitié de M. de Pompone : ils sont tous contents de lui.

Si vous me demandez ce qu'on dit à Paris, et de quoi il est question, je vous dirai que l'on n'y parle que de M. et de Mme de Grignan, de leurs affaires, de leurs intérêts, de leur retour : enfin jusqu'ici je ne me suis pas aperçue qu'il s'agisse d'autre chose. Les bonnes têtes vous diront ce qu'il leur semble de votre retour ; je ne veux pas que vous m'en croyiez, croyez-en M. de la Garde. Nous avons examiné combien de choses vous doivent obliger de venir rajuster ce qu'a dérangé votre bon ami [6], et envers le maître, et envers tous les principaux ; enfin il n'y a point de porte où il n'ait heurté, et rien qu'il n'ait ébranlé par ses discours, dont le fond est du poison chamarré d'un faux agrément. Il sera bon même de dire tout haut que vous venez, et vous l'y trouverez peut-être encore, car il a dit qu'il reviendra, et c'est alors que M. de Pompone et tous vos amis vous attendent pour régler vos allures à l'avenir. Tant que vous serez éloignés, vous leur échapperez toujours ; et en vérité celui qui parle ici a trop d'avantage sur celui qui ne dit mot.

5. Tout se préparait pour le siége d'Orange. Voyez la *Notice*, p. 131.

6. L'évêque de Marseille.

Quand vous irez à Orange, c'est-à-dire M. de Grignan, écrivez à M. de Louvois l'état des choses, afin qu'il n'en soit pas surpris. Ce siége d'Orange me déplaît par mille raisons. J'ai vu tantôt Mme de Pompone [7], M. de Bezons [8], Mme d'Uxelles, Mme de Villars, l'abbé de Pontcarré, Mme de Rarai : tout cela vous fait mille compliments, et vous souhaite ; enfin croyez-en la Garde, voilà tout ce que j'ai à vous dire. On ne vous conseille point ici d'envoyer des ambassadeurs ; on trouve qu'il faut M. de Grignan et vous. On se moque de la raison de la guerre. M. de Pompone a dit à d'Hacqueville que les affaires ne se démêleroient pas en Provence, et que quelquefois on a la paix lorsqu'on parle le plus de la guerre.

Voici des plaisanteries. Mme de Ra** et Mme de Bu** [9] se querelloient pour douze pistoles ; la Bu** lassée lui dit : « Ce n'est pas la peine de tant disputer, je vous les quitte. — Ah ! Madame, dit l'autre, cela est bon pour vous, qui avez des amants qui vous donnent de l'argent. — Madame, dit la Bu**, je ne suis pas obligée de vous dire ce qui en est ; mais je sais bien que quand j'entrai il y a dix ans dans le monde, vous en donniez déjà aux vôtres. »

7. « M. de Pompone. » (Édition de 1754.)
8. Claude Bazin, seigneur de Bezons, né en 1617, avait été dès 1639 avocat général au grand conseil, et devint conseiller d'État ; il fut de longues années et était probablement encore intendant en Languedoc ; en 1679 il fut, avec la Reynie, rapporteur dans l'affaire des poisons (voyez la *Correspondance de Bussy*, tome IV, p. 339). Il avait en 1643 remplacé Seguier (nommé protecteur) et fut lui-même remplacé par Boileau, à l'Académie française, dont il mourut doyen le 20 mars 1684. Un de ses fils, alors conseiller au parlement, passa par les mêmes charges que son père ; un autre devint maréchal de France en 1709, et le cadet évêque d'Aire, puis archevêque de Bordeaux.
9. Dans l'édition de 1734 il n'y a que les initiales *R*** et *B*** ; dans celle de 1754 *Ra....* et *Bu....* Il est vraisemblable que ces deux

1673 Despréaux a été avec Gourville voir Monsieur le Prince. Monsieur le Prince lui envoya voir son armée. « Eh bien ! qu'en dites-vous ? dit Monsieur le Prince. — Monseigneur, dit Despréaux, je crois qu'elle sera fort bonne quand elle sera majeure. » C'est que le plus âgé n'a pas dix-huit ans.

La princesse de Modène[10] étoit sur mes talons à Fontainebleau ; elle est arrivée ce soir, elle loge à l'Arsenal. Le Roi la viendra voir demain ; elle ira voir la Reine à Versailles, et puis adieu.

Vendredi au soir, 3e novembre.

M. de Pompone m'est venu faire une visite de civilité : j'attends demain son heure pour l'aller entretenir chez lui. Il n'a pas ouï parler d'une lettre de suspension ; voici un pays où l'on voit les choses d'une autre manière qu'en Provence ; toutes les bonnes têtes la voudroient, cette suspension, crainte que vous ne soyez trompés, et dans la vue d'une paix qu'ils veulent absolument ; cependant on vous croit en lieu de voir plus clair sur l'événement du syndic ; ainsi on ne veut pas faire une chose qui vous pourroit déplaire : la distance qui est entre nous ôte toute sorte de raisonnement juste. Lisez bien les lettres de d'Hacqueville ; tout ce qu'il mande est d'importance ; vous ne sauriez trop l'aimer. Votre frère se porte très-bien : il ne sait encore où il passera l'hiver. Je suis instruite sur tous vos intérêts, et je dis bien mieux ici qu'à Grignan. Nous avons ri du soin que vous prenez de me dire d'envoyer quérir la Garde et l'abbé de Grignan : hélas ! les pauvres gens étoient au guet, et ne respiroient

noms sont ceux de Mme de Rambures et de Mme de Buzanval. Voyez la note 5 de la lettre 167 et la note 2 de la lettre 249.

10. Voyez la note 4 de la lettre du 13 octobre précédent.

que moi. Je suis à vous, ma très-aimable enfant, et ne trouve rien de bien employé que le temps que je vous donne : tout cède au moindre de vos intérêts. J'embrasse ce pauvre Comte : dois-je l'aimer toujours? En êtes-vous contente ?

1673

343. — DE MADAME DE SÉVIGNÉ A MADAME DE GRIGNAN.

A Paris, lundi 6ᵉ novembre.

J'ai eu une très-bonne conversation de deux heures avec M. de Pompone; jamais il n'y aura une plus favorable audience, ni une réception plus charmante. M. d'Hacqueville y étoit, il pourra vous le dire; nous fûmes parfaitement contents de lui. Je ne sais si c'est qu'il entrevoit la paix; mais il nous assure que la guerre n'empêcheroit point du tout qu'il ne demandât le congé de M. de Grignan après l'Assemblée, et qu'il croyoit que vous ne pouviez jamais mieux prendre votre temps pour faire ce voyage.

Vous avez raison de dire que les honneurs ne me changeront pas pour vous : hélas! ma pauvre belle, vous m'êtes toutes choses, et tout tourne autour de vous, sans vous approcher, ni sans me distraire. N'êtes-vous point trop jolie d'avoir écrit à mon ami Corbinelli et à Mme de la Fayette? Elle[1] est charmée de vous, elle vous aime plus qu'elle n'a jamais fait, et vous souhaite avec empressement : vous la connoissez, il la faut croire à sa parole.

Lettre 343. — 1. Dans l'édition de 1754, le chevalier Perrin a remplacé par les mots *cette dernière*, le pronom *elle*, bien clair ici pourtant; et deux lignes plus bas, *à sa parole* par *sur sa parole*. — Un peu plus loin il a suppléé deux mots : « sur son amitié, et *sur celle de bien d'autres.* »

1673

M. de la Rochefoucauld est aimable comme à son ordinaire : il a gardé deux jours ma chambre ; vous pouvez compter aussi sur son amitié, et de bien d'autres que je ne dis pas, car c'est une litanie.

J'ai eu quelques visites du bel air, et mes cousines de Bussy, qui sont fort parées des belles étoffes qu'elles ont achetées à Semur². La duchesse d'York est à l'Arsenal ; tout le monde y court. Le Roi l'est venu voir : elle a été à Versailles voir la Reine, qui lui donne un fauteuil. La Reine la viendra revoir demain³, et jeudi elle décampera.

J'ai dîné aujourd'hui chez Mme de la Fayette pour ma première sortie, car j'ai fait jusques ici l'entendue dans mon joli appartement. J'ai entendu chanter Hilaire⁴ tout le jour ; j'ai bien souhaité M. de Grignan.

Je ne comprendrai guère que vos politiques ne s'accordent pas avec les raisonnements qu'on fait ici pour votre retour : il faut suivre l'avis des sages. S'il n'y avoit que moi, vous en pourriez douter, car je suis trop intéressée ; mais vous voyez ce qu'on vous dit. Au moins ne décidez rien que pendant l'assemblée⁵, et ne faites rien d'opposé à votre retour. Si vous avez autant d'amitié pour moi que vous le dites, vous vous laisserez un peu gouverner

---

2. Voyez la lettre du 21 octobre précédent.

3. Dans l'édition de 1754 : « La Reine lui rendra demain sa visite. »

4. Mlle Hilaire, qui chantait les premiers rôles dans les ballets du Roi, était la belle-sœur du musicien Lambert. Elle est nommée dans l'*Épître de la Fontaine à M. Niert* :

> Ce n'est plus la saison de Raymon ni d'Hilaire ;
> Il faut vingt clavecins, cent violons, pour plaire.

Voyez aussi les *Mémoires de Gourville*, tome LII, p. 399.

5. Les mots : « ne décidez rien que pendant l'assemblée, » manquent dans l'édition de 1734, ainsi que la fin de la phrase suivante : « et vous céderez, » etc. ; et toute la phrase qui vient après : « Il faut toujours, etc. »

là-dessus, et vous céderez aux vues que nous avons ici. Il faut toujours dire un mot de la suite d'Orange, et du troupeau, et du petit procès⁶. N'irez-vous point à Salon⁷, quand M. de Grignan ira à Orange? J'ai reçu des réponses de tous vos Messieurs; faites-les quelquefois souvenir de moi, et vos dames, que j'honore et estime très-fort. Mme de Beaumont arrive-t-elle toujours comme l'*oublieux*⁸?

Ma chère enfant, quoi que vous me disiez, je suis en peine de votre santé; vous dormez mal, j'en suis assurée, et toutes vos pensées vous font mourir. Revenez un peu respirer votre air natal, après trois ans. Si votre famille vous aime, elle doit considérer votre santé et votre conservation. Je ne dis rien à M. de Grignan : il ne peut pas me soupçonner de ne pas penser à lui.

1673

---

344. — DE MADAME DE SÉVIGNÉ
A MADAME DE GRIGNAN.

A Paris, vendredi 10ᵉ novembre.

JE vous aime trop, ma chère enfant, pour être contente ici sans vous. Hélas! j'ai apporté la Provence et toutes

---

6. Voyez plus haut, p. 235, la note 2 de la lettre 332.
7. Petite ville du diocèse d'Arles, à cinq lieues d'Aix. Monsieur l'archevêque d'Arles y demeuroit en ce temps-là. (*Note de Perrin.*)
8. Nous avons conservé l'orthographe de l'édition de 1734, qui est aussi celle du *Dictionnaire de l'Académie* de 1694 et de 1718. Dans l'édition de 1754 on lit l'*oublieur* comme dans le *Dictionnaire* de 1762. — *Comme l'oublieux* signifie « tard, entre huit et neuf heures, comme le marchand d'oublies. » Voyez les *Mémoires* de Mme de Motteville, tome II, p. 251; de Mademoiselle, tome I, p. 189; et de Retz, tome II, p. 227. Au temps de la Fronde, on avait appelé le marquis de Senneterre et le maréchal d'Estrées *les Oublieux*, « à cause,

vos affaires avec moi : *In van si fugge quel che nel cor si porta*[1]. Je l'éprouve, et je ne fais que languir sans vous. J'ai peu de résignation pour l'ordre de la Providence, dans l'arrangement qu'elle a fait de nous. Jamais personne n'a tant eu besoin de dévotion que j'en ai; mais, ma fille, parlons de nos affaires. J'avois écrit à M. de Pompone selon vos desirs; et parce que je n'ai pas envoyé ma lettre, et que je la trouvois bonne, je l'ai montrée à Mlle de Méri pour contenter mon amour-propre. J'ai dîné céans avec l'abbé de Grignan et la Garde; après dîner, nous avons été chez d'Hacqueville, nous avons fort raisonné; et comme ils ont tous le meilleur esprit du monde, et que je ne fais rien sans eux, je ne puis jamais manquer. Ils ont trouvé que jamais il n'y eut un voyage si nécessaire[2]. Vous me direz : « Et le moyen d'avoir un congé, puisque la guerre est déclarée? » Je vous répondrai qu'elle est plus déclarée dans les gazettes qu'ici. Tout est suspendu en ce pays; on attend quelque chose, on ne sait ce que c'est; mais enfin l'assemblée de Cologne[3] n'est point rompue, et M. de Chaulnes, à ce qu'on m'a assuré aujourd'hui, ne tiendra point nos états[4]; c'est

dit Mme de Motteville, de l'heure indue qu'ils prenoient pour négocier, et parce qu'(*on vouloit*) faire entendre qu'ils vendoient de la marchandise peu solide. » — Une note des *Mémoires de Mademoiselle* (édition de 1735) dit que les *Oublieurs*, « ces garçons pâtissiers qui, sur les huit heures du soir, alloient l'hiver par Paris crier des oublies.... ont été chassés depuis quelques années. »

LETTRE 344. — 1. *C'est en vain qu'on fuit ce qu'on porte dans le cœur.*
2. L'édition de 1754 ajoute : « Que celui de M. de Grignan. »
3. Les Suédois avaient offert leur médiation. On était convenu d'assembler un congrès à Cologne, et les puissances intéressées dans le débat y avaient envoyé dès le 28 mars 1672 leurs ambassadeurs; mais les conférences ne s'ouvrirent qu'à la fin de juin. Le duc de Chaulnes, gouverneur de Bretagne, assisté de deux hommes de robe, Barillon et Courtin, représentait le roi de France.
4. Les états de Bretagne; Lavardin était lieutenant général dans

M. de Lavardin qui arriva hier, et part lundi avec M. Boucherat[5]. Tout cela fait espérer quelque négociation. On ne parle point ici de la guerre ; enfin on verra entre ci et peu de temps. Il faut toujours vous tenir en état, ne rien faire qui puisse vous couper la gorge en détournant votre voyage, et vous fier à vos amis, qui ne voudroient pas vous faire faire quelque chose de ridicule en vous faisant demander votre congé mal à propos. Ils n'approuvent point que vous envoyiez un ambassadeur : il faut vous-mêmes, ou rien du tout ; et si vous trouvez quelque moyen honnête d'essayer encore un accommodement, n'en croyez point votre colère, et cédez au conseil de vos amis, dont le mérite, l'esprit, l'application et l'affection sont au delà de ce que je vous puis dire. Quand vous serez ici, vous verrez les choses d'un autre œil qu'en Provence. Eh mon Dieu, quand il n'y auroit que cette raison, venez vous sauver la vie, venez vous empêcher d'être dévorée, venez mettre cuire d'autres pensées, venez reprendre de la considération, et détruire tous les maux qu'on vous a faits. Si j'étois seule à tenir ce langage, je vous conseillerois de ne m'en pas croire ; mais les gens qui vous donnent ce conseil ne sont pas aisés à corrompre, et n'ont pas accoutumé de me flatter.

Nous avons été, l'abbé de Grignan, la Garde et moi, rendre une visite à votre premier président[6] ; il est retourné à Orléans. Il salua le Roi avant-hier, et le Roi lui dit : « Vous aurez d'étranges esprits à gouverner en Provence. »

cette province, et Boucherat y fut souvent envoyé comme commissaire du Roi.

5. Voyez tome II, p. 308, note 5.

6. M. Marin (*intendant de justice en la généralité d'Orléans*) venoit d'être nommé à la place de premier président du parlement d'Aix. (*Note de Perrin.*) — Voyez la lettre suivante (notes 8 et 10), et les lettres des 27 novembre 1673 et 16 octobre 1675.

C'est un homme qui mettra le bon sens et la raison partout ; c'est un homme enfin.... Je m'ennuie de voir que vous ne recevez encore que mes lettres des chemins : eh, bon Dieu ! ne parlerez-vous jamais notre langue ? et qu'il y a loin, mon enfant, du coin de mon feu au coin du vôtre ! et que j'étois heureuse quand j'y étois ! J'ai bien senti cette joie, je ne me reproche rien ; j'ai bien tâché à retenir tous les moments, et ne les ai laissés passer qu'à l'extrémité.

La Reine a prié *Quantova*[7] qu'on lui fît revenir auprès d'elle une Espagnole[8] qui n'étoit pas partie. La chose a été faite : la Reine est ravie, et dit qu'elle n'oubliera jamais cette obligation. J'ai été étonnée que Mme de Monaco ne m'ait pas envoyé un compliment à cause de vous. On n'est pas persuadé que Mme de Louvigny[9] soit si oc-

---

7. *Quantova*, ailleurs *Quanto*, désigne Mme de Montespan (l'édition de 1734 porte : « Madame de M*** »). — Il n'est guère facile de deviner l'origine et le sens de ce chiffre. Serait-ce un terme de jeu : *Quanto va*, « de combien allez-vous ? de combien la vade ? » Mme de Montespan était grande joueuse. — Ou bien le mot signifie-t-il : « Combien de temps ira, durera cet amour, cette nouvelle maîtresse ? » L'édition de 1734, dans une autre lettre (tome II, p. 293), donne *quanto va* en deux mots.

8. La Reine la croyait fille de son père. Elle se nommait doña Felippe-Maria-Teresa Abarca, selon M. Walckenaer (tome V, p. 406 ; sur le renvoi des femmes espagnoles voyez même tome, p. 88 et 89). « La Reine avoit amené avec elle une petite fille qui n'avoit que quinze ou seize ans, qu'elle appeloit Philippa. Elle demeuroit avec la Molina (*qui fut renvoyée*) ; elle n'étoit pas belle, mais elle avoit beaucoup d'esprit et de vivacité, comme ont toutes celles de sa nation ; sa faveur crût comme elle. La Reine la maria à son porte-manteau, nommé de Visé.... Depuis le départ de la Molina elle fit faire l'oille chez elle, et le chocolat. » (*Mémoires de Mademoiselle*, tome IV, p. 414.)

9. Voyez tome II, p. 215, note 12 ; p. 388, note 8. Voyez aussi les lettres du 18 décembre 1673, du 5 janvier 1674, et la fin de la lettre du 17 juillet 1676.

cupée de son mari. J'ai eu bien des visites et des civilités de Versailles.

Mon fils se porte très-bien. M. de Turenne est toujours *dans son armée*[10]. Ils sont à Philisbourg ; les Impériaux sont très-forts : vous savez bien qu'ils ont fait un pont sur le Mein[11]. Je trouvai Guitaut dans une telle fatigue de ces nouvelles, qu'il en mouroit. Je lui dis que rien ne m'avoit fait résoudre à quitter la Provence que le déplaisir de ne savoir plus de nouvelles, ou de les voir d'un autre œil.

L'abbé Têtu est entêté de Mme de Coulanges, jusqu'à votre retour, à ce qu'il dit. Je soupe quasi tous les soirs chez elle. Le cabinet de M. de Coulanges est trois fois plus beau qu'il n'étoit ; vos petits tableaux sont en leur lustre, et placés dignement. On conserve ici de vous un souvenir plein de respect, d'estime et d'approbation ; il me paroît que je pourrois dire tendresse[12], mais ce dernier sentiment ne peut pas être si général. J'embrasse M. de Grignan, et lui souhaite toute sorte de bonheur. En êtes-vous contente ? Voilà Brancas qui vous embrasse, et M. de Caumartin[13] qui ne vous embrasse pas, mais qui a eu une conversation admirable avec le bonhomme M. Marin[14], pour instruire son fils de la conduite qu'il doit tenir avec M. de Grignan. Je suis tout entière à vous, ma chère enfant.

10. « Dans l'armée de mon fils. » (*Édition de* 1754.) — Voyez le commencement de la lettre du 9 septembre 1675.
11. Voyez la note 9 de la lettre du 20 novembre suivant.
12. « Peu s'en faut que je ne dise de tendresse. » (*Édition de* 1754.)
13. Louis-François le Fèvre de Caumartin, « l'ami le plus confident et le conseil du cardinal de Retz. » (Saint-Simon, tome XVIII, p. 75.) — Voyez tome I, p. 520, note 4. — Il mourut à soixante-trois ans, le 3 mars 1687.
14. Le père du premier président. Voyez la note 8 de la lettre suivante.

345. — DE MADAME DE SÉVIGNÉ
A MADAME DE GRIGNAN.

A Paris, lundi 13e novembre.

J'AI reçu, ma très-chère, votre grande, bonne et admirable lettre du 5e, par le chevalier de Chaumont. Je connois ces sortes de dépêches : elles soulagent le cœur, et sont écrites avec une impétuosité qui contente ceux qui les écrivent. De tous ceux à qui on peut écrire de semblables paquets, je suis au premier rang pour les bien recevoir et pour être pénétrée de tout ce qu'on y voit, et de tout ce qu'on y apprend. J'entre dans vos sentiments : il me semble que je vous vois, que je vous entends, et que j'y suis moi-même. J'ai lu votre lettre avec notre cher et très-aimable ami d'Hacqueville; vous ne sauriez le trop aimer, mais il gronde de vous voir si emportée : il voudroit que vous imitassiez vos ennemis qui disent des douceurs et donnent des coups de poignard ; ou que du moins [1], si vous ne voulez pas suivre cette parfaite trahison, vous sussiez mesurer vos paroles et vos ressentiments, et que vous allassiez votre chemin, sans vous consumer [2] et vous faire malade; que vous n'eussiez point approuvé la guerre déclarée, et surtout que jamais vous ne missiez en jeu M. de Pompone sur ce qu'il vous écrit en secret, et dont la source peut aisément se découvrir ; car ce que l'on fait là-dessus, c'est de haïr ceux qui nous attirent des éclaircissements, et de ne leur plus dire rien : je vous exhorte à prendre garde à cet article.

LETTRE 345. — 1. Dans l'édition de la Haye (1726): « Il ne voudroit point que vous imitassiez vos ennemis, etc.; mais que sans suivre cette parfaite trahison, etc. » — Voyez plus haut, p. 185, le commencement de la lettre 312.

2. « Consommer. » (*Édition de la Haye*, 1726.) Voyez tome II, p. 75, note 9.

L'évêque de Marseille dit que ce n'est pas lui qui a dit du mal de Maillanes[3] : il a raison de le nier, c'est son cousin et son ami. De savoir qui les a fait agir, c'est une belle question, et c'est une équivoque où vous vous perdrez, car il n'y a point de prise à cette accusation. Ce que l'on voit, c'est Maillanes déshonoré et exclu. Faut-il être sorcier pour deviner comment la chose s'est faite?

A l'égard de vos cinq mille livres[4], il faut toujours les demander comme à l'ordinaire, vous avez sujet d'en espérer un très-bon succès; il seroit mal d'en parler d'avance ; mais Monsieur de Marseille est si déclaré contre vous, qu'il ne peut plus vous faire de mal, il faudroit des preuves. Si vous n'étiez point si honnêtes gens que vous l'êtes, vous en auriez contre lui; vous lui laissez faire sans envie le métier de délateur; vous vous contentez, il est vrai, de parler et de vous dévorer; nous désapprouvons

---

3. Il y a eu de nombreuses branches de la famille de Maillanes, et il n'est pas facile de dire quel est celui dont il s'agit ici. Il a été parlé d'Antoine des Porcellets, marquis de Maillanes, dans la note 6 de la p. 105 du tome II; son fils, Armand-René, épousa en 1673 Jeanne de Mondragon. — La branche aînée des marquis de Maillanes et la Rosselle s'éteignit à la fin du dix-septième siècle en la personne de Louis-Joseph, gouverneur des château et ville de Tarascon, aide de camp du prince de Condé, et qui pourrait bien être celui dont parle Mme de Sévigné dans sa lettre du 22 décembre 1675. — Dans une lettre autographe, inédite, adressée à M. d'Aiglun, conseiller du Roi en son parlement de Provence, à Aix, et datée du 22 août, sans indication d'année, le comte de Grignan paraît attacher une grande importance à faire nommer un M. de Maillanes à une charge de la province : « Jamais affaire, dit-il, ne m'a tant regardé que celle de M. de Maillane, et quoique du côté de la cour j'aie tout ce que je voudrai, je serois pourtant bien aise de faire les choses de l'agrément de la province et de faire voir à S. M. que quand il me plaît j'ai les consuls à ma dévotion. Vous voyez bien, mon cher Monsieur.... que c'est un coup d'État pour moi.... »

4. Pour l'entretien des gardes du comte de Grignan. Voyez Walckenaer, tome V, p. 51, et la *Notice*, p. 125 et 127.

encore cette manière : l'un vous tue, l'autre nuit à vos affaires⁵.

Nous croyons seulement qu'un voyage de vous et de M. de Grignan est nécessaire. Celui de Monsieur le Coadjuteur nous paroît très-agréable pour le divertir, mais entièrement inutile pour vous. Si vous n'avez point votre congé, il n'y faut employer personne et laisser dormir et oublier toute chose jusqu'à ce que M. de Grignan puisse revenir, et aller directement au maître, car votre réputation est ici à tous deux comme vous pouvez la desirer ; mais quand nous disons que vous vous moquez de huit mille livres de rente, cela nous fait rire, c'est-à-dire pleurer⁶. Je voudrois que vous eussiez les cinq mille livres qu'on veut jeter pour corrompre les consuls, et que le syndicat fût au diantre⁷. Vous devez vous fier un peu à d'Hacqueville et

5. Ce qui précède, depuis les mots : *L'évêque de Marseille*, se trouve dans l'édition de la Haye (1726) et manque dans celle de 1754, la seule où Perrin ait donné cette lettre. Il a ainsi modifié le morceau suivant : « Si vous croyez être mal en ce pays-ci, vous vous trompez ; mais nous croyons que vous ne pouvez vous dispenser d'y venir avec M. de Grignan. Quant au voyage de Monsieur le Coadjuteur, il nous paroît très-agréable pour le divertir, et point du tout nécessaire pour vos affaires ; cela seroit pris ridiculement ; et si vous n'avez point votre congé, il ne faut ici personne : le mieux sera de laisser dormir et oublier toutes choses jusqu'à votre retour. Vous devez vous fier un peu à d'Hacqueville, etc. » Ce qui vient après, depuis : « Vous devez vous fier, » jusqu'à : « ne se détruise pas lui-même, » est omis dans l'édition de 1726.

6. On lit ici de plus dans l'édition de la Haye ces mots peu clairs : « Voilà assurément ce qui n'est point en ce pays. Je voudrois que vous eussiez, etc. »

7. Voyez, sur cette affaire du syndicat, la *Notice*, p. 129. — « Mme de Sévigné, dit Walckenaer (tome V, p. 402), se sert.... du terme de *syndic*, parce que les procureurs, dans les assemblées des villes et communautés, remplissaient les mêmes fonctions que les syndics dans les assemblées des états, remplacées ensuite par les assemblées des communautés. »

à la Garde, soutenus de M. de Pompone, pour savoir demander un congé à propos. Le premier président de Provence ne passe point pour neveu de M. Colbert; je ne sais où vous avez pris cette proximité : c'est le fils de M. Marin [8], qui porte le nom de la Châtaigneraie, et qui a été intendant à Orléans : je ne puis vous dire le reste. Je vous ai mandé que nous avions été le voir ; c'est avec lui qu'il faut que vous régliez toutes vos prétentions. Soyez persuadée, ma très-chère, que M. de Grignan se soutiendra toujours très-bien, pourvu qu'il ne se détruise point lui-même.

Vous avez une idée plus grande que nous de ce présent de Mme de Montespan à Mme de la Fayette : c'est une petite écritoire de bois de Sainte-Lucie, bien garnie à la vérité, et un crucifix tout simple. Cette belle est magnifique et se plaît à donner ainsi à plusieurs dames : nous ne voyons point que cela signifie rien pour Mme de la Fayette. Nous fûmes l'autre jour deux heures chez elle avec M. de Pompone ; nous parlâmes encore de Provence sur nouveaux frais ; je dis encore mieux que l'autre fois ; et je vous assure qu'il fait une grande différence du procédé et du fonds de M. de Grignan d'avec celui des autres. Il trouve bas et vilain, sans le dire toutefois, que dans le temps du siége d'Orange, et de vos infinies dépenses, ce soit par là qu'on fasse éclater sa colère. Quand l'évêque de Marseille n'est point en furie, il laisse passer tout sans scrupule, et quand il veut songer, sa conscience le presse de s'opposer à une bagatelle, qui d'ailleurs est une chose juste. Ayez soin de nous en instruire toujours, et dites-

---

8. La *Gazette* du 3 février 1674 dit que le Roi avait donné au sieur de la Châtaigneraie la charge de premier président, « tant en considération des longs et agréables services rendus par le sieur Marin, son père, dans les intendances des armées et celle des finances, que des siens particuliers. »

nous ce que vous avez sur le cœur, afin qu'il n'en demeure point dans votre chambre, d'où l'on entend si bien tout ce que vous dites. Vos paroles sont tranchantes, et mettent de l'huile dans le feu. Soyez assurée que j'ai la dernière application à dire et à faire tout ce que je puis imaginer qui peut vous être bon ; mais il y a des temps où les choses sont poussées si avant qu'il ne faut plus reculer, surtout quand on a connu un fonds si noir et si mauvais dans son ennemi, qu'il y a lieu de croire qu'il ne pense à la paix que pour être plus en état de faire du mal. Vous êtes sur les lieux, c'est à vous de conduire la barque, et d'agir comme vous le jugerez à propos. Il n'est pas possible de conseiller de si loin [9].

Je viens d'apprendre que votre premier président n'est rien à M. Colbert ; mais sa sœur, qui épousera le marquis d'Oppède, est fille de la troisième femme de son père, laquelle étoit sœur de M. Colbert du Terron : voilà la généalogie [10].

Enfin, ma fille, quand je songe en quel état je suis à deux cents lieues du champ de bataille, et comme je me réveille au milieu de la nuit sur cette pensée, sans pouvoir me rendormir, je tremble pour vous, et je comprends

9. Dans cet alinéa, l'édition de 1726 a de plus que celle de 1754, la phrase : « Quand l'évêque de Marseille.... » et la fin de la suivante, depuis les mots : « afin qu'il n'en demeure point ; » mais en revanche elle omet les deux paragraphes suivants, jusqu'à : « M. Chapelain se meurt. »

10. Jean-Baptiste de Forbin Meynier, marquis d'Oppède, épousa en 1674 Marie-Charlotte Marin, fille de Denis Marin de la Châtaigneraie, et de Marguerite Colbert du Terron, sa troisième femme. Le père de celle-ci était Charles Colbert du Terron, intendant de la marine et conseiller d'État, mort le 9 avril 1684 ; et son grand-père, Jean Colbert du Terron, frère aîné de Nicolas Colbert (père du ministre). Jean Colbert, par le crédit de son neveu, avait été pourvu de la charge de premier président au parlement de Metz ; il était mort en 1670. Voyez l'*Histoire de Colbert*, par M. Clément, p. 458.

que n'ayant nulle diversion, et n'étant entourée que de cette affaire, vous n'avez aucun repos, vous ne dormez point, et vous tomberez malade assurément. Plût à Dieu que vous fussiez ici avec moi! Vous y seriez plus nécessaire pour vos affaires qu'à Lambesc. M. de Chaulnes revient, mais c'est pour retourner après les états; et les autres sont demeurés à Cologne [11]. M. de Lavardin m'a vue un pauvre moment qu'il a été ici; c'est un ami que je mettrai bien en œuvre à son retour. Je ne m'endors pas auprès de Mme de Coulanges et de l'abbé Têtu : cette route est bien disposée et fort en notre main; mais il faut ménager longtemps avant que d'entreprendre quelque chose d'utile.

M. Chapelain se meurt : il a eu une manière d'apoplexie qui l'empêche de parler; il se confesse en serrant la main; il est dans sa chaise comme une statue : ainsi Dieu confond l'orgueil des philosophes [12]. Adieu, ma bonne.

346. — DE MADAME DE SÉVIGNÉ
A MADAME DE GRIGNAN.

A Paris, vendredi 17ᵉ novembre.

Nous faisons valoir ici le donjon d'Orange [1]. M. de Gordes [2], qui le connoît, craint que cela ne dure plus longtemps qu'on ne pense; en sorte que si M. de Grignan a

---

11. La France avoit en ce temps-là des plénipotentiaires à Cologne, où la paix se négocioit. (*Note de Perrin.*) — Voyez la note 3 de la lettre 344.

12. Chapelain mourut le 22 février suivant.

Lettre 346. — 1. Voyez les lettres des 23 et 24 novembre suivants, p. 285 et 288.

2. François de Simiane, marquis de Gordes, grand sénéchal de Provence.

bientôt expédié ce siége, il en sera loué; et s'il a besoin de plus de troupes qu'il n'en a, on ne sera point surpris du retardement, et il ne sera point blâmé. On parle aussi de la dépense, qui ne sera pas médiocre; et enfin tous vos amis, qui ne sont pas en petit nombre, font parfaitement bien leur devoir, sans qu'il leur en coûte autre chose que de dire la vérité toute pure. Le premier président de la cour des aides [3] étoit au coin de mon feu, quand l'abbé de Grignan arriva de Versailles : je voudrois que vous eussiez pu voir de quelle manière il entre dans tous nos intérêts; il s'en faut bien qu'il ne soit la dupe de la *Grêle* [4].

J'ai soupé avec Dangeau chez Mme de Coulanges; nous parlâmes extrêmement de vous. Il jure que, s'il ne vous eût trouvée à Aix, il eût mené à Grignan la princesse qu'il gouverne [5]. Il avoit parlé de vous dès Modène. Cette princesse est toujours très-mal de la dyssenterie. Les affaires d'Angleterre ne vont pas à souhait; le parlement ne veut point de cette alliance, et veut désunir l'Angleterre de la France [6] : c'est présentement la grande pétoffe [7] de l'Europe. On parle fort d'une trève; si cela est,

3. Nicolas le Camus, qui mourut en 1715 à quatre-vingt-dix ans; il était frère du lieutenant civil et du cardinal. Voyez tome II, p. 139, note 16.

4. L'évêque de Marseille. — Perrin, sans traduire le mot, se contente de mettre en note : « chiffre. »

5. M. de Dangeau, après avoir conclu le mariage de la princesse de Modène avec le duc d'York, fut chargé de la conduire en Angleterre. (*Note de Perrin.*)

6. Charles II fit la paix le 19 février 1674 avec la Hollande; mais il refusa à son parlement de se déclarer contre la France. (*Note de Perrin.*)

7. Terme de la langue d'oc, signifiant « médisance, tracasserie, » sujet de vains propos; et particulièrement au pluriel (*petofias, patofias*) « sornettes, entretiens sur des riens ou sur des inutilités. » Voyez le *Dictionnaire* d'Honnorat, déjà cité plus haut.

il ne faudra pas balancer à venir. Votre premier président ⁸ s'en ira ce carême. Monsieur le Prince et Monsieur le Duc sont revenus, et Gourville en même temps. On vous fait mille amitiés chez Mme de la Fayette ; vous êtes fort aimée et fort estimée dans cette maison ; on y est entré le plus follement du monde dans la vision du *saboulage*⁹ ; nous en avons trouvé de cinq façons différentes : ce fut une conversation digne d'être comparée à celle *des petits docteurs*.

347. — DE MADAME DE SÉVIGNÉ
A MADAME DE GRIGNAN ¹.

A Paris, le dimanche au soir, 19ᵉ novembre.

Nous fûmes arrêtés l'autre jour tout court par M. de Pompone, qui nous assura si bien qu'il avoit écrit à Monsieur l'intendant ² pour le prier que s'il ne peut empêcher l'opposition, au moins il laisse à l'assemblée la liberté d'opiner ³, que l'on n'osa lui faire connoître que l'on souhaite quelque chose de plus. Mais, comme je rêve sans cesse à vos affaires, j'ai dit à M. d'Hacqueville que j'eusse voulu avoir le cœur éclairci une bonne fois sur la

8. Marin. Voyez les lettres précédentes, p. 267 et 273.
9. Voyez sur cette expression, la lettre du 29 décembre 1675 et la note.
LETTRE 347. — 1. Lettre des éditions de 1726, omise par Perrin.
2. Le sieur de Rouillé (Rouillé de Mélai), maître des requêtes, était intendant de la justice, police et finances en Provence, et « commissaire député pour le Roi, président pour Sa Majesté en l'assemblée des communautés, » où il fit son entrée le 6 décembre. Voyez la *Gazette* du 16 décembre 1673, la *Notice*, p. 211, et la note de la lettre du 12 août 1675.
3. Dans l'édition de Rouen, on a supprimé, pour dégager la phrase : « si bien.... que. »

difficulté qu'il y auroit de parler au Roi de cette affaire, afin de savoir où l'on s'en doit tenir, et tâcher de sortir de cet esclavage dont Monsieur de Marseille sait user si généreusement. Dans cette pensée, Mme de la Fayette nous a soutenus, et demain nous partons, lui et moi, tête à tête, sans autre affaire que de dîner avec M. de Pompone, et voir quel tour il faut donner à cette affaire⁴. Nous ne voulons mêler ce dessein d'aucune autre chose⁵ ; nous ne verrons ni Roi ni Reine ; je serai en habit gris, et nous ne verrons que la maison de Pompone. Quand on pense à faire sa cour, cela donne une certaine distraction qui ne me plaît pas : je retournerai dans quelques jours rendre mes devoirs. Pour demain, le grand d'Hacqueville et moi n'avons que vous dans la tête. Je reviendrai vous écrire.

Je vis hier Mme de Souliers⁶ avec qui j'ai raisonné pantoufle assez longtemps. Elle me dit que Bodinar⁷ étoit entièrement à Monsieur de Marseille : je lui dis que je ne le croyois pas ; elle m'assura qu'elle le savoit bien : je lui dis que nous verrions. Elle me dit cent petites choses qui m'échauffèrent fort la cervelle ; mais comme vous n'avez pas besoin qu'on vous échauffe plus que vous ne l'êtes, je ne vous les dirai point.

Jamais je n'ai eu plus d'inquiétude que j'en ai, et du siége d'Orange, et de vos affaires de l'assemblée ; j'en suis plus occupée que si j'étois avec vous. Ma pauvre

---

4. Dans l'édition de Rouen : « à ce projet. »
5. « Nous ne voulons y mêler aucune autre chose. » (*Édition de la Haye*, 1726.)
6. On écrivait *Soliers* et *Souliers*, comme *Forbin* et *Fourbin*. — Forbin, marquis de Soliers, était chef d'une des branches de la maison de Forbin, et par conséquent parent de l'évêque de Marseille (qui était de la branche de Janson, l'aînée suivant Moréri).
7. Le baron de Beaudisnar était, en 1675, procureur du pays joint pour la noblesse à l'assemblée de Provence.

bonne, si vous m'aimez, ne vous faites point malade : cette crainte m'ôte entièrement le repos de la vie.

M. le marquis de Souliers m'est venu voir aujourd'hui avec le petit la Garde, que j'ai trouvé fort joli : dites-le à la présidente. Ils s'en vont tous deux dans très-peu de jours. Il me paroît que M. de Souliers se va ranger sous le manteau de sainte Ursule⁸, et apparemment augmenter le nombre de vos ennemis. Bonsoir, ma très-bonne, jusqu'à demain au soir au retour de Versailles.

348. — DE MADAME DE SÉVIGNÉ A MADAME DE GRIGNAN.

A Paris, lundi 20ᵉ novembre,
à dix heures du soir.

MA très-chère bonne, me voilà revenue de Versailles, où j'étois allée en écharpe noire. Je n'ai vu que M. de Pompone ; nous avons très-bien dîné avec lui ; sa femme et sa belle-sœur étoient à Pompone. Après dîner, nous avons causé tous trois une très-grande heure, voyant et raisonnant sur ce qu'il falloit faire pour laisser à l'assemblée la liberté de délibérer malgré l'opposition. Vous auriez aimé M. de Pompone, si vous aviez vu de quelle sorte il entre dans ce raisonnement, et dans le choix de ce qui vous est le meilleur¹ : jamais je n'ai vu un si aimable ami, car c'étoit aujourd'hui son personnage. Après avoir donc bien tourné et retourné mille fois, d'Hacqueville

---

8. C'est-à-dire se mettre au nombre des partisans et compagnons de l'évêque de Marseille. C'est une nouvelle allusion à la manière de représenter sainte Ursule, réunissant ses compagnes sous son manteau : voyez la note 4 de la lettre 321.

LETTRE 348 (le commencement a été omis par Perrin). — 1. « Dans le choix qui vous est le meilleur. » (*Édition de la Haye*, 1726.)

1673 et lui, avec une application et un loisir qui ne laissoient rien à desirer, ils ont conclu qu'il falloit laisser finir le siége d'Orange, afin d'en faire une raison favorable pour rendre cette opposition odieuse, et d'attendre qu'elle soit faite, parce qu'alors il y aura assez de temps pour que Sa Majesté ordonne de délibérer. L'assemblée ne sera pas encore finie, et c'est assez. On a trouvé que d'en parler présentement, c'étoit prévenir une chose qui n'est point faite et qui ne se fera peut-être pas; et comme l'affaire d'Orange n'est point faite aussi, la dépense qu'on y fera n'a point de forces sans le succès. Ainsi une réponse peu favorable ou indécise seroit à craindre, et dans quelques jours on tournera cette affaire d'une manière dont vous aurez sans doute toute sorte de contentement. M. de Pompone est au désespoir de l'excès de vos divisions; il est persuadé que Monsieur l'intendant empêchera l'opposition, et qu'on laissera opiner. On ne peut pas écrire plus fortement qu'il a fait là-dessus, et même à Monsieur de Marseille[2]. Il vous veut tous avoir après l'assemblée, pour vous accorder une bonne fois. Fiez-vous à lui pour savoir[3] quand il faut ou quand il ne faut pas demander votre congé. Il ne faut pas croire qu'il fasse rien de mal à propos : il n'a jamais été prié ni pensé à remettre[4] à autre qu'à vous le soin d'ouvrir et de tenir l'assemblée; ce sont des visions creuses. Il[5] trouve que

2. Il s'agit toujours de la demande que faisait chaque année le comte de Grignan pour l'entretien de ses gardes, et que combattaient les évêques de Marseille et de Toulon : cette année-là ils sommèrent l'intendant d'empêcher que la proposition du Comte ne fût même mise en délibération. Voyez Walckenaer, tome V, p. 51.

3. *Pour savoir* manque dans les éditions de 1726.

4. Cette phrase irrégulière a été corrigée dans l'édition de la Haye, qui donne simplement : « Il n'a jamais pensé à remettre aux autres (*sic*) qu'à vous. »

5. La lettre commence ici dans l'édition de Perrin de 1734 :

vous êtes longtemps à partir pour Orange. Tout le monde en parle ici; et vous avez l'obligation à M. de Vivonne et à M. de Gordes, qu'ils ne traitent pas cette affaire de bagatelle, et qu'ils disent partout que, quand vous n'y réussiriez pas avec votre méchant régiment des galères, et vos gentilshommes brodés, qui ne seront que pour la décoration[6], il ne faudroit pas s'en étonner; qu'il vous faudra peut-être plus de troupes; que l'exemple de Trèves fait voir qu'on peut être longtemps devant une bicoque[7]; que le gouverneur d'Orange est un aventurier[8] qui ne craint point d'être pendu, qui a deux cents hommes avec lui, vingt pièces de canon, très-peu de terrain à défendre, une seule entrée pour y arriver, une grande provision de poudre et de blé. Voilà comme ces Messieurs en parlent, et plusieurs échos répondent. Ainsi la chose est au point que M. de Grignan n'en sauroit être blâmé, et peut y faire une jolie action. Il y a certains tours à donner, et

« M. de Pompone trouve, ma chère fille, que M. de Grignan est longtemps à partir, etc. » Dans celle de 1754, il y a une phrase de plus : « Vous pouvez vous fier à M. de Pompone pour savoir quand il faudra ou ne faudra pas demander votre congé. Il trouve que M. de Grignan, etc. » — Six lignes plus loin, l'édition de 1734, seule, ajoute, après *régiment des galères* : « qu'on n'estime pas beaucoup pour un siége, » membre de phrase emprunté à la lettre 350. La fin de l'alinéa, depuis : « qu'il vous faudra peut-être plus de troupes, » manque dans les éditions de 1726.

6. Voyez la *Notice*, p. 131.

7. « Le marquis de Rochefort, chargé du siége de Trèves, y trouva plus de difficulté qu'on n'en supposait autour du Roi. La garnison n'était pas nombreuse, il est vrai; mais les habitants, très-animés contre la France, étaient disposés à faire une défense énergique.... Il fallut faire un siége en règle.... Enfin, après huit jours de tranchée ouverte, d'attaque par le canon et par la mine, les assiégés capitulèrent le 7 septembre. » (*Histoire de Louvois*, par M. Rousset, tome I, p. 472.)

8. Il s'appelait Berkoffer. Voyez le chapitre III du tome V de Walckenaer. — Il n'y avait dans la place que trente et un hommes.

certains discours à faire valoir, qui ne sont pas inutiles en ce pays.

C'est une routine qu'ils ont tous prise de dire que je suis belle; ils m'en importunent : je crois que c'est qu'ils ne savent de quoi m'entretenir. Hélas! mes pauvres petits yeux sont abîmés; j'ai la rage de ne dormir que jusqu'à cinq heures, et puis ils me viennent admirer. Notre d'Hacqueville ne vous écrit point ce soir; voilà des nouvelles qu'il vous avoit écrites dès le matin. Il est bien content de notre voyage, quoique nous n'ayons rien fait; c'est quelque chose d'être déterminé, et de savoir ce qu'on doit faire.

Monsieur le Prince et Monsieur le Duc sont revenus, ravis que votre imagination ne les cherche plus en Flandre. S'ils n'avoient point fait d'anciennes provisions de lauriers, ceux de cette année ne les mettroient point à couvert. Bonn est prise[9], c'en est fait. M. de Turenne a bien envie de revenir, et de mettre l'armée de mon fils[10] dans les quartiers d'hiver : tous les officiers disent *amen*.

9. « Trente mille Impériaux étaient partis de la Bohême sous le commandement de Montecuculi.... leur intention était de se joindre au prince d'Orange, qui à cette époque échappait à Condé avec trente-cinq mille hommes.... Turenne se rendit maître de tous les passages du Mein et offrit la bataille à Montecuculi; mais celui-ci, ayant acheté le pont de Wurtzbourg à l'évêque de cette ville, passa le Mein et feignit de menacer l'Alsace, ce qui força Turenne à rétrograder sur Philipsbourg; puis il marcha sur Coblentz, dont l'électeur de Trèves lui livra les ponts, et se joignit au prince d'Orange. Cette jonction équivalait pour la France à une grande défaite. Les alliés se portèrent aussitôt sur Bonn.... Turenne, qui était accouru de Philipsbourg sur Trèves pour essayer de défendre la Moselle et d'empêcher la jonction, arriva trop tard (7 novembre); il ne put secourir Bonn, et recula sur la Sarre, pour couvrir la Lorraine. » (M. Lavallée, *Histoire des Français*, tome III, p. 261.)

10. Dans l'édition de 1734, Perrin a corrigé cette plaisanterie, et

M. de la Rochefoucauld ne bouge plus de Versailles. Le Roi le fait entrer et asseoir chez Mme de Montespan, pour entendre les répétitions d'un opéra qui passera tous les autres [11]; il faut que vous le voyiez. Nous ne doutons point de votre congé, ni du besoin que vous avez d'être ici avec Monsieur de Marseille. Il ne vous faudra qu'un même carrosse, nous le disions tantôt. Enfin il faudroit trouver des expédients. Au moins ne négligez jamais de consulter Monsieur l'Archevêque [12] : c'est la source du bon sens, de la sagesse des expédients; enfin, s'il n'étoit point dans votre famille, vous l'iriez chercher au bout de la Provence. Il y a des occasions où sa présence peut-être feroit un grand effet; je suis persuadée qu'il n'épargneroit ni sa peine, ni sa santé pour vous être utile. Quand je songe que l'Évêque jette de l'argent, je ne comprends point qu'il puisse succomber. Pour la paix entre vous, je

1673

---

mis à la place : « l'armée où se trouve mon fils. » Dans l'édition de 1754, il se ravise et fait grâce au badinage, mais croit devoir l'expliquer par la note suivante (de la lettre du 1ᵉʳ décembre 1673): « On sent bien que cela est dit pour se moquer d'une expression impropre qui échappe quelquefois dans la conversation. » Voyez le commencement de la lettre du 9 septembre 1675.

11. « Cet opéra était celui d'*Alceste ou le triomphe d'Alcide*, qui fut le premier que composa Quinault depuis qu'il avait fait alliance avec Lulli et que la salle du Palais-Royal (*la salle de Molière, mort le 17 février précédent*) avait été accordée à ce dernier pour son spectacle. » Voyez Walckenaer, tome V, p. 123 et suivantes. D'après Mme de Sévigné l'opéra fut joué, probablement pour la première fois, le jeudi 11 janvier suivant (lettre du 8).

12. L'archevêque d'Arles. — Les éditeurs de Rouen ont donné ici une singulière preuve d'étourderie ou d'ignorance. Ils disent en note, confondant l'oncle et le frère de M. de Grignan : « L'archevêque d'Arles, oncle de l'abbé de Grignan, est toujours nommé dans ces lettres le Coadjuteur. » — Les éditeurs de la Haye corrigent cette note de l'étrange façon que voici : « L'archevêque d'Arles, oncle de l'abbé de Grignan; celui-ci est toujours nommé dans ces lettres le Coadjuteur. »

vous la souhaite et la souhaiterai toujours, quand je songe au mal que fait la guerre à votre corps et à votre âme. Je ne suis pas seule de ce sentiment. L'archevêque de Reims [13] vous est fort acquis; et tant d'autres encore vous font des compliments, et songent à vous, que je n'aurois jamais fait s'il falloit vous les nommer. Je vous demande une amitié au grand et divin Roquesante : qu'il se souvienne qu'il m'a promis de ne me point oublier. Ma bonne, Monsieur de Grignan, Monsieur le Coadjuteur, vous faites bien de m'aimer; je vous défie tous d'aimer mieux Mme de Grignan que moi, c'est-à-dire que je l'aime [14].

*349. — DE MADAME DE SÉVIGNÉ AU COMTE DE GUITAUT.

A Paris, jeudi 23e novembre [1].

JE ne vous parlerai point des Impériaux, ni d'un pont sur le Mein [2]. Dieu merci, je ne sais plus de nouvelles : c'est le seul plaisir que j'aie à Paris, car j'ai toujours cette Grignan dans la tête, et cela trouble mon repos. Les cartes sont tellement brouillées, que nous doutons si l'on ose demander un congé. Il y a même une espèce de guerre à Gênes [3] qu'il faut voir finir. Mais de tout ce qu'il y a de

13. Charles-Maurice le Tellier. Voyez la note 1 de la lettre 74.
14. Dans l'édition de Rouen : « Vous faites bien de m'aimer. Je vous défie tous d'aimer mieux que moi. »

LETTRE 349 (revue sur l'autographe). — 1. Dans l'autographe il y a *jeudi 22e novembre*. C'est une de ces fautes de date que personne n'évite. En 1673, le 22 novembre était un mercredi.

2. Voyez la lettre du 10 novembre précédent et la note 9 de la lettre 348. — On liroit plutôt dans l'original *impérieux* qu'*impériaux*.

3. « Le 11 de ce mois, dit la *Gazette* du 16 décembre 1673, les marquis Pallavicini, résident de Gênes en cette cour, et de la Roüere,

plus ridicule, le siége d'Orange tient le premier rang. M. de Grignan a ordre de le prendre⁴. Les courtisans croient qu'il ne faut que des pommes cuites pour en venir à bout. Guilleragues⁵ dit que c'est un duel que M. de Grignan fait avec le gouverneur d'Orange; il demande sa charge; il veut qu'on lui coupe le cou, comme d'un combat⁶ seul à seul; et tout cela est bien plaisant. J'en ris tout autant que je puis; mais, dans la vérité, j'en suis inquiète. Le gouverneur se veut défendre : c'est un homme romanesque; il a deux cents hommes avec lui; il a quatorze pièces de canon; il a de la poudre et du blé; il sait qu'il ne peut pas être pendu; il a une manière de petit donjon entouré de fossés, on n'y peut arriver que d'un côté : plus il a peu de terrain à défendre⁷, et plus il lui sera aisé de le faire.

Le pauvre Grignan n'a pour tout potage que le régiment des galères, qui a le pied marin, très-ignorant d'un siége. Il a beaucoup de noblesse avec de beaux justes-aucorps⁸, qui ne fera que l'incommoder. Il faudra qu'il soit partout; il pourra fort bien être assommé à cette belle expédition, et on se moquera de lui. Ce n'est pas moi seule qui parle ainsi, ce sont les Provençaux qui sont ici; et on dit que Grignan ne doit pas l'entreprendre sans avoir

envoyé extraordinaire de la même république, eurent audience du Roi. On a eu avis de la défaite de quatre ou cinq mille hommes qui assiégeoient la forteresse de Saint-Thomé, par le sieur de la Haye qui commande les armes du Roi en ce pays-là. »

4. Mme de Sévigné avait d'abord écrit : « de le faire. »

5. Voyez tome II, p. 460, note 11.

6. Comme pour un duel, ensuite d'un duel. Voyez la lettre suivante. — *Dans*, qu'on avait jusqu'ici substitué à *de*, ne faisait aucun sens.

7. Les éditeurs ont ainsi corrigé la phrase : « moins il y a de terrain à défendre. »

8. C'est ainsi que le mot est écrit dans l'original. Dans toutes les éditions on a imprimé *justaucorps*.

plus de troupes. Cependant cela est fait. Pendant que le mari fait cette marionnette de guerre[9] au dehors, la femme est aux prises avec Monsieur de Marseille. Ils se tiraillent les consuls, à qui en aura le plus; et ce qui vous paroîtra bien juste, c'est que l'Évêque se tient offensé, que par le chemin[10] tout commun des sollicitations on ose mettre son crédit en balance; de sorte que si M. de Grignan emporte ce syndicat pour son cousin le marquis de Buous[11], l'Évêque est en furie, et s'opposera à tout ce qui regarde M. de Grignan dans l'assemblée. Il faut donc, pour le contenter, qu'il ait partout de l'avantage, que partout M. de Grignan soit mortifié : voilà à quelles conditions on peut avoir la paix avec lui. Que dites-vous de cette justice? Ma fille la comprend peu : c'est pourquoi elle se défend vigoureusement; et toute cette belle fierté qu'on a louée ici[12], succomberoit présentement devant celui qui l'assureroit du suffrage d'un consul. Voilà ce que fait la province. Il y a cinq ans qu'il eût fallu autre chose pour la tenter : *altri tempi, altre cure*[13].

Je vois tous les jours des gens qui n'ont point l'air d'être vos ennemis. J'en vois un, quelquefois, que vous m'avez tellement noirci, malgré sa blonde perruque, que je ne puis plus le regarder. Il y en a un gros, qui me paroît le patron des lieux où il règne.

Je garde dans mon cœur toutes nos conversations avec une reconnoissance pour vous qui n'est pas imaginable, et qui m'attache à tous vos intérêts; mais ne trouvant

---

9. Voyez, vers le commencement de la lettre du 10 juillet 1675, un nouvel emploi de cette expression.

10. Et non *sur ce chemin*, correction inutile, ou plutôt méprise du premier éditeur, que tous depuis ont copiée.

11. Voyez la *Notice*, p. 129.

12. Et non *jusqu'ici*, correction qui dénature le sens.

13. *Autres temps, autres soins.*

nulle occasion de dire ce que je pense et ce que je sais de votre conduite, je garde tout précieusement dans mon souvenir, et je suis persuadée que rien n'est si bon que de laisser tout mourir et s'éteindre quand on voit que tout meurt et s'éteint.

J'ai des obligations infinies à notre cher d'Hacqueville. Il me donne tout le temps qu'il peut : c'est cette marchandise qui est chère chez lui, car il n'en a pas à demi[14]. Cependant il faut lui faire cet honneur, c'est qu'il en trouve dès qu'on a besoin de lui. Aimons-le donc toujours ; et vous, Monsieur et Madame, ne feignez[15] point de me mettre au nombre de ceux que vous aimez et qui vous aiment : toute ma vie vous persuadera que je mérite d'y être.

Suscription : Pour Monsieur le comte de Guitaut.

---

350. — DE MADAME DE SÉVIGNÉ
A MADAME DE GRIGNAN.

A Paris, vendredi 24° novembre[1].

JE vous assure, ma très-chère bonne, que je suis très-inquiète de votre siége d'Orange : je ne puis avoir aucun repos que M. de Grignan ne soit hors de cette ridicule

---

14. C'est-à-dire il n'en a pas à demi pour ses amis, il leur consacre tout son temps et ne suffit pas à tout ce qu'il a à faire pour chacun d'eux.

15. A *feignez*, qui est très-lisible dans l'autographe, tous les éditeurs ont substitué *craignez*.

LETTRE 350. — 1. Dans les éditions de 1726 la lettre est datée du lundi 16. C'est évidemment une erreur : le contenu de la lettre montre qu'elle est de novembre, et le 16 novembre 1673 était un jeudi.

1673 affaire. D'abord on a cru ici qu'il ne falloit que des pommes cuites pour ce siége. Guilleragues disoit que c'étoit un duel, un combat seul à seul, entre M. de Grignan et le gouverneur d'Orange; qu'il falloit faire le procès et couper la tête à M. de Grignan². Nous avons un peu répandu à la vérité les méchantes plaisanteries; et Mme de Richelieu, avec sa bonté ordinaire, a conté au dîner du Roi comme la chose va; bien des gens la savent présentement, et l'on passe d'une extrémité à l'autre, disant que M. de Grignan en aura l'affront, et qu'il ne doit point entreprendre de forcer deux cents hommes avec du canon, étant sans autres troupes que le régiment des galères, qu'on n'estime pas beaucoup pour un siége. Monsieur le Duc et M. de la Rochefoucauld sont persuadés qu'il n'en viendra pas à bout. Vous reconnoissez le monde, toujours dans l'excès. L'événement réglera tout : je le souhaite heureux, et ne puis avoir de joie et de tranquillité, que je n'en sache la fin. Je serois fort fâchée que M. de Grignan allât perdre sa petite bataille.

J'ai fait vos compliments à Brancas; il est persuadé que vous ne seriez pas présentement à l'épreuve de celui qui vous offriroit les suffrages de deux consuls³.

Monsieur le Duc me demanda fort de vos nouvelles l'autre jour, et me pria de vous faire beaucoup d'amitiés. M. et Mme de Noailles, Mmes de Leuville⁴ et d'Ef-

2. Allusion aux édits qui condamnaient les duellistes à la peine capitale.
3. Voyez la lettre précédente, p. 286.
4. Voyez tome II, p. 416, note 8. La marquise de Leuville, dit Saint-Simon, « étoit nièce de (*Geoffroy, marquis de*) Laigues, un des importants de la Fronde, qu'on prétendit que la fameuse Mme de Chevreuse avoit à la fin épousé secrètement. Sa nièce tâcha aussi d'être importante. Elle avoit beaucoup d'esprit, de domination, d'intrigue et d'amis qui se rassembloient chez elle et qui lui donnoient de la considération. C'étoit une femme qui, sans tenir à rien, eut

fiat⁵, les Rarai, les Beuvron, qui vous dirai-je encore ? tout le monde se souvient de vous et de M. de Grignan. J'ai vu Mme de Monaco; elle me parut toujours entêtée de vous, et me dit cent choses très-tendres; la Louvigny aussi. On répète une musique d'un opéra qui effacera *Venise*. Mme Colonne⁶ a été trouvée sur le Rhin, dans un bateau, avec des paysannes : elle s'en va je ne sais où, dans le fond de l'Allemagne.

Si vous m'aimez, ma fille, et si vous croyez vos amis, vous ferez l'impossible pour venir cet hiver : vous ne le pourrez jamais mieux, et vous n'aurez jamais plus d'affaires⁷. J'embrasse les Grignans; l'aîné me tient bien tendrement au cœur. En êtes-vous contente? car c'est tout. Je voudrois bien savoir comme vous vous portez, si vous êtes bien dévorée. Cette pensée me dévore, et cette grande beauté dont on vous parle⁸ ne dort pas toute la nuit : il s'en faut beaucoup, ma chère enfant.

Mlle de Méri me mande qu'elle a si mal à la tête, qu'elle ne vous peut écrire; elle me prie de vous faire ses amitiés. Celles que vous me faites, ma bonne, sont tellement tendres et naturelles, dans toutes les lettres que vous m'écrivez, qu'il n'est bruit que de l'excès de notre bonne

---

l'art de se faire compter : elle étoit riche et médiocrement bonne. » (Tome XVII, p. 210, 211.)

5. Belle-sœur de Mme de Leuville : Marie-Anne Olivier de Leuville, mariée le 2 mai 1660 à Antoine Coiffier Ruzé, marquis d'Effiat, fils du frère aîné de Cinq-Mars et neveu de l'abbé d'Effiat. Elle mourut sans enfants à quarante-six ans, en février 1684. Sur son mari (mort à l'âge de quatre-vingt-un ans le 3 juin 1719), ce premier écuyer de Monsieur tant accusé de l'empoisonnement de Madame, voyez Saint-Simon, tomes III, p. 181 et suivantes; X, 155 et suivante, et XVII, p. 207; *Correspondance de Madame de Bavière*, tomes I, p. 252, et II, p. 115.

6. Voyez plus haut, p. 116 et les notes.
7. « D'affaires qui vous y engagent. » (*Édition de 1754*.)
8. Voyez plus haut, p. 282.

intelligence. J'ai dans ma poche des lettres de M. de Coulanges et de M. d'Hacqueville qui ne parlent que de moi. Il est vrai, ma bonne, que j'ai plus joui de votre amitié et de votre bon cœur, dans mon voyage, que je n'aurois fait en toute ma vie ; je le sentois bien, et ce temps m'étoit bien précieux : vous ne savez point aussi le déplaisir que j'avois de le voir passer. Vous êtes trop reconnoissante, ma bonne : de quoi ? Quand je songe que toute ma bonne volonté ne produit rien d'effectif, je suis honteuse de tout ce que vous dites ; il est vrai que, pour l'intention, elle est bonne, et qu'elle me donne quelquefois des tours et des arrangements de paroles, quand je parle de vos intérêts, qui ne seroient pas désagréables, si j'avois autant de pouvoir que j'ai la langue déliée [9].

351. — DE MADAME DE SÉVIGNÉ A MADAME DE GRIGNAN.

A Paris, lundi 27e novembre.

Votre lettre, ma chère fille, me paroît d'un style triomphant. Vous aviez votre compte quand vous me l'avez écrite ; vous aviez gagné vos petits procès ; vos ennemis vous paroissoient confondus ; vous aviez vu partir votre époux à la tête d'un *drappello eletto* [1], vous espériez un bon succès d'Orange : le soleil de Provence dissipe au moins à midi les plus épais chagrins ; enfin votre humeur est peinte dans votre lettre. Dieu vous maintienne dans

---

9. Des quatre éditions qui donnent cette lettre, celle de 1734 est la seule qui la termine par cette phrase : « En un mot comme en mille, je suis à vous : c'est une vérité que je sens à tous les moments de ma vie. »

Lettre 351. — 1. D'une *troupe choisie.* — C'est un souvenir de la *Jérusalem délivrée.* Voyez la stance 25 du Ve chant.

cette bonne disposition! Vous avez raison de voir d'où vous êtes les choses comme vous les voyez; et nous avons raison aussi de les voir d'ici comme nous les voyons. Vous croyez avoir l'avantage : nous le souhaitons autant que vous; et en ce cas nous disons qu'il ne faut aucun accommodement; mais supposé que l'argent, que nous regardons comme une divinité à laquelle on ne résiste point, vous fît trouver du mécompte dans votre calcul, vous m'avouerez que tous les expédients vous paroîtroient bons comme ils nous le paroissoient. Ce qui fait que nous ne pensons pas toujours les mêmes choses, c'est que nous sommes loin : hélas! nous sommes très-loin [2]; mais il faut se faire honneur réciproquement et croire que chacun dit bien selon son point de vue [3].

Il y a bien des gens en ce pays qui sont curieux de savoir comme vous sortirez de votre syndicat; mais je dis encore vrai quand je vous assure que la perte de cette petite bataille ne feroit pas ici le même effet qu'en Provence. Nous disons ici en tous lieux et à propos tout ce qui se peut dire, et sur la dépense de M. de Grignan, et sur la manière dont il sert le Roi, et comme il est aimé : nous n'oublions rien; et pour des tons naturels, et des paroles rangées, et dites assez facilement, sans vanité, nous ne céderons pas à ceux qui font des visites le matin aux flambeaux [4]. Mais cependant M. de la Garde ne trouve rien de si nécessaire que votre présence. On parle d'une trêve. Soyez en repos sur la conduite de ceux qui sauront

---

2. L'édition de 1754 a de plus ici ces mots : « Ainsi l'on ne sait ce qu'on dit; mais il faut, etc. »

3. Ici encore il y a dans l'édition de 1754 une phrase qui manque dans celle de 1734 : « Que si vous étiez ici, vous diriez comme nous, et que si nous étions là, nous aurions toutes vos pensées. »

4. C'est-à-dire : Nous ne le céderons point à l'évêque de Marseille. Voyez la lettre du 24 juillet 1675.

demander votre congé. Je comprends les dépenses de ce siége d'Orange ; j'admire les inventions que le démon trouve pour vous faire jeter de l'argent ; j'en suis plus affligée qu'une autre ; car outre toutes les raisons de vos affaires, j'en ai une pour vous souhaiter cette année : c'est que le bon abbé veut rendre le compte de ma tutelle, et c'est une nécessité que ce soit aux enfants dont on a été tutrice. Mon fils viendra si vous venez : voyez, et jugez vous-même du plaisir que vous me ferez. Il y a de l'imprudence à retarder cette affaire ; le bon abbé peut mourir, et je ne saurois plus par où m'y prendre, et serois abandonnée pour tout le reste de ma vie à la chicane des Bretons. Je ne vous en dirai pas davantage : jugez de mon intérêt, et de l'extrême envie que j'ai de sortir d'une affaire aussi importante. Vous avez encore le temps de finir votre Assemblée ; mais ensuite je vous demande cette marque de votre amitié, afin que je meure en repos. Je laisse à votre bon cœur cette pensée à digérer.

Il n'y a plus de filles de la Reine depuis hier, on ne sait pourquoi [5]. On soupçonne qu'il y en a une qu'on

---

5. « Toutes les filles de la Reine furent chassées hier. » (*Édition de 1754.*) — Voltaire (*Siècle de Louis XIV*, fin du chapitre XXVI) laisse entendre que c'est à l'aventure de Mlle de Guerchi qu'il faut attribuer le renvoi des filles de la Reine ; mais Mlle de Guerchi était morte en 1660. Voltaire n'en donne pas moins les vrais motifs qui déterminèrent à substituer des dames du palais aux filles d'honneur. On voit par nos lettres mêmes (surtout par la suivante, du 1er décembre) que les contemporains soupçonnaient fort Mme de Montespan d'avoir demandé et obtenu le nouvel établissement. Il n'est pas non plus impossible que Mme de Sévigné ait voulu désigner ici Mme de Ludres comme l'objet de la jalousie de *Quanto*. D'après la *Correspondance de Madame de Bavière* (tome I, p. 457), Mme de Ludres n'avait point encore attiré l'attention du Roi : « Le Roi, dit-on, ne s'étoit pas soucié de cette beauté tant qu'elle fut chez la Reine ; il s'en éprit quand elle fut chez moi ; son règne n'a duré que deux ans. » Son règne finit en 1677 ; mais dès le 6 mai 1673, Mme de

aura voulu ôter, et que pour brouiller les espèces on a fait tout égal. Mlle de Coëtlogon⁶ est avec Mme de Richelieu ; la Mothe avec la maréchale ; la Marck⁷ avec Mme de Crussol ; Ludres et Dampierre retournent chez Madame ; du Rouvroi avec sa mère, qui s'en va chez elle ; Lannoi se mariera, et paroît contente ; Théobon apparemment ne demeurera pas sur le pavé. Voilà ce qu'on sait jusqu'à présent.

J'ai fait voir votre lettre à Mlle de Méri ; elle est toujours languissante. J'ai fait vos compliments à tous ceux que vous me marquez. L'abbé Têtu est fort content de ce que vous lui dites ; nous soupons souvent ensemble. Vous êtes très-bien avec l'archevêque de Reims⁸. Mme de Coulanges n'est pas fort bien avec le frère de ce prélat⁹ : ainsi ne comptez pas sur ce chemin-là pour aller à lui. Brancas vous est tout acquis. Vous êtes toujours tendrement aimée chez Mme de Villars.

Montmorency écrivait à Bussy : « Beaucoup de gens.... croient que le Roi a eu des intentions pour elle. »

6. Mlle de Coëtlogon épousa depuis le marquis de Cavoie ; Mlle de la Mothe Houdancourt devint duchesse de la Ferté ; Mlle (*Hélène Fourré*) de Dampierre, comtesse de Moreuil ; Mlle de Launoi fut mariée au marquis de Montrevel, et Mlle de Théobon au comte de Beuvron. (*Notes de Perrin.*) — Mlle du Rouvroi épousa le comte de Saint-Vallier. Voyez la lettre du 12 juin 1675.

7. Marie-Françoise Échallard de la Marck, sœur du comte de la Marck (voyez la lettre du 21 juin 1675). Ils tenaient ce dernier nom de leur mère, Louise, fille d'Henri-Robert de la Marck, comte de Maulevrier, de Braine, etc., cousin germain de la première femme du père de Turenne, qui mourut le dernier de sa branche en 1652 ; leur père était Maximilien Échallard, marquis de la Boullaye. Mlle de la Marck épousa en juin 1680 Pierre, comte de Lannion (voyez tome II, p. 338, note 2), capitaine des gendarmes de la Reine en 1677, lieutenant général en 1702, mort en 1727 ou 1717. Elle mourut à soixante-seize ans, le 27 avril 1726.

8. Le Tellier. Voyez les lettres des 1ᵉʳ, 8 et 24 décembre suivants.

9. Louvois.

1673

Nous avons enfin vu, la Garde et moi, votre premier président[10]; c'est un homme très-bien fait, et d'une physionomie agréable. Besons[11] dit : « C'est un beau mâtin, s'il vouloit mordre. » Il nous reçut très-civilement : nous lui fîmes les compliments de M. de Grignan et les vôtres. Il y a des gens qui disent qu'il tournera casaque, et qu'il vous aimera au lieu d'aimer l'Évêque.

Le flux les amena, le reflux les emmène[12].

Ne vous ai-je point mandé que le chevalier de Buous[13] est ici? Je le croyois je ne sais où. Je fus ravie de l'embrasser; il me semble qu'il vous est plus proche que les autres. Il vient de Brest; il a passé par Vitré. Il a eu un dialogue admirable avec Rahuel[14]; il lui fit dire ce que c'étoit que M. de Grignan, et qui j'étois. Rahuel disoit : « Ce M. de Grignan, c'est un homme de grande condition : il est le premier de la Provence; mais il y a bien loin d'ici. Madame auroit bien mieux fait de marier Mademoiselle auprès de Rennes. » Le Chevalier se divertissoit fort.

Adieu, ma très-aimable belle, je suis à vous : cette vérité est avec celle de *deux et deux font quatre*.

10. Marin. Voyez les lettres précédentes, p. 267 et 274.
11. Voyez la note 6 de la lettre 342.
12. C'est, en changeant les deux verbes, le vers bien connu du fameux récit du *Cid* (acte IV, scène III) :

Le flux les *apporta*, le reflux les *remporte*.

13. Capitaine de vaisseau, et cousin germain de M. de Grignan. (*Note de Perrin.*) Voyez tome II, p. 367, note 11.
14. Concierge de la Tour de Sévigné à Vitré. (*Note de l'édition de 1818.*) On le retrouvera employé aux Rochers en 1675 et 1676.

352. — DE MADAME DE SÉVIGNÉ A MADAME DE GRIGNAN.

1673

A Paris, vendredi 1ᵉʳ décembre.

Ce siége d'Orange me déplaît comme à vous. Quelle sottise! quelle dépense! La seule chose qui me paroisse bonne, c'est de faire voir, par cette suite de M. de Grignan¹, combien il est aimé et considéré dans sa province. Ses ennemis en doivent enrager; mais on a beau faire des merveilles, cette occasion n'apportera ni récompense, ni réputation: je voudrois qu'elle fût déjà passée.

J'ai soupé avec l'amie² de *Quanto*. Vous ne serez point attaquée en ce pays-là, que vous ne soyez bien défendue. Cette dame a parlé de vous avec une estime et une tendresse extraordinaires: elle dit que personne n'a jamais tant touché son goût; qu'il n'y a rien de si aimable ni de si assorti que votre esprit et votre personne. On vous a fort regrettée, et d'un ton qui n'avoit rien de suspect. J'ai causé aussi avec l'archevêque de Reims, qui vous est fort acquis. Son frère n'est point du tout dans la manche de Mme de Coulanges. Volonne a acheté la charge de Purnon³, maître d'hôtel de Madame: voilà un joli établissement; voilà où la Providence place Mme de Volonne.

Lettre 352. — 1. Toute la noblesse distinguée de Provence suivit M. de Grignan dans cette occasion. (*Note de Perrin.*)

2. Mme Scarron. (*Note du même.*) — *Quanto*, abréviation de *Quantova*, qui, comme nous l'avons vu, désigne Mme de Montespan.

3. D'après Saint-Simon, Purnon avait été dans le secret de l'empoisonnement de Madame Henriette et en avait fait l'aveu au Roi. Saint-Simon ajoute que « Purnon, le même Cl. Bonneau, » était demeuré premier maître d'hôtel de Madame de Bavière, mais qu'elle le « tracassa si bien, qu'elle le fit quitter, et qu'il vendit sa charge, sur la fin de 1674, au sieur Viel de Suranne (*d'après l'état de la France, ce dernier, Michel de Viel de Suranne, ne fut que maître d'hôtel ordinaire*). » Voyez Saint-Simon, tome III, p. 182 et suivantes, et la note

Il est certain que *Quanto* a trouvé que c'étoit une hydre que cette chambre des filles[4]; le plus sûr est de la couper; ce qui n'arrive pas aujourd'hui peut arriver demain.

On tient pour assuré que M. de Vivonne a la charge de colonel général des Suisses[5]. On nomme M. de Monaco pour celle de général des galères[6]. Je vous ai mandé combien la femme de ce dernier m'avoit bien reçue pour l'amour de vous.

On répète souvent la symphonie de l'opéra; c'est une chose qui passe tout ce qu'on a jamais ouï. Le Roi disoit l'autre jour que s'il étoit à Paris quand on jouera l'opéra, il iroit tous les jours. Ce mot vaudra cent mille francs à Baptiste[7].

M. de Turenne a son congé. *L'armée de votre frère* va être mise dans les quartiers d'hiver. J'attends mon fils au

---

de M. Chéruel, p. 448 et suivantes. Madame de Bavière ne parle pas de Purnon. Il est donné par l'*état*, à partir de 1677, comme premier maître d'hôtel de Monsieur. — Ni dans les *Mémoires de Saint-Simon* ni dans les *Lettres de Madame* nous n'avons rencontré le nom de *Volonne*; mais il paraît sûr que le Volonne de notre lettre n'est autre que le Morel qui se trouve mentionné, comme premier maître d'hôtel de Madame, dans l'*état* de 1674; puis appelé, dans l'*état* de 1676, « Antoine de Maurel sieur de Voulonne; » et qui fut remplacé en 1677. Voici ce qu'en dit Madame de Bavière, tome I, p. 251 : Le chevalier de Lorraine « a envoyé le poison d'Italie par un gentilhomme.... qui s'appelait Morell. Pour récompenser celui-ci, on me l'a plus tard donné pour *premier maître d'hôtel*. Après qu'il m'eut honnêtement volée, ils lui ont fait vendre sa charge à haut prix. Ce Morell avait de l'esprit comme le diable, mais était ce qui s'appelle *sans foi et sans loi*, etc. » — Sur Volonne, voyez encore les lettres du 12 août 1675 et du 26 janvier 1680, vers la fin.

4. La chambre des filles de la Reine.

5. Cette charge, qui étoit vacante par la mort de M. le comte de Soissons, fut donnée, peu de temps après, à feu M. le duc du Maine; elle a passé depuis à M. le prince de Dombes, son fils. (*Note de Perrin.*)

6. Charge qu'avait Vivonne.

7. Lulli.

premier jour ; et vous arriverez un peu après, si vous me voulez témoigner un peu d'amitié.

L'abbé Têtu ne perd point d'occasion de vous rendre service en bon lieu : c'est encore un de mes hommes que j'ai bien désabusé.

Ma chère enfant, ayez quelque soin de votre santé, tâchez surtout de dormir, et d'éloigner dès le soir toutes les pensées qui vous réveillent.

---

353. — DE MADAME DE SÉVIGNÉ ET D'EMMANUEL
DE COULANGES A MADAME DE GRIGNAN.

A Paris, lundi 4ᵉ décembre.

DE MADAME DE SÉVIGNÉ.

Me voilà toute soulagée de n'avoir plus Orange sur le cœur ; c'étoit une augmentation [1] par-dessus ce que j'ai accoutumé de penser, qui m'importunoit. Il n'est plus question présentement que de la guerre du syndicat : je voudrois qu'elle fût déjà finie. Je crois qu'après avoir gagné votre petite bataille d'Orange, vous n'aurez pas tardé à commencer l'autre [2]. Vous ne sauriez croire la curiosité

LETTRE 353. — 1. Dans l'édition de 1734 : « une agitation. »
2. La *Gazette* du 26 novembre rapporte que le comte de Grignan arriva le 21 à Orange, « accompagné de plus de six cents gentils-hommes de la province et de quantité d'autres du voisinage, qui marquèrent avec empressement leur zèle pour le service du Roi et leur affection envers le lieutenant général.... Le même jour.... il fit sommer le gouverneur d'un donjon qui restoit de l'ancienne place que le comte de Nassau avoit fait bâtir, et il n'eut pas à peine souffert trois ou quatre coups de canon qu'il demanda capitulation, qui lui fut accordée. » — Le 5 décembre, le comte de Grignan fit à

qu'on avoit pour savoir le succès³ de ce beau siége; et on en parloit dans le rang des nouvelles. J'embrasse le vainqueur d'Orange, et je ne lui ferai point d'autre compliment que de l'assurer ici que j'ai une véritable joie que cette petite aventure soit finie comme il le pouvoit souhaiter⁴ ; je desire un pareil succès à tous ses desseins, et l'embrasse de tout mon cœur. C'est une chose agréable que l'attachement et l'amour de toute la noblesse pour lui : il y a très-peu de gens qui pussent faire voir une si belle suite pour une si légère semonce⁵. M. de la Garde vient de partir pour voir un peu ce qu'on dit de cette prise d'Orange. Il est chargé de toutes nos instructions, et sur le tout de son bon esprit, et de son affection pour vous. M. d'Hacqueville me mande qu'il conseille à M. de Grignan d'écrire au Roi. Il seroit à souhaiter que par effet de magie cette lettre fût déjà entre les mains de M. de Pompone ou de M. de la Garde, car je ne crois pas qu'elle puisse venir à propos. L'affaire du syndic s'est fortifiée dans ma tête par l'absence de celle d'Orange.

Nous soupâmes encore hier avec Mme Scarron et l'abbé Têtu chez Mme de Coulanges. Nous causâmes fort; vous n'êtes jamais oubliée. Nous trouvâmes plaisant de l'aller remener à minuit au fin fond du faubourg Saint-Germain, fort au delà de Mme de la Fayette, quasi auprès de Vaugirard, dans la campagne : une belle et grande

Lambesc l'ouverture de l'assemblée des communautés de Provence. Voyez la *Gazette* du 16.

3. « Pour être informé du succès. » (*Édition de 1754*.)

4. « Que cette petite aventure ait pris un tour aussi heureux. » (*Ibidem.*)

5. *Semonce*, dans le sens d'invitation. « On le disoit autrefois, dit Furetière, de toutes sortes de convocations des personnes et des assemblées qui se faisoient à cri public, comme le ban et arrière-ban, pour les états, et pour la comparution en justice. »

maison⁶, où l'on n'entre point. Il y a un grand jardin, de beaux et grands appartements. Elle a un carrosse, des gens et des chevaux; elle est habillée modestement et magnifiquement, comme une femme qui passe sa vie avec des personnes de qualité. Elle est aimable, belle, bonne et négligée : on cause fort bien avec elle. Nous revînmes gaiement à la faveur des lanternes⁷, et dans la sûreté des voleurs.

Mme d'Heudicourt⁸ est allée rendre ses devoirs : il y avoit longtemps qu'elle n'avoit paru en ce pays-là. Si elle n'étoit point grosse, on est persuadé qu'elle rentreroit bientôt dans ses premières familiarités. On juge par là que Mme Scarron n'a plus de vif ressentiment contre elle. Son retour a pourtant été ménagé par d'autres, et ce n'est qu'une tolérance. La petite d'Heudicourt⁹ est jolie comme un ange; elle a été de son chef huit ou dix jours à la cour, toujours pendue au cou du Roi. Cette petite avoit adouci les esprits par sa jolie présence : c'est la plus belle vocation pour plaire que vous ayez jamais vue. Elle a cinq ans; elle sait mieux la cour que les vieux courtisans.

On disoit l'autre jour à Monsieur le Dauphin qu'il y avoit un homme à Paris qui avoit fait pour chef-d'œuvre un petit chariot qui étoit traîné par des puces. Il dit à M. le prince de Conti : « Mon cousin, qui est-ce qui a fait

---

6. C'est dans cette maison qu'étoient élevés les enfants du Roi et de Mme de Montespan, dont Mme Scarron étoit gouvernante. (*Note de Perrin.*)

7. « Les rues de Paris ont commencé en 1666 à être éclairées par des lanternes avec des chandelles, pendant neuf mois de l'année; on en exceptoit les huit jours de lune. » (*Dictionnaire de Paris*, par Hurtaut et Magny.) Les réverbères à huile ne furent employés que plus d'un siècle après.

8. Bonne de Pons, marquise d'Heudicourt, dont on a vu la disgrâce dans la lettre du 9 février 1671.

9. Depuis marquise de Montgon. (*Note de Perrin.*)

les harnois ? — Quelque araignée du voisinage, » dit le Prince. Cela est joli[10].

Ces pauvres filles [11] sont toujours dispersées : on parle de faire des dames du palais, du lit, de la table, pour servir au lieu des filles. Tout cela se réduira à quatre du palais, qui seront, à ce qu'on croit, la princesse d'Harcourt, Mme de Soubise, Mme de Bouillon, Mme de Rochefort[12]; et rien n'est encore assuré. Adieu, ma très-aimable. Je voulus hier aller à confesse. Un très-habile homme me refusa très-bien l'absolution, à cause de ma haine pour l'Évêque. Si les vôtres ne vous en font pas autant, ce sont des ignorants qui ne savent pas leur métier.

Mme de Coulanges vous embrasse : elle vouloit vous écrire aujourd'hui. Elle ne perd pas une occasion de vous rendre service ; elle y est appliquée, et tout ce qu'elle dit est d'un style qui plaît infiniment. Elle se réjouit de la prise d'Orange. Elle va quelquefois à la cour, et jamais sans avoir dit quelque chose d'agréable pour nous [13].

D'EMMANUEL DE COULANGES.

Que Madame d'Heudicour
Est une belle femme!
Chacun disoit à la cour :
« Quoi! la voilà de retour! »
Tredam', tredam', tredame.

10. « Cela n'est-il pas joli? » (*Édition de* 1754.)
11. Les filles de la Reine.
12. Françoise de Brancas, femme d'Alphonse-Henri-Charles de Lorraine, princesse d'Harcourt. — Anne de Chabot-Rohan, femme de François de Rohan, prince de Soubise. — Marie-Anne Mancini, femme de Godefroi-Maurice, duc de Bouillon. — Madeleine de Laval, femme de Henri-Louis d'Aloigni, marquis de Rochefort, depuis maréchal de France.
13. Ce dernier paragraphe, ainsi que le premier couplet de l'apostille de Coulanges, manque dans l'édition de 1734.

Vos guerriers étant partis,
C'eût été chose étrange
Que votre époux n'eût pas pris,
Au milieu de son pays,
Orange, Orange, Orange.

Je m'en réjouis avec vous, Madame la Comtesse; j'ai dit mon *Te Deum* très-dévotement. Voilà tout ce que je vous puis dire, et à Monsieur le Comte, que j'aime et honore toujours comme il le mérite.

---

354. — DE MADAME DE SÉVIGNÉ
A MADAME DE GRIGNAN.

A Paris, vendredi 8ᵉ décembre¹.

Il faut commencer, ma très-bonne, par la mort du comte de Guiche² : voilà de quoi il est question présentement. Ce pauvre garçon est mort de maladie et de langueur dans l'armée de M. de Turenne. La nouvelle en vint mardi matin. Le P. Bourdaloue l'a annoncée au maréchal de Gramont, qui s'en douta, sachant l'extrémité de son fils. Il fit sortir tout le monde de sa chambre. Il étoit dans un petit appartement qu'il a au dehors des Capucines³. Quand il fut seul avec ce Père, il se jeta à son

---

Lettre 354. — 1. Dans l'édition de 1725, la lettre est datée du mercredi (mecredi) 29 novembre; dans celle de Rouen (1726), du 29 novembre, sans indication du jour de la semaine; dans celle de la Haye (1726), du 25 novembre.
2. Sur le comte de Guiche, sa femme, son frère et sa belle-sœur, voyez tome II, p. 52, 143, 215, 388. — Il mourut le 29 novembre à Kreuznach, dans le Palatinat, à l'âge de trente-six ans, « après treize jours de fièvre continue causée par les fatigues de la campagne, et notamment par les soins qu'il avait pris de maintenir le poste d'Aschaffenburg. » Voyez la *Gazette* du 9 décembre.
3. Le couvent des capucines, dont la première pierre fut posée

cou, lui disant qu'il devinoit bien ce qu'il avoit à lui dire ; que c'étoit le coup de sa mort, qu'il la recevoit de la main de Dieu ; qu'il perdoit le seul et véritable objet de toute sa tendresse et de toute son inclination naturelle ; que jamais il n'avoit eu de sensible joie ou de violente douleur que par ce fils, qui avoit des choses admirables : il se jeta sur un lit, n'en pouvant plus, mais sans pleurer, car on ne pleure point[4]. Le Père pleuroit, et n'avoit encore rien dit; enfin il lui parla de Dieu, comme vous savez qu'il en parle. Ils furent six heures ensemble ; et puis le Père, pour lui faire faire ce sacrifice entier, le mena à l'église de ces bonnes capucines, où l'on disoit vigiles pour ce fils. Il y entra[5] en tombant, en tremblant, plutôt traîné et poussé que sur ses jambes[6]. Son visage n'étoit plus connoissable. Monsieur le Duc le vit en cet état[7] ; et en nous le contant chez Mme de la Fayette, il pleuroit. Le pauvre maréchal revint enfin dans sa petite chambre. Il est comme un homme condamné. Le Roi lui a écrit. Personne ne le voit.

Mme de Monaco[8] est entièrement inconsolable ; on ne

en 1604 par la duchesse de Mercœur, occupa jusqu'en 1688 une partie de l'emplacement de la place Vendôme. — L'hôtel de Gramont n'en était pas fort éloigné : il a donné son nom à la rue actuelle de Gramont, ouverte en 1767.

4. Tel est le texte de l'édition dite de Rouen (1726). Ce membre de phrase manque dans l'édition de 1725. Celle de la Haye (1726) porte : « car on ne pleure point dans cet état. »

5. Dans les éditions de Perrin : « Pour ce cher fils. Le maréchal y entra.... »

6. « Que porté sur ses jambes. » (*Édition de la Haye*, 1726.)

7. « Sa Majesté a témoigné son sensible déplaisir au maréchal duc de Gramont par une lettre de sa main et par la visite que le duc d'Enghien lui a rendue de sa part. Monsieur lui a fait l'honneur de l'aller voir. » (*Gazette du 9 décembre.*)

8. Catherine-Charlotte de Gramont, sœur du comte de Guiche Voyez tome II, p. 153, note 15.

la voit point. La Louvigny⁹ l'est aussi, mais c'est par la raison qu'elle n'est point affligée. N'admirez-vous point le bonheur de cette créature¹⁰ ? La voilà dans un moment duchesse de Gramont. La chancelière¹¹ est transportée de joie. La comtesse de Guiche¹² fait fort bien, et pleure quand on lui conte les honnêtetés et les excuses que son mari lui a faites en mourant, et dit : « Il étoit aimable ; je l'aurois aimé passionnément s'il m'avoit un peu aimée. J'ai souffert ses mépris avec douleur. Sa mort me touche et me fait pitié. J'espérois toujours qu'il changeroit de sentiments pour moi. » Voilà qui est vrai ; il n'y a point là de comédie. Mme de Verneuil¹³ en est véritablement touchée. Je crois qu'en me priant de lui faire vos compliments vous en serez quitte. Vous n'avez donc qu'à écrire à la comtesse de Guiche, et à la Monaco, et à la Louvigny.

Pour le bon d'Hacqueville, il a eu le paquet d'aller à Frazé, à trente lieues d'ici, annoncer cette nouvelle à la maréchale de Gramont¹⁴, et lui porter une lettre de ce

---

9. Marie-Charlotte de Castelnau, belle-sœur du comte de Guiche.

10. Perrin a remplacé les mots : « cette créature, » par « cette dernière. »

11. La chancelière Seguier, grand'mère de la comtesse de Guiche, était Madeleine Fabri, fille de Jean, seigneur de Champauzé, trésorier de l'extraordinaire des guerres, et de Marie Buatier ; elle mourut à quatre-vingt-cinq ans, le 6 février 1683. Voyez sur elle les médisances ou calomnies de *des Réaux*, tome III, p. 386 et suivantes, et les notes de M. P. Paris.

12. Marguerite-Louise-Suzanne de Béthune Sully. — Dans l'édition dite de Rouen, la phrase est ainsi construite : « La comtesse de Guiche fait fort bien quand on lui conte, etc. »

13. Charlotte Seguier, mère de la comtesse de Guiche, avait épousé en premières noces le duc de Sully, et en secondes noces Henri de Bourbon, duc de Verneuil. Voyez tome II, p. 52, note 1.

14. Françoise-Marguerite de Chivré, fille d'Hector, seigneur du

1673 pauvre garçon. Il a fait une grande amende honorable de sa vie passée, s'en est repenti, en a demandé pardon publiquement[15]. Il a fait demander pardon à Vardes, et lui a mandé mille choses qui pourront peut-être lui être bonnes. Enfin il a fort bien fini la comédie, et laissé une riche et heureuse veuve[16]. La chancelière a été si pénétrée du peu ou point de satisfaction[17], dit-elle, qu'elle[18] a eue pendant ce mariage, qu'elle ne va songer qu'à réparer ce malheur; et s'il se rencontroit un roi d'Éthiopie[19], elle mettroit jusqu'à son patin[20] pour lui donner sa petite-fille. Nous ne voyons point de mari pour elle. Vous allez nommer, comme nous, M. de Marsillac : elle ni lui ne veulent point l'un de l'autre. Les autres ducs[21] sont trop jeunes. M. de Foix est pour Mlle de Roque-

Plessis, de Frazé et de Rabestan, et de Marie de Conan. Elle avait épousé le maréchal de Gramont le 28 novembre 1634, et mourut en mai 1689. — Frazé, dont le père de la maréchale avait été seigneur, est dans le Perche (Eure-et-Loir, arrondissement de Nogent-le-Rotrou, canton de Thiron).

15. Perrin a joint cette phrase à la précédente : « ....ce pauvre garçon, lequel a fait une grande, etc. »

16. « Une riche et une heureuse veuve. » (*Édition de 1725.*) — Elle épousa depuis le duc du Lude, en 1681. (*Note de Perrin.*)

17. « Du peu ou du point de satisfaction. » (*Éditions de 1725 et de 1726.*)

18. Dans les deux éditions de Perrin, *elle* est remplacé par *sa petite-fille*.

19. Allusion à Zaga-Christ, aventurier venu à Paris en 1635, mort à Ruel en 1638, et qui se faisait passer pour roi d'Éthiopie. Sur ce singulier personnage et la réputation qu'on lui avait faite, voyez des Réaux, tome V, p. 61 et suivantes. — Ce passage, depuis : « et s'il se rencontroit, » jusqu'à : « sa petite-fille, » a été omis par Perrin; il se trouve dans les éditions de 1725 et de 1726.

20. La chancelière passait pour très-avare. — On appelait *patin* une sorte de soulier fort haut, aussi élevé par devant que par derrière, que les femmes portaient autrefois.

21. Dans les éditions de 1725 et de la Haye : « Les autres deux; » dans celle de Rouen : « Les deux autres. »

laure[22]. Cherchez un peu de votre côté, car cela presse. Voilà un grand détail, ma chère petite; mais vous m'avez dit quelquefois que vous les aimiez[23].

L'affaire d'Orange fait ici un bruit très-agréable pour M. de Grignan ; cette grande quantité de noblesse, par le seul attachement[24] qu'on a pour lui; cette grande dépense, cet heureux succès, car voilà tout : cela fait honneur et donne de la joie à tous ses amis, qui ne sont pas ici en petit nombre. Ce bruit général est fort agréable. Le Roi dit à souper : « Orange est pris; Grignan avoit sept cents gentilshommes[25] avec lui. Ils ont tiraillé du dedans, et enfin ils se sont rendus le troisième jour. Je suis fort content de Grignan. » On m'a rapporté ce petit discours, que la Garde sait encore mieux que moi. Pour notre archevêque de Reims, je ne sais à qui il en avoit ; la Garde lui pensa parler de la dépense : « Bon! dit-il, de la dépense : voilà toujours comme on dit; on aime à se plaindre. — Mais, Monsieur, lui dit-on, M. de Grignan ne pouvoit pas s'en dispenser[26], avec tant de noblesse qui étoit venue pour l'amour de lui. — Dites pour le service du Roi, Monsieur. — Monsieur, dit-on, il est vrai; mais il n'y avoit point d'ordre, et c'étoit pour suivre M. de Grignan, à l'occasion du service du Roi, que toute cette assemblée s'est faite. » Enfin, ma bonne, cela n'est rien; vous savez que d'ailleurs il est très-bon ami. Il y a des jours où la bile domine; et ces jours-là sont malheureux.

22. Marie-Charlotte de Roquelaure fut en effet mariée le 8 mars 1674 à Henri-François de Foix de Candale, duc de Foix : voyez tome II, p. 23 et 221.

23. C'est ici que finit la lettre dans l'édition de 1725.

24. Perrin a ainsi allongé la phrase pour l'éclaircir : « Cette grande quantité de noblesse qui l'a suivi par le seul attachement.... »

25. Dans l'édition de la Haye : « avoit cent gentilshommes. »

26. « Ne pouvoit pas être sans dépenser. » (*Édition de la Haye.*)

On me mande des nouvelles de nos états de Bretagne[27]. M. le marquis de Coetquen le fils[28] a voulu attaquer M. d'Harouys, disant qu'il étoit seul riche, pendant que toute la Bretagne gémissoit, et qu'il savoit des gens qui feroient mieux que lui sa charge. M. Boucherat, M. de Lavardin et toute la Bretagne l'a voulu lapider, et a eu horreur de son ingratitude, car il a mille obligations à M. d'Harouys. Sur cela il a reçu une lettre de Mme de Rohan qui lui mande de venir à Paris, parce que M. de Chaulnes a ordre de lui défendre d'être aux états; de sorte qu'il est disparu la veille de l'arrivée du gouverneur. Il est demeuré en abomination pour l'infâme accusation qu'il vouloit faire contre M. d'Harouys. Voilà, ma bonne, ce que vous êtes obligée d'entendre à cause de votre nom[29].

Je viens de voir M. de Pompone. Il étoit seul; j'ai été deux bonnes heures avec lui et Mlle Lavocat[30], qui est très-jolie. M. de Pompone a très-bien compris ce que nous souhaitons de lui, en cas qu'il vienne un courrier, et le fera sans doute; mais il dit une chose vraie, c'est

27. Le marquis de Lavardin, lieutenant général au gouvernement de Bretagne, en avait fait l'ouverture à Vitré, le 24 novembre, en l'absence du duc de Chaulnes. Celui-ci arriva à Vitré le 2 décembre et il entra le 3 en l'assemblée des états. Voyez la *Gazette* des 2 et 9 décembre.

28. Voyez la note 3 de la lettre du 10 juin 1671. — Il pourrait bien se faire que le marquis de Coetquen fils, dont il est ici parlé, fût le gendre de la duchesse de Rohan, et que celui qui est nommé dans la lettre du 10 juin fût le père de ce gendre.

29. M. d'Harouys avait épousé Marie-Madeleine de Coulanges, cousine germaine de Mme de Sévigné. Il l'avait perdue le 28 septembre 1662.

30. Sœur de Mme de Pompone; elle épousa peu de temps après un Provençal, parent du comte de Grignan, Jean de la Garde, marquis de Vins, capitaine-lieutenant de la première compagnie des mousquetaires. Voyez la note de la lettre du 28 juin 1675.

que votre syndic sera fait avant qu'on entende parler ici de la rupture de votre conseil; il croit que présentement c'en est fait. De vous dire tout ce qui s'est dit d'agréable et d'obligeant pour vous, et quelles aimables conversations on a avec ce ministre, tout le papier de mon portefeuille n'y suffiroit pas. En un mot, je suis parfaitement contente de lui; soyez-la aussi sur ma parole; il sera ravi de vous voir, et compte sur votre retour.

Nous[31] avons lu avec plaisir une grande partie de vos lettres : vous avez été admirée, et dans votre style, et dans l'intérêt que vous prenez à ces sortes d'affaires. Ne me dites donc plus de mal de votre façon d'écrire. On croit quelquefois que les lettres qu'on écrit ne valent rien, parce qu'on est embarrassé de mille pensées différentes; mais cette confusion se passe dans la tête, tandis que la lettre est nette et naturelle. Voilà comme sont les vôtres. Il y a des endroits si plaisants que ceux à qui je fais l'honneur de les montrer en sont ravis.

Adieu, ma très-aimable enfant; j'attends votre frère tous les jours; et pour vos lettres, j'en voudrois à toute heure[32].

31. Dans l'édition de la Haye (1726) et dans la première de Perrin (1734), cet alinéa précède, diversement modifié, celui qui, dans notre édition et dans celles de Rouen (1726) et de 1754, vient avant et commence par ces mots : « Je viens de voir M. de Pompone. »

32. La lettre se termine, dans l'édition de 1734, par deux paragraphes de notre lettre 345 : « Vous avez une idée plus grande que nous de ce présent » (p. 273), et « M. Chapelain se meurt » (p. 275).

355. — DE MADAME DE SÉVIGNÉ
A MADAME DE GRIGNAN.

A Paris, lundi 11ᵉ décembre.

JE viens de Saint-Germain[1], ma chère fille, où j'ai été deux jours entiers avec Mme de Coulanges et M. de la Rochefoucauld : nous logions chez lui. Nous fîmes le soir notre cour à la Reine, qui me dit bien des choses obligeantes pour vous; mais s'il falloit vous dire tous les bonjours[2], tous les compliments d'hommes et de femmes, vieux et jeunes, qui m'accablèrent et me parlèrent de vous, ce seroit nommer quasi toute la cour; je n'ai rien vu de pareil. « Et comment se porte Mme de Grignan? Quand reviendra-t-elle? » Et ceci, et cela. Enfin représentez-vous que chacun n'ayant rien à faire et me disant un mot, me faisoit répondre à vingt personnes à la fois. J'ai dîné avec Mme de Louvois[3] ; il y avoit presse à qui

LETTRE 355. — 1. Leurs Majestés et le Dauphin avaient quitté Versailles, pour aller demeurer à Saint-Germain, le 30 novembre. Voyez la *Gazette* du 2 *décembre*.

2. Dans les deux éditions de Perrin : « tous les bons jours. »

3. Anne de Souvré, marquise de Courtenvaux, fille posthume et unique de Charles, marquis de Souvré, petit-fils du maréchal, premier gentilhomme de la chambre du Roi, et de Marguerite Barentin; mariée le 19 mars 1662, veuve le 16 juillet 1691, morte à soixante-neuf ans le 2 décembre 1715. Elle était petite-nièce de la marquise de Sablé et du premier maréchal de Villeroi, qui fut son tuteur. « Elle avoit la plus grande mine du monde, la plus belle et la plus grande taille; une brune avec de la beauté; peu d'esprit, mais un sens qui demeura étouffé pendant son mariage, quoiqu'il ne se puisse rien ajouter à la considération que Louvois eut toujours pour elle.... Elle mena une vie si honorable, si convenable, si décente et si digne, dont elle ne s'est jamais démentie en rien, que sa mort, qui fut semblable à sa vie, fut le désespoir des pauvres, la douleur de sa famille et de ses amis, et le regret véritable du public. En elle finit la maison de Souvré. » Voyez Saint-Simon, tome XIII, p. 308-310, et les lettres de septembre et d'octobre 1694.

nous en donneroit. Je voulois revenir hier ; on nous arrêta d'autorité, pour souper chez M. de Marsillac, dans
son appartement enchanté, avec Mme de Thianges,
Mme Scarron, Monsieur le Duc, M. de la Rochefoucauld,
M. de Vivonne, et une musique céleste. Ce matin nous
sommes revenus.

Voici une querelle qui faisoit la nouvelle de Saint-Germain. M. le chevalier de Vendôme[4] et M. de Vivonne
font les amoureux de Mme de Ludres[5]. M. le chevalier
de Vendôme veut chasser M. de Vivonne. On s'écrie :
« Et de quel droit ? » Sur cela, il dit qu'il se veut
battre contre M. de Vivonne : on se moque de lui.
Non, il n'y a point de raillerie : il se veut battre, et
monte à cheval et prend la campagne. Voici ce qui ne se
peut payer : c'est d'entendre Vivonne. Il étoit dans sa
chambre, très-mal de son bras[6], recevant les compliments de toute la cour, car il n'y a point eu de partage.
« Moi, Messieurs, dit-il, moi me battre ! Il peut fort bien

---

4. Philippe, chevalier de Malte, né en août 1655, fils puîné du
duc de Vendôme et de Laure Mancini, frère du gouverneur de Provence ; il devint grand prieur de France en 1678, vendit son grand
prieuré en 1719, et mourut le 24 janvier 1727. Voyez sur ses vices,
sa vie crapuleuse, sa poltronnerie reconnue, son étroite liaison avec
Chaulieu, les *Mémoires de Saint-Simon*, particulièrement aux tomes V,
p. 140, 141 ; XVIII, p. 5. « Il avoit beaucoup d'esprit et une figure
parfaite en sa jeunesse, avec un visage autrefois singulièrement
beau. » — Dans l'édition de 1734, il y a *Lorraine* au lieu de *Vendôme*.

5. Mme de Montmorency écrivait à Bussy le 6 mai 1673 : « Vivonne
aime avec passion Mme de Ludres. Mme de Montespan, qui veut
gagner par tout moyen l'amitié de son frère, fait tout le mieux qu'elle
peut à Mme de Ludres, et même lui fait faire des présents par le Roi,
ce qui fait que beaucoup de gens s'y méprennent, et croient que le
Roi a eu des intentions pour elle. » (*Correspondance de Bussy*, tome II,
p. 247.)

6. Il avait été blessé au passage du Rhin. Voyez la lettre du
19 juin 1672.

me battre s'il veut, mais je le défie de faire que je veuille me battre. Qu'il se fasse casser l'épaule, qu'on lui fasse dix-huit incisions; et puis » (on croit qu'il va dire : *et puis nous nous battrons*) « et puis, dit-il, nous nous accommoderons. Mais se moque-t-il de vouloir tirer sur moi? Voilà un beau dessein, c'est comme qui voudroit tirer dans une porte cochère [7]. Je me repens bien de lui avoir sauvé la vie au passage du Rhin. Je ne veux plus faire de ces actions, sans faire tirer l'horoscope de ceux pour qui je les fais. Eussiez-vous jamais cru que c'eût été pour me percer le sein que je l'eusse remis sur la selle? » Mais tout cela d'un ton et d'une manière si folle, qu'on ne parloit d'autre chose à Saint-Germain.

J'ai trouvé votre siége d'Orange fort étalé à la cour. Le Roi en avoit parlé agréablement, et on trouva très-beau que sans ordre du Roi, et seulement pour suivre M. de Grignan, il se soit trouvé sept cents gentilshommes à cette occasion; car le Roi avoit dit *sept cents*, tout le monde dit *sept cents*. On ajoute qu'il y avoit deux cents litières, et de rire; mais on croit sérieusement qu'il y a peu de gouverneurs qui pussent avoir une pareille suite.

J'ai causé deux heures [8] en deux fois avec M. de Pompone; j'en suis contente au delà de ce que j'espérois. Mlle Lavocat est dans notre confidence; elle est très-aimable; elle sait notre syndicat, notre procureur, notre gratification, notre opposition, notre délibération, comme elle sait la carte et les intérêts des princes, c'est-à-dire sur le bout du doigt. On l'appelle le petit ministre; elle est dans tous nos intérêts. Il y a des entr'actes à nos conversations, que M. de Pompone appelle des traits de rhétorique pour capter la bienveillance des auditeurs.

7. Nous avons déjà dit que Vivonne étoit excessivement gros. (*Note de Perrin.*)
8. « Trois heures. » (*Édition de 1734.*)

Il y a des articles dans vos lettres sur lesquels je ne réponds point : il est ordinaire d'être ridicule, quand on répond de si loin. Vous savez quel déplaisir nous avions de la perte de je ne sais quelle ville, lorsqu'il y avoit dix jours qu'à Paris on se réjouissoit que le prince d'Orange en eût levé le siége ; c'est le malheur d'être loin. Adieu, ma très-aimable : je vous embrasse bien tendrement.

*356. — DU COMTE DE BUSSY RABUTIN
A MADAME DE SÉVIGNÉ.

Sur ce que la plupart de mes bons amis et moi avions jugé que Mme Scarron (depuis Mme de Maintenon) me nuisoit à la cour par l'amitié qu'elle avoit pour les la Rochefoucaulds, j'écrivis cette lettre à Mme de Sévigné, afin de la lui montrer, et de l'obliger de me raccommoder avec eux, ou du moins à être neutre [1], et je la datai de Bussy, quoique je fusse encore à Paris.

A Bussy [2], ce 13ᵉ décembre 1673.

Vous pouvez vous souvenir, Madame, de la conversa-

LETTRE 356. — 1. Tel est le texte dans notre copie complète de Bussy : il y a *de*, puis *à*, après le verbe *obliger*. — Dans le manuscrit de l'Institut, l'introduction est plus longue et contient de curieux détails : « .... Je priai ma cousine de Sévigné d'employer sa bonne amie Mme de la Fayette auprès de ce duc (*de la Rochefoucauld*) pour le faire consentir que nous nous vissions. Mme de Sévigné s'en chargea, et quatre ou cinq jours après elle me dit que le duc de la Rochefoucauld avoit répondu à son amie que puisqu'avant que nous fussions brouillés, nous ne nous voyions pas les uns chez les autres, et que nous nous contentions de vivre honnêtement ensemble quand nous nous rencontrions, une plus grande liaison n'étoit pas nécessaire ; que pour lui, il seroit très-aise de me rencontrer souvent, et qu'il se cloueroit volontiers où je serois (ce furent ses propres termes). Cette réponse me fit juger que j'aurois toujours à craindre ce côté-là, et que je ne devois espérer de soutien que de la bonté du Roi. Trois jours après, ayant appris que Mme Scarron servoit sur mon sujet la haine des la Rochefoucaulds, j'écrivis cette lettre à Mme de Sévigné. »

2. La lettre est datée de Paris dans le manuscrit de l'Institut, et

tion que nous eûmes le jour que je vous dis adieu. Elle fut presque toute sur les gens qui pouvoient traverser mon retour; et quoique je pense que nous les ayons tous nommés, je ne crois pas que nous ayons parlé des voies dont ils se servent pour me nuire. Cependant j'en ai découvert quelques-unes depuis que je ne vous ai vue, et l'on m'a assuré entre autres que Mme Scarron en étoit une. Je ne l'ai pas cru; car bien que je sache qu'elle est aimée de gens qui ne m'aiment pas, je sais qu'elle est encore plus amie de la raison; et il ne m'en paroît pas à persécuter, par complaisance seulement, un homme de qualité qui n'est pas sans mérite, accablé de disgrâces. Je sais bien que les gens d'honneur entrent et doivent entrer dans les sentiments de leurs amis; mais quand ces sentiments sont trop aigres ou poussés trop loin, il est, ce me semble, de la prudence de ceux qui agissent de sang-froid, de modérer la passion de leurs amis, et de leur faire entendre raison. La politique conseille ce que je vous dis, Madame, et l'expérience apprend à ne pas croire que les choses soient toujours en même état. On l'a vu en moi; car enfin ma liberté surprit tout le monde. Le Roi a commencé à me faire de petites grâces sur mon retour,

par suite de ce changement Bussy a remplacé par l'*autre jour* la fin de la première phrase : « le jour que je vous dis adieu. » — A la neuvième ligne, après : « Je ne l'ai pas cru, » il a ajouté : « au point de n'en pas douter un peu; » à la ligne 10, il y a : *amie de personnes* au lieu de *aimée de gens;* à la ligne 15, *ressentiments* au lieu de *sentiments;* à la ligne 22, le sens est changé par l'addition d'un membre de phrase : « car enfin, quand je sortis de la Bastille, ma liberté; » trois lignes plus bas, par une conséquence de cette addition, au lieu des mots : « retourner absolument, » on lit : « recevoir de plus grandes faveurs; » et à la ligne 30, au lieu de « je ne retournerois jamais (jusqu'à : *tous mes ennemis*), » Bussy a écrit : « le Roi ne se radouciroit jamais pour moi. » Nous omettons quelques autres différences insignifiantes.

dans le temps que personne ne les attendoit; et sa bonté et ma patience me feront tôt ou tard retourner absolument. Il n'en faut pas douter, Madame : les disgrâces ont leurs bornes comme les prospérités. Ne trouvez-vous donc pas qu'il est de la politique de ne pas outrer les haines, et de ne pas désespérer les gens? Mais quand on se flatteroit assez pour croire que je ne retournerois jamais (chose à quoi je vous répète encore qu'il y a peu d'apparence, me portant mieux que tous mes ennemis), où est l'humanité? où est le christianisme? Je connois assez les courtisans, Madame, pour savoir que ces sentiments sont bien foibles en eux, et moi-même, avant mes malheurs, je ne les avois guère. Mais je sais la générosité de Mme Scarron, son honnêteté et sa vertu; et je suis persuadé que la corruption de la cour ne la gâtera jamais. Si je ne croyois ceci, Madame, je ne vous le dirois pas, car je ne suis point flatteur; et même je ne vous supplierois pas, comme je fais, de lui parler sur ce sujet : c'est l'estime que j'ai pour elle qui m'a fait souhaiter de lui être obligé, et croire qu'elle n'y aura point de répugnance. Si elle craint l'amitié des malheureux, elle ne fera rien pour avoir la mienne; mais si l'amitié de l'homme du monde le plus reconnoissant, et à qui il ne manquoit que de la mauvaise fortune pour avoir assez de vertu, lui est considérable, elle voudra bien me faire plaisir.

---

357. — DE MADAME DE SÉVIGNÉ
A MADAME DE GRIGNAN.

A Paris, vendredi 15ᵉ décembre.

QUAND je disois que vous ne seriez pas moins estimée ici pour n'avoir pas fait un syndic, et que je vous rabaissois le plus que je pouvois cette petite victoire, soyez très-persuadée, ma chère belle, que c'étoit par pure politique, et par un dessein prémédité entre nous, afin que si vous perdiez votre petite bataille¹, vous ne prissiez pas la résolution de vous pendre; mais présentement que, par votre lettre qui me donne la vie, nous voyons votre triomphe quasi assuré, je vous avoue franchement que par tout pays c'est la plus jolie chose du monde que d'avoir emporté cette affaire, malgré toutes les précautions, les prévoyances, les prières, les menaces, les sollicitations, les corruptions et les vanteries de vos ennemis². En vérité cela est délicieux, et fait voir autant que le siége d'Orange la considération³ de M. de Grignan dans la province. M. de Pompone, d'Hacqueville, Brancas, les Grignans et plusieurs de vos amis avoient une attention particulière pour le dénouement de cette affaire, et ne la mettoient pas à si bas prix que je vous le mandois; mais nous étions convenus de ce style, afin de vous soutenir le courage, dans le cas d'un revers de la fortune. Mlle Lavocat est dans cette affaire par-dessus les yeux, et pour

LETTRE 357. « Que si vous étiez battus, comme nous en avions peur. » (*Édition de* 1754.)

2. L'évêque de Marseille se plaint, dans une lettre à Colbert du 17 décembre 1673, que M. de Grignan se soit servi de « plusieurs moyens assez extraordinaires, » pour faire nommer un de ses parents (M. de Buous) procureur joint de la noblesse, et il reconnaît que l'évêque de Toulon et lui ont d'abord « employé leurs amis » pour empêcher cette nomination; « mais, ajoute-t-il, dès que nous avons eu appris les intentions de S. M. par la lettre que vous m'avez fait l'honneur de m'écrire, nous n'avons plus songé qu'à les suivre.... Pour cet effet, nous avons nommé nous-mêmes M. de Buous, pour qui M. de Grignan sollicitoit avec tant de chaleur, et avons prié toute l'assemblée de lui donner ses suffrages, et ainsi il a été nommé d'un commun consentement. » Voyez la *Correspondance administrative sous Louis XIV*, publiée par Depping, tome IV, p. 407.

3. « L'extrême considération. » (*Édition de* 1754.)

vous parler franchement, j'ai envoyé à M. de Pompone les deux premiers feuillets de votre lettre, et à d'Hacqueville, qui étoit chez lui, afin de les réjouir. Ne croyez donc pas que nous voyions si fort les choses autrement que vous : tout ce qui touche la gloire se voit assez également par tout pays. Ne soyez point fâchée contre nous ; louez nos bonnes intentions, et croyez que nous ne sommes que trop dans tous vos sentiments, et moi particulièrement, qui n'en ai point d'autres.

1673

Vous me faites assez entendre ce qui vous peut manquer pour faire le voyage de Paris ; mais quand je songe que le Coadjuteur est prêt à partir, lui qui avoit engagé son abbaye pour deux ans, qui vouloit vivre de l'air, qui vouloit chasser tous ses gens et ses chevaux, et que je vois qu'on fait donc quelquefois de la magie noire, cela me fait croire que vous en devez faire comme les autres, cette année ou jamais. Voilà mon raisonnement : vous aurez un air bien victorieux sur toutes sortes de chapitres, et vous aurez bien effacé l'exclusion de votre ami[4] par la suite.

J'attends mon fils à tout moment. Je dînai hier avec Monsieur le Duc, M. de la Rochefoucauld, Mme de Thianges, Mme de la Fayette, Mme de Coulanges, l'abbé Têtu, M. de Marsillac et Guilleragues, chez Gourville. Vous y fûtes célébrée et souhaitée ; et puis

---

4. Sans doute, l'exclusion du marquis de Maillanes (voyez la lettre du 13 novembre précédent). Dans la lettre que nous venons de citer, l'évêque de Marseille raconte « qu'ayant eu l'honneur de parler à S. M. de la nomination qu'elle avoit faite à la prière de M. de Grignan d'un procureur joint de la noblesse et de Lui représenter qu'elle étoit contraire aux libertés de la province, le Roi eut la bonté de la vouloir laisser dans ses anciens usages. » M. de Grignan, à qui ce procédé avait donné du chagrin, essaya alors de mettre un de ses parents dans cette place, et y réussit, comme nous venons de le voir.

1673 on écouta la *Poétique* de Despréaux, qui est un chef-d'œuvre [5].

M. de la Rochefoucauld n'a point d'autre faveur que celle de son fils, qui est très-bien placé. Il entra l'autre jour, comme je vous l'ai déjà mandé, à une musique chez Mme de Montespan : on le fit asseoir; le moyen de ne le pas faire? cela n'est rien du tout. Mme de la Fayette voit Mme de Montespan un quart d'heure, quand elle va en un mois une fois à Saint-Germain : il ne me paroît pas que ce soit là une faveur. Les filles [6] s'en vont chacune à sa *chacunière* [7], comme je vous l'ai aussi mandé. Le chevalier de Vendôme a demandé quartier de plaisanterie à M. de Vivonne, qui ne s'épuisoit point sur l'horreur qu'il avoit de se battre : l'accommodement s'est fait, et on n'en parle plus. Soyecourt [8] demandoit hier à Vivonne : « Quand est-ce que le Roi ira à la chasse? » Vivonne [9] ré-

---

5. Despréaux commença l'*Art poétique* en 1669, et le publia dans la première édition de ses *OEuvres diverses*, qui parut six mois après cette lettre. L'achevé d'imprimer est du 10 juillet 1674.

6. Les filles de la Reine. Voyez la lettre du 27 novembre précédent.

7. Mot employé par Rabelais et par Montaigne, dans le sens de « logis, demeure particulière. »

8. Maximilien-Antoine de Belleforière, marquis de Soyecourt (on prononçait Saucourt), grand maître de la garde-robe en 1653, chevalier de l'Ordre en 1661, grand veneur de France en 1670. Il avait épousé en 1656 Marie-Renée de Longueil, fille du président de Maisons; il mourut en 1679 et sa femme en 1712. — D'après le *Ménagiana*, cité par M. Taschereau (p. 41), il aurait été l'original de ce caractère de fâcheux (le chasseur Dorante) que le Roi lui-même demanda à Molière d'ajouter à sa pièce des *Fâcheux*. — C'est lui qui lors de la querelle du marquis de Sévigné et du chevalier d'Albret (1651) avait lié la partie (*Mémoires de Conrart*, tôme XLVIII, p. 186). « Mme de Sévigné, oyant nommer Saucour deux ans après dans un bal, pensa s'évanouir. » (Tallemant des Réaux, tome V, p. 477.)

9. Il étoit général des galères. (*Note de Perrin*.)

pondit brusquement : « Quand est-ce que les galères partiront ? » Je suis fort bien avec ce général ; il ne croit point avoir les Suisses[10] : il avoit dit de son côté, comme moi du mien, que c'étoient des *armes parlantes*. Mme de la Vallière ne parle plus d'aucune retraite[11] : c'est assez de l'avoir dit ; sa femme de chambre s'est jetée à ses pieds pour l'en empêcher : peut-on résister à cela ?

D'Hacqueville est revenu de poignarder la maréchale de Gramont[12]. Il est tellement abîmé dans la mort du comte de Guiche, qu'il n'est plus sociable : je doute qu'il vous écrive encore aujourd'hui.

La Garde veut toujours que si M. de Grignan ne vient pas, vous veniez à sa place ; et pour cela je vous renvoie à cette magie noire du Coadjuteur dont je vous ai parlé. Vous êtes habile, et vous feriez présentement un autre personnage que celui d'une dame de dix-huit ans.

J'ai ici Corbinelli ; il est échauffé pour vos affaires, comme à Grignan. Nous serons transportés de joie du syndic ; et quand nous l'aurons emporté hautement, on

---

10. La charge de colonel général des Suisses et Grisons, vacante depuis le mois de juin précédent par la mort du comte de Soissons. Elle fut donnée au duc du Maine. (Voyez la lettre du 26 janvier suivant). — Non-seulement Vivonne, à en croire Bussy (*Correspondance*, tome II, p. 316), ne demandait alors et ne souhaitait même aucune nouvelle faveur ; « mais il recevoit encore tous les jours mille dégoûts dans les fonctions de sa charge de général des galères : » il ne dissimulait point le chagrin que lui donnait la fortune de sa sœur. Il n'en obtint pas moins, au mois de janvier suivant (voyez la lettre du 12), le gouvernement de Champagne qu'avait eu également le comte de Soissons. — Les *armes parlantes* qui terminent la phrase seraient-elles quelque vieille plaisanterie sur le rapport de son des deux mots *Suisses* et *Soissons*?

11. Elle entra quatre mois après au couvent des grandes Carmélites, et y fit profession en 1675. Voyez la lettre au comte de Guitaut de la fin d'avril 1674.

12. Voyez la lettre du 8 décembre précédent.

pourra parler d'accommodement tant qu'on voudra : il faut être doux après la victoire.

Despréaux vous ravira par ses vers. Il est attendri pour le pauvre Chapelain : je lui dis qu'il est tendre en prose, et cruel en vers [13].

Adieu, ma très-chère enfant ; que je vous serai obligée si vous venez m'embrasser ! Il y a bien du bruit à nos états de Bretagne [14] : vous êtes bien plus sages que nous. Bussy a ordre de s'en retourner en Bourgogne ; il n'a pas fait sa paix avec ses principaux ennemis [15] ; il veut toujours marier sa fille avec le comte de Limoges [16] : c'est la faim et la soif ensemble ; mais la beauté du nom le charme. J'attends mon fils à tout moment.

13. Voyez la satire IX de Despréaux. (*Note de Perrin.*) Voyez aussi la *Notice*, p. 167 et suivante.

14. Ils avaient été ouverts, comme nous l'avons dit, le 24 novembre précédent, et durèrent jusqu'au 10 janvier. Deux députés ayant fait des objections à certaines demandes de subsides, furent arrêtés par ordre du Roi, puis relâchés sur les réclamations de l'assemblée et grâce à l'intervention de la princesse de Tarente. Voyez Walckenaer, tome V, p. 56, et la *Notice*, p. 186.

15. Condé surtout et les la Rochefoucauld lui tinrent rigueur. « Le 21 novembre la princesse (*de Longueville*) me manda par mon amie (*Mlle de Portes*) que Monsieur son frère ne me vouloit point pardonner ma prétendue offense, et qu'en lui témoignant beaucoup d'aigreur encore contre moi, il lui avoit dit qu'il ne souffriroit pas que je fusse sur le pavé de Paris en même temps que lui.... Je répondis qu'il n'appartenoit qu'au Roi de parler ainsi, etc. » Mais le Roi ne permit point à Bussy de prolonger son séjour à Paris ; le Comte ne put rester qu'en se cachant. Voyez le tome II de sa *Correspondance*, particulièrement p. 307, 323, 328, et le chapitre IV du tome V de Walckenaer.

16. Voyez plus haut, p. 152, note 4.

358. — DE MADAME DE SÉVIGNÉ
A MADAME DE GRIGNAN.

1673

A Paris, lundi 18ᵉ décembre.

J'ATTENDS vos lettres avec une juste impatience. Je ne puis avoir le corps ni l'âme en repos¹ que le marquis de Buous² ne soit syndic. Je l'espère; mais comme je crains toujours, je voudrois que cette affaire fût déjà finie. J'ai vu deux heures M. de Pompone à Paris; il souffre fort patiemment la longueur de mes conversations; elles sont mêlées d'une manière qu'il ne me paroît pas qu'il en soit fatigué. Il ne se cache pas de dire qu'il souhaite que M. de Buous soit syndic, que cela lui paroît juste et raisonnable, et que M. de Grignan auroit grand sujet de se plaindre, si après ce qui s'est passé à la cour³, il avoit encore ce chagrin-là dans la province. Il aime vos lettres, et vous estime et admire⁴; il voit clairement le pouvoir que vous avez dans la province, et sur la noblesse, et au parlement, et dans les communautés; et cela sera remarqué en bon lieu.

M. de Louvigny est revenu avec plusieurs autres. On dit qu'il se plaint du *Torrent*⁵ d'avoir ôté à la *Rosée* la

---

LETTRE 358. — 1. « Je ne puis être tranquille. » (*Édition de* 1754.)

2. Cousin germain du comte de Grignan. Voyez tome II, p. 367, note 11.

3. Voyez la note 4 de la lettre précédente.

4. « Ce ministre aime vos lettres; il vous estime et vous admire. » (*Édition de* 1754.)

5. On croit que le *Torrent* est la sœur de M. de Louvigny, la princesse de Monaco, dont le caractère était bouillant et impétueux, et que la *Rosée* est Mme de Louvigny. On voit en effet dans un passage qui termine la lettre du 17 juillet 1676, que M. de Louvigny eut bientôt sujet de se plaindre de sa femme; tout indique d'ailleurs ici que ce n'est que dans la famille de Gramont qu'il faut chercher l'interprétation de ces chiffres. (*Note de l'édition de* 1818.) — Un

bonne conduite qu'elle avoit, et de lui avoir donné un air fort contraire à cette tendresse légitime qui lui seyoit si bien. Hors la maréchale de Gramont, on ne songe déjà plus au comte de Guiche; voilà qui est fait, le *Torrent* reprend son cours ordinaire : voici un bon pays pour oublier les gens. La Troche est arrivée, qui vous dit mille belles choses; écrivez quelque douceur qu'on lui puisse montrer. Je me suis fort louée à Mlle de Scudéry de l'honnête procédé de M. de Péruis[6]. Guitaut a dîné avec moi, et l'abbé, la Troche, Coulanges; on a bu à votre santé, et l'on a admiré votre politique de vouloir ajouter encore des années aux trois que vous avez été en Provence. C'est une belle chose que de se laisser effacer, oublier dans un lieu où l'on a tous les jours affaire, et d'où l'on tire toute sa considération; on y veut jouir aussi de celle qu'on a dans son gouvernement, et l'une sert à l'autre; mais on ne travaille que pour être bien ici.

Je reçois votre lettre du 10e; il me semble, ma fille, que j'y ai fait réponse par avance, en vous assurant qu'il ne vous viendra rien d'ici qui vous coupe la gorge; mais que ne finissez-vous promptement? que ne vous ôtez-vous, et à nous, cette épine du pied? Nous comprenons

morceau inédit de la lettre du 8 janvier 1674 semble confirmer cette conjecture, qu'il s'agit de deux personnes de la famille de Gramont.

6. On voit dans le recueil de l'Assemblée de Provence (année 1675), que M. le baron de Peyruis, premier consul de la ville d'Aix, procureur du pays, fut chargé de porter au Roi les remontrances de cette assemblée. La clef du *Grand Cyrus* publiée par M. Cousin, dans le tome I de la *Société française*, donne (p. 368) à Mme des Pennes le titre de baronne de Pervis (il est probable que l'original porte Peruis). Voyez sur cette amie de Mlle de Scudéry, et mère peut-être de celui dont Mme de Sévigné parle dans cette lettre, tome II, p. 212 et les notes.

très-bien le plaisir de votre triomphe. Nous demeurions d'accord l'autre jour, la *Pluie*[7] et moi, que rien n'est sensible dans la vie comme ces sortes de choses qui touchent la gloire ; et nous conclûmes, comme Monsieur d'Agen[8], que cela venoit d'une profonde humilité. Je vous assure qu'on ne peut pas entrer plus entièrement dans vos intérêts, ni les mieux comprendre, ni voir plus clair que fait cette aimable *Pluie*. Ah ! que je lui ai dit de plaisantes choses, et qu'il les a bien écoutées ! Je vous assure qu'il attend avec impatience la fin de votre syndicat ; mais que votre lettre est plaisante[9] ! puisque vous me renvoyez mes périodes, je vous renverrai celle-ci qui vaut un empire : *Si Sa Majesté avoit la bonté de nous laisser manger le blanc des yeux, elle verroit qu'elle en seroit mieux servie.* Vous ne vous fâcherez donc point contre moi ni contre la cour, puisque vous avez toutes vos coudées franches pour votre syndic ; mais finissez donc, et que nous recevions une lettre qui nous ôte de toute sorte de peine.

Vous seriez bien étonnée si l'on avoit fort parlé de vous pour être dame du palais ; je vous l'apprends, et c'est assez : vous êtes fort estimée dans les lieux qu'on estime le plus. Cherchez donc d'autres prétextes pour nous menacer de ne plus venir jamais en ce pays. Je comprends votre beau temps, je le vois d'ici, et m'en souviens avec tendresse : nous mourons de froid présentement, et puis nous serons noyés.

On ne peut, ma fille, ni vous aimer davantage, ni être plus contente de vous que je le suis, ni prendre plus de

---

7. M. de Pompone. (*Note de Perrin*, 1754.) — Dans l'édition de 1734 le nom propre (M. de Pompone) a été, ici et plus bas, substitué au chiffre.

8. Claude Joly, évêque d'Agen.

9. « Il rira bien de votre lettre. » (*Édition de 1754.*)

plaisir à le dire. Il est vrai que le voyage de Provence m'a plus attachée à vous que je n'étois encore; je ne vous avois jamais tant vue, et n'avois jamais tant joui de votre esprit et de votre cœur. Je ne vois et je ne sens que ce que je vous dis, et je rachète bien cher toutes ces douceurs. D'Hacqueville a raison de ne vouloir rien de pareil; pour moi, je m'en trouve fort bien, pourvu que Dieu me fasse la grâce de l'aimer encore plus que vous : voilà de quoi il est question. Cette petite circonstance d'un cœur que l'on ôte au Créateur pour le donner à la créature[10], me donne quelquefois de grandes agitations. La *Pluie* et moi, nous en parlions l'autre jour très-sérieusement. Mon Dieu, qu'elle est à mon goût, cette *Pluie!* je crois que je suis au sien; nous retrouvons avec plaisir nos anciennes liaisons.

Tous nos Allemands[11] reviennent à la file : je n'ai point encore mon fils. J'embrasse tendrement M. de Grignan; il auroit bien du plaisir à m'entendre quelquefois parler de lui; il a un beau point de vue, et je suis ravie de dire ses belles et bonnes qualités. Adieu, ma chère Comtesse.

10. « On ne peut douter que Mme de Sévigné.... n'eût alors la mémoire toute fraîche de l'admirable petit traité de saint Eucher sur le *Mépris du monde*, dont son ami Arnauld d'Andilly venait de publier une traduction, puisqu'elle reproduit une pensée d'Eucher en se servant des mêmes expressions. » (Walckenaer, tome V, p. 117.) — L'achevé d'imprimer de la première édition de ce traité est du 3 décembre 1671.

11. Les officiers qui faisaient la guerre en Allemagne.

*359. — DE MADAME DE SÉVIGNÉ
AU COMTE DE BUSSY RABUTIN.

1673

Cinq jours¹ après que j'eus écrit cette lettre (n° 356, p. 311), je reçus cette réponse de Mme de Sévigné :

A Paris, ce 18ᵉ décembre 1673.

J'AI fait voir votre lettre à la dame pour qui elle étoit écrite. Elle n'a, m'a-t-elle dit, jamais ouï nommer votre nom en mauvaise part. Du reste, elle a fort bien reçu votre civilité. Elle m'a promis que si elle entendoit dire quelque chose, elle m'en avertiroit, et qu'elle ne trouveroit jamais occasion de vous rendre de bons offices qu'elle ne le fît.

Je parlai fort de votre mérite, et de vos malheurs. L'audience étoit favorable. Je serois fort aise que vous m'eussiez entendue; peut-être que vous en seriez bien aise aussi.

---

360. — DE MADAME DE SÉVIGNÉ
A MADAME DE GRIGNAN.

A Paris, vendredi 22ᵉ décembre¹.

VOICI une nouvelle de l'Europe qui m'est entrée dans la tête : je vais vous la mander contre mon ordinaire. Vous savez, ma bonne, que le roi de Pologne est mort².

LETTRE 359. — 1. Dans le manuscrit de l'Institut, où il y a *deux jours* au lieu de *cinq jours*, et où la date est le 15 décembre, Bussy a abrégé ce billet, et en a modifié le style d'un bout à l'autre. Au lieu du dernier alinéa, on lit simplement : « Elle connoît votre mérite et plaint vos malheurs. »

LETTRE 360. — 1. Les éditions de 1725 et de la Haye (1726) contiennent de cette lettre le premier paragraphe seulement. Elle y est datée de 1675, sans indication de jour ni de mois.

2. Michel Korybuth Wisniowiecki, descendant des Jagellons, élu roi en 1669, mort le 10 novembre 1673, à l'âge de trente-cinq ans.

1673

Ce grand maréchal, mari de Mlle d'Arquien³, est à la tête de l'armée contre les Turcs. Il a gagné une bataille⁴, si pleine et si entière, qu'il est demeuré quinze mille Turcs sur la place. Il a pris deux bassas⁵; il s'est logé dans la tente du général, et cette victoire est si grande, qu'on ne doute point qu'il ne soit nommé roi, d'autant plus qu'il est à la tête d'une armée, et que la fortune est toujours pour les gros bataillons. Voilà une nouvelle qui m'a plu, et j'ai jugé qu'elle vous plairoit aussi.

Je ne vois plus le chevalier de Buous⁶. Il a été enragé qu'on ne l'ait pas fait chef d'escadre. Il est à Saint-Germain, et je crois qu'il fera si bien qu'à la fin il sera content : je le souhaite fort. Monsieur l'Archevêque⁷ me mande sa joie sur la prise d'Orange, et qu'il croit le syndicat achevé selon nos desirs, et qu'il est contraint d'avouer que par l'événement votre vigueur a mieux valu que

---

3. Marie-Casimire de la Grange (cousine germaine de la première comtesse de Guitaut), fille de Henri de la Grange, marquis d'Arquien, et petite-nièce du maréchal de Montigni; elle avait épousé en premières noces Jacques de Radziwil, prince de Zamoski, et se maria en deuxièmes noces, le 6 juillet 1665, à Jean Sobieski, grand maréchal, élu roi de Pologne le 20 mai 1674. Veuve en juin 1696, « détestée en Pologne, » elle se retira d'abord à Rome (1699), auprès de son père, pour qui elle avait obtenu le chapeau de cardinal, et qu'elle perdit en 1707; puis au château de Blois (1714), où elle mourut le 30 janvier 1716, âgée de soixante-dix-sept ans. Elle était sœur de la marquise de Béthune (voyez tome II, p. 54, note 9), et maria une autre de ses sœurs (1678) au comte Wielopolski, grand chancelier de Pologne, qui fut ambassadeur en France en 1686, et qui mourut deux ans après. Voyez Saint-Simon, tomes VI, p. 68 et suivantes, XI, p. 119 et suivantes, et la lettre du 24 juillet 1676.

4. La bataille de Choczim sur le Dniester, gagnée le 10 novembre 1673, le jour même de la mort du roi de Pologne.

5. Les mots : « Il a pris deux bassas.... et » manquent dans les deux éditions de 1725 et de 1726.

6. Voyez tome II, p. 267 et 367.

7. L'archevêque d'Arles.

sa prudence; et qu'enfin à votre exemple il s'est tout à fait jeté dans la bravoure. Cela m'a réjouie.

Au reste, ma chère enfant, quand je me représente votre maigreur et votre agitation, quand je pense combien vous êtes échauffée, et que la moindre fièvre vous mettroit à l'extrémité, cela me fait souffrir et le jour et la nuit. Quelle joie de vous restaurer un peu auprès de moi dans un air moins dévorant, et où vous êtes née! Je suis surprise que vous aimant comme on fait en Provence, on ne vous propose point ce remède. Je vous trouve si nécessaire jusqu'à présent, et je crois que vous avez tant soulagé M. de Grignan dans toutes ses affaires, que je n'ose me repentir de ne vous avoir point emmenée; mais quand tout sera fini, hélas! pourquoi ne me pas donner cette satisfaction? Adieu, ma très-aimable, j'ai une grande impatience de savoir de vos nouvelles : vous avez toujours dans la fantaisie de vous jeter dans le feu pour me persuader votre amitié. Ma fille, je n'en suis que trop persuadée, et sans cette preuve extraordinaire, vous pouvez m'en donner une qui sera plus convaincante et plus à mon gré.

Adieu, ma très-chère enfant, je vous embrasse bien tendrement.

---

*361. — DU COMTE DE GRIGNAN A COLBERT[1].

A Lambesc, le 23ᵉ décembre 1673.

JE me donnai l'honneur de vous écrire par le dernier courrier que l'assemblée des communautés de cette pro-

LETTRE 361. — 1. Nous publions cette lettre du comte de Grignan à Colbert, et un peu plus loin (n° 363) une autre du même au même, parce qu'elles jettent du jour sur l'affaire de la gratification

1673 vince m'a accordé une gratification de cinq mille livres, comme les années précédentes, et que l'opposition de Messieurs de Marseille et de Toulon, qui se trouvèrent seuls de leur sentiment, ne put empêcher le reste des députés de me donner cette marque de leur bonne volonté et de leur affection. Je pris aussi la liberté de vous envoyer un mémoire des raisons que j'ai de demander cette gratification que je n'ai jamais acceptée que sous le bon plaisir du Roi. Vous verrez, Monsieur, par la délibération qui a été faite sur ce sujet, qu'il n'y a rien qui ait pu obliger Messieurs les prélats à former leur opposition, que l'aigreur et l'animosité qu'ils ont contre moi[2], puisqu'ils n'allèguent point d'autres raisons que celles des années précédentes, comme il est aisé de remarquer par l'extrait des délibérations que je vous envoie, avant lesquelles ces arrêts dont ils font tant de bruit ont toujours été lus en pleine assemblée. Si vous avez la bonté, comme je l'espère, de faire quelque réflexion sur le procédé de ces Messieurs, et sur les grandes dépenses que je suis nécessité de faire pour soutenir l'éclat de ma charge, j'ose me flatter, Monsieur, que vous goûterez mes raisons et que vous ne refuserez pas votre protection à la personne du

de cinq mille livres dont il est souvent question dans la Correspondance, et sur les démêlés du lieutenant général avec les évêques de Marseille et de Toulon.

2. L'évêque de Marseille, dans sa lettre à Colbert que nous avons citée plus haut (lettre 357, notes 2 et 4), donne de son opposition, et de celle de l'évêque de Toulon, des raisons fort avouables : « Pour la gratification des cinq mille livres qu'il (*M. de Grignan*) prétend sous prétexte de ses gardes : ayant là-dessus des arrêts du conseil qui défendent absolument de délibérer sur des pareilles gratifications, notre conscience et notre honneur ne nous permettent pas de prendre un autre parti que celui de l'obéissance aux ordres de S. M. Nous nous opposerons à ce don, mais nous le ferons de la manière la plus honnête qu'il nous sera possible. »

monde qui vous honore le plus et qui est avec le plus d'attachement et de respect, etc.

---

362. — DE MADAME DE SÉVIGNÉ
A MADAME DE GRIGNAN.

A Paris, dimanche 24ᵉ décembre.

Il y a bien longtemps, ma très-chère, que je n'ai eu une joie si sensible que celle que j'eus hier à onze heures du soir. J'étois chez Mme de Coulanges : on me vint dire que Janet[1] étoit arrivé; je cours chez moi, je le trouve, je l'embrasse : « Eh bien! avons-nous un syndic? Est-ce M. de Buous? — Oui, Madame, c'est M. de Buous. » Me voilà transportée, nous lisons nos lettres; j'envoie dire à d'Hacqueville que nous avons tout ce que nous souhaitions, et que M. du Janet qu'il connoît est arrivé. D'Hacqueville m'écrit un grand billet de joie et de soulagement de cœur. Je cause un peu avec Janet; nous soupons, et puis il se va coucher bien à son aise; pour moi, je ne me suis endormie qu'à quatre heures : la joie n'est point bonne pour assoupir les sens. M. de Pompone vient aujourd'hui. Voilà présentement ce que je vous puis dire; mais entre ci et demain que partira cette lettre, il y aura bien des augmentations. Dès huit heures ce matin, toute ma chambre étoit pleine; la Garde, l'abbé de Grignan, le chevalier de Buous, le *bien Bon*[2], Coulanges, Corbinelli, chacun discouroit et raisonnoit et lisoit les

---

Lettre 362. — 1. Gentilhomme de Provence, fort attaché à la maison de Grignan. (*Note de Perrin.*) — Voyez les lettres des 23 novembre et 18 décembre 1689.

2. L'abbé de Coulanges.

relations : elles sont admirables, ma fille; jamais il n'y eut une si délicieuse conclusion. Ah! quel succès, quel succès! l'eussions-nous cru à Grignan? Hélas! nous faisions nos délices d'une suspension : le moyen de croire qu'on renverse en un mois des mesures prises depuis un an? et quelles mesures, puisqu'on offroit de l'argent! J'aime bien le consul de Colmars³, à qui vous rendîtes un si grand service l'année passée, et qui vous a manqué ensuite; vous voulez bien que cette petite ingratitude soit mise dans le livre que nous avions envie de composer à l'honneur de cette vertu⁴. Nous trouvons l'Évêque toujours habile, et toujours prenant les bons partis; il voit que vous êtes les plus forts, et que vous nommez M. de Buous : il nomme M. de Buous. Nous voulons tous que présentement vous changiez de style, et que vous soyez aussi modestes dans la victoire que fiers dans le combat. La Garde me fait agir pour votre congé; je vous déclare que ce n'est pas moi; je vous renvoie à sa lettre, vous verrez son raisonnement; vous le connoissez, et que comme un autre M. de Montausier,

> Pour le Saint-Père, il ne diroit
> Une chose qu'il ne croiroit⁵.

Vous êtes en bonheur, il faut songer à ce pays aussi bien qu'à la Provence. Jamais vous ne trouverez une année comme celle-ci : elle est bien différente encore pour la considération qu'on a pour moi. Je serois bien

---

3. Petite ville du département des Basses-Alpes, à quelques lieues de Digne. Elle députait aux assemblées générales de la province, et était le chef-lieu d'une viguerie et d'un bailliage du même nom.
4. Voyez tome II, p. 159 et 540.
5. Dans Voiture, à qui cet éloge de Montausier est emprunté (édit. de 1672, tome II, p. 135), le premier vers est :
> Et pour le pape il ne diroit.

fâchée d'être traitée ici comme je le fus à Lambesc, lorsqu'au nom de cette amitié de huit ans, dont Monsieur de Marseille avoit tant parlé, et de la paix éternelle avec les Grignans, je le priai de m'accorder le payement du courrier, à quoi il ne voulut jamais consentir; et quand j'allai chez Monsieur l'Intendant le conjurer instamment d'écrire par votre courrier, vous savez comme il me refusa nettement. J'ai ces deux petits articles sur le cœur; et cependant je ne veux pas que l'intérêt des alliés vous empêche de faire la paix. Dès que je ne suis plus à Lambesc, le courrier est payé[6]; Monsieur l'Intendant l'accable de ses paquets : ma fille, c'est que je suis malheureuse; Dieu ne permet pas que dans les desirs extrêmes que j'ai de vous servir, j'aie la joie de réussir. En vérité, cette mine de prospérité du Coadjuteur, qui attire les abbayes et les heureux succès, vous a été bien plus profitable. Sa paresse étoit allée se promener bien loin pendant cette affaire; sa vigilance, son habileté, son application, ses vues, ses expédients, son courage, sa considération, vous ont été souverainement nécessaires. J'avois toujours en lui une grande confiance; mais vous, quelles merveilles n'avez-vous point faites? et que n'a point fait aussi mon cher comte? il a joué son rôle divinement. Enfin vous avez fait tous trois vos personnages en perfection. Il y avoit dix ou douze personnes qui envoyoient tous les jours ici pour savoir des nouvelles du syndic; de sorte que ce matin j'ai écrit dix billets. Mme de Verneuil, Monsieur de Meaux[7], Mme de la Troche,

---

6. « Pour l'affaire du courrier, dit l'évêque de Marseille à Colbert, dans la lettre déjà plusieurs fois citée, nous avons pris un expédient dont il (*le comte de Grignan*) est satisfait. »

7. Le prédécesseur de Bossuet, Dominique de Ligny, coadjuteur (1658), puis évêque de Meaux de 1659 à 1681. — Il serait bien possible que le chevalier de Perrin eût ici substitué *Monsieur de Meaux*

M. de Brancas, Mme de Villars, Mme de la Fayette, M. de la Rochefoucauld, Coulanges, l'abbé Têtu : tout cela se seroit offensé qu'après tant de soins on ne leur eût rien dit. Il faut présentement aller à confesse [8] : cette conclusion m'a adouci l'esprit ; je suis comme un mouton ; bien loin de me refuser l'absolution, on m'en donnera deux ; je crois que de votre côté vous aurez fait votre devoir.

Lundi, jour de Noël [9].

Ha ! fort, fort bien, nous voici dans les lamentations du comte de Guiche : hélas ! ma pauvre enfant, nous n'y pensons plus ici, ni même le maréchal [10], qui a repris le soin de faire sa cour. Pour votre princesse [11], comme vous dites fort bien, après ce qu'elle a oublié [12], il ne faut rien craindre de sa tendresse. Mme de Louvigny est transportée, et son mari pareillement. La comtesse de Guiche voudroit bien ne point se remarier ; mais un tabouret la tentera. Il n'y a plus que la maréchale qui se meurt de douleur.

à *Monsieur de Condom.* Il ne nous souvient point que Mme de Sévigné ait parlé jusqu'ici du premier de ces deux prélats, et rien ne nous montre qu'il eût avec elle ou avec les siens des relations d'amitié comme celles qui se concluraient de ce passage.

8. Voyez la lettre du 4 décembre précédent, p. 300.

9. Les quatorze premières lignes de ce post-scriptum, jusqu'à : « propos rompus, » sont la seule portion de cette lettre qui se trouve dans l'édition de 1734 ; elles y font partie de notre lettre 360, et commencent un peu différemment : « Est-il possible que vous soyez encore dans les lamentations du comte de Guiche ? Nous n'y pensons plus ici, etc. »

10. Le maréchal de Gramont.

11. Mme de Monaco.

12. La princesse de Monaco avait été aimée du Roi. Mais Mme de Sévigné ne veut-elle pas plutôt parler ici de la première Madame, que la seconde semblait avoir déjà fait oublier à la princesse de Monaco ? Voyez les lettres des 14 juillet 1673, 26 juillet 1675, et la note 15 de la p. 153 du tome II.

Vous recevrez encore deux ou trois de mes lettres sur mes inquiétudes du syndicat : cela fait rire ; mais aussi vous me parlez du comte de Guiche ; ainsi on est quitte. L'éloignement cause nécessairement ces propos rompus.

Mais parlons d'affaires. M. du Janet est allé ce soir à Saint-Germain, afin d'être demain à l'arrivée de M. de Pompone. J'ai écrit à ce ministre une assez grande lettre, où je le prie de remarquer de quelle manière vous êtes avec la noblesse, le parlement et les communautés, et de vous rendre sur cela les bons offices que lui seul peut vous rendre dans la place où il est. J'ai parlé à de bonnes têtes du silence de la *Mer*[13]; on croit qu'il ne vient que de dissipation : on ne comprend pas qu'il pût n'être pas content de la prise d'Orange, puisque le *Nord* a paru l'être. Il faut que vous vous ôtiez de l'esprit que le frère[14] de la *Mer* soit assez son ami pour avoir les mêmes sentiments ; chacun parle son langage et suit ses humeurs : ainsi vous ne tirerez aucune conséquence de ce qu'a dit le frère. Le gentilhomme dont vous me parlez est mal instruit : la *Mer* est mieux que jamais[15], et rien n'est changé dans ce qu'il y a de principal en ce pays. Mme de Coulanges et deux ou trois amies sont allées voir le *Dégel* dans sa grande maison ; on ne voit rien de plus[16] : je compte y aller un de ces jours, et je vous en manderai des nouvelles. Tout ce que vous m'écrivez sur

---

13. La *Mer* désigne Louvois ; le *Nord*, Colbert ; le *Dégel*, Mme Scarron. — On peut croire que Perrin, qui donne cette interprétation des chiffres contenus dans cette lettre, la tenait de Mme de Simiane : c'était probablement une tradition de famille.

14. L'archevêque de Reims. Voyez la lettre du 8 décembre précédent, p. 305.

15. Sur les bruits très-répandus alors de la disgrâce de Louvois, voyez l'*Histoire* de M. Rousset, tome I, p. 514.

16. C'est-à-dire, on n'y voyoit point les enfants du Roi, dont Mme Scarron étoit depuis peu gouvernante. (*Note de Perrin.*)

l'ennui que vous avez de n'être plus agitée par la haine est extrêmement plaisant : vous n'avez plus rien à faire, vous ne savez que devenir : eh mon Dieu! *dormez, dormez, vous ne sauriez mieux faire*[17]. M. du Janet m'a dit que vous ne fermiez pas les yeux. Songez sur toute chose à vous rétablir, ma chère enfant.

*363. — DU COMTE DE GRIGNAN A COLBERT.

Le 27ᵉ décembre 1673.

J'AI reçu avec tout le respect imaginable les ordres du Roi que M. de Pompone m'a fait l'honneur de m'envoyer sur le sujet de Messieurs les évêques de Marseille et de Toulon[1]. Vous jugez bien que je ne puis donner à Sa Majesté une plus parfaite marque de ma soumission que par le sacrifice du juste ressentiment que je dois avoir contre ces Messieurs, et il est certain que mon obéissance ne lui peut jamais être mieux prouvée qu'en oubliant la suite infinie des sujets de plainte qu'ils m'ont donnés, dont quelques-uns sont encore bien récents, comme j'ai eu l'honneur de vous l'écrire. J'espère, Monsieur, que vous voudrez bien me faire la grâce de rendre compte à Sa Majesté de la disposition où je suis, mais je vous supplie de remarquer qu'il me seroit impossible d'y demeurer, si Monsieur de Marseille continuoit, comme il a fait

17. Allusion à une lettre anonyme écrite à d'Hacqueville. Voyez la lettre du 14 octobre 1671, tome II, p. 386 et 387.

LETTRE 363. — 1. L'évêque de Marseille écrivait, de son côté, dix jours auparavant, à Colbert : « Quand il plaira à S. M. de nous prescrire notre conduite et de nous donner d'autres ordres, nous les recevrons avec le même respect et les exécuterons avec la même soumission.... »

jusques ici, de me traverser en toute occasion. J'ai lieu de croire qu'ayant reçu le même ordre que moi, il se résoudra de changer de manière et d'étouffer sincèrement une fois en sa vie les mauvaises intentions dont il n'a pu donner que de foibles marques. Pour moi, Monsieur, qui n'ai jamais fait que me défendre contre ceux qui veulent faire ma charge, vous jugez bien que n'étant plus attaqué, comme je desire plus que toutes choses plaire à Sa Majesté, j'apporterai toute mon application et mes soins à la réunion qu'Elle ordonne. Je regarde comme un bonheur d'avoir pour témoin de ma conduite une personne du mérite et de l'équité de M. Rouillé[2] ; c'est à lui, Monsieur, que vous aurez raison d'ajouter une foi entière, et je suis assuré qu'il ne fera que vous apprendre la suite de tout ce que je viens de vous protester.

---

364. — DE MADAME DE SÉVIGNÉ
A MADAME DE GRIGNAN.

A Paris, jeudi 28ᵉ décembre.

Je commence dès aujourd'hui ma lettre, et je la finirai demain. Je veux traiter d'abord le chapitre de votre voyage de Paris. Vous apprendrez par Janet que la Garde est celui qui l'a trouvé le plus nécessaire, et qui a dit qu'il falloit demander votre congé ; peut-être l'a-t-il obtenu, car Janet a vu M. de Pompone. Mais ce n'est pas, dites-vous, une nécessité de venir ; et le raisonnement que vous me faites là-dessus est si fort, et vous rendez si peu considérable tout ce qui le paroît aux autres

---

2. Intendant de Provence. Voyez la lettre suivante et celle du 12 août 1675.

1673 pour vous engager à ce voyage, que pour moi j'en suis accablée. Je sais le ton que vous prenez, ma fille, je n'en ai point au-dessus du vôtre; et surtout quand vous me demandez *s'il est possible que moi, qui devrois songer plus qu'une autre à la suite de votre vie, je veuille vous embarquer dans une excessive dépense, qui peut donner un grand ébranlement au poids que vous soutenez déjà avec peine;* et tout ce qui suit. Non, mon enfant, je ne veux point vous faire tant de mal, Dieu m'en garde! et pendant que vous êtes la raison, la sagesse et la philosophie même, je ne veux point qu'on me puisse accuser d'être une mère folle, injuste et frivole, qui dérange tout, qui ruine tout, qui vous empêche de suivre la droiture de vos sentiments, par une tendresse de femme; mais j'avois cru que vous pouviez faire ce voyage, vous me l'aviez promis; et quand je songe à ce que vous dépensez à Aix, et en comédiens, et en fêtes, et en repas dans le carnaval, je crois toujours qu'il vous en coûteroit moins de venir ici, où vous ne serez point obligée de rien apporter. M. de Pompone et M. de la Garde me font voir mille affaires où vous et M. de Grignan êtes nécessaires; je joins à cela cette tutelle. Je me trouve disposée à vous recevoir; mon cœur s'abandonne à cette espérance; vous n'êtes point grosse, vous avez besoin de changer d'air. Je me flattois même que M. de Grignan voudroit bien vous laisser cet été avec moi, et qu'ainsi vous ne feriez pas un voyage de deux mois, comme un homme. Tous vos amis avoient la complaisance de me dire que j'avois raison de vous souhaiter avec ardeur : voilà sur quoi je marchois. Vous ne trouvez point que tout cela soit ni bon ni vrai : je cède à la nécessité et à la force de vos raisons; je veux tâcher de m'y soumettre à votre exemple, et je prendrai cette douleur, qui n'est pas médiocre, comme une pénitence que Dieu veut que je fasse, et que j'ai bien méritée.

Il est difficile de m'en donner une meilleure, et qui touche plus droit à mon cœur¹ ; mais il faut tout sacrifier, et me résoudre à passer le reste de ma vie, séparée de la personne du monde qui m'est la plus sensiblement chère, qui touche mon goût, mon inclination, mes entrailles; qui m'aime plus qu'elle n'a jamais fait : il faut donner tout cela à Dieu, et je le ferai avec sa grâce, et j'admirerai la Providence, qui permet qu'avec tant de grandeurs et de choses agréables dans votre établissement, il s'y trouve des abîmes qui ôtent tous les plaisirs de la vie, et une séparation qui me blesse le cœur à toutes les heures du jour, et bien plus que je ne voudrois à celles de la nuit. Voilà mes sentiments; ils ne sont pas exagérés, ils sont simples et sincères; j'en ferai un sacrifice pour mon salut. Voilà qui est fini; je ne vous en parlerai plus, et ferai sans cesse réflexion sur² la force invincible de vos raisons, et sur votre admirable sagesse, dont je vous loue, et que je tâcherai d'imiter³.

Janet alla trouver M. de Pompone à Port-Royal. Qu'il vous dise un peu comme il y fut reçu, et la joie qu'il eut de savoir que M. de Buous étoit nommé. Je laisse le plaisir à Janet de vous apprendre tous ces détails par la lettre de sa femme⁴. Voilà un billet de Mme d'Herbigny⁵, qui entre plus que personne dans les affaires de Provence. Elle est aimable et très-obligeante; elle a voulu savoir le syndicat et les gardes : voilà sa réponse sur les gardes. Elle croyoit que j'avois autant plu à son frère qu'à elle.

LETTRE 364. — 1. « Ni qui frappe plus droit à mon cœur. » (*Édition de* 1754.)
2. « Je méditerai sans cesse sur.... » (*Ibidem.*)
3. Voyez la *Notice*, p. 180.
4. « La lettre qu'il écrit à sa femme. » (*Édition de* 1754.)
5. Sœur de M. Rouillé de Mélai, alors intendant de Provence. (*Note de Perrin,* 1754.)

Quand je lui ai conté combien j'étois peu dans son goût, et avec quelle fermeté il m'avoit refusée l'année passée, pour une chose qu'il a faite cette année sans balancer[6], elle a fait[7] des cris épouvantables. Elle ne comprend pas que sa belle-sœur[8] se déclare pour vos ennemis, après toutes vos civilités pour elle. Elle retient comme un éloge admirable ce que vous dites de M. Rouillé, que *la justice est sa passion dominante.* En effet, on ne peut rien dire de si beau d'un homme de sa profession.

Il n'y a nulle sorte de finesse à la manière dont M. de la Rochefoucauld, son fils, *Quantova*[9], son amie[10], et l'amie de son amie[11], sont à la cour. Il n'y a point de nœud qui les lie. Le fils[12] est logé en perfection ; ce fut le prétexte du souper[13]. Il est très-bien, comme vous savez, avec le *Nord*[14], mais rien de nouveau. Son père ne va pas en un mois une fois en ce pays-là, non plus que Mme de Coulanges. Il n'y a ni vue, ni dessein pour personne ; cela est ainsi. Je ne vois quasi pas Langlade ; je ne sais ce qu'il fait. Il n'a point vu Corbinelli : je ne sais

6. Voyez la lettre 262, p. 329.

7. Dans l'édition de 1754, la seule qui donne cette partie de la lettre, on lit : *elle fait*, pour *elle a fait*.

8. Mme Rouillé. Voyez la lettre du 12 août 1675.

9. Mme de Montespan. C'est la première fois que ce chiffre se trouve dans l'édition de 1734 ; il y est écrit, comme nous l'avons dit, en deux mots : *Quanto va.* Voyez la note 7 de la lettre 344.

10. Mme Scarron. (*Note de Perrin*, 1754.) — On pourrait croire aussi que les mots *son amie* se rapportent à la Rochefoucauld et désignent Mme de la Fayette, de laquelle il a déjà été question avec Mme de Montespan. Cependant l'interprétation de Perrin nous paraît plus probable ; Mme de Coulanges (voyez la note suivante) était plus amie de Mme Scarron que de Mme de la Fayette.

11. Mme de Coulanges. (*Note de Perrin.*) — Dans l'édition de 1754 : « l'amie de l'amie. »

12. Le prince de Marsillac. (*Note du même.*)

13. Voyez la lettre du 11 décembre précédent, p. 309.

14. Dans l'édition de 1734 : « M. Colbert. »

si c'est par ses frayeurs politiques[15]. J'ai fait à mon ami[16] toutes vos *animosités* (cela est plaisant); il les a très-bien reçues. Je crois qu'il est venu ici pour réveiller un peu la tendresse de ses vieux amis.

Nous avons trouvé la pièce des cinq auteurs extrêmement jolie[17], et très-bien appliquée; le chevalier de Buous l'a possédée deux jours; vos deux vers sont très-bien corrigés.

Voilà mon fils qui arrive. Je m'en vais fermer cette lettre, et je vous en écrirai demain une autre avec lui, toute pleine des nouvelles que j'aurai reçues de Saint-Germain. On dit que la maréchale de Gramont n'a voulu voir ni Louvigny ni sa femme; ils sont revenus de dix lieues d'ici. Nous ne songeons plus qu'il y ait eu un comte de Guiche au monde. Vous vous moquez avec vos longues douleurs. Nous n'aurions jamais fait ici, si nous voulions appuyer autant sur chaque nouvelle; il faut expédier. Expédiez à notre exemple.

15. Langlade craignait de se mettre mal dans l'esprit de Louvois; c'est sûrement pour cela qu'il ne voyait pas Corbinelli, l'ami de Vardes, et disgracié lui-même. Il était si craintif sur ce point, qu'il mourut de la peur d'avoir déplu. Voyez une note de la lettre du 18 septembre 1680.

16. A Corbinelli. (*Note de Perrin.*)

17. Mme de Sévigné parle apparemment ici de quelques petits vers envoyés de Grignan, de quelques bouts-rimés peut-être, remplis en commun, et que par plaisanterie elle appelle la pièce des cinq auteurs; elle veut par là sans doute faire allusion à la *collaboration* célèbre des cinq poëtes (Boisrobert, P. Corneille, Colletet, l'Estoile et Rotrou) qui, par l'ordre de Richelieu, lequel leur donnait le sujet et le canevas, composèrent la *Comédie des Tuileries*, représentée en 1635, publiée en 1638. Sur cette pièce, et sur les deux autres qu'on attribue d'ordinaire aussi aux cinq auteurs, à savoir: *l'Aveugle de Smyrne*, qui fut joué en 1637 et parut également en 1638, et la *Grande pastorale*, qui ne fut pas imprimée, voyez, dans le tome II des OEuvres de P. Corneille (édition de M. Marty-Laveaux), la notice du *Deuxième acte de la Comédie des Tuileries*.

365. — DE MADAME DE SÉVIGNÉ ET DE CHARLES
DE SÉVIGNÉ A MADAME DE GRIGNAN.

A Paris, vendredi 29e décembre.

DE MADAME DE SÉVIGNÉ.

Monsieur de Luxembourg est un peu oppressé près de Maestricht par l'armée de M. de Monterey[1] et du prince d'Orange. Il ne peut hasarder de décamper; et il périroit là si on ne lui envoyoit du secours. Monsieur le Prince part dans quatre jours avec Monsieur le Duc et M. de Turenne ; ce dernier obéissant aux deux princes, et tous trois dans une parfaite intelligence. Ils ont vingt mille hommes de pied, et dix mille chevaux; les volontaires, et ceux dont les compagnies ne marchent point, n'y vont pas, mais tout le reste part. La Trousse et mon fils, qui arrivèrent hier, sont de ce nombre : ils ne sont pas encore débottés, et les revoilà dans la boue. Le rendez-vous est pour le seizième de janvier à Charleroi. D'Hacqueville vous mande tout ceci; mais vous verrez plus clair dans ma lettre[2]. Cette nouvelle est grande et

---

LETTRE 365. — 1. Gouverneur des Pays-Bas espagnols. (*Note de Perrin.*) — Voyez la *Correspondance de Bussy*, tome II, p. 330, 332, et la lettre du 8 janvier suivant, p. 357. — Le comte de Monterey, gouverneur de Flandre de 1669 à 1675, « étoit second fils de don Louis de Haro y Gusman, qui succéda à.... la place.... du comte-duc d'Olivarès, son oncle maternel.... et signa la paix des Pyrénées. » Son mariage avec l'héritière de Monterey le fit marquis et grand d'Espagne. « Il fut gentilhomme de la chambre, puis successivement vice-roi de Catalogne, gouverneur général des Pays-Bas, du conseil de guerre, conseiller d'État (ce que nous appelons ministre en France), président du conseil de Flandre, enfin disgracié et chassé sous le ministère du duc de Medina Celi, et n'eut point d'enfants. » (Saint-Simon, tome X, p. 175.) Il se fit prêtre en 1712.

2. L'écriture de M. d'Hacqueville étoit fort difficile à déchiffrer. (*Note de Perrin.*)

fait un grand mouvement partout. On ne sait où donner de la tête pour de l'argent. Il est certain que M. de Turenne est mal avec M. de Louvois³, mais cela n'éclate point; et tant qu'il sera bien avec M. Colbert, ce sera une affaire sourde.

J'ai vu après dîner des hommes du bel air, qui m'ont fort priée de faire leurs compliments à M. de Grignan, et à *la femme à Grignan* : c'est le grand maître et le Charmant⁴; il y avoit encore Brancas, l'archevêque de Reims, Charost, la Trousse : tout cela vous envoie des millions de compliments. Ils n'ont parlé que de guerre. Le Charmant sait toutes nos *pétoffes*⁵; il entre admirablement dans tous ces tracas. Il est gouverneur de province⁶ : c'est assez pour comprendre la manière dont on est piqué de ces sortes de choses. Adieu, ma très-aimable enfant, comptez sur moi comme sur la chose du monde qui vous est la plus sûrement acquise. J'embrasse M. de Grignan. Je sens tous vos plaisirs et toutes vos victoires comme vous-mêmes.

DE CHARLES DE SÉVIGNÉ.

J'ARRIVAI hier à midi, et je trouvai en arrivant qu'il falloit repartir incessamment pour aller à Charleroi : que dites-vous de cet agrément ? On peste, on enrage, et cependant on part. Tous les courtisans du bel air sont au désespoir. Ils avoient fait les plus beaux projets du monde, pour passer agréablement leur hiver, après vingt mois d'absence : tout est renversé. J'aimerois bien mieux

---

3. Voyez au tome I de l'*Histoire de Louvois*, la fin du chapitre vi. M. Rousset (p. 511) nomme Turenne le plus redoutable ennemi de Louvois.
4. Le comte du Lude et le marquis de Villeroi.
5. Voyez la note 7 de la lettre du 17 novembre précédent.
6. Du Lyonnais, du Forez et du Beaujolais.

aller à Orange pour y assister M. de Grignan, que de tourner du côté du nord. Pourquoi a-t-il fini sitôt son duel[7]? Je suis fâché d'une si prompte victoire. Je ne sais si vous vous plaignez encore de moi; mais vous avez tort, vous me devez des lettres. Je vous pardonne de ne vous être pas encore acquittée, je sais toutes les affaires que vous avez eues; et c'est en ces occasions précisément que je vous permets d'oublier un guidon. O le ridicule nom de charge, quand il y a cinq ans qu'on le porte[8]! Adieu, ma belle petite sœur. Vous croyez peut-être que je ne songe qu'à me reposer et à me divertir; pardonnez-moi: mes chevaux sont-ils ferrés? mes bottes sont-elles prêtes? Il me faut un bon chapeau :

Piglia-lo, su,
Signor monsu[9].

Voilà tous mes discours depuis que je suis à Paris. Semble-t-il que l'on ait fait huit mois de campagne?

366. — DE MADAME DE SÉVIGNÉ A MADAME DE GRIGNAN.

A Paris, lundi 1ᵉʳ jour de l'an.

JE vous souhaite une heureuse année, ma très-chère bonne, et dans ce souhait je comprends tant de choses que je n'aurois jamais fait, si je voulois vous en faire le

---

7. Voyez les lettres du 23 et du 24 novembre précédents.
8. Voyez la *Notice*, p. 202, note 2.
9. *Prends-le, allons, seigneur Monsieur.* Voyez l'intermède qui termine le premier acte de *Monsieur de Pourceaugnac* (1669) et le jeu de scène indiqué : « M. de Pourceaugnac, mettant son chapeau pour se garantir, etc. » Ce jeu de scène n'est pas marqué dans les anciennes éditions de Molière, la première où nous l'ayons vu est celle

détail. Je trouve que vous avez bien calmé votre esprit la veille de Noël. Pour M. de Grignan, je suis assurée qu'il a fait des merveilles à ses Chartreux ; mais pour moi, je reçus l'absolution par M. du Janet¹. Sans la bonne nouvelle qu'il m'a donnée, je n'eusse pas été en état de faire mes dévotions ; mais je n'ai pas joui longtemps de cette tranquillité, et l'opposition de l'Évêque m'a démontée. Voilà donc le fonds de paix et de bonne volonté qu'il y a dans ce bon évêque.

Je n'ai point encore demandé votre congé, comme vous le craignez ; mais je voudrois que vous eussiez entendu la Garde, après dîner, sur la nécessité de votre voyage ici, pour ne pas perdre vos cinq mille francs, et sur ce qu'il faut que M. de Grignan dise au Roi. Si c'étoit un procès qu'il fallût solliciter contre quelqu'un qui voulût vous faire cette injustice, vous viendriez assurément le solliciter, mais, comme c'est pour venir en un lieu où vous avez encore mille autres affaires, vous êtes paresseux tous deux. Ah, la belle chose que la paresse ! En voilà trop, lisez la Garde, *chapitre premier*. Cependant vous aurez du plaisir de voir et de recevoir l'approbation du Roi. Au reste, je saurai ce qu'on peut faire pour votre ami qui a si généreusement assassiné un homme².

A propos, on a révoqué tous les édits qui nous étrangloient dans notre province³. Le jour que M. de Chaulnes

---

de 1734 ; mais il est conforme, comme le prouve la citation même de Charles de Sévigné, aux traditions de la Comédie française.

LETTRE 366. — 1. Voyez la lettre du 4 décembre précédent, p. 300.

2. Voyez la lettre suivante et celle du 22 janvier.

3. En Bretagne. Voyez la *Notice*, p. 186. — On lit dans le procès-verbal de la séance des états du 27 décembre 1673, que le duc de Chaulnes prit la parole pour annoncer que « Sa Majesté étoit très-

l'annonça, ce fut un cri de *Vive le Roi* qui fit pleurer tous les états ; chacun s'embrassoit, on étoit hors de soi : on ordonna un *Te Deum*, des feux de joie et des remerciements publics à M. de Chaulnes⁴. Mais savez-vous ce que nous donnons au Roi pour témoigner notre reconnoissance ? Deux millions six cent mille livres, et autant de don gratuit ; c'est justement cinq millions deux cent mille livres : que dites-vous de cette petite somme ? Vous pouvez juger par là de la grâce qu'on nous a faite de nous ôter les édits.

Mon pauvre fils est arrivé, comme vous savez, et s'en retourne jeudi avec plusieurs autres. M. de Monterey est habile homme ; il fait enrager tout le monde : il fatigue notre armée, et la met hors d'état de sortir et d'être en campagne qu'à la fin du printemps⁵. Toutes les troupes étoient bien à leur aise pour leur hiver ; et quand tout cela sera bien crotté à Charleroi, il n'aura qu'à faire un pas pour se retirer ; en attendant, M. de Luxembourg ne sauroit se désopiler⁶. Selon toutes les apparences, le Roi ne partira pas sitôt que l'année passée. Si, pendant que nous serons en train, nous faisions quelque insulte à quelque grande ville, ou que quelqu'un voulût s'opposer

---

satisfaite de l'obligeante manière avec laquelle les états lui avoient accordé leur don gratuit, et que répondant favorablement aux plaintes de l'assemblée, Elle avoit bien voulu leur accorder l'extinction et suppression de la chambre royale du Domaine, la révocation de plusieurs édits et une modification des autres. »

4. Le Roi écrivit au duc de Chaulnes pour lui témoigner sa joie de ces « marques de reconnoissance et d'allégresse publique. »

5. Dans l'édition de 1754, Perrin a ainsi corrigé la phrase : « avant la fin du printemps. » Dans l'édition de la Haye (1726), on lit à la ligne précédente *servir*, au lieu de *sortir*.

6. Se dégager. *Désopiler*, c'est ôter les obstructions. La locution a choqué l'éditeur de Rouen (1726), qui y a substitué ces mots : « ne pourra avoir ses coudées franches. »

aux deux héros[7], comme selon les apparences on les battroit[8], la paix seroit quasi assurée : voilà ce qu'on entend dire aux gens du métier. — 1674

Il est certain que M. de Turenne est mal avec M. de Louvois[9]; mais comme il est bien avec le Roi et M. Colbert, cela ne fait aucun éclat.

On a fait cinq dames[10] : Mmes de Soubise, de Chevreuse[11], la princesse d'Harcourt, Mme d'Albret[12] et

---

7. Monsieur le Prince et M. de Turenne. (*Note de Perrin*.)

8. Pour éclaircir la phrase, Perrin, dans sa première édition (1734), a donné : « comme il y a tout lieu de croire que les ennemis seroient battus; » dans la seconde (1754) : « comme il est à présumer que les ennemis seroient battus. »

9. Voyez plus haut, p. 339, note 3.

10. Cinq dames du palais.

11. Jeanne-Marie, fille aînée de Colbert, duchesse de Chevreuse. Voyez tome II, p. 386, note 2.

12. Marie, fille unique du maréchal d'Albret, qui l'avait mariée, en 1662, avec le fils unique de son frère aîné, Charles-Amanieu d'Albret, sire de Pons, appelé le marquis d'Albret. C'est son mari, tué en 1678, et non (comme il a été dit par erreur, tome I, p. 536, note 3) son père, qui fut le dernier mâle de cette maison des bâtards d'Albret. Elle mourut à quarante-deux ans, en juin 1692. « Elle étoit franche héritière, c'est-à-dire riche, laide et maussade. Le marquis d'Albret, jeune, galant, bien fait, étourdi, et qui se croyoit du sang des rois de Navarre, n'en fit pas grand cas, et se fit tuer malheureusement pour une galanterie, à la première fleur de son âge. Sa veuve demeura sans enfants avec sa belle-mère (*Mme de Richelieu*), qui la fit faire dame du palais de la Reine aux premières que le Roi lui donna. Le comte de Marsan, jeune, avide et gueux, qui avoit accoutumé de vivre d'industrie, et qui avoit ruiné la maréchale d'Aumont, fit si bien sa cour à la marquise d'Albret, qui n'avoit pas accoutumé d'être courtisée, qu'elle l'épousa (*au mois de mars 1683*), en lui donnant tout son bien par le contrat de mariage, sans que la duchesse de Richelieu en sût rien que lorsqu'il fallut s'épouser. Elle en fut la dupe. M. de Marsan la laissa dans un coin de sa maison avec le dernier mépris et dans la dernière indigence, tandis qu'il se réjouissoit de son bien. Elle mourut dans ce malheur, sans enfants. » (Saint-Simon, tome XI, p. 52.)

1674 Mme de Rochefort[13]. Les filles ne servent plus, et Mme de Richelieu[14] ne servira plus aussi. Ce seront les gentilshommes-servants et les maîtres d'hôtel, comme on faisoit autrefois. Il y aura toujours derrière la Reine Mme de Richelieu, et trois ou quatre dames, afin que la Reine ne soit pas seule de femme. Brancas est ravi de sa fille[15], qu'on a si bien clouée.

Le grand maréchal de Pologne[16] a écrit au Roi que s'il vouloit faire quelqu'un roi de Pologne, il le serviroit de ses forces; mais que s'il n'a personne en vue, il lui demande sa protection. Le Roi la lui donne; mais on ne croit pas qu'il soit élu, parce qu'il est d'une religion contraire au peuple[17].

La dévotion de la Marans est toute des meilleures que vous ayez jamais vues : elle est parfaite, elle est toute divine; je ne l'ai point encore vue, je m'en hais. Il y a une femme qui a pris plaisir à lui dire que M. de Longueville avoit une véritable tendresse pour elle, et surtout une estime admirable, et qu'il avoit prédit que quelque jour elle seroit une sainte. Ce discours dans le commencement lui a si bien frappé la tête, qu'elle

13. Voyez tome II, p. 37, note 1, et p. 511, note 4.
14. Mme de Richelieu était dame d'honneur de la Reine. Voyez tome II, p. 184, note 2.
15. La princesse d'Harcourt.
16. Jean Sobieski, élu roi de Pologne le 20 mai 1674. (*Note de Perrin.*)
17. La religion ne pouvait mettre obstacle à l'élection de Sobieski. Il était catholique; on ne pouvait lui faire aucun reproche d'hérésie ni d'irréligion. Très-vraisemblablement la phrase est altérée et il peut y avoir quelques mots sautés. Peut-être Mme de Sévigné parlait-elle de Georges de Danemark, qui pouvait à ce moment paraître un compétiteur sérieux, qui faisait des offres d'abjuration, qui fut agréé par la reine Éléonore et quelque temps soutenu par l'Empereur. Voyez l'*Histoire du roi Jean Sobieski*, par M. de Salvandy, tome I, p. 430, 435, 471 et 476.

n'a point eu de repos qu'elle n'ait accompli les prophéties.

On ne voit point encore ces petits princes[18]. L'aîné a été trois jours avec père et mère; il est joli, mais personne ne l'a vu.

Adieu, ma chère enfant, je vous embrasse avec une tendresse sans égale, la vôtre me charme; j'ai le bonheur de croire que vous m'aimez.

367. — DE MADAME DE SÉVIGNÉ
A MADAME DE GRIGNAN.

A Paris, vendredi 5ᵉ janvier.

Il y a aujourd'hui un an que nous soupâmes chez l'Évêque[1], ma chère bonne; vous soupez peut-être à l'heure qu'il est chez l'Intendant[2]. Vous n'y faites pas, à mon avis, débauche de sincérité. Tout ce que vous man-

---

18. « Dans ce temps-là le Roi déclara trois enfants naturels: deux garçons, dont l'un s'appelle le duc du Maine (*Louis-Auguste de Bourbon, né à Versailles le* 31 *mars* 1670, *mort en* 1736), l'autre le comte de Vexin (*Louis-César,* 1672-1683), et une fille, Mademoiselle de Nantes (*Louise-Françoise, née le* 1ᵉʳ *juin* 1673, *mariée en* 1685 *au duc de Bourbon Condé, morte en* 1743). Dans leur légitimation (*celle du duc du Maine fut registrée le* 20 *décembre*) on ne nomma point la mère (*Mme de Montespan*). » (Mademoiselle, tome IV, p. 357, 358.) — Voyez la lettre suivante, p. 350.

Lettre 367. — 1. Chez l'évêque de Marseille. Voyez le commencement de la lettre du 12 janvier suivant. — Dans les éditions de 1725 et 1726 (la Haye), la lettre est datée de décembre (dans celle de Rouen, du 18 décembre) 1673. On lit ainsi dans les trois la première phrase : « Il y a *environ* un an que nous soupâmes chez l'Archevêque. »

2. M. Rouillé de Mélai, intendant de Provence. Voyez plus haut, p. 277, note 2 de la lettre 347.

dez sur cela à Corbinelli et à moi est admirable. Au reste, ma très-chère, je ne corromps personne. La Garde et d'Hacqueville sont incorruptibles. C'est la Garde qui m'avoit corrompue, pour vous parler de venir toute seule, tant il est persuadé qu'on a besoin de vous deux, ou de la moitié de vous deux, pour vos affaires; ainsi ne me grondez point. Écoutez leurs raisons; conduisez-vous selon vos lumières et ne me consultez point. Voilà tout ce que vous aurez de moi, avec une protestation que vous faites tort à la Garde de croire qu'il écoute aucune tendresse, quand il vous donne des conseils.

Mon âme vous remercie de la bonne opinion que vous avez d'elle, de croire qu'elle ait horreur des vilains procédés de l'Évêque; vous ne vous êtes point trompée : ceux de l'Évêque m'épouvantent. Mais, ma bonne, vous me serrez le cœur, quand vous me faites souvenir de ces deux chambres remplies si différemment. La vôtre m'a donné un souvenir triste de tous ces noms. Je les souffrois avec vous, ma bonne, et vous me dites mille tendresses là-dessus; mais quand je songe que vous y êtes sans moi, je n'en puis plus : je vous y vois sans cesse, et sans cesse je vois vos pensées; jugez des miennes. Vous seriez surprise, ma bonne, si vous pouviez voir clairement à quel excès et de quelle manière vous m'êtes chère. Il ne faut point appuyer sur cet endroit[3].

M. de Grignan dit vrai : Mme de Thianges ne met plus de rouge et cache sa gorge; vous auriez peine à la reconnoître avec ce déguisement; mais il est vrai. Elle est souvent avec Mme de Longueville, et tout à fait dans le bel air de la dévotion; mais elle est toujours de très-bonne

3. Ces mots, depuis : « Mais, ma bonne, vous me serrez le cœur, » ne se trouvent que dans l'édition de 1725. Dans celle de Rouen (1726) les mots *de l'Évêque* sont supprimés, ainsi que dans les deux éditions de Perrin, après *vilains procédés*.

compagnie, et n'est pas solitaire. J'étois l'autre jour auprès d'elle à dîner⁴. Un laquais lui présenta un grand verre de vin de liqueur; elle me dit : « Madame, ce garçon ne sait pas que je suis dévote⁵. » Cela nous fit rire. Elle parle fort naturellement de ses intentions et de son changement. Elle prend garde à ce qu'elle dit du prochain; et quand il lui échappe quelque chose, elle s'arrête tout court, et fait un cri, en détestant la mauvaise habitude. Pour moi, je la trouve plus aimable qu'elle n'étoit. On veut parier que la princesse d'Harcourt ne sera pas dévote dans un an, à cette heure qu'elle est dame du palais, et qu'elle remettra du rouge; car ce rouge, c'est la loi et les prophètes : c'est sur ce rouge que roule tout le christianisme. Pour la duchesse d'Aumont⁶, sa pente est d'ensevelir les morts⁷. On dit que sur la frontière, la duchesse de Charost lui tuoit des gens⁸ avec des remèdes mal composés⁹, et que l'autre les venoit promptement ensevelir. La marquise d'Uxelles est très-bonne à entendre sur tout cela, mais la Marans est plus que très-bonne sur l'air de sa dévotion¹⁰. J'ai rencontré Mme de

4. « J'étois auprès d'elle à ce dîner. » (*Éditions de 1725 et de la Haye 1726.*)
5. Voyez sur Mme de Thianges, les *Souvenirs de Mme de Caylus*, tome LXVI, p. 401 et suivantes.
6. Voyez tome II, p. 204, note 5.
7. Tel est le texte de 1725 et de la Haye (1726). — Dans l'édition de Rouen (1726) : « Son attrait est pour ensevelir les morts; » dans la première de Perrin (1734) : « Son inclination, c'est d'ensevelir les morts; » dans la seconde (1754) : « Son attrait la porte à ensevelir les morts. »
8. Au lieu des mots : « lui tuoit des gens, » on lit dans les éditions de 1725 et de la Haye (1726) : « les y tuoit, etc. »
9. Mme Foucquet, mère du surintendant, avait rassemblé un grand nombre de recettes qui ont été publiées sous son nom (voyez tome I, p. 443, note 4); la duchesse de Charost était sa fille.
10. Ces derniers mots : « sur l'air de sa dévotion, » ne sont que dans l'édition de Rouen (1726).

Schomberg[11], qui m'a dit très-sérieusement qu'elle étoit du premier ordre, et pour la retraite, et pour la pénitence, n'étant d'aucune sorte de société, et refusant même les amusements de la dévotion. Enfin c'est ce qui s'appelle adorer Dieu en esprit et en vérité, dans la simplicité de la première église.

Les dames du palais sont dans une grande sujétion. Le Roi s'en est expliqué, et veut que la Reine en soit toujours entourée. Mme de Richelieu, quoiqu'elle ne serve plus à table, est toujours au dîner de la Reine, avec quatre dames, qui sont de garde tour à tour. La comtesse d'Ayen[12] est la sixième; elle a bien peur[13] de cet attachement, et d'aller tous les jours à vêpres, au sermon ou au salut : ainsi rien n'est pur en ce monde. Pour la marquise de Castelnau, elle est blanche et fraîche, et consolée. L'*Éclair*[14], à ce qu'on dit, n'a fait que changer d'appartement, dont le premier étage est fort mal content. Mme de Louvigny ne paroît point assez aise de sa bonne fortune[15]. On ne sauroit lui pardonner de n'adorer pas son mari comme au commencement : voilà la

---

11. Parente de Mme de Marans, qui logeait avec elle. Voyez tome II, p. 141, note 7.

12. Marie-Françoise de Bournonville, depuis maréchale de Noailles. (*Note de Perrin.*) Voyez tome II, p. 302, note 7.

13. « Grand'peur, » dans les deux éditions de Perrin.

14. Ce mot se lit dans les deux éditions de Perrin, avec cette simple note dans la seconde (1754) : « Chiffre. » On ne sait quelle est la personne ainsi désignée. Ce chiffre ne se trouve pas dans les éditions antérieures à Perrin ; la phrase dont l'*Éclair* est le sujet s'y rapporte à la marquise de Castelnau.

15. Le 21 décembre 1673 le comte de Louvigny avait prêté serment entre les mains du Roi pour les gouvernements de Navarre, de Béarn et de Saint-Jean-Pied-de-Port, qu'avait le défunt comte de Guiche son frère, et dont Sa Majesté avait bien voulu accorder la survivance au maréchal de Gramont son père, en considération de ses grands services. Voyez la *Gazette* du 22 décembre 1673.

première fois que le public s'est scandalisé d'une pareille chose. Mme de Brissac est belle, et loge[16] toujours avec l'ombre de la princesse de Conti. Elle est en arbitrage avec son père, et ravit le cœur de ce pauvre M. d'Ormesson, qui dit qu'il n'a jamais vu une femme si honnête et si franche. La Coetquen[17] est tout ainsi que vous l'avez vue. Elle a fait faire une jupe de velours noir avec de grosses broderies d'or et d'argent, et un manteau de tissu, couleur de feu[18], or et argent. Cet habit coûte six mille écus[19]; et quand elle a été bien resplendissante, on l'a trouvée comme une comédienne, et on s'est si bien moqué d'elle, qu'elle n'ose plus le mettre. La *Manierosa*[20] est un peu fâchée de n'être point dame du palais. Mme de Duras[21] se moque d'elle, et ne veut point de cet honneur. La Troche est telle que vous l'avez vue, très-passionnée pour tous vos intérêts; mais je ne puis assez vous dire de quelle manière Mme de la Fayette s'est mise à rire devant nous, et prenant la parole sur tout, et blâmant l'Évêque et M. de la Rochefoucauld, et tout cela de ces bons tons sincères que vous connoissez. Je l'en aime encore plus que je ne faisois; vous en devez faire de même. Monsieur de Marseille n'est pas révéré dans ces lieux, où j'ai un peu de voix en chapitre.

Nous fûmes voir M. de Turenne[22]; il a un peu la

16. Dans les éditions de 1725 et 1726 on lit *et sage*, au lieu de : *et loge*. — Voyez les lettres du 5 février 1672 et du 26 mai 1673.

17. Voyez tome II, p. 239, note 3.

18. *Couleur de feu* manque dans les éditions antérieures à Perrin.

19. C'est le texte de 1725. Dans les éditions de 1726 on lit : « cent mille écus; » dans la première de Perrin : « coûte infiniment; » dans la seconde : « coûte des sommes immenses. »

20. Ce mot italien, qui signifie « la polie, l'affable, » désigne probablement la duchesse de Sully : voyez tome II, p. 143, note 2.

21. Voyez tome II, p. 85, note 7.

22. Après avoir distribué les quartiers d'hiver à l'armée qu'il com-

goutte. Nous fûmes reçues, Mme de la Fayette et moi, avec un excès de civilité. Il parla extrêmement de vous. Le chevalier de Grignan lui a conté vos victoires. Il vous auroit offert son épée, s'il en étoit encore besoin. Il croit partir dans trois jours. Mon fils partit hier avec bien du chagrin; je n'en avois pas moins d'un voyage si mal placé et si désagréable par toutes sortes de raisons. M. de la Trousse ne s'en ira que lundi. Corbinelli est très-souvent avec moi; il m'est bon partout; il vous adore.

Vous écrivez parfaitement bien; j'ai vu deux ou trois de vos lettres; rien n'est si délicieux; votre style s'est perfectionné; c'est une de mes folies que d'aimer à le lire. Ne diriez-vous pas que je n'en reçoive point? Je ne crois pas qu'il se soit jamais vu un commerce comme le nôtre; il n'est pas fort étrange que j'en fasse mon plaisir; aussi c'est ce qui ne se voit guère, et c'est ce que je sens délicieusement.

Monsieur le Dauphin voyoit l'autre jour Mme de Schomberg[23]; on lui contoit comme son grand-père[24] en avoit été amoureux; il demanda tout bas : « Combien en a-t-elle eu d'enfants? » On l'instruisit des modes de ce temps-là[25].

On a vu sourdement M. le duc du Maine[26], mais non pas encore chez la Reine; il étoit en carrosse, et ne voyoit que père et mère seulement.

Le chevalier de Châtillon[27] n'est plus à mettre en com-

mandait, il était revenu à Paris vers la fin de décembre. Voyez la *Gazette* du 22 décembre 1673.

23. Marie de Hautefort. Voyez la note 7 de la p. 141 du tome II, et le livre de M. Cousin.

24. Louis XIII.

25. « C'est-à-dire, dit une note des éditions de 1726, de la continence de Louis XIII pour les personnes qu'il aimoit. »

26. Voyez la note 17 de la lettre précédente.

27. Alexis-Henri, chevalier de Châtillon; il devint premier gentilhomme de la chambre de Monsieur. Voyez tome II, p. 445, note 21.

pétence²⁸; sa fortune est faite. Monsieur a mieux aimé lui donner la charge de capitaine de ses gardes, qu'à Mlle de Grancey celle de dame d'atour. Ce jeune homme a donc la charge de Vaillac, et seroit un fort bon parti. On dit que Vaillac prend celle de d'Albon²⁹, et que d'Albon sort; mais rien n'est sûr que le premier article, sur lequel je ne veux pas dire un mot davantage.

1674

Je fus voir l'autre jour la pauvre Mme Matharel³⁰; elle pensa fondre en larmes : *pietoso pianse al suo pianto*³¹.

Je vous ai mandé la fin de nos états, et comme ils ont racheté les édits de deux millions six cent mille livres, et autant pour le don gratuit : c'est cinq millions deux cent mille livres; et nous avons percé la nue du cri de *Vive le Roi!* nous avons fait des feux de joie, et chanté le *Te Deum* de ce que Sa Majesté a bien voulu prendre cette somme.

La pauvre Sanzei a la rougeole bien forte; c'est un feu qui passe vite, mais qui fait peur par la violence dont il est. Je ne vois point bien par où³² l'on peut demander la grâce de cet honnête homme qui a assassiné son fils;

---

28. C'est le texte des éditions de 1726. Dans celle de 1754, la seule de Perrin qui donne ce passage, on lit : « en concurrence. »

29. Gilbert-Antoine, comte d'Albon, chevalier d'honneur de Madame. Il était chef de la branche aînée de sa famille (le maréchal de Saint-André l'avait été d'une branche cadette); il avait épousé le 2 août 1644 Claude Bouthillier, fille de Denis, seigneur de Rancé, sœur de l'abbé de la Trappe, et déjà veuve de René d'Averton, comte de Belin; il mourut en 1680, et sa femme en 1697.

30. Marie Lesecq, femme de Louis Matharel, trésorier des états de Bourgogne. Voyez la lettre du 8 juillet 1676.

31. *Miséricordieux il pleura à (la vue de) ses pleurs.* — La stance XVI du VIIᵉ chant de la *Jérusalem délivrée* se termine par ce vers :

Il pietoso pastor pianse al suo pianto.

32. « Je ne vois point lieu par où.... » (*Éditions de 1726.*)

1674

l'action est trop noire[33] ; les criminels qui sont délivrés à Rouen ne sont point de cette qualité : c'est le seul crime qui est réservé[34] ; Beuvron[35] l'a dit à l'abbé de Grignan.

On a tantôt dépeint les dames du palais d'une manière qui m'a fait rire. Je disois, comme Montaigne : « Ven-

33. « De cet honnête homme dont l'assassinat est si noir. » (*Édition de* 1754.) — Voyez la lettre du 22 janvier suivant.

34. Le chapitre métropolitain de Rouen eut jusqu'à la Révolution le privilége de délivrer chaque année un condamné à mort, en l'élisant pour lever, le jour de l'Ascension, la *fierte* (c'est-à-dire la châsse) de saint Romain. Le chapitre pouvait choisir même parmi ceux qui étaient venus du dehors se constituer prisonniers, assurés qu'ils étaient de sortir librement de la ville, s'ils n'obtenaient leur grâce. « Cette prérogative du chapitre de Rouen, dit M. Floquet, était connue partout en France, et lorsqu'un grand coupable, digne d'intérêt à certains égards, ou protégé par des gens puissants, avait en vain sollicité la clémence royale, ses protecteurs tournaient leurs regards vers Rouen, dont l'Église exerçait chaque année un si rare et si beau privilége. » Celui-ci avait pourtant été restreint en 1597 par une déclaration d'Henri IV ; entre autres cas réservés se trouvait l'assassinat de guet-apens ; il n'est pas probable que cette dernière circonstance eût aggravé le crime du Provençal que Mme de Grignan recommandait à sa mère. Aussi M. Floquet fait-il au sujet de ce passage de notre lettre les observations suivantes : « Sans nous arrêter à ce que ces dernières lignes renferment d'inexact, nous dirons qu'on eut tort de ne point faire de démarches à Rouen en faveur de ce Provençal ; malgré l'édit de 1597, le chapitre donnait quelquefois la fierte à de grands coupables ; et, à la fête de l'Ascension qui suivit la lettre de Mme de Sévigné, le privilége fut accordé à un gentilhomme de la Beauce, qui avait tué son frère aîné. » Voyez l'intéressante *Histoire du privilége de saint Romain*, par M. Floquet, tome II, p. 37 et suivante.

35. Sans doute le frère aîné du chevalier de Beuvron (voyez tome II, p. 502, note 10) : François d'Harcourt, marquis de Beuvron, chevalier de l'Ordre, gouverneur du vieux palais de Rouen, lieutenant général au gouvernement de la haute Normandie, mort à soixante-dix-huit ans en avril 1705. « C'étoit, dit Saint-Simon (tome IV, p. 437), un très-honnête homme et un très-bon homme, considéré et encore plus aimé. » Son fils aîné, Henri, devint le duc (1700) et maréchal (1703) d'Harcourt.

geons-nous à en médire[36] : » Il est pourtant vrai que leur sujétion est excessive.

1674

On dit toujours que Monsieur le Prince[37] part lundi. Le même jour, M. de Saint-Luc[38] épouse Mlle de Pompadour : voilà de quoi je ne me soucie point du tout. Adieu, ma très-aimable bonne; voici une lettre qui devient trop longue; je la finis par la raison qu'il faut que tout prenne fin. J'embrasse Grignan, et le supplie de m'excuser si j'ai ouvert la lettre de Mme de Guise : j'ai voulu voir son style, m'en voilà contente pour jamais. Guilleragues disoit hier que Pellisson abusoit de la permission qu'ont les hommes d'être laids.

36. Il y a une ou deux pages d'un chapitre de Montaigne (le 36e du livre I) dont ces mots : « Vengeons-nous à en médire, » sont comme le résumé. Se trouvent-ils textuellement ailleurs?

37. « Cette semaine, dit la *Gazette* du 13 janvier, le prince de Condé est parti, accompagné du duc d'Enghien, pour se rendre dans les armées du Roi. » Puis quelques jours après elle annonce qu'il est revenu le 18, « ayant appris sur sa route que les Espagnols et les Hollandois avoient pris le parti de se retirer chez eux. »

38. François d'Espinay, marquis de Saint-Luc, arrière-petit-fils du brave Saint-Luc et petit-fils du maréchal. Il mourut, ne laissant qu'une fille, le 9 juillet 1694. Il était par sa mère neveu du comte de Frontenac (tome II, p. 192, fin de la note 5; voyez Saint Simon, tome II, p. 270). — Sa femme mourut en octobre 1723. Elle était fille aînée du marquis de Pompadour, chef de la branche aînée de sa famille (mort sans postérité mâle en 1684), et de la vicomtesse de Rochechouart. — Sur la maison d'Espinay, et sur la maison de Pompadour, éteinte au commencement du dix-huitième siècle avec la branche cadette de Laurière, voyez M. P. Paris, tome IV de Tallemant des Réaux, p. 251, 252 et 402.

1674

368. — DE MADAME DE SÉVIGNÉ ET D'EMMANUEL DE COULANGES A MADAME DE GRIGNAN.

A Paris, ce 8ᵉ janvier.

DE MADAME DE SÉVIGNÉ.

Je n'ai jamais vu de si aimables lettres que les vôtres, ma très-chère Comtesse; je viens d'en lire une qui me charme. Je vous ai ouï dire que j'avois une manière de tourner les moindres choses; vraiment, ma bonne, c'est bien vous qui l'avez : il y a cinq ou six endroits dans votre dernière lettre qui sont d'un éclat et d'un agrément qui ouvrent le cœur. Je ne sais par où commencer à vous y répondre.

Chauvigny[1] me vient le premier : je ne suis pas moins piquée que vous de la sottise qu'il a dite. Je le verrai peut-être chez M. de Pompone; je lui en dirai et lui en ferai dire un petit mot. Il est vrai que cela impatiente de faire aussi bien que vous faites, et de rencontrer des sots en son chemin, qui vous confondent avec les malfaiteurs. Cela dégoûte de faire son devoir; mais ce que je remarque en vous, c'est que cette injustice vous pique avec excès, et que tout aussitôt vous vous jetez dans les extrémités. Si jamais vous apportez ici cette sorte d'esprit, il y aura plaisir à vous mettre en colère. J'aime fort votre intendant et sa réponse au brouillon[2]; elle est d'un homme droit et franc, ennemi de toute dissimulation,

Qui nomme un chat un chat et la *Grêle*[3] un fripon.

Lettre 368 (revue en très-grande partie sur une ancienne copie). — 1. Est-ce César de Chauvigny (Chovigni), seigneur de Montespedon, mari de Claude, belle-sœur de Mme de la Fayette?

2. Tel est le texte du manuscrit; il s'agit sans doute de quelque brouillon de l'Assemblée, du parti de l'Évêque.

3. L'évêque de Marseille. Mme de Sévigné glisse cette malice dans ce vers bien connu de la Iʳᵉ *Satire* de Boileau :

J'appelle un chat un chat et Rollet un fripon.
(Boileau, *Satire* I.)

C'est assez pourvu qu'il voie et qu'il retienne bien ce qu'il voit. Il est vrai que l'iniquité a été consommée dans l'opposition des gardes⁴ : vous verrez par mes lettres qu'elle est encore plus grande que vous ne pensez. La *Pluie*⁵ en est honteux pour son ami, et en parle assez franchement à son amie, mais tout ceci entre nous. Je vis l'autre jour Monsieur de Meaux⁶, qui ne se lasse point de blâmer cette bassesse indigne et même malhabile. Vous ne sauriez croire le tort que cela lui⁷ fait. Vous êtes heureux que l'Intendant voie tout. Il vous doit consoler de la prévention de l'Intendante; je n'eusse jamais cru qu'elle eût eu le courage d'être contre vous. Votre premier président me dit l'autre jour que le Roi lui avoit fait espérer l'intendance pour ce printemps, au retour de M. Rouillé. J'en parlerai à M. de Pompone. Je m'en vais demain à Saint-Germain avec Mme de Chaulnes, purement pour le voir. Je l'aime naturellement, comme vous savez, et je ne lui trouve pas d'aversion pour moi.

Je vis hier le *Torrent* et la *Rosée*⁸ chez Mme de la Fayette. On parla fort de vous, et d'une manière à ne vous pas mettre en colère; car on vous faisoit justice sur tout. Elles étoient toutes deux parées de leur deuil :

> Le deuil enfin sert de parure⁹.

Deux bonnets unis, deux cornettes unies, tout élevé et

---

4. C'est-à-dire à la gratification de cinq mille francs pour l'entretien des gardes du comte de Grignan. Voyez Walckenaer, tome V, p. 52.
5. Pompone.
6. Ne faut-il pas lire *Monsieur de Condom ?* Voyez la note 7 de la lettre 362.
7. A l'évêque de Marseille.
8. Voyez plus haut la lettre 358, note 5.
9. Vers de *la Jeune Veuve*, fable xxi du livre VI de la Fontaine.

balevolant[10] jusqu'au plancher, des nœuds de crêpe partout, de l'hermine partout; la *Rosée* plus que le *Torrent*. Toutes deux consolées, avec un air d'ajustement. On a voulu croire que le *Torrent* se mêloit avec la *Neige*, et que le *Feu* enflammoit la *Rosée*[11]. Cette vision a fait un tort extraordinaire à toutes les deux. On trouvoit que c'étoit assez au *Torrent* d'être ici et d'avoir oublié ce qui étoit si aimable; ce dernier choix a décrié son goût.

J'ai envie de vous parler de vos beaux fossés[12] et de vos jolies promenades. Vous avez raison de dire que je suis remariée en Provence; j'en ferai un de mes pays, pourvu que vous n'effaciez pas celui-ci du nombre des vôtres. Vous me dites mille douceurs sur le commencement de l'année; rien ne me peut être plus agréable : vous m'êtes toutes choses, et je ne suis appliquée qu'à faire en sorte que tout le monde ne voie pas à quel point cela est vrai. J'ai passé le commencement de cette année assez brutalement, sans vous dire qu'un pauvre mot[13];

10. Tel est le texte du manuscrit. Si c'est bien là ce qu'a écrit Mme de Sévigné, il semble que ce soit un mot imitatif composé de *voler* et de *baler* (« agiter, s'agiter, » voyez le *Dictionnaire étymologique* de Ménage).

11. Rien ici, ni plus loin (lettre du 12 janvier), ne force absolument de chercher sous ces deux chiffres de *Neige* et de *Feu* les noms de deux amants. S'il ne s'agissait que de trouver le nom de quelque amie nouvelle de la *Rosée*, on pourrait proposer celui de la duchesse de Brissac; aucune amie ne pouvait, ce semble, être plus dangereuse, et personne ne serait plus naturellement désigné par ce chiffre de *Feu* : voyez les lettres des 26 mai, 1er et 11 juin 1676. — Quant au chiffre de la *Neige*, on lit dans les *Lettres de Madame* (édition allemande de 1789, p. 222 et 293) deux passages qui permettraient peut-être de deviner la personne qu'il indique, mais sans confirmer le moins du monde, en ce qui la concerne, aucun fâcheux soupçon.

12. Dans les éditions de Perrin : « de votre beau soleil. »

13. Dans le manuscrit et dans l'édition de Perrin de 1754 : « Sans vous dire un pauvre mot. » Évidemment le copiste a sauté le *que*. Voyez la lettre du 1er janvier, où les souhaits de bonne année tien-

mais comptez, ma bonne, que cette année, et toutes celles de ma vie, sont à vous : c'est un tissu, c'est une vie tout entière qui vous est dévouée jusqu'au dernier soupir. Vos moralités sont admirables : il est vrai que le temps passe partout, et passe vite. Vous criez après lui, parce qu'il vous emporte toujours quelque chose de votre belle jeunesse; mais il vous en reste beaucoup : pour moi, je le vois courir avec horreur, et m'apporter en passant l'affreuse vieillesse, les incommodités, et enfin la mort. Voilà de quelles couleurs sont les réflexions d'une personne de mon âge : priez Dieu, ma fille, qu'il m'en fasse tirer le profit que le christianisme nous enseigne.

Ce grand voyage de Monsieur le Prince et de M. de Turenne[14] pour aller dégager M. de Luxembourg est devenu à rien ; on dit que l'on ne part plus, et que l'armée de M. de Monterey a fait la *retirote :* voilà le même mot que dit avant-hier Sa Majesté ; c'est-à-dire, que cette armée se trouvant incommodée, M. de Luxembourg s'est trouvé dégagé. Il n'y a que mon fils de parti ; je n'ai jamais vu une prudence, une prévoyance, une impatience comme la sienne : il prendra la peine de revenir; cela n'est rien. Tous les autres guerriers sont ici. M. de Turenne en a beaucoup ramené; M. de Luxembourg amènera le reste.

---

nent en effet peu de place. Dans sa première édition, Perrin avait ainsi corrigé la phrase : « Je ne vous ai dit qu'un pauvre mot. »

14. « Ni l'un ni l'autre n'eurent besoin de se remettre en campagne. Au premier bruit de la formation d'une armée française sur la Sambre, le prince d'Orange et le comte de Monterey avaient compris le danger de se trouver pris entre deux feux, et s'étaient retirés, après avoir fatigué inutilement leur infanterie et ruiné leur cavalerie dans les boues. Vers le milieu du mois de janvier 1674, Luxembourg rentrait à Charleroi, sans autre difficulté que celle d'une marche pénible. » Voyez l'*Histoire de Louvois*, par M. Rousset, tome I, p. 509, et la lettre du 29 décembre précédent.

1674 — Les dames du palais sont réglées à servir par semaine : cette sujétion d'être quatre pendant le dîner et le souper est une merveille pour les femmes grosses ; il y aura toujours des sages-femmes derrière elles et à tous les voyages. La maréchale d'Humières [15] s'ennuiera bien d'être toujours debout près de celles qui sont assises : si elle boude, elle fera mal sa cour, car le Roi veut de la sujétion. Je crois qu'on s'en fait un jeu chez *Quantova* [16]. Il est vrai qu'en ce lieu-là on a une grande attention à ne séparer aucune femme de son mari, ni de ses devoirs ; on n'aime pas le bruit, si on ne le fait. On ne voit point encore les nouveaux princes [17] ; on ne sait comme ils sont faits. Il y en a eu à Saint-Germain, mais ils n'ont pas paru. Il y aura des comédies à la cour, et un bal toutes les semaines. On manque de danseuses. Le Roi dansera, et Monsieur mènera Mademoiselle de Blois [18], pour ne pas mener Mademoiselle [19], sa fille, qu'il laisse à Monsieur le Dauphin. On joue jeudi l'opéra [20], qui est un

15. Louise-Antoinette-Thérèse de la Châtre, maréchale d'Humières, ne fut duchesse qu'en 1690. (*Note de Perrin*, 1754.)

16. Dans le manuscrit : « Chez Mme de Montespan. » — Nous n'avons pas besoin de dire qu'à la ligne suivante les mots « en ce lieu-là, » ne se rapportent pas à cette dernière petite phrase, mais à ce qui précède, et qu'ils signifient « à la cour, chez le Roi et chez la Reine. »

17. Voyez la lettre du 1er janvier précédent, vers la fin.

18. Marie-Anne de Bourbon, née en octobre 1666, fille de Mme de la Vallière, mariée depuis, en 1680, à Louis-Armand de Bourbon, prince de Conti, morte en 1739.

19. La petite Mademoiselle, Marie-Louise, fille de Monsieur et d'Henriette d'Angleterre, née le 27 mars 1662, femme de Charles II d'Espagne en 1679. Voyez la fin de la lettre suivante.

20. *Alceste*, opéra de Quinault et de Lulli, qui avait été représenté pour la première fois le 2 janvier sur le théâtre du Palais-Royal. Voyez la note 11 de la lettre du 20 novembre précédent. — Perrin dit en note qu'il s'agit de *Cadmus*; mais cette *tragédie* de Quinault, mise également en musique par Lulli, et dont le titre complet est

prodige de beauté : il y a déjà des endroits de la musique qui ont mérité mes larmes ; je ne suis pas seule à ne les pouvoir soutenir ; l'âme de Mme de la Fayette en est alarmée.

Il me paroît que l'ancien amant de *Tourbillon*[21] n'est plus du tout amoureux. La patience avec laquelle il souffre le *Brouillard* m'en paroît une marque infaillible. Il faut être bien indifférent et occupé uniquement du soin de sa fortune pour souffrir de telles liaisons.

Je trouve admirable que notre bon archevêque[22] s'avance sur le bruit d'une réconciliation. Il me paroît pourtant bien content de tous vos bons succès, et loue fort le courage et l'application que vous avez eus tous trois. Il ne s'en peut taire ; il a raison ; vous avez fait des merveilles : il vous convenoit de prendre les partis vigoureux et hasardeux, comme il lui convient à lui d'être toujours prudent, prévoyant et sage. Demeurez tous comme vous êtes : on ne sauroit être mieux. On ne sauroit plus que faire au mariage du cousin de la *Grêle*[23] ; on n'a rien oublié : c'est peut-être un arrangement de la Providence qui nous est bon.

Je vois souvent Corbinelli ; il est un de vos adorateurs, et parle magnifiquement de votre mérite ; c'est lui qui

Cadmus et Hermione, avait été jouée sur le même théâtre dès le 17 avril de l'année précédente.

21. Ce nom désignerait-il Mme de Coulanges, nommée ailleurs la *Feuille* (voyez la note 11 de la lettre du 19 janvier suivant)? — En ce cas, l'*ancien amant* pourrait être l'abbé Têtu, occupé de sa fortune et visant à l'évêché : voyez tome II, p. 99, note 7; p. 215, note 13; et la lettre du 29 décembre 1675, vers la fin. L'autre chiffre, le *Brouillard*, ne peut guère s'appliquer ici à Mme de la Fayette, de qui on a voulu l'entendre ailleurs. Il nous semble qu'il conviendrait mieux à Brancas, au moins dans ce passage, et plus bas, p. 378 et 379 : voyez à cette dernière page la fin de la note 11.

22. L'archevêque d'Arles.

23. Voyez la lettre du 5 février 1674, p. 399.

comprend bien aisément les sentiments que j'ai pour vous : je l'en aime encore mieux. J'estime fort Barbantane [24]; c'est un des plus braves hommes du monde, d'une valeur romanesque, dont j'ai ouï parler mille fois à Bussy : il étoit son ami ; ils ont bien ri ensemble et sont frères d'armes. Mme de Sanzei a encore la rougeole, mais sur la fin. M. de Coulanges [25] n'a point quitté la maison. Mme de Coulanges est chez Mme de Bagnols, qui est dans notre grand'maison. J'ai le cœur serré à n'en pouvoir plus, quand je suis dans cette grande chambre où j'ai tant vu ma très-chère et très-aimable enfant ; il ne me faut guère toucher sur ce sujet pour me toucher au vif. J'attends des nouvelles de votre paix [26]. *Justitia et pax osculatæ sunt* [27] : savez-vous le latin [28] ? Vous êtes trop plaisante. Adieu, mon cher enfant, adieu, la chère tendresse de mon cœur, vous n'êtes oubliée en aucun lieu. Votre frère est très-persuadé de votre amitié ; il vous aime de passion, à ce qu'il dit, et je le crois.

DE M. DE COULANGES.

N'avez-vous point peur de la rougeole ? car voilà en

24. Homme de qualité de Provence, attaché à Monsieur le Prince. (*Note de Perrin.*) — C'est ce Barbantane, lieutenant des gendarmes d'Enghien, qui au siége de Lérida (1647), dans la fureur d'une orgie, déterra et fit danser un mort. Voyez les *Mémoires de Bussy*, tome I, p. 148.

25. Emmanuel de Coulanges, frère de Mme de Sanzei.

26. Dans le manuscrit : « des nouvelles de votre frère. »

27. « La justice et la paix se sont embrassées. » (*Psaume* LXXXIV, v. 11.)

28. C'est la question que Sganarelle fait à Géronte, avant de lui débiter « avec enthousiasme » quelques bribes du rudiment de Despautère : « Entendez-vous le latin ? » etc. Voyez la scène VI du IIe acte du *Médecin malgré lui*. Mme de Sévigné a déjà fait plusieurs allusions à cette comédie.

un mot ce qui m'a empêché de vous écrire tous ces jours-ci; et l'écriture de votre mère est en si bonne odeur que j'espère qu'elle purifiera la mienne. Cependant je crevois dans ma peau de vous souhaiter mille prospérités, au commencement de cette année. Recevez donc, Madame, tous mes vœux et toutes mes offrandes, et croyez que je suis à vous plus que personne du monde. Bon'jour, bon an, cherchez-moi de petits portraits sur cuivre de la largeur d'un écu; c'est ma folie présentement, j'en fais des merveilles. Ceux que vous m'avez envoyés sont fort bien placés; venez les voir vitement. Mes compliments au Comte votre époux. Votre huile est divine; on la pourroit mettre sur son mouchoir : ce ne seroit pas la première fois que je ferois cet honneur à la Provence.

DE MADAME DE SÉVIGNÉ.

Lundi, après avoir envoyé mon paquet à la poste.

Voilà M. d'Hacqueville qui entre, et qui m'apprend une nouvelle que nous voulons que vous sachiez cet ordinaire : c'est que M. le garde des sceaux [29] est chancelier. Personne ne doute que ce ne soit pour donner les sceaux à quelque autre. C'est une nouvelle que l'on saura dans quatre jours; elle est d'importance, et sera d'un grand poids pour le côté qu'elle sera.

Monsieur le Prince part dans deux jours, et M. de Turenne, même avec la goutte, pour s'avancer à leur rendez-vous de Charleroi. Il n'est point vrai que M. de Monterey se soit retiré, ni que M. de Luxembourg soit dégagé :

---

29. Étienne d'Aligre avait succédé comme garde des sceaux à Seguier le 23 avril 1672, et fut nommé chancelier le 8 janvier 1674. Voyez la lettre suivante, et plus haut, p. 39, la note 11 de la lettre du 27 avril 1672.

ainsi nous vous ôtons cette fausse nouvelle, pour vous remettre dans la vraie.

369. — DE MADAME DE SÉVIGNÉ
A MADAME DE GRIGNAN.

A Paris, vendredi 12⁰ janvier.

Voila donc la paix toute faite¹. Il me semble que je suis à l'année passée : vous souvient-il de ce muscat à quoi j'avois tant de regret, et qui fut invoqué inutilement pour témoin et pour lien de la réconciliation² ? L'archevêque de Reims et Brancas avoient reçu leurs lettres plus tôt que moi, et M. de Pompone me mandoit encore cette grande nouvelle de Saint-Germain; de sorte que j'étois comme une ignorante; mais enfin me voilà instruite. Je vous conseille, ma fille, de vous comporter comme le temps³; et puisque le Roi veut que vous soyez bien ensemble⁴, il faut lui obéir. Pour moi, je causai l'autre jour avec la *Pluie* plus d'une heure, et il me trouva si piquée de l'exclusion des gardes pour l'avenir⁵, que je ne

---

LETTRE 369 (revue sur une ancienne copie). — 1. « Voilà donc votre paix toute faite. » (*Édition de* 1754.) — Voyez la *Notice*, p. 129, et Walckenaer, tome V, p. 52 et 55.

2. Voyez le commencement de la lettre du 5 janvier précédent.

3. « De vous comporter selon le temps. » (*Édition de* 1754.)

4. « Bien avec l'Évêque. » (*Ibidem.*)

5. Les évêques de Marseille et de Toulon avaient déclaré qu'ils se départaient de leur opposition au sujet des cinq mille livres (pour l'entretien des gardes), pour cette fois seulement et *sans conséquence pour l'avenir*. Mais ce qui surtout piquait Mme de Sévigné, c'est que cette restriction se trouvait dans la lettre même du petit cachet (expédiée dans les bureaux de Colbert), par laquelle le Roi invitait le prélat à concourir avec ses amis à la décision réclamée par le comte de Grignan. Voyez Walckenaer, tome V, p. 52.

pouvois du tout m'en remettre. Il tâchoit de m'adoucir l'esprit[6] par la joie du syndicat ; je n'étois occupée que de cette dernière circonstance. « Comment, lui disois-je, dans le temps qu'on se tue, qu'on s'abîme, qu'on sert utilement, recevoir un tel dégoût, et parce que la *Grêle* a entretenu le *Nord* cet été en trahison, on s'en souvient si bien, et l'on se soumet si fort à son sentiment, qu'il faut obtenir par miracle la continuation d'une si légère faveur qui ne coûte rien ; et on lui écrit de sa propre main, comme pour lui faire des excuses de n'avoir pas entièrement exécuté ce qu'on avoit promis, et l'on traite ainsi les plus fidèles et les plus zélés serviteurs que l'on ait au monde! Et que font les autres au prix de nous? Eh bon Dieu ! s'il y avoit la moindre affaire dans la province, à quoi serviroit la *Grêle*, étant détesté de tous, et que ne feroit point l'être qui pour faire obéir son maître...? » Je m'échauffai d'une telle sorte que j'étois hors de moi. Ne suivez pas un si mauvais exemple : Dieu vous donne plus de tranquillité qu'à moi là-dessus ! Enfin votre nouvel ami vous a fait tout le mal qu'il vous pouvoit faire ; mais à loisir, en trahison, en absence, et lorsqu'il vous offroit de vous raccommoder après le syndicat, c'étoit pour se vanter que vous lui demandiez comme l'aumône, et pour jouer le surpris et le fâché si l'improbation venoit, et en cas de l'opposition faire voir qu'on avoit jugé à son avantage, et que voilà ce que c'est que d'être son ennemi. Je vous l'avoue, je suis pénétrée de cette affaire : elle me pique et me blesse le cœur en plus d'un endroit. Comme vous dites, il n'y a qu'à vous à qui les considérations de la province n'en attirent point ici.

---

6. Dans le manuscrit « me donner l'esprit, » ce qui nous paraît une altération, assez facilement explicable, de la leçon que nous avons adoptée.

Quelqu'un au monde mériteroit-il mieux d'être ménagé et favorisé que vous, c'est-à-dire votre mari? Il faisoit bon m'entendre là-dessus. Permettez-moi de ne vous point dire notre conversation; elle fut sincère de mon côté et prudente de l'autre, mais mon cœur fut soulagé et rien n'est si aimable que le *Camarade du Vent*[7].

Mais parlons de Saint-Germain : j'y fus il y a trois jours. J'allai d'abord chez M. de Pompone; il n'a pas pu encore demander votre congé; c'est pour aujourd'hui qu'il le doit envoyer. Il vous conseille fort de venir et Monsieur de Marseille aussi, et qu'on raccommode les endroits qu'on a gâtés, et qu'on agisse de bonne foi. Ah! que je suis quelquefois contente de ce que je dis! Ce n'est pas souvent comme vous pensez; mais quand on a quelque chose dans le cœur, on est échauffé et l'on parle. M. Rouillé ne parle plus tant de revenir; on le laissera tant qu'il voudra, et vous n'aurez après lui que votre *cheval marin*[8]. Je dis que vous étiez fort contente de Monsieur l'Intendant. Il paroît à M. de Pompone qu'il vous aime fort; conservez cet ami; rien ne vous peut être plus utile. Je lus quelques endroits de votre lettre, dont le goût ne se passe point. Vraiment il est resté à M. de Pompone une idée si parfaite et si avantageuse de Mlle de Sévigné, qu'il ne peut s'empêcher d'en reparler quasi toutes les fois que je le vois. Ce discours nous amuse; pour moi, il m'attendrit, et son imagination en est réjouie.

Nous allâmes chez la Reine; j'étois avec Mme de Chaulnes; il n'y eut que moi à parler; et quels discours! La Reine dit, sans hésiter, qu'il y avoit trois ans que

7. C'est-à-dire la *Pluie* (Pompone). — Plus haut, le *Nord* désigne Colbert; voyez p. 331 et 336.

8. Marin, premier président du parlement de Provence. Voyez la lettre précédente, p. 355.

vous étiez partie, et qu'il falloit revenir. Nous fûmes ensuite chez Mme Colbert, qui est extrêmement civile, et sait très-bien vivre. Mademoiselle de Blois dansoit : c'est un prodige d'agrément et de bonne grâce ; Desairs[9] dit qu'il n'y a qu'elle qui le fasse souvenir de vous ; il me prenoit pour juge de sa danse, et c'étoit proprement mon admiration que l'on vouloit : elle l'eut en vérité tout entière[10]. La duchesse de la Vallière y étoit ; elle appelle sa fille *Mademoiselle*, et la princesse l'appelle *belle maman*. M. de Vermandois[11] y étoit aussi. On ne voit point encore d'autres enfants[12].

Nous allâmes voir Monsieur et Madame. Monsieur vous fait toujours mille honnêtetés ; je lui fais toujours vos très-humbles remerciements. Je trouvai Vivonne qui me dit : « Maman mignonne, embrassez, je vous prie, le gouverneur de Champagne[13]. — Et qui est-il ? lui dis-je. — Ma foi ! c'est moi, dit-il. — Et qui vous l'a dit ? — C'est le Roi qui vient de me le dire tout à l'heure. » Je lui en fis mes compliments tout chauds. Madame la Comtesse[14] l'espéroit pour son fils. On ne parle point d'ôter les sceaux à Monsieur le chancelier[15]. Le bonhomme fut

9. Maître à danser ?

10. C'est de Mademoiselle de Blois que la Fontaine disait, après l'avoir vue danser en 1689 :

L'herbe l'auroit portée, une fleur n'auroit pas
Reçu l'empreinte de ses pas.

(*Le Songe*, tome VI, p. 200 de l'édition de Walckenaer.)

11. Le frère puîné de Mademoiselle de Blois, Louis de Bourbon, né le 2 octobre 1667, mort en 1683.

12. Voyez la note 18 de la lettre du 1er janvier précédent.

13. Ce gouvernement vaquoit par la mort d'Eugène-Maurice de Savoie, comte de Soissons, arrivée le 7 juin 1673. (*Note de Perrin.*)

14. La comtesse de Soissons.

15. M. d'Aligre. Voyez la note 29 de la lettre 368, et plus haut, p. 39, note 11.

si surpris de se voir chancelier encore par-dessus, qu'il crut qu'il y avoit quelque anguille sous roche; et ne pouvant pas comprendre ce surcroît de dignité, il dit au Roi : « Sire, est-ce que vous m'ôtez les sceaux? — Non, lui dit le Roi, dormez en repos, Monsieur le chancelier; » et en effet, on dit qu'il dort quasi toujours. On philosophe pourquoi cette augmentation [16].

Monsieur le Prince est parti il y a deux jours, et M. de Turenne aujourd'hui. Écrivez un petit mot à Brancas, pour vous réjouir que sa fille soit chez la Reine [17] : il en a été fort aise. La Troche vous rend mille grâces de votre souvenir; son fils a encore assez de nez pour en perdre la moitié au premier siége, sans qu'il y paroisse. On dit que la *Rosée* a commencé à se détraquer avec le *Torrent* [18]; et qu'après le siége de Maestricht elles se lièrent d'une confidence réciproque, et voyoient tous les jours de leur vie le *Feu* et la *Neige :* vous savez que tout cela ne peut pas être longtemps ensemble sans faire de grands désordres, et sans qu'on s'en aperçoive.

La *Grêle* me paroît, dans votre réconciliation, comme un homme qui se confesse, et qui garde un gros péché sur sa conscience : peut-on appeler autrement le tour qu'il vous a fait? Cependant les bonnes têtes disent : « Il faut parler, il faut demander, on a du temps, c'est assez. » Mais n'admirez-vous point le fagotage de mes lettres? Je quitte un discours, on croit en être dehors, et tout d'un

---

16. « On philosophe et on demande pourquoi cette augmentation. » (*Édition de* 1754.)

17. La princesse d'Harcourt avait été nommée dame du palais.

18. La *Rosée*, le *Torrent*, le *Feu*, la *Neige*. Les deux premiers de ces chiffres ont certainement ici le même sens que dans les lettres du 18 décembre et du 8 janvier précédents; c'est à tort qu'on a voulu leur en chercher un autre. Pour le *Feu* et la *Neige*, voyez p. 356, la note 11 de la seconde de ces lettres.

coup je le reprends : *versi sciolti*[19]. Savez-vous bien[20] que le marquis de Cessac[21] est ici, qu'il aura de l'emploi à la guerre, et qu'il verra peut-être bientôt le Roi ? C'est la prédestination toute visible.

1674

Nous parlons tous les jours, Corbinelli et moi, de la Providence ; et nous disons qu'il y a ce que vous savez, jour pour jour, heure pour heure, que votre voyage est résolu. Vous êtes bien aise que ce ne soit pas votre affaire de résoudre ; car une résolution est quelque chose d'étrange pour vous, c'est votre bête : je vous ai vue longtemps à décider d'une couleur ; c'est la marque d'une âme trop éclairée, et qui voyant d'un coup d'œil toutes les difficultés, demeure en quelque sorte suspendue comme le tombeau de Mahomet[22]. Tel étoit M. Bignon[23],

19. *Vers libres.*
20. La lettre commence ici dans les éditions de 1726. Les mots : « la prédestination toute visible, » y sont suivis de ceux-ci : « voilà qui fera bien enrager Forbin » (dans l'édition de la Haye), « voilà une nouvelle qui fera bien enrager Sarbin (*sic*) » (dans l'édition de Rouen). L'une et l'autre sautent après cela tout l'alinéa suivant, et reprennent à : « On dit aussi que M. de Turenne. » Celle de Rouen ne va pas au delà des mots : « nos pauvres amis, » à la suite desquels elle place : 1° un très-long morceau de notre lettre du 1er avril 1672 ; 2° un passage de notre lettre du 5 février 1674. Celle de la Haye s'arrête avant la dernière phrase : « M. de Pompone m'a priée.... »
21. Louis-Guilhem de Castelnau, comte de Clermont-Lodève, marquis de Cessac. Voyez tome II, p. 113.
22. Voyez le commencement de la lettre du 4 novembre 1676.
23. Jérôme Bignon, né en 1590, avocat général au parlement de Paris en 1626, grand maître de la bibliothèque du Roi en 1642, mort le 7 avril 1656. Voici le jugement que porte de lui son collègue Omer Talon : « J'ai eu ce malheur qu'entrant dans le parquet (en 1631) j'ai trouvé les maximes de courage et de sévérité endormies. J'eus pour collègues deux hommes illustres, savoir : (*Molé, alors procureur général,* et) M. Bignon, avocat général, l'un des plus savants hommes de son siècle, et universel dans ses connoissances, mais d'un naturel timide, scrupuleux, et craignant de faillir et of-

1674

le plus bel esprit de son siècle ; pour moi, qui suis le plus petit du mien, je hais l'incertitude, et j'aime qu'on me décide. M. de Pompone me mande que vous avez aujourd'hui votre congé : vous voilà par conséquent en état de faire tout ce que vous voudrez, et de suivre ou de ne suivre pas le conseil de vos amis.

On dit aussi que M. de Turenne n'est pas parti, et qu'il ne partira pas, parce que M. de Monterey s'est retiré enfin, et que M. de Luxembourg s'est dégagé, à la faveur de cinq ou six mille hommes que M. de Schomberg a rassemblés, et avec lesquels il harceloit si extrêmement [24] M. de Monterey, qu'il l'a obligé de retirer ses troupes. On doit renvoyer querir Monsieur le Prince [25], pour le faire revenir, et tous nos pauvres amis : voilà les nouvelles d'aujourd'hui.

Le bal fut fort triste, et finit à onze heures et demie [26]. Le Roi menoit la Reine ; Monsieur le Dauphin, Madame ; Monsieur, Mademoiselle ; M. le prince de Conti, la grande Mademoiselle ; M. le comte de la Roche-sur-Yon [27], Mademoiselle de Blois, belle comme un ange, habillée de velours noir avec des diamants, un tablier et une bavette de point de France ; la princesse d'Harcourt pâle comme le commandeur de la comédie [28]. M. de

fenser, lequel, quoiqu'il n'ignorât rien de ce qui se devoit et se pouvoit faire en toutes sortes d'occasions publiques, étoit retenu de passer jusques aux extrémités, de crainte de manquer, et d'être responsable à sa conscience de l'événement d'un mauvais succès. » (*Mémoires*, tome LX, p. 34, 35.)

24. « Si exactement. » (*Édition de la Haye*, 1726.) — « Si fort. » (*Édition de Perrin*, 1754.)

25. « On doit renvoyer chercher Monsieur le Prince. » (*Édition de Rouen*, 1726.) — « On doit envoyer à Monsieur le Prince. » (*Édition de* 1754.)

26. Dans l'édition de la Haye : « à deux heures et demie. »

27. Voyez tome II, p. 491, note 5.

28. On a déjà vu plusieurs fois que la princesse d'Harcourt se

Pompone m'a priée de dîner demain avec lui et Despréaux, qui doit lire sa *Poétique*²⁹.

---

370. — DE MADAME DE SÉVIGNÉ ET DE CORBINELLI
A MADAME DE GRIGNAN.

A Paris, lundi 15ᵉ janvier.

DE MADAME DE SÉVIGNÉ.

J'ALLAI donc dîner samedi chez M. de Pompone, comme je vous avois dit; et puis, jusqu'à cinq heures, il fut enchanté, enlevé, transporté de la perfection des vers de la *Poétique* de Despréaux. D'Hacqueville y étoit; nous parlâmes deux ou trois fois du plaisir que j'aurois de vous la voir entendre. M. de Pompone se souvient d'un jour que vous étiez petite fille chez mon oncle de Sévigné¹. Vous étiez derrière une vitre avec votre frère, plus belle, dit-il, qu'un ange; vous disiez que vous étiez prisonnière, que vous étiez une princesse chassée de chez son père. Votre frère était beau comme vous : vous aviez neuf ans. Il me fit souvenir de cette journée²; il n'a jamais oublié aucun moment où il vous ait vue. Il se fait un plaisir³ de vous revoir, qui me paroît le plus obligeant du

---

fit quelque temps scrupule de mettre du rouge. Voyez la lettre du 19 janvier suivant, p. 377. — La *comédie* est *le Festin de pierre*. Celui de Molière avait été joué pour la première fois en 1665; celui de Thomas Corneille, en 1673.

29. Voyez la note 5 de la lettre 357.

LETTRE 370. — 1. Renaud de Sévigné. Voyez tome II, p. 523, note 10.

2. Voyez la *Notice*, p. 88 et suivante.

3. C'est le texte de 1754. Dans sa première édition, Perrin avait remplacé les derniers mots de la phrase : « qui me paraît le plus obligeant du monde, » par l'adjectif *extrême* placé après *plaisir*.

monde. Je vous avoue, ma très-aimable chère, que je couve une grande joie; mais elle n'éclatera point que je ne sache votre résolution.

M. de Villars est arrivé d'Espagne[4]; il nous a conté mille choses des Espagnoles, fort amusantes.

Mais enfin, ma très-chère, j'ai vu la Marans dans sa cellule; je disois autrefois dans sa loge. Je la trouvai fort négligée; pas un cheveu; une cornette de vieux point de Venise, un mouchoir noir, un manteau gris effacé, une vieille jupe. Elle fut aise de me voir; nous nous embrassâmes tendrement; elle n'est pas fort changée : nous parlâmes de vous d'abord; elle vous aime autant que jamais, et me paroît si humiliée, qu'il n'y a pas moyen de ne la pas aimer. Nous parlâmes de sa dévotion; elle me dit qu'il étoit vrai que Dieu lui avoit fait des grâces, dont elle a une sensible reconnoissance. Ces grâces ne sont rien du tout qu'une grande foi, un tendre amour de Dieu, et une horreur pour le monde : tout cela joint à une si grande défiance d'elle-même et de ses foiblesses, qu'elle est persuadée que si elle prenoit l'air un moment, cette grâce si divine s'évaporeroit. Je trouvai que c'étoit une fiole d'essence qu'elle conservoit chèrement[5] dans la solitude : elle croit que le monde lui feroit perdre cette liqueur précieuse, et même elle craint le tracas de la dévotion. Mme de Schomberg dit qu'elle est une vagabonde au prix de la Marans. Cette humeur sauvage que vous connoissiez s'est tournée en retraite[6]; le tempérament ne se change pas. Elle n'a pas même la folie, si commune

---

4. « Le 12 de ce mois, dit la *Gazette*, sous la rubrique de Saint-Germain en Laye le 19 janvier 1674, le marquis de Villars retourna ici de son ambassade d'Espagne et fut accueilli très-favorablement du Roi. »

5. Cet adverbe manque dans la première édition (1734).

6. « S'est tournée en passion pour la retraite. » (*Édition de* 1754.)

à toutes les femmes, d'aimer leur confesseur : elle n'aime point cette liaison; elle ne lui parle qu'à confesse. Elle va à pied à sa paroisse, et lit tous nos bons livres; elle travaille, elle prie Dieu; ses heures sont réglées; elle mange quasi toujours dans sa chambre; elle voit Mme de Schomberg à de certaines heures; elle hait autant les nouvelles du monde qu'elle les aimoit; elle excuse autant son prochain qu'elle l'accusoit; elle aime autant Dieu qu'elle aimoit le monde [7]. Nous rîmes fort de ses manières passées : nous les tournâmes en ridicule. Elle n'a point le style des sœurs colettes [8]; elle parle fort sincèrement et fort agréablement de son état. J'y fus deux heures; on ne s'ennuie point avec elle; elle se mortifie de ce plaisir, mais c'est sans affectation : enfin elle est bien plus aimable qu'elle n'étoit. Je ne pense pas, ma fille, que vous vous plaigniez que je ne vous mande pas des détails.

Je reçois tout présentement, ma chère enfant, votre lettre du 7ᵉ. Je vous avoue qu'elle me comble d'une joie si vive, qu'à peine mon cœur, que vous connoissez, la peut contenir. Il est sensible à tout, et je le haïrois, s'il étoit pour mes intérêts comme il est pour les vôtres. Enfin, ma fille, vous venez : c'est tout ce que je desirois le plus; mais je m'en vais vous dire à mon tour une chose assez raisonnable : c'est que je vous jure et vous proteste devant Dieu que si M. de la Garde n'avoit trouvé votre

---

7. « Elle aime autant le Créateur qu'elle aimoit la créature. » (*Édition de* 1754.)

8. D'après le *Complément du Dictionnaire de l'Académie*, le mot *colette* désigne proprement les religieuses de Sainte-Claire qui ne sont point cloîtrées. Ici le mot rappelle le sens du masculin « petit collet, » qu'on disait d'un homme qui s'était mis dans la réforme, dans la dévotion, et en mauvaise part d'un hypocrite qui affectait des manières modestes.

voyage nécessaire, et qu'il ne le fût pas en effet pour vos affaires, jamais je n'aurois mis en compte, au moins pour cette année, le desir de vous voir, ni ce que vous devez à la tendresse infinie que j'ai pour vous. Je sais la réduire à la droite raison, quoi qu'il m'en coûte ; et j'ai quelquefois de la force dans ma foiblesse, comme ceux qui sont les plus philosophes. Après cette déclaration sincère, je vous avoue que je suis pénétrée de joie, et que la raison se rencontrant avec mes desirs, je suis à l'heure que je vous écris parfaitement contente ; et je ne vais être occupée qu'à vous bien recevoir. Savez-vous bien que la chose la plus nécessaire, après vous et M. de Grignan, ce seroit d'amener Monsieur le Coadjuteur? Peut-être n'aurez-vous pas toujours la Garde ; et s'il vous manque, vous savez que M. de Grignan n'est pas sur ses intérêts comme sur ceux du Roi son maître : il a une religion et un zèle pour ceux-ci qui ne se peut comparer qu'à la négligence qu'il a pour les siens. Quand il veut prendre la peine de parler, il fait très-bien ; personne ne peut tenir sa place : c'est ce qui fait que nous le souhaitons. Vous n'êtes point sur le pied de Mme de Cauvisson[9], pour agir toute seule : il vous faut encore huit ou dix années ; mais M. de Grignan, vous et Monsieur le Coadjuteur, voilà ce qui seroit d'une utilité admirable. Le cardinal de Retz arrive ; il sera ravi de vous voir. Au reste, ne nous faites point de bravoure ridicule ; ne nous donnez point d'un pont d'Avignon ni d'une montagne de Tarare[10] ; venez sagement ; c'est à M. de Grignan que

9. Madeleine de l'Isle, sœur d'un marquis de Marivaux (tué à Senef), et d'un autre dont il est question dans la lettre du 1er juillet 1676, mariée en 1661 à Jean-Louis Louvet de Murat Nogaret, marquis de Cauvisson, lieutenant de Roi au gouvernement de Languedoc.

10. Voyez tome II, p. 80, et 92 et suivante. — Ce passage, depuis

je recommande cette barque ; c'est lui qui m'en répondra. J'écris à Monsieur le Coadjuteur, pour le conjurer de venir : il nous facilitera l'audience de deux ministres ; il soutiendra l'intérêt de son frère. Monsieur le Coadjuteur est hardi, il est heureux ; vous vous donnez de la considération les uns aux autres. Je parlerois d'ici à demain là-dessus : j'en écris à Monsieur l'Archevêque : gagnez cela sur le Coadjuteur, et lui faites tenir ma lettre.

1674

Monsieur le Prince revient de trente lieues d'ici. M. de Turenne n'est point parti. M. de Monterey s'est retiré. M. de Luxembourg est dégagé [11]. Mon fils sera ici dans deux jours.

On a volé dans la chapelle de Saint-Germain, depuis vingt-quatre heures, la lampe d'argent de sept mille francs, six chandeliers plus hauts que moi : voilà une extrême insolence. On a trouvé des cordes du côté de la tribune de Mme de Richelieu. On ne comprend pas comme cela s'est pu faire : il y a des gardes qui vont et viennent, et tournent toute la nuit.

Savez-vous bien que l'on parle de la paix ? M. de Chaulnes arrive de Bretagne, et repart pour Cologne [12].

DE CORBINELLI.

Mademoiselle de Méri ne peut pas encore vous écrire. Le rhume l'accable, et je lui ai promis de vous le mander.

Au reste, manque dans l'édition de 1754 ; il y est remplacé par ces mots : « Ma fille, quelle joie ! mais sur toute chose, venez sagement. »

11. Le comte de Monterey, s'étant vu obligé de mettre ses troupes en quartier d'hiver, était retourné à Bruxelles, et le duc de Luxembourg avait ramené son armée à Tongres en très-bon ordre, et de là s'était rendu à Charleroi, d'où il se préparait à partir pour la cour. Voyez la *Gazette* du 20 janvier.

12. C'est seulement à la date du 21 janvier que la *Gazette* annonce l'arrivée du duc de Chaulnes à Saint-Germain. « Il se prépare, ajoute-t-elle, à retourner bientôt à Cologne. »

Venez, Madame, tous vos amis font des cris de joie, et vous préparent un triomphe. M. de Coulanges et moi, nous songeons aux couplets qui l'accompagneront [13].

371. — DE MADAME DE SÉVIGNÉ
A MONSIEUR DE GRIGNAN.

A Paris, ce 15ᵉ janvier.

Je reconnois bien, mon cher Comte, votre politesse ordinaire, et la bonté de votre cœur, qui vous rend sensible à toute la tendresse du mien. Je sens avec plaisir toutes les douceurs de votre aimable lettre; et ce n'est point pour les payer que je vous jure que pour ma seule considération j'aurois cédé cette année aux raisons de ma fille, si l'intérêt de vos affaires n'avoit décidé. Vous connoissez M. de la Garde, et comme il seroit d'humeur à vous déranger tous deux, s'il n'étoit question que du plaisir de me venir voir. Il a été persuadé, et l'est plus que jamais, de la nécessité de votre voyage. Vous seul avez bonne grâce à parler au Roi de vos affaires. Mme de Grignan tiendra sa place d'une autre manière, et si vous pouviez amener Monsieur le Coadjuteur, votre troupe seroit complète : voilà mon sentiment et celui de tous vos amis. M. de Pompone est du nombre, et sera très-aise de vous voir tous. Au reste, c'est à vous que je confie la conduite du chemin ; n'allez point en carrosse sur le bord du Rhône ; évitez une eau qui est à une lieue de Montélimar : cette eau, ce n'est que le Rhône, où ils firent entrer mon carrosse l'année dernière ; mes chevaux na-

---

13. On lit cette apostille de Corbinelli dans la première édition de Perrin (1734); mais il l'a omise dans sa seconde (1754).

geoient agréablement[1]. Au nom de Dieu, ne vous moquez pas de mes précautions : ce n'est qu'avec de la sagesse et de la prévoyance qu'on voyage bien. Adieu, mon cher Comte ; je puis donc espérer de vous embrasser bientôt : quelle obligation ne vous ai-je point? Si j'ai pour vous une véritable amitié, et une inclination naturelle, vous savez bien au moins que ce n'est pas d'aujourd'hui.

372. — DE MADAME DE SÉVIGNÉ ET DE CORBINELLI A MADAME DE GRIGNAN.

A Paris, vendredi 19° janvier.

DE MADAME DE SÉVIGNÉ.

Je serois bien fâchée, ma fille, qu'aucun courrier fût noyé ; ils vous portent tous des lettres et des congés qu'il faut que vous receviez. Vous êtes admirable de vous souvenir de ce que j'ai dit de cette Durance. Pour moi, je n'oublie rien de tout ce qui a seulement rapport à vous : jugez donc si je me souviens de Nove[1] et de notre Espagnol, et de nos chartreux, et de nos chansons de Grignan, et de mille et mille autres choses! Vous voudriez donc que je visse votre cœur sur mon sujet; je suis persuadée que j'en serois contente ; vous n'êtes point une *diseuse*, vous êtes assez sincère ; et en un mot, sans étendre ce discours, que je rendrois asiatique[2], si je voulois,

---

Lettre 371. — 1. Voyez la lettre du 10 octobre précédent.
Lettre 372 (revue en grande partie sur une ancienne copie). —
1. Dans le canton de Château-Renard et l'arrondissement d'Arles.
2. Au livre XII, chap. x, de *Quintilien*, de la traduction de l'abbé de Pure (Paris, 1663, p. 395), le style *asiatique* est ainsi défini, par opposition au style attique : « Les anciens ont fait cette différence des Asiatiques et des Attiques, que ceux-ci sont serrés et pleins ; ceux-là

je suis assurée que vous m'aimez tendrement ; mais vous êtes cruelle de recevoir avec tant de chagrin des riens que je donne à mes *pichons*. Je vous prie de n'en plus parler, et de songer que toute ma cassette ne valoit pas un des petits chariots que le Coadjuteur leur a donnés : voilà qui est donc fini, et qu'il n'en soit point question, s'il vous plaît, dans ma tutelle³. C'est tout de bon que je m'en vais la rendre ; mais je crains vos chicanes : vous trouverez à dire à tout, et M. de Grignan ne songe, à l'heure qu'il est, qu'à me plaider : je vous connois tous deux ; le *bien Bon* en tremble, et se prépare à recevoir un affront : il meurt d'envie que vous soyez ici. Je l'aime de tout mon cœur, car tout roule là-dessus. M. de la Garde est plus que jamais persuadé que vous ferez tous deux des merveilles ici. Il voudroit aussi bien que moi que le Coadjuteur fût du voyage ; cela seroit digne de son amitié, et achèveroit tout ce qu'il a si bien fait à Lambesc : il a des amis et de la considération ; il parle aux ministres ; il est hardi, il est heureux ; enfin je vous en écrivis l'autre jour amplement. Nous fîmes le discours que M. de Grignan doit faire au Roi ; il a un style propre pour plaire à Sa Majesté, c'est-à-dire doux et respectueux ; le vôtre sera un peu plus animé : enfin nous prîmes tous vos tons, et nous trouvâmes que cela composoit ce qui est nécessaire et ce qu'on peut souhaiter.

Vous savez bien que Monsieur le Prince est revenu, et que voilà qui est fait. J'attends mon fils à tout moment. Vous savez ce vol qu'on a fait dans la chapelle de Saint-Germain. On m'a assuré que le Roi savoit qui c'étoit ; qu'il

---

enflés et vides ; que dans les derniers il n'est rien de superflu, dans les premiers rien de judicieux ni de modéré.... Ils (les premiers) ont fait du circuit pour des choses droites et ont périphrasé ce qui avoit son mot propre, et cette manière leur est demeurée. »

3. Voyez la lettre du 27 novembre précédent, p. 292.

avoit fait cesser les poursuites ; que c'étoit un homme de qualité, mais qui n'étoit pas de sa maison. La princesse d'Harcourt danse au bal, et même toutes les petites danses : vous pouvez penser combien on trouve qu'elle a jeté le froc aux orties, et qu'elle a fait la dévote pour être dame du palais. Elle disoit, il y a deux mois[4] : « Je suis une païenne auprès de ma sœur d'Aumont. » On trouve qu'elle dit bien présentement ; la *sœur* d'Aumont n'a pris goût à rien ; elle est toujours de méchante humeur, et ne cherche qu'à ensevelir des morts[5]. La princesse d'Harcourt n'a point encore mis de rouge. Elle dit à tout moment : « J'en mettrai si la Reine et M. le prince d'Harcourt me le commandent ; » la Reine ne lui commande point, ni le prince d'Harcourt, de sorte qu'elle se pince les joues, et l'on croit que M. de Sainte-Beuve[6] entrera dans le tempérament. Voilà bien des folies que je ne voudrois dire qu'à vous, car la fille de Brancas est sacrée pour moi : je vous prie que cela ne retourne jamais. Ces bals sont pleins de petits enfants ; Mme de Montespan y est négligée, mais placée en perfection : elle dit que Mlle de Rouvroi[7] est déjà trop vieille pour danser à ce

4. Perrin a remplacé *mois* par *jours*.
5. Voyez la lettre du 5 janvier précédent, p. 347.
6. « Véritable autorité *classique* de son vivant en matière de conscience, et oracle consulté dans tous les cas épineux. » (*Port-Royal*, tome III, p. 92.) — Jacques de Sainte-Beuve, né à Paris en 1613, mort le 15 décembre 1677, fut docteur de Sorbonne à vingt-cinq ans et à trente professeur royal en théologie. Ayant refusé en 1656 de signer la censure d'Arnauld, il fut par lettre de cachet exclu de sa chaire ; mais il signa le formulaire cinq ans plus tard. « Il inclinait aux jansénistes, en se réservant toutefois une certaine ligne moyenne et une sorte de tiers-parti. » (*Même ouvrage*, tome II, p. 153 ; voyez encore tome IV, p. 69 et suivantes et p. 305.)
7. Mlle de Rouvroi, qui, en 1675, fut mariée au comte de Saint-Vallier, capitaine des gardes de la porte. Voyez la lettre du 12 juin 1675.

bal; Mademoiselle⁸, Mademoiselle de Blois, les petites de Piennes, Mlle de Roquelaure (un peu trop vieille, elle a quinze ans⁹). Mademoiselle de Blois est un chef-d'œuvre : le Roi et tout le monde en est ravi ; elle vint au milieu du bal dire à Mme de Richelieu : « Madame, ne sauriez-vous me dire si le Roi est content de moi ? » Elle passe près de Mme de Montespan, et lui dit : « Madame, vous ne regardez pas aujourd'hui vos amies ; » enfin, avec des petites *chosettes* sorties de sa belle bouche, elle enchante par son esprit, sans qu'on croie qu'on en puisse avoir davantage. Je fais réparation à ma grande Mademoiselle : elle ne danse plus, Dieu merci¹⁰. On ne voit point les autres enfants ; on voit un peu Mme Scarron. J'irai quand je voudrai.

J'ai eu une très-bonne conversation avec le *Brouillard*¹¹ ; elle a remonté au *Dégel*, et peut-être plus haut.

---

8. Sans doute la petite : voyez la note 19 de la lettre 368.

9. Elle devait être plus âgée. D'après Moréri, Marie-Charlotte, fille du duc de Roquelaure, épousa le 8 mars suivant (1674) le duc de Foix et mourut en janvier 1710, à l'âge de cinquante-cinq ans.

10. Mademoiselle de Montpensier allait avoir quarante-sept ans le 29 mai, et n'était que de seize mois plus jeune que Mme de Sévigné. — Les mots : « Je fais réparation.... » se rapportent à la fin de la lettre 369, où il est dit que « M. le prince de Conti menoit la grande Mademoiselle. »

11. Le *Brouillard*, le *Dégel*, la *Feuille*, l'*Orage*, chiffres. (*Note de Perrin.*) — « Je crois que le *Brouillard* indique Mme de la Fayette ; elle était presque toujours malade ; cet état de souffrance habituelle donnait à son caractère beaucoup d'inégalité, et ses amis ne jugeaient pas toujours avec la même facilité des dispositions où elle se trouvait à leur égard. Cette personne légère et frivole qui est désignée par la *Feuille* ne peut être que Mme de Coulanges (*voyez la lettre du 8 janvier précédent*, p. 359), l'amie de M. de la Trousse, alors sur le point d'en être négligée. L'*Orage* a été entendu de l'abbé Têtu ; je penserais plutôt que ce mot désigne M. le Tellier, archevêque de Reims, frère de Louvois. La conversation qu'il avoit eue avec M. de la Garde sur le siége d'Orange faisait craindre à Mme de Grignan qu'il ne fût contraire aux intérêts de son mari ; et elle n'était pas assez rassurée

Rien n'est plus important que le chemin qui vous est sûr par le *Brouillard*, qui est en vérité tout plein de zèle et d'affection pour vous, et qui entre parfaitement bien dans tous nos sentiments. J'ai cru que je ferois bien de commencer cette confidence, qu'il faut que vous acheviez et que vous ménagiez. Il est intime du *Dégel*, et j'aime mieux aller par lui que par elle pour certains détails et certains loisirs qu'il sait fort bien ménager. Il aime à faire plaisir [12], et s'en feroit un grand de vous être bon, et à M. de Grignan, sur quelque chose de solide. Il est piqué de ce qui nous pique, et jamais on ne dit bien que lorsqu'on est entré dans nos sentiments. Ce sera là une de vos affaires. La *Feuille* est la plus frivole et la plus légère marchandise que vous ayez jamais vue ; elle a passé ses beaux jours et sa réputation, et ne sera point une honnête feuille. Celui qui gouverne le tronc de son arbre s'en va le planter pour reverdir, et se veut dépêtrer de

par tout ce que sa mère lui avait écrit là-dessus, et qu'elle lui répète encore dans cette lettre ; ce chiffre était d'ailleurs en parfaite analogie avec le caractère impétueux de l'archevêque. » (*Note de l'édition de 1818.*) — Pour ce qui est du premier de tous ces chiffres, on peut objecter à l'explication qui précède, qu'un peu plus loin dans cette lettre, et dans celle du 26 janvier suivant (rétablies toutes deux d'après notre ancienne copie, voyez p. 392), *il* et *lui* se rapportent au *Brouillard*; or, comme on a pu le remarquer plus haut, Mme de Sévigné fait d'ordinaire accorder les pronoms avec la personne même dont elle parle, non avec le mot plus ou moins caractéristique qu'elle a choisi pour la désigner : le *Brouillard* ne peut donc être qu'un homme. Nous nous sommes déjà demandé si ce ne serait pas de Brancas qu'il s'agirait (voyez p. 359, note 21). Entre toutes les conjectures que nous avons tentées, c'est celle qui nous paraît la plus probable. Il était ami intime de Mme Scarron et fort bien en cour (voyez *Madame de Caylus*, tome LXVI, p. 440, et Saint-Simon, tome IV, p. 120); il nous semble aussi que le chiffre s'appliquerait assez naturellement à un homme habituellement distrait, dont la rêverie brouille quelquefois l'esprit et embarrasse la parole.

12. Dans le manuscrit : « Il aime faire plaisir. »

ce soin, qu'il croit au-dessous de lui, et ne veut point semer en terre ingrate; cet *Orage*, je pense que c'est son nom, est dans vos intérêts plus que vous ne sauriez croire.

L'abbé de Valbelle [13] sort d'ici, qui ne croit pas que le Roi ait dit qu'il sache celui qui a pris la lampe ; mais il m'a conté qu'hier[14] Sa Majesté, à la messe, leur donna[15] un imprimé, en riant, qu'un inconnu a répandu à Saint-Germain, où la noblesse supplie le Roi de réformer l'immodestie de son clergé, qui devant qu'il entre à la chapelle, cause et parle haut, et ne regarde pas l'autel; qu'elle leur ordonne d'être au moins, quand il n'y a que Dieu dans la chapelle, comme quand le Roi y est entré. Cette requête est extrêmement bien faite ; les prélats en sont en furie, surtout quelques-uns qui prenoient ce temps pour parler de bas en haut aux musiciens, au grand scandale de l'Église gallicane.

Il m'a dit encore que l'archevêque de Reims rompoit à feu et à sang avec le Coadjuteur, s'il ne venoit avec vous. Si j'avois encore quelque chose à dire là-dessus, au delà de ce que j'ai dit, je le ferois sans doute ; mais pourvu que mes lettres ne soient pas perdues, et que vous receviez celles que j'ai adressées sottement à Montélimar, je n'ai plus rien à dire. Je trouve qu'il faudroit qu'il se résolût, le Coadjuteur, de demeurer en ce quartier, et que votre

13. Louis-Alphonse de Valbelle (*Montfuron*), aumônier ordinaire du Roi, depuis évêque d'Alet (*de 1680 à 1684*), et transféré dans la suite à Saint-Omer. (*Note de Perrin.*) — Il fut encore agent général du clergé et maître de l'Oratoire du Roi. Il mourut à soixante-cinq ans en octobre 1708. Il était l'un des frères puînés du marquis de Montfuron (qui avait épousé une cousine germaine du comte de Grignan : voyez plus haut, p. 183, note 3) et de François, qui fut infirmier de Saint-Victor-lez-Marseille.

14. Dans le manuscrit : « que hier. »

15. « Donna à ses aumôniers. » (*Édition de 1754.*)

équipage fût avec lui. Vous en auriez[16] tous deux un bien meilleur marché. Je suis délicieusement occupée du plaisir de vous recevoir, et de faire que vous ne receviez aucune incommodité, et que vous trouviez tout ce que vous aurez besoin[17], sans avoir la peine de le chercher.

Ce que l'on a jugé en Languedoc vous doit être bon, selon toutes les règles. Voilà un temps favorable, et M. de Pompone sera toujours pour la justice : c'est tout ce que vous demandez pour votre hôtel de ville.

L'histoire de R*** est plaisante : l'Évêque pesta, jura, tempêta, furibonda, et fut contraint de venir à vous; et vous fîtes bien de donner grâce.

R***, de tes conseils voilà le juste fruit;

n'est-ce pas cet honnête homme-là[18]?

Voilà Corbinelli qui vous écrit sur le triomphe des lieutenants de Roi. Cette décision règle toutes vos affaires, et jamais rien n'a été si favorable que cette conjoncture; mais apportez bien des paperasses de ce que vous trouverez sur vos registres qui vous sera avantageux : les paroles servent de peu quand il s'agit de prouver. On a admiré ici votre honnêteté, en avouant qu'avec de méchants cœurs comme ceux de ces gens-là, on perd tout par être généreux. Je suis bien tendrement à vous, ma très-aimable, et j'embrasse tout autant de Grignans qu'il y en a autour de vous.

DE CORBINELLI.

LA décision contre les évêques de Languedoc, en faveur du commissaire du Roi, est un bon titre pour

---

16. *Auriez* est une conjecture. Dans le manuscrit on lit *seauriez*.

17. Tel est le texte du manuscrit. Est-ce une faute du copiste (*que* pour *dont*), ou une ellipse familière : « tout ce que vous aurez besoin (de trouver)? »

18. C'étoit un greffier des États de Provence. (*Note de Perrin.*)

celui de Provence. Autre victoire, autre triomphe, autre gloire pour nous, et nouveau chagrin pour nos ennemis : tout va s'aplanir insensiblement; et si par hasard il faut que nous perdions quelque chose en Provence, nous le recouvrerons ici. Venez seulement, et nous politiquerons d'un air à faire trembler tout ce qui nous hait. Je ne sais si Madame votre mère vous a fait une belle peinture du bal de Saint-Germain; mais je sais bien que vous ranimerez tout par votre présence. J'ai admiré ce qui s'est passé dans l'affaire de R***. Si vous aviez retenu mes leçons touchant les générosités de province, vous auriez promis votre protection et vous auriez magnifiquement manqué à votre parole, sous quelque beau prétexte. Vous oubliez les belles maximes et les plus sûres. Le Roi vous reprochera un jour cette conduite. Vous immolez toute la province à un faux éclat d'honnêteté; il falloit dire que vous ne pouviez accorder cette grâce en conscience; mais l'ayant accordée, que ne la révoquez-vous sous main? que ne cherchez-vous dans les mystères de la politique une trahison honnête pour faire déposséder le greffier? O belles âmes, indignes de régner en Provence !

*373. — DE MADAME DE SÉVIGNÉ
A MADAME DE GRIGNAN.

[A Paris.... janvier [1].]

C'est une belle chose que de conserver les cœurs des consuls quand on reçoit ici des chagrins, et que la divine

LETTRE 373 (revue sur une ancienne copie). — 1. La lettre est sans date dans le manuscrit qui nous l'a conservée. Dans le Recueil de lettres inédites (1827) où elle a paru pour la première fois, on l'a

présence de l'Évêque viendroit triompher. Il ne sauroit trop tôt venir après avoir fait une si belle résidence. Je faisois remarquer à M. d'Andilly qu'il n'a pas été quinze jours à Marseille.

J'admire tout ce qu'on m'avoit assuré des chagrins de M. Marin², et comme on m'avoit assuré que le mariage de sa fille étoit rompu : tout cela est faux ; on est trompé d'une rue à l'autre, comme de Paris à Aix. Il n'est point vrai que M. de Vivonne veuille changer son gouvernement³ ; du moins on n'en parle pas. Le Roi ne pouvoit pas ignorer vos brouilleries avec l'Évêque, puisque M. Colbert a écrit pour vous réconcilier, et que Sa Majesté a ordonné à l'Intendant de vous raccommoder⁴ ; et puis le Roi voit bien par le procédé de l'Évêque que vous n'êtes pas bons amis. Ah! quel homme que ce Marseille! depuis qu'une relation a passé par ses mains, elle n'est plus reconnoissable. La pauvre vérité est altérée de toutes parts, et toujours sous des apparences de sincérité qui font des dupes des plus honnêtes gens du monde, et qui me font sauter aux nues. Je n'ai rien sur ma conscience pour n'avoir pas détrompé qui j'ai pu, et je ne puis pas me reprocher d'avoir perdu aucune version, ni négligé aucun ton, ni aucune

---

datée du mercredi 6 janvier ; c'est une erreur, pour deux raisons tout au moins : d'abord le 6 janvier en 1674 est un samedi, et non un mercredi ; puis, le duc de Vivonne ne fut nommé que le 10 janvier au gouvernement (de Champagne et de Brie) dont il est parlé dans une des premières phrases du second alinéa. Sans fixer le jour, nous supposons que cette lettre pourrait être de la semaine qui commence au dimanche 14 janvier.

2. Le premier président du parlement d'Aix. On lit dans la copie : « M. *de* Marin. »

3. Voyez la note 1.

4. Voyez la lettre de Colbert à l'évêque de Marseille du 1ᵉʳ janvier 1674 (Walckenaer, tome V, p. 49), les lettres du comte de Grignan à Colbert (nᵒˢ 361 et 363), et la note 2 de la lettre 357.

rhétorique, pour éclairer les aveugles. Vous couronnerez l'œuvre, et M. de Grignan parlera une bonne fois à Sa Majesté.

J'ai été une heure aujourd'hui avec M. de Pompone. Il m'a parlé de l'affaire du conseil d'Aix ; il voudroit qu'elle ne fût point arrivée présentement. Je crains que l'on ne fasse voir que c'est vous qui poussez partout les restes de la cabale d'Oppède[5] ; et comme on en est encore content, et que c'est avec ce ramassis de sac et de corde qu'on servoit Sa Majesté, on pourroit craindre qu'on ne rétablît le règlement, malgré l'arrêt du parlement, et ce seroit le clouer et le protéger pour toujours. Il ne falloit point toucher à cet article. C'est la *Pluie*[6] qui dit cela ; et moi je vous ôte cette affaire de dessus le dos tant que je puis, en disant tout ce qu'il faut dire ; mais Dieu sait le beau champ que trouvera l'Évêque à parler là-dessus ! Ce que j'ai obtenu, c'est qu'il vous attendra pour parler de cette affaire, quoiqu'il en soit pressé par plusieurs lettres qu'on lui a écrites de toutes parts. Quand on peut[7] dire que vous n'avez point de part à ce que fait M. de Ragusse, on rit au nez. Enfin venez, ma bonne.

5. Qui était premier président du parlement d'Aix avant Marin : voyez la *Notice*, p. 125. — Le baron d'Oppède avait fini par se lier d'amitié avec Mme de Grignan, mais ce n'était pas une raison pour que ses partisans (ce que Mme de Sévigné appelle sa cabale) en eussent fait autant.

6. Pompone.

7. C'est la leçon du manuscrit. Ne faut-il pas *veut*, au lieu de *peut?*

374. — DE MADAME DE SÉVIGNÉ
A MADAME DE GRIGNAN.

1674

A Paris, lundi 22e janvier.

Je ne sais si l'espérance de vous embrasser, qui me dilate le cœur, me donne une disposition tout extraordinaire à la joie; mais il est vrai, ma fille, que j'ai extrêmement ri de ce que vous me dites de Pellisson et de M. de Grignan[1] : Corbinelli en est ravi, et ceux qui verront cet endroit seront heureux. On ne peut pas se mieux jouer que vous faites là-dessus, ni le reprendre plus plaisamment en deux ou trois endroits de votre lettre : fiez-vous à nous, il est impossible d'écrire plus délicieusement. C'est une grande consolation pour moi que la vivacité de notre commerce, dont je ne crois pas qu'il y ait d'exemple. Vous dites trop de bien de mes lettres : je ne trouve à dire que cela dans les vôtres; cependant je vous avoue (voyez quelle bizarrerie) que je meurs d'envie de n'en plus recevoir; et en disant cela, je prétends élever bien haut les charmes de votre présence.

Ce que vous dites au sujet de la *Grêle*[2], qui parle selon ses desirs et selon ses vues, sans faire aucune attention ni sur la vérité ni sur la vraisemblance, est très-bien observé. Je pense, pour moi, qu'il n'y a rien tel que d'être insolent : ne seroit-ce point là comme il faut être ? J'ai toujours haï ce style; mais s'il réussit, il faut changer d'avis. Je prends l'affaire de votre ami l'*assassinateur*[3],

---

Lettre 374 (revue en partie sur une ancienne copie). — 1. Il y a apparence que Mme de Grignan avait répondu par une plaisanterie sur le mot de Guilleragues, rapporté à la fin de la lettre du 5 janvier précédent, et qu'elle comparait son mari à Pellisson; tous les deux étaient laids, mais d'une laideur aimable. (*Note de l'édition de* 1818.)
2. L'évêque de Marseille.
3. Voyez plus haut, p. 341 et 352.

1674 pour la mettre dans mon livre de l'*Ingratitude*⁴. Je la trouve belle ; mais ce qui me frappe, c'est la délicatesse de cet homme qui ne veut pas qu'on soit amoureux de sa mère, et qui poignarde son ami et son bienfaiteur : les consciences de Provence sont admirables. Celle de la *Grêle* est en miniature sur le moule de celle-ci ; ses scrupules, ses relâchements, ses propositions, ses oppositions : en augmentant et noircissant les doses, on en feroit fort bien votre ami le scélérat.

Ma fille, laissons ce discours : vous venez donc, et j'aurai le plaisir de vous recevoir, de vous embrasser, et de vous donner mille petites marques de mon amitié et de mes soins. Cette espérance répand une douce joie dans mon cœur ; je suis assurée que vous le croyez, et que vous ne craignez point que je vous chasse.

J'ai été aujourd'hui à Saint-Germain ; toutes les dames m'ont parlé de votre retour. La⁵ comtesse de Guiche m'a priée de vous dire qu'elle ne vous écrira point, puisque vous venez querir votre réponse : elle est au dîner, quoique *Andromaque*⁶ ; la Reine l'a voulu. J'ai donc vu cette scène. Le Roi et la Reine mangent tristement, je n'oserois dire leur avoine. Mme de Richelieu est assise, et puis les dames, selon leur dignité ; quand elles sont debout, les autres sont assises ; celles qui n'ont point dîné sont prêtes à s'élancer sur les plats ; celles qui ont dîné ont mal au cœur, et sont suffoquées de la vapeur des viandes : ainsi cette troupe est suffisante⁷. Mme de

---

4. Voyez les passages indiqués au tome II, p. 49, note 15.

5. Le morceau suivant, dans l'édition de Rouen (1726), fait partie de la lettre du 3 janvier 1672 ; dans celle de la Haye (1726), il est daté du mercredi 9 mars (sans indication d'année) ; dans la première de Perrin, il termine notre lettre 377.

6. C'est-à-dire, quoique en habit de veuve. (*Note de Perrin*, 1754.)

7. Tel est le texte du manuscrit ; l'édition de Rouen (1726) et la

Crussol étoit coiffée dans l'excès de la belle coiffure; elle sera parée mercredi toute de rubis; elle a pris tous ceux de Monsieur le Duc et de Mme de Meckelbourg. Je soupai hier avec cette princesse chez Gourville, avec les Fayette et Rochefoucauld. Nous épuisâmes tout le chapitre d'Allemagne, sans en excepter une seule principauté.

1674

Sa Majesté a donné à M. le comte du Vexin⁸ la charge des Suisses, qu'avoit M. le comte de Soissons⁹. C'est M. de Louvois qui l'exerce.

J'attends le pauvre *pichon* à tout moment, et que béni soit l'*hora e il giorno, e l'anno e il momento*, où j'embrasserai ma *pichonne*¹⁰. Voilà notre d'Hacqueville; il est fort réjoui de votre lettre pour Maubuisson, je n'en écrirai plus rien. J'ai déjà adressé deux paquets à Saint-Gesmes; voici le troisième. Vous avez votre congé; c'est à vous à faire le reste. Emmenez le Coadjuteur, si vous voulez bien faire. L'archevêque de Reims étoit en furie aujourd'hui de ce que je ne l'assurois¹¹ pas de son retour.

Adieu, ma chère aimable et la plus aimée; je vous quitte pour causer avec d'Hacqueville et Corbinelli : ils

seconde de Perrin (1754) portent : « Ainsi cette troupe est souffrante; » celle de la Haye (1726) : « est trop souffrante. »

8. Louis-César de Bourbon, fils de Mme de Montespan, né en 1672 (voyez la note 18 de la lettre 366); mais ce fut son frère aîné, le duc du Maine, qui eut la charge de colonel général des Suisses; on lui donna à lui l'abbaye de Saint-Germain des Prés (voyez la fin de la lettre suivante). Dans le manuscrit et dans l'édition de la Haye on a corrigé le texte en conséquence et remplacé le *comte du Vexin* par le *duc du Maine*.

9. Eugène-Maurice de Savoie, comte de Soissons, mort le 7 juin 1673. (*Note de Perrin.*)

10. On lit *bichonne* dans l'édition de la Haye, la seule qui donne ce paragraphe. — Voyez la note 2 de la lettre 330.

11. Nous avons substitué par conjecture *j'assurois* à *j'assignois*, qui est dans l'édition de la Haye.

ne font point de façon de m'interrompre dans ma pensée que vous venez. J'embrasse M. de Grignan ; je lui recommande la barque : ne soyez pas hasardeuse, ne vous exposez pas mal à propos : ah ! quelle folie ! La Garde vous conseille bien d'emmener le moins de gens que vous pourrez.

375. — DE MADAME DE SÉVIGNÉ
A MADAME DE GRIGNAN.

A Paris, vendredi 26° janvier.

D'HACQUEVILLE et la Garde sont toujours persuadés que vous ne sauriez mieux faire que de venir : venez donc, ma chère enfant, et vous ferez changer toutes choses. *Si me miras, me miran*[1] : cela est divinement bien appliqué : il faut mettre votre cadran au soleil, afin qu'on le regarde. Votre intendant[2] ne quittera pas sitôt la Provence : il a mandé à Mme d'Herbigny que vous lui faisiez tort de croire que la justice seule le mît dans vos

LETTRE 375 (revue en très-grande partie sur une ancienne copie). — 1. *Si tu me regardes, (tous) me regardent.* — A l'espagnol *si* les éditeurs ont substitué l'italien *se*. — « Au carrousel qui fut fait à Paris dans la place Royale l'an 1612 pour les mariages de Louis XIII avec Anne d'Autriche, et de Madame de France avec le prince d'Espagne.... parmi les *chevaliers du Soleil*, M. le comte de Croisi prit un cadran au soleil : *Si me miras, me miran*.... Cette devise (*espagnole*) est fort semblable à celle de Louise de Vaudemont, femme de Henri III, qui avait un cadran au soleil, avec ce mot : *Aspice ut aspiciar.* « Regarde-« moi, je serai regardé.... » Un gentilhomme florentin.... fit la devise du cadran au soleil, avec ce mot : *Si aspicis, aspiciar*, « Si tu me re-« gardes, je serai regardé, » pour exprimer que si son prince le regardoit de bon œil, il seroit considéré de tout le monde. » (Le P. Bouhours, *VIe Entretien d'Ariste et d'Eugène*, p. 413 et suivante de l'édition de 1748.)

2. L'intendant de Provence, Rouillé de Mélai. — Mme d'Herbigny était sa sœur.

intérêts, puisque votre beauté et votre mérite y avoient part.

Il n'y eut personne au bal de mercredi dernier. Le Roi et la Reine avoient toutes les pierreries de la couronne. Le malheur voulut que ni Monsieur, ni Madame³, ni Mademoiselle, ni Mmes de Soubise, Sully, d'Harcourt, Ventadour, Coetquen, Grancey, ne purent s'y trouver par diverses raisons : ce fut une pitié ; Sa Majesté en étoit chagrine.

Je revins hier du Mesnil⁴, où j'étois allée pour voir le lendemain M. d'Andilly⁵. Je fus six heures avec lui, avec toute la joie que peut donner la conversation d'un homme admirable. Nous parlâmes fort de l'Évêque ; je lui ai fait faire quelques signes de croix en lui représentant ses dispositions épiscopales, et le procédé canonique qu'il a eu avec M. de Grignan. Je vis aussi mon oncle de Sévigné⁶,

3. Cependant la *Gazette* du 27 janvier 1674 dit que le soir du mercredi 24 on continua à Saint-Germain les divertissements du carnaval par un grand bal, où Leurs Majestés étoient accompagnées de Monseigneur le Dauphin, de *Monsieur* et de *Madame*, et de tous les seigneurs et dames de la cour.

4. Du Mesnil-Saint-Denis, à une lieue (à l'ouest) de Port-Royal. — Les parents de l'abbé de Montmor y avaient une terre, et ce fut sans doute chez eux que coucha Mme de Sévigné. Voyez tome II, p. 138, note 14 ; la lettre du 7 août 1675 ; et Walckenaer, tome V, p. 411 et suivante.

5. C'était le 25 mai de l'année précédente qu'Arnauld d'Andilly était venu de Pompone, avec son fils de Luzancy, s'établir définitivement à Port-Royal des Champs : il y mourut le 27 septembre suivant. Voyez au tome IV du *Port-Royal* de M. Sainte-Beuve, le commencement du chapitre IX.

6. Sur la retraite de Renault de Sévigné à Port-Royal de Paris (1661), puis aux Champs (1669), où il mourut (le 16 mars 1676) et où il fut enterré, dans le cloître des religieuses, qu'il avait fait reconstruire, voyez le *Port-Royal* de M. Sainte-Beuve, tome IV, p. 488 et suivantes. — Les pages suivantes du même ouvrage donnent d'intéressants détails sur Mlle de Vertus, qui est nommée un peu plus loin par Mme de Sévigné.

1674 mais un moment. Ce Port-Royal est une Thébaïde; c'est le paradis; c'est un désert où toute la dévotion du christianisme s'est rangée; c'est une sainteté répandue dans tout ce pays à une lieue à la ronde. Il y a cinq ou six solitaires qu'on ne connoît point, qui vivent comme les pénitents de saint Jean Climaque[7]. Les religieuses sont des anges sur terre[8]. Mlle de Vertus[9] y achève sa vie avec une résignation extrême et des douleurs inconcevables : elle ne sera pas en vie dans un mois. Tout ce qui les sert, jusqu'aux charretiers, aux bergers, aux ouvriers, tout est saint, tout est modeste. Je vous avoue que j'ai été ravie de voir cette divine solitude, dont j'avois tant ouï parler; c'est un vallon affreux, tout propre à faire son salut[10]. Je revins coucher au Mesnil, et hier nous revînmes ici, après avoir encore embrassé M. d'Andilly en passant. Je crois que je dînerai demain chez M. de Pompone; ce ne sera

7. Arnauld d'Andilly avait publié en 1661 l'*Échelle sainte ou les degrés pour monter au ciel, composés par saint Jean Climaque, et traduits du grec en françois* (une première version, revue par le Maître, avait paru en 1652 et en 1654); il y avait joint une vie nouvelle du solitaire, et une justification particulière de la vérité de l'histoire rapportée dans le cinquième degré de l'échelle sainte touchant le monastère des pénitents. « Tout ce qu'on pourrait extraire de profond, de fin et de délicieux du saint Jean Climaque, nous mènerait trop loin : c'est d'un ascétisme charmant, qui n'a de comparable que l'*Imitation* chez les modernes. En traduisant avec tant de grâce et de clarté cet excellent maître du cœur, d'Andilly dut aller à bien des âmes de son temps. Tout ce monde de M. de la Rochefoucauld, de Mme de Sablé, de Mme de la Fayette, dut en être particulièrement frappé, et admirer comment l'antique abbé du Sinaï en savait au moins aussi long qu'eux-mêmes sur les vertus, sur les passions, sur les replis et les ruses de l'amour de soi. » (M. Sainte-Beuve, *Port-Royal*, tome II, p. 282.)

8. Dans le manuscrit : « Les religieuses, des anges sur terre. » Cette tournure elliptique pourrait bien être le vrai texte.

9. Voyez la lettre du 20 juin 1672, p. 113, note 3.

10. Dans l'édition de 1754 : « Tout propre à inspirer le goût de faire son salut. »

pas sans parler de son père et de ma fille : voilà deux chapitres qui nous tiennent à cœur. J'attends tous les jours mon fils; il m'écrit des tendresses infinies; il est parti plus tôt, et revient plus tard que les autres; nous croyons que cela roule sur une amitié qu'il a à Sézanne; mais, comme ce n'est pas pour épouser, je m'en mets l'esprit en repos.

1674

Il est vrai que l'on a attaqué M. de Villars et ses gens en revenant d'Espagne : c'étoient les gens de l'ambassadeur [11], qui revenoit de France. Ce fut un assez ridicule combat; les maîtres s'exposèrent, on tiroit de tous côtés; il y a eu quelques valets de tués; mais nous n'avons point ouï parler d'un abbé de Ruvigny. On n'a point fait de compliments à Mme de Villars; elle a son mari, elle est contente. M. de Luxembourg est ici [12]. On parle fort de la paix, c'est-à-dire selon les desirs de la France, plus que sur la disposition des affaires; cependant on la peut vouloir d'une telle sorte qu'elle se feroit.

Vous étiez un peu méchante quand vous m'avez écrit; mais je vous le pardonne; je sens tout ce que vous sentez, et j'en suis méchante aussi. Ces fagots habillés me font enrager comme vous; il y a fagots et fagots; j'aimerois mieux ceux de cent dix sous [13]. Il y a des endroits dans vos lettres qui valent trop d'argent.

11. L'ambassadeur d'Espagne, comte de Molina. — La *Gazette*, après avoir raconté le fait dont parle ici Mme de Sévigné, dans le numéro du 23 décembre 1673, le mentionne de nouveau dans celui du 20 janvier suivant. Elle dit que c'est au passage de la Bidassoa que le marquis de Villars fut attaqué, que « l'abbé de Ruvigny fut tué, et deux ou trois autres personnes. » Le marquis arriva à Saint-Germain le 12 janvier et fut accueilli très-favorablement du Roi.

12. Le duc de Luxembourg arriva à Saint-Germain le 23 janvier. « Sa Majesté lui fit tout le bon accueil possible, et tel qu'il le pouvoit attendre pour les grands services qu'il a rendus depuis deux campagnes si laborieuses. » (*Gazette du 27 janvier*.)

13. Voyez *le Médecin malgré lui*, acte Ier, scène dernière : « Je

1674

J'espère, ma fille, que vous serez plus contente et plus décidée, quand vous aurez votre congé, et personne ne doute ici que votre retour n'y soit très-bon pour vous. Si vous n'étiez bien en ce pays, vous vous en sentiriez bientôt en Provence : *si me miras, me miran;* rien ne peut être mieux dit, il en faut revenir là, et n'avoir point de regret, laisser les fagots placés magnifiquement. Je vous conserve le *Brouillard*[14], qui peut assurément vous rendre de grands services; vous savez l'inclination qu'il a pour vous. M. et Mme de Coulanges vous souhaitent avec impatience : ils vous font tous mille baisemains, et la Sanzei et le *bien Bon*, qui vous est tout acquis. Nous voulons que vous ameniez le Coadjuteur; il vous fortifiera considérablement. Donnez-moi vos ordres, ma mignonne, et vous verrez comme vous serez servie. Une maison pour le Coadjuteur et votre train vous déplairoit-elle? La Garde m'a dit qu'il vous avoit conseillé d'amener le moins de gens que vous pourrez. Il ne voudroit qu'un valet de chambre pour M. de Grignan, disant qu'à Saint-Germain il n'en aura qu'un, et que l'autre lui sera très-inutile à Paris. Il ne faut amener aucun page; c'est une marchandise de province qui n'est point bonne ici; il ne veut point de suite, point d'officiers; il ne voudroit que six laquais pour vous deux; pour moi je vous demande *Bonne fille*, parce que c'est un bon garçon dont je m'accommoderai très-bien. En faisant ainsi, vous ne ferez point le voyage de Paris comme celui de Madagascar; il faut se rendre léger, quitter le *décorisme*[15] de la province, et ne point écouter les plaintes des demeurants; six chevaux vous

---

suis le premier homme du monde pour faire des fagots.... Mais aussi je les vends cent dix sous le cent.... Il y a fagots et fagots; mais pour ceux que je fais, etc. »

14. Voyez la note 11 de la lettre 372.

15. On lit *décorisme* dans notre vieille copie. Serait-ce une faute

suffiroient. Voilà le conseil de votre conseil, et de vos conseillers d'État, dont la bonne tête régleroit encore mieux l'État que votre maison.

On est toujours charmé de Mademoiselle de Blois et du prince de Conti[16]. Il disoit hier à Guilleragues, qui lui disoit qu'il vouloit aller au bal : « Ah ! si vous y entrez, il deviendra une comédie, et peut-être même une farce. » M. de Marsan étoit mal habillé à son gré : « Ah ! que vous soutenez mal l'honneur des Myrmidons[17] ! » Le petit de Roquelaure disoit qu'il auroit un habit neuf

pour *décorum*, que donne Perrin dans ses deux éditions, où cette phrase, ou du moins un passage qui a beaucoup de rapport avec celui-ci, termine le premier paragraphe de la lettre suivante ?

16. Il n'avait pas encore treize ans, étant né le 4 avril 1661. Voyez tome II, p. 491, note 5.

17. Charles de Lorraine, comte de Marsan, né le 8 avril 1648, mort le 13 novembre 1708, dernier fils du comte d'Harcourt (voyez tome II, p. 501, note 8), « frère cadet de Monsieur le Grand et du.... chevalier de Lorraine, qui n'avoit ni leur dignité, ni leur maintien, ni rien de l'esprit du chevalier, qui, non plus que le grand écuyer, n'en faisoit aucun cas. C'étoit un *extrêmement petit homme*, trapu, qui n'avoit que de la valeur, du monde, beaucoup de politesse et du jargon de femmes, aux dépens desquelles il vécut tant qu'il put.... M. de Marsan étoit l'homme de la cour le plus bassement prostitué à la faveur et aux places, ministres, maîtresses, valets, et le plus lâchement avide à tirer de l'argent à toutes mains. Il avoit eu tout le bien de la marquise d'Albret, héritière, qui le lui avoit donné en l'épousant (*le 22 décembre 1682*), et avec laquelle il avoit fort mal vécu (*elle mourut sans enfants le 13 juin 1692*). Il en tira aussi beaucoup de Mme de Seignelay, sœur des Matignon, qu'il épousa ensuite (*le 21 février 1696; elle mourut en décembre 1699, lui laissant deux fils*); et quoique deux fois veuf et de deux veuves, il conserva toujours une pension de dix mille francs sur Cahors, que l'évêque de la Luzerne lui disputa, et que M. de Marsan gagna contre lui au grand conseil. Il tira infiniment des gens d'affaires.... » (Saint-Simon, tome VI, p. 429 et suivante.) Voyez la lettre du 23 décembre 1682, celles (de Coulanges) du 20 février et du 19 mars 1696; et sur la rupture de son mariage avec la vieille maréchale d'Aumont, les lettres des 24 et 27 novembre suivants (1675).

pour le bal : « Ayez un nez, je vous en prie. » Il ne dit rien qui en soit à écrire.

D'Hacqueville vous parlera des nouvelles de l'Europe, et comme l'Angleterre est présentement la grande affaire. Le Roi ne partira pas sitôt. Pour vous, ma chère bonne, je vous crois partie. Il ne tombe pas une goutte de pluie qui ne me fasse mal. J'ai recommandé à M. de Grignan la conduite du voyage, et surtout une litière depuis Montélimar jusqu'à Saint-Vallier[18] : le bord du Rhône n'est pas une chose praticable dans la saison où nous sommes; cela est dangereux. Enfin, ma bonne, je ne pense qu'à vous, et ma joie est parfaite, dans l'espérance de vous bien recevoir et de vous embrasser. Le *petit Bon*[19] est tout à vous : c'est lui qui a déniché la maison[20]; c'est notre fort. Je baise le Comte et le prie de m'aimer. J'espère que vous amènerez le Coadjuteur. Venez, venez, mes chers, et ma très-chère aimable et très-aimée.

C'est M. le duc du Maine[21] qui a les Suisses; ce n'est plus M. le comte du Vexin, lequel, en récompense, a l'abbaye de Saint-Germain des Prés.

18. Saint-Vallier dans la Drôme, sur la rive gauche du Rhône, à la hauteur de Grenoble.

19. Une note de Perrin, à la lettre du 10 décembre 1670, nous apprend qu'on appelait ainsi le comte de Fiesque, fils de la Comtesse.

20. Dans l'édition de la Haye (1726) : « C'est lui qui a déniché ce soir la petite maison. »

21. Par suite de la correction maladroite dont nous avons parlé à la note 8 de la lettre précédente, l'édition de la Haye en a fait ici une autre plus gauche encore. Elle a substitué au duc du Maine le comte du Vexin, et, à la ligne suivante, au comte du Vexin le duc du Maine.

376. — DE MADAME DE SÉVIGNÉ A MADAME DE GRIGNAN.

1674

A Paris, lundi 29ᵉ janvier.

Il me semble, ma fille, que vous deviez compter sur votre congé plus fortement que vous n'avez fait. Le billet que je vous ai envoyé de M. de Pompone vous en assuroit assez : un homme comme lui ne se seroit pas engagé à le demander, sans être sûr de l'obtenir; vous l'aurez eu le lendemain que vous m'avez écrit, et il eût fallu que vous eussiez été toute prête à partir; vous me parlez de plusieurs jours, cela me déplaît. Vous aurez reçu bien des lettres par l'ordinaire du congé, et vous aurez bien puisé à la source du bon sens (c'est-à-dire, Monsieur l'Archevêque) pour votre conduite pour toutes vos affaires [1].

Je crois que M. de Grignan est allé à Marseille et à Toulon : il y a un an, comme à cette heure, que nous y étions ensemble. Vous songez donc à moi en revoyant Salon et les endroits où vous m'avez vue. C'est un de mes maux que le souvenir que donnent les lieux; j'en suis frappée au delà de la raison : je vous cache, et au monde, et à moi-même, la moitié de la tendresse et de la naturelle inclination que j'ai pour vous.

On va fort à l'opéra nouveau; on trouve pourtant que

Lettre 376 (revue en partie sur une ancienne copie). — 1. C'est le texte de 1734. Dans l'édition de 1754, on lit : « pour être conduite sur toutes vos affaires. » — Les deux éditions de Perrin donnent de plus, à la suite de cette phrase : « Vous aurez vu ce que la Garde vous conseille sur le nombre de vos gens (*dans* 1754: « pour amener peu de gens »); si vous amenez tout ce qui voudra venir, votre voyage de Paris sera comme celui de Madagascar. Il faut se rendre légère (*dans* 1754 : « léger »), et garder le décorum pour la province. » Voyez la lettre précédente, p. 392, et la note 15.

l'autre étoit plus agréable ²; Baptiste croyoit l'avoir surpassé; le plus juste s'abuse : ceux qui aiment la symphonie y trouvent des charmes nouveaux; je crois que je vous attendrai pour y aller. Les bals de Saint-Germain sont d'une tristesse mortelle : les petits enfants veulent dormir dès dix heures, et le Roi n'a cette complaisance que pour marquer le carnaval, sans aucun plaisir. Il disoit à son dîner : « Quand je ne donne point de plaisir, on se plaint; et quand j'en donne, les dames n'y viennent pas. » Il ne dansa la dernière fois qu'avec Mme de Crussol, qu'il pria de ne lui point rendre sa courante. M. de Crussol³, qui tient le premier rang pour les bons mots, disoit en regardant sa femme plus rouge que les rubis dont elle étoit parée : « Messieurs, elle n'est pas belle, mais elle a bon visage. »

Votre retour est présentement la grande nouvelle de la cour; vous ne sauriez croire les compliments que l'on m'en fait. Il y a aujourd'hui cinq ans, ma fille, que vous fûtes.... quoi?... mariée.

J'ai vu enfin chez elle la pauvre Caderousse; elle est verte et perd son sang et sa vie : trois semaines tous les mois, cela ne peut pas aller loin⁴; mais voilà M. le chevalier de Grignan qui vous dira le reste.

Je vous embrasse, ma chère enfant, avec une tendresse infinie.

2. Probablement *Cadmus et Hermione* de Quinault et Lulli, représenté sur le théâtre du Bel-Air en 1672, et le 17 avril 1673 sur le théâtre du Palais-Royal. Voyez Walckenaer, tome V, p. 257 et 125.

3. Depuis duc d'Uzès. (*Note de Perrin.*)

4. Elle mourut en décembre 1675. Voyez tome I, p. 493, note 5, et tome II, p. 94.

377. — DE MADAME DE SÉVIGNÉ
A MADAME DE GRIGNAN.

1674

A Paris, vendredi 2e février.

Vous me parlez de l'ordinaire du 15e, et pas un mot du 12e, que vous attendiez avec impatience, et qui vous portoit votre congé. Cela n'importe, ma fille; puisque vous n'en dites rien, c'est signe que vous l'avez reçu. Je trouve que vous ne vous pressez pas assez de partir : tout le monde m'accable de me demander si vous êtes partie, et quand vous arriverez; je ne puis rien dire de juste. Il me semble que vous devez être à Grignan, et que vous en partez demain ou lundi. Enfin, ma chère enfant, je ne pense qu'à vous, et vous suis partout. Je vous remercie de l'assurance que vous me donnez de ne vous point exposer en carrosse sur les bords du Rhône. Vous voulez prendre la Loire; vous saurez mieux que nous à Lyon ce qui vous sera le meilleur. Arrivez en bonne santé, c'est tout ce que je desire; mon cœur est fortement touché de la joie de vous embrasser. Ira au-devant de vous qui voudra; pour moi, je vous attendrai dans votre chambre, ravie de vous y voir; vous y trouverez du feu, des bougies, de bons fauteuils, et un cœur qui ne sauroit être surpassé en tendresse pour vous. J'embrasserai le Comte et le Coadjuteur; je les souhaite tous deux. L'archevêque de Reims m'est venu voir; il demande le Coadjuteur à cor et à cri. Vraiment vous êtes obligée à M. de Pompone de la charmante idée qu'il a conservée de vous, et de l'envie qu'il a de vous voir. Voilà votre petit frère qui arrive. Le cardinal de Retz me fait dire qu'il est arrivé. Arrivez donc tous à la bonne heure. Ma chère enfant, je suis toute à vous; ce n'est point pour finir une lettre, c'est pour dire la plus grande vérité du monde, et celle que je sens le mieux dans mon cœur. Mlle de Méri ne vous écrit point; on commence à négliger ce commerce dans l'espérance de mieux. Mon fils vous embrasse tendrement, et moi, les chers Grignans.

378. — DE MADAME DE SÉVIGNÉ, DE MADEMOISELLE DE MÉRI ET DE CORBINELLI A MADAME DE GRIGNAN.

A Paris, lundi 5ᵉ février.

DE MADAME DE SÉVIGNÉ.

Il y a aujourd'hui bien des années[1], ma chère bonne, qu'il vint au monde une créature destinée à vous aimer préférablement à toutes choses ; je prie votre imagination de n'aller ni à droite, ni à gauche :

Cet homme-là, Sire, c'étoit moi-même[2].

Il y eut hier trois ans que j'eus une des plus sensibles douleurs de ma vie : vous partîtes pour la Provence, et vous y êtes encore. Ma lettre seroit longue, si je voulois vous expliquer toute l'amertume que je sentis, et toutes celles que j'ai senties depuis en conséquence de cette première. Mais revenons : je n'ai point reçu de vos lettres aujourd'hui, je ne sais s'il m'en viendra; je ne le crois pas, il est trop tard : cependant j'en attendois avec impatience; je voulois vous voir partir d'Aix, et pouvoir supputer un peu juste votre retour; tout le monde m'en as-

LETTRE 378. — 1. Il y en avait quarante-huit.
2. Tel est le texte des éditions de la Haye (1726) et de 1754; dans celle de Rouen (1726), on lit : « Cet honnête homme-là; » et dans celle de 1734 : « Ce monsieur-là, » comme dans Marot. Ce vers se trouve déjà tome II, p. 411.

sassine, et je ne sais que répondre. M. de Pompone vous souhaite fort et voit plus que nous la nécessité de votre présence. Il tâchera de ne point parler de l'affaire de l'hôtel de ville que vous ne soyez ici; mais nous ne voulons point la traiter comme si c'étoit la vôtre. Il n'en faut pas tant à la fois. M. d'Oppède est ici, je ne crois pas qu'il me vienne voir. Son mariage a été renoué, après avoir été rudement ébranlé. On attend ici l'Évêque. J'ai eu la copie de la lettre du Roi, qu'il a envoyée à une de ses amies et des miennes à Paris. Vous voyez par là que si vous pouvez obtenir qu'il ne fasse des copies que sur du papier marqué, vous aurez un revenu très-considérable.

Je ne pense qu'à vous et à votre voyage : si je reçois de vos lettres, après avoir envoyé celle-ci, soyez en repos; je ferai assurément tout ce que vous me manderez.

Je vous écris aujourd'hui un peu plus tôt qu'à l'ordinaire. M. Corbinelli et Mlle de Méri sont ici, qui ont dîné avec moi. Je m'en vais à un petit opéra de Mollier[3],

---

3. Toutes les éditions portent *Molière*, mais c'est *Mollier* qu'il faut lire. — Louis de Mollier, officier de la musique de la chambre et de la chapelle du Roi, mourut le 18 avril 1688. On trouve dans les registres de la paroisse de Saint-Eustache un acte de décès et un acte de mariage signés de lui. Ce dernier acte prouve qu'il était, comme le dit notre lettre, beau-père d'Itier; c'est celui du mariage du musicien Charles le Camus, avec Marie-Angélique Itier, fille de Léonard Itier, aussi musicien de la chambre du Roi, et de Marie-Blanche *de Molière*. Le nom, comme l'on voit, est écrit de la même façon qu'il l'était jusqu'ici dans les éditions de Mme de Sévigné; mais la signature est « *de Mollier*, grand-père de la mariée. » Louis de Mollier était poëte et musicien. En outre, on le voit figurer comme danseur dans plusieurs ballets du Roi, et les éditions de ces ballets, de 1648 à 1655, lui donnent indifféremment les noms de *Molier* et de *Molière*. Il a composé la musique de certains ballets dans lesquels Louis XIV a dansé, et il paraît avoir particulièrement réussi, dit Walckenaer (tome V, p. 128), dans de petits opéras, « dont l'abbé Tallemant

beau-père d'Itier, qui se chante chez Pelissari[4] : c'est une musique très-parfaite ; Monsieur le Prince, Monsieur le Duc et Madame la Duchesse y seront. J'irai peut-être de là souper chez Gourville avec Mme de la Fayette, Monsieur le Duc, Mme de Thianges, et M. de Vivonne, à qui l'on dit adieu et qui s'en va demain. Si cette partie est rompue, j'irai chez Mme de Chaulnes ; j'en suis extrêmement priée[5] par la maîtresse du logis et par les cardinaux de Retz et de Bouillon, qui me l'avoient fait promettre. Le premier cardinal est dans une véritable impatience de vous voir : il vous aime chèrement. Voilà une lettre qu'il m'envoie.

On avoit cru que Mademoiselle de Blois avoit la petite vérole, mais cela n'est pas. On ne parle point des nouvelles d'Angleterre ; on juge par là qu'elles ne sont pas bonnes.

composait les paroles, et qu'il faisait chanter chez lui et dans des fêtes particulières. »

4. Dans l'édition dite de Rouen (1726), on lit *Pélisson ;* dans celles de Perrin *Pelissari ;* au lieu des mots *chez Pelissari*, l'édition de la Haye (1726) donne : « aujourd'hui en particulier, dit-on. » — « Pelissari était un riche financier, ami de Gourville et de d'Hervart. Mme de Sévigné l'avait connu chez Foucquet au temps de la Fronde, et avec lui, comme avec Jeannin de Castille, elle était restée liée.... Mme de Sévigné ne pouvait être attirée chez Pelissari que les jours de concert et de grandes réunions. La société de Mme Pelissari était toute différente de la sienne. Celle-ci recevait beaucoup d'hommes de lettres, mais c'étaient précisément ceux qui régnaient alors à l'Académie et qui n'avaient aucun succès à l'hôtel de la Rochefoucauld. (*Étienne*) Pavillon (*neveu de l'évêque d'Alet*) était le Voiture de ce *pastiche* de l'hôtel de Rambouillet. Le jour que Mme de Sévigné se rendit chez Mme Pelissari.... elle dut y trouver Cotin.... Gilles Boileau.... Furetière, Charpentier, l'abbé Tallemant, Perrault.... Quinault, Regnier Desmarais, Benserade, et d'autres moins connus. » (Walckenaer, tome V, p. 128 et 129.)

5. C'est le texte des éditions de Perrin. Dans celle de Rouen (1726), on lit : « dont je suis extrêmement priée ; » dans celle de la Haye (1726) : « où je suis extrêmement priée d'aller. »

On a fait un bal ou deux à Paris dans tout le carnaval; il y a eu quelques masques, mais peu. La tristesse est grande; les assemblées de Saint-Germain sont des mortifications pour le Roi, et seulement pour marquer la cadence du carnaval.

Le P. Bourdaloue fit un sermon le jour de Notre-Dame⁶, qui transporta tout le monde; il étoit d'une force qu'il faisoit trembler les courtisans, et jamais un prédicateur évangélique n'a prêché si hautement et si généreusement les vérités chrétiennes : il étoit question de faire voir que toute puissance doit être soumise à la loi, à l'exemple de Notre-Seigneur, qui fut présenté au temple; enfin, ma bonne, cela fut poussé au point de la plus haute perfection, et certains endroits furent poussés comme les auroit poussés l'apôtre saint Paul.

L'archevêque de Reims⁷ revenoit hier fort vite de Saint-Germain, comme un tourbillon. S'il croit être grand seigneur, ses gens le croient encore plus que lui. Ils passoient au travers de Nanterre, *tra, tra, tra;* ils rencontrent un homme à cheval, *gare, gare;* ce pauvre homme se veut ranger, son cheval ne le veut pas; enfin le carrosse et les six chevaux renversent cul par-dessus tête le pauvre homme et le cheval, et passent par-dessus, et si bien par-dessus que le carrosse en fut versé et renversé : en même temps l'homme et le cheval, au lieu de s'amuser à être roués et estropiés, se relèvent miraculeu-

---

6. La *Gazette* du 10 février nous apprend que le jour de la Purification de la Vierge (2 février) le P. Bourdaloue prêcha devant Leurs Majestés et toute la cour, dans la chapelle du palais de Saint-Germain. Nous voyons par ce que Mme de Sévigné dit du sujet, que le sermon prêché en 1674 est le premier des trois relatifs à cette fête qui se trouvent dans la section des œuvres de Bourdaloue intitulée *Mystères*.

7. Le Tellier, frère de Louvois.

sement, et remontent l'un sur l'autre, et s'enfuient et courent encore, pendant que les laquais et le cocher, et l'archevêque même, se mettent à crier : « Arrête, arrête le coquin, qu'on lui donne cent coups. » L'archevêque, en racontant ceci, disoit : « Si j'avois tenu ce maraud-là, je lui aurois rompu les bras et coupé les oreilles. »

Je dînai encore hier chez Gourville avec Mme de Langeron⁸, Mme de la Fayette, Mme de Coulanges, Corbinelli, l'abbé Têtu, Briole, Gourville, mon fils. Votre santé fut bue magnifiquement, et pris un jour pour nous y donner à dîner. Adieu, ma très-chère et très-aimable ; je ne vous puis dire à quel point je vous souhaite. Je m'en vais encore adresser cette lettre à Lyon. J'ai envoyé les deux premières au Chamarier⁹ ; il me semble que vous y devez être, ou jamais.

Je vous quitte et laisse la plume à Mlle de Méri, et à Corbinelli, qui dort. Le président.... mourut hier d'une oppression sans fièvre en vingt-quatre heures.

*DE MADEMOISELLE DE MÉRI.

On veut que je vous écrive et j'ai du vin dans la tête ; quel moyen de penser à quelque chose digne de cette

---

8. Mme de Langeron paraît avoir été de la maison de Madame la Duchesse : voyez les lettres du 31 mai 1675, et, vers la fin, celle du 17 janvier 1680. — « Langeron, lieutenant général des armées navales et fort bon marin (*voyez la lettre du 23 juin 1694*), mourut (*en mai 1711*) à Sceaux, d'apoplexie, sans être gros ni vieux. Il étoit fort attaché à M. et à Mme du Maine, et sa famille à la maison de Condé, sa sœur en particulier à Madame la Princesse (*qui au temps de notre lettre était Madame la Duchesse*). Il étoit frère de l'abbé de Langeron, mort à Cambrai depuis peu. » (Saint-Simon, tome IX, p. 311.)

9. Le beau-frère de Mme de Rochebonne. Voyez plus haut, p. 154, la lettre du 27 juillet 1672, et tome II, p. 325, note 14.

lettre? Je ne reçois plus aucune de vos nouvelles : je ne vous donne plus aussi des miennes. Revenez donc, et à votre retour toutes choses nouvelles. Je reçois votre lettre du 28°, qui m'apprend que vous partez; dispensez-moi de vous rendre compte de ma joie : il me semble que vous devez vous la représenter telle qu'elle est. Adieu, ma belle; je vous embrasserai dans huit jours. Cela est-il possible? J'ai peur de mourir d'ici là.

*DE MADAME DE SÉVIGNÉ.

Vous ferez qu'elle n'aimera plus au loin[10], et votre présence aura cette gloire, qui entre nous ne sera pas petite : elle boit comme un trou, et s'enivre réglément deux fois le jour. On me donne l'opéra demain, avec Guilleragues et toute sa famille.

*DE CORBINELLI.

Vous viendrez là-dessus, et nous causerons avec vous, si vous en avez le loisir, tantôt à deux, tantôt à trois personnages. Nous parlons souvent de vous, comme vous pouvez vous l'imaginer; mais ce que je crois que vous ferez plus que toute autre chose, c'est d'apporter de la joie à tout ce qui vous verra. Oppède est arrivé et Monsieur de Marseille le suit de près. Je voudrois qu'en arrivant vous ne parlassiez point aux personnes qui n'ont que faire de vos contestations; mais venez vite et nous politiquerons à loisir.

10. C'est le texte de l'édition de la Haye, la seule qui donne les deux apostilles et la première reprise de Mme de Sévigné. Faut-il lire peut-être : « qu'elle n'aimera plus le vin? »

Je reçois votre lettre du 28°; elle me ravit : ne craignez point, ma bonne, que ma joie se refroidisse; elle a un fond si chaud qu'elle ne peut être tiède. Je ne suis occupée que de la joie sensible de vous voir et de vous embrasser avec des sentiments et des manières d'aimer qui sont d'une étoffe au-dessus du commun et même de ce qu'on estime le plus[11].

379. — DU COMTE DE BUSSY RABUTIN A MADAME DE SÉVIGNÉ.

Le 19e mars 1674, j'allai veiller avec Mme de Sévigné et avec sa fille, et j'écrivis le lendemain ce billet à la mère, en lui envoyant du cotignac d'Orléans, que Mme de Montglas m'avoit donné.

A Paris, ce 20° mars 1674.

Je vous envoie le cotignac que je vous ai promis, Madame, vous ne le trouverez pas mauvais; il ne vaut pourtant pas ce qu'il me coûte, mais je ne suis pas heureux en bons marchés.

Je ne vous aime pas plus que je vous aimois hier matin, Madame; mais la conversation d'hier au soir me fait plus sentir ma tendresse; elle étoit cachée au fond de mon cœur, et le commerce l'a ranimée; je vois bien par là que les longues absences nuisent à la chaleur de l'amitié, aussi bien qu'à celle de l'amour.

---

11. On lit à la suite de cette lettre dans la seconde édition du chevalier de Perrin (1754). « Mme de Grignan étant arrivée à Paris peu de jours après avec M. de Grignan, les lettres de la mère à la fille ne recommencèrent que vers la fin de mai 1675, qui fut le temps du départ de Mme de Grignan pour aller rejoindre M. de Grignan en Provence, où il l'avoit devancée d'environ un an, comme on peut le juger par la lettre suivante (*notre lettre* 381). »

Je voudrois bien savoir des nouvelles de Mme de Grignan; car je l'aime bien aussi, et il entre dans cette amitié autant d'inclination que de reconnoissance[1].

*380. — DE MADAME DE SÉVIGNÉ AU COMTE DE GUITAUT.

[Paris, avril ou mai[1].]

C'est une plaisante chose que de recevoir une de vos lettres datée d'Aix, et que ma pauvre fille se trouve fâchée de n'y être pas pour vous y recevoir. Vous aurez bientôt M. de Grignan; mais pour elle, je vous la garde. Revenez la voir tout aussitôt que le service du Roi votre maître vous donnera la liberté de quitter vos îles[2]. Je ne sais si elles sont inaccessibles; je crois que vous devriez le souhaiter, car le bruit ne court pas que vous ayez beaucoup d'autre défense, au cas que les ennemis fussent assez insolents pour vous faire une visite.

Je laisse à notre cher d'Hacqueville à vous parler de la Franche-Comté et de toutes les armées que nous avons sur pied aux quatre coins du monde. Je veux vous dire ce que les gazettes ne disent point. Monsieur le Premier[3],

---

Lettre 379. — 1. Cette lettre manque dans le manuscrit de l'Institut.

Lettre 380. — 1. Cette lettre est de mai ou des derniers jours d'avril : il y est parlé des visites que Mme de la Vallière a reçues huit jours durant; et Mademoiselle nous apprend (tome IV, p. 358 et p. 396) que la duchesse était entrée aux Carmélites le jour même que le Roi partit pour la seconde conquête de la Franche-Comté, c'est-à-dire le jeudi 19 avril : voyez la *Gazette* du 21 avril, et ce que dit Bussy à la suite de la lettre 714 de sa *Correspondance*.

2. Les îles Sainte-Marguerite et Saint-Honorat, dont le comte de Guitaut était gouverneur.

3. Le premier écuyer du Roi, Henri de Beringhen. Voyez sur

1674 prenant congé du Roi, lui dit : « Sire, je souhaite à Votre Majesté une bonne santé, un bon voyage et un bon conseil. » Le Roi appela M. le maréchal de Villeroi et M. Colbert, et leur dit : « Écoutez ce que Monsieur le Premier me souhaite. » Le maréchal répondit de son fausset : « En effet, Sire, tous les trois sont bien nécessaires. » Je supprime la glose.

Je veux parler aussi de Mme la duchesse de la Vallière. La pauvre personne a tiré jusqu'à la lie de tout, elle n'a pas voulu perdre un adieu ni une larme : elle est aux Carmélites, où, huit jours durant, elle a vu ses enfants [4] et toute la cour, c'est-à-dire ce qui en reste [5]. Elle a fait couper ses beaux cheveux, mais elle a gardé deux belles boucles sur le front ; elle caquète et dit merveilles. Elle assure qu'elle est ravie d'être dans une solitude ; elle croit être dans un désert, pendue à cette grille [6]. Elle nous fait souvenir de ce que nous disoit, il y a bien longtemps, Mme de la Fayette, après avoir été deux jours à Ruel [7], que pour elle, elle s'accommoderoit parfaitement bien de la campagne.

« ce Caton, » tome II, p. 185, note 3 ; la lettre du 19 août 1675 ; et la fin de la lettre du 3 juillet 1676.

4. Mademoiselle de Blois et le comte de Vermandois. Voyez plus haut, p. 358, note 18, et p. 365, notes 10 et 11.

5. Le Roi était parti, comme nous l'avons dit, le 19 avril, pour se rendre dans le comté de Bourgogne. La Reine et le Dauphin l'avaient accompagné. Monsieur était parti le 28 pour aller le rejoindre.

6. Environ un mois après, le dimanche 3 juin, Mme de la Vallière prit l'habit ; elle fit profession le 4 juin de l'année suivante. Voyez la lettre du 5 juin 1675, et le chapitre v du tome V de Walckenaer.

7. Sur les bords de la Seine, entre Saint-Germain et Paris ; Richelieu y eut sa résidence d'été, et après lui sa nièce la duchesse d'Aiguillon. « L'art régnait à Ruel, » dit M. Cousin. Voyez *Madame de Longueville*, tome I, p. 162 et suivantes.

Mandez-nous comme vous vous trouvez de la vôtre. Si j'avois l'hippogriffe à mon commandement, je m'en irois causer avec vous de toutes les farces qui se sont faites ici entre les Grignans et les Fourbins⁸ : les ruses de ceux-ci, les droitures des autres, et le reste; mais il faudroit être à Époisse pour parler cinq heures de suite. Je n'oublierai jamais cette aimable maison, ni les douces et charmantes conversations, ni les confiances de mon seigneur. Je les tiens précieuses, et je prétends, par le bon usage que j'en fais, avoir une part dans son amitié, dont je lui demande la continuation préférablement à toutes ses autres sujettes et servantes.

1674

Mon oncle l'abbé vous fait mille compliments. Il a reçu les ordres de Madame votre femme, qu'il exécutera avec grand plaisir.

---

381. — DE MADAME DE SÉVIGNÉ
A MONSIEUR DE GRIGNAN.

A Paris, mardi 22ᵉ mai.

COMME j'ai l'honneur de connoître Madame votre femme, et le soin qu'elle a des compliments dont on la charge, je trouve à propos de vous dire à vous-même que je vous aime toujours trop, et que vous me ferez un très-grand plaisir si vous voulez m'aimer un peu : voyez si on peut mieux se mettre à la raison; c'est donner que de faire un marché de cette sorte. Vous nous manquez fort, nous avions de la joie de vous voir revenir les soirs; votre société est aimable; et hormis quand on vous hait,

---

8. Le nom de l'évêque de Marseille se trouve sous cette forme dans l'acte authentique du 27 janvier 1669 (*Notice*, p. 329); mais on peut croire que Mme de Sévigné jouait parfois sur le mot : voyez la *Notice*, p. 128.

on vous aime extrêmement. Ma fille est toujours languissante :

Le héros que j'attends ne reviendra¹....

pas sitôt. Elle est triste, mais je suis accoutumée à la voir ainsi quand vous n'y êtes pas.

Il fait plus chaud à Besançon² que sur le port de Toulon. Vous savez l'extrême blessure de Saint-Géran³, et comme sa jolie femme y est accourue avec Mme de Villars : on croyoit qu'il étoit mort ; on mande du 18ᵉ qu'il se porte mieux. Comme vous ne pourriez pas épouser sa veuve, je suis persuadée que vous voulez bien qu'il vive.

Voilà une fable⁴ des plus jolies ; ne connoissez-vous personne qui soit aussi bon courtisan que le Renard ?

Je suis ravie du bien que vous me dites de ma petite ; je prends pour moi toutes les caresses que vous lui faites. Adieu, mon très-cher Comte ; on ne peut guère vous embrasser plus tendrement que je fais. Mon fils vous fait toujours mille compliments.

LETTRE 381. — 1. Le *Retour des plaisirs*, prologue de l'*Alceste* de Quinault, commence ainsi :

Le héros que j'attends ne reviendra-t-il pas ?

Ce vers, qui s'applique à Louis XIV, reparaît huit fois dans la partie de ce prologue qui est chantée par la Nymphe de la Seine.

2. Le Roi assiégeoit alors en personne la ville de Besançon. (*Note de Perrin.*) — La ville se rendit le 15 mai 1674, et la citadelle capitula six jours après.

3. Henri, marquis de Beringhen, frère aîné de celui qui succéda à son père dans la charge de premier écuyer du Roi, eut la tête emportée d'un coup de canon, et son crâne fit au comte de Saint-Géran une blessure si grave, que celui-ci fut obligé de porter une calotte toute sa vie. Voyez tome II, p. 71, note 12.

4. C'est la fable de la Fontaine (*livre* VII, *fable* VII) qui a pour titre : *La Cour du Lion*. (*Note de Perrin.*) — Le livre VIIᵉ ne fut publié, avec les suivants, qu'en 1678 : la mention qui est faite ici de cette fable confirme donc ce que nous avons déjà dit plus haut

382. — DE MADAME DE SÉVIGNÉ
A MADAME DE GRIGNAN[1].

A Livry, ce samedi (2ᵉ juin)[2].

Il faut, ma bonne, que je sois persuadée de votre fond pour moi, puisque je vis encore. C'est une chose bien étrange que la tendresse que j'ai pour vous; je ne sais si contre mon dessein j'en témoigne beaucoup, mais je sais bien que j'en cache encore davantage. Je ne veux point vous dire l'émotion et la joie que m'a donnée votre laquais et votre lettre. J'ai eu même le plaisir de ne point croire que vous fussiez malade; j'ai été assez heureuse pour croire ce que c'étoit. Il y a longtemps que je l'ai dit : quand vous voulez, vous êtes adorable, rien ne manque à ce que vous faites. J'écris dans le milieu du jardin comme vous l'avez imaginé, et les rossignols et les petits oiseaux ont reçu avec un grand plaisir, mais sans beaucoup de respect, ce que je leur ai dit de votre part : ils sont situés d'une manière qui leur ôte toute sorte d'humilité. Je fus hier deux heures toute seule avec les Hamadryades ; je leur parlai de vous, elles me contentèrent beaucoup par leur réponse. Je ne sais si ce pays tout entier est bien

(tome II, p. 529, note 26), que la Fontaine communiqua en manuscrit (ou laissa imprimer à part?) quelques-unes des fables dont il forma la troisième et la quatrième partie de son recueil.

Lettre 382. — 1. Cette lettre se trouve dans les éditions antérieures à Perrin. Si le chevalier l'a omise, c'est sans doute à cause des petites mésintelligences entre la mère et la fille dont il y est parlé. — Voyez la *Notice*, p. 181 et suivante.

2. Cette lettre porte la date du 1ᵉʳ juin dans l'édition dite de Rouen, et dans celle de la Haye, on lit simplement en tête : *ce samedi*. Ces deux manières de dater sont inconciliables : en 1674, le 1ᵉʳ juin était un vendredi. Nous avons substitué au 1ᵉʳ juin le 2ᵉ juin : le chiffre 1 ressemble fort à notre 2 dans l'écriture de Mme de Sévigné et en général dans celle de son temps.

content de moi; car enfin, après avoir joui de toutes ces beautés, je n'ai pu m'empêcher de dire :

> Mais quoi que vous ayez, vous n'avez point Caliste[3],
> Et moi, je ne vois rien quand je ne la vois pas.

Cela est si vrai que je repars après dîner avec joie. La bienséance n'a nulle part à tout ce que je fais : c'est ce qui fait que les excès de liberté que vous me donnez me blessent le cœur. Il y a deux ressources dans le mien que vous ne sauriez comprendre.

Je vous loue d'avoir gagné vingt pistoles; cette perte a paru légère étant suivie d'un grand honneur et d'une bonne collation. J'ai fait vos compliments à nos oncles, tantes et cousines; ils vous adorent et sont ravis de la relation. Cela leur convient, et point du tout en un lieu où je vais dîner : c'est pourquoi je vous la renvoie. J'avois laissé à mon portier une lettre pour Brancas; je vois bien qu'on l'a oubliée.

Adieu, ma très-chère et très-aimable enfant, vous savez que je suis à vous.

---

*383. — DE L'ABBÉ DE COULANGES A MONSIEUR BONNET, PROCUREUR AU SIÉGE PRÉSIDIAL DE NANTES.

De Paris, ce 15ᵉ août.

Nous venons de recevoir la nouvelle d'une blessure fort légère que Monsieur le Marquis[1] a reçue à la tête,

---

3. Ce sont deux vers d'un sonnet de Malherbe adressé à la vicomtesse d'Auchy. Voyez la pièce XXXIV du *Malherbe* de M. L. Lalanne (tome I, p. 138).

LETTRE 383 (revue sur l'autographe). — 1. Charles de Sévigné. Sur ce titre de marquis, voyez la *Notice*, p. 261, note 3.

dans ce grand combat que Monsieur le Prince vient de donner², où il y a eu quantité de gens de qualité tués ou blessés. Notre³ marquis s'y est signalé par sa valeur entre les plus braves. Nous lui allons envoyer un chirurgien, et dites-le à la Jarrye⁴, pour lui faire entendre que s'il ne nous assiste d'argent de ce qu'il doit sur son nouveau bail (pour le terme échu à la Saint-Georges⁵) dans cette occasion, on le renonce pour jamais comme un homme sans cœur et affection.

J'ai reçu votre paquet. Je ne ferai point faire une autre présentation que celle que je vous ai envoyée, si ce n'est que vous en desiriez une autre sur le modèle que vous nous avez envoyé.

M. de Mesneuf⁶ a fait signifier Madame la Marquise

---

2. A Senef, le 11 août. Le duc de Luxembourg, à un certain moment de la bataille, fut envoyé, dit la *Gazette* dans sa relation du 22 août, avec le marquis de Choiseul et cinq escadrons de la gendarmerie, commandés par le marquis de la Trousse, qui en est brigadier (*et sous qui servait Sévigné*), et il tint en respect un corps de cavalerie ennemie qui nous voulait couper. — « Toute la gendarmerie, commandée par les marquis de Chazeron et de la Trousse, dit ailleurs la même relation, a fait des merveilles, et les officiers y ont témoigné beaucoup de vigueur. » Le sieur de *Sévigny* est nommé, à côté de Villars, parmi les blessés. — Voyez la lettre du 5 septembre suivant et la *Notice*, p. 203.

3. Il y a beaucoup d'abréviations dans l'écriture de l'abbé de Coulanges. On pourrait être tenté de lire *un*, ici au lieu de *notre*, et, sept lignes plus bas, au lieu de *votre*. Dans l'avant-dernière phrase de la lettre, on peut lire, soit *retardence*, soit, ce qui nous a paru plus probable, la forme tronquée *retardeme* (pour *retardement*) : l'e final se termine par un trait allongé qui marque abréviation.

4. Fermier de la terre du Buron, que Mme de Sévigné avait près de Nantes. Voyez la *Notice*, p. 213 et 214.

5. Le 23 avril.

6. Jean Dubois Geslain, vicomte de Mesneuf, président à mortier au parlement de Rennes. Il avait acheté une terre de Mme de Sévigné, et sous le prétexte qu'on ne lui avait pas remis les titres qui

aux requêtes du palais à Rennes, pour résilier son contrat, faute d'avoir fourni des titres suffisants pour ses justices. Vous savez qu'il y a longtemps que je vous presse de chercher dans la chambre des comptes, et votre longueur et retardement a causé cette action qu'il fait. C'est un reproche que nous avons à vous faire, et ainsi rendez-nous-en compte au premier ordinaire. Je n'ai pas loisir de vous en dire davantage.

L'ABBÉ DE COLANGES[7].

Suscription: Bretagne. A Monsieur, Monsieur Bonnet, procureur au siége présidial de Nantes,

à Nantes.

384. — DU COMTE DE BUSSY RABUTIN A MADAME DE SÉVIGNÉ ET A MADAME DE GRIGNAN.

Cinq mois après que j'eus écrit ce billet (n° 379, p. 404), j'écrivis cette lettre à Mme de Sévigné, sur ce qu'on m'avoit mandé qu'elle avoit failli à mourir d'apoplexie.

A Chaseu, ce 16° août 1674.

A MADAME DE SÉVIGNÉ.

J'AI appris que vous aviez été fort malade, ma chère cousine; cela m'a mis en peine pour l'avenir, et m'a obligé de consulter votre mal[1] à un habile médecin de ce pays-ci. Il m'a dit que les femmes d'un bon tempérament comme vous, demeurées veuves de bonne heure,

---

établissaient une haute justice, il voulait que le contrat fût résilié, ou qu'on lui fît une remise de six mille francs. Voyez les lettres du 27 novembre et du 15 décembre 1675.

7. Voyez la *Notice*, p. 33.

LETTRE 384. — 1. Dans le manuscrit de l'Institut : « Cela m'a mis en peine, et j'ai appréhendé pour vous une rechute. J'ai consulté votre mal, etc. »

et qui s'étoient un peu contraintes, étoient sujettes à des vapeurs. Cela m'a remis de l'appréhension que j'avois d'un plus grand mal; car enfin, le remède étant entre vos mains, je ne pense pas que vous haïssiez assez la vie pour n'en pas user, ni que vous eussiez plus de peine à prendre un galant que du vin émétique. Vous devriez suivre mon conseil, ma chère cousine, et d'autant plus qu'il ne vous sauroit paroître intéressé; car si vous aviez besoin de vous mettre dans les remèdes, étant, comme je suis, à cent lieues de vous, vraisemblablement ce ne seroit pas moi qui vous en servirois.

Raillerie à part, ma chère cousine, ayez soin de vous: faites-vous tirer du sang plus souvent que vous ne faites; de quelque manière que ce soit, il n'importe, pourvu que vous viviez. Vous savez bien que j'ai dit² que vous étiez de ces gens qui ne devoient jamais mourir, comme il y en a qui ne devoient jamais naître. Faites votre devoir là-dessus; vous ne sauriez faire un plus grand plaisir à Mme de Grignan et à moi. Mais à propos d'elle, trouvez bon que je lui dise deux mots³.

A MADAME DE GRIGNAN.

Comment vous portez-vous de votre grossesse⁴, Ma-

2. Voyez la *Notice*, p. 325.
3. Dans la copie de lettres où nous prenons notre texte, on lit ici, entre les lignes, ces mots écrits d'une autre main que celle de Bussy : « Je vous envoie à toutes deux ma dernière lettre au Roi sur la prise du Comté (*de Bourgogne*). » Cette lettre au Roi se trouve dans l'édition de 1697 des *Lettres de Bussy*, tome I, p. 145, et dans la *Correspondance*, tome II, p. 444.
4. Mme de Grignan accoucha le dimanche 9 septembre suivant d'une fille, qui devint Mme de Simiane. D'Hacqueville écrivait le 14 septembre 1674 à Mme de Guitaut : « On vous aura sans doute mandé que Mme de Grignan n'a pas mieux fait que vous; elle accoucha dimanche fort heureusement d'une fille, que M. le cardinal

dame, et du mal de Madame votre mère? Voilà bien des incommodités à la fois. J'ai ouï dire que vous étiez déjà délivrée de l'une; pour l'autre, j'espère que vous en sortirez bientôt heureusement. Voilà ce que c'est d'avoir des maris et des mères[5]; si on n'avoit pas tout cela, on ne seroit pas exposée à tant de déplaisirs, mais d'un autre côté on n'auroit pas toutes les douceurs qu'on a. C'est là la vie : du bien, du mal ; celui-ci fait trouver l'autre meilleur. J'aurai plus de plaisir de vous revoir après quatre ou cinq mois d'absence, que si je ne vous avois pas quittée.

385. — DE MADAME DE SÉVIGNÉ ET DE MADAME DE GRIGNAN AU COMTE DE BUSSY RABUTIN.

Quinze jours après que j'eus écrit ces lettres, je reçus celle-ci de Mme de Sévigné.

A Paris, ce 5ᵉ septembre 1674.

DE MADAME DE SÉVIGNÉ.

Votre médecin, qui dit que mon mal sont des vapeurs, et vous qui me proposez le moyen d'en guérir, n'êtes pas les premiers qui m'avez conseillé de me mettre dans les remèdes spécifiques; mais la raison de n'avoir point eu de précaution pour prévenir ces vapeurs m'empêchera d'en guérir[1].

de Retz nomma hier, avec Mme la princesse d'Harcourt, dont le mari est cousin germain de M. de Grignan, *Françoise-Pauline*. » — Elle fut baptisée le 13 septembre dans l'église Saint-Paul, comme le constatent les registres de cette paroisse.

5. Dans le manuscrit de l'Institut : « Et du mal de Mme de Sévigné. Voilà, etc. J'ai appris que vous étiez déjà délivrée de l'une, et que vous n'en aviez que quelques restes; pour l'autre, etc. Voilà ce que coûtent les maris et les mères. »

Lettre 385. — 1. Dans le manuscrit de l'Institut : « Mais la

Le désintéressement dont vous voulez que je vous loue dans le conseil que vous me donnez n'est pas si estimable qu'il l'auroit été du temps de notre belle jeunesse : peut-être qu'en ce temps-là vous auriez eu plus de mérite. Quoi qu'il en soit, je me porte bien, et si je meurs de cette maladie, ce sera d'une belle épée, et je vous laisserai le soin de mon épitaphe.

Que dites-vous de nos victoires? Je n'entends jamais parler de guerre que je ne pense à vous. Votre charge vacante[2] m'a frappé le cœur. Vous savez de qui elle est remplie. Ce marquis de Renel[3] n'étoit-il pas de vos amis et de vos alliés? Quand je vous vois chez vous dans le temps où nous sommes, j'admire le bonheur du Roi de se pouvoir passer de tant de braves gens qu'il laisse inutiles.

Nous avons tant perdu à cette victoire[4], que sans le

---

raison qui m'a empêchée de prévenir ces vapeurs par les remèdes que vous me proposez, m'empêchera encore d'en user pour les guérir. »

2. La charge de mestre de camp général de la cavalerie légère qu'avait eue Bussy, et après lui le chevalier de Fourilles. Celui-ci venait d'être blessé à mort à la bataille de Senef, et eut pour successeur le marquis de Renel.

3. Louis de Clermont d'Amboise, troisième du nom, marquis de Renel, fut nommé mestre de camp général de la cavalerie légère, après le combat de Senef, où il « fut blessé d'un assez grand coup, faisant très-bien son devoir. » (*Gazette du 22 août.*) Il fut emporté d'un coup de canon, au siége de Cambrai, le 11 avril 1677. Il était frère puîné de Clériadus (voyez tome I, p. 413, note 4), et aîné de Just, chevalier de Renel, qui fut aussi blessé après Senef ; ce dernier, qui était en 1675 brigadier général dans l'armée de Turenne, mourut à soixante-six ans, en février 1702.

4. De Senef. — Dans le manuscrit de l'Institut : « Cette victoire nous coûte si cher que.... et les drapeaux, etc. » — Le *Te Deum* fut chanté à Notre-Dame le 22 août. « La compagnie des Cent-Suisses, dit la *Gazette* du 29, alla prendre au palais des Tuileries cent sept drapeaux ou étendards, de ceux qui ont été gagnés en ce combat de Senef, pour les porter en ladite église de Notre-Dame, où

Te Deum et quelques drapeaux portés à Notre-Dame, nous croirions avoir perdu le combat.

Mon fils a été blessé légèrement à la tête[5]; c'est un miracle qu'il en soit revenu, aussi bien que les quatre escadrons de la maison du Roi, qui étoient postés, huit heures durant, à la portée du feu des ennemis, sans autre mouvement que celui de se presser à mesure qu'il y avoit des gens tués. J'ai ouï dire que c'est une souffrance terrible que d'être ainsi exposé[6].

DE MADAME DE GRIGNAN.

Je vous remercie d'avoir pensé en moi[7] pour me plaindre du mal de ma mère. Je suis très-contente que vous connoissiez combien mon cœur est pénétré de tout ce qui lui arrive. Il me semble que c'est mon meilleur endroit, et je suis bien aise que vous, dont je veux avoir l'estime, ne l'ignoriez pas. Si j'avois quelque autre bonne qualité essentielle, je vous ferois mon portrait; mais ne voyez que celle-là, et le goût que j'ai pour votre mérite, qui ne peut se séparer d'une très-grande indignation contre la fortune pour les injustices[8] qu'elle vous fait.

le Roi vouloit offrir au Dieu des batailles ces glorieuses marques de sa victoire, pour reconnoître publiquement qu'il en étoit redevable à sa protection. »

5. Voyez la lettre 383.

6. A la suite de cette phrase, qui manque dans le manuscrit de l'Institut, où on lit à la place : « Adieu, mon cher cousin, » nous trouvons dans notre copie les mots suivants, écrits d'une autre main que celle de Bussy : « Vos lettres au Roi me charment toujours. »

7. On lit : *en moi* dans les deux manuscrits.

8. « Dans les injustices. » (*Manuscrit de l'Institut.*)

386. — DU COMTE DE BUSSY RABUTIN A MADAME DE SÉVIGNÉ ET A MADAME DE GRIGNAN.

1674

Le même jour que je reçus ces lettres, j'y fis ces réponses, et premièrement à Mme de Sévigné.

A Chaseu, ce 10° septembre 1674.

A MADAME DE SÉVIGNÉ.

Comme je ne trouve aucune conversation qui me plaise tant que la vôtre, Madame, je ne trouve aussi point de lettres si agréables que celles que vous m'écrivez. Il faut dire la vérité : ç'auroit été grand dommage si vous fussiez morte; tous vos amis y auroient fait une perte infinie; pour la mienne, elle auroit été telle, que quelque intérêt que je prenne en votre vertu, j'aimerois mieux qu'il lui en coûtât quelque chose, et que vous vécussiez toujours; car enfin ce n'est pas seulement comme vertueuse que je vous aime, c'est encore comme la plus aimable femme du monde.

Nos victoires sont fort chères, mais elles en sont plus honorables [1]. Le Roi est bien heureux, dites-vous, de se pouvoir passer de tant de braves gens qu'il laisse inutiles. J'en demeure d'accord; mais ce n'est pas une bonne fortune nouvelle pour lui, car il s'est autrefois passé de Monsieur le Prince et de M. de Turenne [2], et les a même bien battus, eux qui présentement avec ses armes battent tout le reste du monde. Après cela nous pouvons bien nous faire justice, et ne pas trouver étrange qu'on puisse faire la guerre sans nous. Dans d'autres États que celui-ci

---

LETTRE 386. — 1. Cette phrase est omise dans le manuscrit de l'Institut, où la précédente se termine ainsi : « La plus aimable femme de France. »

2. Durant les troubles de la Fronde.

1674 nous brillerions, et il faudroit que l'on comptât avec nous quand on auroit de grandes affaires sur les bras ; mais en France il y a tant de gens de mérite, et beaucoup plus qui ont apparence d'en avoir, que ceux qui en ont un véritable ne sont distingués bien souvent que par la fortune ; quand elle leur manque, on les laisse chez eux, pendant qu'on gagne des batailles avec toutes sortes de gens mêlés[3].

Ma charge est remplie par un galant homme ; il a de la naissance et du mérite, et celui auquel il succède[4] n'avoit que du courage et de la faveur. Je lui viens d'écrire comme à mon ami et à mon allié[5].

Aussitôt après la nouvelle du combat de Senef, j'écrivis au Roi, et je lui offris mes services[6]. Toutes mes honnêtetés et ma bonne conduite[7] sont des œuvres mortes,

---

3. « Mais en France il y a tant de gens de mérite, que le Roi peut se passer aisément de ceux qui en ont et qui lui ont déplu. » (*Manuscrit de l'Institut.*) — Dans notre copie de lettres on a effacé la fin de la phrase, depuis : « et beaucoup plus.... » et une autre main y a substitué, entre les lignes, ce peu de mots : « qu'il n'est pas surprenant qu'on en oublie quelques-uns. » Avant d'effacer, on avait ajouté, en interligne aussi, *fort bien* et *sans eux* : « pendant qu'on gagne fort bien des batailles sans eux. »

4. « Ma charge est remplie d'un homme de mérite et de naissance. Celui à qui il a succédé n'avoit, etc. » (*Manuscrit de l'Institut.*)

5. La lettre de Bussy au marquis de Renel est datée du 28 août (voyez la *Correspondance*, tome II, p. 389). Elle se termine par un retour que Bussy fait sur lui-même : « Je souhaite.... que cette charge vous procure les honneurs et les établissements qu'elle doit faire avoir aux gens qui ne sont pas malheureux. »

6. Dans notre copie de lettres on a ajouté ici, entre les lignes : « Je vous envoie ma lettre, » et dans le manuscrit de l'Institut : « Je vous envoie la copie de cette lettre. » — Elle est datée du 20 août et se trouve, dans l'édition de 1697, au tome I, p. 150, et dans la *Correspondance*, au tome II, p. 444, 445.

7. Dans le manuscrit de l'Institut : « Tout mon zèle et toute ma bonne conduite.... » et un peu plus loin : « .... me tournera un jour

maintenant que la grâce me manque; mais tout cela me sera compté, et me tournera à profit, si je reviens jamais à la cour. Il faut espérer, et cependant se réjouir.

Monsieur votre fils a été bien heureux d'en être quitte pour une légère blessure à la tête. Ce que le peuple appelle *mener les gens à la boucherie*, c'est les poster où étoient les quatre escadrons de la maison du Roi, et qui a passé par là a essuyé les plus grands périls de la guerre. Quand on affronte de la cavalerie ou de l'infanterie, l'action anime ; mais ici c'est de sang-froid qu'on est passé par les armes.

A MADAME DE GRIGNAN.

Vous m'avez écrit d'une encre si blanche, que je n'ai lu que dix ou douze mots par-ci par-là de votre lettre, et ce n'a été que votre bon sens et le mien qui m'ont fait deviner le reste. C'est une vraie encre à écrire des promesses qu'on ne voudroit pas tenir : de l'heure qu'il est, tout est effacé; mais enfin il me souvient bien que vous m'y avez dit des choses obligeantes. J'espère que ces bontés auront fait plus d'impression sur votre cœur que sur votre papier. Si cela étoit égal, vous seriez la plus légère amie du monde. Pour l'amitié que je vous ai promise, Madame, elle est écrite dans mon cœur avec des caractères qui ne s'effaceront jamais. Voilà de grandes paroles cela !

à profit, quand le Roi se radoucira pour moi. » La petite phrase suivante est omise.

*387. — DU COMTE DE GRIGNAN
AU COMTE DE GUITAUT.

Le 14 octobre, à Grignan¹.

J'ai reçu votre lettre du 6, où vous me mandez ce que vous avez dit à Monsieur de Toulon² sur l'affaire de Barjoux et de Saint-Remi³; mais trouvez [bon]⁴ que je vous die que si vous ne lui parlez franchement, cela nous fera un embarras : vous savez comme je vous en ai parlé ; ces Messieurs me veulent faire un plat⁵ sur cela, parce qu'ils voient bien qu'ils ne sauroient avoir contentement. Je leur permets encore une fois de faire sur ces deux affaires-là tout ce qu'ils trouveront bon : je n'en serai point fâché contre eux ; mais, entre vous et moi, je ne veux point que Monsieur de Toulon, ni aucun de ces Messieurs, se mêlent de l'accommodement de ces deux communautés : ce n'est point leur affaire. Je n'y toucherai point qu'après l'assemblée ; car je suis déterminé à voir, avant toutes choses, la manière dont ils en useront avec moi pendant l'assemblée. Monsieur de Toulon est persuadé qu'il ne peut s'empêcher en conscience de faire son opposition.

Lettre 387 (revue sur l'autographe). — 1. L'année n'est pas marquée de la main du comte de Grignan, mais elle peut aisément se conclure du contenu de la lettre.

2. Dans l'original il y a : « Mr de Tholon. » — Louis de Forbin d'Oppède fut évêque de Toulon de 1664 au 29 avril 1675.

3. Il y a une petite ville appelée Saint-Remi, à trois lieues d'Arles. Le premier nom désigne-t-il Barjols, autre petite ville, située dans le département du Var? Le compte rendu de l'assemblée des communautés parle d'une délibération relative à « l'entrée et séance des consuls de Barjoux et de Saint-Remi. » Dans l'original de la lettre, on liroit plutôt *Barjeaux* (*Barieaux*) que *Barjoux*.

4. Le mot *bon* manque dans l'original.

5. Il y a très-lisiblement *plat* dans l'autographe, et non *plan*, comme on a imprimé jusqu'ici. Cette locution signifie-t-elle : me servir un plat de leur métier?

Je suis persuadé du contraire, et qu'il pourroit agir comme les trois premières années. Ces Messieurs veulent un accommodement avec moi, à condition qu'ils ne feront pas un pas de leur côté, et que du mien je ferai toutes les avances. Ils s'opposent à la seule affaire que j'aie dans la province : ils sont les maîtres de la maison de ville d'Aix; ils souhaitent que dans l'accommodement de Barjoux et de Saint-Remi, dont je suis le maître, je me relâche en faveur de leurs amis. Qu'est-ce qu'ils me donnent? Rien. Voyez-vous, mon cher Monsieur, je vous parle comme à Monsieur de Guitaut, mon ami, et vous prie que ceci soit entre nous. L'affaire de mes gardes est une affaire d'honneur; si je la perds, ces Messieurs doivent compter que je ne saurois jamais revenir pour eux. Ce n'est point les cinq mille[6] francs qui me tiennent au cœur, comme vous pouvez croire; car je les rendrai à la province dans le moment, pourvu qu'il paroisse que j'en ai été absolument le maître[7]. Je serai encore ici jusques à la Toussaint. Mes compliments, s'il vous plaît, à M. le marquis de Janson[8].

Je suis tout à vous,

GRIGNAN.

6. Dans toutes les éditions qui ont précédé la nôtre, on a imprimé *cent* au lieu de *cinq;* dans l'original il y a *cinc.* Voyez la note suivante.

7. Dans l'assemblée des communautés de Provence qui s'ouvrit le 23 novembre 1674, « l'évêque de Toulon.... procureur joint pour le clergé, s'opposa au payement des gardes d'honneur et au supplément de cinq mille francs. Il déclara qu'il protestait d'avance contre toute délibération qui interviendrait pour accorder une de ces deux sommes. L'assemblée refusa les gardes d'honneur; elle accorda la somme de cinq mille francs, non comme supplément de traitement, mais à titre de gratification et sans tirer à conséquence pour l'avenir. » (Walckenaer, tome V, p. 146.)

8. Voyez tome II, p. 72, note 17.

388. — DE MADAME DE SÉVIGNÉ AU COMTE DE BUSSY RABUTIN[1].

Dans ce temps-là je partis de ma maison de Chaseu, pour aller à celle de Bussy, ou quelques jours après je reçus cette réponse de Mme de Sévigné.

A Paris, ce 15ᵉ octobre 1674.

Il me semble que je n'écris plus si bien, et si c'étoit une chose nécessaire à moi que d'avoir bonne opinion de mes lettres, je vous prierois de me redonner de la confiance par votre approbation.

J'ai donné à dîner depuis peu à notre chanoinesse[2] et à son frère aîné. Leur nom touche mon cœur, et leur jeune mérite me réjouit. Je voudrois que le garçon eût une bonne éducation. C'est trop présumer que d'espérer tout d'une heureuse naissance.

Il y a[3] deux Rabutins dans le régiment d'Anjou, que Saint-Géran commande. Il m'en dit des biens infinis. L'un des deux fut tué l'autre jour, à la dernière bataille que M. de Turenne vient de gagner près de Strasbourg[4], et l'autre y fut blessé. La valeur de ces deux frères les distinguoit des autres braves. Je trouve plaisant que cette vertu ne soit donnée qu'aux mâles de notre maison, et que nous autres femmes nous ayons pris toute la timidité. Jamais rien ne fut mieux partagé, ni séparé si nettement

---

Lettre 388. — 1. Cette lettre manque dans notre copie de lettres; nous la donnons d'après le manuscrit de l'Institut.

2. Celle que Bussy nomme « ma fille de Rabutin, dame de Remiremont. » — Le frère aîné est Amé-Nicolas de Rabutin, marquis de Bussy.

3. « Il y a.... Il m'en dit. » Tel est le texte du manuscrit et de l'édition de 1697. La suite demanderait plutôt : « Il y avoit.... il m'en a dit; » et c'est ainsi qu'on a imprimé dans l'édition de 1818.

4. Le 4 octobre, près du village d'Entzheim, sur la Brusche (la Breuch, dit la *Gazette*).

entre nous ; car vous ne nous avez laissé aucune sorte de hardiesse, ni nous à vous aucune sorte de crainte. Il y a des maisons où les vertus et les vices sont un peu plus mêlés. Mais revenons à la bataille.

M. de Turenne a donc encore battu les ennemis, pris huit pièces de canon, beaucoup d'armes et d'équipages, et demeuré maître du champ de bataille. Ces victoires continuelles font grand plaisir au Roi. J'ai trouvé la lettre que vous lui écrivez fort bonne; je voudrois qu'elle pût faire un bon effet. Jamais la fortune ne m'a fait un plus sensible déplaisir qu'en vous abandonnant. Elle a encore plus abandonné M. de Rohan. Son affaire va mal[5]. Il

5. Louis, chevalier de Rohan, le fils cadet, l'enfant gâté de la belle et galante princesse de Guémené, le neveu de Mme de Chevreuse, du prince de Soubise, de l'abbesse de Malnoue et de la seconde duchesse de Luynes. Il avait été reçu le 9 février 1656, en survivance de son père, grand veneur de France; mais il avait, en 1670, vendu sa charge au marquis de Soyecourt. Des Réaux (tome IV, p. 482, 484) parle de sa belle mine, de son courage et de son esprit déréglé. Voyez plus haut, p. 189, la lettre du 9 février 1673, note 3, et la *Correspondance de Bussy*, tomes I, p. 104; II, p. 197, 408. — Le chevalier de Rohan avait tramé un complot insensé avec la Truaumont, gentilhomme de Normandie, le chevalier de Préault, neveu de la Truaumont, la dame de Mallorties de Villers, et un vieux professeur ou maître d'école hollandais, nommé van den Ende, qui était venu demeurer au faubourg Saint-Antoine et servait d'intermédiaire, se rendant de sa personne à Rouen et à Bruxelles. Le but de la conjuration était d'exciter un soulèvement en Normandie et de livrer Quillebeuf aux Hollandais et aux Espagnols. « Le chevalier de Rohan doit être condamné aujourd'hui, » écrit l'évêque de Verdun à Bussy, le 26 novembre 1674; « il a été sur la sellette avec un habit neuf et la meilleure mine du monde; il ne croit pas mourir.... Ce qui est vraisemblable, c'est qu'il a eu intention de tirer de l'argent des ennemis, et du reste de ne se mettre guère en peine de leur tenir parole. » Le lendemain 27 novembre (à quatre heures après midi, sur la petite place Saint-Antoine, à l'extrémité de la rue des Tournelles), il « eut la tête coupée avec le chevalier de Préault et Mme de Villers, qui mourut plus constamment que le chevalier de Rohan même; car il fut d'abord étonné et montra quelque foi-

faut faire réflexion sur l'état de ceux qui sont plus malheureux que nous, pour souffrir patiemment nos disgrâces.

Mandez-moi où vous en êtes sur l'histoire généalogique de nos Rabutins. Le cardinal de Retz est ici. Il a les généalogies dans la tête. Je serois ravie qu'il connût la nôtre avec l'agrément que vous y donnez. C'eût été un vrai amusement pour Commerci; mais il ne parle point d'y aller. Je crois que vous le trouverez plutôt ici. C'est notre intérêt qu'il y passe l'hiver; c'est l'homme de la plus charmante société qu'on puisse voir[6].

Ma fille est fort contente de ce que vous lui avez écrit : il n'y a rien de plus galant; elle vous promet de vous écrire au premier jour, de la bonne encre.

Mon fils, comme vous dites[7], est bien heureux d'en avoir été quitte à si bon marché. Il est vrai que d'être au poste où étoient les gendarmes au combat de Senef, c'est précisément être passé par les armes. Quel bonheur d'en être revenu! Adieu, mon cher cousin.

blesse dès qu'il put soupçonner quel seroit son sort : mais il se remit ensuite, et reçut la mort avec résignation et fermeté. » (*Mémoires de la Fare*, tome LXV, p. 215.) Le maître d'école fut pendu. La Truaumont avait été blessé au moment de son arrestation d'un coup de feu dont il mourut le lendemain.

6. La fin de cet alinéa depuis : « C'eût été un vrai amusement, » est tirée de l'édition de 1697; elle manque dans notre manuscrit.

7. Au lieu des mots : « Comme vous dites.... à si bon marché, » que nous donnons d'après le manuscrit, on lit dans l'édition de 1697 : « Vous rend mille grâces de votre souvenir. » Le manuscrit n'a pas les derniers mots de la lettre : « Quel bonheur, etc. »

*389. — DE MADAME DE SÉVIGNÉ
AU COMTE DE GUITAUT[1].

1674

A Paris, vendredi 16ᵉ novembre.

Vous voilà donc dans votre château avec votre très-aimable femme? Si vous voulez me voir dans ma béatitude, il faudra que vous preniez la peine de venir jusques ici. Il est vrai que je suis sensiblement touchée du plaisir d'avoir Mme de Grignan : je ne m'accoutume point à cette joie, je la sens à toute heure, et je vois couler le temps avec douleur, quand je pense au jour qu'il m'amènera[2] ; mais je ne veux pas prévenir mon malheur. Parlons des merveilles que vous avez faites en Provence : vous n'avez pensé qu'aux véritables intérêts de M. et de Mme de Grignan. J'ai trouvé fort dure et fort opiniâtre la vision de Monsieur de Toulon pour les cinq mille francs à l'assemblée. Je crois que la permission que le Roi donne d'opiner sur cette gratification, ôtera l'envie de s'y opposer. M. de Pompone a fait régler aussi le *monseigneur* qu'on doit dire à M. de Grignan en présence de l'Intendant, quand on vient lui rendre compte de l'assemblée; et comme ce règlement donnera sans doute quelque chagrin à M. Rouillé[3], je crois que M. de Pompone ne l'enverra que sur la fin. C'est beaucoup que ce soit une chose décidée, ou pour mieux dire rétablie. Je suis fort aise que vous ayez trouvé Grignan d'un bon air; vous l'auriez

LETTRE 389 (revue sur l'autographe). — 1. Cette lettre fut évidemment adressée à Époisse, et non aux îles Sainte-Marguerite (comme le dit Walckenaer, tome V, p. 146).

2. Et non : « qui me l'emmènera, » comme on a imprimé jusqu'ici.

3. Rouillé de Mêlai, l'Intendant. Le mot est écrit fort lisiblement dans l'autographe. Les éditions jusqu'à présent ont donné : « M. de Bouilli, » ou « M. Bouilli. »

trouvé encore plus beau, si la Comtesse avoit aidé à son mari à vous en faire les honneurs ; mais non, il vaut encore mieux que vous la trouviez ici. Vos conversations seront infinies, quand vous joindrez la Provence avec les affaires passées et présentes de ce pays-ci. Vous y trouverez le procès de M. de Rohan bien avancé : mon Dieu, la triste aventure ! quelle scène et quel spectacle[4] ! Vous vous souvenez de nos conversations, je vous en remercie. Je vous suis bien plus obligée de tout ce que vous me disiez, que vous ne me l'êtes de mon attention ; je n'oublierai jamais cet endroit de ma vie, il me semble qu'il nous a fait une liaison particulière. Je suis persuadée que vous n'en auriez pas tant dit à la comtesse de Bussy, et que vous n'avez point de sujette que vous aimiez tant que moi[5].

Adieu, Monsieur ; adieu, Madame : je suis très-sincèrement à vous.

M. DE RABUTIN CHANTAL.

Suscription : Pour Monsieur le comte de Guitaut[6].

4. L'exécution de Louis de Rohan devait avoir lieu dans le quartier de Mme de Sévigné, bien près de la place Royale, où habita longtemps la mère du chevalier. Voyez la note 5 de la lettre précédente.

5. Voyez sur ces dernières phrases les lettres écrites de Bourbilly, d'Époisse et d'Auxerre, en octobre 1673.

6. Voyez au tome suivant pourquoi nous avons renvoyé à l'année 1675 une lettre du 22 novembre qui a été placée en 1674 par un des éditeurs qui nous ont précédés, et omise par ceux qui sont venus après lui.

390. — DU COMTE DE BUSSY RABUTIN A MADAME
DE SÉVIGNÉ ET A MADAME DE GRIGNAN.

Je fus près de quatre mois sans recevoir de lettres de mes amis, ni sans leur écrire. Enfin je rompis la glace par Mme de Sévigné.

A Chaseu, ce 6ᵉ janvier 1675.

A MADAME DE SÉVIGNÉ.

Il y a, ce me semble, assez longtemps que je vous laisse en repos, Madame; c'est que j'ai eu beaucoup d'affaires depuis mon retour de Paris. Cela ne m'en eût pourtant pas empêché, si je n'avois craint sottement que si je vous écrivois, vous ne crussiez que j'avois affaire de vous. Il faut dire le vrai, on est quelquefois bien ridicule[1]; mais pour vous montrer mon retour au bon sens, Madame, je vous supplie de me mander la réponse qu'a eue M. le cardinal de Retz sur ce qui me regarde[2]; je n'oserois presque vous dire mon indifférence sur cela[3]. Vous autres gens de la cour ne faites guère de différence entre un fou et un philosophe; cependant vous appellerez ma tranquillité comme il vous plaira, mais je l'aime mille fois mieux que de l'inquiétude qui ne sert de rien. Ce qui me consolera d'ailleurs du méchant succès de cette négociation, ce sera la marque d'amitié que j'aurai

LETTRE 390. — 1. On avait cherché à brouiller de nouveau Bussy avec sa cousine; il écrivait le 1ᵉʳ février 1675 à sa fille aînée, religieuse à la Visitation de la rue Saint-Antoine, à Paris : « On a tort, à mon avis, de me vouloir donner des soupçons du peu d'amitié ou même de la mauvaise volonté de Mme de Sévigné.... Il me faut de grandes convictions pour me faire croire qu'une personne que j'aime et que j'estime soit fourbe. »

2. Voyez la lettre suivante et celle du 20 mars.

3. Dans notre copie de lettres, ces derniers mots ont été remplacés, en interligne et d'une autre main, par ceux-ci : « vous dire ma résignation sur mon retour. »

reçue de Son Éminence; c'est sur cela que je ne serois pas indifférent, et sur votre tendresse, Madame : il me faut l'une et l'autre pour que je ne sois pas tout à fait malheureux.

A MADAME DE GRIGNAN.

Il faut que je sache, non pas de quel bois vous vous chauffez, Madame, mais de quelle encre vous écrivez. Si vous n'en pouvez trouver d'autre que de celle dont vous vous servîtes l'année passée, souvenez-vous de m'écrire sur du papier noir; car enfin je veux lire ce que vous m'écrivez. Je n'y trouve qu'un inconvénient, c'est que le commis de la poste, qui n'aura pas assurément de même encre que vous (cela se trouvant rarement), jettera votre lettre au feu, n'y pouvant mettre de port. Badinerie à part, Madame, je serai fort aise de savoir de vos nouvelles par vous-même, et surtout que vous ne retournerez de trois ans en Provence; car sans m'informer de ce que vous aimez le mieux, je souhaite de vous retrouver à Paris, et je prends un terme un peu long pour n'y pas manquer.

391. — DE MADAME DE SÉVIGNÉ ET DE MADAME DE GRIGNAN AU COMTE DE BUSSY RABUTIN, ET DE MADAME DE SÉVIGNÉ A MADEMOISELLE DE BUSSY.

Quinze jours après que j'eus écrit ces lettres, je reçus celle-ci de Mme de Sévigné.

A Paris, ce 20ᵉ janvier 1675[1].

DE MADAME DE SÉVIGNÉ A BUSSY.

Et quand j'aurois cru que vous m'auriez écrit parce que vous auriez voulu me dire quelque chose pour vos

Lettre 391. — 1. Cette lettre, qui est datée du 20 janvier dans intérêts, y trouveriez-vous un grand mal? Ne nous sommes-nous pas assez écrit pour rien, ne pourrions-nous pas bien nous écrire pour quelque chose? Il me semble qu'il y a longtemps que nous n'en sommes plus là.

Je songe fort souvent à vous et je ne trouve jamais la maréchale d'Humières[2], que nous ne fassions pour le moins chacune un soupir à votre intention. Elle est toute pleine de bonne volonté, aussi bien que moi; et tous nos desirs n'avancent pas d'un moment l'arrangement de la Providence; car j'y crois, mon cousin; c'est ma philosophie. Vous de votre côté, et moi du mien, avec des pensées différentes, nous allons le même chemin : nous visons tous deux à la tranquillité; vous par vos raisonnements, et moi par ma soumission. La force de votre esprit et la docilité du mien nous conduisent également au mépris de tout ce qui se passe ici-bas. Tout de bon, c'est peu de chose; nous avons peu de part à nos destinées : tout est entre les mains de Dieu. Dans de si solides pensées, jugez si je suis incapable de comprendre votre tranquillité.

Vous me faites grand plaisir d'excepter de votre indifférence les bonnes grâces de notre cardinal; elles me paroissent d'un grand prix. Ce qui fait que je ne vous ai point rendu sa réponse, c'est qu'il n'a point vu Monsieur

---

notre copie de lettres (et non du 24, comme dans les éditions), l'est du 12 mars dans le manuscrit de l'Institut. Cette différence de date s'explique aisément. Bussy dit dans l'introduction à la lettre 393 qu'il fut deux mois à recevoir cette réponse de sa cousine. Dans l'un des deux manuscrits il l'a datée du jour ou au moins du mois où il l'avait reçue; dans l'autre, du mois où elle fut écrite. — Tout le premier paragraphe manque dans le manuscrit de l'Institut.

2. « Votre nièce la maréchale d'Humières. » (*Manuscrit de l'Institut.*) — La maréchale d'Humières était nièce de Bussy à la mode de Bretagne, c'est-à-dire fille de sa cousine germaine. Voyez tome I, p. 403, note 7.

le Prince, depuis que vous êtes parti d'ici. Il est à Chantilly, où il a pensé mourir³. Il n'a point voulu recevoir la visite de Son Éminence qu'il ne fût en état de jouir de sa bonne compagnie. Il ira dans peu de jours, il parlera comme vous pouvez souhaiter, et je vous manderai tous les tons de cette conversation⁴.

Que dites-vous de nos heureux succès, et de la belle action qu'a faite M. de Turenne en faisant repasser le Rhin aux ennemis⁵? Cette fin de campagne nous met dans un grand repos, et donne à la cour une belle disposition pour les plaisirs. Il y a un opéra tout neuf qui est fort beau⁶.

Avec votre permission, mon cousin, je veux dire deux mots à ma nièce de Bussy.

3. La *Gazette* du 2 février suivant contient la nouvelle que voici : « Le prince de Condé, après une indisposition plus longue que dangereuse, est présentement en bonne santé dans sa maison de Chantilly. »

4. Tout ce paragraphe manque dans le manuscrit de l'Institut.

5. « Que dites-vous de nos victoires et du beau coup d'échec qu'a fait M. de Turenne en faisant repasser le Rhin aux ennemis ? » (*Manuscrit de l'Institut.*) — Le combat de Turckheim, livré le 5 janvier, avait été le dernier de la belle campagne d'Alsace. « Nous vîmes au point du jour, dit la Fare (tome LXV, p. 211), qu'ils avoient abandonné leur camp, et par conséquent l'Alsace, parce que de là à Strasbourg, il n'y avoit plus de subsistance, puisqu'ils avoient pendant longtemps mangé tout ce pays. M. de Turenne.... fit observer leur marche par le comte de Roye sans les poursuivre, et peu de jours après reçut la nouvelle qu'ils avoient tous repassé le Rhin sur le pont de Strasbourg. »

6. Dans le manuscrit de l'Institut : « Qui est un des plus beaux qu'on ait vus. » Il s'agit de *Thésée*, opéra de Quinault et de Lulli, représenté à Saint-Germain le 10 janvier; Mme de Sévigné alla l'entendre le 26 juillet suivant: voyez sa lettre de ce jour-là même, et Walckenaer, tome V, p. 206-208.

DE MADAME DE SÉVIGNÉ A MADEMOISELLE DE BUSSY[7].

1675

JE[8] prends toujours un grand intérêt à tout ce qui vous touche; cette raison me fait sentir le bonheur que vous avez eu de n'avoir point épousé un certain homme dont le mérite est aussi petit que le nom en est grand[9]; il faut avoir mieux ou rien. Adieu, ma nièce.

Je reviens à vous, mon cousin, pour vous dire que je laisse la plume à Mme de Grignan; je dis la plume, car pour l'encre, vous savez qu'elle en a de toute particulière.

DE MADAME DE GRIGNAN A BUSSY.

JE n'ai point trouvé de papier noir, c'est ce qui m'a fait résoudre à me servir de l'encre la plus noire de Paris[10]. Il n'est festin que d'avaricieux : voyez comment celle de ma mère est effacée par la mienne. Je n'ai plus à craindre que les pâtés, qui sont presque indubitables avec une encre de cette épaisseur; mais enfin il faut vous

7. Dans notre copie de lettres, après les mots : « Mademoiselle de Bussy, » une autre main a ajouté : « depuis marquise de Coligny. »
8. En tête de cet alinéa, on lit ici de plus dans le manuscrit de l'Institut : « Comment vont les mariages dont on parle pour vous, ma chère nièce? L'arrière-ban vous auroit pu faire choisir en France, si votre oncle de Toulongeon n'en étoit pas revenu; mais il est bien gardé que Dieu garde; vous n'avez plus à compter que sur les infirmités ordinaires de la nature humaine. » — Sur la dernière convocation de l'arrière-ban (publiée le 17 août 1674), voyez l'*Histoire de Louvois*, par M. Rousset, tome II, p. 94 et suivantes, et p. 128. — Le beau-frère de Bussy n'avait pas d'enfants : voyez la lettre du 9 avril 1687, vers la fin.
9. On a écrit à la marge dans notre copie de lettres : « Le feu comte de Limoges; » et dans le manuscrit de l'Institut on a substitué ce nom aux mots : « un certain homme. » Voyez plus haut, p. 318, la lettre du 15 décembre 1673, et p. 152, note 4.
10. « Si vous ne pouvez lire aujourd'hui mon écriture, Monsieur, ce ne sera pas à cause de la blancheur de mon encre; je vous écris de la plus noire de Paris. » (*Manuscrit de l'Institut.*)

servir à votre mode. En vérité, Monsieur, vous feriez bien mieux d'épargner notre encre et notre papier, et de nous venir voir, puisque vous me faites le plaisir de m'assurer que mon séjour à Paris ne vous est pas indifférent. Venez donc profiter d'un bien qui vous sera enlevé à la première hirondelle. Si je vous écrivois ailleurs que dans une lettre de ma mère, je vous dirois que c'est même beaucoup retarder mes devoirs qui m'appellent en Provence; mais elle trouveroit mauvais de n'être pas comptée au nombre de ceux qui doivent régler ma conduite. Elle en est présentement la maîtresse; et j'ai le chagrin de n'éprouver son autorité qu'en des choses où ma complaisance et mon obéissance seront soupçonnées d'être d'intelligence avec elle. Je ne sais pas pourquoi je m'embarque à tout ce discours. Il ne me paroît pas que j'aie besoin d'apologie auprès de vous : c'est donc seulement par le seul plaisir de parler à quelqu'un[11] qui écoute avec plus d'attention, et qui répond plus juste que tout ce qui est ici. Je vous demande une petite amitié à Mademoiselle de Bussy[12].

DE MADAME DE SÉVIGNÉ A BUSSY.

Voilà ce qui s'appelle écrire de la bonne encre. Plût à Dieu que vous fussiez ici! Nous causerions de mille choses, mais surtout des sentiments dont la Provençale vous parle[13], qu'il faut cacher à la plupart du monde, quelque véritables qu'ils soient, parce qu'ils ne sont pas vraisemblables.

11. « De causer avec quelqu'un. (*Manuscrit de l'Institut.*)
12. Cette dernière phrase manque dans le manuscrit de l'Institut, où la reprise de Mme de Sévigné commence ainsi : « Je reviens encore à vous, mon cousin, pour vous dire que je voudrois bien que vous fussiez ici. »
13. « Dont ma fille vous parle. » (*Manuscrit de l'Institut.*)

Corbinelli est ici; il croit que vous ne songez plus à lui : cependant il vous honore et il vous aime extrêmement. Votre souvenir fai..es délices de nos conversations; et des regrets ensuite de vous avoir perdu. Adieu, mon cousin[14].

*392. — DE MADAME DE MAINTENON
A MADAME DE COULANGES.

5e février.

J'AI plus d'impatience de vous dire des nouvelles de Maintenon[1], que vous n'en avez d'en apprendre. J'y ai été deux jours qui m'ont paru un moment; mon cœur y est attaché. N'admirez-vous pas qu'à mon âge je m'attache à ces choses-là comme un enfant? C'est une assez belle maison : un peu trop grande pour le train que j'y destine. Elle a de fort beaux dehors, des bois où Mme de Sévigné rêveroit à Mme de Grignan fort à son aise. Je voudrois pouvoir y demeurer; mais le temps n'est pas encore venu. Il est vrai que le Roi m'a nommée Madame de Maintenon, que j'ai l'imbécillité d'en rougir, et tout aussi vrai que j'aurois de plus grandes complaisances pour lui que celle de porter le nom d'une terre qu'il m'a donnée. Je dirai bien à Mme de Montespan qu'il y a de faux frères, et que du soir au lendemain la ville est fort exactement informée de tout ce qui se fait ici. Les amis de mon mari ont tort de m'accuser d'avoir concerté avec le Roi ce changement de nom : ce sont ou mes ennemis ou mes envieux; peu de bonheur en attire

14. Cet alinéa manque aussi dans le manuscrit de l'Institut.
LETTRE 392. — 1. Mme Scarron avait acheté le marquisat de Maintenon le 27 décembre 1674. Voyez Walckenaer, tome V, p. 235.

beaucoup. Le voyage de Baréges² n'est pas encore fixé ; au retour, je serai plus libre, et j'aurai le plaisir de vous écrire moins souvent. M. de Coulanges est ici, on s'en aperçoit bien : on s'ennuyoit.

---

393. — DU COMTE DE BUSSY RABUTIN A MADAME DE SÉVIGNÉ ET A MADAME DE GRIGNAN, ET DE MADEMOISELLE DE BUSSY A MADAME DE SÉVIGNÉ.

Je fus deux mois sans recevoir cette réponse (n° 391) de Mme de Sévigné. Enfin je la reçus le 20° mars, et aussitôt je lui écrivis cette lettre.

A Chaseu, ce 20° mars 1675 ¹.

DE BUSSY A MADAME DE SÉVIGNÉ.

J'ÉTOIS tout prêt à vous faire une *rabutinade*, ma chère cousine, sur ce que je ne recevois pas au 19° mars la réponse que vous deviez à ma lettre du mois de janvier. Je la viens de recevoir, cette réponse, par la diligence, avec une caisse que ma fille de Sainte-Marie envoyoit à sa sœur ; la caisse a été jusqu'en Provence, au moins a-t-elle pu y aller, et il a fallu plaider pour la ravoir. Encore si la Sainte-Marie m'avoit mandé que votre lettre y étoit, elle m'auroit épargné le chagrin que j'ai eu contre vous ; mais je crois (Dieu me veuille pardonner !) que votre nièce nous vouloit brouiller ensemble. Si vous saviez la colère où j'étois contre le maître de la diligence, vous jugeriez bien que j'avois quelque pressentiment qu'il y avoit dans cette cassette quelque chose qui m'étoit plus

2. Voyez plus loin les lettres du 7 août (vers le milieu) et du 3 novembre 1675.
LETTRE 393. — 1. La lettre est datée du 16ᵉ mars dans le manuscrit de l'Institut.

cher que les manches et que le ruban de ma fille². J'eus deux grands plaisirs à la fois ; l'un de trouver que je n'avois pas sujet de me plaindre de vous, et l'autre de lire deux lettres de deux de mes meilleures amies, qui, dans leurs manières différentes, écrivent mieux à mon gré que femmes de France. Je m'étonne, en songeant à cela, que je n'aie pas pris plus de soin de m'en attirer ; et c'est à quoi je ne prétends plus manquer à l'avenir.

Il y a cinq ou six jours que Mme de Bussy m'envoya un billet que vous lui écriviez, par lequel vous lui mandiez que Monsieur le Prince étoit encore un peu vif sur mon sujet³. Il faut avoir patience et espérer qu'on mourra ; et c'est aussi le remède que j'attends, et j'ai de la vie et de la santé autant que de la mauvaise fortune. Les héros penseront de moi ce qu'il leur plaira, Madame : j'aime mieux vivre en Bourgogne que dans l'histoire seulement ; et peut-être que si je m'en souciois beaucoup, j'aurois contentement sur l'honneur de ma mémoire, et que la postérité parleroit de moi plus honorablement que de tel prince ou de tel maréchal de France que nous connoissons. Encore une fois, Madame, je vous assure que je ne songe qu'à vivre, et je crois, comme Voiture, que

. . . . C'est fort peu de chose
Qu'un demi-dieu quand il est mort⁴.

2. Tout ce qui précède manque dans le manuscrit de l'Institut, où la lettre commence ainsi : « Je viens d'être bien aise, Madame, en lisant deux lettres de deux de mes meilleures amies, qui, etc.... et c'est à quoi je ne prétends plus manquer à l'avenir. » Ce qui suit est encore supprimé, et la lettre ne reprend qu'à ces mots : « Au reste, ma chère cousine, ne soupirez plus, etc. »

3. Voyez la note 15 de la lettre du 15 décembre 1673, et la lettre 391, p. 429 et suivante.

4.   Ce respect, cette déférence,
      Cette foule qui suit vos pas,

1675

J'écris au cardinal de Retz avec autant de reconnoissance que s'il avoit fait ce que nous souhaitons. Au reste, ma chère cousine, ne soupirez point pour mes malheurs avec notre petite maréchale⁵ : ce seroit tout ce que vous devriez faire si j'étois mort.

Je ne réponds point à vos nouvelles du mois de janvier : j'aimerois autant vous parler de la bataille de Jarnac. Je vous dirai seulement que j'aime autant M. de Turenne que je l'ai autrefois haï ; car pour dire la vérité, mon cœur ne peut plus tenir contre tant de mérite. Je quitte la plume à Mlle de Bussy⁶.

DE MADEMOISELLE DE BUSSY A MADAME DE SÉVIGNÉ.

Je suis persuadée de la part que vous prenez en ma fortune, ma chère tante, et sur cela je vous aime de tout mon cœur.

En me parlant de ce certain homme que j'ai failli à

> Toute cette vaine apparence,
> Au tombeau ne vous suivront pas.
> Quoi que votre esprit se propose,
> Quand votre course sera close,
> On vous abandonnera fort ;
> Et, seigneur, c'est fort peu de chose
> Qu'un demi-dieu quand il est mort.

(Voiture, *Épître à Monseigneur le Prince sur son retour d'Allemagne, l'an* 1645.)

5. La maréchale d'Humières. Voyez la lettre 391, p. 429.

6. Dans le manuscrit de l'Institut on lit *la place*, au lieu de *la plume*, et la lettre de Mlle de Bussy commence ainsi : « Le mariage dont mon père vous parla pour moi l'année passée, ma chère tante, est présentement sur le tapis, et pourroit bien se faire. L'arrière-ban ne m'a pas mise en état de choisir, non pas parce qu'est bien gardé que Dieu garde : s'il n'y avoit eu que Dieu qui s'en fût mêlé, peut-être auroit-on pu espérer ; mais parce qu'est bien gardé qui se garde. Ainsi je n'ai plus d'autres ressources que la foiblesse du tempérament. Je suis persuadée, etc. » — Sur « ce mariage qui pourroit se faire, » voyez la lettre du 7 avril suivant.

épouser, vous avez oublié d'ajouter à la petitesse du mérite celle du bien et de la personne. Je ne sais pas si je trouverai mieux, mais je sais bien que je ne saurois plus mal trouver. Adieu, ma chère tante.

1675

DE BUSSY A MADAME DE GRIGNAN⁷.

Je serois bien difficile, Madame, si je n'étois content de votre encre, et même de votre cœur. Il est vrai que l'encre de Madame votre mère ne fait que blanchir auprès de la vôtre, et vous l'effacez aujourd'hui. Vous vous êtes même sauvée des pâtés; mais de quels écueils ne vous sauvez-vous pas⁸? La beauté, l'esprit, la jeunesse et les occasions ne vous sauroient faire faire le moindre pâté dans votre conduite. Au reste, Madame, si j'avois la liberté d'aller à Paris, vous croyez bien que je la prendrois; mais je vous assure que j'en sortirois quelquefois, quand ce ne seroit que pour recevoir de vos lettres. D'aller à Paris sans permission et sans affaires de conséquence⁹, cela ne seroit pas trop sage, et l'amitié, quelque tendre qu'elle soit, ne sauroit passer pour affaire de conséquence. Je crois que vous aimeriez mieux aller et demeurer en Provence que de faire la moindre chose contre votre devoir; mais je crois que vous souhaiteriez extrêmement que votre devoir s'accordât à demeurer à Paris; et quand je ne devrois pas avoir le plaisir de vous y voir, je ne laisserois pas de souhaiter autant que vous que vous y fussiez toujours.

7. Dans le manuscrit de l'Institut, entre la lettre de Mlle de Bussy et la reprise de son père, on lit cette transition : « Vous voulez bien, ma chère cousine, que je réponde à Madame de Grignan? »

8. « Ne vous sauveriez-vous pas? » (*Manuscrit de l'Institut.*)

9. « Et sans affaire de conséquence qui oblige à la demander. » (*Ibidem.*)

A MADAME DE SÉVIGNÉ.

Vous avez raison, ma chère cousine, de dire qu'il y a des choses véritables qu'il faut cacher parce qu'elles ne sont pas vraisemblables ; comme, par exemple, s'il étoit possible que Mme de Grignan trouvât plus de plaisir à passer sa vie auprès de son mari à la campagne qu'à Paris en son absence ; mais le sentiment[10] que je lui mande que je crois qu'elle a sur ce chapitre est fort vraisemblable.

Aussitôt que Mme de Bussy m'eut mandé que notre ami Corbinelli étoit à Paris, je lui écrivis, et je voudrois bien, si Mme de Grignan va en Provence, que vous et lui prissiez, en la conduisant, votre chemin par la Bourgogne. J'irois au-devant de vous jusqu'à Bussy avec la petite Toulongeon et votre nièce de Bussy ; de là je vous amènerois à Chaseu, et puis à Montjeu, où j'ai des raisons de vous faire meilleure chère[11] qu'en pas un autre endroit.

10. Au lieu de ces mots : « Mais le sentiment, etc., » on lit dans le manuscrit de l'Institut : « Je ne lui conseillerois pas de le dire ; » et la lettre se termine là.

11. *Chère* (en italien *ciera, cera*), mine, visage. C'est le sens du mot dans cette phrase des *Mémoires de Mademoiselle* (tome IV, p. 370) : « Le Roi la prit (*une lettre où elle lui parlait en faveur de Lauzun*), et me fit fort bonne chère quand je revins. » — Montjeu appartenait à Jeannin de Castille, avec qui Bussy s'était réconcilié (voyez la lettre du 21 octobre 1673). Bussy et Mme de Sévigné s'étaient peut-être trouvés ensemble chez Jeannin au temps de leur jeunesse. Voyez la lettre du 22 juillet 1672, et Walckenaer, tome IV, p. 194 et 195.

394. — DE MADAME DE SÉVIGNÉ AU COMTE DE BUSSY
RABUTIN ET A MADEMOISELLE DE BUSSY.

1675

Quinze jours après que j'eus écrit cette lettre, je reçus celle-ci de Mme de Sévigné.

A Paris, ce 3ᵉ avril 1675[1].

Quand mes lettres vont comme des tortues par la tranquille voie du messager, et que vous les trouvez dans une cassette de hardes qui sont d'ordinaire deux ou trois mois en chemin, je ne m'étonne pas que vous ayez envie d'être en colère contre moi : je serois même fort fâchée que vous n'eussiez pas envie de me gronder; mais enfin vous voyez que je n'ai point de tort; et si ma nièce de Sainte-Marie a compté sur le plaisir de nous mettre mal ensemble, elle est bien attrapée, car je crois que nous avons été brouillés ce que nous le serons de notre vie.

Vous avez donc su par mon billet la réponse du Prince[2] sur votre sujet; si pourtant le grand prince, par-dessus tous les autres, approuvoit votre retour, vous pourriez graisser vos bottes; mais le bon et généreux ami que vous avez, le paladin par éminence[3], le vengeur des torts, l'honneur de la chevalerie, me dit l'autre jour la triste réponse que le Roi lui avoit faite, et qu'il avoit des raisons invincibles pour ne vous pas accorder votre

---

Lettre 394. — 1. La lettre est datée du 8 avril dans le manuscrit de l'Institut. Le commencement y manque, jusqu'aux mots : « Celle du départ de tout le monde approche fort, » qui sont remplacés par ceux-ci : « Le départ du Roi approche fort. »

2. De Condé. Voyez page 318, la note 15 de la lettre du 15 décembre 1673.

3. Le duc de Saint-Aignan. Une lettre de Mme de Scudéry, du 16 janvier 1675 (voyez la *Correspondance de Bussy*, tome II, p. 417), fait connaître en détail ce qui s'était passé entre le Roi et le Duc.

retour. Ce mot d'*invincible* nous glace le cœur, nous ne savons sur qui le faire tomber, nous en trouvâmes trois qui peuvent fort bien donner sujet à cette expression ; nous causâmes près d'une heure ensemble dans une croisée de la chambre de la Reine ; l'amitié que nous avons pour vous nous rassembla en un moment, et nous fûmes contents chacun de notre côté des sentiments que nous avions pour vous.

La maréchale d'Humières est encore de notre bande ; elle parle [4] quand il est à propos, et parle si bien et avec tant de hardiesse et de raison, qu'elle mériteroit de persuader les gens en votre faveur ; mais l'heure n'est pas venue. Celle du départ de tout le monde approche fort. On avoit parlé de la paix, et vous savez même le changement des plénipotentiaires ; mais en attendant, on va toujours à la guerre, et les gouverneurs et lieutenants généraux des provinces, à leurs charges [5]. Toutes ces séparations me touchent sensiblement. Je pense aussi que Mme de Grignan ne nous quittera pas sans quelque émotion ; elle m'a priée de vous faire mille amitiés pour elle. Vous avez raison d'être content de son cœur : elle ne perd pas une occasion de me faire voir l'estime qu'elle a pour vous ; et moi je veux parler de celle que j'ai pour

4. Dans notre copie, on lit ici, après : « elle parle, » ces mots écrits en interligne d'une autre main que celle de Bussy : « pour votre retour. »

5. « Et les gouverneurs et lieutenants généraux, à leurs provinces. » (*Manuscrit de l'Institut.*) — La *Gazette* du 30 mars annonce que le duc de Vitri, le sieur Colbert et le comte d'Avaux partiront dans peu de temps, pour se rendre dans la ville de Nimègue, qui a été choisie pour les conférences de la paix ; que cependant le Roi donne tous les ordres pour la campagne prochaine, et que les gouverneurs se rendront incessamment dans les places et dans les provinces où ils doivent commander. — Le Roi partit pour l'armée le 11 mai.

ma nièce de Bussy. Elle pense comme vous, et ce qu'elle m'a écrit m'a fait souvenir de vos manières⁶.

Je vous souhaite, ma très-chère, un très-bon et très-agréable époux⁷. S'il est assorti à votre mérite, il ne lui manquera rien.

Comme j'écris ceci, je reçois une lettre par laquelle on me mande que ce mari est trouvé. Je trouve plaisant que cette nouvelle soit arrivée justement à cet endroit⁸. Je vous conjure, mon cher cousin, de m'en écrire le détail. Pour le nom, il est comme on le pourroit souhaiter, si on le faisoit faire exprès. Je vous demande un petit mot de la personne, du bien, de l'établissement, et de ce que vous donnez présentement à la future⁹.

Ma chère nièce, je prends un extrême intérêt à votre destinée. Ma fille vous fait ses compliments par avance, et vous embrasse de tout son cœur.

6. « Et ce qu'elle m'a écrit m'a fort réjouie. Je crois qu'on pourroit dire des dames ce qu'elle dit de son oncle, qu'il est bien gardé qui se garde. Nous voyons tous les jours ici que tout autre rempart est bien foible. Je m'en vais dire ici deux mots à ma nièce. » (*Manuscrit de l'Institut.*)

7. « Un très-aimable époux. » (*Ibidem.*)

8. « Je reçois une lettre de ma tante de Toulongeon, par laquelle elle me mande que c'est le marquis de Coligny, de la maison de Langhac (*voyez la lettre suivante*), qui va épouser ma nièce. J'ai trouvé plaisant que cette nouvelle soit arrivée justement sur cet endroit. » (*Ibidem.*)

9. « Et de ce que vous lui donnez présentement. Adieu. » (*Ibidem*). — C'est là que finit la lettre dans le manuscrit de l'Institut.

Adieu, l'aimable père et l'aimable fille, je suis toute à vous.

395. — DU COMTE DE BUSSY RABUTIN ET DE MADEMOISELLE DE BUSSY A MADAME DE SÉVIGNÉ.

Le lendemain du jour que j'eus reçu cette lettre, j'y fis cette réponse.

A Chaseu, ce 7ᵉ avril 1675[1].

DU COMTE DE BUSSY.

Je ne vous avois pas mandé la désagréable réponse du Roi, que notre paladin[2] m'avoit rendue il y a assez longtemps, parce qu'il m'avoit prié de n'en parler à qui que ce soit. Vous savez comme il est circonspect sur les choses qui regardent le maître ; mais puisqu'il vous a dit ce secret, il m'a fait plaisir, et j'aime mieux en parler avec vous qu'avec toute autre personne.

Il me paroît que vous étendez trop vos soupçons sur le mot d'*invincible ;* je crois qu'ils ne peuvent tomber que sur une seule personne, et que vous en conviendrez, quand vous ferez réflexion qu'un grand roi ne peut pas avouer que rien lui paroisse invincible que l'amour : vous m'entendez bien, Madame. De vous dire maintenant ce qui m'a mis l'amour sur les bras, je l'ignore, car je ne l'ai jamais mérité : au contraire ; et je n'en serois pas si surpris si j'avois autant fait contre ce côté-là que contre les deux autres endroits que vous soupçonnez. Ce sont, à mon avis, des gens qui ne m'aiment pas, et que vous

---

Lettre 395. — 1. Dans le manuscrit de l'Institut la lettre est datée du 12ᵉ avril. Elle n'y commence qu'au troisième paragraphe : « Je serai bien fâché, etc. »

2. Le duc de Saint-Aignan. Voyez la lettre précédente.

connoissez fort, qui m'ont rendu l'amour contraire³. Il faut avoir patience; si l'impatience me pouvoit servir de quelque chose, je n'en manquerois pas.

Je serai bien fâché quand Mme de Grignan vous quittera, parce que vous le serez fort toutes deux. Cependant il ne faut pas qu'elle se laisse trop aller à son chagrin : outre que sa santé et sa beauté en pourroient pâtir, elle passeroit désagréablement sa vie. En quelque lieu qu'elle et moi soyons, je l'aimerai et je l'estimerai toujours extrêmement⁴.

DE MADEMOISELLE DE BUSSY.

L'époux qu'on me destine⁵, ma chère tante, me paroît

---

3. Par l'*amour*, il faut évidemment entendre ici Mme de Montespan ; ces gens qui n'aimaient pas Bussy et que Mme de Sévigné connaissait fort, ne peuvent guère être que la Rochefoucauld et son fils Marsillac, qui demeura toute sa vie, dit Saint-Simon, étroitement lié avec Mme de Montespan, Mme de Thianges et toute sa famille. Voyez Saint-Simon, tomes VII, p. 191 ; XI, p. 33 ; la lettre du 15 décembre 1673, p. 316, et la note 15, p. 318 ; la lettre de Bussy à Mme de Thianges, et le commentaire dont il l'accompagne, dans sa *Correspondance*, tome II, p. 304, 322.

4. On lit ici dans le manuscrit de l'Institut la transition suivante : « Écoutez votre nièce de Bussy, Madame : la voilà qui va vous entretenir. »

5. Gilbert (ou Gilbert-Allire) de Langhac, marquis de Coligny, épousa Mlle de Bussy, à Chaseu, le 5 novembre suivant (voyez la lettre de Bussy du 26 décembre). Il mourut à Condé, huit mois après son mariage, au commencement de juillet 1676 (voyez la *Correspondance de Bussy*, tome III, p. 165 et 166). Il était fils de Gilbert de Langhac, comte de Dalet, et de Barbe de Coligny. Dans le manuscrit de M. le marquis de la Guiche, Bussy écrit *Langhac*; dans celui de l'Institut *Langeac*, comme on prononce. — Le frère de sa mère, Joachim, marquis de Coligny, était mort sans postérité, le 7 décembre 1664 ; ce frère était le dernier enfant de Clériadus de Coligny, baron de Cressia, et avec lui avait fini cette branche de Cressia qui eut pour auteur le frère cadet du grand-père de l'illustre amiral de Coligny. — Voyez la lettre de Bussy du 2 août 1679 : il y a complété les détails qu'il donne ici. — Sur l'ancienneté de la maison de

bon et raisonnable ; il n'est pas beau, mais il est de belle taille : je ferai ce que je pourrai pour vous le faire voir bientôt, afin que vous en jugiez vous-même. Mon père vous va dire le reste.

DU COMTE DE BUSSY.

L'époux donc est presque aussi grand que moi ; il a plus de trente ans [6], l'air bon, le visage long, le nez aquilin et le plus grand du monde, le teint un peu plombé, assez de la couleur de celui de Saucourt [7], chose considérable en un futur. Il a dix mille livres de rente sur la frontière du Comté et de la Bresse, dans les terres de Cressia, de Coligny, d'Andelot, de Valfin et de Loysia, desquelles il jouit présentement par la succession de Joachim de Coligny [8], frère de sa mère. Le comte de Dalet, son père, remarié, comme vous savez, avec Mlle d'Estaing, jouit de la terre de Dalet et de celle de Malintras [9], et, après sa mort, elles viennent au futur par une donation que son père et sa mère firent, dans leur contrat de mariage, de ces deux terres à leur fils aîné : elles valent encore dix mille livres de rente, et plus. Une de ses tantes vient de lui faire donation d'une terre de trois mille livres de rente après sa mort. Son intention [10]

Langhac, voyez les lettres du 9 octobre et du 20 décembre 1675. — Mlle d'Estaing, seconde femme du comte de Dalet, dont il est question un peu plus bas, était Gilberte, fille de Jean-Louis, comte d'Estaing, mort jeune, sans enfant mâle, en 1628, et de Louise, comtesse d'Apchon.

6. Dans le manuscrit de l'Institut : « Il a trente-cinq ans ; » trois lignes plus bas, les mots : « en un futur, » sont omis.

7. Voyez la note 8 de la lettre 357, et Walckenaer, tome V. p. 418.

8. « Par la succession de feu Coligny Cressia. » (*Manuscrit de l'Institut.*) — Voyez la note 5.

9. « Jouit de la terre, etc., sa vie durant. » (*Ibidem.*)

10. « Elles valent plus de dix mille livres de rente. Son inten-

est de prendre emploi aussitôt qu'il sera marié, et je ne l'en dissuaderai pas [11]. Sa maison de Cressia, qui sera sa demeure, est à deux journées de Chaseu et à trois de Bussy. Je donne à ma fille le bien de sa mère dès à présent [12], et je ne la fais pas renoncer à ses droits paternels.

DE MADEMOISELLE DE BUSSY.

Je vous rends mille grâces, ma chère tante, et à Madame de Grignan, de la part que vous me témoignez prendre à mon établissement; vous ne sauriez toutes deux vous intéresser aux affaires de personne qui vous aime et qui vous honore plus que je fais.

---

396. — DU COMTE DE BUSSY RABUTIN A MADAME DE SÉVIGNÉ.

Un mois après que j'eus écrit cette lettre, j'écrivis celle-ci à Mme de Sévigné.

A Chaseu, ce 30ᵉ avril 1675.

Ce n'est pas seulement pour vous témoigner la part que je prends à l'affliction que vous avez de la mort du pauvre Chésières [1] que je vous écris, Madame; c'est en-

tion, etc. » (*Manuscrit de l'Institut.*) — La phrase relative à la donation de la tante a été omise.

11. « Et vous croyez bien que je ne l'en dissuaderai pas. » (*Ibidem.*) — La phrase suivante manque.

12. « Je donne à ma fille les cinquante mille écus que j'ai eus de sa mère, c'est-à-dire je lui en paye sept mille livres d'intérêts. » (*Ibidem.*) — L'apostille de Mlle de Bussy a été omise.

Lettre 396. — 1. Louis de Coulanges, seigneur de Chésières, mourut à Paris, le 21 avril 1675. Il fut enterré dans le caveau des Coulanges, dans l'église de la Visitation de la rue Saint-Antoine. Voyez la *Notice*, p. 145. — Cette lettre n'est pas dans le manuscrit de l'Institut.

core pour m'en plaindre avec vous; je l'ai toujours fort aimé, mais le dernier voyage que j'ai fait à Paris, où je passai une journée avec lui, me rafraîchit mon amitié, et me fait aujourd'hui plus sentir sa perte.

Au reste, Madame, mes amis me mandent que je n'ai plus d'obstacles pour mon retour à la cour que Monsieur le Prince, et que la voie infaillible pour le lever est celle de Monsieur le Duc[2]; ils me proposent pour cela d'en écrire à M. de Langeron ou à M. de Briord; mais je crois que vous pourriez traiter cette affaire[3] avec lui plus habilement que personne, et avec un meilleur prétexte, étant ce que nous sommes. Je vous supplie donc, Madame, de prendre votre temps, à la première visite qu'il vous rendra, pour lui en parler : je vous fais ma plénipotentiaire, je ne saurois mettre mes intérêts en de meilleures mains.

Mandez-moi des nouvelles du départ de Mme de Grignan; je voudrois qu'il fût bien reculé, quand je devrois lui déplaire pour ce souhait; car je sais bien que je me raccommoderois avec elle; mais vous ne m'avez pas fait réponse si vous passeriez en ce pays-ci en la conduisant. Donnez-m'en avis de bonne heure, je vous supplie; je vous veux voir toutes deux[4].

2. Bussy avait d'abord écrit dans sa copie : « est M. le Duc; » il a ajouté *celle de* au-dessus de la ligne.
3. On lit dans notre copie de lettres : « Mais je crois que vous pourriez cette affaire; » il y a un mot sauté.
4. C'est par erreur qu'on a placé à la suite de cette lettre, dans plusieurs éditions précédentes, une lettre de Mme de Sévigné au comte de Guitaut. On la trouvera à sa vraie date du 4 août 1679.

397. — DE MADAME DE SÉVIGNÉ, DE CORBINELLI, ET DE MADAME DE GRIGNAN AU COMTE DE BUSSY RABUTIN ET A MADEMOISELLE DE BUSSY.

1675

Un mois après que j'eus écrit cette lettre, je reçus celle-ci de Mme de Sévigné.

A Paris, ce 10ᵉ mai 1675[1].

DE MADAME DE SÉVIGNÉ.

Je pense que je suis folle de ne vous avoir pas encore écrit sur le mariage de ma nièce; mais je suis en vérité comme folle[2], et c'est la seule bonne raison que j'aie à vous donner. Mon fils s'en va dans trois jours à l'armée, ma fille dans peu d'autres en Provence : il ne faut pas croire qu'avec de telles séparations je puisse conserver ce que j'ai de bon sens. Ayez donc quelque pitié de moi, et croyez qu'au travers de toutes mes tribulations je sens toutes les injustices qu'on vous a faites[3].

J'approuve extrêmement l'alliance de M. de Coligny : c'est un établissement pour ma nièce, qui me paroît solide; et pour la peinture du cavalier, j'en suis contente sur votre parole. Je vous fais donc mes compliments à tous deux, et quasi à tous trois; car je m'imagine qu'à présent vous n'êtes pas loin les uns des autres.

Lettre 397. — 1. Nous conservons aux lettres 397-400 les dates que leur a données Bussy dans la copie que nous suivons : nous ne pouvons les changer par conjecture; mais ces dates sont évidemment fausses. Il suffit pour le voir de comparer les introductions entre elles. D'ailleurs dans le n° 399, daté du 14, il est question, au dernier paragraphe, d'un fait qui a eu lieu le 24. Le manuscrit de l'Institut assigne aux deux premières de ces lettres des dates différentes, mais qui ne sont pas plus exactes : pour celle-ci, le 10 mai est remplacé par le 12.

2. « Je pense que je suis folle de ne vous avoir pas encore écrit sur le mariage de ma nièce de Bussy; en vérité je le suis, et c'est, etc. » (*Manuscrit de l'Institut.*)

3. « Tous les maux que vous souffrez. » (*Ibidem.*)

Je ne vous parle pas de tout ce qui s'est passé ici depuis un mois : il y auroit beaucoup de choses à dire, et je n'en trouve pas une à écrire⁴.

Nous avons perdu le pauvre Chésières en dix jours de maladie. J'en ai été fâchée et pour lui et pour moi ; car j'ai trouvé mauvais qu'une grande santé pût être attaquée et détruite en si peu de temps, sans⁵ avoir fait aucun excès, au moins qui nous ait paru.

Adieu, mon cher cousin ; adieu, ma chère nièce.

DE CORBINELLI A BUSSY.

J'ESPÈRE que je me trouverai le jour des noces avec vous ; je me fie à mon ami le hasard : en tous cas, ce sera bientôt après. En attendant, je vous dirai qu'il n'y a pas un de vos serviteurs qui en soit plus content que moi. Vous savez si je suis sincère.

DE CORBINELLI A MADEMOISELLE DE BUSSY.

JE vous dis la même chose, Mademoiselle ; je souhaite que vous soyez bientôt Madame, et je ne doute pas que vous ne mêliez alors l'air de gravité, que cette qualité donne, à celui des Rabutins, qui sait se faire aimer et respecter également. Mme de Grignan m'arrache la plume.

4. Cet alinéa manque dans le manuscrit de l'Institut. — Mme de Scudéry, plus hardie ou moins discrète que Mme de Sévigné, n'avait pas laissé ignorer au comte de Bussy ce qui s'était passé. Voici ce qu'elle lui écrivait le 16 avril 1675 : « Le Roi et Mme de Montespan se sont quittés, dit-on, s'aimant plus que leur vie, purement par un principe de religion. On dit qu'elle retournera à la cour sans être logée au château, et sans voir jamais le Roi que chez la Reine. J'en doute, ou que cela puisse durer ainsi, car il y auroit grand danger que l'amour ne reprît le dessus. » Voyez la note 5 de la lettre suivante.

5. La suite, depuis : « sans avoir fait, » jusqu'à la lettre de Mme de Grignan, a été omise dans le manuscrit de l'Institut.

DE MADAME DE GRIGNAN A BUSSY. 1675

Comme vous n'avez point le malheur de partager le chagrin de mon départ[6], je vous l'annonce sans prendre la précaution de vous envoyer votre confesseur. C'est donc ici un adieu, Monsieur le Comte; mais un adieu n'est pas rude quand on n'est pas ensemble, et qu'ainsi l'on ne se quitte point[7] : c'est seulement avertir ses amis que l'on change de lieu. Si vous avez besoin de mes services et de l'huile de Provence, je vous en ferai votre provision. Mais ce n'est pas tout ce que je veux vous dire, c'est un compliment que je vous veux faire sur le mariage de Mademoiselle votre fille[8]. Je ne sais pas trop comment il s'en faut démêler, et je ne puis que répéter quelqu'un de ceux qu'on vous aura faits, et dont vous vous êtes déjà moqué. Ce sera donc pour une autre fois; et si Dieu vous fait la grâce d'être grand-père au bout de l'an, je serai la première à vous dire mille gentillesses, et à elle aussi. En attendant, je vous embrasse tous deux de tout mon cœur.

6. « De partager le chagrin de mon départ avec personne. » (*Manuscrit de l'Institut.*)

7. « N'est pas rude quand on ne se quitte point. » (*Ibidem.*) — A la ligne suivante : « qu'on va changer de lieu; » et un peu plus loin : « de mon service, » pour : « de mes services. »

8. « Mais tout ceci n'est pas ce que je vous veux dire; c'est un compliment sur le mariage de Mlle de Bussy. » (*Ibidem.*)

398. — DU COMTE DE BUSSY RABUTIN ET DE MADEMOISELLE DE BUSSY A MADAME DE SÉVIGNÉ, A CORBINELLI ET A MADAME DE GRIGNAN.

Le même jour¹ que j'eus reçu ces lettres, j'y fis ces réponses, et premièrement à Mme de Sévigné.

A Chaseu, le 10° mai 1675.

DE BUSSY A MADAME DE SÉVIGNÉ.

Ce n'est pas l'esprit que vous avez perdu, Madame, c'est la mémoire; car vous m'avez déjà écrit sur le mariage de ma fille, mais je suis fort aise que vous l'ayez oublié; cela m'a encore attiré une de vos lettres.

Je ne doute pas que vous ne souffriez étrangement, étant sur le point de vous séparer des personnes que vous aimez le plus, et que vous devez le plus aimer. On vivroit bien plus heureusement si l'on pouvoit faire ce que dit l'opéra :

> N'aimons jamais, ou n'aimons guère :
> Il est dangereux d'aimer tant².

Pour moi j'aime encore mieux le mal que le remède, et je trouve plus doux d'avoir bien de la peine à quitter les gens que j'aime, que de les aimer médiocrement. L'indolence continuelle ne m'accommode pas; je veux des hauts et bas dans la vie³. Vous voyez, Madame, que la

---

Lettre 398. — 1. Au lieu des mots : « le même jour, » on lit dans le manuscrit de l'Institut : « le lendemain. » Ce manuscrit date la lettre du 16. Voyez la note 1 de la lettre précédente, p. 447.

2. Ces deux vers sont tirés de la scène v du II° acte de *Thésée*, opéra de Quinault et de Lulli, représenté devant le Roi le 11 janvier 1675.

3. « Je veux un peu de haut et bas dans la vie. » (*Manuscrit de l'Institut.*)

fortune m'a servi à souhait. Cependant il me semble qu'elle fait durer trop longtemps le méchant état, et qu'elle sort de son caractère d'inconstance pour me persécuter⁴. J'ai bien fait de prendre les affaires au pis. Si je les avois prises à cœur, je serois mort à présent, et je suis dans une santé à survivre à de plus jeunes et à de plus heureux que moi. Ce n'est pas, comme vous dites, que l'exemple de Chésières ne fasse trembler les plus sains, mais il fait encore plus de peur aux infirmes. A tout hasard, Madame, portons-nous bien; je vous réponds que nous irons loin : fiez-vous-en à ma parole. C'est déjà beaucoup pour vivre longtemps que de l'espérer fortement. Je ne sais pas si sur les choses qui se sont passées depuis un mois nous pensons de même, vous et moi; mais je ne doute point que l'amour ne soit égal à ce qu'il étoit, et que toute la différence n'aille qu'à plus de mystère, ce qui le fera durer plus longtemps. Voilà tout ce que j'en puis juger d'aussi loin⁵.

4. « Vous voyez, Madame, que la fortune m'a servi à souhait. Il est vrai qu'elle a poussé l'affaire un peu trop loin; il semble qu'elle quitte son caractère d'inconstance sur mon sujet. » (*Ibidem.*) — La suite est omise dans ce manuscrit; il ne reprend qu'à la lettre de Bussy à Mme de Grignan : « Avec tout cela, Madame, etc. »

5. Voyez la note 4 de la lettre précédente. — « Rulhières, dans ses *Éclaircissements historiques sur la révocation de l'édit de Nantes*, Ire partie, p. 137, pense, d'après les *Souvenirs de Mme de Caylus*, que ce fut à l'époque du jubilé de 1676 qu'une séparation eut lieu entre le Roi et Mme de Montespan. Mme de Caylus ne me semble pas d'une grande autorité sur cette date; elle rapporte ce qu'elle a entendu raconter à Mme de Maintenon; les faits sont restés dans sa mémoire; mais écrivant longtemps après, elle peut se méprendre sur les époques. Je crois que l'on doit avoir plus de confiance dans les dates qui sont appuyées sur les correspondances du temps. Voici une série de lettres écrites en 1675, par Mme de Sévigné, Bussy et Mme de Scudéry, dont les dates et les faits coïncident parfaitement, et qui me semblent établir, à n'en pas douter, que la

DE MADEMOISELLE DE BUSSY.

Je vous rends mille grâces, ma chère tante, de toutes les bontés que vous me témoignez.

DE BUSSY A CORBINELLI.

Je vous trouve entre la mère et la fille, Monsieur, et vous me paroissez là si bien que je ne vous en ôterai pas. Venez-y, courez-y comme aux noces, vous ne sauriez aller en aucun lieu du monde où l'on vous aime, et où l'on vous estime davantage.

DE MADEMOISELLE DE BUSSY A CORBINELLI.

Je vous assure, Monsieur, que de tous les compliments qu'on m'a faits, pas un ne m'a été plus agréable que le vôtre. Au reste, je tâcherai de ne pas perdre cet air des Rabutins, qui vous plaît tant; je voudrois bien m'aller perfectionner là-dessus auprès de ma tante. Ve-

séparation du Roi et de Mme de Montespan eut lieu pendant le carême de 1675. On verra, dans les lettres qui suivront, Mme de Montespan vivre exemplairement, tantôt à Clagny, tantôt à la cour; la Reine se rapprocher d'elle, parce qu'elle la croit convertie; le Roi, devenu son *ami*, la voir rarement seule, quelquefois cependant par échappées. Peu à peu ces belles résolutions s'ébranlent et s'affaiblissent; le jubilé de 1676 vient les ranimer; Mme de Montespan va aux eaux de Bourbon, mais au retour tout s'évanouit, le commerce recommence, et Mademoiselle de Blois, depuis duchesse d'Orléans, et le comte de Toulouse en sont les fruits. La Beaumelle, dans les *Mémoires de Mme de Maintenon*, place aussi en 1675 l'éloignement momentané de Mme de Montespan. Cet écrivain a eu sous les yeux des mémoires originaux, qu'il aurait dû publier, au lieu d'altérer l'histoire par les frivoles agréments d'un style romanesque; et quand sur un fait son récit est appuyé par des écrits contemporains, il peut être regardé comme une autorité. » (*Note de l'édition de* 1818.) — Voyez le chapitre x du tome V de Walckenaer.

nez voir si je profite bien de l'exemple que j'ai ici, il me paroît assez bon à imiter, j'entends au moins pour l'air.

DE BUSSY A MADAME DE GRIGNAN.

Avec tout cela, Madame, vous avez beau dire, c'est un malheur pour moi que vous partiez de Paris. Je suis encore plus prêt d'y aller qu'en Provence : ainsi vous n'auriez pas trop mal fait quand vous m'auriez annoncé votre départ un peu plus délicatement.

Au reste, Madame, je vous rends mille grâces de vos offres. Je me passerois fort bien de votre huile, et j'aimerois mieux ne manger jamais de salade, que de vous voir aller où vous allez⁶.

Je sais bien, Madame, que vous prenez part, comme font tous mes amis, au mariage de ma fille; et vous devez savoir aussi que je vous en remercie comme font tous les pères des nouvelles mariées. Je serai fort trompé si je ne suis grand-père au bout de l'an. La demoiselle n'a point du tout l'air d'une brehaigne⁷.

6. Ce paragraphe manque dans le manuscrit de l'Institut, et le suivant commence par : « Au reste, Madame, je sais bien. » A la fin de la lettre, après les mots : « l'air d'une brehaigne, » on lit de plus : « ni le futur d'un Langès. » Ces mots ont été ajoutés après coup par Bussy, par-dessus une espèce de parafe. — Sur Langès, Langeais, on peut voir les *Mémoires de Bussy*, tome II, p. 171.

7. *Brehaigne* est un terme d'origine obscure, qui signifie « stérile. »

399. — DE MADAME DE SÉVIGNÉ
AU COMTE DE BUSSY RABUTIN.

Le même jour que j'écrivis toutes ces lettres, je reçus celle-ci de Mme de Sévigné.

A Paris, ce 14° mai 1675[1].

Vous êtes le maître du pavé présentement, Monsieur le Comte. Je reçus votre lettre du 30° avril, le propre jour que Monsieur le Prince et Monsieur le Duc partirent pour Chantilly, et ensuite pour l'armée[2]. Quand ils seroient encore ici, je vous assure qu'il n'y auroit rien à faire pour vous du côté de Monsieur le Duc; je sais qu'il a parlé sur votre sujet d'une manière qui ne doit pas donner sitôt la confiance de vouloir tirer de lui une approbation de votre retour. Servez-vous de leur tolérance; vous ne les trouverez pas sur votre route : que vous faut-il de plus? Le paladin[3] vous doit conduire à l'égard du maître : c'est le principal en toutes manières.

Je vous remercie de tout ce que vous dites d'obligeant sur la mort du pauvre Chésières : il me semble que je vous ai déjà écrit là-dessus.

Ma fille ne vous verra point en passant, dont elle est fort fâchée. Elle s'en va par des voies qui ne laissent aucune liberté de se détourner; elle vous embrasse de tout son cœur.

Mandez-moi des nouvelles de votre mariage, et si vous n'avez pas écrit à Mme de Montglas sur la mort de son mari.

LETTRE 399. — 1. Cette lettre manque, ainsi que la suivante, dans le manuscrit de l'Institut. Par une conjecture assez vraisemblable, on l'avait datée du 25 mai dans l'édition de 1818. Voyez p. 447, note 1.

2. « La semaine dernière, dit la *Gazette* du 18 mai, le prince de Condé, accompagné du duc d'Enghien, partit de cette ville (de Paris), pour se rendre en l'armée du Roi sur la frontière. »

3. Voyez les lettres 394 (p. 439) et 395 (p. 442).

Adieu, Comte, j'ai la tête à l'envers du déplaisir d'avoir quitté cette pauvre Comtesse[4]; il y a des endroits dans la vie qui sont bien amers, et bien rudes à passer.

---

400. — DU COMTE DE BUSSY RABUTIN A MADAME DE SÉVIGNÉ.

Le lendemain du jour que j'eus reçu cette lettre, j'y fis cette réponse.

A Chaseu, ce 18ᵉ mai 1675[1].

Quand je ne vais point à Paris, ce n'est ni Monsieur le Prince ni Monsieur le Duc, à l'hôtel de Condé, qui m'en empêchent; c'est le Roi. Ainsi, Madame, leur absence ne me donne pas plus de liberté, et j'ai pour les ordres de Sa Majesté autant de respect quand elle est en Flandre, que si elle étoit au Louvre.

Vous me mandez que Monsieur le Duc parle de moi encore avec aigreur; il faut donc qu'il soit changé, car Briord[2] m'écrivit il y a quelque temps que Monsieur le Duc lui avoit commandé de me faire savoir qu'il étoit fâché de l'état où j'étois avec Monsieur son père, et qu'il seroit bien aise qu'il se radoucît pour moi. Quand je veux apaiser Monsieur le Prince, c'est afin d'aplanir tous les chemins, et pour n'avoir rien à me reprocher; et non pas que je croie que mon retour ne tient qu'à lui : vous sa-

---

4. Mme de Sévigné, accompagnée d'Emmanuel de Coulanges, avait reconduit Mme de Grignan jusqu'à Fontainebleau, et la mère et la fille s'y étaient séparées le 24 mai. Voyez les lettres du 27 mai suivant et celles du 28 mai et du 26 juin 1676.

Lettre 400. — 1. Dans l'édition de 1818, on avait daté cette lettre du 28 mai. Voyez p. 447, note 1.

2. Voyez plus haut, p. 207, note 13.

-vez que j'ai d'autres vues, et je vous assure que malgré tous les obstacles je retournerai à la cour. Ce n'est pas qu'au pis aller je m'en souciasse beaucoup, car c'est plus pour faire enrager les gens qui me craignent que je fais des pas de ce côté-là, que pour les avantages que j'en attends. J'irai droit au maître par le paladin, et par d'autres, car j'ai plusieurs chemins, et quand tout cela[3] me manqueroit, le temps, si je vis, ne me manquera pas.

Nous attendons M. de Coligny à tous moments pour transiger.

J'ai écrit à Mme de Montglas sur la mort de son mari.

Je vous plains fort, ma chère cousine, dans la séparation de notre Comtesse.

---

401. — DE MADAME DE SÉVIGNÉ
A MADAME DE GRIGNAN.

A Livry, lundi 27e mai.

Quel jour, ma fille, que celui qui ouvre l'absence ! Comment vous a-t-il paru ? Pour moi, je l'ai senti avec toute l'amertume et toute la douleur que j'avois imaginées, et que j'avois appréhendées depuis si longtemps. Quel moment que celui où nous nous séparâmes ! quel adieu ! et quelle tristesse d'aller chacune de son côté, quand on se trouve si bien ensemble ! Je ne veux point vous en parler davantage, ni célébrer, comme vous dites, toutes les pensées qui me pressent le cœur : je veux me représenter votre courage, et tout ce que vous m'avez dit sur ce sujet, qui fait que je vous admire. Il me parut

---

3. Dans notre copie, Bussy avait d'abord écrit : « quand tout me manqueroit; » il a ajouté : « cela » au-dessus de la ligne.

pourtant que vous étiez un peu touchée en m'embrassant. Pour moi, je revins à Paris¹, comme vous pouvez vous l'imaginer. M. de Coulanges se conforma à mon état. J'allai descendre chez M. le cardinal de Retz, où je renouvelai tellement toute ma douleur, que je fis prier M. de la Rochefoucauld, Mme de la Fayette et Mme de Coulanges, qui vinrent pour me voir, de trouver bon que je n'eusse point cet honneur : il faut cacher ses foiblesses devant les forts. Monsieur le Cardinal entra dans les miennes : la sorte d'amitié qu'il a pour vous le rend fort sensible à votre départ. Il se fait peindre par un religieux de Saint-Victor; je crois que, malgré Caumartin², il vous donnera l'original. Il s'en va dans peu de jours. Son secret est répandu³; ses gens sont fondus en larmes. Je fus avec lui jusqu'à dix heures. Ne blâmez point, mon enfant, ce que je sentis en rentrant chez moi. Quelle différence ! quelle solitude ! quelle tristesse ! votre chambre, votre cabinet, votre portrait! ne plus trouver cette aimable personne! M. de Grignan comprend bien ce que je veux dire et ce que je sentis. Le lendemain, qui étoit hier, je me trouvai tout éveillée à cinq heures ; j'allai prendre Corbinelli pour venir ici avec l'abbé. Il y pleut sans cesse, et je crains fort que vos chemins de Bourgogne ne soient rompus. Nous lisons ici des maximes que Corbinelli m'explique⁴; il voudroit bien m'apprendre à

LETTRE 401. — 1. Les adieux de la mère et de la fille s'étoient faits à Fontainebleau, jusqu'où Mme de Sévigné et M. de Coulanges avoient été conduire Mme de Grignan. (*Note de Perrin.*) — Voyez p. 451, la note 4 de la lettre 399.

2. Voyez tome I, p. 520, note 4.

3. Son projet de retraite et de démission. Voyez la lettre suivante, les lettres du 5, du 7, du 19 juin, et Walckenaer, tome V, p. 162 et suivantes.

4. Corbinelli réduisit en maximes les anciens historiens latins; le premier volume de son livre, contenant les maximes tirées de Tite

1675

gouverner mon cœur; j'aurois beaucoup gagné à mon voyage, si j'en rapportois cette science. Je m'en retourne demain; j'avois besoin de ce moment de repos pour remettre un peu ma tête et reprendre une espèce de contenance.

402. — DE MADAME DE SÉVIGNÉ
A MADAME DE GRIGNAN.

A Paris, mercredi 29ᵉ mai.

JE vous conjure, ma fille, d'être persuadée que vous n'avez manqué à rien. Une de vos réflexions pourroit effacer des crimes, à plus forte raison des choses si légères, qu'il n'y a que vous et moi qui soyons capables de les remarquer : croyez que je ne puis conserver d'autres sentiments pour vous que ceux d'une tendresse qui n'a point d'égale, et d'un goût si naturel qu'il ne finira qu'avec moi. J'ai tâché d'apprendre à Livry ce qu'il faut faire pour détourner ces sortes d'idées; toute la difficulté, c'est qu'il ne s'en présente point à moi qui ne soient sur votre sujet, et que je ne sais où en prendre d'autres : ainsi Corbinelli est bien empêché; mais il faut espérer que le temps les rendra moins amères. Un peu de dévotion et d'amour de Dieu mettroient le calme dans mon âme; ce n'est qu'à cela seul que vous devez céder. Corbinelli m'a été uniquement bon à Livry; son esprit me

Live, fut imprimé en 1694, avec une préface attribuée au P. Bouhours. — Le 18 décembre 1678, écrivant avec Mme de Sévigné à Bussy, il lui dit : « Je me suis avisé de faire des remarques sur cent maximes de M. de la Rochefoucauld. » Voyez encore sa lettre du 20 février 1686, où il apprend au président de Moulceau qu'il a « coupé Cicéron tout entier en fragments à peu près grands comme les maximes de M. de la Rochefoucauld, et.... placé à côté des maximes en françois, etc. »

plaît, et son dévouement pour moi est si grand, que je ne me contraignois sur rien. J'en revins hier, et je descendis encore chez notre cardinal, à qui je trouvai tant d'amitié pour vous, qu'il me convient par cet endroit-là plus que les autres, sans compter tous les anciens attachements que j'ai pour lui. Il a mille affaires; il passe la Pentecôte à Saint-Denis; mais il reviendra ici pour huit ou dix jours encore. On ne parle aujourd'hui que de sa retraite, mais chacun selon son humeur, quoique l'admiration soit la seule manière de l'envisager[1]. Mmes de Lavardin, de la Troche et de Villars m'accablent de leurs billets et de leurs soins; je ne suis point encore en état de profiter de leurs bontés. Mme de la Fayette est à Saint-Maur. Mme de Langeron a la tête enflée; on croit qu'elle mourra. La Reine et Mme de Montespan furent lundi aux Carmélites de la rue du Bouloi plus de deux heures en conférence; elles en parurent également contentes; elles étoient venues chacune de leur côté, et s'en retournèrent le soir à leurs châteaux. Je vous écrivis avant-hier; je vous adressai la lettre à Lyon chez Monsieur le Chamarier : je serois bien fâchée que cette lettre fût perdue; il y en avoit une de notre cardinal dans le paquet : voici encore un billet de lui. Votre lettre est très-bonne pour pénétrer le cœur et l'âme. M. de Coulanges sera informé de votre souvenir. Il est vrai qu'il faut profiter de tous les moments dans les adieux; je serois très-fâchée de n'avoir pas été jusqu'à Fontainebleau :

Lettre 402. — 1. M. le cardinal de Retz prit le parti de se retirer à Commerci, dans la vue de payer ses dettes avant sa mort, à quoi il eut le bonheur de réussir. (*Note de Perrin.*) — Mais Retz à ce moment parlait d'une retraite plus austère encore; on verra plus loin qu'il alla s'enfermer à l'abbaye de Saint-Mihel; et par la lettre du 23 octobre, qu'un ordre du pape l'en fit sortir et retourner à Commerci.

1675 l'instant de la séparation fut terrible, mais c'eût été encore pis d'ici. Je ne perdrai jamais aucun temps de vous voir; je ne me reproche rien là-dessus; et pour me raccommoder avec Fontainebleau, j'y veux aller au-devant de vous. Dieu nous enverra des facilités pour me conserver la vie; ne soyez point inquiète de ma santé : je la ménage, puisque vous l'aimez. Ne soyez jamais en peine de ceux qui ont le don des larmes; je prie Dieu que je ne sente jamais de ces douleurs où les yeux ne soulagent point le cœur : il est vrai qu'il y a des pensées et des paroles qui sont étranges, mais rien n'est dangereux quand on pleure. J'ai donné de vos nouvelles à vos amis; je vous remercie, ma chère Comtesse, de votre aimable distinction.

Le maréchal de Créquy assiége Dinant. On dit qu'il y a du désordre à Strasbourg : les uns veulent laisser passer l'Empereur; les autres veulent tenir leur parole à M. de Turenne[2]. Je n'ai point de nouvelles des guerriers. On m'a dit que le chevalier de Grignan avoit la fièvre tierce; vous en apprendrez des nouvelles par lui-même.

2. « Il est vrai que rien n'est plus beau que la hauteur avec laquelle M. de Turenne a écrit à ceux de Strasbourg. »(Lettre du 22 juin de Bussy à l'évêque de Verdun, tome II de sa *Correspondance*, p. 48). — « Montecuculi, dans le dessein de reporter la guerre en Alsace, menaçait le pont de Strasbourg. Turenne se posta auprès de cette ville pour la contraindre à garder la neutralité; puis il passa le Rhin à Altenheim sur un pont de bateaux (le 8 juin), et s'établit sur la Kintzig; il coupa ainsi la route de Strasbourg à son ennemi, qui essaya vainement de le débusquer et fut forcé de reculer sur la Rench. » (M. Lavallée, *Histoire des Français*, tome III, p. 270.)

403. — DE MADAME DE SÉVIGNÉ
A MADAME DE GRIGNAN.

1675

A Paris, vendredi 31° mai.

Je n'ai reçu encore que votre première lettre. Il est vrai, ma fille, qu'elle vaut tout ce qu'on peut valoir. Je ne vois rien depuis votre absence, et je ne trouve personne qui ne m'en fasse souvenir : on m'en parle, et on a pitié de moi; n'est-ce pas sur ces pensées qu'il faut passer légèrement? passons donc.

Je fus hier chez Mme de Verneuil, au retour de Saint-Maur, où j'étois allée avec Monsieur le Cardinal. Je trouvai à l'hôtel de Sully Mlle de Lannoi¹, mariée au petit-fils du vieux comte de Montrevel². La noce s'est faite là;

LETTRE 403. — 1. Adrienne-Philippine-Thérèse de Lannoi, qui avait été fille d'honneur de la Reine, épousa Jacques-Marie de la Baume Montrevel en 1675, et non en 1672 comme il est dit par méprise dans l'*Histoire des grands officiers de la couronne* (du P. Anselme). (*Note de Perrin.*) — Elle était comtesse du saint-empire, et mourut le 20 mars 1710. Son mari fut tué à Nervinde le 29 juillet 1693, quatre mois après avoir été nommé brigadier des armées du Roi : voyez sur lui la note suivante.

2. Ferdinand de la Baume, qui fut maréchal de camp, conseiller d'État, en 1661 chevalier de l'Ordre, lieutenant général en Bresse et comté de Charolais, et mourut âgé de soixante-quinze ans le 20 novembre 1678. Sur son troisième fils, le marquis, plus tard maréchal de Montrevel, voyez plus haut, p. 111, note 2. — Son petit-fils (dont parle ici Mme de Sévigné), comte de Brancion par sa mère, porta après lui le titre de comte de Montrevel; il semble qu'il aurait dû alors porter celui de son père (fils aîné du vieux comte, mort en 1666), qui était marquis de Saint-Martin; mais il résulte de la lettre du 4 septembre suivant qu'on l'appelait déjà, nous ne savons avec quel titre, M. de Montrevel. — Supposé que la marquise de Saint-Martin, dont il est parlé plus haut, p. 51 et 58, fût de cette famille, il semble que ce pouvait être ou la belle-fille, ou, comme le dit une note de 1818 à la lettre du 1ᵉʳ mai 1672, la belle-sœur de notre vieux comte de Montrevel : c'est-à-dire, ou Claire-Françoise de Saulx, marquise de Lugni, comtesse de Brancion, vicomtesse de Ta-

jamais vous n'avez vu une mariée si drue : elle va droit à son ménage, et dit déjà « mon mari. » Il avoit la fièvre, ce mari, et la devoit avoir le lendemain; il ne l'eut point. Fieubet³ dit : « Voilà donc un remède pour la fièvre, mais dites-nous la dose. » Mmes de Castelnau, Louvigny, Sully, Fiesque, vous jugez bien ce que toutes ces belles me purent dire. Mes amies ont trop de soin de moi, j'en suis importunée ; mais je ne perds aucun des moments dont je puis profiter pour voir notre cher cardinal. Voilà des lettres qui vous apprendront l'arrivée de Monsieur le Coadjuteur ; je l'ai vu et embrassé ce matin, il doit ce soir conférer avec Son Éminence et d'Hacqueville, pour savoir la résolution qu'il doit prendre : il a été caché jusqu'ici.

Madame la Duchesse a perdu Mademoiselle d'Enghien⁴; un de ses fils s'en va mourir encore ; sa mère est malade, Mme de Langeron abîmée sous terre, Monsieur le Prince

vannes, veuve en 1666 de Charles-François de la Baume, marquis de Saint-Martin (père du mari de Mlle de Lannoi), qu'elle avait épousé en 1647; ou Thérèse-Anne-Françoise de Trasignies, seconde femme en 1663 de Charles de la Baume qui fut aussi marquis de Saint-Martin et était frère cadet du vieux comte de Montrevel. Nous ignorons la date de la mort de l'une et de l'autre.

3. Gaspard de Fieubet, d'abord conseiller au parlement de Toulouse, puis chancelier de la Reine et conseiller d'État. C'était un homme de beaucoup d'esprit; il est resté de lui quelques petites pièces répandues dans les recueils. On lit sa fable intitulée *Ulysse et les Sirènes* dans les *Vers choisis* du P. Bouhours. Il était ami de Saint-Pavin, et lui fit cette épitaphe :

> Sous ce tombeau gît Saint-Pavin,
> Donne des larmes à sa fin.
> Tu fus de ses amis peut-être?
> Pleure ton sort, pleure le sien :
> Tu n'en fus pas? Pleure le tien,
> Passant, d'avoir manqué d'en être.

4. Anne de Bourbon, morte à l'âge de quatre ans et demi, à l'hôtel de Condé.

et Monsieur le Duc à la guerre : elle pleure toutes ces choses, à ce qu'on m'a dit. Je laisse à d'Hacqueville à vous parler de la guerre, et aux Grignans à vous parler de la maladie du chevalier : s'il revient ici, j'en aurai soin comme de mon fils. Je compte que vous êtes aujourd'hui sur la tranquille Saône : c'est ainsi que devroient être nos esprits ; mais le cœur les débauche sans cesse ; le mien est rempli de ma fille. Je vous ai mandé mon embarras : c'est de ne pouvoir détourner mon idée de vous, parce que toutes mes pensées sont de la même couleur.

1675

A dix heures du soir.

Nous voici tous chez mon abbé. Le Coadjuteur est aussi content ce soir qu'il étoit embarrassé ce matin : l'abbé de Grignan a si bien ménagé Monsieur de Paris[5], que le Coadjuteur en sera reçu comme un député[6] très-agréable et très-cher. Le voilà donc ravi : il verra demain Monsieur de Paris, et reprendra le nom de coadjuteur d'Arles, qu'il avoit quitté depuis vingt-quatre heures, pour se cacher sous celui de l'abbé d'Aiguebelle[7]. Je ne plains que vous, ma fille, qui n'aurez point sa bonne compagnie : c'est une perte partout, et surtout en Provence. L'abbé croit que la fièvre du chevalier s'est rendue assez traitable pour le laisser poursuivre son chemin. D'Hacqueville dit que Dinant est rendu[8]. Adieu, ma très-chère ;

5. François de Harlay de Champvallon, archevêque de Paris, était le plus ancien des prélats qui assistaient à l'assemblée du clergé, ouverte le 25 mai : c'était lui qui la présidait.
6. A la place de l'évêque de Toulon : voyez p. 466, note 10.
7. Dans l'édition de 1754, la première où cette lettre ait paru : « Aiguebère. » L'abbaye d'Aiguebelle dépendait du diocèse de Saint-Paul-Trois-Châteaux, et passa successivement à l'archevêque d'Arles ; à Ange, frère du comte de Grignan, mort à vingt-six ans (et qui fut aussi coadjuteur d'Arles) ; enfin au Coadjuteur dont il est ici question.
8. Le château de Dinant, sur la Meuse, se rendit le 29 mai au ma-

voici une compagnie où il ne manque que vous; vous y êtes tendrement aimée, vous n'en sauriez douter.

---

404. — DE MADAME DE SÉVIGNÉ ET DE MADAME DE COULANGES A MADAME DE GRIGNAN.

A Paris, mercredi 5ᵉ juin.

DE MADAME DE SÉVIGNÉ.

JE n'ai reçu aucune de vos lettres depuis celle de Sens; et vous savez quelle envie je puis avoir d'apprendre des nouvelles de votre santé et de votre voyage. Je suis très-persuadée que vous m'avez écrit : je ne me plains que des arrangements ou des dérangements de la poste. Selon notre calcul, vous êtes à Grignan, à moins qu'on ne vous ait retenue les fêtes à Lyon[1]. Enfin, ma fille, je vous ai suivie partout, et il me semble que le Rhône n'a point manqué au respect qu'il vous doit. J'ai quitté Livry, ma chère bonne, pour ne pas perdre un moment de ceux que je puis avoir pour voir notre cardinal. La tendresse qu'il a pour vous, et la vieille amitié qu'il a pour moi, m'attachent très-tendrement à lui : je le vois donc tous les jours depuis huit heures jusqu'à dix; il me semble qu'il est bien aise de m'avoir jusqu'à son coucher[2] : nous causons sans cesse de vous; c'est un sujet qui nous mène bien loin, et qui nous tient uniquement au cœur. Il veut venir ici; mais je ne puis plus souffrir cette maison où

---

réchal de Créquy. C'est ce jour-là que le gouverneur sonna la chamade. Quant à la ville même, elle avait ouvert ses portes le jour même que le maréchal s'était présenté devant ses murs, c'est-à-dire le 19.

LETTRE 404. — 1. En 1675, la Pentecôte tombait au 2 juin.

2. Dans les deux éditions de 1726 : « jusqu'à ce qu'il se retire. »

vous me manquez. Monsieur le Nonce³ lui manda hier qu'il venoit de recevoir un courrier de Rome, et qu'il étoit cardinal⁴. Le pape⁵ a fait une promotion de ses créatures : c'est ainsi qu'on l'appelle. Les couronnes sont remises à cinq ou six années d'ici, et par conséquent Monsieur de Marseille⁶. Le nonce dit à *Bonvouloir*⁷, qui courut lui faire un compliment, qu'il espéroit bien que présentement le pape ne reprendroit pas le chapeau de M. le cardinal de Retz, et qu'il s'en alloit bien faire ses efforts pour en détourner Sa Sainteté, quand même elle le voudroit, puisqu'il a l'honneur d'être son camarade. Voici donc encore un cardinal, le cardinal Spada. Le nôtre s'en va mardi ; je crains ce jour, et je sens extrêmement cette séparation et cette perte : son courage augmente à mesure que celui de ses amis diminue.

La duchesse de la Vallière fit hier profession⁸. Mme de

3. Fabrice Spada, archevêque de Patras, nonce en France, fut nommé cardinal du titre de saint Callixte, par le pape Clément X.
4. « Lui manda hier que par un courrier qu'il avoit reçu de Rome, il venoit d'apprendre sa nomination au cardinalat. » (*Édition de 1754.*) — Nous avons suivi le texte de 1734 ; cette partie de la lettre manque dans les éditions de 1726.
5. Clément X fit le 27 mai une promotion de six cardinaux, parmi lesquels était son majordome, le maître de sa chambre, trois nonces, et Philippe Howard de Norfolk, grand aumônier de la reine d'Angleterre.
6. Toussaint de Forbin Janson, évêque de Marseille, depuis évêque de Beauvais, ne fut cardinal qu'en février 1690, de la promotion d'Alexandre VIII. (*Note de Perrin.*)
7. Ce chiffre n'indique-t-il pas d'Hacqueville, ami si dévoué du cardinal de Retz?
8. « Le 4 juin dame Louise de la Vallière.... fit profession au grand couvent des carmélites, sous le nom de sœur Louise de la Miséricorde, qu'elle prit lorsqu'elle y commença son noviciat le 2 juin de l'année dernière. Notre archevêque fit la bénédiction du voile et le lui donna ; et l'ancien évêque de Condom, précepteur du Dauphin, fit sur le sujet un discours des plus éloquents et des plus

Villars m'avoit promis de m'y mener, et par un malentendu nous crûmes n'avoir point de places. Il n'y avoit qu'à se présenter, quoique la Reine eût dit qu'elle ne vouloit pas que la permission fût étendue ; tant y a, Dieu ne le voulut pas : Mme de Villars en a été affligée. Elle fit donc cette action, cette belle et courageuse personne, comme toutes les autres de sa vie, d'une manière noble et charmante[9]. Elle est d'une beauté qui surprit tout le monde ; mais ce qui vous surprendra, c'est que le sermon de Monsieur de Condom ne fut point aussi divin qu'on l'espéroit. Le Coadjuteur y étoit. Il vous contera comme son affaire va bien à l'égard de Monsieur de Paris et de Monsieur de Saint-Paul[10] ; mais il trouve l'ombre de Monsieur de Toulon et l'esprit de Monsieur de Marseille partout.

Mme de Coulanges part lundi avec Corbinelli ; cela m'ôte ma compagnie. Vous savez comme Corbinelli m'est bon, et de quelle sorte il entre dans mes sentiments. Je

touchants. La Reine honora cette cérémonie de sa présence, étant accompagnée de Monsieur, de Madame, de Mademoiselle, de Mademoiselle d'Orléans, de Mme de Guise, de la duchesse de Longueville, etc. » (*Gazette* du 8 juin 1675.) — Voyez les *Mémoires de Mademoiselle*, tome IV, p. 396, et la *Correspondance de Madame de Bavière*, tome II, p. 119, 120.

9. Dans les deux éditions de Perrin : « Elle fit donc cette action, cette belle, comme toutes les autres, c'est-à-dire d'une manière charmante. » L'édition de la Haye a la même leçon, à quelques mots près : il y a de moins *donc, cette belle*, et *c'est-à-dire*. — Notre texte est celui de l'édition de Rouen (1726).

10. L'évêque de Saint-Paul-Trois-Châteaux fut de 1674 à 1680 Luc d'Aquin, fils du premier médecin du Roi. Ce siége avait été occupé par les deux oncles du comte de Grignan : par l'archevêque d'Arles de 1630 à 1643, et par l'évêque d'Uzès de 1645 à 1657. — L'affaire dont il s'agit est l'entrée du Coadjuteur à l'assemblée du clergé, à la place de l'évêque de Toulon, Forbin d'Oppède. Celui-ci était mort le 29 avril précédent, après avoir été élu député de la province d'Arles, avec l'évêque de Saint-Paul. Le Coadjuteur prêta serment et prit séance le 6 juin.

suis convaincue de son amitié et de son dévouement pour moi ; je sens son absence ; mais, ma bonne, après vous avoir perdue, que peut-il m'arriver dont je doive me plaindre? Je ne m'en plains aussi que par rapport à vous, comme un de ceux[11] avec qui je trouve plus de consolation ; car il ne faut pas croire que ceux à qui je n'ose en parler autant que je voudrois me soient aussi agréables que ceux qui sont dans mes sentiments. Il me semble que vous avez peur que je ne sois ridicule, et que je ne me répande excessivement sur ce sujet : non, non, ma bonne, ne craignez rien ; je sais gouverner ce torrent : fiez-vous un peu à moi, et me laissez vous aimer jusqu'à ce que Dieu vous ôte un peu de mon cœur pour s'y mettre : c'est à lui seul que vous céderez cette place. Ma bonne, savez-vous bien que je me suis trouvée si uniquement occupée et remplie de vous, que mon cœur n'étant capable d'aucune autre pensée, on m'a défendu de faire mes dévotions à la Pentecôte? et c'est savoir le christianisme. Adieu, mon enfant, j'achèverai ma lettre ce soir.

Je reçois votre lettre de Mâcon, ma très-chère bonne. Je n'en suis pas encore à les pouvoir lire[12], sans que la fontaine joue son jeu : tout est si tendre dans mon cœur, que dès que je touche à la moindre chose, je n'en puis plus. Vous pouvez penser qu'avec cette belle disposition je rencontre souvent des occasions ; mais, ma bonne, ne craignez rien pour ma santé : je ne puis jamais oublier cette bouffée de philosophie que vous me vîntes souffler ici la veille de votre départ ; j'en profite

---

11. C'est le texte de la Haye. L'édition de Rouen porte : « parce qu'il est un de ceux. »

12. « A pouvoir lire ce qui me vient de vous. »

1675 —— autant que je puis ; mais j'ai une si grande habitude à être foible, que, malgré vos bonnes leçons, je succombe souvent. Vous aurez vu comme ce jour douloureux du départ de Monsieur le Cardinal n'est pas encore arrivé : il le sera quand vous recevrez cette lettre. Il est vrai que cela seul mériteroit d'ouvrir une source ; mais comme elle est ouverte pour vous, il ne fera qu'y puiser. Ce sera, en effet, un jour très-douloureux ; car je suis attachée à sa personne, à son mérite, à sa conversation, dont je jouis tant que je puis, et à toutes les amitiés qu'il me témoigne. Il est vrai que son âme est d'un ordre si supérieur, qu'il ne falloit pas attendre une fin de lui toute commune, comme des autres hommes. Quand on a pour règle de faire toujours ce qu'il y a de plus grand et de plus héroïque, on place sa retraite en son temps, et l'on laisse pleurer ses amis.

Que vous êtes plaisante, mon enfant, avec votre gazette à la main ! Quoi ! sitôt, vous en faites vos délices ! je croyois que vous attendriez au moins que vous eussiez passé cette chienne de Durance. Le dialogue du Roi et de Monsieur le Prince me paroît plaisant : je crois qu'ici même vous l'auriez pris pour bon. Je reçois une lettre du chevalier, qui se porte bien. Il est à l'armée, et n'a eu que cinq accès de fièvre tierce : c'est une inquiétude de moins ; mais sa lettre toute pleine d'amitié est d'un vrai Allemand ; car il ne veut point du tout croire ce qu'on dit d'une retraite du cardinal de Retz : il me prie de lui dire la vérité ; je m'en vais la lui dire. Je ferai tous vos compliments ; je suis fort assurée qu'ils seront très-bien reçus : chacun se fait un honneur d'être dans votre souvenir : M. de Coulanges en étoit tout glorieux. Tous nos amis, nos amies, nos commensaux, me parlent de vous quand je les rencontre, et me prient de vous assurer de leur servitude. Le Coadjuteur vous contera les prospérités de son voyage; mais il ne se vantera pas d'avoir pensé être étouffé chez Mme de Louvois par vingt femmes qui se firent un jeu, et qui croyoient chacune être en droit de l'embrasser. Cela fit une confusion, une oppression, une suffocation, dont la pensée me fait étouffer, tout cela soutenu par les tons les plus hauts et les paroles les plus répétées et les plus affectives qu'on puisse imaginer. Mme de Coulanges conte fort plaisamment cette scène. Je vous souhaite à Grignan la compagnie que vous nommez. Mon fils se porte bien : il vous fait mille amitiés. M. de Grignan voudra bien que je l'embrasse, à présent qu'il n'est pas occupé du tracas du bateau. Je le vois bien d'ici arracher *sa touffe ébouriffée*.

M. de Rochefort assiége Huy; la ville est rendue; le château résiste un peu[13]. L'autre jour M. de Bagnols donnoit une fricassée à Mmes d'Heudicourt et de Sanzei et à Coulanges : c'étoit à la Maison Rouge[14]. Ils entendent dans la chambre voisine cinq ou six voix éclatantes, des cris, des discours éveillés, des propositions folles. M. de Coulanges veut voir qui c'est : il trouve Mme Baillet[15], Madaillan[16], un autre Pourceaugnac, et la belle An-

---

13. Le 30 mai, qui était le lendemain de la prise du château de Dinant, le marquis de Rochefort, lieutenant général, avait été détaché de l'armée du maréchal de Créquy, pour aller faire le siége de Huy sur la Meuse. Le 6 juin, le gouverneur du château, quoiqu'il eût promis de résister pendant plus de trois semaines, prit le parti de capituler. Le lendemain 7, la garnison, de plus de quatre cents hommes, sortit de la place. « Nous n'avons eu durant ce siége, est-il dit dans la *Gazette* à la date du 18 juin, qu'environ quinze ou vingt soldats tués, et cinquante ou soixante blessés. »

14. La Maison Rouge était située à Chaillot, entre la Seine et le Cours-la-Reine.

15. Il y avait des Baillet à Paris et à Dijon; c'était une famille de robe.

16. Philippe, comte de Madaillan, marquis de Lesparre, mort en octobre 1719, à l'âge de quatre-vingt-neuf ans? — On ne voit pas qu'il

gloise[17], et Montallais[18]; en même temps, voilà Montallais fût Limousin, ni quel autre trait de ressemblance il pouvait avoir avec M. de Pourceaugnac.

17. C'était une Écossaise, appelée Mlle Stuart, mais que sa grand'mère, Mme de Belfond, avait élevée à la cour d'Angleterre, jusqu'à seize ou dix-sept ans. Ayant à cet âge perdu Mme de Belfond, « son père et sa mère lui mandèrent qu'il falloit qu'elle retournât en Écosse, son pays. Elle, qui aimoit la cour et son plaisir, n'y vouloit point aller.... d'autant plus que le Roi l'aidoit dans le désir qu'elle avoit de ne point quitter.... » (*Lettre de Marguerite Périer.*) C'est alors que, pour échapper à ses parents, elle prit le *ridicule parti* de s'enfuir en France. « Mme de la Houssaye.... me conta par quelle aventure elle avoit trouvé cette belle Angloise.... dont la beauté fit beaucoup de bruit dès qu'elle parut à la cour. Elles venoient toutes deux à Paris dans les carrosses de Rouen, et s'étant rencontrées à la dînée.... elle lui proposa de passer dans son carrosse, où elle seroit avec plus de bienséance.... Elle lui dit qu'elle la vouloit loger à Paris avec une demoiselle de ses amies, qui avoit une inclination particulière pour l'Angleterre.... Ainsi elle la mena à Mlle de Montallais, qui la reçut agréablement, et elles se sont tellement attachées depuis l'une à l'autre, qu'elles paroissent inséparables. On a parlé diversement des causes de son départ d'Angleterre : on a même cru qu'elle fuyoit une cour où elle craignoit que le Roi ne la trouvât trop à son gré; mais quoi qu'il en soit (*c'est un secret qu'elle semble n'avoir dit à personne*), elle a toujours paru très-sage en la nôtre, et ne s'y est même guère montrée, quoique sa beauté et sa naissance l'y eussent fait considérer selon son mérite. » (*Mémoires de l'abbé Arnauld*, tome XXXIV, p. 356, 357.) Mlle Stuart aurait pu tomber en de meilleures mains; il paraît cependant que Mlle de Montallais elle-même aida à sa conversion, qu'entreprit avec un grand zèle l'abbé de Montagu (l'ancien lord). Elle abjura sept mois après notre lettre (le jour des Rois 1676). Plus tard elle refusa une riche mésalliance, et encouragée par le P. de Sainte-Marthe, de l'Oratoire, elle entra aux Carmélites, où Mme de Sévigné la vit le 4 janvier 1680 (lettre du 5), où elle fit profession le 30 mai de cette dernière année, et où elle mourut le 20 juin 1722. M. Cousin a le premier fait connaître son histoire; voyez ce qu'elle-même en a raconté à Marguerite Périer, la nièce de Pascal, dans une lettre de celle-ci, publiée à l'appendice du tome I de *Madame de Longueville*, p. 379-383; voyez encore p. 372 du même ouvrage.

18. Cette intrigante fille d'honneur de Madame Henriette d'Angleterre. Voyez tome II, p. 179, note 3.

à genoux, qui prie humblement Coulanges de ne rien dire. Il a si bien fait que tout Paris le sait, et que Montallais se désespère qu'on sache l'usage qu'elle fait de sa précieuse Angloise. Ma très-chère bonne, je finis pour ne vous pas accabler. Hélas! quel changement que de n'avoir plus de plaisir que de recevoir de vos lettres, après avoir eu si longtemps celui de vous voir en corps et en âme! Je ne me reproche pas au moins de ne l'avoir pas senti.

DE MADAME DE COULANGES.

On ne regrette plus que les gens que l'on hait : je le sais depuis que vous êtes partie ; on ne suit que les gens que l'on hait : je pars samedi pour marcher sur vos pas, et je ne serai contente de mon voyage que quand j'aurai fait quelque trajet sur le Rhône. J'ai été à Saint-Cloud[19] aujourd'hui ; on m'y a parlé de vous, et j'en ai été aise, car ma haine pour vous ressemble si fort à de l'amitié, que je m'y méprends toujours. Je suis très-humble servante de M. de Grignan.

---

405. — DE MADAME DE SÉVIGNÉ
A MADAME DE GRIGNAN.

A Paris, vendredi 7ᵉ juin.

Enfin, ma fille, me voilà réduite à faire mes délices de vos lettres : il est vrai qu'elles sont d'un grand prix ; mais quand je songe que c'étoit vous-même que j'avois, et que j'ai eue quinze mois de suite, je ne puis retourner sur ce passé sans une grande tendresse et une grande douleur.

19. C'était la résidence de campagne du duc d'Orléans.

Il y a des gens qui m'ont voulu faire croire que l'excès de mon amitié vous incommodoit; que cette grande attention à vouloir découvrir vos volontés, qui tout naturellement devenoient les miennes, vous faisoit assurément une grande fadeur et un dégoût. Je ne sais, ma chère enfant, si cela est vrai : ce que je puis vous dire, c'est qu'assurément je n'ai pas eu dessein de vous donner cette sorte de peine. J'ai un peu suivi mon inclination, je l'avoue; et je vous ai vue autant que je l'ai pu, parce que je n'ai pas eu assez de pouvoir sur moi pour me retrancher ce plaisir; mais je ne crois point vous avoir été pesante. Enfin, ma fille, aimez au moins la confiance que j'ai en vous, et croyez qu'on ne peut jamais être plus dénuée ni plus touchée que je le suis en votre absence.

La Providence m'a traitée bien rudement, et je me trouve fort à plaindre de n'en savoir pas faire mon salut. Vous me dites des merveilles de la conduite qu'il faut avoir pour se gouverner dans ces occasions; j'écoute vos leçons, et je tâche d'en profiter. Je suis dans le train de mes amies, je vais, je viens; mais quand je puis parler de vous, je suis contente, et quelques larmes me font un soulagement nompareil. Je sais les lieux où je puis me donner cette liberté; vous jugez bien que, vous ayant vue partout, il m'est difficile dans ces commencements de n'être pas sensible à mille choses que je trouve en mon chemin.

Je vis hier les Villars, dont vous êtes révérée; nous étions en solitude aux Tuileries; j'avois dîné chez Monsieur le Cardinal, où je trouvai bien mauvais de ne vous voir pas. J'y causai avec l'abbé de Saint-Mihel[1], à qui

---

LETTRE 405. — 1. Dom Ennesson ou Hennezon, abbé de Saint-Mihel, était le confesseur de Retz. On lui attribue les ratures faites sur le manuscrit des *Mémoires* du Cardinal.

nous donnons, ce me semble, comme en dépôt, la personne de Son Éminence. Il me parut un fort honnête homme, un esprit droit et tout plein de raison, qui a de la passion pour lui, qui le gouvernera même sur sa santé, et l'empêchera bien de prendre le feu trop chaud sur la pénitence. Ils partiront mardi, et ce sera encore un jour douloureux pour moi, quoiqu'il ne puisse être comparé à celui de Fontainebleau. Songez, ma fille, qu'il y a déjà quinze jours, et qu'ils vont enfin, de quelque manière qu'on les passe.

Tous ceux que vous m'avez nommés apprendront votre souvenir avec bien de la joie; j'en suis mieux reçue. Je verrai ce soir notre cardinal; il veut bien que je passe une heure ou deux chez lui les soirs avant qu'il se couche, et que je profite ainsi du peu de temps qui me reste[2]. Corbinelli étoit ici quand j'ai reçu votre lettre; il a pris beaucoup de part au plaisir que vous avez eu de confondre un jésuite : il voudroit bien avoir été le témoin de votre victoire. Mme de la Troche a été charmée de ce que vous dites pour elle. Soyez en repos de ma santé, ma chère enfant; je sais que vous n'entendez pas de raillerie là-dessus. Le chevalier de Grignan est parfaitement guéri. Je m'en vais envoyer votre lettre chez M. de Turenne. Nos frères[3] sont à Saint-Germain. J'ai envie de vous envoyer la lettre de la Garde; vous y verrez en gros la vie qu'on fait à la cour. Le Roi a fait ses dévotions à la Pentecôte. Mme de Montespan les a faites de son côté; sa vie est exemplaire; elle est très-occupée de ses ouvriers, et va à Saint-Cloud, où elle joue à l'hoca[4].

A propos, les cheveux me dressèrent l'autre jour à la

2. Voyez plus haut, p. 464.
3. Le Coadjuteur et l'abbé de Grignan. Voyez la note 7 de la lettre du 26 juin suivant.
4. Voyez tome II, p. 528, note 23.

1675 tête, quand le Coadjuteur me dit qu'en allant à Aix il y avoit trouvé M. de Grignan jouant à l'hoca. Quelle fureur! au nom de Dieu, ne le souffrez point; il faut que ce soit là une de ces choses que vous devez obtenir, si l'on vous aime. J'espère que Pauline se porte bien, puisque vous ne m'en parlez point; aimez-la pour l'amour de son parrain⁵. Mme de Coulanges a si bien gouverné la princesse d'Harcourt, que c'est elle qui vous fait mille excuses de ne s'être pas trouvée chez elle quand vous allâtes lui dire adieu : je vous conseille de ne la point chicaner là-dessus. Ce que vous dites des arbres qui changent est admirable; la persévérance de ceux de Provence⁶ est triste et ennuyeuse : il vaut mieux reverdir que d'être toujours vert. Corbinelli dit qu'il n'y a que Dieu qui doive être immuable; toute autre immutabilité est une imperfection; il étoit bien en train de discourir aujourd'hui. Mme de la Troche et le prieur de Livry⁷ étoient ici : il s'est bien diverti à leur prouver tous les attributs de la divinité. Adieu, ma très-aimable, je vous embrasse; mais quand pourrai-je vous embrasser de plus près? La vie est si courte; ah! voilà sur quoi il ne faut pas s'arrêter. C'est maintenant vos lettres que j'attends avec impatience.

5. D'après une lettre de d'Hacqueville citée plus haut, p. 414, note 4, le parrain de Pauline aurait été le cardinal de Retz. Cependant Perrin met en note : « M. de la Garde, » et il semble qu'il devait tenir ce renseignement de Mme de Simiane, qui ne pouvait guère se tromper là-dessus.

6. On voit en Provence plusieurs sortes d'arbres qui ne se dépouillent jamais de leurs feuilles, lesquelles demeurent vertes toute l'année, tels que l'olivier, l'oranger, les chênes verts, les lauriers, etc. (*Note de Perrin.*)

7. Mme de Sévigné lisait avec lui et trouvait qu'il lui faisait une très-bonne compagnie. Voyez les lettres des 11 et 12 août et 16 septembre 1676.

406. — DE MADAME DE SÉVIGNÉ
A MADAME DE GRIGNAN.

1675

A Paris, mercredi 12ᵉ juin.

Je fus hier assez heureuse pour m'aller promener avec Son Éminence tête à tête au bois de Vincennes. Il trouva que l'air me seroit bon; il n'étoit pas trop accablé d'affaires : nous fûmes quatre heures ensemble; je crois en avoir bien profité; du moins les chapitres que nous traitâmes n'étoient pas indignes de lui. C'est ma véritable consolation que je perds en le perdant; et c'est moi que je pleure, et vous aussi, quand je considère toute la tendresse qu'il a pour nous. Son départ achève de m'accabler.

Mme de Coulanges partit lundi fort triste, mais fort satisfaite d'avoir Corbinelli. Savez-vous l'affaire de M. de Saint-Vallier? Il étoit amoureux de Mlle de Rouvroi; il a fait signer le contrat de mariage au Roi, pas davantage; il emprunte avec confiance dix mille écus de Mme de Rouvroi sur l'argent qu'elle doit donner; et puis tout d'un coup il lui envoie une promesse de dix mille écus, et s'en va je ne sais où. Le Roi dit sur cela : « Je trouve fort bon qu'il se moque de Mme et de Mlle de Rouvroi; mais de moi, c'est ce que je ne souffrirai pas, et lui ai fait dire, ou qu'il vienne épouser la belle, ou qu'il s'éloigne pour jamais, et qu'il envoie la démission de sa charge, à faute de quoi elle sera taxée[1]. » Et ce procédé est si extrêmement ridicule du côté de Saint-Vallier, qu'on croit que c'est un jeu pour y faire consentir le père[2]. Le Roi avoit donné à Saint-Vallier un brevet de retenue de

Lettre 406 (revue en partie sur une ancienne copie). — 1. Tel est le texte de Perrin. Il y a dans le manuscrit : « A faute de quoi il sera sonné; » faut-il lire *sommé*?

2. Saint-Vallier était capitaine-lieutenant des gardes de la porte. Son père, président à mortier au parlement de Grenoble, s'opposait

cent mille francs et une pension de six mille francs en faveur du mariage³. Vous voyez donc que ces brevets si rares se donnent quelquefois.

J'étois hier au soir avec Mme de Sanzei et d'Hacqueville : je vis entrer Vassé⁴ ; nous crûmes que c'étoit son esprit, c'étoit son corps très-maléficié. Il est ici *incognito*, et vous fait mille et mille compliments. J'ai regret aux trois semaines que vous pouviez passer avec M. le cardinal de Retz, qui ne part que samedi. J'admire comme jour à jour, et toujours triste, le temps s'est passé depuis votre départ. Vous ai-je mandé que Monsieur le Duc a encore perdu un fils⁵ ? Ce sont deux enfants en huit jours.

Je reçois votre lettre de Grignan du 5ᵉ ; elle m'ôte l'inquiétude de votre santé. Vous dites une chose bien vraie, et que je sens à merveille, c'est que *les jours qu'on n'attend point de lettres ne sont employés qu'à attendre ceux qu'on en reçoit.* Il y a un certain degré dans l'amitié où l'on sent toutes les mêmes choses ; mais vous souhaitez de vos amis une tranquillité qu'il est bien difficile de vous promettre : vous ne voulez point qu'ils vous servent,

d'abord à ce mariage ; mais il finit par donner son consentement. On fit ce couplet à cette occasion :

> Épouse, ou bien n'épouse pas,
> De ta charge il te faut défaire :
> Une femme, avec tant d'appas,
> Donne au logis assez d'affaire ;
> Renonce à la porte du Roi,
> Et te fais portier de chez toi.

3. On lit dans le manuscrit : « une pension de cent mille francs en mariage. »

4. Voyez la lettre du 9 octobre suivant.

5. Henri, comte de Clermont, était mort le 6 juin, à l'âge de trois ans, à l'hôtel de Condé. Voyez la lettre du 26 juin, p. 497.

qu'ils sollicitent, qu'ils s'intéressent pour vous. Je crois vous l'avoir déjà dit, il n'est pas possible de vous accorder avec eux; car il se rencontre malheureusement que leur fantaisie, c'est justement de faire toutes ces choses; mais comme il est plus établi que ce sont nos amis qui nous servent, que de vouloir que ce soient nos seuls ennemis, je crois, ma fille, que vous ne gagnerez pas ce procès-là, et que nous demeurerons en possession de vous témoigner notre amitié toutes les fois que nous le pourrons, comme on l'a toujours observé depuis la création du monde, c'est-à-dire depuis qu'il y a de la tendresse.

Vous m'avez fait plaisir de me parler de mes petits-enfants; je crois que vous vous divertirez à voir débrouiller leur petite raison. Je souhaite fort que vous n'alliez point à Aix; vous serez bien plus en repos à Grignan, et vous y ferez revenir plus tôt M. de Grignan. Obtenez encore cette petite absence de sa tendresse, et tâchez de faire venir Monsieur l'Archevêque⁶ passer les chaleurs avec vous : vous n'en serez point incommodés avec le secours de votre bise. J'attends une grande lettre de M. de Grignan : est-il possible qu'il trouve les jours trop courts pour m'écrire? pour moi, je les trouve d'une longueur qui pourroit faire entreprendre et achever un bâtiment, en commençant un peu matin?

Mme de Montespan continue le sien⁷, elle s'amuse fort à ses ouvriers. Monsieur y va fort souvent. Elle va à Saint-Cloud jouer à l'hombre. Il y a des dames qui la vont voir à Clagny. Mme de Fontevrault y doit passer quelques jours; elle venoit dans la joie de voir son père⁸,

6. L'archevêque d'Arles.

7. Son bâtiment : le château de Clagny. Voyez les lettres du 14 juin et du 7 août suivants.

8. Gabriel de Rochechouart, duc de Mortemart, pair de France, premier gentilhomme de la chambre du Roi, gouverneur de Paris,

qu'elle aime; elle pensa mourir de douleur en le voyant en l'état qu'il est, sans pouvoir prononcer une parole, tout assoupi, tout prêt à retomber dans l'état où il a été : cette vue la fait mourir. L'abbé Têtu la gouverne fort; j'admire le soin qu'a la Providence de son amusement : quand l'une[9] s'en va à Lyon, il en revient une autre d'Anjou.

Je ne puis vous nombrer les louanges et les tendresses de Barillon[10]; je ne sais où vous avez pris qu'il ait été hostile[11] pour vous. Il vient voir votre portrait et parle de vous dignement. Dites-moi un mot qui lui marque que je me suis acquittée.

On dit chez M. Colbert et chez le maréchal de Villeroi que M. de Montecuculi[12] a repassé humblement le Rhin, et que M. de Turenne, par un excès de civilité, l'a reconduit, et l'a repassé après lui. La tête tourne à nos pauvres ennemis : la vue de M. de Turenne les renverse. Huy n'est pas encore pris.

Je fais mon paquet chez Monsieur le Cardinal : il a un peu la goutte, j'espère que cela l'arrêtera. Je vous plains de n'avoir pas eu le plaisir de le voir autant qu'il a été ici.

mourut le 26 décembre 1675. — La *Gazette* du 8 juin annonce que « l'abbesse chef et générale de l'ordre de Fontevrault arriva à Paris le 5, et fit son entrée en son prieuré des Filles-Dieu. »

9. Mme de Coulanges. (*Note de Perrin.*)

10. Voyez tome II, p. 119, note 23.

11. Il y a *destile* dans le manuscrit. C'est évidemment une faute du copiste pour *hostile*. Cet adjectif se trouve dans le Dictionnaire de Nicot. Il manque dans ceux de Furetière et de l'Académie de 1694; mais l'un et l'autre donnent l'adverbe *hostilement* et le substantif *hostilité*.

12. (*Raimond de Montecuculi, Modénais, né en 1608, mort à près de soixante-treize ans le 16 octobre 1680*) général de l'armée impériale, et l'un des plus grands capitaines de son siècle. (*Note de Perrin.*) — Montecuculi ayant passé le Rhin près de Spire, le 1ᵉʳ juin, avait fait publier qu'il allait donner bataille à Turenne; mais après être

On nous assure que Huy est pris du 5 au 6ᵉ, sans que personne ait été tué⁴³. La Reine alla hier faire collation à Trianon; elle descendit à l'église, puis à Clagny, où elle prit Mme de Montespan dans son carrosse, et la mena à Trianon avec elle.

---

407. — DE MADAME DE SÉVIGNÉ
A MADAME DE GRIGNAN.

A Paris, vendredi 14ᵉ juin.

C'EST au lieu d'aller dans votre chambre, ma bonne, que je vous entretiens. Quand je suis assez malheureuse de ne vous avoir plus, ma consolation toute naturelle, c'est de vous écrire, de recevoir de vos lettres, de parler de vous, et de faire quelques pas pour vos affaires. Je passai hier l'après-dînée avec notre cardinal : vous ne sauriez jamais deviner de quoi nous parlons quand nous sommes ensemble. Je recommence toujours à vous dire que vous ne pouvez trop l'aimer, et que je vous trouve heureuse d'avoir renouvelé si solidement toute l'inclination et la tendresse naturelle qu'il avoit déjà pour vous¹.

Mandez-moi comme vous vous portez de l'air de Gri-

---

resté quatre jours sans agir, voyant que Turenne, bien loin d'être surpris de son approche, se mettait en devoir de marcher au-devant de lui, il repassa le fleuve au même endroit et sur le même pont. Voyez la *Gazette* du 15 juin. — L'armée française passa le Rhin à son tour, le 7 et le 8 juin, au moyen de six ponts jetés sur le fleuve à quatre lieues au-dessus de Strasbourg. Voyez la *Gazette* du 22 juin.

13. Voyez la note 12 de la lettre 404.

LETTRE 407 (revue en partie sur une ancienne copie). — 1. Cette phrase a été omise dans les éditions de 1726 et de 1734; elle ne se trouve que dans l'édition de 1754.

gnan, s'il vous a déjà bien dévorée, enfin comme vous êtes, et comme je me dois représenter votre jolie personne. Votre portrait est très-agréable, mais beaucoup moins que vous, sans compter qu'il ne parle point. Pour moi, n'en soyez point en peine, ma règle présentement est d'être déréglée; je n'en suis point malade. Je dîne tristement; je suis ici jusqu'à cinq ou six heures; le soir je vais, quand je n'ai point d'affaires, chez quelqu'une de mes amies; je me promène selon les quartiers; nous voici dans les saluts [2]; je fais tout céder au plaisir d'être avec Monsieur le Cardinal : je ne perds aucune des heures qu'il me peut donner, il m'en donne beaucoup; j'en sentirai mieux son départ et son absence : il n'importe; je ne songe jamais à m'épargner : après vous avoir quittée, je n'ai plus rien à craindre. J'irois un peu à Livry sans lui et vos affaires, mais je mets les choses au rang qu'elles doivent être, et ces deux choses sont bien au-dessus de mes fantaisies.

La Reine fut voir Mme de Montespan à Clagny, le jour que je vous avois dit qu'elle l'avoit prise en passant. Elle monta dans sa chambre, elle y fut une demi-heure; elle alla dans celle de M. du Vexin qui étoit un peu malade, et puis emmena Mme de Montespan à Trianon, comme je vous l'avois mandé[3]. Il y a des dames qui ont été à Clagny; elles trouvèrent la belle si occupée des ouvrages et des enchantements que l'on fait pour elle, que pour moi je me représente Didon qui fait bâtir Carthage : la suite de l'histoire ne se ressemblera pas[4].

2. En 1675 la Fête-Dieu tombait au 13 juin.
3. Voyez la fin de la lettre précédente.
4. Ces mots : « La suite de l'histoire, etc., » ne se trouvent que dans le manuscrit et dans l'édition de 1754. Tout ce morceau, depuis : « La Reine fut voir, etc., » jusqu'à : « Je dînai hier, etc., » manque dans les éditions de 1726 et de 1734.

M. de la Rochefoucauld m'a fort priée de vous assurer de son service ; Mme de la Fayette vous embrasse. Nous craignons bien que vous n'ayez tout du long Madame la Grande-Duchesse[5]. On lui prépare ici une prison à Montmartre, dont elle seroit effrayée, si elle n'espéroit point de la faire changer ; c'est à quoi elle sera attrapée : ils sont ravis en Toscane d'en être défaits. Mme de Sully est partie : Paris devient fort désert ; je voudrois déjà en être dehors. Je dînai hier avec le Coadjuteur chez Monsieur le Cardinal ; je le chargeai de vous faire l'histoire ecclésiastique[6]. Monsieur Joli[7] prêcha à l'ouverture[8] ; mais comme il ne se servit que d'une vieille évangile[9] et qu'il

---

5. Marguerite-Louise d'Orléans, fille de Gaston, duc d'Orléans, et de Marguerite de Lorraine, sa seconde femme. Elle avait été mariée le 19 avril 1661 à Côme III de Médicis, grand-duc de Toscane en 1670 ; elle mourut à Paris, deux ans avant Côme III, le 17 septembre 1721, à l'âge de soixante-dix-sept ans. Voyez la lettre du 3 juillet suivant. « Madame la Grande-Duchesse avoit été fort belle, et très-bien faite et grande : on le voyoit bien encore ; bonne et peu d'esprit, mais arrêtée en son sens sans pouvoir être persuadée.... Elle vécut fort mal avec le Grand-Duc, dont la patience et les soins pour la ramener furent continuels.... Après avoir eu ces enfants (*un aîné mort longtemps avant son père ; Jean-Gaston, le dernier des Médicis ; et l'électrice Palatine*), la Grande-Duchesse redoubla d'humeur exprès, et de conduite étrange en Italie, avec tant d'éclat que le Roi y mit la main par ses envoyés (*entre autres par l'évêque de Marseille en 1673*).... Elle en fit tant que le Grand-Duc consentit enfin à son retour en France, mais sous des conditions qui lui donnèrent plus de contrainte qu'elle n'en auroit eu à Florence.... » (Saint-Simon, tome XVIII, p. 186, 187.) Voyez aussi les *Mémoires de Mademoiselle*, tomes III, p. 507 et suivantes ; IV, p. 348 et suivantes, 520 et suivantes.

6. C'est-à-dire l'histoire de l'assemblée du clergé de France.

7. Évêque d'Agen.

8. L'ouverture solennelle de l'assemblée se fit le 7 juin, à Saint-Germain, par la messe du Saint-Esprit. Après une séance préparatoire, tenue à l'archevêché de Paris le 25 mai, le clergé était allé siéger le 29 à Saint-Germain, dans la salle du château neuf.

9. Tel est le texte de notre copie et de l'édition de Rouen (1726). Le *Dictionnaire de l'Académie* de 1694 dit que le mot est masculin et

ne dit que de vieilles vérités, son sermon parut vieux. Il y auroit de belles choses à dire sur cet article.

La Reine a dîné aujourd'hui aux Carmélites du Bouloi, avec Mme de Montespan et Mme de Fontevrault : vous verrez de quelle manière se tournera[10] cette amitié. On dit que M. de Turenne reconduit les ennemis quasi jusque dans leur logis ; il est assez avant dans leur pays. Vous recevrez un si gros paquet de d'Hacqueville, que c'est se moquer de vouloir vous apprendre quelque chose aujourd'hui. J'ai le cœur bien pressé de Monsieur le Cardinal. Ce redoublement d'amitié et de commerce augmente ma tristesse. Il sort d'ici, et s'en va demain[11]. Je n'ai point encore reçu vos lettres. Croyez, ma bonne, qu'il n'est pas possible d'aimer plus que je vous aime : je ne suis animée que de ce qui a quelque rapport à vous. Mme de Rochebonne m'a écrit très-tendrement ; elle me conte avec quels sentiments vous reçûtes et vous lûtes mes lettres à Lyon. Vous êtes donc foible quelquefois aussi bien que moi, ma très-aimable enfant.

---

408. — DE MADAME DE SÉVIGNÉ
A MADAME DE GRIGNAN.

A Paris, mercredi 19º juin.

JE vous assure, ma très-chère enfant, qu'après l'adieu que je vous dis à Fontainebleau, auquel rien ne peut être

---

féminin ; dans le Dictionnaire de Furetière il a aussi les deux genres, mais dans deux acceptions diverses.

10. Dans notre ancienne copie on lit : « de quelle hauteur se tournera, etc. »

11. Voici comment le texte a été modifié dans l'édition de 1754 (qui finit à : « s'en va demain ; » celle de 1734 s'arrête à : « jusque dans leur

comparé, je n'en pouvois faire un plus douloureux que celui que je fis hier à M. le cardinal de Retz, chez M. de Caumartin¹, à quatre lieues d'ici². J'y fus lundi dîner³ ; je le trouvai au milieu de ses trois fidèles amis⁴ ; leur contenance triste me fit venir les larmes aux yeux ; et quand je vis Son Éminence avec sa fermeté, mais avec sa tendresse et sa bonté pour moi, je ne pus soutenir cette vue. Après le dîner nous allâmes causer dans les plus agréables bois du monde ; nous y fûmes jusqu'à six heures⁵ dans plusieurs sortes de conversations si bonnes, si tendres, si aimables, si obligeantes, et pour vous et pour moi, que j'en suis pénétrée ; et je vous redis encore, mon enfant, que vous ne sauriez trop l'aimer ni l'honorer.

Mme de Caumartin arriva de Paris, et, avec tous les hommes qui étoient restés au logis, elle vint nous trouver dans ce bois. Je voulus m'en retourner à Paris ; ils m'arrêtèrent⁶, et sans beaucoup de peine : j'ai mal dormi ;

logis) : « J'ai le cœur bien pressé de notre cardinal, je le vois souvent et longtemps, et cela même augmente ma tristesse ; il s'en va demain. »

LETTRE 408. — 1. Sur M. et Mme de Caumartin, voyez tome I, p. 520, note 4, et ci-dessus, p. 269, note 13.

2. A Boissy-Saint-Léger (près du château de Grosbois), où Caumartin avait une maison de campagne.

3. C'est le texte de toutes les éditions, à l'exception de celle de 1754, qui a *dernier*, au lieu de *dîner*.

4. D'Hacqueville sans doute et Caumartin, et peut-être avec eux soit le fils aîné de ce dernier, soit plutôt l'abbé de Pontcarré, grand ami du Cardinal et qui autrefois lui avait témoigné son attachement en l'allant voir à Nantes avec Caumartin, d'Hacqueville et l'abbé Amelot (voyez les *Mémoires de Retz*, tome IV, p. 202, et ci-dessus, la lettre 267, p. 29). — Quant au marquis de la Garde, dont l'édition de 1818 avait joint le nom à ceux de Caumartin et de d'Hacqueville dans une note de la lettre suivante où il est de nouveau question des trois amis, il était alors à l'armée : voyez la lettre du 24 juillet.

5. « Jusqu'au soir. » (*Édition de Rouen*, 1726.)

6. Dans les éditions de Perrin : « Ils m'arrêtèrent à coucher. »

le matin, j'ai embrassé notre cher cardinal avec beaucoup de larmes, et sans pouvoir dire un mot aux autres. Je suis revenue tristement ici, où je ne puis me remettre de cette séparation; elle a trouvé la fontaine assez en train; mais en vérité elle l'auroit ouverte, quand elle auroit été fermée. Celle de Madame de Savoie[7] doit ouvrir tous ses robinets. N'êtes-vous pas bien étonnée de cette mort du duc de Savoie, si prompte et si peu attendue, à quarante ans?

Je suis fâchée que ce que vous mandez sur l'assemblée du clergé[8] n'ait point été lu; la fidélité de la poste est quelquefois incommode. Ces prélats donnent[9] quatre millions cinq cent mille livres; c'est une fois plus qu'à l'autre assemblée : la manière dont on y traite les affaires est admirable; Monsieur le Coadjuteur vous en rendra compte. J'ai trouvé fort plaisant ce que vous dites de Lannoi[10], et de ce que l'on demande sous le nom d'établissement. Je dirai à Mmes de Villars et de Vins[11] votre souvenir : c'est à qui sera nommé dans mes lettres.

Il y a bien de petites tranchées en Bretagne; il y a eu même à Rennes une colique pierreuse. M. de Chaulnes voulut par sa présence dissiper le peuple; il fut repoussé chez lui à coups de pierres : il faut avouer que

---

7. Marie-Jeanne-Baptiste duchesse de Savoie, fille du duc de Nemours et d'Élisabeth de Vendôme; elle était sœur aînée de la reine de Portugal, et avait épousé en 1665 Charles-Emmanuel II, duc de Savoie, second fils de Victor-Amédée et de Christine de France, déjà veuf de Françoise-Madeleine, fille de Gaston d'Orléans. Elle venait de perdre son mari le 12 juin précédent; elle lui survécut jusqu'en 1724. Elle fut régente pendant la minorité de son fils Victor-Amédée.

8. Voyez plus loin, p. 492, la note 7 de la lettre du 26 juin.

9. Au Roi.

10. Mme de Montrevel. (*Note de Perrin.*)

11. Voyez p. 498, la note 1 de la lettre du 28 juin (à Mme de Grignan).

cela est bien insolent¹². La petite personne¹³ mande à sa sœur qu'elle voudroit être à Sully, et qu'elle meurt de peur tous les jours : vous savez bien ce qu'elle cherche en Bretagne.

1675

Monsieur le Duc fait le siége de Limbourg. Monsieur le Prince est demeuré auprès du Roi; vous pouvez juger de son horrible inquiétude. Je ne crois pas que mon fils soit à ce siége, non plus qu'à celui de Huy. Il vous embrasse mille fois : j'attends toujours de ses lettres; mais des vôtres, ma chère enfant, avec une extrême impatience¹⁴ ! Je trouve comme vous, ma bonne, et peut-être plus que vous, qu'il y a loin d'un ordinaire à l'autre : ce temps, qui me fâche quelquefois de courir si vite, s'arrête tout court, comme vous dites; et enfin nous ne sommes jamais contents. Je ne puis encore m'accoutumer à ne vous point voir, ni trouver, ni rencontrer, ni espérer : je suis accablée de votre absence, et je ne sais point bien détourner mes idées. Notre cardinal vous auroit un peu effacée; mais vous êtes tellement mêlée dans notre commerce, qu'après y avoir bien regardé, il se trouve que c'est vous qui me le rendez si cher : ainsi je profite mal de votre philosophie; je suis ravie que vous vous sentiez aussi quelquefois de la foiblesse humaine.

Voilà un trait¹⁵ qui s'est fait brusquement sur le Cardinal : celui qui l'a fait¹⁶ n'est pas son intime ami; il n'a aucun dessein qu'il le voie, ni que cet écrit coure; il

12. Voyez la *Notice*, p. 183 et suivantes.
13. Voyez tome II, p. 300, note 19.
14. Tel est le texte de l'édition de 1734. Celle de 1754 donne ainsi la phrase : « Mais des vôtres, mon enfant, puis-je vous dire avec quelle impatience? »
15. Dans les deux éditions de Perrin il y a *un portrait*, au lieu d'*un trait*. Notre texte est celui des éditions de 1726.
16. La Rochefoucauld. Voyez plus bas, p. 505, la lettre du 3 juillet, note 17.

n'a point prétendu le louer. Il m'a paru bon par toutes ces raisons : je vous l'envoie et vous prie de n'en donner aucune copie. On est si lassé de louanges en face, qu'il y a du ragoût à pouvoir être assuré qu'on n'a pas eu dessein de vous faire plaisir, et que voilà ce qu'on dit, quand on dit la vérité toute nue, toute naïve.

On attend des nouvelles de Limbourg et d'Allemagne, cela tient tout le monde en inquiétude.

Adieu, ma chère fille; votre portrait est aimable, on a envie de l'embrasser, tant il sort bien de la toile : j'admire de quoi je fais mon bonheur présentement.

J'embrasse M. de Grignan et suis à vous, ma bonne, avec cette tendresse que vous ne sauriez croire au point qu'elle est.

PORTRAIT DU CARDINAL DE RETZ [17].

« Paul de Gondi, cardinal de Retz, a beaucoup d'élévation, d'étendue d'esprit, et plus d'ostentation que de vraie grandeur de courage. Il a une mémoire extraordinaire, plus de force que de politesse dans ses paroles; l'humeur facile, de la docilité [18] et de la foiblesse à souffrir les plaintes et les reproches de ses amis; peu de piété, quelques apparences de religion. Il paroît ambitieux sans l'être; la vanité, et ceux qui l'ont conduit, lui

---

17. Comme ce portrait n'a été imprimé ni dans la *Galerie des peintures*, ni dans les *Mémoires de Mademoiselle*, où sont insérés la plupart des portraits qui furent faits dans ce temps-là, on a présumé que celui-ci seroit vu avec d'autant plus de plaisir, qu'il est fait de main de maître. (*Note de Perrin*, 1754.) — Nous avons suivi le texte de l'édition de 1754. Perrin n'avait pas inséré ce portrait dans sa première. — Voyez dans le tome I des *Mémoires de Retz* d'autres portraits contemporains.

18. Mme de Sévigné, dans une lettre de 1679, dit à sa fille en parlant du cardinal de Retz : « Jamais je n'ai vu un cœur si aisé à gouverner. » Dans l'édition des *Mémoires de Retz* de M. Champollion-Figeac, on lit *solidité*, au lieu de *docilité*.

ont fait entreprendre de grandes choses, presque toutes opposées à sa profession; il a suscité les plus grands désordres de l'État, sans avoir un dessein formé de s'en prévaloir; et bien loin de se déclarer ennemi du cardinal Mazarin pour occuper sa place, il n'a pensé qu'à lui paroître redoutable, et à se flatter de la fausse vanité de lui être opposé. Il a su néanmoins profiter avec habileté des malheurs publics pour se faire cardinal. Il a souffert sa prison avec fermeté, et n'a dû sa liberté qu'à sa hardiesse. La paresse l'a soutenu avec gloire durant plusieurs années dans l'obscurité d'une vie errante et cachée. Il a conservé l'archevêché de Paris contre la puissance du cardinal Mazarin; mais après la mort de ce ministre, il s'en est démis, sans connoître ce qu'il faisoit et sans prendre cette conjoncture pour ménager les intérêts de ses amis et les siens propres. Il est entré dans divers conclaves, et sa conduite a toujours augmenté sa réputation. Sa pente naturelle est l'oisiveté; il travaille néanmoins avec activité dans les affaires qui le pressent, et il se repose avec nonchalance quand elles sont finies. Il a une grande présence d'esprit, et il sait tellement tourner à son avantage les occasions que la fortune lui offre, qu'il semble qu'il les ait prévues et desirées. Il aime à raconter; il veut éblouir indifféremment tous ceux qui l'écoutent par des aventures extraordinaires, et souvent son imagination lui fournit plus que sa mémoire. Il est faux dans la plupart de ses qualités, et ce qui a le plus contribué à sa réputation, est de savoir donner un beau jour à ses défauts. Il est insensible à la haine et à l'amitié, quelques soins qu'il ait pris de paroître occupé de l'une ou de l'autre. Il est incapable d'envie et d'avarice, soit par vertu, soit par inapplication. Il a plus emprunté de ses amis, qu'un particulier ne pouvoit espérer de leur pouvoir rendre; il a senti de la vanité à trouver tant de crédit et à entreprendre de s'acquitter[19]. Il n'a point de goût ni de délicatesse; il s'amuse à tout, et ne se plaît à rien; il évite avec adresse de laisser pénétrer qu'il n'a qu'une légère connoissance de toutes choses. La retraite qu'il vient de faire est la plus éclatante et la plus fausse action de sa vie; c'est un sacrifice qu'il fait à son orgueil, sous prétexte de dévotion : il quitte la cour, où il ne peut s'attacher, et il s'éloigne du monde qui s'éloigne de lui. »

409. — DE MADAME DE SÉVIGNÉ A MADAME DE GRIGNAN.

A Paris, vendredi au soir, 21° juin.

Je suis si triste, ma chère enfant, de n'avoir point eu de vos nouvelles cette semaine, que je ne sais à qui m'en prendre : du moins sais-je bien que ce n'est pas à vous; car je suis fort assurée que vous m'avez écrit. Je crains mon voyage de Bretagne, à cause du dérangement que cela fera à notre commerce. J'achève ici vos deux affaires, et puis je m'en irai, par la raison que je veux revenir, et que je ne puis revenir si je ne pars.

Le siége de Limbourg[1] se continue : on tremble en attendant des nouvelles, et du côté de M. de Turenne aussi; on dit qu'il est à portée de se battre avec ce Montecuculi[2].

---

19. Ces mots : « Il a senti, etc., » manquent dans l'édition des *Mémoires* que nous venons de citer.

Lettre 409. — 1. Limbourg capitula le 20 juin 1675. (*Lettres historiques de Pellisson*, tome II, p. 311.)

2. « Pendant six semaines, dit M. Lavallée à la suite du passage cité plus haut (note 2 de la lettre 402), les deux généraux luttèrent d'habileté sur un terrain de quelques lieues carrées, où il n'y eut pas un ravin ou un ruisseau inutile. « Ce fut, dit Folard, le chef-« d'œuvre de Turenne et de Montecuculi. » A la fin le premier força son adversaire à évacuer ses positions sur la Rench et à se replier

J'espère toujours qu'il n'arrivera rien, parce qu'on attend trop de choses : enfin il faut tout abandonner à la Providence. Mon fils n'est point à Limbourg, mais je ne laisse pas d'y prendre intérêt.

Au reste, ma fille, sachez-moi gré, si vous voulez ; mais je me fis hier saigner du pied dans la vue de vous plaire ; j'ai voulu faire cette provision pour mon voyage, et j'avois aussi le cœur un peu serré de toute la tristesse que j'ai eue depuis deux mois ; j'ai cru que cette précaution étoit bonne. J'ai eu tout le jour bien du monde, et je suis si fatiguée d'avoir été au lit, que j'en suis brisée. La plaisanterie, c'étoit d'admirer la mauvaise grâce que j'avois ; Mlle de Méri en pâmoit de rire.

Voilà une lettre de mon fils ; il mande que le fossé et la demi-lune sont pris à Limbourg ; que le mineur est attaché au bastion ; qu'il y a eu plusieurs officiers et soldats tués et blessés, et que M. de la Marck[3] a fait des merveilles.

Je suis entièrement à vous, ma très-chère et très-aimable.

410. — DE MADAME DE SÉVIGNÉ
A MADAME DE GRIGNAN.

A Paris, mercredi 26ᵉ juin[1].

J'AI reçu deux ordinaires à la fois, ma très-chère

vers Sasbach, dans un endroit difficile, où Montecuculi était obligé ou de recevoir la bataille ou de se jeter dans la forêt Noire. Les deux armées étaient d'égale force.... »

3. Henri-Robert, comte de la Marck et de Braine, qui fut colonel du régiment de Picardie, gouverneur de Wœrden et maréchal des camps et armées du Roi. Il fut tué à Conz-Saarbruck le 11 août suivant. Voyez plus haut, p. 293, note 7.

LETTRE 410. — 1. Dans l'édition de Rouen (1726) cette lettre est datée du 24 juin 1675 ; dans celle de la Haye (1726), du 26 juin 1674.

Comtesse; je me doutois bien que vous m'aviez écrit : vous êtes d'un commerce admirable, et votre amitié est accompagnée de secours humains qui la rendent délicieuse. Quand les lettres de Provence arrivent, c'est une joie parmi tous ceux qui m'aiment, comme c'est une tristesse quand je suis longtemps sans en avoir. Lire vos lettres et vous écrire, c'est la première affaire de ma vie; tout fait place à ce commerce : aimer comme je vous aime fait trouver frivoles toutes les autres amitiés. Quoique le Coadjuteur méprise tous ces sentiments, je lui ai dit de vos nouvelles; il a dîné avec moi et l'abbé de Grignan; nous causâmes fort de vous. Pour ce qui est de vous écrire, soyez assurée que je n'y manque point deux fois la semaine; et si l'on pouvoit doubler, j'y serois tout aussi ponctuelle, mais ponctuelle par le plaisir que j'y prends, et non point par l'avoir promis [2].

Mme du Puy-du-Fou m'est venue voir; j'avois oublié qu'elle étoit veuve, son habillement me parut une mascarade. On doute fort ici du départ de Madame de Toscane [3] : votre guignon le décidera. Il est vrai, ma bonne, que nous sommes bien voisines en comparaison d'Aix et des Rochers; cet excès d'éloignement me fait plus de peine qu'à vous. Hélas! nous voilà tous cruellement séparés, comme nous le prévoyions cet hiver avec douleur, lorsque nous étions si près les uns des autres : voilà ce qu'il y a de plus cruel dans la vie.

2. Ainsi dans les deux éditions de Perrin, les seules qui donnent cette phrase. Dans l'édition de 1818 on avait substitué *pour* à *par*; c'était sans doute une faute d'impression. Voyez p. 511, la note 13 de la lettre 415.

3. Voyez p. 481, note 5. — « Votre guignon *le* décidera, » est le texte de Rouen (1726); dans Perrin (1754), il y a « *la* décidera. » La première édition de Perrin (1734) n'a pas cette phrase; l'édition de la Haye (1726) n'en a que le premier membre, avec « Mme***, » au lieu de « Madame de Toscane. »

Notre cardinal sera demain à Châlons[4]. Il m'a écrit très-tendrement : je vous ai envoyé sa lettre. Pour cette cassolette, dispensez-moi, ma bonne, de retourner misérablement là-dessus. Il n'y a rien de noble à cette vision de générosité. Je crois n'avoir pas l'âme trop intéressée, et j'en ai fait des preuves ; mais il y a des occasions où c'est une rudesse et une ingratitude de refuser. Que manque-t-il à Monsieur le Cardinal pour être en droit de vous faire un tel présent ? A qui voulez-vous qu'il envoie cette bagatelle ? Il a donné sa vaisselle à ses créanciers : s'il y ajoute ce bijou, il en aura bien cent écus ; c'est une curiosité, un souvenir ; c'est de quoi parer un cabinet : on reçoit tout simplement et avec tendresse[5] ces sortes de présents ; et comme il disoit cet hiver, il est au-dessous du magnanime de les refuser ; c'est les estimer trop que d'y faire tant d'attention. En un mot, ma bonne, je ne lui donnerai point ce chagrin. Pouvez-vous comprendre le plaisir qu'il a à vous donner cette légère marque de son amitié, sans être honteuse de vouloir grossièrement l'en empêcher ? Savez-vous bien, ma bonne, que l'excès de cette sorte de gloire est un défaut qui n'est pas estimable ? Vous me dites que si je vous priois de quelque chose, je serois bien aise que vous la fissiez : je le crois, mais je suis bien assurée que si vous la désapprouviez, et que vous me dissiez vos sentiments, comme je vous dis les miens, vous me feriez changer à l'instant, et je me rendrois sans balancer à votre pensée. C'est, ma bonne, que j'ai bien de l'estime pour vous ; et si

1675

---

4. Chez l'un de ses amis les plus dévoués, Félix Vialard de Herse, évêque de Châlons de 1642 à 1680.

5. Dans l'édition de 1754 : « Tout simplement, avec tendresse et respect. » Tout ce morceau, depuis : « Que manque-t-il, » jusqu'à : « Il n'y a rien qui n'ait un tour surprenant, » a été omis dans l'édition de 1734.

je tiens ferme dans mon opinion, c'est parce qu'assurément la raison est de mon côté. J'en fais juge qui vous voudrez; vous n'avez qu'à nommer. En attendant, je n'en parlerai point, car je croirois vous faire tort. En tout cas, c'est à M. de Grignan que Monsieur le Cardinal la donne. Je crois qu'elle est partie de Commerci ; je la remettrai dans le ballot avec votre ouvrage.

Le Coadjuteur a bien ri des camaïeux de peinture que vous comparez à l'histoire de France en madrigaux[6]. Il a trouvé aussi fort plaisant tout ce que vous dites de lui et de l'agent[7]. Vous ne sentez pas l'agrément de vos lettres ; il n'y a rien qui n'ait un tour surprenant.

Nous avons bien compris votre réponse au capucin : « Mon père, qu'il fait chaud ! » et nous ne trouvons pas que de l'humeur dont vous êtes, vous puissiez jamais aller à confesse. Comment aller parler à cœur ouvert à des gens inconnus? c'est tout ce que vous pouvez faire à vos meilleurs amis : nous entendions d'ici votre ré-

---

6. En 1652, il avait paru une *Histoire de France, depuis Pharamond jusqu'à Louis XIV, avec les éloges des Rois en vers, réduite en sommaire* (par de Prade), in-4°.

7. L'abbé de Grignan, agent général du clergé. — Les grandes assemblées, ou assemblées générales du clergé, où chaque province envoyait quatre députés, deux du premier ordre et deux du second, se tenaient de dix ans en dix ans; les petites assemblées, ou assemblées de comptes, où il n'y avait que deux députés de chaque province, se tenaient de cinq ans en cinq ans. Celle de 1675 était une assemblée générale. Le Coadjuteur y siégeait pour la province d'Arles, à la place de l'évêque de Toulon, décédé : voyez la lettre du 5 juin précédent, p. 466, note 10. Tous les cinq ans aussi les provinces élisaient à tour de rôle deux agents généraux du clergé, toujours choisis dans le second ordre. Cette année-là l'un des deux agents fut l'abbé Louis-Joseph de Grignan, nommé par la province d'Arles ; l'autre, l'abbé Louis-Alphonse de Valbelle, aumônier ordinaire du Roi, nommé par la province d'Embrun : voyez p. 380, la lettre 372, note 13.

ponse, et nous eussions eu besoin de vous-même pour rendre cette conversation plus agréable.

« Je vous remercie, ma bonne, de la peine que vous prenez de vous défendre si bien d'avoir jamais été oppressée de mon amitié[8]. Il n'était pas besoin d'une explication si obligeante; je crois de votre tendresse pour moi tout ce que vous pouvez souhaiter que j'en pense : cette persuasion fait le bonheur et la félicité de ma vie. Vous expliquez très-bien cette volonté que je ne pouvois deviner, parce que vous ne vouliez rien : je devrois vous connoître; et sur cet article je ferai encore mieux que je n'ai fait, parce qu'il n'y a qu'à s'entendre. Quand mon bonheur vous redonnera à moi, croyez, ma bonne, que vous serez encore plus contente de moi mille fois que vous ne l'êtes : plût à Dieu que nous fussions déjà à portée de voir le jour où nous pourrons nous embrasser !

Vous riez, ma bonne, de la pauvre amitié; vous trouvez qu'on lui fait trop d'honneur de la prendre pour un empêchement à la dévotion : il ne lui appartient pas d'être un obstacle au salut; on ne la considère jamais que par comparaison; mais je crois qu'il suffit qu'elle remplisse tout le cœur pour être condamnée; et quoi que ce puisse être qui nous occupe de cette sorte, c'est plus qu'il n'en faut pour ne pas être en état de communier[9].

Vous voyez que le syndic[10] m'avoit mise hors de com-

---

8. Il s'est introduit une faute bizarre dans l'édition de la Haye (1726). On a sauté *amitié* et réuni *de mon* en un seul mot, qu'on a fait précéder d'un article, ce qui a donné la fin de phrase que voici : « d'avoir jamais été oppressée du démon. » — Le paragraphe suivant se termine dans cette même édition de la Haye par une autre absurdité : « pour être en état de communier; » la négation est omise.

9. Voyez la lettre du 5 juin précédent, p. 467.

10. Tel est le texte des éditions de 1726. Dans celles de Perrin : « l'affaire du syndic. » Cette affaire du syndic est l'élection d'un

bat : enfin c'est une pitié que d'être si vive; il faut tâcher de calmer et de posséder un peu son âme; je n'en serai pas moins à vous, et j'en serai un peu plus à moi-même. Corbinelli me prioit fort d'entrer dans ce sentiment[11]. Il est vrai que son absence me donne une augmentation de chagrin : il m'aime fort, je l'aime aussi; il m'est bon à tout ce que je veux; mais il faut que je sois dénuée de tout pendant mon voyage de Bretagne; j'ai tant de raisons pour y aller[12], que je ne puis pas y mettre la moindre incertitude.

Gardez-vous bien de faire raser le petit marquis[13]; j'ai consulté les habiles : c'est le moyen d'ébranler son petit cerveau, de lui faire avoir des fluxions, des maux d'yeux, des petites dents noires; enfin il n'est point assez fort; faites couper ses cheveux fort courts aux ciseaux, voilà tout ce que vous pouvez faire présentement.

Mlle de Méri désapprouve fort le fiel de bœuf; elle dit qu'avec l'air de Grignan, c'est pour vous mettre en poudre. Je suis fort de son avis. Il faudroit au contraire humecter et vous rafraîchir le teint, et mettre un masque quand vous allez à l'air. Nous ne laisserons pas de consulter Mme de la Fayette.

Le cuisinier de M. le cardinal de Retz ne le quitte point, ni son officier[14]. C'est une chose héroïque que les sentiments de ces gens-là; ils préfèrent l'honneur de ne le point quitter aux meilleures conditions de la cour : on

procureur de la noblesse : voyez les lettres de la fin de 1673, particulièrement celle du 24 décembre, et la note 7 de la p. 272.

11. Dans les éditions de 1726, on lit *ressentiment* au lieu de *sentiment*.

12. Voyez, sur une des affaires qui appelaient Mme de Sévigné en Bretagne (la vente d'une terre), les lettres des 17 novembre, 15 et 29 décembre suivants.

13. Le fils de Mme de Grignan.

14. Le domestique qui a soin de l'office.

ne peut les entendre sans admirer leur affection. Le pauvre Peau a mieux fait encore, il est mort : il tomba malade la veille du départ de Son Éminence, et beaucoup de saisissement avec une grosse fièvre l'a emporté en neuf jours. Je l'ai vu, et quoique je ne puisse entrer dans cette maison sans douleur, les domestiques qui y étoient encore m'y faisoient passer pour les admirer.

D'Hacqueville revint hier au soir : je n'ai pu le revoir sans beaucoup d'émotion. Ses trois fidèles amis[15] l'ont quitté à Jouare : je crains et souhaite de voir les deux autres. Son Éminence m'a écrit pour me dire encore un adieu. Je le prie de ne me point ôter l'espérance de le revoir. Je suis extrêmement touchée de sa retraite : je vous manderai comme il s'y trouvera. Il nous paroît que son courage est infini : nous voudrions bien qu'il fût soutenu d'une grâce victorieuse[16].

Je dirai à Mme du Plessis vos douceurs : on les estime si fort, que pendant que vous êtes dans le faubourg, je vous conseille d'aller un peu plus loin. M. de la Rochefoucauld a la goutte depuis la tête jusqu'aux pieds. Je me porte fort bien de ma saignée du pied ; je partirai pour la Bretagne quand j'aurai fait vos affaires ici : je ne pourrois pas vivre en repos[17]. Je suis de votre avis sur ce que

---

15. Voyez p. 483, la note 4 de la lettre 408. — Dans les éditions de Perrin on a ainsi éclairci cet endroit : « Les trois fidèles amis du Cardinal. » Dans l'édition de 1734 cette partie de la lettre n'est pas à la même place que dans celle de 1754.

16. Voyez à la fin de la seconde *Provinciale* l'apostrophe du janséniste au jacobin : « Allez, mon père, votre ordre a reçu un honneur qu'il ménage mal. Il abandonne cette grâce qui lui avoit été confiée.... cette grâce victorieuse.... cette grâce efficace qui avoit été mise comme en dépôt entre vos mains, etc. »

17. « Je ne pourrois pas y vivre en repos sans cela. » (*Édition de 1754.*) — Pour la phrase suivante l'édition de la Haye (1726) nous offre une étrange leçon : « Je suis dévote avec fierté. Que dit Philomèle ? »

dit *Philomèle*[18] : mais quand on ne sauroit trouver un lieu qui ne fasse souvenir, ou qu'on porte constamment le souvenir avec soi, on est à plaindre. Je suis persuadée que Son Éminence ne nous oubliera de longtemps.

Il y a des endroits de vos lettres si aimables et si pleins de tendresse pour moi, que je n'ose entreprendre d'y répondre : je ne me vante que de les bien sentir et d'en connoître le prix infini.

Vous m'avez bien représenté Mlle de la Chaire[19]. Je la vois d'ici avec ses vers. Il falloit une religieuse et un aumônier. La sœur de Mme de Coulanges qui n'avoit jamais vu de carrosse ni de rivière! M. de Coulanges a lu sa part dans ma lettre; il aimeroit mieux paître ses ouailles à Grignan; mais il ne sait de quel côté il tournera. Il n'oubliera pas l'épitaphe. Hélène baise précisément la plante de vos pieds; mais je crains qu'elle ne vous chatouille[20].

18. Dans la fable de la Fontaine Progné engage Philomèle à la suivre dans les villes, à quitter les bois, dont la vue lui rappelle sans cesse les outrages de Térée, et Philomèle répond :

Et c'est le souvenir d'un si cruel outrage
Qui fait.... que je ne vous suis pas :
En voyant les hommes, hélas!
Il m'en souvient bien davantage.

(Livre III, fable xv, *Philomèle et Progné*. Ce livre III avait paru avec cinq autres en 1668.)

19. Ne faut-il pas lire : « Mlle de la Charce? » Voyez la lettre du 9 septembre suivant.

20. Dans ce paragraphe, qui ne nous a été conservé que par l'édition de la Haye (1726), il semble que Mme de Sévigné touche rapidement à divers points de la lettre de sa fille. Il faudrait avoir cette lettre pour comprendre ces lignes sans liaison.

Réponse au 19ᵉ juin[21].

Je reçois, ma bonne, votre lettre qui m'apprend la maladie du pauvre petit marquis; j'en suis extrêmement en peine; et pour cette saignée, je ne comprends pas qu'elle puisse faire de bien, avec l'agitation qu'elle donne à un enfant de trois ans. De mon temps, on ne savoit ce que c'étoit que de saigner un enfant. Mme de Sanzei[22] s'est opiniâtrée à ne point faire saigner son fils : elle lui a donné tout simplement de la poudre à vers; il est guéri. Je crains que l'on ne fasse de notre enfant, à force de l'honorer, comme on fait des enfants du Roi et de ceux de Monsieur le Duc[23]. Je n'aurai aucun repos, ma bonne, que je ne sache la suite de cette fièvre. Je vous plains bien, et M. de Grignan; dites-lui l'intérêt tout particulier que je prends à son inquiétude et à la vôtre.

Pour ce que vous me dites de l'avenir touchant Monsieur le Cardinal, il est vrai que je l'ai vu fort possédé de l'envie de vous témoigner en grand volume son amitié, quand il aura payé ses dettes. Ce que je vous ai écrit est pour m'obliger à lui témoigner en votre absence la reconnoissance que j'en ai pour vous[24]; mais comme il y a

21. Au lieu de ces mots, on lit dans l'édition de la Haye : « Paris, le 19 juin 1675. »
22. « Mme de Faure. » (*Édition de la Haye*, 1726.)
23. « Je crains qu'on ne fasse mourir votre enfant, à force de le choyer, comme l'on fait les enfants du Roi et de Monsieur le Duc. (*Ibidem.*) — Monsieur le Duc (*d'Enghien*) venoit de perdre deux de ses enfants, à peu de jours l'un de l'autre. (*Note de Perrin.*) Voyez la note 4 de la lettre 403, et la note 5 de la lettre 406. — De six enfants il ne restait plus à la Reine que le Dauphin.
24. Tel est le texte de la Haye; celui de 1754 (la dernière partie de la lettre, à partir de l'alinéa précédent, ne se trouve que dans ces deux éditions) est tout différent : « Ce sentiment me paraît assez obligeant pour que vous en soyez informée. »

deux ans[25] à méditer sur la manière dont vous refuserez ses bienfaits, je pense, ma bonne, qu'il ne faut point prendre des mesures de si loin : Dieu nous le conserve, et nous fasse la grâce d'être en état en ce temps-là de lui faire entendre vos résolutions ! entre ci et là il est fort inutile de s'en inquiéter ; et pour la cassolette, comme il y a très-longtemps qu'il n'en a parlé, j'aurois cru faire comme dans le Boccace : sous prétexte de la refuser, je l'en aurois fait ressouvenir[26] ; je ne sais point ce qu'il a ordonné là-dessus.

M. de Turenne est très-bien posté ; on ne s'est pas battu, comme l'on disoit : tout le monde se porte bien, et en Flandre et en Allemagne. La petite Mme de Saint-Valleri[27], si belle et si jolie, a la petite vérole très-cruellement.

J'ai vu Mme du Puy-du-Fou, qui désapprouve la saignée. Mon Dieu, ma bonne, que je suis en peine ! Je vous aime très-tendrement et plus que je ne puis vous dire.

411. — DE MADAME DE SÉVIGNÉ
A MADAME DE GRIGNAN.

A Paris, vendredi 28ᵉ juin.

Madame de Vins[1] me parut hier fort tendre pour vous,

25. Il fallait encore au cardinal de Retz deux ans pour acquitter entièrement ses dettes. Voyez la lettre de Mme de Scudéry au comte de Bussy, du 25 mai 1675.
26. Pour la construction de la phrase, nous avons suivi l'édition de la Haye. Dans celle de 1754, on lit : « J'aurois cru faire comme dans le Boccace, si, sous prétexte de la refuser, je l'en avois fait ressouvenir. » — L'édition de la Haye n'a pas d'article devant *Boccace*.
27. Voyez p. 512, la fin de la lettre du 10 juillet suivant.
Lettre 411. — 1. Mlle .... Ladvocat, sœur de Mme de Pompone

ma fille, c'est-à-dire à sa mode ; mais sa mode est bonne : il ne me parut aucun interligne à tout ce qu'elle disoit.

Il n'y a point de nouvelles. Le bonheur du Roi a fait repasser la Meuse au duc de Lorraine et au prince d'Orange ; M. de Turenne a ses coudées franches : de sorte que nous ne sommes plus pressés d'aucun endroit. Je crois que vous l'êtes un peu de la Toscane², elle doit être passée présentement.

Je suis ravie que vous aimiez mes lettres : je ne pense point qu'elles soient aussi agréables que vous le dites ; mais il est vrai que pour figées³, elles ne le sont pas. Notre bon cardinal est dans sa solitude ; son départ m'a donné de la tristesse et m'a fait souvenir du vôtre. Il y a longtemps que j'ai remarqué nos cruelles séparations aux quatre coins de la terre. Il fait un froid horrible : nous nous chauffons, et vous aussi, ce qui est une bien plus grande merveille. Vous jugez très-bien de *Quantova* : si elle peut ne point reprendre ses vieilles brisées, elle poussera son autorité et sa grandeur au delà des nues ; mais il faudroit qu'elle se mît en état d'être aimée toute l'année sans scrupule. En attendant, sa maison est pleine de toute la cour ; les visites se font alternativement, et la

---

(voyez tome I, p. 450, note 8). D'après une lettre citée par Walckenaer (tome V, p. 461), elle dut être mariée au commencement de l'année précédente (1674). « Elle avait épousé Jean de la Garde d'Agoult, bon gentilhomme de Provence, d'abord chevalier puis marquis de Vins, brigadier et ensuite lieutenant général des armées du Roi, et proche parent des Grignan. Il fut chargé (*cette année même : lettre du 31 juillet suivant*), comme lieutenant des mousquetaires, de conduire des troupes en Bretagne. » Voyez Walckenaer, tome V, p. 346 et suivantes. — Mmes de Pompone et de Vins étaient-elles par leur mère (une Rouillé) parentes de l'intendant de Provence, Rouillé de Mélai ?

2. La Grande-Duchesse. Voyez la note 2 de la lettre suivante.
3. Comparez tome II, p. 489.

1675 considération est sans bornes. Ne vous mettez point en peine de mon voyage de Bretagne; vous êtes trop bonne et trop appliquée à ma santé. Je ne veux point de la belle Mousse⁴ : l'ennui des autres me pèse plus que le mien. Je n'ai pas le temps d'aller à Livry; j'expédie vos affaires, dont j'ai fait un vœu. Je dirai toutes vos douceurs à Mme de Villars et à Mme de la Fayette : cette dernière est toujours avec sa petite fièvre. Adieu, ma très-chère enfant; je suis entièrement à vous.

*412. — DE MADAME DE SÉVIGNÉ
AU COMTE DE GUITAUT.

A Paris, 28ᵉ juin.

Vous m'avez écrit de Lyon la plus obligeante petite lettre du monde. Pour récompense, je vous assure que j'ai pris un grand intérêt à votre voyage¹, et que j'ai bien pensé à Mme de Guitaut, et sur la terre et sur le Rhône, et à ses frayeurs, et à son état, et plus encore à la tendresse qui lui a fait entreprendre ce voyage, et au courage qu'elle a eu de l'exécuter. Tout de bon, cela est héroïque, on ne peut trop l'admirer : je crois même qu'on doit s'en tenir là, et lui laisser l'honneur de n'être point imitée. Je souhaite que la suite soit heureuse, et je l'espère; car enfin on accouche partout, et la Providence ne se dérange point.

Vous avez eu Madame de Toscane². Je vous conjure par

---

4. L'abbé de la Mousse. Voyez tome II, p. 325.

LETTRE 412 (revue sur l'autographe). — 1. Le comte de Guitaut se rendait avec sa femme aux îles Sainte-Marguerite, dont il était gouverneur; la comtesse y accoucha peu de temps après son arrivée : voyez la lettre du 21 septembre suivant.

2. La Grande-Duchesse arriva à Paris le même jour que le Roi de

votre amitié et par ma servitude d'Époisse³, de m'écrire quelquefois un mot dans les grands événements : par exemple trois lignes quand votre chère épouse sera accouchée. Je mérite cette petite distinction par l'intérêt que j'y prends.

Je n'ai pas vécu depuis six semaines. L'adieu de ma fille m'a désolée, et celui du cardinal de Retz m'a achevée. Il y a des circonstances dans ces deux séparations, qui m'ont assommée.

Je laisse à M. d'Hacqueville à vous mander les ponts sur le Mein⁴; pour moi, je vous assure en gros que le Roi sera toujours triomphant partout : son bonheur fait retirer M. de Lorraine et le prince d'Orange; il donne les coudées⁵ franches à M. de Turenne, qui étoit un peu oppressé; enfin son étoile suffit à tout.

Adieu, Monsieur; adieu, Madame; je vous honore tous deux très-parfaitement.

M. DE RABUTIN CHANTAL.

Suscription : Pour Monsieur le comte de Guitaut.

l'armée, c'est-à-dire le 21 juillet; elle s'était arrêtée à Lyon, où le parlement de Dombes lui vint faire compliment et d'où elle écrivit à sa sœur. Voyez les *Mémoires de Mademoiselle*, tome IV, p. 377 et 520.

3. On se rappelle que Bourbilly, la terre de Mme de Sévigné, relevait de celle d'Époisse.

4. C'est-à-dire le détail des opérations militaires. Allusion à certaines relations de la campagne de 1673 que le comte de Guitaut recevait en Bourgogne lors du séjour de Mme de Sévigné. Voyez les lettres du 10, du 20 et du 23 novembre 1673, p. 269, 282 et 284.

5. On peut, en voyant l'autographe, hésiter entre *des* et *les coudées*.

413. — DE MADAME DE SÉVIGNÉ A MADAME DE GRIGNAN.

A Paris, mercredi 3ᵉ juillet.

Mon Dieu, ma chère fille, que je m'accoutume peu à votre absence! J'ai quelquefois de si cruels moments, quand je considère comme nous voilà placées, que je ne puis respirer; et quelque soin que je prenne de détourner cette idée, elle revient toujours. Je demande pardon à votre philosophie[1]; mais une fois entre mille, ne soyez point fâchée que je me donne le soulagement de vous dire ce que je souffre si souvent sans en rien dire à personne. Il est vrai que la Bretagne nous va encore éloigner; c'est une rage : il semble que nous voulions nous aller jeter chacune dans la mer, et laisser toute la France entre nous deux. Dieu nous bénisse!

J'ai reçu une lettre il y a deux jours du cardinal de Retz, qui est à la veille d'entrer dans sa solitude; je crois qu'elle ne lui ôtera de longtemps l'amitié qu'il a pour vous. Je suis plus que satisfaite, en mon particulier, de celle qu'il me témoigne.

Je vous vois user de votre autorité pour faire prendre médecine à votre fils : je crois que vous faites fort bien. Ce n'est pas un rôle qui vous convienne mal que celui du commandement; mais vous êtes heureuse que votre enfant ne vous ait jamais vue avaler une médecine : votre exemple détruiroit vos raisonnements. Je songe à votre frère : vous souvient-il comme il vous contrefaisoit? Je suis ravie que ce petit marquis soit guéri : vous vous servirez du pouvoir que vous avez sur lui pour le conduire;

Lettre 413 (revue en partie sur une ancienne copie). — 1. « Je demande pardon à votre philosophie de vous faire voir tant de foiblesse; mais une fois, etc. » (*Édition de 1754.*)

j'ai bonne opinion de lui de vous aimer. Pour moi, je me suis fait saigner pour l'amour de vous; je m'en porte fort bien. Un médecin que j'ai vu chez Mme de la Fayette m'a priée de ne me point faire purger sitôt : il me donnera des pilules admirables : c'est le premier médecin de Madame², qui vaut mieux que tous les autres premiers médecins.

Mais à propos, vous attendez mon conseil pour aller voir Madame la Grande-Duchesse à Montélimar. M. de Grignan vous conseille d'y aller, et vous n'avez point d'équipage : je ne comprends pas trop bien comme il l'entend. Mon avis, c'est d'y aller tout doucement à pied; je devine à peu près le parti que vous aurez pris, et je l'approuve. On l'attend ici comme une espèce de Colonne et de Mazarin³, pour avoir quitté son mari⁴ après quinze ans de séjour; car pour les autres choses, on fait honneur à qui il est dû. Sa prison sera rude⁵; mais elle croit qu'on l'adoucira. Je suis persuadée qu'elle aimeroit fort cette maison, qui n'est point à louer⁶ : ah !

2. Le premier médecin de Madame était en 1675 le sieur Nicolas Lizot.

3. Sur ces deux nièces de Mazarin, voyez tome II, p. 84, note 2, et tome III, p. 116, note 15.

4. « Pour la folie d'avoir quitté son mari. » (*Édition de 1754.*)

5. « Après avoir proposé bien des couvents, le Grand-Duc agréa qu'elle vînt à Montmartre, dont Mme de Guise ma tante est abbesse.... C'est une fille de grande vertu et de beaucoup de mérite; et comme les religieuses n'oublient pas leur communauté, elle se trouva bien de la venue de ma sœur, Monsieur le Grand-Duc y ayant fait bâtir une maison fort belle, dont la moitié est en dedans, qui sera un très-bon logement pour l'abbesse quelque jour, et [l'autre] au dehors, fort commode, où logent ses gens, [avec] de beaux parloirs.... Elle ne devoit sortir que pour aller voir le Roi, quand il lui commanderoit et l'enverroit quérir dans l'un de ses carrosses. » (*Mémoires de Mademoiselle*, tome IV, p. 377, 521.)

6. Clagny? le cœur du Roi? — « La Reine, dit Mademoiselle, m'a fait l'honneur de me dire que ma sœur (*la grande-duchesse de Toscane*)

qu'elle n'est point à louer! et que l'autorité et la considération seront poussées loin, si la conduite du retour est habile! Cela est plaisant, que tous les intérêts de *Quanto* et toute sa politique s'accordent avec le christianisme, et que le conseil de ses amis ne soit que la même chose avec celui de Monsieur de Condom[7]. Vous ne sauriez vous représenter le triomphe où elle est au milieu de ses ouvriers, qui sont au nombre de douze cents: le palais d'Apollidon[8] et les jardins d'Armide en sont une légère description. La femme de son ami solide[9] lui fait des visites, et toute la famille tour à tour; elle passe nettement devant toutes les duchesses; et celle qu'elle a placée[10] témoigne tous les jours sa reconnoissance par les pas qu'elle fait faire.

Vous êtes bonne sur vos lamentations de Bretagne[11]. Je voudrois avoir Corbinelli; il vous ira voir[12]; je vous le recommande; et moi j'irai voir ces coquins qui jettent

n'étoit venue en France et n'avoit eu tant d'envie d'y venir que sur un horoscope que l'on lui avoit fait, par où on lui disoit qu'elle gouverneroit le Roi. Cela faisoit que la Reine ne la pouvoit souffrir; mais elle n'avoit rien à craindre, car elle ne le vouloit gouverner que pour faire rendre les États à M. de Lorraine (*le neveu de Charles IV*) et l'épouser. (*Mémoires de Mademoiselle*, tome IV, p. 523.) — Tout le passage relatif à Mme de Montespan, depuis: « Je suis persuadée, » jusqu'à: « par les pas qu'elle fait faire, » manque dans l'édition de 1734.

7. Bossuet s'était démis de son premier évêché dès 1671; mais on continua de lui en donner le nom, et lui-même signa *ancien évêque de Condom* jusqu'au moment où il fut nommé au siége de Meaux (1681). Voyez Walckenaer, tome V, p. 425.

8. Voyez tome II, p. 253, note 15.

9. La Reine.

10. Mme de Richelieu. (*Note de Perrin.*)

11. Voyez la *Notice*, p. 182 et suivantes.

12. C'est là le texte de 1734. Perrin, pour éviter une consonnance et une répétition, a remplacé dans l'édition de 1754 les mots: « Il vous ira voir, » par ceux-ci: « Vous l'aurez à Grignan. »

des pierres dans le jardin du patron[13]. On dit qu'il y a cinq ou six cents bonnets bleus en basse Bretagne qui auroient bon besoin[14] d'être pendus pour leur apprendre à parler. La haute Bretagne est sage, et c'est mon pays.

Mon fils me mande qu'il y a un détachement de dix mille hommes; il n'en est pas. Monsieur le Prince y est, Monsieur le Duc; mais on me dit hier qu'il n'y avoit rien de dangereux, et qu'ils étoient pêle-mêle avec les ennemis, la rivière entre-deux, comme disent les goujats. Je voudrois avoir des lettres du chevalier à vous envoyer. On ne dit rien de M. de Turenne, sinon qu'il est posté à souhait pour ne faire que ce qu'il lui plaira.

Il m'a paru que l'envie d'être approuvé de l'académie d'Arles[15] vous pourra faire avoir quelques maximes de M. de la Rochefoucauld. Le portrait vient de lui; et ce qui me le fit trouver bon, et le montrer au Cardinal, c'est qu'il n'a jamais été fait pour être vu. C'étoit un secret que j'ai forcé, par le goût que je trouve à des louanges en absence, par un homme[16] qui n'est ni intime ami, ni flatteur. Notre cardinal trouva le même plaisir que moi à voir que c'étoit ainsi que la vérité forçoit à parler de lui, quand on ne l'aimoit guère, et qu'on croyoit qu'il ne le sauroit jamais[17]. Nous apprendrons bientôt comme

13. Du duc de Chaulnes. Voyez la lettre 408, p. 484.
14. Dans l'édition de 1734 : « qui auroient bien besoin. »
15. Une académie royale des sciences et des langues fut établie à Arles en 1669; le Roi s'en déclara fondateur, et le duc de Saint-Aignan en fut le premier protecteur; elle se composait alors de vingt membres; ce nombre fut porté à trente en 1677.
16. « De la part d'un homme. » (*Édition de 1754.*)
17. On a quelque peine à comprendre que le cardinal de Retz ait pu trouver du plaisir à lire ce portrait, et l'on ne peut s'empêcher de se demander si celui qui a été imprimé pour la première fois dans l'édition de 1754 et que nous avons donné d'après Perrin (voyez plus haut, p. 486 et suivantes) est bien le même que Mme de Sévigné a envoyé à sa fille.

il se trouve dans sa retraite : il faut souhaiter que Dieu s'en mêle ; sans cela tout est mauvais.

Nous avons eu un froid étrange; mais j'admire bien plus le vôtre : il me semble qu'au mois de juin je n'avois pas froid en Provence. Je vous vois dans une parfaite solitude; je vous plains moins qu'une autre : je garde ma pitié pour bien d'autres sujets, et pour moi-même la première. Je trouve qu'il est commode de connoître les lieux où sont les gens à qui l'on pense toujours : ne savoir où les prendre fait une obscurité qui blesse l'imagination. Votre chambre et votre cabinet me font mal, et pourtant j'y suis quelquefois toute seule à songer à vous; c'est que je ne me soucie point de me tant épargner. Ne faites-vous point rétablir votre terrasse? Cette ruine me déplaît, et vous ôte votre unique promenade.

Voilà une lettre infinie; mais savez-vous que cela me plaît de causer avec vous? Tous mes autres commerces languissent, par la raison que les gros poissons mangent les petits. J'embrasse le petit marquis; dites-lui qu'il a encore une autre maman au monde; je crois qu'il ne se souvient pas de moi. Adieu, ma très-chère et très-aimable enfant; je suis entièrement à vous.

---

414. — DE MADAME DE SÉVIGNÉ
A MADAME DE GRIGNAN.

A Paris, vendredi 5ᵉ juillet.

Je veux vous entretenir un moment, ma chère fille, de notre bon cardinal. Voilà une lettre qu'il vous écrit. Conseillez-lui fort de s'occuper et s'amuser à faire écrire son histoire; tous ses amis l'en pressent beaucoup. Il me mande qu'il se trouve fort bien dans son désert, qu'il le regarde sans effroi et qu'il espère que la grâce de Dieu y soutiendra sa foiblesse. Il me témoigne une extrême tendresse pour vous, et me prie de ne point partir sans achever vos affaires. Il se souvient du temps que vous aviez la fièvre tierce, et qu'il me prioit, pour l'amour de lui, d'avoir soin de votre santé ; je lui réponds sur le même ton. Il m'assure que les plus affreuses solitudes ne seroient pas capables en mille ans de lui faire oublier l'amitié qu'il nous a promise. Il a été reçu à Saint-Mihel avec des transports de joie : tout le peuple étoit à genoux, et le recevoit comme une sauvegarde que Dieu leur envoie. Les troupes qui y étoient sont délogées, et les officiers sont venus prendre ses ordres pour s'éloigner et pour épargner qui il voudra[1]. M. le cardinal de Bonzi[2] m'a assurée que le pape, sans avoir encore reçu sa lettre[3], lui avoit envoyé un bref, pour lui dire qu'il veut et entend qu'il garde son chapeau ; que cette dignité ne l'empêchera pas de faire son salut. Le public ajoute qu'il lui ordonne de ne faire sa retraite qu'à Saint-Denis ; mais je doute de ce dernier, et je vous nomme mon auteur pour l'autre.

Je suis très-persuadée qu'on ne pense plus à la cassolette. Si j'avois prié qu'on ne l'envoyât point, j'en aurois fait souvenir ; j'ai donc mieux fait de n'en point parler.

Il n'y a point de nouvelle importante : on est toujours alerte du côté de M. de Turenne. Il y avoit l'autre jour une Mme Noblet, de l'hôtel de Vitri, qui jouoit à la bassette avec Monsieur ; on lui parla de M. de Vitri, qui est

---

LETTRE 414. — 1. Ces derniers mots : « pour s'éloigner, etc., » manquent dans l'édition de 1734, ainsi que le second et le troisième paragraphe de la lettre : « Je suis très-persuadée, etc., » et : « Il n'y a point de nouvelle, etc. »

2. Sur le cardinal de Bonzi, grand aumônier de la Reine, voyez tome II, p. 517, note 6.

3. « La lettre du cardinal de Retz. » (*Édition de 1754.*)

très-malade; elle dit à Monsieur : « Hélas! Monsieur, j'ai vu ce matin son visage : il est fait comme un vrai *stratagème*⁴. » Cela est plaisant : que vouloit-elle donc dire? Mme de Richelieu a reçu des lettres du Roi, si excessivement tendres et obligeantes, qu'elle doit être plus que payée de tout ce qu'elle a fait⁵.

Adieu, ma très-chère et très-parfaitement aimée. J'attends demain de vos nouvelles, et je vous embrasse très-tendrement.

415. — DE MADAME DE SÉVIGNÉ A MADAME DE GRIGNAN.

A Paris, mercredi 10ᵉ juillet.

JE suis, je vous assure, au désespoir de l'inquiétude que vous avez eue de ma santé : hélas! ma belle, vous ne pensez à autre chose, et votre raisonnement est fait exprès pour vous donner du chagrin. Vous dites que l'on vous fait un mystère de ma saignée; mais de bonne foi, je ne suis point malade, je n'ai point eu de vapeurs; je plaçai ma saignée brusquement, selon le besoin de mes affaires plutôt que sur celui de ma santé; je me sentois un peu plus oppressée : je jugeai bien qu'il falloit me saigner avant que de partir, afin de mettre cette saignée par provision dans mes ballots. Monsieur le Cardinal, que j'allois voir tous les jours, étoit parti : je vis cinq ou six jours de repos, et au delà j'entrevis l'affaire de M. de Bellièvre¹; je voulois m'y donner tout entière, et à la solli-

---

4. Mme de Sévigné se ressouvint longtemps après de cette expression ridicule. Voyez la lettre du 25 mars 1689.
5. Elle avait contribué à rapprocher la Reine de Mme de Montespan.
LETTRE 415. — 1. Voyez la note 2 de la lettre suivante et la lettre du 21 août. — Tout le premier paragraphe de notre n° 415 manque dans l'édition de 1734.

citation de votre petit procès : cela fit que je rangeai ma saignée, pour avoir toute ma liberté. Je ne vous mandai point tout ce détail, parce que cela auroit eu l'air de faire l'empêchée, et cette discrétion vous a coûté mille peines. J'en suis désespérée, ma fille ; mais croyez que je ne vous tromperai jamais, et que suivant nos maximes de ne nous point épargner, je vous manderai toujours sincèrement comme je suis ; fiez-vous en moi. Par exemple, on veut encore que je me purge : eh bien, je le ferai dès que j'aurai du temps ; n'en soyez donc point effrayée. Un peu d'oppression m'avoit fait souhaiter plutôt la saignée ; je m'en porte fort bien, débarrassez-vous de cette inquiétude.

Au reste, ma fille, nous avons gagné notre petit procès de Ventadour² ; nous en avons fait les marionnettes

---

2. Henri de Luxembourg, duc de Piney, prince de Tingry, mort le dernier mâle de sa maison, eut deux filles. La cadette, Marie-Liesse, épousa Henri de Lévis, duc de Ventadour ; elle était morte, sans enfants et carmélite, en 1660, après une séparation volontaire d'avec son mari, qui de son côté se fit prêtre, céda ses titres à son frère (père du duc d'alors, du *monstre* de la lettre du 13 mars 1671), et mourut chanoine de Paris en 1680. La fille aînée et héritière d'Henri de Luxembourg, Marguerite-Charlotte, était depuis un an veuve de son second mari, Henri de Clermont Tonnerre, dont elle avait une fille, mariée en 1661 à François-Henri de Montmorency Bouteville, devenu par cette alliance duc de Luxembourg (le maréchal). Mais de son premier mari, Léon d'Albert (frère du connétable de Luynes), Marguerite-Charlotte de Luxembourg avait eu (outre un fils imbécile, l'abbé de Luxembourg) une fille, Marie-Louise-Antoinette ; celle-ci, d'abord religieuse à l'Abbaye aux Bois, puis chanoinesse coadjutrice de Poussay, rentra dans le monde sous le nom de princesse de Tingry ; il sera fort parlé d'elle lors de l'affaire des poisons (voyez les lettres des 24, 26 et 31 janvier 1680) ; c'est elle sans doute et sa mère (morte en 1680) que Mme de Sévigné appelle les princesses de Tingry. — Il est malaisé de savoir l'objet du petit procès de Ventadour dont il est ici question. Seulement on voit qu'il y avait des liens d'alliance entre ces princesses de Tingry et les Lévis de Ventadour, cadets des Lévis de Mirepoix. Le comte de Grignan

d'un grand³ ; car nous l'avons sollicité. Les princesses de Tingry étoient à l'entrée des juges, et moi aussi, et nous avons été remercier.

C'est dommage que Molière soit mort⁴ : il feroit une très-bonne farce de ce qui se passe à l'hôtel de Bellièvre⁵. Ils ont refusé quatre cent mille francs de cette charmante maison, que vingt marchands vouloient acheter, parce qu'elle donne dans quatre rues, et qu'on y auroit fait vingt maisons ; mais ils n'ont jamais voulu la vendre, parce que c'est la maison paternelle, et que les souliers du vieux chancelier⁶ en ont touché le pavé, et qu'ils sont accoutumés à la paroisse de Saint-Germain l'Auxerrois ; et sur cette vieille radoterie, ils sont logés pour vingt

était en différend avec le marquis de Mirepoix (voyez les lettres du 12 juillet et du 21 août suivants); et à cette époque c'était la coutume que les parents et jusqu'aux moindres alliés des plaideurs sollicitassent les juges, soit en requérant, pour la forme, leur intervention au procès, soit en se présentant en personne et en corps de famille, le jour de l'audience, sur le passage des magistrats. Voyez le curieux arrêt rendu contre Mme de Coligny en 1684, et inséré par M. Lalanne dans l'appendice du tome VI de la *Correspondance de Bussy*.

3. Comparez plus haut, p. 286.

4. Molière est mort le 17 février 1673.

5. Au numéro 11 de la rue des Bourdonnais était naguère « la maison des *Carneaux*, à l'enseigne de la *Couronne d'or*. C'était un hôtel qui appartenait au duc d'Orléans, frère du roi Jean, lequel le vendit à la famille de la Trémoille, et il devint la maison seigneuriale de cette famille. Reconstruit sous Louis XII, il fut habité par le chancelier Antoine du Bourg et le président de Bellièvre. Cet hôtel était en 1652 le lieu d'assemblée des six corps de marchands, et c'est là que fut décidée la reddition de Paris à Louis XIV. Il a été récemment détruit; mais sa principale tourelle.... a été transportée au palais des Beaux-Arts. » (M. Lavallée, *Histoire de Paris*, tome II, p. 245.)

6. Pompone I de Bellièvre, mort en 1607, grand-père de Mme du Puy-du-Fou. Voyez son *Historiette* dans Tallemant des Réaux, tome I, p. 465 et suivantes.

mille livres de rente⁷. Que dites-vous de cette manière de penser?

1675

Mme de Coulanges a vu⁸ la Grande-Duchesse, entre deux accès de la colique de sa mère : elle dit que cette princesse est très-changée, et qu'elle sera effacée par Mme de Guise⁹. Elle lui dit qu'elle vous avoit vue à Pierrelatte¹⁰, et qu'elle vous avoit trouvée extrêmement belle : mandez-moi quelque détail de son voyage ; vous êtes cause que je l'irai voir.

Je m'en vais répondre à votre lettre du 3ᵉ. Parlons de notre bon cardinal. Il n'étoit pas encore vrai, quand Mme de Vins vous l'a mandé, que le pape lui eût envoyé un bref; mais il est vrai présentement : c'étoit le cardinal Spada¹¹ qui en avoit répondu. Le bon pape a fait, ma très-chère, sans comparaison, comme Trivelin¹² : il a fait et donné la réponse avant que d'avoir reçu la lettre. Nous sommes tous ravis, et d'Hacqueville croit que notre cardinal ne fera point d'instance extraordinaire. Il répondra seulement que ce n'est point par avoir cru¹³ son

7. Mme de Sévigné n'aurait sans doute pas raillé ces scrupules si les Bellièvre en avaient montré davantage à l'égard de leurs créanciers. Voyez sur la déroute de cette maison la lettre du 21 août suivant. — La fin de cette phrase : « et sur cette vieille radoterie, etc., » manque dans l'édition de 1734, qui ne donne pas non plus le paragraphe : « Mme de Coulanges, etc. »

8. A Lyon.

9. Élisabeth d'Orléans, sœur puînée de Madame la Grande-Duchesse. (*Note de Perrin.*)

10. Voyez tome II, p. 44, note 6.

11. Voyez la lettre du 5 juin précédent, p. 465.

12. Acteur de la comédie italienne. (*Note de Perrin.*) — Dans l'édition de 1734 : « Le bon pape a fait comme un acteur que vous connoissez. »

13. Tel est le texte des deux éditions de Perrin. Depuis on a substitué ici, comme en d'autres endroits, *pour* à *par*.

salut impossible avec la pourpre, et qu'il verra [14] dans sa lettre les véritables raisons qui l'avoient obligé à vouloir rendre son chapeau ; mais que si Sa Sainteté persiste à lui commander de le garder, il est tout disposé à obéir. Ainsi toutes les apparences sont qu'il sera toujours notre très-bon cardinal. Il se porte bien dans sa solitude; il le faut croire, quand il le dit. Il ne m'a point dit adieu pour jamais ; au contraire, il m'a donné toute l'espérance du monde de le revoir, et m'a paru même avoir quelque joie non-seulement de m'en donner, mais de conserver pour lui cette petite espérance. Il conservera son équipage de chevaux et de carrosses ; car il ne peut plus avoir la modestie d'un pénitent, à cet égard-là, comme dit la princesse d'Harcourt. Il m'écrit souvent de petits billets, qui me sont bien chers. Il me parle toujours de vous : écrivez-lui sur ce chapeau, et conseillez-lui de s'occuper.

On dit que M. de Saint-Vallier a épousé Mlle de Rouvroi ; c'étoit un jeu joué que sa disgrâce [15]. La petite Saint-Valleri est hors d'affaire pour sa vie ; mais sa beauté est fort incertaine [16]. La prospérité du Coadjuteur ne l'est point du tout : il est parfaitement content, et a raison de l'être. Pour moi, je crois, comme vous, qu'il l'est encore plus du séjour de Paris que de l'archevêque de Paris. Vous avez très-bien fait d'aller voir cette princesse (c'eût

---

14. « Et qu'on verra dans la lettre. » (*Édition de* 1754.)
15. Voyez plus haut, p. 475, la lettre du 12 juin.
16. Elle avait la petite vérole. Voyez la fin de la lettre du 26 juin et de celle du 24 juillet, p. 498 et 527. — Marie (ou Marguerite) Angélique de Bullion, fille de Mme de Montlouet (voyez tome II, p. 272, note 2), avait épousé, le 23 juillet de l'année précédente (1674), son cousin, Joseph-Emmanuel-Joachim Rouault, marquis de Saint-Valleri, fils de la marquise de Gamaches : voyez tome II, p. 490, note 4. Le marquis de Saint-Valleri fut mestre de camp d'un régiment de cavalerie, puis brigadier des armées du Roi, et mourut à quarante et un ans en 1691.

été une férocité que d'y manquer), et vous avez très-bien fait de demeurer à Grignan [17], vous y ferez revenir plus tôt M. de Grignan. Vous y aurez peut-être Mme de Coulanges, Vardes et Corbinelli. Mme de Coulanges mande que votre haine est très-commode, et qu'elle vous fait avoir un commerce admirable [18]. Ma fille, ne me remerciez point de tout ce que je fais pour vous et pour Mlle de Méri ; réjouissez-vous plutôt avec moi du plaisir sensible que j'ai de faire des pas et des choses [19] qui ont rapport à vous, et qui vous peuvent plaire.

416. — DE MADAME DE SÉVIGNÉ A MADAME DE GRIGNAN.

À Paris, vendredi 12e juillet.

C'est une des belles chasses qu'il est possible [1], que celle que nous faisons après M. de Bellièvre et M. de Mirepoix [2]. Ils courent, ils se relaissent, ils se forlon-

---

17. Le commencement de ce paragraphe manque dans l'édition de 1734, où la lettre reprend ainsi : « Je crois que vous avez bien fait de demeurer à Grignan. »
18. Voyez l'apostille de Mme de Coulanges à la lettre du 5 juin 1675, p. 471.
19. « Ne me remerciez point de tout ce que je fais pour vous, ni à l'égard de Mlle de Méri ; je suis trop payée quand je fais des pas et des choses, etc. » (*Édition de 1734.*)

Lettre 416 (revue en très-grande partie sur une ancienne copie). — 1. « Qu'il est possible de voir. » (*Édition de 1734.*)
2. Le bel-oncle et le beau-frère du comte de Grignan par sa seconde femme. — Dans les éditions de Perrin il n'y a que les initiales : « M. de B*** et M. de M*** ; » mais les noms sont en entier dans notre copie. — Pierre de Bellièvre, frère de Mme du Puy-du-Fou, marquis de Grignon, abbé de Saint-Vincent de Metz et conseiller d'honneur au parlement de Paris, avait pris, depuis la mort (1657) de son frère

gent³, ils rusent ; mais nous sommes toujours sur la voie ; nous avons le nez bon, et nous les poursuivons toujours. Si jamais nous les attrapons, comme je l'espère, je vous assure qu'ils seront bien bourrés ; et puis je vous promets encore que suivant le procédé noble des lévriers, nous les laisserons là pour jamais, et n'y toucherons pas. Mais pour faire justice à tout le monde, il faut vous dire en secret que la pauvre Mme du Puy-du-Fou vint hier ici après dîner, toute tremblante et toute fondue en larmes, pour nous témoigner la douleur où elle est du procédé de son frère et de son gendre (elle est opprimée du dernier et se cache de lui, il la tient comme prisonnière), et pour nous offrir enfin de signer aujourd'hui un acte pour notre sûreté, autant qu'elle le peut donner ; et c'est beaucoup, car on croit que l'argent lui appartient. Sa conscience, son honneur et l'amitié qu'elle a pour M. de Grignan, l'ont enfin forcée à faire cette démarche ; mais c'est avec des finesses infinies ; on la fait épier. Je vous manderai la fin de tout ceci : je ne pense pas à quitter

aîné, Pompone II de Bellièvre, premier président, le nom et le prénom qu'avait portés leur grand-père le chancelier (voyez le contrat du 27 janvier 1669, *Notice*, p. 328); il mourut à soixante-douze ans, le 26 janvier 1683. — Gaston-Jean-Baptiste de Levis et de Lomagne, marquis de Mirepoix, maréchal de la Foi, sénéchal de Carcassonne et de Béziers, gouverneur et lieutenant général des pays et comtés de Foix, d'Onesan et d'Andorre, avait épousé en 1657 Madeleine du Puy-du-Fou, sœur de Marie-Angélique seconde comtesse de Grignan. Il mourut le 6 mai 1687. — Sur les affaires d'intérêt dont il est ici question, voyez la lettre du 21 août suivant. — Sur Mme du Puy-du-Fou, voyez tome II, p. 53, note 6.

3. Termes de chasse. *Se relaisser* se dit d'une bête qui, après avoir été longtemps courue, s'arrête de lassitude ; *se forlonger* signifie que la bête, étant chassée, s'éloigne du pays où elle fait son séjour ordinaire : ce second verbe se dit aussi du cerf quand il a beaucoup d'avance sur les chiens. *Bourrés*, un peu plus loin, est encore un terme de chasse : il se dit du chien qui en poursuivant le lièvre lui donne un coup de dent et lui arrache du poil.

cette affaire; mais comme je vous empêche, sur l'amitié, d'être le plus grand capitaine du monde, l'abbé[4] m'empêche d'être la personne la plus agitée et la plus occupée de vos affaires : il m'efface par son activité. Il est vrai qu'étant jointe à son habileté, il doit battre plus de pays que moi; il le fait aussi, et dès sept heures du matin il sort pour consulter les mots et les points et les virgules de cette transaction. Le *bien Bon* a quelquefois des disputes avec Mlle de Méri; mais savez-vous ce qui les cause? C'est assurément l'exactitude de l'abbé, beaucoup plus que l'intérêt; mais quand l'arithmétique est offensée, et que la règle de *deux et deux font quatre* est blessée en quelque chose, le bon abbé est hors de lui : c'est son humeur, il le faut prendre sur ce pied-là. D'un autre côté, Mlle de Méri a un style tout différent; quand par esprit ou par raison elle soutient un parti, elle ne finit plus, elle le pousse; il se sent suffoqué par un torrent de paroles; il se met en colère, et en sort par faire l'oncle, et dire qu'on se taise : on lui dit qu'il n'a point de politesse; *politesse* est un nouvel outrage, et tout est perdu; on ne s'entend plus; il n'est plus question de l'affaire; ce sont les circonstances qui sont devenues le principal. En même temps je me mets en campagne, je vais à l'un, je vais à l'autre, je fais un peu comme le cuisinier de la comédie[5]; mais je finis mieux, car on en rit; et au bout du compte, que le lendemain Mlle de Méri retourne au bon abbé, et lui demande son avis bonnement, il lui donnera, il la servira; il est très-bon, et le *bien Bon*, je vous en assure; il a ses humeurs : quelqu'un est-il parfait? Je vous réponds toujours d'une chose, c'est qu'il n'y aura qu'à rire de leurs disputes, tant que j'en serai témoin.

4. L'abbé de Coulanges.
5. Maître Jacques, cuisinier d'Harpagon. Voyez dans *l'Avare* de Molière la quatrième et la cinquième scène du quatrième acte.

1675

Adieu, ma très-chère enfant, je ne sais point de nouvelles. Notre cardinal se porte très-bien ; écrivez-lui, et qu'il ne s'amuse point à ravauder et répliquer à Rome ; il faut qu'il obéisse, et qu'il use ses vieilles calottes, comme dit le gros abbé⁶. Il se plaint de votre silence. M. de la Rochefoucauld vous mande que la goutte est si parfaitement revenue, qu'il croit que la pauvreté reviendra aussi ; du moins il ne sent point le plaisir d'être riche avec les douleurs qui le font mourir. Je vous embrasse mille fois.

417. — DU COMTE DE BUSSY RABUTIN A MADAME DE SÉVIGNÉ.

Deux mois après que j'eus écrit cette lettre (n° 400, p. 455), j'écrivis celle-ci à Mme de Sévigné.

A Chaseu, ce 15ᵉ juillet 1675.

Il y a plus de quinze jours que je balance à vous écrire, Madame ; mais comme c'est sur un chapitre de tristesse, j'ai de la peine à m'y résoudre : je ne suis pas bon pour les consolations, je n'aime pas même à être consolé. C'est pour le départ de Mme de Grignan et pour la retraite du cardinal de Retz que je vous écris aujourd'hui. Vous savez bien, Madame, en un mot comme en mille, que je suis bien aise de votre joie¹, et fort fâché de vos chagrins ; mais n'en parlons plus, on ne sauroit trop tôt finir cette matière.

Comment vous portez-vous ? où êtes-vous ? et à quoi vous amusez-vous ? En attendant votre réponse, Madame, je vous dirai que je me prépare à faire le mariage de

6. L'abbé de Pontcarré.
Lettre 417. — 1. Dans le manuscrit de l'Institut : « de vos joies. »

Mlle de Bussy à la fin d'août. Je vous demanderai votre procuration au premier jour, et je vous en enverrai le modèle. Cependant parlons de la guerre. Le Roi ne veut pas revenir sans avoir vu une bataille, et je crois qu'il en aura le plaisir, car le prince d'Orange le veut aussi, et Monsieur le Prince, Dieu sait combien[2]! Il n'y aura point de combat général, à mon avis, entre M. de Turenne et M. de Montecuculi : l'un ne fera pas une assez fausse démarche devant l'autre pour l'obliger de hasarder une bataille; mais M. de Turenne fera assez s'il empêche le passage du Rhin et la communication de Strasbourg aux Allemands, et je crois qu'il en viendra à bout[3].

Mandez-moi des nouvelles de la belle Madelonne[4]; je vous assure que je l'aime bien, mais toujours moins que vous.

418. — DE MADAME DE SÉVIGNÉ
A MADAME DE GRIGNAN.

A Paris, vendredi 19° juillet.

Devinez d'où je vous écris, ma fille : c'est de chez M. de Pompone; vous vous en apercevrez par le petit mot

---

2. Ce morceau est tout différent dans le manuscrit de l'Institut. On peut croire que Bussy l'avait développé après coup, pour flatter le Roi à qui il désirait faire lire ses Mémoires : « Vous savez, je crois, Madame, que le Roi vouloit défendre en personne les lignes de Limbourg, si le prince d'Orange se fût mis en devoir de le secourir. Ne trouvez-vous pas cela beau? Pour moi, j'en suis charmé; car enfin ce n'est point un Roi à qui l'on dispute sa couronne : c'est le seul amour de la gloire qui lui fait hasarder sa vie. »

3. « Et je crois qu'il y réussira. » (*Manuscrit de l'Institut.*)

4. Mme de Sévigné et Bussy appeloient souvent Mme de Grignan *Madelonne*. C'est sans doute une allusion à la belle Maguelonne, l'héroïne du joli roman de *Pierre de Provence*. Dans une de ses copies, qui appartient à la Bibliothèque impériale et dont nous nous

que Mme de Vins vous dira ici. J'ai été avec elle, l'abbé Arnauld[1] et d'Hacqueville, voir passer la procession de sainte Geneviève[2]; nous en sommes revenus de très-bonne heure, il n'étoit que deux heures; bien des gens n'en reviendront que ce soir. Savez-vous que c'est une belle chose que cette procession? Tous les différents religieux, tous les prêtres des paroisses, tous les chanoines de Notre-Dame, et Monsieur l'Archevêque pontificalement, qui va à pied, bénissant à droite et à gauche, jusqu'à la métropole; il n'a cependant que la main gauche; et à la droite, c'est l'abbé de Sainte-Geneviève, nu-pieds, précédé de cent cinquante religieux, nu-pieds aussi, avec sa crosse et sa mitre, comme l'Archevêque, et bénissant de même, mais modestement et dévotement, et à jeun, avec un air de pénitence qui fait voir que c'est lui qui va dire la messe dans Notre-Dame[3]. Le parlement en robes rouges et toutes les compagnies supérieures suivent cette châsse, qui est brillante de pierreries, portée par vingt hommes habillés de blanc, nu-pieds. On laisse en otage à Sainte-Geneviève[4] le prévôt des mar-

servirons pour les lettres des années 1676 à 1686, Bussy, au lieu de *Madelonne*, écrit *Maguelonne*.

LETTRE 418. — 1. Voyez tome I, p. 433, note 4.

2. Parmi les processions solennelles de la châsse de sainte Geneviève, le *Calendrier historique* de l'abbé le Fevre (Paris, 1747) mentionne (p. 13 et 14), comme les plus remarquables, celles de 1556, 1675, 1694, 1709, 1725. Elles ne se faisaient, dit Saint-Simon à propos de celle de 1709 (tome VII, p. 220), « que dans les plus pressantes nécessités, en vertu des ordres du Roi, des arrêts du parlement et des mandements de l'archevêque de Paris et de l'abbé de Sainte-Geneviève. » — La *Gazette* contient, dans un numéro extraordinaire du 24 juillet, une longue relation de la procession de 1675. La châsse fut découverte le 12 et portée solennellement à Notre-Dame le 19.

3. On lit dans la *Gazette* que la messe fut célébrée par le chantre de Notre-Dame, en la place de l'Archevêque.

4. L'antique église de Sainte-Geneviève s'élevait à l'entrée de la

chands et quatre conseillers, jusqu'à ce que ce précieux trésor y soit revenu⁵. Vous m'allez demander pourquoi

rue actuelle de Clovis, entre Saint-Étienne du Mont, qui lui était contigu et n'en était qu'une dépendance, et les bâtiments de l'abbaye. Le tombeau vide de la sainte se voyait dans la crypte; sa châsse était exposée derrière le maître autel de l'église haute. Voyez pour plus de détails les histoires de Paris, entre autres celle de M. Lavallée, tome II, p. 300 et suivantes.

5. Voyez encore sur cette procession la lettre du 7 août suivant. — M. Chéruel a donné, à l'appendice du tome VII de Saint-Simon, un extrait des *Mémoires d'André d'Ormesson*, qui contient tout « l'ordre de la procession de Madame sainte Geneviève. » — « Les religieux de Sainte-Geneviève, dit d'Ormesson, ayant jeûné trois jours et fait les prières ordonnées, descendirent la châsse ledit jour du mardi 13 juin (1652, *fête de saint Barnabé*), à une heure après minuit. Le lieutenant civil.... le lieutenant criminel, le lieutenant particulier et le procureur du Roi la prirent en leur garde. Les quatre mendiants marchoient les premiers, savoir : les cordeliers, les jacobins, les augustins et les carmes, et puis les sept paroisses filles de Notre-Dame, avec leurs bannières; puis furent portées les châsses de saint Papan, saint Magloire, saint Méderic, saint Landry, sainte Avoie, sainte Opportune et autres reliquaires; puis la châsse de saint Marcel, évêque de Paris, qui fut portée par les orfèvres. Celle de sainte Geneviève fut portée par des bourgeois de Paris, auxquels cet honneur appartient. A l'entour et à la suite d'icelle étoient les officiers du Châtelet, qui l'avoient en garde. Le clergé de Notre-Dame marchoit à gauche, et l'abbé de Sainte-Geneviève avoit la droite, marchoit les pieds nus comme tous les religieux de Sainte-Geneviève. Ceux qui portoient la châsse de sainte Geneviève étoient aussi pieds nus. M. l'archevêque de Paris (*l'oncle de Retz : voyez les Mémoires de ce dernier, tome IV, p. 25*) étoit assis dans une chaire à cause de son indisposition, avoit à côté de lui ledit sieur abbé, et donnoient tous deux des bénédictions au peuple. Le parlement suivoit après.... Le maréchal de l'Hôpital, gouverneur de Paris, marchoit entre les deux premiers présidents; (*quatre*).... maîtres des requêtes, et puis les conseillers de la cour en grand nombre; les gens du Roi.... après eux; la chambre des comptes à côté du parlement, en sorte que deux présidents des comptes étoient à côté de deux présidents de la cour, et ensuite tous de même. Par après marchoit la cour des aides, au côté droit, MM. Amelot et Dorieux présidents; le prévôt des marchands, M. le Feron, conseiller de la cour, avec sa robe mi-partie, avec les échevins et conseil de ville, au côté gauche.... La châsse de Monsieur

on a descendu cette châsse : c'étoit pour faire cesser la pluie, et pour demander le chaud⁶. L'un et l'autre étoient arrivés au moment qu'on a eu ce dessein, de sorte que, comme c'est en général pour nous apporter toutes sortes de biens, je crois que c'est à elle que nous devons le retour du Roi. Il sera ici dimanche ; je vous manderai mercredi tout ce qui se peut mander.

M. de la Trousse mène un détachement de six mille hommes au maréchal de Créquy, pour aller joindre M. de Turenne ; la Fare et des autres⁷ demeurent avec les gendarmes-Dauphin dans l'armée de Monsieur le Prince. Voici des dames qui attendent leurs maris au *prorata* de leur impatience. L'autre jour, Madame et Mme de Monaco prirent d'Hacqueville à l'hôtel de Gramont, pour s'en aller courir les rues *incognito*, et se promener aux Tuileries. Comme Madame n'est point sur le pied d'être galante, elle se joue parfaitement bien de sa dignité. On attend à toute heure Madame de Toscane : c'est encore un des biens de la châsse de sainte Geneviève.

Je vis hier une de vos lettres entre les mains de l'abbé de Pontcarré : c'est la plus divine lettre du monde ; il

saint Marcel étoit très-belle et très-riche ; celle de sainte Geneviève l'étoit encore plus, y ayant de grosses perles, rubis et émeraudes en grande quantité, qui avoient été donnés par la feue reine Marie de Médicis. »

6. Les pluies duraient depuis plus de deux mois, dit la *Gazette*, et ruinaient tous les biens de la terre. « Les prières publiques eurent dès le même jour (12 juillet) tout le succès qu'on en pouvoit souhaiter, par un temps des plus favorables et qui a toujours paru plus beau. » En conséquence la procession se fit « pour rendre solennellement grâces à Dieu. »

7. Tel est le texte de l'édition de 1754, la première qui donne cette lettre. A cette tournure elliptique, les éditeurs suivants ont substitué : « les autres. » — La Fare était sous-lieutenant des gendarmes-Dauphin : voyez plus haut, p. 201, note 6.

n'y a rien qui ne pique et qui ne soit salé ; il en a envoyé une copie à l'Éminence ; car l'original est gardé comme la châsse.

Adieu, ma très-chère et très-parfaitement aimée, vous êtes si vraie, que je ne rabats rien sur tout ce que vous me dites de votre tendresse ; et vous pouvez juger si j'en suis touchée.

---

419. — DE MADAME DE SÉVIGNÉ
A MADAME DE GRIGNAN.

A Paris, mercredi 24° juillet.

Il fait bien chaud aujourd'hui, ma très-chère belle, et au lieu de m'inquiéter dans mon lit, la fantaisie m'a pris de me lever, quoiqu'il ne soit que cinq heures du matin, pour causer un peu avec vous.

Le Roi arriva dimanche matin à Versailles. La Reine, Mme de Montespan et toutes les dames étoient allées dès le samedi reprendre tous leurs appartements ordinaires. Un moment après être arrivé, il alla faire ses visites ordinaires. La seule différence, c'est qu'on joue dans ces grands appartements que vous connoissez. Il y aura pourtant quelque air de naïveté que je ne saurai que ce soir avant que de fermer ma lettre ; car dans le voyage on a pris des manières libres de nommer sans cesse la belle, et toujours comme d'un temps passé qui comportera quelque espèce de régime pour contenter les critiques. Ce qui fait que je suis si mal instruite de Versailles, c'est que je revins hier au soir de Pompone, où Mme de Pompone nous avoit engagés d'aller, d'Hacqueville, Mme de Vins et moi, avec tant d'empressement, que nous n'avons pu ni voulu y manquer. Mme de Pompone n'avoit pas compté sur sa sœur[1] comme sur nous, parce qu'elle se baigne; mais elle n'eut pas la cruauté de nous laisser aller sans elle. Nous partîmes lundi au soir. M. de Pompone, en vérité, fut aise de nous voir et m'a su un gré nompareil de cette petite équipée. Vous avez été célébrée, dans ce peu de temps, avec l'amitié et toute l'estime imaginables. Je trouvai que la joie faisoit parler parisien, c'est un effet que vous n'avez peut-être jamais remarqué; nous avons fort causé. Une de nos folies a été de souhaiter de découvrir tous les dessous de cartes de toutes les choses que nous croyons voir et que nous ne voyons point, tout ce qui se passe dans les familles, où nous trouverions de la haine, de la jalousie, de la rage, du mépris, au lieu de toutes les belles choses qu'on met au-dessus du panier, et qui passent pour des vérités. Je souhaitai un cabinet tout tapissé de dessous de cartes au lieu de tableaux ; cette folie nous mena bien loin, et nous divertit fort : nous voulions casser la tête de d'Hacqueville pour en avoir, et nous trouvions plaisant d'imaginer que, de la plupart des choses que nous croyons voir, on nous détromperoit. Vous pensez donc que cela est ainsi dans une maison ; vous pensez que l'on s'adore en cet endroit-là; tenez, voyez : on s'y hait jusqu'à la fureur, et ainsi de tout le reste; vous pensez que la cause d'un tel événement est une telle chose : c'est le contraire; en un mot le petit démon qui nous tireroit le rideau nous divertiroit extrêmement. Vous voyez bien, ma très-chère, qu'il faut avoir bien du loisir pour s'amuser à vous dire de telles bagatelles. Voilà ce que c'est que de s'éveiller matin; voilà comme fait Monsieur de Marseille; j'aurois fait aujourd'hui des visites aux flambeaux, si nous étions en hiver[2].

LETTRE 419 (revue en partie sur une ancienne copie). — 1. Mme de Vins.

2. L'évêque de Marseille mettait une grande activité dans ses solli-

Vous avez donc toujours votre bise : ah! ma fille, qu'elle est ennuyeuse! Nous avons chaud nous autres; il n'y a plus qu'en Provence où l'on ait froid. Je suis persuadée que notre châsse a fait ce changement; car sans elle nous apercevions comme vous que le procédé du soleil et des saisons étoit changé; et je crois que j'eusse trouvé comme vous que c'étoit la vraie raison qui nous avoit précipité tous ces jours où nous avions tant de regret. Pour moi, mon enfant, j'en sentois une véritable tristesse, comme j'ai senti toute la joie de passer les étés et les hivers avec vous; mais quand on a le déplaisir de voir ce temps passé, et passé pour jamais, cela fait mourir. Il faut mettre à la place de cette pensée l'espérance de se revoir.

J'attends un peu de frais, ma fille, pour me purger, et un peu de paix en Bretagne pour partir. Mme de Lavardin, Mme de la Troche, M. d'Harouys et moi, nous consultons notre voyage, et nous ne voulons pas nous aller jeter dans la fureur qui agite notre province. Elle augmente tous les jours. Ces démons sont venus piller et brûler jusqu'auprès de Fougères : c'est un peu trop près des Rochers[3]. On a recommencé à piller un bureau à Rennes. Mme de Chaulnes est à demi morte des menaces qu'on lui fait tous les jours[4]; on me dit hier qu'elle étoit arrêtée, et que même les plus sages l'ont retenue, et ont mandé à M. de Chaulnes, qui est au

---

citations, et faisait des visites très-matinales. Voyez plus haut, p. 13 et 291.

3. Les Rochers sont à une lieue et demie sud-est de Vitré; Fougères est au nord de Vitré, et il n'y a guère, en droite ligne, que cinq lieues et demie de l'un à l'autre.

4. Mme de Chaulnes, dans une lettre à Colbert, datée de Rennes, le 17 juillet 1675, lui annonce une « révolte effroyable, » et lui fait savoir que le matin même « la canaille de cette ville a rompu et pillé le bureau du papier timbré. »

Fort-Louis⁵, que si les troupes qu'il a demandées font un pas dans la province, Mme de Chaulnes court risque d'être mise en pièces. Il n'est cependant que trop vrai qu'on doit envoyer des troupes, et on a raison de le faire; car dans l'état où sont les choses, il ne faut pas des remèdes anodins; mais ce ne seroit pas une sagesse de partir avant que de voir ce qui arrivera de cet extrême désordre. On croit que la récolte pourra séparer toute cette belle assemblée; car enfin il faut bien qu'ils ramassent leurs blés. Ils sont six ou sept mille, dont le plus habile n'entend pas un mot de françois. M. Boucherat me contoit l'autre jour qu'un curé avoit reçu devant ses paroissiens une pendule qu'on lui envoyoit *de France* (car c'est ainsi qu'ils disent); ils se mirent tous à crier en leur langage que c'étoit *la Gabelle*, et qu'ils le voyoient fort bien. Le curé habile leur dit sur le même ton : « Point du tout, mes enfants, ce n'est point *la Gabelle;* vous ne vous y connoissez pas; c'est *le Jubilé.* » En même temps les voilà à genoux. Que dites-vous de l'esprit fin de ces Messieurs? Quoi qu'il en soit, il faut un peu voir ce que deviendra ce tourbillon. Ce n'est pas sans déplaisir que je retarde mon voyage : il est placé et rangé comme je le desire; il ne peut être remis dans un autre temps sans me déranger beaucoup de desseins; mais vous savez ma dévotion pour la Providence; il faut toujours en revenir là, et vivre au jour la journée. Mes paroles sont sages, comme vous voyez; mais très-souvent mes pensées ne le sont pas. Il y a un point, que vous devinez aisément, où je ne puis me servir de la résignation que je prêche aux autres.

Mlle d'Eaubonne⁶ fut mariée avant-hier. Votre frère

5. Y a-t-il un Fort-Louis en Bretagne, ou faut-il lire Port-Louis (chef-lieu de canton du Morbihan)?

6. Antoinette le Fèvre d'Eaubonne, mariée à le Goux de la Berchère.

voudroit bien donner son guidon pour être colonel du régiment de Champagne[7]; M. de Grignan l'a été; mais toutes nos bonnes têtes ne sont pas trop d'avis d'augmenter la dépense de quinze ou seize mille livres dans le temps où nous sommes. Il est revenu une grande quantité de monde avec le Roi : le grand maître[8], MM. de Soubise, Termes, Brancas, la Garde, Villars, le comte de Fiesque. Pour ce dernier, on est tenté de dire : *di cortesia piu che di guerra amico*[9]; il n'y avoit pas un mois qu'il étoit arrivé à l'armée : cela vise au garçon pâtissier[10]. M. de Pompone dit qu'on ne peut jamais souhaiter la bataille de meilleur cœur, ni vouloir être au premier rang plus résolûment ni de meilleure grâce que le Roi, lorsqu'on crut qu'on seroit obligé de la donner à Limbourg. Il nous conta des choses admirables de la manière dont Sa Majesté vivoit avec tout le monde, et surtout avec Monsieur le Prince et Monsieur le Duc : tous ces détails sont fort agréables à entendre.

Au reste, ma fille, cette cassolette est venue ; elle ressemble assez à un *jubilé*[11] : elle pèse plus et est beaucoup moins belle que nous ne pensions. C'est une antique, qui s'appelle donc une cassolette ; mais rien n'est plus mal travaillé ; cependant c'est une vraie pièce à mettre à Grignan, et nullement à Paris. Notre bon cardinal a fait de cela comme de sa musique, qu'il loue, sans s'y connoître. Ce qu'il y a à faire, c'est de l'en remercier tout bonnement, et ne lui pas donner la mortification de croire que

---

7. Sévigné ne put avoir ce régiment : voyez la lettre du 7 août.
8. Le comte, bientôt duc, du Lude, grand maître de l'artillerie. Voyez la lettre du 31 juillet suivant, p. 539, et tome II, p. 134, note 2.
9. *Plus ami de la galanterie que de la guerre.*
10. A *l'oublieux?* Voyez la note 8 de la lettre du 6 novembre 1673.
11. Voyez ci-dessus, p. 524.

l'on n'est pas charmé de son présent. Il ne faut pas aussi vous figurer que ce présent soit autre chose, selon lui, qu'une pure bagatelle, dont le refus seroit une très-grande rudesse. Je m'en vais l'en remercier en attendant votre lettre. Quand je vous ai proposé de lui conseiller de s'amuser à écrire son histoire, c'est qu'on m'avoit dit de le faire aussi, et que tous ses amis ont voulu être soutenus, afin qu'il parût que tous ceux qui l'aimoient étoient dans le même sentiment [12]. Il se porte très-bien, je vous en assure ; ce n'est plus comme cet hiver : le régime et les viandes simples l'ont entièrement remis. Il est vrai que Castor et Pollux ont porté la nouvelle de Rome [13]. Vous dites fort plaisamment tout ce qu'on a dit ici ; mais je n'ai fait que l'entendre redire, sans avoir eu le malheur de me trouver avec les gens qui raisonnent si bien. Dieu merci, je ne vois que des gens qui voient son action dans toute sa beauté, et qui l'aiment comme nous. D'Hacqueville veut qu'il ne se cloue point à Saint-Mihel ; il lui conseille d'aller à Commerci, et quelquefois à Saint-Denis. Il garde son équipage en faveur de sa pourpre ; je suis persuadée avec joie que sa vie n'est point finie.

Madame la Grande-Duchesse et Mme de Sainte-Mesme [14] ont fort parlé ici de votre beauté. Vous aviez donc ce joli

12. C'est aux instances des amis de M. le cardinal de Retz que le public est redevable des Mémoires de sa vie, qui n'ont été imprimés que longtemps après sa mort, et avec des lacunes considérables. (*Note de Perrin*, 1754.)

13. La nouvelle que le pape refusait la démission du cardinal de Retz. Voyez la lettre du 10 juillet précédent, p. 511 et suivante, et comparez ce passage (tome II, p. 140) : « Votre bon sens a fait comme si Castor et Pollux vous avoient porté ma pensée. » Castor et Pollux étaient les porteurs des grandes et bonnes nouvelles, les messagers des victoires, etc.

14. Élisabeth Gobelin, femme d'Anne-Alexandre de l'Hôpital, comte de Sainte-Mesme, premier écuyer de la grande-duchesse de Toscane.

visage que j'aime tant; conservez-le tout le plus que vous pourrez : vous auriez peine d'en trouver un pareil. M. de Pompone en est bien persuadé, il ne s'en peut taire. J'aurois vu cette princesse sans le voyage de Pompone. Tout le monde la trouve ici comme vous l'avez représentée. Elle a parlé à Mme de Rarai du mauvais souper qu'elle vous avoit donné à Pierrelatte, mais plus que tout de votre beauté et de votre bonne grâce. Elle est d'une tristesse effroyable. Mme de Montmartre [15] alla prendre possession de son corps à Fontainebleau : elle sera dans une affreuse prison. Elle est suffoquée par toutes les Guisardes.

Mme de Montlouet [16] a la petite vérole : les regrets de sa fille sont infinis; la mère est au désespoir aussi de ce que sa fille ne veut pas la quitter pour aller prendre l'air, comme on lui ordonne. Pour de l'esprit, je pense qu'elles n'en ont pas du plus fin; mais pour des sentiments, ma belle, c'est tout comme chez nous, et aussi tendres, et aussi naturels. Vous me dites des choses si extrêmement bonnes sur votre amitié pour moi, et à quel rang vous la mettez, qu'en vérité je n'ose entreprendre de vous dire combien j'en suis touchée, et de joie, et de tendresse, et de reconnoissance; mais puisque vous croyez savoir combien je vous aime, vous les comprendrez aisément. Le dessous de vos cartes est agréable pour moi. M. de Pompone disoit, en demeurant d'accord que rien n'est général : « Il paroît que Mme de Sévigné aime passionnément Mme de Grignan : savez-vous le dessous des cartes?

15. Françoise-Renée de Lorraine de Guise, abbesse de Montmartre, morte à soixante-trois ans, le 5 décembre 1682.

16. Sur la marquise de Montlouet, voyez tome II, p. 272, note 2. C'était de sa fille, la marquise de Saint-Valleri, qu'elle avait gagné la petite vérole. Voyez les lettres 411, vers la fin, 415, note 16, et celle du 7 août suivant.

voulez-vous que je vous le dise? C'est qu'elle l'aime passionnément. » Il pourroit y ajouter, à mon éternelle gloire : « et qu'elle en est aimée. »

J'ai le paquet de vos soies; je voudrois bien trouver quelqu'un qui vous le portât; il est trop petit pour les voitures, et trop gros pour la poste : je crois que j'en pourrois dire autant de cette lettre. Adieu, ma très-aimable et très-chère enfant; je ne puis jamais vous trop aimer; quelques peines qui soient attachées à cette tendresse, celle que vous avez pour moi mériteroit encore plus, s'il étoit possible [17].

420. — DE MADAME DE SÉVIGNÉ
A MADAME DE GRIGNAN.

A Paris, vendredi 26º juillet.

Il me semble, ma très-chère, que je ne vous écrirai aujourd'hui qu'une petite lettre, parce qu'il est fort tard. Croiriez-vous bien que je viens de l'Opéra avec M. et Mme de Pompone, l'abbé Arnauld [1], Mme de Vins, la bonne Troche, et d'Hacqueville? La fête étoit faite pour l'abbé Arnauld, qui n'en a pas vu depuis Urbain VIII [2], qu'il étoit à Rome avec Monsieur d'Angers [3] : il a été fort

17. A la suite de cette lettre, on lit dans les précédentes éditions, depuis Grouvelle (1806), une lettre de Mme de Sévigné à Mme de la Fayette, que nous renvoyons au *Supplément*, tout à la fin de la *Correspondance*, parce qu'il nous est impossible d'en fixer la date.

Lettre 420 (revue sur une ancienne copie). — 1. Frère aîné de M. de Pompone. (*Note de Perrin.*) — Voyez tome I, p. 433, note 4.

2. Maffeo Barberini, pape de 1623 à 1644.

3. Henri Arnauld, oncle de M. de Pompone, connu d'abord sous le nom d'abbé de Saint-Nicolas, depuis évêque d'Angers, et l'un des plus saints prélats qu'ait eus l'Église de France. (*Note de Perrin.*) — Voyez tome II, p. 402, note 9.

content. Je suis chargée des compliments de toute la loge, mais surtout de M. de Pompone, qui vous prie bien sérieusement de compter sur son amitié, malgré votre absence. La poste partiroit si je voulois vous dire tout ce qu'il dit de vous, et comme vous lui paroissez, et quelle sorte de mérite il vous trouve. Je l'ai instruit des décisions de MM. d'Oppède et Marin. Il est bien persuadé de leurs manières brusques. Tout ce qui me consolera quand je serai en Bretagne, c'est que Mme de Vins vous servira dans cette maison; sans cela je vous avoue que je serois inconsolable de vous priver des petits offices que je vous pourrois rendre et dans l'Assemblée[4] et ailleurs.

Je vis hier Madame la Grande-Duchesse. Elle me parut comme vous me l'avez dépeinte : l'ennui me paroît écrit et gravé sur son visage; elle est très-sage et d'une tristesse qui attendrit, mais je crois qu'elle reprendra ici sa joie et sa beauté. Elle a fort bien réussi à Versailles; le Roi l'a trouvée aimable, et lui adoucira sa prison. Sa beauté n'effraye pas, et l'on[5] se fait une belle âme de la plaindre et de la louer. Elle fut transportée de Versailles, et des caresses[6] de sa noble famille : elle n'avoit point vu Monsieur le Dauphin, ni Mademoiselle. Comme sa réputation n'a jamais eu ni tour, ni atteinte, on se fera une action de charité de la divertir. Elle me parla fort de vous et de votre beauté; je lui dis, comme de moi, ce que vous me mandez : c'est que vous subsistez encore sur l'air de Paris; elle le croit, et que les airs et les pays chauds donnent la mort. Elle ne se pouvoit taire de vous et du mauvais souper qu'elle vous avoit

4. Dans l'assemblée des communautés.
5. Mme de Montespan.
6. Il y a ici dans le manuscrit une faute singulière, due sans doute au mot *transportée* qui précède : on y lit *carosses* (*carrosses*), pour *caresses*.

donné⁷. Elle étoit fort contente de M. de Grignan, et de Rippert⁸ qui l'avoit relevée de son carrosse versé. Elle a dans la tête Mme de Céreste⁹, comme la plus folle, la plus hardie, la plus coquette, la plus extravagante personne qu'elle ait jamais vue. Si on lui disoit que Madame la Grande-Duchesse n'a remarqué qu'elle dans la Provence, quelle gloire! et voilà ce que c'est.

J'ai si bien fait que Mme de Monaco est toujours malade : si elle avoit de la santé, il faudroit quitter la partie; sa faveur est délicieuse entre Monsieur et Madame. Je crains que Mme de Langeron ne se console, et si j'ai fait de mon mieux[10]. Vous expliquez et comprenez fort

---

7. A Pierrelatte, petite ville du bas Dauphiné, où Mme de Grignan s'étoit rendue pour saluer Madame la Grande-Duchesse à son passage. (*Note de Perrin.*) — Voyez ci-dessus, p. 511.

8. Voyez tome II, p. 81, note 7.

9. Dans l'édition de 1754, la seule de Perrin qui donne la fin de cet alinéa (depuis : « Elle a dans la tête »), et les deux paragraphes suivants, on lit : « Mme de C***. » Le nom est en entier dans notre copie. — Gaucher II de Brancas, seigneur d'Oise, qui testa en 1546 et était chef de la maison française de Brancas (sortie des Brancacio de Naples), recueillit la succession de son cousin Gaucher de Forcalquier, baron de Céreste; il en prit le nom et les armes et les transmit à son fils aîné; son fils cadet fut seigneur d'Oise et de Villars, et auteur de la branche à laquelle appartenaient le duc de Villars, et le comte de Brancas, oncle de ce duc. — Le chef de la maison était alors Henri, fils d'Honoré de Brancas de Forcalquier, baron de Céreste, etc., et de Marie Adhémar de Monteil, tante du comte de Grignan; il venait au mois de janvier 1674 de faire ériger en marquisat sa baronnie de Céreste. Il avait épousé le 28 avril 1671 Dorothée de Cheilus de Saint-Jean, fille de Spirit de Cheilus, seigneur de Saint-Jean, etc., et de Jeanne du Chastellier. C'est sans doute de sa femme que parle Mme de Sévigné : elle vivait encore en 1733; son fils aîné, ami de Saint-Simon, fut le successeur du marquis de Simiane en Provence (1718), et fut fait maréchal en 1741.

10. Voyez sur cette plaisanterie la lettre du 12 août, et celles du 4 et du 14 septembre suivants. — Pour *et si*, voyez tome I, p. 420, note 8.

bien le *fantôme;* on le dit présentement pour dire un stratagème[11]. Nos voyages sont suspendus, comme je vous ai dit. La cour s'en va à Fontainebleau; c'est Madame qui le veut. Je m'en irai en Bretagne avec M. d'Harouys; nous prendrons notre temps : la Bretagne est plus enflammée que jamais. Mme de Chaulnes n'est pas prisonnière, mais elle ne peut sortir de Rennes. C'est une belle différence! J'ai vu tantôt Monsieur le procureur général comme pour prendre congé de lui. Il est ravi que je suis hors d'affaire. Il voudroit que j'eusse déjà la ratification; je le voudrois bien aussi; j'espère qu'elle viendra avant que je parte, car je ne pars pas sitôt que je pensois : ce seroit une folie.

Quantova est une amie déclarée sans aucun soupçon : l'ami[12] le dit ainsi au curé de la paroisse, qui de son côté dit ce qu'il faut, et fait un très-honnête personnage, et ne laisse aucune vérité étouffée. Mais vous savez l'histoire de la méchante paye, et de n'être pas le plus fort : tout se fait *a viso aperto*[13], et tout est admis au jeu.

Mlle d'Armagnac est mariée à ce Cadaval[14]; elle est jolie et belle; c'est le chevalier de Lorraine qui l'épouse : elle fait pitié d'aller chercher si loin la consommation. J'enverrai bientôt les airs de l'opéra à M. de Grignan; s'il est auprès de vous, je l'embrasse et le conjure d'avoir quelque sorte d'amitié pour lui et pour vous[15]. Adieu,

11. Voyez la fin de la lettre du 5 juillet précédent, p. 508.
12. L'ami de *Quantova,* Louis XIV.
13. *A visage ouvert.*
14. Nuño-Alvares Pereira de Mello, duc de Cadaval, grand maître de la maison de la reine de Portugal, veuf de Marie-Angélique-Henriette de Lorraine, sœur du prince d'Harcourt, morte en couches le 16 juin 1674. Voyez tome II, p. 37, note 4. — Les fiançailles avaient été célébrées à Versailles le 25 juillet. Le chevalier de Lorraine représentait le duc de Cadaval.
15. Dans les éditions de 1726 : « d'avoir grand soin de vous. »

ma bonne, soyez bien persuadée que je suis à vous, et que je pense à vous sans cesse. Je ne sais si c'est le cardinal de Retz qui m'a priée d'avoir soin de vos affaires; mais je languis quand je ne fais rien pour vos intérêts : sa recommandation fait en moi plus que sa bénédiction. Je vous vois à Grignan, et vous suis pas à pas. Cette peinture vous embarrasse bien : quelle senteur! et quel plaisir de rendre ce château inhabitable! Votre terrasse n'est-elle point raccommodée? voilà ce qui me paroît préférable à tout : c'est votre seule promenade. Mandez-moi toujours extrêmement de vos nouvelles : rien n'est petit, rien n'est indifférent. J'en espère demain matin, je verrai votre Rouillé [16] dès qu'elle sera arrivée. J'ai dîné avec la Garde. Il s'en va vous voir; j'en suis ravie [17].

421. — DE MADAME DE SÉVIGNÉ A MADAME ET A MONSIEUR DE GRIGNAN.

A Paris, mercredi 31° juillet.

CE que vous dites du temps est divin, ma chère fille : il est vrai que l'on ne voit personne demeurer au milieu d'un mois, parce qu'on ne sauroit venir à bout de le passer : ce sont des bourbiers d'où l'on sort; mais le bourbier nous arrête [1], et le temps va. Je suis fort aise que vous soyez paisiblement à Grignan jusques au mois

---

16. La femme de l'intendant de Provence.
17. Ici se trouve dans l'édition de Rouen (1726) la première phrase de l'avant-dernier alinéa de la lettre du 26 juin, et, à la suite de cette phrase, le premier paragraphe de la partie de cette même lettre qui est intitulée : *Réponse au 19 juin*. Voyez ci-dessus, p. 497 et 498.

LETTRE 421. — 1. « Ce sont des bourbiers d'où l'on sort; encore le bourbier nous arrête. » (*Édition de 1754*.)

d'octobre : Aix vous eût paru étrange au sortir d'ici. La solitude et le repos de Grignan délayent un peu les idées², vous avez eu bien de la raison. M. de Grignan vous est présentement une compagnie; votre château en sera rempli, et votre musique perfectionnée. Il faut pâmer de rire de ce que vous dites de l'air italien; le massacre que vos chantres en font, corrigés par vous, est un martyre pour ce pauvre Vorei, qui fait voir la punition qu'il mérite. Vous souvient-il du lieu où vous l'avez entendu, et du joli garçon qui le chantoit, qui vous donna si promptement dans la vue ? Cet endroit-là de votre lettre est d'une folie charmante. Je prie M. de Grignan d'apprendre cet air tout entier : qu'il fasse cet effort pour l'amour de moi; nous le chanterons ensemble.

1675

Je vous ai mandé, ma très-chère, comme nos folies de Bretagne m'arrêtoient pour quelques jours. M. de Fourbin³ doit partir avec six mille hommes pour punir cette province, c'est-à-dire la ruiner. Ils s'en vont par Nantes : c'est ce qui fait que je prendrai la route du Mans avec Mme de Lavardin; nous regardons ensemble le temps que nous devons prendre. M. de Pompone a dit à M. de Fourbin qu'il avoit des terres en Bretagne, et lui a donné le nom de celles de mon fils⁴. La châsse de

2. Nous avons vu plus haut ce même mot *délayer* appliqué à *pensées*, dans une lettre au comte de Guitaut, où il pourrait bien avoir le même sens qu'ici, au lieu de celui que nous lui avons attribué dans la note 3 de la p. 255. — Dans l'édition de 1754, cette phrase se termine autrement : « Vous avez eu bien de la raison d'en user ainsi. »

3. Le bailli de (*Fourbin ou*) Forbin, capitaine-lieutenant de la première compagnie des mousquetaires du Roi, et lieutenant général des armées de Sa Majesté. (*Note de Perrin.*) — Ce morceau, depuis : « M. de Fourbin, » jusqu'à : « de mon fils, » est placé à la fin de la lettre dans la seconde édition de Perrin (1754).

4. C'est-à-dire les lui a recommandées comme si elles lui appartenaient, à lui Pompone.

1675 sainte Geneviève nous donne ici un temps admirable⁵. La Saint-Géran est dans le chemin du ciel. La bonne Villars n'a point reçu votre lettre; c'est une douleur.

Voici une petite histoire qui s'est passée il y a trois jours. Un pauvre passementier, dans ce faubourg Saint-Marceau, étoit taxé à dix écus pour un impôt sur les maîtrises. Il ne les avoit pas : on le presse et represse ; il demande du temps, on lui refuse; on prend son pauvre lit et sa pauvre écuelle. Quand il se vit en cet état, la rage s'empara de son cœur; il coupa la gorge à trois enfants qui étoient dans sa chambre ; sa femme sauva le quatrième, et s'enfuit. Le pauvre homme est au Châtelet; il sera pendu dans un jour ou deux. Il dit que tout son déplaisir, c'est de n'avoir pas tué sa femme et l'enfant qu'elle a sauvé. Songez que cela est vrai comme si vous l'aviez vu, et que depuis le siége de Jérusalem⁶, il ne s'est point vu une telle fureur.

On devoit partir aujourd'hui pour Fontainebleau, où les plaisirs devoient devenir des peines par leur multiplicité. Tout étoit prêt; il arrive un coup de massue qui rabaisse la joie. Le peuple dit que c'est à cause de *Quantova* : l'attachement est toujours extrême; on en fait assez pour fâcher le curé et tout le monde, et peut-être pas assez pour elle; car dans son triomphe extérieur il y a un fond de tristesse. Vous parlez des plaisirs de Versailles ; et dans le temps qu'on alloit à Fontainebleau pour s'abîmer dans la joie⁷, voilà M. de Turenne tué; voilà une conster-

---

5. Voyez plus haut, p. 520, note 6.
6. Voyez dans l'*Histoire de la guerre des Juifs contre les Romains*, le récit de l'horrible famine de Jérusalem (particulièrement au livre V, chap. xxvii et xxxii, et au livre VI, chap. xxi et suivants). Nous verrons plus loin que Mme de Sévigné admiroit beaucoup la traduction qu'Arnauld d'Andilly avait donnée de cet ouvrage de Josèphe.
7. Ce morceau, depuis : « Le peuple dit, » jusqu'à : « s'abîmer

1674, 20 mars, lettre 379, page 404; — 16 août, lettre 384, page 412; — 10 septembre, lettre 386, page 417.
1675, 6 janvier, lettre 390, page 427; — 20 mars, lettre 393, page 434 et 438; — 7 avril, lettre 395, page 442 et page 444; — 30 avril, lettre 396, page 445; — 10 mai, lettre 398, page 450; — 18 mai, lettre 400, page 455; — 15 juillet, lettre 417, page 516.

Bussy (Mlle de) :

1675, 20 mars, lettre 393, page 436; — 7 avril, lettre 395, page 443 et page 445; — 10 mai, lettre 398, page 452.

Coulanges (Mme de) :

1672, 1er août, lettre 302, page 160; — 11 septembre, lettre 303, page 162; — 30 octobre, lettre 306, page 168; — 26 décembre, lettre 309, page 175.
1673, 24 février, lettre 315, page 191; — 20 mars, lettre 317, page 195; — 10 avril, lettre 318, page 198.

Fayette (Mme de la) :

1672, 30 décembre, lettre 310, page 178.
1673, 9 février, lettre 314, page 190; — 27 février, lettre 316, page 194; — 15 avril, lettre 319, page 199; — 19 mai, lettre 320, page 200; — 26 mai, lettre 321, page 203; — 30 juin, lettre 323, page 208; — 14 juillet, lettre 324, page 210; — 4 septembre, lettre 329, page 229.

Rochefoucauld (la) :

1673, 9 février, lettre 314, page 188.

Villars (la marquise de) :

1673, 25 août, lettre 328, page 224.

3° LETTRES DE DIVERS A DIVERS.

Bussy Rabutin :

A Corbinelli : 1672, 23 mai, lettre 278, page 81; — 24 octobre, lettre 305, page 165.
1673, 27 juillet, lettre 326, page 220.
1675, 14 mai, lettre 398, page 452.

page 323; — 24 et 25 décembre, lettre 362, page 327; — 28 décembre, lettre 364, page 333; — 29 décembre, lettre 365, page 338.

1674, 1er janvier, lettre 366, page 340; — 5 janvier, lettre 367, page 345; — 8 janvier, lettre 368, page 354 et page 361; — 12 janvier, lettre 369, page 362; — 15 janvier, lettre 370, page 369; — 19 janvier, lettre 372, page 375; — .... janvier, lettre *373, page 382; — 22 janvier, lettre 374, page 385; — 26 janvier, lettre 375, page 388; — 29 janvier, lettre 376, page 395; — 2 février, lettre 377, page 397; — 5 février, lettre 378, pages 398, *403 et 404; — 2 juin, lettre 382, page 409.

1675, 27 mai, lettre 401, page 456; — 29 mai, lettre 402, page 458; — 31 mai, lettre 403, page 461; — 5 juin, lettre 404, page 464; — 7 juin, lettre 405, page 471; — 12 juin, lettre 406, page 475; — 14 juin, lettre 407, page 479; — 19 juin, lettre 408, page 482; — 21 juin, lettre 409, page 488; — 26 juin, lettre 410, page 489; — 28 juin, lettre 411, p. 498; — 3 juillet, lettre 413, page 502; — 5 juillet, lettre 414, page 506; — 10 juillet, lettre 415, page 508; — 12 juillet, lettre 416, page 513; — 19 juillet, lettre 418, page 517; — 24 juillet, lettre 419, page 521; — 26 juillet, lettre 420, page 528; — 31 juillet, lettre 421, page 532.

GUITAUT (M. de) :

1673, 27 octobre, lettre *340, page 255; — 23 novembre, lettre *349, page 284.

1674, ... avril ou mai, lettre *380, page 405; — 16 novembre, lettre *389, page 425.

1675, 28 juin, lettre *412, page 500.

GUITAUT (Mme de) :

1673, 27 octobre, lettre *340, page 255.

2° LETTRES ÉCRITES A MADAME DE SÉVIGNÉ PAR :

BUSSY RABUTIN :

1672, 1er mai, lettre 271, page 47; — 23 mai, lettre 278, page 80; — 26 juin, lettre 289, page 123; — 29 juillet, lettre *301, page 157; — 24 octobre, lettre 305, page 167.

1673, 26 juin, lettre 322, page 207; — 27 juillet, lettre 326, page 218; — 10 octobre, lettre *333, page 238; — 13 décembre, lettre *356, page 311.

Grignan (M. de) :

1672, 2 juin, lettre 282, page 93.
1674, 15 janvier, lettre 371, page 374; — 22 mai, lettre 381, page 407.
1675, 3 juillet, lettre 421, page 532.

Grignan (Mme de) :

1672, 1er avril, lettre 261, page 1; — 6 avril, lettre 262, page 5; — 8 avril, lettre 263, page 14; — 13 avril, lettre 264, page 16; — 15 avril, lettre 265, page 19; — 20 avril, lettre 266, page 23; — 22 avril, lettre 267, page 27; — 27 avril, lettre 269, page 33; — 29 avril, lettre 270, page 42; — 4 mai, lettre 272, page 52; — 6 mai, lettre 273, page 57; — 13 mai, lettre 274, page 62; — 16 mai, lettre 276, page 71; — 20 mai, lettre 277, page 77; — 23 mai, lettre 279, page 82; — 27 mai, lettre 280, page 85; — 30 mai, lettre 281, page 90; — 2 et 3 juin, lettre 282, page 93; — 6 juin, lettre 283, page 100; — 13 juin, lettre 284, page 105; — 17 juin, lettre 285, page 108; — 20 juin, lettre 287, page 112; — 24 juin, lettre 288, page 120; — 27 juin, lettre 290, page 126; — .... lettre *291, page 129; — 1er juillet, lettre 292, page 130; — 3 juillet, lettre 293, page 133; — 3 juillet, lettre 294, page 134; — 8 juillet, lettre 296, page 140; — 11 juillet, lettre 297, page 146; — 16 juillet, lettre 298, page 149; — 27 juillet, lettre 300, page 154; — 20 décembre, lettre 308, page 173.

1673, ... lettre 311, page 183; — .... lettre 312, page 185; — .... lettre 313, page 187; — 5 octobre, lettre 330, page 231; — 6 octobre, lettre 331, page 233; — 10 octobre, lettre 332, page 235; — 11 octobre, lettre 334, page 239; — 13 octobre, lettre 335, page 241; — 16 octobre, lettre 336, page 244; — 21 octobre, lettre 337, page 246; — 25 octobre, lettre 338, page 250; — 27 octobre, lettre 339, page 252; — 30 octobre, lettre 341, page 256; — 2 et 3 novembre, lettre 342, page 258; — 6 novembre, lettre 343, page 263; — 10 novembre, lettre 344, page 265; — 13 novembre, lettre 345, page 270; — 17 novembre, lettre 346, page 275; — 19 novembre, lettre 347, page 277; — 20 novembre, lettre 348, page 279; — 24 novembre, lettre 350, page 287; — 27 novembre, lettre 351, page 290; — 1er décembre, lettre 352, page 295; — 4 décembre, lettre 353, page 297; — 8 décembre, lettre 354, page 301; — 11 décembre, lettre 355, page 308; — 15 décembre, lettre 357, page 313; — 18 décembre, lettre 358, page 319; — 22 décembre, lettre 360,

TABLE ALPHABÉTIQUE

DES LETTRES CONTENUES DANS LE TOME III,

RANGÉES D'APRÈS LES NOMS DES CORRESPONDANTS.

(Le numéro des lettres qui n'étaient point dans la première édition est précédé d'un astérisque.)

1° LETTRES ÉCRITES PAR MADAME DE SÉVIGNÉ A :

ARNAULD D'ANDILLY :

1672, 11 décembre, lettre 307, page 172.

BUSSY RABUTIN :

1672, 24 avril, lettre 268, page 30; — 16 mai, lettre 275, page 67; — 19 juin, lettre 286, page 110; — 22 juillet, lettre 299, page 151; — 18 septembre, lettre 304, page 164.
1673, 15 juillet, lettre 325, page 213; — 23 août, lettre 327, page 222; — 18 décembre, lettre *359, page 323.
1674, 5 septembre, lettre 385, page 414; — 15 octobre, lettre 388, page 422.
1675, 20 janvier, lettre 391, page 428 et page 432; — 3 avril, lettre 394, page 439; — 10 mai, lettre 397, page 447; — 14 mai, lettre 399, page 454.

BUSSY RABUTIN (Mme de) :

1672, 7 juillet, lettre 295, page 138.

BUSSY (Mlle de) :

1675, 20 janvier, lettre 391, page 431; — 3 avril, lettre 394, page 439.

Voilà, Monsieur le Comte, tout ce que nous savons jusqu'à l'heure qu'il est. En récompense d'une très-aimable lettre, je vous en écris une qui vous donnera du déplaisir; j'en suis en vérité aussi fâchée que vous. Nous avons passé tout l'hiver à entendre conter les divines perfections de ce héros : jamais un homme n'a été si près d'être parfait; et plus on le connoissoit, plus on l'aimoit, et plus on le regrette.

Adieu, Monsieur et Madame, je vous embrasse mille fois. Je vous plains de n'avoir personne à qui parler de cette grande nouvelle; il est naturel de communiquer tout ce qu'on pense là-dessus. Si vous êtes fâchés, vous êtes comme nous sommes ici.

FIN DU TROISIÈME VOLUME.

fort ; je le vis hier, il est enragé ; il lui a écrit, et l'a dit au Roi. Voici la lettre :

    Monseigneur,

  La faveur l'a pu faire autant que le mérite[26].

C'est pourquoi je ne vous en dirai pas davantage.
        Le Comte DE GRAMONT.
Adieu, Rochefort.

Je crois que vous trouverez ce compliment comme on l'a trouvé ici[27].

Il y a un almanach que j'ai vu, c'est de Milan ; il y a au mois de juillet : *Mort subite d'un grand ;* et au mois d'août : *Ah, que vois-je ?* On est ici dans des craintes continuelles.

Cependant nos six mille hommes sont partis pour abîmer notre Bretagne ; ce sont deux Provençaux[28] qui ont cette commission : c'est Fourbin et Vins. M. de Pompone a recommandé nos pauvres terres. M. de Chaulnes et M. de Lavardin sont au désespoir : voilà ce qui s'appelle des dégoûts. Si jamais vous faites les fous, je ne souhaite pas qu'on vous envoie des Bretons pour vous corriger : admirez combien mon cœur est éloigné de toute vengeance.

 26. Vers du *Cid*, acte I, scène VII.
 27. Perrin a omis ce billet du comte de Gramont dans son édition de 1754.
 28. Le bailli de Forbin, dont il a été fait mention ci-devant (p. 533), et le marquis de Vins (*voyez la lettre du 28 juin précédent*), capitaine-lieutenant de la seconde compagnie des mousquetaires du Roi. (*Note de Perrin*, 1754.) — Les noms des deux Provençaux se lisent dans l'édition de 1734, mais ont été omis dans celle de 1754.

autres doivent un remerciement[21] ; MM. de Luxembourg, Duras, la Feuillade, d'Estrades, Navailles, Schomberg et Vivonne ; en voilà huit bien comptés[22]. Je vous laisse méditer sur cet endroit. Le grand maître[23] étoit au désespoir, on l'a fait duc ; mais que lui donne cette dignité ? Il a les honneurs du Louvre par sa charge ; il ne passera point au parlement[24] à cause des conséquences, et sa femme ne veut de tabouret qu'à Bouillé[25]. Cependant c'est une grâce, et s'il étoit veuf, il pourroit épouser quelque jeune veuve.

Vous savez la haine du comte de Gramont pour Roche-

21. M. de Louvois, voulant faire M. de Rochefort maréchal de France, n'y pouvoit parvenir qu'en proposant les sept autres, qui étoient plus anciens lieutenants généraux que M. de Rochefort. (*Note de Perrin.*)

22. « Ce jour-là (30 juillet), le Roi honora de la dignité de maréchal de France le comte d'Estrades, gouverneur de Dunkerque, de Maestricht et de la province de Limbourg ; le duc de Navailles ; le comte de Schomberg, général de l'armée de Sa Majesté en Catalogne ; le duc de Duras, gouverneur du comté de Bourgogne et capitaine des gardes du corps ; le duc de Vivonne, général des galères de France et vice-roi de Sicile ; le duc de la Feuillade, colonel du régiment des gardes françaises ; le duc de Luxembourg, et le marquis de Rochefort, aussi capitaines des gardes du corps. » (*Gazette du 3 août.*)

23. « Le lendemain (31 juillet) Sa Majesté ordonna qu'on expédiât des lettres de duc et pair de France au comte du Lude, grand maître de l'artillerie, ci-devant premier gentilhomme de sa chambre. » (*Ibidem.*)

24. C'est-à-dire que les lettres qui lui conféraient le titre viager de duc ne devaient point être vérifiées et enregistrées au parlement. Sur ces « ducs non vérifiés, que l'usage appelle mal à propos à brevet.... qui n'ont ni fief ni office, rien de réel dans l'État, qui n'ont que des honneurs extérieurs et l'image des autres ducs, dont ils ne sont qu'une vaine et fictive écorce, » voyez Saint-Simon, tome XI, p. 304 et suivante.

25. Renée-Éléonore de Bouillé, première femme du comte du Lude, passoit sa vie à Bouillé, par un goût singulier qu'elle avoit pour la chasse. (*Note de Perrin.*)

ne peut être comparable à la violente affliction de toute cette armée [18]. Le Roi a ordonné en même temps à Monsieur le Duc d'y courir en poste, en attendant Monsieur le Prince, qui doit y aller; mais comme sa santé est assez mauvaise, et que le chemin est long, tout est à craindre dans cet entre-temps : c'est une cruelle chose que d'imaginer cette fatigue à Monsieur le Prince [19]; Dieu veuille qu'il en revienne ! M. de Luxembourg demeure en Flandre pour y commander en chef : les lieutenants généraux de Monsieur le Prince sont MM. de Duras et de la Feuillade. Le maréchal de Créquy demeure où il est. Dès le lendemain de cette nouvelle, M. de Louvois proposa au Roi de réparer cette perte, et au lieu d'un général en faire huit (c'est y gagner [20]). En même temps on fit huit maréchaux de France, savoir : M. de Rochefort, à qui les

le 21 février de l'année suivante (1676), capitaine des gardes du corps quelques mois après, chevalier des ordres en 1688, duc en 1691. Il épousa en 1676 Geneviève de Frémont, fille d'un garde du trésor royal, et mourut à soixante-quatorze ans, le 22 octobre 1702. Voyez sur son attachement pour Turenne, sa conversion, son mariage, l'avis donné par lui au conseil de guerre d'Hurtebise, et toute sa carrière, les *Mémoires de Saint-Simon*, particulièrement tome IV, p. 34 et suivantes. — Dans la note du tome II sur son frère (p. 85), il faut lire, au lieu de *fils du marquis de Duras mort en* 1690 (comme il a été dit d'après Moréri) : » du marquis de Duras *mort vers* 1633. »

18. Sur la mort de Turenne et le combat d'Altenheim, voyez dans la *Correspondance de Bussy* une lettre du comte d'Épinac, datée du 5 août 1675, tome III, p. 62.

19. Dans l'édition de 1754 : « C'est une cruelle chose que cette fatigue pour Monsieur le Prince. » Les mots suivants : « Dieu veuille qu'il en revienne! » manquent dans l'édition de 1734.

20. On a souvent dit que Mme Cornuel appelait ces huit maréchaux de France *la monnaie de M. de Turenne*. Elle ne faisait que répéter ce que disait Mme de Sévigné, si l'on en croit l'abbé de Choisy dans des mélanges inédits où j'ai déjà puisé. « Après la mort de M. de Turenne, dit cet écrivain, le Roi fit huit maréchaux de France, et Mme de Sévigné dit qu'il avoit changé un louis d'or en pièces de quatre sous. » (*Note de l'édition de* 1818.)

ennemie devant lui; et le 27ᵉ, qui étoit samedi, il alla sur une petite hauteur[14] pour observer leur marche : il avoit dessein de donner sur l'arrière-garde, et mandoit au Roi à midi que dans cette pensée il avoit envoyé dire à Brissac qu'on fît les prières de quarante heures. Il mande la mort du jeune d'Hocquincourt[15], et qu'il enverra un courrier apprendre au Roi la suite de cette entreprise : il cachette sa lettre[16] et l'envoie à deux heures. Il va sur cette petite colline avec huit ou dix personnes : on tire de loin à l'aventure un malheureux coup de canon, qui le coupe par le milieu du corps, et vous pouvez penser les cris et les pleurs de cette armée. Le courrier part à l'instant; il arriva lundi, comme je vous ai dit; de sorte qu'à une heure l'une de l'autre, le Roi eut une lettre de M. de Turenne, et la nouvelle de sa mort. Il est arrivé depuis un gentilhomme de M. de Turenne, qui dit que les armées sont assez près l'une de l'autre; que M. de Lorges[17] commande à la place de son oncle, et que rien

1675

n'avez plus qu'à y ajouter le dernier jour de sa gloire et de sa vie. »
(*Édition de* 1754.)

14. Près du village de Sasbach, entre Offenbourg et Bade.

15. Gabriel de Monchi, comte d'Hocquincourt, dernier fils du maréchal. Il commandait les dragons de la Reine, et fut tué, le 25 juillet, à l'attaque de l'église de Gamshusen (de Gamshurst, dit la *Gazette*) : il avait trente-deux ans.

16. Cette dernière lettre de Turenne est imprimée parmi les *Lettres militaires de Louis XIV*, tome III, p. 211. C'est bien celle dont parle Mme de Sévigné, car le maréchal y annonce la mort du comte d'Hocquincourt; mais elle n'a pas été écrite le 27 juillet; elle est datée du 25.

17. Guy-Aldonce de Durfort, le futur beau-père de Saint-Simon et de Lauzun, le frère du maréchal de Duras (voyez tome II, p. 85, note 7), du comte de Feversham et de la comtesse de Roye. « Né troisième cadet d'une nombreuse famille, ayant perdu son père à l'âge de cinq ans, il porta les armes à quatorze. M. de Turenne, frère de sa mère, prit soin de lui comme de son fils, et dans la suite lui donna tous ses soins et toute sa confiance. » Il fut fait maréchal

1675 tout étoit hier en pleurs dans les rues ; le commerce de toute autre chose étoit suspendu.

C'est à vous que je m'adresse, mon cher Comte, pour vous écrire une des plus fâcheuses pertes qui pût arriver en France : c'est la mort de M. de Turenne. Si c'est moi qui vous l'apprends, je suis assurée que vous serez aussi touché et aussi désolé que nous le sommes ici. Cette nouvelle arriva lundi à Versailles [11] : le Roi en a été affligé, comme on doit l'être de la perte du plus grand capitaine et du plus honnête homme du monde; toute la cour fut en larmes, et Monsieur de Condom pensa s'évanouir. On étoit prêt d'aller se divertir à Fontainebleau : tout a été rompu. Jamais un homme n'a été regretté si sincèrement; tout ce quartier où il a logé [12], et tout Paris, et tout le peuple étoit dans le trouble et dans l'émotion; chacun parloit et s'attroupoit pour regretter ce héros. Je vous envoie une très-bonne relation de ce qu'il a fait les derniers jours de sa vie. C'est après trois mois d'une conduite toute miraculeuse, et que les gens du métier ne se lassent point d'admirer, qu'arrive le dernier jour de sa gloire et de sa vie [13]. Il avoit le plaisir de voir décamper l'armée

11. Par un billet du marquis de Vaubrun à Louvois, daté du 27 juillet 1675, à trois heures après midi. Il est imprimé dans les *Lettres militaires de Louis XIV*, tome III, p. 216.

12. L'hôtel de Turenne (il ne lui appartenait point encore en 1652) était rue Saint-Louis, au Marais, au coin de la rue Saint-Claude. Il fut en 1684 acquis du cardinal de Bouillon par la duchesse d'Aiguillon (moyennant l'échange de la terre, seigneurie et châtellenie de Pontoise) et donné par elle aux filles de l'Adoration du Saint-Sacrement. L'hôtel et le couvent ont disparu ; sur le terrain on a construit l'église Saint-Denis du Saint-Sacrement.

13. « .... de ce qu'il a fait quelques jours avant sa mort ; après trois mois d'une conduite.... ne se lassent point d'admirer, vous

nation générale ; voilà Monsieur le Prince qui court en Allemagne : voilà la France désolée. Au lieu de voir finir les campagnes, et d'avoir votre frère, on ne sait plus où l'on en est. Voilà le monde dans son triomphe, et des événements surprenants, puisque vous les aimez. Je suis assurée que vous serez bien touchée de celui-ci. Je suis épouvantée de la prédestination de ce M. Desbrosses[8] : peut-on douter de la Providence, et que le canon qui a choisi de loin M. de Turenne entre dix hommes qui étoient autour de lui, ne fût chargé depuis une éternité ? Je m'en vais rendre cette histoire tragique à M. de Grignan pour celle de Toulon : plût à Dieu qu'elles fussent égales !

Vous devez écrire à M. le cardinal de Retz[9] ; nous lui écrivons tous. Il se porte très-bien, et fait une vie très-religieuse : il va à tous les offices, il mange au réfectoire les jours maigres. Nous lui conseillons d'aller à Commerci. Il sera très-affligé de la mort de M. de Turenne. Écrivez au cardinal de Bouillon[10] ; il est inconsolable.

Adieu, ma chère enfant, vous n'êtes que trop reconnoissante. Vous faites un jeu de dire du mal de votre âme ; je crois que vous sentez bien qu'il n'y en a pas une plus belle, ni meilleure. Vous craignez que je ne meure d'amitié ; je serois honteuse de faire ce tort à l'autre ; mais laissez-moi vous aimer à ma fantaisie. Vous avez écrit une lettre admirable à Coulanges : quand le bonheur m'en fait voir quelqu'une, j'en suis ravie. Tout le monde se cherche pour parler de M. de Turenne ; on s'attroupe ;

1675

dans la joie, » a été omis par Perrin dans sa première édition, en 1734. Il ne l'a donné que dans sa seconde, en 1754.

8. Ce commencement de phrase n'a été inséré par Perrin que dans l'édition de 1754.

9. Nous avons vu qu'il s'était retiré à Saint-Mihel.

10. Neveu de Turenne.

GRIGNAN (Mme de) :

A Bussy Rabutin : 1674, 5 septembre, lettre 385, page 416. 1675, 20 janvier, lettre 391, page 431 ; — 10 mai, lettre 397, page 449.

MAINTENON (Mme de) :

A Mme de Coulanges : 1675, 5 février, lettre * 392, page 433.

MÉRI (Mlle de) :

A Mme de Grignan : 1674, 5 février, lettre * 378, page 402.

SÉVIGNÉ (Charles de) :

A Mme de Grignan : 1673, 29 décembre, lettre 365, page 339.

Paris. — Imprimerie de Ch. Lahure et Cie, rue de Fleurus, 9.

A Mme de Grignan : 1674, 16 août, lettre 384, page 413; — 10 septembre, lettre 386, page 419.
1675, 6 janvier, lettre 390, page 428; — 20 mars, lettre 393, page 437; — 10 mai, lettre 398, page 453.

Bussy (Mlle de) :

A Corbinelli : 1675, 10 mai, lettre 398, page 452.

Corbinelli :

A Bussy Rabutin : 1672, 16 mai, lettre 275, page 69; — 18 septembre, lettre 304, page 163.
1673, 15 juillet, lettre 325, page 215; — 23 août, lettre 327, page 223.
1675, 10 mai, lettre 397, page 448.

A Mlle de Bussy : 1675, 10 mai, lettre 397, page 448.

A Mme de Grignan : 1674, 15 janvier, lettre 370, page 373; — 19 janvier, lettre 372, page 381; — 5 février, lettre *378, page 403.

Coulanges (l'abbé de) :

A M. Bonnet : 1674, 15 août, lettre *383, page 410.

Coulanges (Emmanuel de) :

A Mme de Grignan : 1672, 11 juillet, lettre *297, page 148.
1673, 4 décembre, lettre 353, page 300.
1674, 8 janvier, lettre 368, page 360.

Coulanges (Mme de) :

A Corbinelli : 1672, 30 octobre, lettre 306, page 168.

A Mme de Grignan : 1672, 1er août, lettre 302, page 160; — 11 septembre, lettre 303, page 162; — 30 octobre, lettre 306, page 168.
1675, 5 juin, lettre 404, page 471.

Grignan (M. de) :

A Colbert : 1673, 23 décembre, lettre *361, page 325; — 27 décembre, lettre *363, page 332.

A M. de Guitaut : 1674, 14 octobre, lettre *387, page 420.